미래학자의
통찰의 기술

미래학자의 통찰의 기술

1판 1쇄 인쇄 2019. 4. 3.
1판 1쇄 발행 2019. 4. 10.

지은이 최윤식

발행인 고세규
편집 심성미 | 디자인 정윤수
발행처 김영사
등록 1979년 5월 17일(제406-2003-036호)
주소 경기도 파주시 문발로 197(문발동) 우편번호 10881
전화 마케팅부 031)955-3100, 편집부 031)955-3200 | 팩스 031)955-3111

값은 뒤표지에 있습니다.
ISBN 978-89-349-9514-2 13320

홈페이지 www.gimmyoung.com 블로그 blog.naver.com/gybook
페이스북 facebook.com/gybooks 이메일 bestbook@gimmyoung.com

좋은 독자가 좋은 책을 만듭니다.
김영사는 독자 여러분의 의견에 항상 귀 기울이고 있습니다.

이 도서의 국립중앙도서관 출판시도서목록(CIP)은 서지정보유통지원시스템 홈페이지
(http://seoji.nl.go.kr)와 국가자료공동목록시스템(http://www.nl.go.kr/kolisnet)에서
이용하실 수 있습니다. (CIP제어번호 : CIP2019009231)

미래를 꿰뚫어 보고 변화를 주도하는 생각의 도구

N

North West

North East

미래학자의

Insight into Futures

통찰의
기술

최윤식 지음

W

E

South West

South East

S

김영사

프롤로그

당신의 통찰이 미래를 만든다

통찰력에 대한 가장 큰 오해는 이것이 타고난 능력 혹은 신비적 능력이라고 여기는 것이다. 통찰력이 생명인 미래학자로서 오랫동 안 경험하고 연구한 결과는 다르다. 훈련을 통해 얼마든지 예리한 통찰력을 가질 수 있다. 통찰력은 선천적인 능력도, 갑자기 주어지 는 초인적인 능력도 아니다. 통찰력은 생각의 기술이다. 통찰력의 차이는 생각의 힘의 차이에서 나온다. 통찰력이 기업 경영이나 개 인의 미래에서 얼마나 중요한 힘인지는 이 책을 집어든 독자라면 이미 다 알 것이다.

웬만한 대기업의 연간 순이익보다 많은 연봉을 받는 사람이 있 다. 하버드대학교 수학과 교수 제임스 사이먼스다. 그는 1974년에 미분기하학 분야에서 '천-사이먼스 이론'을 발표하여 수학의 7대 난제 중 하나인 '푸앵카레의 추측'을 풀어낼 정도로 뛰어난 수학자 였다. 이런 그가 2006년에 17억 달러라는 전 세계 최고 연봉을 받아 유명인사가 되었다. 1년 뒤 2007년에는 11억 달러가 늘어난 28억 달러를 연봉으로 받았다. 엄청난 연봉을 받는 비결은 남다른 '통찰 력' 덕분이다.

제임스 사이먼스는 1989년에 메달리언 펀드를 만들어 2007년까지 20년 동안 운영하면서 연평균 30퍼센트를 넘는 수익을 올린, 워런 버핏에 버금가는 금세기 최고의 투자자 중 한 사람이다. 특히 1988부터 1999년에는 누적수익률 2,500퍼센트를 기록하여 같은 기간 동안 2위를 차지한 조지 소로스 퀀텀펀드의 누적수익률 1,710퍼센트를 크게 앞질렀다. 성과에 따라 연봉을 받는 헤지펀드 특성상 제임스 사이먼스는 2006년에는 17억 달러(약 2조 원), 2007년에는 28억 달러의 연봉을 받았다. 자신의 통찰력 하나로 순자산 85억 달러가 넘는 갑부가 된 것이다.

그가 세상을 읽어내는 통찰력은 어떻게 발휘되는 것일까? 그의 투자방식을 분석해보면 해답을 알 수 있다. 그가 설립한 르네상스 테크놀로지스Renaissance Technologies는 금융·경제·경영학 전공자를 전혀 선호하지 않는다. 240여 명에 달하는 직원은 수학, 천문학, 전산학, 통계학, 물리학 박사다. 그는 컴퓨터가 즐비하고 대형 모니터를 통해 쉴 새 없이 새로운 주식 정보가 업데이트되는 트레이딩룸도 좋아하지 않는다.

제임스 사이먼스와 직원들은 강당에 모여서 세상사와 통계학에 대한 이야기를 하고, 2주에 한 번꼴로 외부 과학자들을 초청해서 강의를 듣고, 수학적 문제를 가지고 놀거나 주가의 통계, 숫자, 궤적 등을 놀잇감 삼아 다양한 사고를 펼치는 토론만 한다. 미래에 대한 다양한 변화 가능성을 이야기해본다. 현재에 어떤 중요한 사건이 발생하면, 과학적 사고와 분석에 근거해서 그것이 순차적으로 미래에 어떤 영향을 미칠지를 논리적으로 추론하는 방식으로 예측을 한다. 이 모든 활동이 통찰력 있는 투자의 핵심 비결이다.

제임스 사이먼스는 자신들의 투자 방식에 대해 다음과 같이 말했다.

> 주식시장을 예로 들어보죠. 어떤 기업의 CEO가 바뀌었어요. 그런데 그 주식이 뛰는 겁니다. 그러면 그 주식의 주가는 다른 주식에 영향을 미치죠. 다른 주식은 또 다른 주식에 영향을 미치고……. 분자 간 연쇄화학반응이 일어나는 것과 같아요. 우리가 하는 일은 이 변화 과정에서 전체 움직임을 추적하는 겁니다. 통계학적으로 말하면 응집성coherence 추적이죠. 개별 주식의 주가가 서로 영향을 미치면서 같은 방향으로 움직이려는 그 힘을 찾아내는 겁니다.[1]

필자가 일상으로 하는 미래예측, 변화 통찰 업무와 흡사하다. 과거의 거래 데이터에서 특이한 패턴을 통찰하고, 이를 다시 순수과학적 사고와 분석기법들을 사용해 검증하고 완성한다. 이렇게 검증된 사실事實/fact을 기초로 미래의 연쇄반응 가능성들을 논리적으로 추론한다. 다양한 분야의 전문성을 가지고 변화하려는 힘들의 연관성을 추론한 후 세상의 변화에 적용해본다. 이렇게 현재와 미래의 세상 변화를 통찰하여 얻은 영감insight을 수학적 지식으로 바꾸어서 곧바로 매매 시스템에 연결한다. 이들도 필자처럼 통찰에 마법을 사용하지 않고 기술을 사용했다.

2018년, 블룸버그가 발표한 세계 부호 순위에서 워런 버핏은 재산은 813억 달러로 4위에 올랐다. 2008년 〈포브스〉가 밝힌 620억 달러에서 200억 달러가량 증가한 규모다. 투자계의 현인으로 불리는 워런 버핏은 자타가 공인하는 통찰력의 대가다. 워런 버핏은 자신의 고향 네브래스카주 오마하를 거의 벗어나지 않는 삶을 살지만 수천 킬로미터 이상 떨어진 세상에서 무슨 일이 일어나고, 앞으로 몇 년 후에 어떤 변화가 일어날지, 그리고 자신이 분석하고 있는 회사의 미래가치가 얼마나 되는지 등을 꿰뚫어 보는 통찰력을 갖기 위해 어려서부터 훈련한 사람이다. 통찰력에 관심이 많은 필자는 그만의 숨은 비법이 무엇인지 궁금했다. 워런 버핏에 대한 수많은 책과 자료를 바탕으로 연구한 끝에 그가 가진 통찰력의 비결을 가늠할 수 있는 다음의 한마디를 발견했다.

> 사람들이 어째서 자기 눈앞에 뻔히 보이는 사실을 보지 못하는지 (나는) 도무지 이해할 수 없다.[2]

"눈앞에 뻔히 보이는 사실"을 보는 능력이 핵심이다. 대부분의 사람이 자기 주변의 사실에 대해 잘 알아채지 못한다는 말이다. 엄청난 비법이 있는 것이 아니라 사실을 잘 보느냐 못 보느냐가 통찰력이 있으냐 없느냐를 판가름하는 결정적인 요인이다.

1847년 10월에 독일 과학자 지멘스가 설립한 '지멘스'사가 세계적인 전기전자 및 대체에너지, 헬스케어 기업으로 성장한 것도 미래 통찰력이 큰 몫을 차지한다. 지멘스는 생존과 성장을 뒷받침하는 정교한 미래예측 프로세스를 가지고 있다. 미래예측과 관련해 자신들만의 체계적이고 완성도 높은 방법론을 오래전부터 구축하고 상당한 투자를 지속하면서 'PoF'(Picture of Future)라는 미래연구

프로그램도 운영한다. 매년 2회 발간되는 미래예측 정기 보고서는 어떤 정부기관의 예측과 비교해도 뒤떨어지지 않을 정도로 정교하고 전문적이다.

그러면 통찰력을 가져야 할 대상은 누구인가? 바로 리더다. 1878년, 스웨덴 최대 재벌인 발렌베리 가문의 2대 경영자인 마르쿠스 발렌베리 시니어는 "아무리 엉망인 기업도 CEO가 유능하면 살려낼 수 있다"라고 말했다. 창립 후 160년을 이어온 발렌베리는 기업의 성패는 '경영자의 능력'에 달려 있다는 철칙을 경영 황금률로 계승하고 있다. 국내의 한 일간지가 블랙스톤의 회장 스티브 슈워츠먼, 코스트코 창업자 짐 시네갈, 페이스북 COO 셰릴 샌드버그, 하버드 경영대학원 교수 린다 힐, 런던비즈니스스쿨 교수 게리 하멜, MIT 미디어랩 소장 조이 이토 등 세계 최고의 경영자, 경영학 대가들에게 성공의 법칙을 물었다. 그들의 대답은 세 가지로 압축되었다. 강력한 자기확신conviction, 소통과 연결connect, 기민한 변화change 대응력이다. 강력한 자기확신은 자기를 통찰하는 데서 나오고, 소통과 연결은 타인을 통찰하는 데서 나오고, 기민한 변화 대응력은 세상의 변화를 통찰하는 데서 나온다. 세 가지 통찰洞察이 성공한 리더의 '이기는 기술'이다.

한국이 위기에 빠졌다는 경고가 도처에서 들려온다. 필자도 오래전부터 한국의 금융위기, 잃어버린 20년의 가능성 등을 예측하고 경고했다. "하늘이 무너져도 솟아날 구멍이 있다"는 속담이 있다. 하지만 솟아날 구멍이 있어도 이를 발견할 능력이 없으면 무용지물이다. 하늘이 무너지는 위기 속에서 솟아날 구멍을 찾으려면 정신을 똑바로 차려야 한다. 정신을 똑바로 차린다는 것은 어떤 의미일까? 바로 생각하는 힘을 키워 통찰력을 가지라는 말이다. "아무리 엉망인 기업도 CEO가 유능하면 살려낼 수 있다"는 말이 가슴에 와닿는다. 한국의 위기 극복 해법은 통찰력 있는 유능한 경영자로부터 시작된다. 하지만 선장을 도와 폭풍우를 뚫고 나가야 하는 선원들도 통찰력을 가지면 더 좋을 것이다. 작은 파도는 선장의 리더십만으로 헤쳐 나가는 것이 가능하지만, 대형 폭풍우를 극복하기 위해서는 모든 선원의 통찰력이 필요하기 때문이다.

1990년 콜로라도 미식축구팀을 전국 우승으로 이끌면서 빅 에이트 콘퍼런스Big Eight Conference가 선정한 올해의 코치상을 세 번 수상하고, UPI가 선정한 올해의 코치상을 두 번 수상한 빌 매카트니는 미식축구의 경기 승패조차도 정신과 육체가 3 대 1로 작용한다고 말했다.[3] 중요한 것은, 코치 한 사람이 겸비한 강력한 생각의 힘이 아니라 팀원 전체의 생각의 힘이 강해져야 한다는 점이다. 모두의 통찰력이 강해져야 원하는 승리를 가져오고 또 지킬 수 있다.

랠프 월도 에머슨의 말대로 "인생은 우리가 하루 종일 생각하는 것으로 이루어져 있다." GE 회장을 지낸 잭 웰치는 "전 직원의 99.9퍼센트가 무리 속에 숨죽여 있는 것은 그들이 생각을 하지 않기 때문입니다"[4]라고 했다. 생각의 능력을 기르고 훈련하지 않으면 절대로 예리한 통찰력을 가질 수 없다. 뛰어난 통찰력은 당신을 위해 많은 것을 해준다. 문제 해결을 돕고 기회를 만들어주고, 위기를 한발 앞서 피해가도록 하며, 부를 가져다준다. 즉 나의 인생을 바꿔준다. 그리고 결정적으로 통찰력은 고갈되지 않는다. 그 때문에 예리한 통찰력을 갖기 위해 노력하는 것은 충분히 가치 있다.

통찰력은 절대 저절로 향상되지 않는다. 훈련이 필요하다. 의식적으로 사고 과정을 마스터하려고 노력하고 훈련해야 한다. 이 책은 필자가 그동안 연구하고 발표했던 통찰력에 관한 내용과 기술 훈련방법을 한곳에 모아 다듬은 것이다. 그간 미래학자의 통찰법에 대한 독자들의 관심과 요구가 많았고, 필자도 연구한 내용을 모아 체계적으로 정리할 필요를 느꼈다. 이 책의 일부 내용은 필자의 이전 책들에서 소개했던 내용임을 미리 밝혀둔다. 하지만 이 책을 집필하면서 통찰력에 대한 새로운 내용을 많이 담으려고 했고, 기존에 발표한 내용도 필자의 발전한 생각을 중심으로 재구성하면서 의미와 기술을 좀더 명확히 하여 이전 내용을 어느 정도 읽은 독자들이 이 책을 다시 접하더라도 헛되지 않도록 노력했다. 모쪼록 이 책을 읽는 독자들이 필자의 경험과 연구 결과를 통해 어렵게 느꼈던 통찰력을 한층 향상하는 데 도움을 얻기를 바란다.

이 책이 나오기까지 많은 분이 수고해주셨다. 특히 김영사 고세규 대표님을 비롯해 출판팀 전 직원분께 감사하며, 또한 오랫동안 필자의 글을 지지해주신 김중현 대표님께 감사의 마음을 전한다. 이들이 없었다면 '통찰력'이라는 다소 무겁고 어려운 주제를 다룬 이 책이 독자들을 만나기 어려웠을 것이다. 그리고 필자의 생각에 관심을 가지고 이 책을 선택한 독자들께 그 누구보다 감사하는 마음이다. 때로는 정성 어린 피드백과 날카로운 지적으로 채찍질하고, 때로는 박수와 따뜻한 말로 격려하는 독자들이 있었기에 필자가 오랫동안 글을 쓰며 세상과 소통할 수 있었다. 끝으로 이 책으로 통찰력을 키우고 자신의 것으로 만들어 미래를 위한 최고의 무기를 갖는 독자들이 나오길 기대해본다.

2019년 캘리포니아에서
미래학자 최윤식

제4장 통찰의 심연, 미래연구

통찰이
이긴다

Insight
into
Futures

이기는 힘, 통찰

스포츠 감독의 통찰력은 게임의 흐름을 바꾸고, 의사의 통찰력은 환자의 생명을 살리고, 최고경영자의 통찰력은 회사의 운명을 바꾼다. 이기는 힘은 통찰에서 나온다. 통찰력은 성공을 만드는 능력의 정수精髓다. 노력하지 않으면 절대로 성공할 수 없다. 하지만 노력한 모두가 성공하는 것은 아니다. 어떤 이는 운칠기삼運七技三을 말한다. 사람이 살아가면서 일어나는 모든 일의 성패는 기술(실력)은 30퍼센트에 불과하고 행운이 70퍼센트라는 주장이다. 비겁한 말이다. 운도 실력이라고 떠벌리지만 한마디로 억지다. 노력한 만큼 성과가 나지 않는 데는 두 가지 분명한 이유가 있다. 하나는 아직 열매가 열릴 시간이 되지 않았기 때문이다. 모든 노력은 열매를 맺는 시간이 정해져 있다. 세상의 이치다. 이런 이유라면 참고 기다리면 된다. 하지만 세상일은 참고 기다리거나 계속 노력을 해도 원하는 성과나 탁월한 성과가 나타나지 않는 경우도 많다. 왜 그럴까? 탁월한 성과는 '1퍼센트의 통찰'과 '99퍼센트의 노력'으로 만들어진다. 비율상 1퍼센트밖에 되지 않지만, 통찰력이 부족하면 99퍼센트의 노력은 탁월한 성과를 맺지 못한다. 이것이 노력한 만큼 성과가 나지 않는 두 번째 이유다.

통찰은 한자로 밝을 '통洞', 살필 '찰察'을 쓴다. 환희 살펴본다는 의미다. 사회생활을 하는 이라면 사물을 환희 꿰뚫어 보아 문제의 본질을 알아차리고, 내적·외적 전체 구조를 새로운 시점에서 파악하는 능력이 얼마나 중요한지를 안다.

1987년, 프린스턴대학교 전기공학과를 졸업한 한 남자가 경제학 교수들이 주축이 되어 주식거래 시스템을 개발하는 벤처회사 피텔에 입사한 지 1년 만에 관리자급 지위에 올랐다. 1988년, 이 남자는 금융회사 뱅커스 트러스트로 이직하고 10개월 만에 최연소(26세) 부사장으로 승진한다. 1990년, 퀀트형 헤지펀드 디이쇼로 직장을 옮긴 그는 그곳에서도 1년 만에 최연소 부사장이 되었고, 몇 년 후에는 수석 부사장 자리까지 오른다. 승승장구를 하던 그는 1994년 7월, 한 잡지에서 "인터넷 웹 사용 매년 2,300퍼센트씩 성장"이란 기사를 접한다. 그는 이 기사 속에서 '인터넷을 통한 생산자와 소비자의 중간 역할'에서 다가오는 미래의 새로운 기회를 통찰한다. 금융회사에서 자신의 새로운 사업 아이디어를 펼치는 데 한계를 느낀 그는 잘 나가던 회사를 그만두고 시애틀로 이주해 1994년 7월 드디어 자기 집 창고에 세 대의 워크스테이션을 설치하고 '카다브라'라는 새로운 회사를 창업한다. 24년 후, 그는 빌 게이츠와 워런 버핏을 제치고 세계 1위 부자가 된다.

그가 바로 아마존 창업자 제프 베이조스다. 창업 7개월 후에 회사명을 아마존으로 바꾼 제프 베이조스는 24년간 중요한 순간마다 미래 변화를 꿰뚫어 보는 탁월한 통찰력으로 시장을 깜짝 놀라게 하는 의사결정을 하여 전자상거래를 기반으로 도서를 비롯하여 다양한 상품은 물론 태블릿 PC와 스마트폰 제조 판매, 기업형 클라우드 서비스, 미디어 콘텐츠, 인공지능과 로봇, 우주 산업 등에서 무수한 경쟁자를 제치고 세계 최고의 성과를 내고 있다.

기술보다 통찰이 먼저다

"세상의 변화보다 늦게 변화하면 고통을 겪게 된다." 필자가 전작에서 한 말이다. 빠른 변화의 시대, 기업의 생존은 기술에 있지 않다. 뛰어난 기술은 사람들의 주목을 끌고, 좋은 상품을 만드는 요소다. 그러나 뛰어난 기술만으로는 100년이 넘어 지속되는 기업이 되기 어렵다. 지금처럼 급변하는 시기에는 30년을 채 지속하기도 버겁다. 기술의 진보 속도가 빨라져서 시장을 지배하는 주력 기술 자체가 빠르게 바뀌고, 기술 습득 시간도 짧아지고 있기 때문이다. 지금은, 그리고 미래는 기술보다 통찰력이 더 중요하다. 뛰어난 기술력을 보유한 삼성이 뛰어난 통찰력을 가진 스티브 잡스의 애플을 이기지 못한 것을 생각해보라. 한 번의 승리는 기술만으로 가능하다. 하지만 계속 이기는 기업이 되려면 통찰력이 필수다. 세상의 변화를 남보다 한발 먼저 통찰하는 능력이 있어야만 시장이 변화하기 전에 승리의 길목을 장악할 수 있기 때문이다.

영화 〈300: 제국의 부활〉을 보라. 전쟁에서 유리한 고지를 선점하고 미리 준비하는 것은 병력과 화력의 열세를 극복하는 비결이다. 기원전 480년 벌어진 3차 페르시아 전쟁을 소재로 한 이 영화는 레오니다스왕이 이끄는 300명의 스파르타군이 테르모필레 협곡에서 크세르크세스왕의 30만 페르시아 대군을 막아낸 실화를 바탕으로 한다. 아버지 다리우스 1세의 복수를 위해 페르시아 제국의 크세르크세스왕은 10년간 최대 규모와 최강 전력을 준비했다. 페르시아에서 흑해를 우회해서 그리스로 진군하면 2년이 소요되어 전력 손실이 크기 때문에 700척의 전함을 연결하여 1.6킬로미터의 다리를 만들어 유럽과 아시아를 가르는 헬레스폰트 해협도 곧장 건넜다. 이것은 페르시아가 당대 최고의 토목공학 기술을 보유하고 있었기에 가능했다. 하지만 페르시아 대군은 폭 180미터 양옆이 절벽과 낭떠러지로 된 테르모필레 협곡에서 발이 묶이고 말았다. 스파르타의 레오니다스왕이 이끄는 300명의 군인이 그리스 남북을 잇는 유일한 통로인 테르모필레 협곡을 막아섰기 때문이다. 페르시아의 크세르크세스왕은 불사 부대로 불린 최강 중장보병 1만 명을 협곡으로 진격시켰다. 결과는 스파르타의 일방적 승리였다. 레오니다스군은 피해를 거의 입지 않았지만, 페르시아군은 수천 명이 전사했다. 지형의 힘이었다. 비록 다음 날 한 그리스 주민이 협곡 뒤로 돌아가는 샛길을 밀고하는 바람에 포위를 당한 레오니다스의 군대가 전멸을 당했지만 협곡에서 오랜 시간을 지체한 페르시아군은 전열을 정비할 시간을 번 그리스 수군에게 살라미스 해전에서 대패하고 퇴각을 하고 말았다.

그리스와 페르시아 전쟁뿐만 아니라 동양에서 전쟁의 달인으로 평가받는 손자, 신화적 인물로 추앙받는 제갈공명, 세계 역사상 가장 탁월한 해군 제독으로 인정받는 이순신 장군의 승리 비결도 똑같았다. '승리의 길목'을 먼저 장악하려면 미리 준비해야 한다. 미리 준비하려면 변화를 간파하는 통찰력이 있어야 한다. 임진왜란이 일어날 것을 미리 통찰하여 준비한 이순신 장군은 나라를 구했지만, 세상의 변화를 늦게 읽은 선조와 조정 대신들 때문에 백성은 고통을 겪어야 했다.

기업도 마찬가지다. 세상의 변화를 통찰하지 못하면 고통을 겪는다. 변화를 이끌어가기는커녕, 변화에 적응하는 데 힘을 낭비하고 있다. 자기보다 먼저 변화에 적응한 기업들과 경쟁을 하면 시작부터 불리한 상황에 놓일 수밖에 없다. 불리한 조건에서 피를 말리는 극심한 경쟁을 지속하다 보면 기업 수명은 짧아진다. 승리하려면 먼저 움직여야 한다. 전화 시장의 변화에서 먼저 움직인 애플을 기술력이 앞선 삼성, 모토롤라, 노키아, 소니 등이 이기지 못한 것을 기억하라. 전기차와 자율주행차 부문에서 먼저 움직인 테슬라가 기존 자동차회사의 가치를 넘어선 것을 기억하라. 또한 이건희 회장의 통찰력이 없었다면 삼성은 세계 최고의 반도체 기업이 되기 힘들었을 것이다. 기술보다 통찰이 먼저다.

통찰은 영어로 'Insight'다. 안in을 들여다본다sight는 뜻이다. '밖'은 눈에 보이는 '현상現像'이고 '안'은 '이면裏面'이다. 눈에 보이는 현상 이면을 들여다본다는 것은 변하지 않는 것(혹은 거의 변하지 않는 것), 숨겨진 중요한 것, 변화의 원리를 파악하는 것이다. 이것을 '이치理致'라고 한다. 이치는 모든 만물의 '중심'이다. 모든 영역의 '기초'다. 이치를 통찰하면 모든 변화나 복잡한 현상의 최종 '결론'을 알게 된다. 현 변화의 끝이 무엇인지, 복잡하게 일어나는 일의 미래를 예측할 수 있다. 결론을 이미 알고 있기 때문에 복잡하고 현란한 현상에 속지 않고 올바른 선택과 의사결정을 할 수 있다. 정확한 의사결정을 하기에 모든 자원을 효율적으로 사용할 수 있다. 정확한 의사결정과 자원의 효율적 배분과 사용은 기업의 속도를 높인다. 속도가 높아지면 변화의 뒤꽁무니를 따라가지 않고 변화를 주도할 수 있다. 변화를 주도하니 미래를 스스로 만들 수도 있다. 미래가 내게 변화를 강요하면 고통이지만, 내가 미래를 주도하면 변화가 곧 기회다. 오해하지 말라. 기업이나 개인의 승리에 기술이 중요치 않다는 말이 아니다. 통찰력이 앞서기 때문에 수많은 기술 중에서 집중할 기술이 무엇인지를 단번에 간파하고 자본과 경영 능력을 집중할 수 있어 승리할 수 있다. 그래서 기술보다 통찰이 먼저다.

통찰력의 발현 구조

이 책은 통찰의 기술을 다룬다. 통찰의 기술은 한 가지가 아니라 매우 다양하다. 인류 역사에서 탁월한 혜안과 통찰력을 발휘한 사람이라면 각기 나름대로 독특한 통찰의 기술을 구축했기 때문이다. 이 책의 목적은 그 모든 기술을 열거하거나 종합하는 데 있지 않다. 아직 오지 않은 미래에 대해 통찰력을 발휘해야 하는 직무를 수행하는 미래학자로서 훈련하고 경험한 통찰의 기술을 독자들에게 소개하는 데 목적을 둔다. 어떤 이는 필자의 통찰 기술에 공감할 수도 있고 그렇지 않을 수도 있지만, 호불호와 상관없이 이 책을 읽는 독자는 두 가지를 알게 될 것이다. 하나는 통찰력은 주관적 마법이 아니라 객관적 기술이다. 다른 하나는 기술이기에 누구나 훈련하면 상당한 수준에 오를 수 있다. 이 두 가지만 설득할 수 있다면 필자는 최소한의 목적을 달성했다고 안도할 수 있을 것이며, 독자도 쉽지 않은 책을 집어든 보람을 얻을 것이다.

통찰력은 기술이기에 과정과 도구가 있다. 기술은 어떤 목표를 달성하거나 특별한 과업을 성취하는 데 필요한 일련의 '행동'이다. 무언가를 성취하기 위한 일련의 행동은 연장으로서 수단(도구)과 적절한 순서(과정)로 구성된다. 특정한 통찰이 발현되는 이면에는 최소한 한 가지 이상의 수단과 순서가 있다. 통찰력 발휘에 사용되는 수단은 두 가지다. 하나는 생물학적 사고思考/thinking이고, 다른 하나는 물리적 기술技術/technology이다. 생물학적 사고는 인간의 뇌에서 작동하는 순수한 생각을 가리키며, 물리적 기술은 인간의 외부에서 작동하는 계산기나 인공지능 같은 기계적 도구를 의미한다. 생물학적 사고는 (수학을 포함한 넓은 의미의) 철학적으로 객관화되어 있고, 기계적 도구도 과학적으로 검증되어 있다. 그래서 통찰력을 발휘하는 사람들은 도구에서는 큰 차이가 없다. 반면에 이런 수단을 사용하는 일련의 순서(과정)는 통찰력을 발휘하는 사람마다 차이가 있다. 학문적 배경, 익숙한 사고 기술의 차이, 정보나 지식의 정도, 기계적 도구에 대한 정서적 친밀함과 숙련도의 차이 등으로 나름 주관적인 순서를 만들어낸다. 통찰의 노하우, 즉 비결은 도구(수단)보다는 순서(과정)에 해당하는 경우가 많다. 필자가 즐겨 사용하는 통찰력 발휘 순서를 예로 들어보자.

① 통찰의 대상(질문) 선정
② 넓은 범위의 정보, 지식 입력(수집, 학습)
③ 생각의 기술과 기계적 도구로 사전 처리
④ 통찰의 대상(질문) 범위에 선정된 정보, 지식 몰입
⑤ 생각의 기술로 후속 처리
⑥ 통찰값 산출

통찰의 대상은 주로 질문 형식으로 정해진다. "스마트폰의 미래는 어떻게 될까?"처럼 큰 질문이 될 수도 있고, "트럼프가 재선에

성공할 확률은 얼마나 될 것인가?"처럼 구체적 질문이 될 수도 있다. 통찰의 대상이 정해지면, 가급적 넓은 범위에서 지식과 정보를 수집하고 학습한다. 학습이라고 표현한 것은 정보나 지식에 대한 확실한 이해까지 나가야 함을 의미한다. 이 단계에서 통찰의 대상(질문)보다 넓은 범위에서 정보와 지식을 수집하고 학습해야 하는 이유는 최종 도출될 통찰값의 상당 부분은 처음 생각의 범위 밖에서 찾을 수 있거나 최초의 경계선 밖의 정보와 지식을 연결해야 얻을 수 있기 때문이다. 사전 처리는 정보나 지식의 전처리 preprocessing 과정이라고 보면 된다. 입력된 데이터 안에서 잡음을 제거하거나, 일관성 결여를 교정하거나, 특성이나 불변표상不變表象/ unchangeable representation을 추출하거나, 분류와 범주화를 한다.

미래예측으로 설명하면, 정보를 필터링하고 예측에 사용할 변수들을 추출하는 단계다. 이에 반해 후속 처리는 통찰 대상에 속할 것으로 판정된 정제된 정보나 지식을 다양한 사고 기술을 사용하여 본격 가공하는 단계다. 미래예측으로 설명하면, 정보나 지식의 연관, 확장, 재구조화 단계다. 사전 처리와 후속 처리 사이에 있는 몰입은 마치 돋보기 렌즈를 통해 빛에너지를 한 점에 집중하는 것처럼 해답의 실마리를 찾기 위해 특정 영역에 생각(정보, 지식, 사고 기술)을 집중하는 단계다. 이 단계에서 찾은 실마리는 후속 처리 단계를 진행하는 최초의 파라미터parameter(매개변수) 혹은 해답 도출의 시작점이 된다. 통찰값은 정량적 숫자나 정성적 서술로 최초의 질문에 대해 도출된 해답이다. 미래예측으로 설명하면, 정량적 예측값이나 정성적 시나리오다.

통찰은 세 가지 능력이다

통찰의 순서가 어떻든 통찰력은 세 가지 단계를 반드시 수행해야 한다.

이해, 분석, 예측

이 세 가지가 통찰력의 수준을 좌우한다. 수천 년간 인간은 시시각각 변하는 환경에서 살아남기 위해 신체능력을 발전시켰다. 그중 생존을 위한 중요한 요소인 시각은 어떤 기능보다 더 많은 발전이 있었다. 시각의 발전은 안구眼球의 진화만이 아니다. '눈과 뇌의 협력작용을 통한 시각 역량 전체'의 향상을 의미한다. 인간 사이에서 발생하는 정보의 이해, 분석, 예측의 수준 차이는 이런 종합적 시각 역량에서 나온다. 필자만 이런 생각을 하는 것이 아니다.

서울대학교 교육학과 나일주 교수는 외부 시각 기관과 내부 두뇌를 결합한 '시각 지능'으로 외부 환경을 판단, 적응, 활용하는 것이 인간의 총체적 지능에 큰 영향을 미친다고 보았다. 나일주 교수에 따르면, 시각 지능의 수준은 해석interpretation, 조작operation, 창조creation로 나뉜다.[1] 해석은 생존에 가장 먼저 필요하다. 인간의 뇌는 사물의 높낮이, 거리, 움직임, 실제로 존재하는 것과 거울 속에 비친 것을 구분하는 것, 현재 일어난 사건에 대한 사태 파악이라는 고난도의 외부의 환경 해석을 시도한다. 필자가 통찰력 발휘에서 반드시 수행되어야 할 첫 번째 요소로 꼽는 '이해'는 외부 세계에 대한 정확한 해석의 결과다. 통찰과 관련해서, 필자는 이해의 주목적을 '의미 파악'에 둔다. 이해력은 문자 이해, 맥락 이해, 상황 이해, 역사 이해 등의 과정을 거치지만 핵심은 '새로운 정보와 과거 정보를 비교'하는 능력이다. 이를 위해서는 과거 사건의 '기억'이 필수다. 컴퓨터, 인터넷, 인공지능이 없던 시대에는 기억력도 통찰력 발현에 중요한 조건이었지만, 지금은 기술의 발달로 통찰에 필요한 기초 정보나 지식을 모두 뇌에 기억할 필요는 없다. 수준 높은 비교 이해력을 갖추려면 비판적 사고 기술이 필수 도구다. (이해는 통찰력 발휘의 한 단계이고, 비판적 사고는 이해 단계에서 사용하는 도구다.)

이해력이 높다는 것은 이해의 차원이 높다는 말이다. 해석 수준이 높다는 말이다. 쉬운 예로, 단순한 신경계를 가지고 1차원적 기억과 비교 이해를 하는 단세포 생물과 복잡한 신경계를 사용해서 다차원적 기억과 비교 이해력을 가진 인간의 수준 차이를 떠올리면 된다. 당연히 인간 사이에도 훈련의 정도에 따라 이해력 차원이 달라진다. 점이나 선처럼 1차원 수준의 세상 이해에 머무른 사람도 있고, 가로 세로축의 공간(입체)이라는 2차원, 공간에 시간이 결합된 3차원에서 세상을 이해하는 사람도 있다. 더 나아가 시간의 공간이 더해지는 4차원의 세계에까지 생각의 힘이 미쳐서 과거 현재 미래를 자유롭게 오가며 세상을 이해하는 사람도 있다. 또 다른 면의 차원도 있다. 문자 이해 차원에만 머무른 사람이 있는 반면, 문맥을 통한 의도 이해, 주변 상황과 역사적 환경을 통한 맥락 이해 등이 복합적 차원에서 중요한 것을 파악하는 수준 높은 이해력을 가진 사람도 있다. 이해력에서 가장 높고 복잡한 차원은 '성찰'이다. 자기 이해력이라고도 불리는 성찰은 대상을 이해하는 자기 자신까지 이해하는 고차원적 비교 이해력이기 때문이다.

해석을 통해 완벽한 이해를 마친 인간의 뇌는 시각적 자료와 객체(사물)를 머릿속에서 다시 그려보거나 그것들을 물리적 측면이나 개념적 측면 혹은 관계적 측면을 기준으로 분류하고 지적으로 조작한다. 필자는 이런 과정을 '분석'이라 칭하고, 꼼꼼하고 고차원적 이해를 바탕으로 '중요한 것을 끄집어내는' 일이라고 규정한다. 중요한 것을 잘 끄집어내려면 쪼개고, 모으고, 분류, 특성 추출, 연결 등을 수행하는 사고 도구를 잘 사용해야 한다. 무엇이 중요한가는 다음의 두 가지가 결정하는데 하나는 이치다. 예를 들어, 무엇보다 중요한 것은 인간의 생명이다. 이것은(인간의 생명이 가장 중요하다는 것) 이치를 따르기 때문에 시간이 지나도 변하지 않고 중요한 것이라 평가받는다. 다른 하나는 통찰의 대상을 둘러싸고 있는 상황(환경)이 결정한다. 그래서 선행 단계였던 이해력이 부족하면 분석력도 떨어진다.

나일주 교수에 따르면, 해석(이해)과 조작(분석)을 마친 뇌는 마지막 단계인 창조 차원으로 지적 작용을 넓힌다. 필자가 말하는 '예측'이 바로 이 단계다. 현실에는 없거나 미래의 어느 시점에서나 가능한 무언가를 그림·음악·글로 형상화하고, 자신과 인류의 미래에 대한 비전을 구상하고, 끄집어낸 중요한 것들의 미래 변화를 논리적, 확률적으로 추론해보고, 환상적인 비즈니스 아이디어들을 창조해내는 능력이 모두 여기에 포함된다. 해석(이해), 조작(분석), 창조(예측) 이 세 가지 능력은 현실의 한계를 뛰어넘는 지식을 생산하고, 인간이 동물 수준을 넘어 깊은 사유와 통찰을 가능하게 하는 힘이다.

나는 미래를 어떻게 통찰하는가

많은 사람이 궁금해하는 것이 있다. 필자의 미래통찰 방법이다. 당연히 위에서 설명한 이해, 분석, 예측 과정을 철저히 따른다. 필자는 통찰력의 수준을 평가할 때 두 가지 기준을 사용한다. 하나는 '관점의 정확도'다. 여기서 정확도는 잘 맞추느냐 못 맞추느냐가 아니라 핵심을 잘 짚었는지다. 즉 레버리지 포인트leverage point를 간파했느냐다. 다른 하나는 '관점의 범위'가 얼마나 넓은지다. 자동차의 미래를 예측할 때, 자동차 기술 관점만 가진 것과 미래의 인구 변화, 경제상황의 변화, 로봇이나 나노 등 다른 기술 관점, 글로벌 패권 경쟁 관점 등 다양하고 넓은 관점을 가지고 미래를 예측하는 것은 차이가 분명히 있다. 관점의 정확도와 범위, 필자는 이 두 가지를 통찰력의 예리함을 평가하는 내부 기준으로 삼는다. 이것 외에도 필자가 미래통찰을 수행할 때 늘 마음에 새기는 말이 있다.

객관성과 엄밀성, 진지한 사유를 무시하면 미래학은 지적 사기가 된다. 상상력을 펼치더라도, 팩트와 논리성과 확률적 가능성에 기초해야 한다.

그러면 필자의 미래통찰 기술에 한발 더 들어가 보자. 앞에서는 통찰력이 발휘되는 단계를 예시했다면 지금부터는 필자가 가진 미래통찰의 기준을 다룰 것이다. 기준 혹은 '마인드 세트mind-set'(생각의 습관)라고 부르는 것을 먼저 다룬 후에 구체적 기술을 다음 장에서 다루기로 하자. 마인드 세트는 정보를 대하는 생각의 기준, 경향, 방식이나 태도 등을 가리킨다. 마인드 세트는 이런 모든 것이 작용해서 만들어진 '생각의 습관'이라고도 할 수 있다. 습관으로 형성되기 때문에 자연스럽게 작동한다. 자연스럽게 작동하기 때문에 마인드 세트를 어떻게 형성해두느냐가 수준 높은 통찰력의 지속적 발휘에서 중요하다. 필자의 경험으로는 짧은 시간에 대략적인 흐름이나 방향을 포착하는 통찰력을 발휘할 때는 마인드 세트를 사용하고, 장시간에 걸쳐 심층적 연구를 통한 고차원적 통찰력을 발휘할 때는 (다음 장에서 설명할) 통찰의 기술을 사용한다. 미래학 기법 중에 'genius forecasting'이 있다. 우리말로 번역하면, '천재의 예측 기법' 정도가 되는데, 특정한 예측 기술을 사용하지 않고도 직관적으로 탁월한 미래 통찰력을 발휘하는 사람에게 사용하는 말이다. 하지만 이 기법은 신비적 기술이나 일반인과 전혀 다른 천재이기 때문에 발휘하는 기술이 아니다. 뇌 속에 잘 발달된 미래예측 마인드 세트를 장착한 미래학자가 짧은 시간에 대략적인 미래 흐름이나 방향 혹은 중요한 변수를 포착하는 통찰력을 발휘하는 상황이다.

당신도 이런 'genius forecasting' 능력을 얼마든지 장착할 수 있다. 인간의 뇌는 주인이 어떻게 학습하느냐에 따라서 '(자동) 작동 패턴'을 형성한다. 그 패턴을 '습관'이라고도 한다. 근육 신경에 훈련된 패턴은 동작 습관을 형성하고, 뇌신경에 형성된 패턴은 '생각의 습관'을 형성한다. 당신도 이미 일정한 행동 습관이 몸에 배인 것처럼, 생각의 습관도 형성되어 있다. 다행인 것은, 뇌신경공학의 최신 연구 결과에 따르면 인간의 뇌신경이나 근육 신경은 훈련을 통해 개선되거나 변형될 수 있다.

뇌신경공학과 미래 통찰력

좋은 뇌신경 패턴을 만들어 좋은 마인드 세트로 통찰력을 높이려면 뇌가 습관을 형성하는 법을 알아두는 것이 유용하다. 뇌가 생각의 습관을 형성하는 것은 정보의 전달, 기억, 학습 과정의 결과다. 이 모든 과정에 등장하는 주요소는 뉴런neuron(신경세포), 뇌의 작동 방식, 커넥톰connectome이다. 신경세포는 정보의 전달, 기억, 학습의 기초 단위이고, 커넥톰은 정보의 기억과 학습의 결과물이고, 뇌는 정보를 기억하고 학습하는 고유한 작동 방식을 갖고 있다.

인간 몸에는 60조 개 정도의 세포가 있다. 이 중 정보 전달, 기억, 학습을 담당하는 신경세포는 100억~1,000억 개 정도다. 신경세포는 영어로는 그리스어 밧줄 혹은 끈에서 유래한 단어인 뉴런이다. 신경세포는 뇌를 비롯해서 척수, 근육, 장기 등 몸 곳곳에 퍼져 있다. 인간은 몸 전체를 통해 정보를 처리한다는 의미다. 위에는 1억 개 정도, 척수에는 30억 개의 신경세포가 있지만, 뇌에는 100~150억 개 정도가 있다. 정보 처리에 뇌가 가장 중요하기 때문이다. 뇌에 있는 신경세포를 뇌신경세포라고 부른다.

신경세포는 다른 세포처럼 막으로 둘러싸인 세포체細胞體/soma와

돌기swelling/bump로 구성된다. 세포체 속에는 액체가 가득하고 유전자를 가진 핵, 단백질 분자를 만들어내는 리보솜ribosome, 산소를 사용하여 세포에 필요한 에너지를 생산하는 미토콘드리아가 있다. 돌기는 신경세포를 둘러싼 막의 일부가 길게 늘어져 있는 형태로 수상돌기dendrite와 축색돌기axon fiber로 나뉜다. 수상돌기는 다른 신경세포의 축색돌기에서 보낸 정보를 받는 역할을 한다. 신경세포의 입력 기관인 수상돌기는 세포체 하나에 1,000~1만 개가량 달려 있다. 반면 축색돌기는 하나뿐이고 돌기 중에서 가장 길며 수초myelin sheath라는 절연체로 싸여 있다. 축색돌기는 수상돌기에 입력된 정보가 중앙처리기관인 세포핵을 거쳐 나오면 다른 신경세포로 전달하는 역할을 한다. 신경세포 출력 기관인 셈이다. 축색돌기는 1밀리미터 정도 되지만, 가장 긴 것은 척추 끝에서 엄지발가락에 이르는 축색돌기로 1미터에 이르기도 한다. 축색돌기는 여러 갈래로 갈라져 있는데, 맨 끝 단을 축색종말axon terminal 혹은 신경전달 물질을 담고 있는 시냅스 주머니가 달려 있어서 시냅스 혹synaptic knob이라 부른다. 신경세포가 수많은 돌기와 시냅스를 갖는 이유는 다른 뉴런들 사이를 지나가면서 부딪쳐 '연결'되기를 원하기 때문이다.[2]

뇌가 학습을 하려면 가장 먼저 정보 전달이 일어나야 한다. 뇌의 정보 전달 방식은 전기 신호다. 신경세포가 전기 신호를 주고받는 최소 단위 장치로 사용된다. 만약 누군가가 특정 순간에 당신의 뇌 안에서 발생하는 전기 신호를 측정했다면, 그것은 그 순간에 당신 뇌 속 신경세포들의 활동 모습이고, 당신의 지각, 느낌, 인식이 어

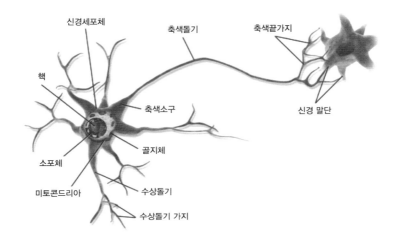

떻게 작동했는지를 알 수 있는 정보다. 신경세포는 이웃 신경세포
와 전기를 주고받는다. 전기가 흐르지 않는 절연체에 전기가 흐르
는 것이 신비롭다. 구리로 된 전선에는 '전자'가 흐른다. 하지만 신
경 속을 흘러 다니는 전기는 '이온'이다. 뇌신경 속 전기 신호는 전
자 흐름이 아니라 이온 흐름이다. 이온은 전하를 띤 원자 혹은 원
자단이다. 전기적으로 중성인 원자가 외부의 힘에 의해서 전자를
잃으면 양이온이 되고, 전자를 얻으면 음이온이 된다. 뇌신경세포
의 안쪽은 마이너스, 바깥쪽은 플러스다. 신경세포 안팎의 농도가
다르면 전위 차이가 발생한다. 신경세포는 농도를 일정하게 만들
기 위해 염소이온Cl, 나트륨이온Na, 칼륨이온K 중에 특정 이온을
안에서 밖으로 흘려보낸다. 이 과정에서 전자를 잃고 얻고 하면서
전기 신호가 발생한다. 뇌신경세포는 다른 세포와 달리 세포막에

나트륨이온이 지나가는 작은 통로가 있다. 이 통로는 신경세포 안팎의 플러스와 마이너스 차이(전위 차이)가 약화될 때 열리고 나트륨이온을 통과시킨다. 이렇게 전위가 무너지는 연쇄반응이 일어나면 이온의 흐름이 세포막들을 타고 옆으로 번진다. 나트륨이온이 계속 이동을 하는 것은 아니다. 그래서 나트륨이온이 정보가 아니다. 나트륨이온 자체는 그 자리에서 신경세포 속으로 들어가고 나오기를 반복할 뿐이다. 나트륨이온이 안쪽으로 들어오면서 변하는 안팎의 전위차가 정보이고 이 흐름이 정보 이동이다. 신경세포 안이 30~40밀리볼트의 양전위로 전위되면서 안팎 전위차가 무너진 장소를 활동전위活動電位/action potential라고 한다. 활동전위는 신경충격impulse이라고도 하는데, 1밀리초 정도 지속되는 짧은 펄스는 외형상 뾰족한 모양이어서 '스파이크spike'라고도 한다.

신경세포가 스파이크를 일으킨다는 말은 뉴런이 활성화되었다는 것이다. 이처럼 뇌 안에서 전기 정보가 이동한다는 것은 신경세포 안팎의 농도 변화에 따른 이온의 들고나는 움직임으로 전위차

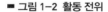

■ 그림 1-2 활동 전위

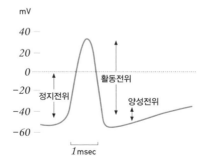

가 약해진 장소(활동전위, 신경충격, impulse)가 도미노처럼 움직이며 이동하는 것이다. 전위 이동 속도가 빠를 때는 시속 300킬로미터도 된다. 이것이 뇌가 학습을 할 때 가장 먼저 일어나는 정보 전달의 실체다.

그렇다면 정보 기억은 어떻게 일어날까? 한 신경세포의 축색돌기 말단과 다음 신경세포의 수상돌기 사이의 연접 부위에 정보를 주고받는 시냅스가 있다. 시냅스의 틈새는 20나노미터 정도 된다. 신경세포의 활동전위는 세포 속에서 구석구석 전해지면서 시냅스까지 도달한다. 시냅스까지 도달한 활동전위는 시냅스에서 1/1,000초 속도로 방출되는 도파민, 세로토닌, 아드레날린 등 100여 종의 신경전달물질을 타고 이웃 신경세포로 전달된다. 참고로 이런 작동 방식 때문에 약물이 정신을 변화시킬 수 있다는 근거가 탄생했다.[3]

학자들은 화학물질을 전달하는 시냅스 말단에 버섯처럼 부풀어 오른 스파인spine 영역에 기억이 저장된다고 판단한다. 시냅스를 반복적으로 자극하면 스파인이 커지기 때문이다. 스파인이 커질수록 정보 기억이 강해지는 셈이다. 신경전달물질을 발사하는 스파인 위쪽에는 다른 신경세포의 수상돌기가 있고, 수상돌기에는 신경전달물질을 받아들이는 수용체가 있다. 그중에 마그네슘 이온으로 입구가 잠겨 있는 NMDA 수용체가 있다. 이 수용체가 기억과 관련된다. 스파인에 자극이 전달되면 AMPA 수용체의 입구가 열리고 나트륨이온이 수용체 안으로 쏟아져 들어온다. 이런 자극이 반복적으로 전달되면 수용체에 있는 세포가 부풀어 오르고 그 힘으로 NMDA 수용체의 단단한 잠금 장치가 밀어 올려지면서 더 많은 나트륨이온, 칼슘이온 등이 수용체를 통과한다. 칼슘이온은 기억을 잘할 수 있는 물질을 만드는 것을 돕고 더 많은 자극을 받아들일 수 있도록 NMDA 수용체를 활성화한다. 그만큼 기억이 단단하게 저장된다. 단, 활동전위가 시냅스까지 도착하면 신경전달물질이 무조건 방출되지는 않는다. 확률적으로 방출된다. 그 확률은 시냅스에 따라 다르다. 근육을 관장하는 운동계 시냅스는 신경전달물질을 거의 100퍼센트 방출한다. 근육을 움직이라는 신호가 왔을 때 반응을 하지 않으면 생존에 문제가 생길 수 있기 때문이다. 하지만 대뇌 세포는 20퍼센트 확률로만 방출한다. 그래서 기억 반응이 운동 반응보다 늦는다.[4]

인간의 뇌에서 지각, 느낌, 인식 등이 부호화encoding되어 저장되는 기억 작용은 두 가지다. 첫 번째 기억 작용은 지금까지 설명한 시냅스 말단에 버섯처럼 부풀어 오른 스파인 영역에 저장되는 기억은 단위 정보 기억 혹은 하위 정보 기억이다. 또 다른 기억은 뇌가 이런 단위 정보(하위 정보) 기억들을 연결하여 상위 정보 기억 혹

■ 그림 1–3 NMDA 수용체의 작용 기전

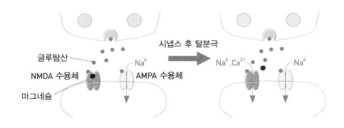

은 종합 기억을 만든다. 즉 신경세포들의 연결 자체가 기억이다.[5] 태아의 뇌는 시냅스 밀도와 연결이 빈약하다. 하지만 아이가 자라면서 다양한 경험을 하면 뇌가 지속적으로 자극을 받아 10세경에는 성인의 두 배 정도로 시냅스 밀도가 높아지고 신경세포들의 연결도 과잉 상태가 된다. 14~16세 무렵이 되면, 과잉 연결 상태를 해소하기 위해 반복적으로 자극을 받아 유용한 정보라고 인식된 것만 기억하기 위해 사용하지 않는다고 판단하는 신경세포 연결을 잘라내고 필요한 배선만을 남긴다. 일명 가지치기다. 뇌가 모든 것을 기억하지 않고 선택과 집중을 한다는 의미다.

예를 들어, 두정엽에서 예술 영역을 담당하는 뇌 부위를 많이 사용하지 않았으면 필요 없는 배선으로 판단하고 뇌는 뇌 전체의 효율성을 높이기 위해 이 부분에서 대규모 가지치기를 실시한다. 자주 사용하여 필요성이 높다고 판단된 뇌 영역은 가지치기를 하지 않고 연결 강도를 더 높인다. 뇌가 스스로 재구조화를 실시하는 것이다. 그래서 이 시기까지 교육적 경험, 또래집단의 경험, 다양한 예체능 경험 등이 중요하다. 반복 학습이 실시되지 않으면 뇌가 필요 없는 영역이라 생각하고 가지치기를 해버리기 때문이다.[6] 청소년기에 공포나 분노 등의 감정 자극에 예민해지고 정서 조절 능력이 약해져서 과잉 행동을 하거나 충동 억제가 쉽지 않은 이유도 대뇌에서 가지치기가 활발하게 일어날 뿐만 아니라 자극을 담당하는 편도체 등을 포함한 대뇌변연계가 발달하기 때문이다. 과잉 생산된 뇌세포와 신경세포 연결을 정리하여 효율적인 뇌 구조를 만드는 과정을 거치면 신경세포 밀도와 연결은 적당한 수준으로 조절

된다.

신경세포들이 연결된 거대한 네트워크를 이해하려면 네트워크 지도가 필요하다. 이를 커넥톰이라고 부르고,[7] 뇌 회로도인 커넥톰을 연구하는 학문을 연결체학connectomics이라고 한다. 연결체학은 넓은 의미로 뇌를 포함한 몸 전체에 분포된 신경세포들 간의 연결망까지 연구한다. 커넥톰 연구는 신경세포와 시냅스 간의 미시적 상호작용부터 모든 대뇌 피질과 피질 하부 간의 기능적이고 구조적인 특성과 연결을 기술하는 거시적 상호작용까지 연구한다. 2011년에 인류는 예쁜꼬마선충의 커넥톰 해독에 성공했다. 예쁜꼬마선충은 흙에서 살고 투명한 몸을 가진 1밀리미터 정도 크기의 선형동물의 일종이다. 예쁜꼬마선충은 다세포 생물 중에서 가장 먼저 DNA 염기서열이 분석되었고, 짧은 생활 주기와 300개체가 넘는 후손을 생성할 수 있고 몸이 투명하고, 959개의 체세포, 1,000~2,000개 정도의 생식세포, 인간 유전자 수와 비슷한 1만 9,000개의 유전자를 가지고, 60~80퍼센트 정도의 유전자가 인간과 비슷하고, 인간 질병에 관련된 유전자의 533개가 예쁜꼬마선충의 유전자에서 발견되는 등 여러 가지 특성 때문에 다세포 생물을 연구하는 데 실험모델로 사용된다. 사람 뇌의 모든 연결망을 그리는 것을 목표로 한 연구를 '휴먼 커넥톰 프로젝트Human Connectome Project'라고 한다. 세포의 핵 안에서 생물의 유전정보를 저장하는 물질인 DNA는 사슬 모양의 긴 분자다. 이 사슬을 이루는 개별적인 고리들은 핵산과 RNA를 구성하는 뉴클레오티드nucleotide라는 작은 분자들이다. 이 분자들은 A(Adenine), C(Cytosine), G(Guanine),

T(Thymine) 네 가지 유형(이름)이 있다. 게놈은 DNA 속에 있는 뉴클레오티드들의 전체 서열sequence이다. 게놈은 A, C, G, T의 조합으로 된 긴 문자열이다. 게놈 지도는 전체 DNA 문자열이다. 게놈 지도처럼 뇌신경계에 있는 신경세포들의 연결 지도 전체를 아는 것은 뇌신경공학의 아주 중요한 과제다.

커넥톰 연구는 우리의 관심사인 통찰력에도 중요하다. 한 사람의 전체 기억의 모습을 알아낼 수 있다면 그 사람의 학습 역량을 파악하여 통찰력의 수준도 과학적으로 평가할 수 있을지 모른다. 게놈의 차이가 사람마다 서로 다른 특징을 만들 듯이, 인간 정신이 서로 다른 것은 커넥톰의 차이가 큰 요인 중 하나라고 보기 때문이다. A, C, G, T 뉴클레오티드 배열의 차이가 인간 유전적 특징의 차이를 만들어내는 것처럼, 뉴런 네트워크의 차이, 배선의 차이가 서로 다른 정신, 지능, 기억과 인식 등의 뇌 역량과 통찰력의 차이를 만들어낸다.[8] 커넥톰을 완성하고, 이를 분석하면 인간의 정신과 존재를 이해하는 길, 통찰력의 신비도 과학적으로 풀릴 수 있을지 모른다.

필자가 통찰력을 후천적으로 발전시킬 수 있다고 확신하는 이유 중 하나는 뇌지도(커넥톰)가 유전적 성향을 갖지만, 상당 부분은 후천적으로 변하기 때문이다. 예를 들어, 사고로 손을 읽으면 뇌에서는 손에 대응하는 영역이 퇴화한다. 반대로 손가락이 네 개밖에 없는 사람에게 분리 수술로 다섯 손가락을 갖게 해주면 일주일쯤 후에 뇌에서는 다섯 번째 손가락에 대응하는 장소가 생긴다.[9] 뇌에서 몸으로 정보를 주기도 하지만, 몸에서 오는 정보가 뇌의 작동과 발전에 영향을 끼친다. 뇌세포와 뇌 부위가 유동적으로 변하는 것을 전문용어로 '뇌 가소성腦可塑性/brain plasticity'이라고 한다. 몸과 뇌는 상호 밀접한 관계를 맺고 물리적, 정신적 경험과 자극을 받으며 계속해서 자기조직화하면서 변한다. 심지어 뇌는 몸에 붙어 있는 사물을 '하나의 몸'으로 관리도 한다. 자동차를 운전할 때 뇌는 자동차를 신체의 일부로 간주해서 그 순간만큼은 자동차에 신경이 연결되어 외부정보를 인지할 수준으로 몸을 크게 인식한다.

게놈 지도로 태생적 역량을 파악하여 '선천적 자아'를 알 수 있다면, 뇌 연결 지도(커넥톰)는 후천적 역량을 파악하여 '경험적 자아'를 알 수 있게 해줄 것이다. 유전자처럼 커넥톰도 프로그래밍된 자아와 학습된 자아가 둘 다 존재한다. 신경과학자들이 발견한 커넥톰 변화의 기본 방식은 '4R'(Reweight, Reconnet, Rewrite, Regeneration)이다. '가중치 변경Reweigh'은 뉴런들 간의 연결의 세기를 강화하거나 약화하는 방식이다. '재연결Reconnet'은 시냅스를 새로 만들거나 제거하는 방식이다. '재배선Rewrite'은 가지돌기가 자라거나 축소되는 방식이다. '재생Regeneration'은 기존의 뉴런을 제거하고 완전히 새로운 뉴런을 만드는 방식이다.[10] 통찰력이 향상된다는 것을 굳이 뇌신경공학적으로 설명하자면 4R의 변화라고 할 수 있다.

인간은 몸과 뇌의 두 개의 상호작용을 통해 발전한다. 유전자는 4R을 안내한다. 유전자가 4R 방식을 사용해서 어떻게 상호 배선되어야 하는지를 통제한다. 4R은 독립된 작용이 아니라 유전자의 안내를 따라 서로 상호작용한다. 반대로 4R은 유전자를 변화시키기도 한다. 유아기와 유년기에는 뇌가 유전자의 안내를 따라 스스로 배선networking을 한다. 성인이 되어서는 경험과 학습을 통해 배선이 바뀌고, 바뀐 배선은 유전자 변화를 자극한다. 즉 유전자와 커넥톰의 상호작용을 통해 육체와 정신이 진보하거나 쇠퇴하기도 한다. 역량이 커지기도 하고, 질병에 걸리기도 한다. 행동의 변화가 커넥톰과 유전자를 변화시키고, 유전자와 커넥톰의 변화는 행동을 변화시킬 수 있다. 만약 미래에 나노 기술로 유전자와 커넥톰을 변화시킬 수 있는 시대가 열리면 행동을 변화시키는 새로운 자기개발법이 탄생할지도 모른다.

아쉽지만 필자의 뇌 속에 형성된 생각의 습관, 즉 미래예측 마인드 세트를 커넥톰을 가지고 생물학적으로 보여주는 것은 먼 훗날로 미루어야 하겠다. 그 대신 인식론적으로 설명을 해볼까 한다. 참고로 인식론認識論/epistemology은 철학의 일종으로 인식, 지식의 기원, 구조, 범위, 방법 등을 탐구하는 분야 혹은 기술이다. 필자가 미래를 통찰할 때 사용하는 마인드 세트(생각 습관)는 총 열 가지다.

미래학자의 마인드 세트

마인드 세트 1: 미래에 관심을 갖고 생각하라

전 세계 130여 개국에 9만 명의 직원을 거느리고 있는 세계적인 제약 및 건강전문기업 애보트 랩스는 130년 역사(1888년 창립)를 자랑한다. 이 회사는 2011년 기준으로 제약, 의료장비, 진단, 건강식품 등에서 매출 390억 달러(한화 42조 원)를 기록한 탄탄한 회사다. 2012년 〈포브스〉는 「지속적인 생존과 번영의 비결」이라는 글에서 이 회사의 성공 핵심 요인 두 가지를 공개했다. 첫째는 끊임없이 미래를 주목하는 능력이고, 둘째는 이를 기반으로 변혁transformational change을 시도하려는 투지였다. 제1차 세계대전 이후부터 애보트 랩스는 전담팀을 구축하여 미래에 대한 지속적인 관심을 가지면서 남들보다 먼저 미래의 소비자에게 예상되는 문제, 욕구, 결핍을 재빨리 간파했다. 그리고 이를 토대로 지속적으로 새로운 제품을 개발하면서 변화에 미리 대응하는 투자를 했다. 〈포브스〉가 밝힌 미래에 대한 관심을 갖는 것과 위대한 비즈니스 아이디어를 도출하는 것은 정말 깊은 관계가 있는 것일까? "사람은 보고 싶은 것만 본다"라는 옛말이 있다. 서양 속담에도 비슷한 말이 있

■ 그림 1-4 착시현상

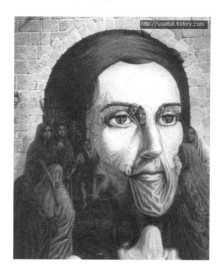

다. "망치를 손에 쥔 어린 소년에게는 모든 것이 못으로 보이게 마련이다." 〈그림 1-4〉를 보라. 누구 같은가?

당신이 기독교 신자라면 예수님이라고 생각할 것이다. 한 남자의 얼굴만 보이는가? 아니, 한 남자의 얼굴이 맞는가? 당신의 뇌는 지금 보고 싶은 것만 보았다. 최소한 보고 싶은 것에 가장 먼저 관심을 집중했다.

현대 뇌신경공학자들은 "사람은 보고 싶은 것만 본다"는 옛말을 과학적으로 증명했다. 인간의 뇌에서 운동, 감각, 의식과 같은 가장 고차원적인 기능을 담당하는 대뇌피질은 작은 공간에서 표면적을 늘리기 위해 주름이 잡혀 있다. 대뇌피질 뒷부분에는 사물을 보는 시각 영역 후두엽이 있다. 눈을 통해 후두엽 시각령에 들어온 정보는 두 가지로 나뉜다. '무엇what을 보고 있는가?' '보고 있는 것이 어떤가how?'다. 후두엽 시각령에서 처리한 'how정보'(그 물체의 색, 모양, 성질, 냄새 등 상태 정보)는 두정엽으로 보내지고, 'what정보'(물체가 무엇인가)는 측두엽으로 보내진다. 후두엽의 시각령은 1~5차까지 복잡한 구조로 되어 있다. 1차 시각령이 망가지면 완전한 장님이 된다. 1차 시각령에서 받은 정보를 다른 영역으로 보내는 2차 시각령이 망가지면 뇌로 들어온 정보를 뇌의 다른 영역으로 전달하지 못한다. 움직임이나 기울기를 담당하는 3차 시각령이 망가지면 기울어진 물체를 볼 수 없다. 4차 시각령이 손상되면 세상이 전부 흑백으로만 보인다. 거꾸로 4차 시각령을 자극하면 색이 더 생생하게 보인다. 애니메이션처럼 연속된 동작에 관여하는 5차 시각령이 손상되면 정지된 물체만 볼 수 있다. 측두엽을 다친 환자는 물체가 보이지만 'what정보'(물체가 무엇인가)는 인지하지 못한다. 여기에 무엇이 있는지 정도만 인지하기 때문에 손으로 물체를 만져 두정부의 'how정보'(상태 정보)와 일치시켜야 물체가 공인지 책상인지를 알 수 있게 된다.

　뇌신경공학이 밝혀낸 놀라운 사실이 하나 더 있다. '당신의 뇌를 100퍼센트 믿지 말라'는 것이다. 위에서 설명한 것처럼 인간 뇌에 눈이 직접 달린 것이 아니기에 뇌는 사물을 직접 볼 수 없다. 뇌밖에 있는 눈동자를 통해 들어온 정보를 세밀하게 분리해서 처리한 후 (자기가 처리한 정보만 가지고) 자기 마음대로 종합 그림을 그리고 '이것이 실제다!'라고 믿어버린다. 시각령의 한 부분이 고장이 나서 정보가 불완전하게 처리되어도 사물이 그렇게 생겼다고 믿어버린다. 이런 작동방식 때문에 뇌는 외부에 달려 있는 눈동자가 보지 못하는 것도 '보이지 않아서 모르겠다'라고 반응하지 않는다. 우리 뇌는 '자만심이 가득 차 있어서' 이미 기억되고 학습된 회로를 사용해서 제멋대로 상상한 후 그것을 사실로 믿도록 당신에게 강요한다. 인간의 뇌가 제멋대로 하는 것이 하나 더 있다. 뇌는 눈동자가 보고 전달하는 모든 정보를 다 처리하는 것 같지만 사실은 아니다. 자기가 보고 싶은 것만 선택해서 보고 그마저도 다 저장하지 않는다. 사실 인간의 눈도 세상을 완벽하게 보지 못한다. 전자파로 560나노미터, 530나노미터, 450나노미터 파장을 가진 빨강, 파랑, 초록의 삼색밖에 보지 못한다. 길고 쉽게 굴절되는 라디오파 같은 파장은 보지 못한다. 눈동자에서 뇌의 시각 영역에 이르기까지 완벽과는 거리가 먼 수준의 역량을 가졌지만 뇌는 '내게 보이는 세계가 전부다'라고 착각을 잘 한다. 자신의 과거 경험과 학습된 지식만 가지고 세상을 제멋대로 추측한다. 심지어 세상에 대해 자기가 구축한 모델(신념)을 강화하기 위해 '보고 싶은 것만' 본다. 당연히 통찰력에 가장 큰 장애가 된다. 문제는 필자나 이 글을 읽는 독자 모두 자신의 뇌에서 일어나는 이런 작동을 뜯어 고칠 수 없다는 것이다. 어떻게 해야 할까?

'보고 싶은 것만 보는 작동 방식'을 고칠 수 없다면 이를 더 잘 사용하면 된다. 뇌의 단점을 고칠 수 없으니, 특성(장점)을 더 잘 사용하는 전략으로 통찰력을 높여야 한다. 뇌는 '보고 싶은 것'이 생기면 자동으로 모든 집중력을 그곳으로 돌린다. 유명 연예인에게 열광하는 당신의 자녀를 생각해보라. 당신의 생일을 물어보면, 한참을 생각한 후 겨우 대답하지만, 자기가 좋아하는 연예인에 관한 내용이라면 일사천리로, 거의 탐정 수준으로 정보를 쏟아낼 것이다. '도대체 이 아이에게 무슨 일이 일어난 것일까?' 답은 간단하다. '보고 싶은 것만 본다'는 뇌의 능력을 아주 잘 사용했을 뿐이다. 아이는 우리와 똑같이 스마트폰이나 TV로 뉴스를 보고, 정보를 검색하고, 길거리를 지나면서 광고판을 보고, 주위 사람과 수다를 떨며 정보를 나눴다. 당신 아이의 뇌는 좋아하는 연예인 소식을 '보고 싶은 것'으로 인식하여 모조리 흡수했지만, 당신의 뇌는 그런 소식에 별로 관심이 없어서 '보고 싶은 것'으로 인식하지 않고 자연스럽게 다 버렸다.

필자는 뇌의 이런 특성(작동 방식)을 전략적으로 사용한다. 뇌에게 무엇을 집중해서 보고 기억해야 하는지를 명령한다. 즉 훈련을 한다. 방법은 간단하다. '관심 질문'을 노트에 적고 매일 반복해서 읽는 것이다. 수십 번 같은 질문을 반복함으로써 뇌를 '세뇌'해야 한다. "이것은 원래 별로 관심이 없었지만, 굉장히 중요한 것이니 시각으로 들어오는 정보 중에서 이것과 관련된 것은 반드시 중요하게 여기고 수집하라!"고 명령해야 한다. 관심 질문은 뇌에 주의를 주는 쉬운 방법이다. 사람의 뇌 속에 연관된 기억이 전혀 없는 것이라도 '주의'를 기울이게 하려면 어떻게 해야 할까? 뇌신경학자들은 "일단, 흥미를 끌라!"고 조언한다. 사람의 뇌는 재미있거나 흥미로운 것에 감성적 주의를 기울인다. 혹은 '이것은 아주 중요한 것이야' '이 사람은 아주 중요한 사람이야'라고 각성arousal을 시키면 우리의 뇌는 잠시나마 감성적 주의 혹은 의식적 주의를 기울인다. 뇌 각성이 일어나면 오감에 감성적 주의가 발생하고, 뇌의 정보처리 우선순위 변경이 일어난다. 의식적 주의를 일부러 발생시켜도 당신의 몸은 그것에 대해 신경세포를 긴장시켜 생존 본능을 발현한다. 뇌가 이런 각성 상태에서 정보처리 우선순위 재조정을 하면 그 후로는 이와 비슷한 정보에는 자동으로 깊은 관심을 가지고 감시monitoring, 경계alerting, 순응orienting이라는 네트워크를 작동한다.[11] 이 과정이 반복되면서 관심 사항에 대한 새로운 뇌 회로가 생성된다. 주의를 오래 기울일수록 뇌 회로는 강화된다. 강화된 뇌 회로는 예전에는 보이지 않았던 것, 연결하지 않았던 것, 분석하지 않았던 것을 통찰하게 하는 뇌 정보처리 시스템을 작동한다. 이런 일련의 모든 과정은 '관심'을 갖기 시작하면 자동으로 진행되는 뇌의 정보처리 과정이다. 미래에 대한 관심을 가지라. 통찰력을 발휘하고 싶은 영역에 대한 질문을 던져보라. 매일 뇌에 관심 질문을 읽어주라. 질문은 뇌의 시점을 바꾸어 새로운 것이 보이게 한다. 명령을 하달받은 당신의 뇌는 반드시 지금까지는 보이지 않았던 "미래에 대한 새로운 영감들"을 얻는 길을 열어줄 것이다. 당신의 머릿속에 있는 (의식과 무의식) 모든 정보를 뒤지고, 그다음으로 외부 정보를 뒤지고, 이 둘을 조합하며 미래통찰을 찾아줄 것이다. 아르키메데스의 유레카로 인도하는 작동을 시작할 것이다. 어리석은 질문이란 없다. 질문을 하지 않는 것이 어리석을 뿐이다. "일단 목표가 정해지면 뇌는 그 방향으로 모든 초점을 맞춘다." 우리나라에서 뇌 분야의 전문가로 인정받는 이시형 박사가 한 말이다. 보너스로 하나 더! 뇌는 이런 과정을 통해 관심 있는 정보를 수집한 다음에는 어떻게 해야 할지를 결정하고, 이에 따라 우선순위는 무엇이며, 어떤 목표에 행동을 선택 집중해야 하며, 어떤 타이밍에 움직여야 하는지 등의 '행동 조절'까지 한다. 기억하라. 관심 질문은 통찰로 인도하는 문이다.

여기서 한 가지 사항을 당부하고 싶다. 이 글을 읽기만 해서는 안 된다. 실제로 마인드 세트 훈련을 해야 한다. 지금 당장 종이를 집어 들고 관심 있는 미래 영역에 대한 질문을 만들어보라. 처음에는 상당히 추상적인 질문밖에 할 수 없을 테지만 그래도 괜찮다. 만들어진 질문을 생각하며 신문을 읽어보라. 그러면 추상적이거나 범위가 큰 질문이 구체적이고 다루기 적당한 범위의 질문으로 다듬어질 것이다. 구체적인 질문이 여러 개 만들어지면, 비슷한 것끼리 합치는 작업을 하라. 이런 전 과정을 계속 반복하라. 점점 좋은 질문들이 만들어질 것이다. 좋은 질문이 만들어질수록 당신의 뇌는 그 방향으로 모든 초점을 맞추게 된다. 좋은 질문을 만들고 이를 떠올리며 신문을 보는 것만으로 통찰력이 달라질 것이다. 직접 체험하여 마인드 세트의 힘에 대한 확신을 가지라.

마인드 세트 2: 많이 그리고 잘 읽으라

관심 질문을 던졌으면, "많이 그리고 잘 읽으라." 앨빈 토플러와 함께 미래학의 대가이며 전 세계적으로 1,400만 부 이상 판매되고 106주 연속 〈뉴욕타임스〉 베스트셀러에 올랐던 『메가트렌드』의 저자 존 나이스비트는 이렇게 말했다.

내 눈길은 가판대에서 판매되는 다양한 지역 신문의 표제들을 따라갔다. 그 순간 나는 매일 이 지역 신문들을 모두 읽는다면 현재 이 나라에서 일어나고 있는 변화의 유형을 감지할 수 있으리라는 사실을 깨달았다. 마침내 미국에서 지금 무슨 일이 벌어지고 있는지 알아낼 방법을 발견한 것이다! 드디어 열쇠를 손에 쥔 깨달음의 순간이었다.

미래를 읽는 탁월한 통찰력을 가진 미래학자의 공통점은 '많이 그리고 잘 읽는다'이다. 세계적인 미래학자였던 앨빈 토플러는 자신을 "읽는 기계"라고 고백했다. 미래학자뿐만 아니라 다른 영역의 통찰력 대가도 마찬가지다. 투자의 현인 워런 버핏 또한 그렇다. 1956년 자신의 회사(Buffett Associates Ltd.)를 설립하고 100달러로 주식투자를 시작한 워런 버핏은 지금까지 세 가지 투자원칙을 흔들림 없이 지키는 것으로 유명하다. 보험회사를 통해 고객이 위탁한 돈과 사업을 통해 벌어들인 돈들, 세상을 읽고 예측하는 예리한 통찰력, 가치 있는 주식만을 선택해 장기적으로 보유하는 단순한 투자전략이다. 언뜻 통찰력을 높이려면 세상을 많이 돌아다니고 수많은 사람을 만나야 하지 않을까 생각이 든다. 하지만 세계 최고의 투자 현인 워런 버핏은 다른 투자자와는 달리 자신의 고향 밖을 거의 나가지 않는다. 버크셔 해서웨이의 주주총회나 사람들을 만날 뿐 외부와도 거의 접촉을 하지 않는다. 그렇다면 그의 놀라운 통찰력은 어디서 나올까? 그의 평소 행동에서 답을 찾을 수 있다. 그는 출근을 하면 하루 종일 엄청난 분량의 자료들과 신문을 읽는다. 자신이 투자하고자 하는 회사나 산업에 대해서는 거의 전문가 수준이 될 때가지 공부를 한다. 한번은 조시 윗포드라는 사람이 워런 버핏에게 편지를 보냈다. "당신이 제게 줄 수 있는 지혜가 단 한 가지 있다면 무엇입니까?"라는 질문에 버핏은 말했다.

Read, read, read.

워런 버핏의 통찰력의 비결은 간단하다. 사무실에 틀어박혀 '많이 읽고' 자신만의 분석법을 가지고 '잘 읽는다.' 버핏은 투자 인생을 시작할 때부터 하루에 600~1,000페이지 정도의 무언가를 읽었다고 한다. 지금도 하루의 상당 부분을 무언가를 읽는 데 할애한다. 읽는 것이 습관이 되었다. 버핏은 많이 읽는 이유를 이렇게 설명했다.

내가 하는 일은 더 많은 사실과 정보를 모은 다음에 그걸 통해 어떤 의사결정을 하는 것입니다. 우리는 다른 사람의 의견은 듣지 않습니다. 우리는 사실을 얻고 그걸 통해 의사결정을 하는 것입니다.

필자도 마찬가지다. 필자가 매일 하는 업무의 80퍼센트는 많이 읽고 잘 읽는 일이다. 필자도 읽는 기계다. 사실을 얻기 위해, 그것을 통해 미래를 통찰하기 위해 끊임없이 읽는다. 현대처럼 지구 곳곳에서 벌어지는 사건들이 실시간으로 전달되는 시대는 많이 읽고 잘 읽는 기술만 갖추면 앉아서 천리를 볼 수 있다. 전 세계에서 활동하는 언론 기자, 각 분야 전문가가 당신의 첩보원, 연구원이라고 생각하라. 언어 장벽도 문제가 안 된다. 인공지능 번역 기술도 뛰어날 뿐만 아니라 국내 언론 기자나 전문가들이 실시간으로 번역하여 업로드한 기사를 인터넷상에서 읽을 수 있다. 필자의 경험에 따르면, 많이 읽고 잘 읽기만 하면 웬만한 정보기관보다 뛰어난 통찰력을 갖고 세계의 정치, 경제, 산업, 사회 분야를 꿰뚫어 볼 수 있다. 각 지역에서 발생하는 사건의 총합은 나라 전체에서 일어나는 일이다. 각 나라에서 발생하는 사건의 총합은 세계 전체에서 일어나는 일이다. '많이 읽는 것'은 처음에는 두 가지에 초점을 맞추라. 하나는 실제로 '읽는 분량'을 늘리는 것이다. 하루에 한 종류의 신문을 보았다면, 두세 가지로 늘리고, 신문만 보았다면, 전문 잡지도 함께 읽으라. 정기적으로 전문 서적도 읽으면 좋다. 다른 하나는 '읽는 관점'을 확대하는 것이다. 이념적으로 진보와 보수, 개념과 실용, 정성과 정량 등 읽는 관점을 다양화하여 읽어야 한다. 한 신문을 관점을 바꾸어 읽는 방법도 있고, 각기 다른 관점을 가진 신문을 선정하여 신문의 종류를 늘려 읽는 방법도 있다.

세계에서 일어나는 일을 지속적으로 오랫동안 '잘 읽고' 있으면 세계의 위기와 기회의 방향, 속도, 힘(영향력, 규모)의 변화가 자연히 보인다. 불편한 진실, 감추고 싶은 진실까지도 꿰뚫어 볼 수 있게 된다. 필자의 경험으로는 몇 가지 '잘 읽는 능력'(정보를 분별하고 처리하는 생각의 기술)만 갖추면 앉아서 김정은과 트럼프의 속마음까지 들여다볼 수 있다. 잘 읽는 기술은 다음 장에서 자세하게 소개하겠지만, 간단한 기본 기술 세 가지만 먼저 소개한다. 첫째, 정보의 소음에 휘둘리지 않고 읽는 것이다. 정보의 소음에 휘둘리지 않으려면 '사실'에만 집중해서 읽어야 한다. 당신 앞에 놓인 신문 기사를 펼쳐 들고 '사실'에 만 밑줄을 그어보라. 둘째, '목적'을 가지고 읽는 것이다. '목적'은 읽어낸 수많은 '사실'을 묶어준다. 목적지를 알고 지도를 읽는 것과 그렇지 않은 것은 다르다. 세상은 망망대해다. 무엇을 보고자 하는지를 분명히 하지 않으면 눈에 보이는 것은 그저 큰 바다뿐이다. 관찰하고자 하는 것을 분명히 하지 않으면 바닷속은 형형색색 혼란한 세상일 뿐이다. 우리는 망망대해 같은 정보의 바다에 떠 있다. 목적에 맞춰 정보를 읽어야 보고자 하는 것을 찾을 수 있고, 알고자 하는 것을 통찰할 수 있다. 무엇이 목적이 될 수 있을까? 당신이 만든 미래 질문이나 통찰하고자 하는 주제가 목적이 될 수 있다. 정보처리 단계도 목적이 된다. 이해 단계인지 아니면 분석 단계인지에 따라 읽는 것이 달라진다. 뇌에 관한 놀라운 사실을 하나 들려주겠다. 정보 소음을 걷어내고 분명한 목적을 가지고 읽기만 해도 뇌가 '자동으로' 놀라운 식견을 보인다. '자동으로' 남들이 보지 못한 것을 발견한다. 셋째, 규칙적으로 읽는 것이다. 신문을 하루 한 번씩 혹은 2~3일에 한 번씩 규칙적으로 읽어야 한다. 무언가의 변화를 관찰하려면 세상을 규칙적으로 보는 것이 중요하다. 시간의 규칙성은 변화를 측정하는 자ruler 역할을 한다. 변화의 방향, 속도, 힘(영향력, 규모)은 시공간에 대한 규칙적이고 변하지 않는 기준이 있어야 관찰하고 추적할 수 있다. 잘 읽는 기술은 많이 읽어야 하는 문제를 해결하는 방법도 된다. 사실만 읽고,

목적을 가지고 읽으면 읽어야 할 신문의 종수를 늘려도 평소 신문을 읽는 시간이 크게 늘어나지 않는다. 시간이 늘어나더라도 신문의 종수에 비례해서 늘지 않는다. 분량의 부담은 읽는 기술로 충분히 해결할 수 있다.

많이 읽는 것
- 읽는 분량을 늘리라!
- 읽는 관점을 확대하라!

잘 읽는 것
- 사실에만 집중해 읽으라!
- 목적을 가지고 읽으라!
- 규칙적으로 읽으라!

마인드 세트 3: 변하는 것과 변하지 않는 것을 구별하라

미래예측은 '변하는 것과 변하지 않는 것을 구별'하여 생각하는 데서 시작한다. 필자는 "미래는 어떻게 구성됩니까?"라는 질문을 종종 받는다. 그때마다 이렇게 대답한다. "10년 후, 한국의 미래는 어떤 모습일까?" 답은 간단하다. 10년 후 미래는 지금(현재)과 비교해서 '변하지 않는 것'이 80~90퍼센트이고, '변하는 것'이 10~20퍼센트로 구성된다. 필자는 이 두 가지를 구별하는 것을 미래예측의 출발점으로 삼는다.

일반인이 세상 정보를 접하는 매체는 언론과 책이다. 필자도 이 두 가지 매체를 잘 보고 읽으라고 우선 권한다. 단, 한 가지 주의해야 할 것이 있다. 언론은 변하지 않는 것에 별로 관심이 없다. 관심을 끌 만한 새로운 사건을 하루 종일 찾아다닌다. 뉴스나 신문에 나오는 수많은 사건이 거의 다 변화에 관한 이야기인 이유다. 책도 비슷하다. 그렇기 때문에 많이 읽는 사람은 세상이 정말 빠르고 많이 변하는 것처럼 느낀다. 정신없이 변하는 것처럼 보인다. 도저히 따라잡을 수 없을 것같이 느낀다. 이것이 현혹이다! 착각이다!

중요하고 진정한 변화는 그렇게 많이 일어나지 않는다. 빨리 일어나지 않는다. 미래학자 존 나이스비트는 미래예측을 할 때 주의할 점을 이렇게 강조했다. "아무리 많은 것들이 변한다 해도 대부분은 변하지 않는다." 필자도 여기에 동의한다. 현실이 SF영화에 나오는 첨단의 세상으로 곧 변할 것처럼 떠들썩하지만 아직도 우리 부모 세대는 수천 년의 관행을 따라 농사를 짓거나 바다에 나가 고기를 잡는다. 경작방식이나 도구가 몇 가지 바뀌었을 뿐이다. 교육개혁을 부르짖고 입시제도가 바뀌어도 학교생활의 대부분은 아버지 세대나 자녀 세대나 비슷하다. IT분야의 상품과 서비스는 빠르게 변하는 것처럼 보이지만 대부분의 산업은 그렇게 빠르게 변하지 않는다. 절대로 속지 말라. 세상은 생각보다 그리 빨리 변하지 않는다. 미래 변화를 연구하고 가르치는 미래학자들이 이렇게 말하는 것이 의외라고 생각하는가? 10년 후 미래, 당신 주위의 물리적 환경은 거의 변하지 않을 것이다. 당신의 가족, 집, 사는 곳, 친구, 도시 모습, 전 세계 나라들의 구성, 자연계 등등 물리적인 것의 대부분은 지금과 비교해서 별로 변한 것이 없을 것이다. 특히 진짜 중요한 것은 변화의 속도가 아주 느리거나, 절대 변하지 않는다. 이 말을 거꾸로 하면, 변하지 않는 것이 가장 중요한 것이다. 미래예측도 변하지 않는 가장 중요한 것을 기초로 시작해야 한다. 이런 이유로 "호들갑 떨 필요 없다. 과거도 그러했고, 미래도 생각보다는 큰 변화가 없을 것이다!"라고 말할 수 있다. 주의하라. 아무리 기술이 발달하고 경계가 무너지고 왕래가 빨라진다고 해도 '물리적 세상'의 실제 변화는 10~20퍼센트 정도뿐이다.

그렇다면 미래학자가 세상이 크게 변한다고 말할 때는 무엇을 의미하는 것일까? 바로 '관계'의 변화다. 물리적 세상의 변하지 않는 것 80~90퍼센트가 기술 발달, 경계 파괴, 이동 속도의 가속화로 변화되는 10~20퍼센트와 충돌하고 역동적으로 얼기설기 엮이면서 지금과는 '완전히 다른 관계'의 세상을 만들어낸다. 이것은 세상 변화에 대한 중요한 이치다. 쉬운 예를 들어보자. 결혼 전과 결혼 후의 당신의 모습을 비교해보라. 결혼 전과 후의 당신의 모습은 물리적으로 변한 것이 별로 없다. 많아 보아야 10~20퍼센트 내외다. 당신의 삶에 아내 혹은 남편, 그리고 그들의 몇 안 되는 가족만이 새로 추가된다. 거주지를 옮겼을 뿐이다. 집 크기가 커졌을 뿐이다. 그 외의 물리적인 요소의 대부분(80~90퍼센트)은 결혼 후에도 변하지 않고 그대로 있다. 그러나 적지만 중요한 변화의 힘들(아내 혹은 남편, 그들의 몇 안 되는 가족, 새로 출생한 자녀 등)이 개입되면서 당신의 인생은 결혼 전과 완전히 다른 삶이 된다. 주위 사람, 주변 환경과 완전히 새로운 관계가 설정된다. 10~20퍼센트에 불과한 변화 요소가 변하지 않는 80~90퍼센트의 요소와 계속 상관관계를 맺으며 엄청난 '관계 변화'의 소용돌이를 만들어낸다. 미래학자가 이런 부분을 다룰 때, "미래는 엄청나게 변한다!"라고 말한다. 미래학자 존 나이스비트도 이런 같은 말을 했다. "변화는 대부분 '무엇'을 하는가가 아니라 '어떻게 하는가'의 영역에서 발생한다." 기억하라. '변화를 꿰뚫어 보는 통찰력'은 신문이나 뉴스에서 떠들썩하게 변화를 말하는 환경에서 '변하는 것'과 '변하지 않는 것', 그리고 두 가지가 서로 충돌하면서 나타나는 '관계의 변화' 이 세 가지를 구별하는 데서 시작한다.

어떤 사람은 필자 같은 미래학자를 마치 용한 점쟁이로 본다. 미래학자는 족집게처럼 예언을 해내는 용한 점쟁이나 신접한 사람이 아니다. '변하는 것, 변하지 않는 것, 이 둘 간의 상관관계'를 연구하는 학자다. 이렇게 만들어진 변화를 잘 다루는 지혜를 가진 사람이다. 이 세 가지를 잘 구별하기 때문에 더 나은 의사결정을 하는 사람이다. 탁월한 의사결정도 신비적 능력이 아니다. 남들보다 한 발 빠르게 변화를 읽고 최적의 타이밍에 행동을 하는 것이다. 우리는 이것을 '통찰력'이라고 부른다. 회사가 당신에게 요청하는 능력이 바로 이것 아닌가!

구별해야 할 세 가지
- **변하는 것**
- **변하지 않는 것**
- **두 가지가 충돌하며 만들어진 관계 변화**

마인드 세트 4: 변화를 주도하는 힘을 생각하라

겉으로 보이는 현상 말고, 이면에 숨어 '변화를 주도하는 힘'을 생각하라. 전문 용어로 '추동력driving force'이라고 한다. 미래학자는 세상에서 발생하는 사건을 하나의 힘으로 변환transform하여 작업을 한다. 그 힘은 힘의 주체agent가 있고, 그 힘의 성질character of force로 구성된다. 주체가 가진 힘의 성질에 따라 영향력이 달라진다. 같은 사람도 높은 자리에 올라가면 힘의 성질이 달라져 영향력이 달라지는 것과 같다. 영향력은 조직의 변화 방향, 속도, 결과 등을 바꾼다. 그래서 미래학자는 (변화를 주도하는) 힘의 방향, 속도, 타이밍, 지역화, 지속가능성(크기)을 분석하고 예측하는 데 관심을 둔다. 미래를 만드는 것은 현상의 사건이 아니라 그 이면에 숨어 움직이는 추동력이기 때문이다. 현상에 보이는 사건들은 변화의 결과다. 변화를 만드는 힘은 따로 있다는 생각을 가져야 한다. 물리학에서 힘force은 물체의 운동량을 변화시키는 영향력을 나타내는 벡터 물리량이다. 물체에 작용하는 총 힘은 물체의 운동량의 시간에 대한 변화율과 같다. 시간에 따른 운동량의 변화인 힘은 수학적으로는 질량과 가속도의 곱으로 표현한다(F=dP/dT, F=ma). 힘은 정지해 있는 물체를 움직이고, 움직이고 있는 물체의 속도나 운동 방향을 바꾸거나, 물체의 형태를 변형하는 물리량이다. 힘은 힘의 근원인 주체와 주체의 시간에 따른 영향력(힘)으로 구성된다. 힘의 주체는 카오스적 진자 운동을 한다. 미래학에서 변화를 주도하는 힘의 근원인 주체가 존재하는 곳을 심층기반층이라고 한다.

관계 변화들이 복잡하고 빠르게 일어나도 대부분은 유행처럼 반짝했다가 사라진다. 매년 수만 개 신상품들이 출시되지만 90퍼센트 이상이 곧 사라지는 것처럼 말이다. 변하는 것들을 구별해냈다면, 이런 다양한 불꽃을 만들어내는 진원이 무엇인지 어디인지를 찾으라. 가장 근본적인 힘부터 찾으라. 거기서부터 생각을 시작하라. 그것은 신God이 될 수 있고, 그다음은 인간human being 그 자체, 인간 본성instinct이나 가치, 철학이 될 수 있다. 자연nature도 변화의 진원이 될 수 있다. 그다음으로는 기술이 될 수 있다. 법과 사회 제도가 될 수 있다. 시장경제나 정치판의 원칙과 핵심 주체들이 될 수 있다. 통찰력을 향상하려면, 신문이나 뉴스에 떠들썩하게 거론되는 사건들이 어디에 뿌리를 두고 있는지에 관심을 갖는 생각 습관을 가져야 한다. 그것을 파헤쳐 보라. 추적해보라. 감시해보라. 많이 그리고 잘 읽다 보면 변화를 이끄는 힘이 무엇인지, 겉으로 보이는 사건이 2~3단계 밑으로 가면 무엇과 연결되어 있는지 간파해낼 수 있다. 눈에 보이는 현상, 일시적 유행을 걷어내고 한두 발 더 들어가면 자연스럽게 '변화를 주도하는 힘'이 모습을 드러낼 것이다. 리더여! 세상의 진정한 미래 변화를 알고 싶다면 그것에 주목하라.

변화를 주도하는 힘들을 찾았으면, 그것들을 어떻게 '연결'할지 생각하라. 미래학은 '세상은 질서가 있다', '세상은 연결되어 있다' 등을 공리로 삼는다. 실제로 변화를 주도하는 힘들도 서로 연결되어 있고, 각기 나름의 질서가 있다.

무언가를 연결할 때는 두 가지 방법이 있다. 연속적 연결과 연관적 연결이다. 연속적 연결은 주로 사건들의 연결을 의미할 때 사용된다. 연속적 사건을 말할 때, 영어로 순서를 의미하는 'sequence'라는 단어를 쓰는데, 이 단어는 '뒤따르다'는 의미를 지닌 라틴어 'sequo'에서 유래했다. 수학에서 수열도 'sequence'다. 연관적 연결correlational link은 중요한 단서나 힘들을 연결할 때 주로 사용한다. 변화를 주도하는 힘들은 강도의 차이만 있을 뿐 서로 연관되어 있다. 변화를 주도하는 힘들의 연관관계를 눈여겨보라. 중요한 힘일수록 반드시 다른 중요한 힘과 연관되어 있다. 그것들을 연관 지어 생각해야 현상 이면에 있는 거대한 변화의 실체를 간파할 수 있다. 진정하고 거대한 변화는 느리지만 여기서 만들어진다. 겉으로 드러나는 수많은 사건은 변화의 실체essence가 아니라 실마리clue일 뿐이다.

연결의 두 가지 방법
- **연속적 연결**
- **연관적 연결**

마인드 세트 6: 미래예측은 그림 퍼즐 맞추기다

미래예측은 '그림 퍼즐 맞추기 게임'이다. 미래학자 존 나이스비트는 다음과 같은 멋진 말을 했다.

> 미래는 가능성과 방향, 사건, 뒤틀림과 전환, 발전과 놀라움의 집합이다. 시간이 흐르면서 모든 조각은 제자리를 찾고 새로운 미래의 그림을 완성하게 될 것이다. 미래를 내다볼 때 우리는 어떠한 조각이 어디로 향해 가는지 예측해야 한다. 그러한 연결 관계를 잘 이해할수록 그림은 더욱 정확해진다.

단, 주의해야 할 점이 있다. 퍼즐을 맞출 때는 당연히 변화를 주도하는 힘들을 가지고 맞추어야 한다. 변화를 주도하는 힘들을 연관 지어 가다 보면, 새로운 연관성이 꼬리에 꼬리를 물고 나타날 것이다. 빠진 고리가 발견될 것이다. 새로운 연관성, 패턴, 피드백이 나타날 것이다. 이런 것을 연결하여 맞추면 거대한 구조물처럼 큰 그림이 모습을 드러낼 것이다. 필자가 미래 퍼즐을 맞출 때, 길라잡이로 사용하는 것이 있다. 바로 이치다. 이치란 '다스릴 리'와 '이를 혹은 도달할 치', 쉽게 말해 그리 되어야 할(이를 혹은 다다를) 마땅한 흐름(원리)이다. 변화를 주도하는 힘들은 제멋대로 움직이지 않는다. 복불복처럼 무작위로 움직이지 않는다. 움직일 마땅한 흐름을 따라 움직인다. 그래서 세상은 종국에는 이치대로 귀결된다. 이치라는 밑그림을 보고 힘들을 맞추라. 이치(마땅한 흐름)는 미래 퍼즐 판에 있는 가느다란 표시 역할을 할 것이다. 이치(근본 질서)에는 물리적 이치, 수학적 이치, 철학적 이치가 있다. 물리적 이치는 물리학자, 과학자의 관심영역이고, 수학적 이치는 수학자의 연구 대상이다. 세상은 왜, 어떤 모습으로 존재하나? 세상은 어떻게 구조화되어 있고, 사람들은 무엇을 추구하고 어떻게 움직이나? 등은 철학자, 사회학자, 문학자의 관심영역이다.

필자의 경험으로는 이치를 깨우치면 이미 정해진 미래를 통찰할 수 있다. 미래에는 정해진 미래와 (정해지지 않고) 열린 미래가 있다. 이미 정해진 미래는 거스를 수 없다. 거스르려 노력해서 궤도를 이탈시켜도 결국 정해진 자리로 되돌아간다. 세상사에는 이미 정해진 미래가 더 많다. 대표적으로 인간이 때가 되면 늙고 병약해지고 죽는 것은 이미 정해진 미래다. 무언가를 심으면 거둔다는 것도 정해진 미래다. 권불십년도 정해진 미래다. 칼로 흥한 자 칼로 망한다는 것도 정해진 미래다. 미래학자 제임스 마틴도 이미 정해진 미래가 있다는 것을 다음과 같이 표현했다.

꼭 수정구슬을 보지 않더라도 세상에는 예측할 수 있는 흐름들이 있다. 왜냐하면 그것들은 막을 수 없을 정도로 큰 힘을 가지고 있기 때문이다. (…) 미래를 탐험하기 위해서는 많은 이런 장기적인 흐름을 하나로 묶는 엄정한 논리와 역사, 기술, 그리고 복잡한 조직의 움직임을 이해해야 한다. (…) 이런 거대한 흐름이 합쳐져 미래의 골격을 형성한다. 그리고 우리는 그 골격에 다양한 방식으로 살을 붙여 나갈 수 있다. (…) 이렇게 막을 수 없는, 거역할 수 없는 힘을 가진 흐름들로 세계지도를 그려보면, 그 가운데 실질적으로 어떤 것을 예측할 수 있는지 가늠할 수 있다.

(정해지지 않고) 열린 미래는 변화를 주도하는 힘을 가진 주체가 만들어가는 미래다. 하지만 열린 미래도 이치(정해진 미래)와 함께 간다. 이치는 그만큼 중요하다. 미래통찰에서도 변하는 것, 변하지 않는 것, 이 둘의 상관관계, 변화를 주도하는 힘, 이 모든 것의 움직임에 원칙을 부여하는 이치를 아는 것만으로 탁월한 성과를 낼 수 있다. 이치를 발견하기 위해 도를 닦을 필요는 없다. 영적 혹은 정신 세계의 이치, 자연의 이치, 우주의 이치, 경제의 이치, 사회의 이치, 권력의 이치 등을 이미 발견하고 체계적으로 정리해놓은 대가들의 작품을 읽으면 된다. 대가들의 작품에서 깨달은 이치들 위에 당신이 찾은 변화를 주도하는 힘을 연결해보라. 어떤 조각이 이치에 꼭 맞는 모양을 지녔는지, 꼭 맞는 조각을 찾았으면 그 조각을 중심으로 서로를 보완해줄 다른 힘은 무엇인지를 찾으라. 예를 들어, 미국 MIT가 발간하는 〈테크놀로지 리뷰〉라는 잡지에 실린 연구 보고서에는 MS사와 이스라엘의 테크니언 기술 연구소가 공동으로 만든 미래예측 소프트웨어에 대한 기사가 나온다.[12] 그들이 개발한 새로운 소프트웨어는 각종 신문, 위키피디아 등의 웹사이트 기사, 각종 기록물 자료를 분석해서 미래에 일어날 가능성이 있는 질병, 사회적 혼란, 죽음 등을 예측한다. 예측하는 방식은 이렇다. 만약 〈뉴욕타임스〉 1973년 기사에 방글라데시의 가뭄 관련 기사가 실렸는데, 이듬해인 1974년에 방글라데시에 콜레라 유행 기사가 실린다.

그리고 1983년과 1984년에도 이런 사건이 반복된다. 그러면 예측 소프트웨어는 이런 과거의 기사를 통해 비슷하게 반복되는 패턴과 사건을 만드는 힘, 이들의 시스템적 연관관계를 조합하는 방식으로 미래의 일을 예측한다. 예측 정확도는 70~90퍼센트에 달한다. 이는 이치를 기준으로 사건 이면에 있는 힘을 찾아 연관관계와 반복되는 패턴을 분석하여 미래를 퍼즐처럼 맞추기 때문에 가능한 결과다. 어떠한 때에는 이런 연관관계나 패턴 등을 단번에 찾는 행운을 누릴 수도 있다. 하지만 대체로는 인내심을 가지고 신문, 방송, 전문서적을 뒤져야 한다. 이치를 공부해야 한다. 처음에는 찾은 힘들이 이리저리 산만하게 흩어져 있어 별 관련이 없어 보여서 특별한 통찰도 얻을 수 없을 것이다. 그러나 이치를 따라 미래 퍼즐판 위에서 하나씩 서로 짝을 맞추기 시작하면 빅 아이디어, 반복되는 패턴과 구조, 선명하고 큰 그림, 변화의 물줄기들이 천천히 드러날 것이다. 잘못 맞출까 봐 걱정하지 말라. 이런 것들이 스스로 모습을 드러낼 때까지 인내심을 가지고 섞고 맞추기를 반복하라. 미래를 통찰한다는 것은 인내심의 싸움이다.

마인드 세트 7: 사고실험을 하라

미래 퍼즐이 맞춰지며 하나의 그림이 완성되면, '사고실험thought experiment'을 해보라. (큰 그림을 다 완성한 후가 아니더라도 일부만 연결해서 '사고 실험'을 해도 된다.) 사고실험은 과학적 연구에서 많이 사용한다.

사고실험은 머릿속에서 생각으로 진행하는 실험이다. 실험에 필요한 조건, 장치, 요소를 단순하게 가정한 후 이론(이치)을 바탕으로 일어날 수 있는 다양한 가능성을 생각만으로 예측해보는 것이다. 미래 퍼즐을 맞추어보고 큰 그림이 그려지면, 이것이 '하나의 시스템으로 어떻게 작동하는지'를 머릿속에서 논리적으로 혹은 확률적으로 돌려보라. 작동이 가능하도록 만든다는 것은 피드백이 있는 시스템으로 만든다는 말이다. 변화를 주도하는 힘들을 연결만 해놓으면 그 자체로는 정적 상태만 볼 수 있다. 동적 상태를 보려면 작동하게 만들어야 한다. 퍼즐 맞추기로 얻은 큰 그림은 미래 방향이다. 최종 결과물로서의 미래 모습이다. 최종 미래 모습이 되어가는 과정에서 일어날 수 있는 다양한 미래 사건을 예측하는 것도 변화를 만드는 힘들을 하나의 시스템으로 연결하여 작동해봐야 통찰할 수 있다.

정적 상태인 연결을 살아서 작동하게 하는 방법은 간단하다. 피드백을 넣어주면 된다. 사고실험은 정적으로 연결된 변수들의 피드백을 상상하여 행동양식behavior을 머릿속에 그려보는 것이다. 피드백은 어렵지 않다. 한 남자와 한 여자가 부부관계로 연결된 정적 상태를 생각해보자. 여기에 피드백이 주어지면 동적 행동양식에서 변화가 일어난다. 남편이 아내에게 못생겼다고 농담을 하면, 아내는 기분이 나빠진다. 남편이 원인이고 아내의 나쁜 기분이 결과다. 기분이 나빠진 아내는 드라마에 나오는 남자 주인공이 멋있다고 맞받아친다. 이제는 남편이 자존심 상해한다. 아내가 원인이고 남편의 상한 자존심이 결과다. 이에 질세라 남편도 드라마의 여자 주인공이 자기 옛 이상형과 닮았다고 말한다. 이런 피드백을 주고받는 것이 계속되면 부부싸움으로 끝이 난다. 농담 한마디가 부른 참사다. 이런 사고실험을 한 부부라면 참담한 결과를 미리 예측하고 피할 수도 있지 않을까? 이처럼 관계의 변화는 연결된 구조 structure와 연결된 것들이 서로 주고받는 피드백으로 만들어진다. 연결된 시스템의 작동 방식은 강화 피드백과 균형 피드백이 전부다. 앞에서 예로 든 부부싸움은 강화 피드백reinforced feedback이다. 좋지 않은 결과 쪽으로 흘러가니 악순환 증가형 강화 피드백이다. 서로 감정이 격해질 무렵, 아들이나 딸이 와서 "엄마, 아빠 유치하게 왜 그래?" 하면 감정이 누그러진다. 이때 아들이나 딸이 균형 피드백balanced feedback을 만들어주어서 안정을 되찾는다.

세상은 하나의 거대한 시스템이다. 국가도 하나의 거대한 시스템이다. 회사나 조직도 하나의 시스템이다. 가족도 시스템이다. 사람 그 자체도 시스템이다. 다양한 변화는 이런 시스템의 작동에서 비롯된다. 시간에 따라 시스템이 어떻게 작동하는지를 사고실험을 해보라. 어떤 부분에서 선순환이나 악순환 피드백이 강하게 걸리는지, 어떤 부분에서 균형 피드백이 작동하는지, 어느 부분에서 외부의 힘들이 시스템 속으로 들어가는지, 시스템이 작동하면서 어떤 반복적인 결과들이 지속적으로 나오는지 등을 생각해보라. 만약 외부의 새로운 힘들이 가해진다면 시간이 흐름에 따라 (내부 요인이나 외부 요인으로 인해) 시스템 자체에 어떤 역동적 변화가 발생할 수 있는지를 상상해보라. 없어지는Eliminate 부분은 없는지, 약화되는 Reduce 부분은 없는지, 새로 만들어지는Create 부분은 없는지, 강화되는Reinforce 부분은 없는지, 방향이 전환되는Switch 부분은 없는지를 살펴보라. 필자는 이것을 변화의 가능성을 생각해보도록 하는 'ERCRS 조건값'이라고 한다. 이런 조건값을 가지고 기본적이고 상식적인 수준의 모델을 조작하여 다른 가능한 행동양식을 도출해내면 다양한 미래 가능성alternative futures을 볼 수 있는 통찰력을 발휘하게 된다.

골프 황제 타이거 우즈, 농구 천재 마이클 조던에서부터 스테판 커리나 르브론 제임스, 메이저리그 최고의 투수 커 쇼, 물리학 천재 아인슈타인 등 어느 분야든 최고의 경지에 오른 사람들은 머릿속에서 자기가 던지는 공의 궤적을 그리거나 빛보다 빠른 속도 등을 그려보는 사고실험 능력이 뛰어나다. 임진왜란에서 조선을 구한 명장 이순신 장군도 사고실험에 능했던 인물이다. 이순신 장군은 직관력에만 의존해서 전투를 준비하지 않았다. 23전 23승의 신화는 전투 발발 시 일어날 수 있는 다양한 가능성을 구체적으로 생각해보면서 가상의 전쟁war game을 머릿속으로 수없이 실행한 결과였다.[13] 아래의 내용은 이순신 장군을 철저하게 연구한 노병천 교수가 『이순신』에서 한산도 대첩을 앞둔 이순신 장군의 머릿속에서 벌어진 가상의 전쟁을 묘사한 구절이다.

일본 수군은 지금 견내량 북쪽 바다에 정박해 있다. 그 수는 대략 70여 척이 될 것이다. 이에 반해 우리 수군은 56척이 있다. 수적으로 불리한 우리는 지형을 최대한 이용해야 한다. 적들도 이 견내량에 대해서 잘 알고 있을 것이다.

만약 우리가 견내량을 완전히 통과해서 그들이 정박한 곳까지 들어간다고 생각해보자. 그러면 적들은 우리를 보고 공격해 올 것이다. 만약 이런 일이 벌어진다면 두 가지 시나리오를 고려해볼 수 있다.

하나, 우리가 불리한 경우의 시나리오다. 이때는 어쩔 수 없이 다시 견내량을 타고 아래로 빠져야 한다. 만약 이때 일본 수군이 우리의 뒤를 쫓아 그대로 추격해 온다면 우리는 좁고 암초가 많은 견내량에서 전멸당할 가능성이 상당히 크다.

둘, 우리가 유리한 경우의 시나리오다. 이때는 적들이 북쪽의 넓은 바다로 멀리 도망할 가능성이 크다. 만약 그렇게 되면 이들은 조만간 다시 내려와서 우리를 위협하게 될 가능성이 크다.

이런 시나리오가 예상되는 가운데, 우리가 이들을 일망타진하려면 어떻게 해야 할까? 그렇다. 적들을 우리가 원하는 장소로 유인하는 전략이 필요하다. 한산도 앞바다의 넓은 장소로 유인해서 학익진鶴翼陣으로 승부를 걸자. 우리가 원하는 장소와 시간에 적을 끌어들일 수만 있다면 승리의 가능성이 크다. 이를 위해서는 조류의 흐름과 시간을 잘 계산하자. 또 무엇이 있을까?[14]

마인드 세트 8: 사람을 생각하라

사고실험을 통해 다양한 변화 가능성을 생각해보았다면, 각 가능성이 현실이 된다면 '사람들은 어떤 행동을 할 것이며 어떤 새로운 선택을 할지'를 생각해보라. 사회, 기술, 경제, 환경, 법, 정치, 제도 등의 영역에서 작동하는 힘들이 미래를 만들지 않는다. 아무리 기술 사회라도 신기술이 미래를 만들지 않는다. 이들은 '미래 변화의 가능성'을, 즉 몇 개의 큰 갈림길을 만들 뿐이다. 이 갈림길들 중에서 어디로 갈지를 선택하는 것은 사람이다. 미래는 사람이 만든다. 그래서 미래 통찰력을 높이려면 사람에 대해 생각하는 것을 잊지 말아야 한다. 단, 사람의 미래를 선택할 때 영향을 받는 것이 크게 세 가지가 있다. 영성(종교), 감성(인문학을 통해 추적 가능), 이성(계몽, 교육 수준)이다. 상황과 시기에 따라 이 세 가지가 어떻게 작동하며 인간의 선택에 영향을 줄지를 추론해본다. 그 과정에서 대중이 선택한 길이 '메가 트렌드'이고, 소수의 집단이 선택한 길은 비즈니스적으로 '니치 마켓niche market'이 된다. 미래 변화의 가능성들과 사람들의 선택, 이 두 가지가 결합되어 미래가 만들어진다. 이 두 가지를 종합하여 사고실험을 할 때는 하워드 가드너 박사가 말한 '종합하는 마음synthesizing mind'이 필요하다. 분산된 정보를 함께 묶어 하나의 통일체를 만드는 능력이다. 자료를 조합해서 일관된 이야기를 만들거나, 뚜렷한 특징에 근거하여 분류하거나, 새로운 개념이나 이론, 법칙, 은유, 주제 등을 틀로 삼아 하나로 묶는 능력이다. 하나의 틀로 종합하면 그것은 다시 세상의 전체 구도를 새로운 각도에서 체계적으로 보게 하는 모델이 된다.

마인드 세트 9: 최악의 상황을 생각하라

미래에 있을지도 모를 '최악의 상황'을 상상해보라. 최악의 상황을 늘 생각하고 준비하는 것은 통찰력을 갖춘 사람들의 공통점이다. 아무리 생각을 논리적이고 확률적으로 해도 미래에 어떤 일이 벌어질지를 다 알 수는 없다. 즉 미래의 어떤 시점에는 내가 부정하는 미래, 확률적 가능성이 거의 없는 미래, 한번도 생각해보지 못한 뜻밖의 미래가 발생할 수 있다. '설마 ~하는 미래'다. 설마가 사람 잡는다는 옛말이 있듯이, 전문가를 당황스럽게 하는 설마하는 미래는 인류 역사에서 종종 일어났다. 전혀 준비가 되지 않았기에 엄청난 충격과 피해를 주고 지나갔다. 통찰력을 높이기 위해 노력하는 것은 기회를 빠르게 포착하려는 이유도 있지만, 대참사를 막으려는 목적도 있다. 와일드카드나 이머징 이슈로 인해 창발되는 '뜻밖의 미래'(창발적 미래)를 통찰하는 방법은 현재 상태에서 출발해서 미래를 예측하는 방식을 사용하지 않는다. '뜻밖의 현상'(창발적 현상)이 언제 발생할 것인지도 예측하려고 하지 말라. 그 대신 '뜻밖의 현상'이 일어난다는 전제를 하고, 임의로 정한 미래의 특정한 시점에 (현재는 일어날 가능성이 낮지만) 발발하면 극단적 위협(위기)을 만들 상황이 무엇인지에만 집중한다. '그로 인한 잠재적 영향이 무엇일까?', '그것에 대비하는 방법은 무엇일까?'에 집중하라. 필자는 뜻밖의 미래를 두 가지로 나눈다. 하나는 '비약적 진보에 의한 새로운 미래'다. 즉 나노 기술과 같은 혁신적인 기술로 인해 지금의 변화 속도보다 훨씬 더 빠르게 인류의 진보가 '시작'될 수 있다는 가정이다. 다른 하나는 '붕괴 후 새로운 미래'다. 어떤 새로운 힘에 의해서 기존의 것이 완전히 붕괴하고 완전히 새로운 미래가 만들어질 수 있다는 가정이다. 완전히 새로운 미래는 좋은 미래good future일 수도 있고 좋지 않은 미래bad future일 수도 있다.

요사이 몇 년 동안 지구가 이상기온으로 몸살을 앓고 있다. 40도를 웃도는 무더위와 가뭄이 한반도를 강타했고, 미국은 역사상 최악의 산불로 막대한 피해를 입고 있다. 모두 지구온난화가 주요 원인이라고 지목한다. "만약 지금보다 지구의 평균온도가 3도 더 오른다면 어떤 일이 벌어질까?"라는 질문을 던져야 한다. '설마 사람들이 지구의 평균온도가 3도나 더 오르게 그냥 놔둘 리가 없지'라고 안이하게 생각해서는 안 된다. 각국의 지도자나 국민이 지구의 온도가 3도나 오르도록 방관하지 않을 이유는 충분하지만 그럼에도 '설마'를 염두에 두어야 한다. 그래야 만일의 대참사를 완벽하게 방지할 수 있기 때문이다. 자동차를 사면 바로 보험을 드는데 이는 현명한 행동이다. 운전 중에 있을지도 모를 최악의 상황을 생각하고 대비하는 행동이기 때문이다. 내가 운전을 잘해도 사고는 날 수 있다. 주행 중에 사고가 나면 재산상의 피해는 물론이고 생명을 잃을 수도 있다. 재수 없는 생각으로 치부하고 대비하지 않으면 어떻게 될까? 경각심이 사라지고 그만큼 위험은 올라간다. 이 외에도 "10년 후에 현재 직업의 80퍼센트가 사라진다면?", "대한민국에 금융위기가 다시 발발한다면?", "중국의 거품경제가 갑작스럽게 붕괴된다면?", "H5N1과 같은 강력한 인플루엔자가 전 세계적으로 창궐한다면?"과 같은 극단적 미래에 대한 질문을 해보

라. '최악의 상황'을 늘 생각하고 대비하는 사람이 통찰력을 갖춘 사람이다.

'뜻밖의 현상'이 무엇일지는 사람, 기업, 국가마다 다를 수 있다. 다르더라도 조금만 관심을 기울이면 충분히 찾을 수 있다. 시나리오 기법의 대가인 피터 슈워츠 박사는 "미래의 골격이 될 거대한 흐름들의 방향을 바꿀 뜻밖의 강력한 사건들은, 그 기본적인 행동 유형을 살피다 보면 필연적으로 드러나게 마련이다"라고 했다. 최악의 상황을 예측해보고 발견한 것들을 당신의 미래 전략에 포함하여 전략적 유연성을 증진하는 데 활용하라.

뜻밖의 미래 두 가지
- 비약적 진보에 의한 새로운 미래
- 붕괴 후 새로운 미래

마인드 세트 10: 기회와 위기에 대한 생각 습관을 만들라

필자가 가진 미래를 통찰하는 데 사용하는 마지막 생각 습관이다.

기회는 생각보다 늦게 오고, 위기는 생각보다 빨리 온다!

독자도 각기 나름대로 이런 문구를 만들어 되새기면 통찰력을 갖는 데 도움이 된다. "기회는 생각보다 늦게 오고, 위기는 생각보다 빨리 온다!"라는 문구는 일종의 기회와 위기에 대한 필자의 생각 원칙 같은 것이다. 역사적으로도 그러했지만, 필자가 오랫동안 미래예측을 한 경험상으로도 기대하는 커다란 기회의 완성은 생각보다 늦게 온다. 하지만 위기는 생각보다 빨리 온다. 어쩌면 새로운 미래의 기회가 현재의 상태가 흔들림으로써 만들어지기 때문이 아닐까? 기존의 판이 크게 흔들리고 무너져야 그 자리에 새로운 기회의 씨앗이 심기고 싹이 날 여지가 만들어지기 때문이다. 그래서 위기는 기회보다 빨리 오는 것이 이치다. 기회가 생각보다 느리게 오는 것은 인간의 본성상 기회는 생각의 속도를 높이고, 위기는 생각의 속도를 늦추거나 아예 피하기 때문이기도 하다. 기회에는 마음이 들떠 설레발이 먼저이고, 위기는 듣기 싫고 거론하면 부정적 사

■ 그림 1-5 통찰력 발현 과정과 필수 요소의 연관관계

이해	통찰의 대상(질문) 선정	• 미래에 관심을 갖고 생각하라
	넓은 범위의 정보, 지식 입력(수집, 학습)	• 많이 그리고 잘 읽으라 • 변하는 것과 변하지 않는 것을 구별하라
	생각의 기술과 기계적 도구로 사전 처리	
분석	통찰의 대상(질문) 범위에 선정된 정보, 지식 몰입	• 변화를 주도하는 힘을 생각하라 • 어떻게 연결할지 생각하라
	생각의 기술로 후속 처리	• 미래예측은 그림 퍼즐 맞추기다 • 사고실험을 하라
예측	통찰값 선정	• 사람을 생각하라 • 최악의 상황을 생각하라 • 기회와 위기에 대한 생각 습관을 만들라

람이라고 낙인찍는 사회 분위기 때문일 수도 있다. 하지만 필자의 경험이나 역사가 증명하듯 큰 기회는 큰 위기 다음에 온다. 위기가 오지 않으면 기회도 오지 않는다. 기회를 기다리고 준비하는가? 그렇다면 위기를 먼저 생각하고 점검하라. 위기를 철저히 대비한 사람이 다가오는 기회를 가장 먼저 잡을 수 있다. 위기를 대비하지 않은 사람은 기회가 오기도 전에 위기에 모든 것을 잃고 쓰러진다. 이것이 세상의 이치다. 과거에도 그랬고, 미래도 마찬가지다. 〈그림 1-5〉는 지금까지 설명한 미래예측 마인드 세트 열 가지가 (앞에서 설명했던) 통찰력 발현 과정과 필수 요소 세 가지와 어떻게 연관되는지를 보여준다.

통찰의
기술

Insight
into
Futures

멀리 보고 깊이 생각하는 데서 시작한다

공자가 『논어』에 이르기를 "사람이 멀리까지 바라보고 깊이 생각하지 못하면, 반드시 가까운 데 근심이 생긴다." 미래를 연구하고 통찰력을 연마하는 필자가 좋아하는 문구다.

1910년 2월, 이토 히로부미를 사살(1909년)하고 중국 랴오닝성 다롄시 뤼순 감옥에서 순국을 앞둔 안중근 의사는 공자의 말을 인용하여 후대에게 유훈을 남긴다. "사람이 멀리까지 바라보고 깊이 생각하지 못하면, 큰일을 이룰 수 없다."

통찰력은 멀리 바라보고 깊이 생각하는 데서 시작한다. 기원전 5세기, 월왕 구천의 회계산 치욕을 씻도록 해주고 최고의 자리 대장군에 오른 범려는 통찰력이 뛰어난 인물이었다. 평소 멀리 보고 깊이 생각하는 습관을 지닌 범려는 심중에 이런 생각을 했다.

최고 절정기에 있는 군주를 오래 섬기는 일은 위험하다. 무엇보다 구천은 고난을 함께할 수 있기는 해도 기쁨을 함께 나눌 수 있는 사람은 아니다.

범려는 구천에게 사의를 표하고 제나라로 갔다. 제나라로 넘어간 범려는 사업을 했는데, 뛰어난 통찰력으로 곧 큰 부자가 되었다. 그러자 제나라 왕은 범려에게 재상을 맡아달라고 청을 했지만 그는 다음의 말을 남기고 재산을 마을사람에게 모두 다 나누어준 후 제나라를 떠나 작은 마을로 도망을 가버렸다.

초야에 묻혀 살면서도 천금의 부를 쌓고, 벼슬길에 올라 재상이 되었다. 필부의 몸으로 이보다 더 좋은 일은 없을 것이다. 그러나 이도 오래 지속되면 오히려 화가 된다.

초야의 작은 마을에 숨어 산 지 얼마 지나지 않아 범려의 둘째 아들이 초나라 사람을 죽여 체포되고 말았다. 황급히 막내아들을 부른 범려는 황금을 많이 주고 형을 구하라고 했다. 그런데 옆에 있던 큰아들이 "그런 일은 제가 해야 합니다"라고 간청을 했다. 부인도 이를 거드는 바람에 범려는 어쩔 수 없이 큰아들을 초나라로 보냈다. 하지만 초나라로 간 큰아들은 동생의 유골만 가지고 울면서 집으로 돌아왔다. 결정적인 순간에 황금을 아까워하는 바람에 처형을 막지 못했던 것이다. 범려의 온 집안은 아들을 잃고 깊은 슬픔에 빠졌다. 큰 슬픔에 젖은 아내에게 범려는 깊은 한숨을 쉬며 이런 말을 했다.

나는 이렇게 될 줄 처음부터 알고 있었소. 큰아들이 동생을 생각하는 마음이 없어서가 아니라, 큰애는 어렸을 적부터 나와 함께 온갖 고생을 해왔기 때문에 쉽게 돈을 쓰지 못하오. 그러나 막내는 그런 고생을 해보지 않았기 때문에 돈을 쓸 때 오히려 대담하오. 내가 처음에 막내를 보내려고 했던 것은 바로 이 때문이요. 큰애는 절대 그러지 못하오. 결국 둘째가 죽고 말았지만, 다 그 아이의 운명이니 너무 슬퍼하지 마시오. 나는 처음부터 둘째가 살아오지 못할 것이라는 사실을 알고 있었소.[1]

이쯤 되면 범려의 통찰력이 얼마나 대단한지 알 수 있다. 그가 최고의 자리를 버리고 월왕 구천의 곁을 떠나고, 제나라의 재상 임명 제안도 거절한 것은 놀라운 통찰력 때문이었다. 이야기에서 보듯, 범려의 이런 놀라운 통찰력은 '멀리 보고 깊이 생각하는 습관'에서 비롯했다. 하지만 우리는 이런 이야기를 자주 한다. "멀리까지 보고 깊이 생각하는 것이 중요한 것은 알지만, 당장 발등에 떨어진 불을 끄는 것도 급한데⋯⋯!"

'인무원려人無遠慮, 필유근우必有近憂'(사람이 멀리까지 바라보고 깊이 생각하지 못하면, 반드시 가까운데 근심이 생긴다)라는 공자의 교훈이나 '인무원려人無遠慮, 난성대업難成大業'(사람이 멀리까지 바라보고 깊이 생각하지 못하면, 큰일을 이룰 수 없다)이라는 안중근 의사의 유훈을 생각해보자. '지금 발등에 떨어진 불(근심, 문제)'은 어제 먼 앞일을 깊이 헤아리지 못했기 때문에 발생한 결과다. 지금이라도 먼 앞일을 깊이 헤아리는 것을 시작하지 않으면 내일도 모레도 그리고 인생의 마지막 순간까지도 발등에 떨어진 불을 끄는 삶을 살게 된다. 이제라도 아무리 급하고 여유가 없어도 잠깐 시간을 내 좀더 멀리, 좀더 폭넓고 깊게 생각하는 습관을 훈련해보자. 선택은 당신에게 달렸다.

통찰의 기술, 훈련할 수 있다

통찰의 기술은 훈련을 통해 얼마든지 향상될 수 있다. 시각 지능을 연구한 나일주 교수도 보이는 상황을 해석(이해)하고 조작(분석)하고 창조(예측)하는 능력은 훈련을 통해서 얼마든지 개발이 가능하다고 말한다. 예를 들어, 상황 이해력을 높이려면 시각적 자극물로 끊임없이 뇌에 자극을 주면서 해석을 시도하는 '상황 인지 훈련'을 하면 된다. 어떤 능력을 훈련할 수 있다는 것은 다음과 같은 몇 가지 조건을 갖는다는 의미다.

① (그 능력은) 신체 혹은 뇌의 특정 부위와 연결되어 있다.
② (그 능력은) 하위 단위에 몇 가지 구체적이고 실제적 임무로 쪼갤 수 있다.
③ 하위 단위의 각 임무 수행을 가능하게 하는 객관적 도구가 있다.

이렇게 객관적 도구가 있고, 각 도구를 사용해서 생산해야 할 임무가 구체적이고, 임무들을 연결하는 순서가 분명하고, 이 모든 일이 신체 혹은 뇌의 특정 부위에서 수행되기 때문에 훈련을 통해 향상이 가능하다. 예를 들어, 상황 이해력은 시각과 뇌의 특정 부위에서 수행된다. 상황 이해력은 하위 단위에서 '물리적 형태 보기

physical vision-심층요소의 연관 보기elemental judgement-이치 보기-구조 보기holistic interpretation-흐름 보기'로 세분할 수 있다. '물리적 형태 보기'는 시각 기관을 통해 뇌로 입력된 정보 중에서 주관적 견해를 제거한 후 객관적 사실과 숫자만을 보는 임무를 갖는다. 선택된 객관적 사실과 숫자는 심층적 요소와 어떻게 연관이 되어 있는지를 보는 단계를 거쳐, 통찰하고자 하는 영역(대상)의 변하지 않는 근본적인 이치를 살피는 작업을 한 후, 이치와 연관된 전체적인 구조를 보고, 구조를 바꿀 만한 변화가 무엇이 있는지를 살펴보는 임무로 나간다. 이 다섯 가지의 단계를 다 살펴본 후에야 비로소 "잘 보았다!"(상황 이해)는 말을 할 수 있다.

이 각각의 하위 단계에는 최적화된 '사고 기법'이 있다. '물리적 형태 보기' 단계에서는 관심, 흥미, 질문, 관찰, 몰입의 힘을 사용하면서 '정성을 들여 정보를 정밀하게 다듬는' 정제精製/refineing 기술이 사용된다. '심층요소의 연관 보기' 단계에는 생태학적 사회구조 분석 기법이 사용되고, '이치 보기' '구조 보기'의 단계에서는 시스템 사고 기법과 비즈니스 프로파일링 기법 등이 작동하고, '흐름 보기'의 단계에서는 변화 모니터링 기법이 작동한다.

셜록 홈스와 같은 명탐정은 평범한 사람보다 뛰어난 '상황 인지'를 한다. 좀더 나은 주의력으로 남들이 놓치기 쉬운 물리적 현상을 포착하는 것을 넘어, 겉으로 드러난 현상에 속지 않고, 정보라는 재료를 다양한 사고 기술로 가공하여 사건 이면에 숨겨진 실체, 본질, 은밀한 움직임, 깊은 연관관계 등까지 발견해내는 능력이 있다. 셜록 홈스는 필자가 소개한 정확한 상황인지를 위한 다섯 단계를 충실하게 수행하는 대표적인 인물이다. 아서 코난 도일의 작품인 셜록 홈스 시리즈 중 하나인 『노란 얼굴The Adventure of the Yellow Face』에 셜록 홈스의 뛰어난 상황 인지력을 느낄 수 있는 명장면이 나온다.[2]

사건이 없어서 무료해하던 셜록 홈스는 수사 동료인 왓슨 박사와 함께 사무실 근처의 공원을 거닐고 있었다. 이때 심부름을 하는 아이가 뛰어왔다.

"탐정님, 사건 의뢰인이 왔어요. 어서 사무실로 가보세요!"

"왓슨, 드디어 사건이야! 어서 가보세." 그러나 사무실로 돌아와 보니 의뢰인은 오간 데 없고 그가 놓고 갔음직한 담배 파이프만 테이블 위에 놓여 있었다.

"테이블 위의 담배 파이프는 왓슨 자네 것이 아니로군. 아마 그 손님이 놓고 간 모양이네. 들장미 뿌리로 만들었고, 입에 무는 곳에 호박을 끼웠군. 이렇게 소중한 파이프를 잊다니, 제정신이 아닐 정도로 혼란스러운 모양일세. 상당히 심각한 사건일 것 같으이."

"그게 소중한 파이프라는 것을 어떻게 아나?"

"이 파이프는 7실링 6펜스 정도 나가는 흔한 물건이지. 하지만 두 번이나 수선을 했네. 자, 보게나. 파이프 머리와 빨대의 이음새를 한 번, 호박 주변을 또 한 번. 게다가 이음새는 은으로 둘렀는데, 그 비용이 파이프 값보다 더 들었을 걸세. 새것을 사지 않고 수선해 쓰는 것으로 보아, 주인에게 소중한 물건이 틀림없지 않은가?"

"그 밖에 또 뭐가 있나?"

홈스는 파이프를 손에 들고 이리저리 굴리며 생각에 잠기더니, 곧 입을 열었다.

"파이프라는 것은 때로는 대단히 흥미로운 특징을 드러내 보이지. 회중시계나 구두끈도 그렇지만, 파이프는 그 주인의 성격을 상당히 정확하게 보여준다네. 하기야 이 경우에는 크게 눈에 띄는 특징은 없지만…… 하여간 이 파이프의 주인은 체격이 듬직한 외손잡이에다 치열이 고르며, 성격이 조급하고, 돈 걱정은 별로 하지 않는다는 것은 확실하네."

"수선비용을 많이 들였다는 말인가?"

이에 홈스가 타다 만 담뱃재를 손바닥에 올려놓으며 설명했다.

"이건 1온스에 8펜스 하는 그로스브너라는 담배일세. 이것의 반 값만 주어도 피울 만한 담배를 살 수 있으니 돈이 궁한 사람은 아니지. 게다가 이 사람은 램프나 가스 불에 파이프의 불을 붙이는 습관이 있어. 한쪽이 까맣게 그을려 있는 것이 보이지? 그런데 그 그을린 편이 오른쪽이거든. 그래서 이 사람을 왼손잡이라고 생각하는 걸세. 오른손을 쓰는 사람이라면 파이프의 왼쪽을 기울여 불 가까이 대는 것이 자연스러운 행동이니까. 그리고 이 사람은 호박으로 된 빨대에 무수한 잇자국을 냈네. 단단한 호박에 잇자국을 내려면 이가 고르고 건강한 사람이 아니고는 어렵지. 어, 그 사람이 계단을 올라오고 있는 모양인데. 파이프 연구보다는 훨씬 재미있는 일이 생길 것 같구먼."

누가 들어왔을까? 홈스의 추측대로, 30세 전후로 보이는 건장한 남성이었다. 그는 짙은 회색 양복을 입고, 다갈색 중절모를 손에 들고 있었다.

"용서하십시오. 노크를 했어야 했는데, 걱정거리가 있어서 그만 잊어버리고 말았습니다."

홈스가 입을 열었다.

"어서 오세요, 그랜트 먼로 씨."

"아니, 제 이름을 어떻게 아십니까?"

"이름을 알리고 싶지 않으시거든, 모자의 안쪽 테두리에 이름을 새겨 넣지 말거나, 이야기하는 상대방 쪽으로 모자의 안쪽이 보이지 않도록 하셔야죠. 자, 비싼 시간을 낭비하지 마시고 무슨 일인지 털어놓으시죠."

통찰력은 하늘에서 오는 것이 아니라 팩트에서 시작한다

　필자가 미래연구를 하는 이들에게 강조하는 말이 있다. "통찰력은 하늘에서 오지 않는다. 팩트에서 시작한다." 필자의 경험으로, 통찰력은 사실의 집합, 사실의 연결, 사실의 축적에서 비롯하기 때문에 사실의 관찰과 정제가 탄탄해야 한다. 미래연구와 예측에서는 이를 '정보수집 및 추출' 단계라고 한다. 미래연구 혹은 통찰의 출발점이기도 한 이 단계에서는 급변하는 사회가 산출하는 다량의 변화change/transition 및 미래 징후futures signals를 효과적으로 다루기 위해 세상을 관찰하면서 해결이 필요한 통찰의 주제나 이와 관련된 신호를 체계적으로 수집하고, 중요한 것을 선별적으로 추출하고, 정제하고, 분류하는 단계다. 필자는 관찰, 수집, 추출, 정제, 분류 다섯 가지 과정 전체를 '정보 필터링information filtering'이라고도 한다. 이것이 중요한 이유는 간단하다. 통찰이든 미래예측이든 사실에 기초를 두어야 지적 사기를 피할 수 있다. 필자가 앞에서 했던 말을 기억하는가?

　객관성과 엄밀성, 진지한 사유를 무시한 미래학은 지적 사기다.
　상상력을 펼치더라도, 팩트, 논리성, 확률적 가능성에 기초해야 한다.

■ 그림 2-1 정보 필터링의 시스템 구조

관심 질문

World ⟶ 관찰monitoring   정보필터링   추출extracting

수집gathering

정제refining

분류classifying

통찰력을 훈련하는 사람이라면 깊이 새겨야 할 말이다. 오랜 미래예측과 통찰의 경험으로 필자는 팩트의 축적이 가져오는 힘을 안다. 팩트가 분류·축적되면 스스로 구조와 흐름을 보여준다. 패턴과 사이클도 보여준다. 구글 트렌드를 분석해서 트럼프의 대통령 당선을 정확하게 예측했던 세스 스티븐스 다비도위츠의 베스트셀러『모두 거짓말을 한다』에 이런 문구가 나온다.

　우리는 노인의 조언을 신뢰한다. 왜냐하면 그들은 많은 관찰을 축적했기 때문이다. 세계의 중요한 패턴을 보려면 많은 정보를 축적해야 한다. 데이터과학의 본질은 패턴을 알아차리고 하나의 변수가 다른 변수에 어떤 영향을 줄지 예측하는 데 있다. 할머니는 백 년에 가까운 한평생 동안 머릿속에 저장해둔 인간관계 데이터베이스를 이용했다. 최고의 데이터과학은 노인들의 지혜만큼 직관적이다.

그가 말하는 정보의 축적은 팩트의 축적이다. 사람들은 예측능력이 예측 기법의 우수성에서 나올 것이라고 생각한다. 아니다. 팩트의 축적에서 나온다. 예측 기법의 상당수는 축적된 팩트에서 변수를 추출하고 다루는 도구일 뿐이다. 변수 선택, 변수 특성 평가, 변수 충돌과 시너지, 변수 연결(같은 레벨-폭, 다른 레벨-깊이)에 사용하는 도구다. 시나리오 기법은 변수들의 동역학dynanics을 서사narrative로 엮는 도구다. 참고로 네러티브는 시공간에서 등장인물과 주위 환경(배경)에 현재와 미래에 발생 가능한 논리적, 확률적, 뜻밖의 사건들의 연결을 문학적 형식을 빌려 구조적(관계 구조와 전략-플롯)으로 설명하는 장치다. 이런 기법의 중요성을 부정하지 않지만, 가장 기초가 되는 팩트의 축적보다 중요하지는 않다. 원식자재가 오염되거나 썩고 질이 낮으면 양념이나 칼이나 도마 같은 조리도구가 아무리 좋아도 결코 좋은 요리가 나올 수 없는 것처럼, 예측의 재료가 되는 정보나 지식이 오염되거나 거짓이면 예측 기법이 아무리 정교해도 예측(통찰) 결과는 부실할 수밖에 없다.

데이터는 현상에서 단순 관찰 및 측정해 수집한 사실이나 값value/score이다. 정보Information는 이렇게 수집한 데이터를 특정 상황이나 질문에 맞게 분석 및 해석하기 위해 (자연적 혹은 인위적으로) 데이터 간의 의미 관계를 형성하도록 체계적으로 조직화 한 결과물 혹은 그런 결과물들의 축적이다. 이렇게 데이터에서 특정 값, 경향(추세), 주기(패턴), 사이클 등의 정보를 추출하는 과정이나 방법을 정보 처리information processing라고도 한다.

지식knowledge은 데이터나 정보 혹은 행동을 통해 어떤 대상이나 환경에 대해 얻은 명확한 인식적 이해를 기반으로 한 판단의 체계다.

미래 신호futures signals는 데이터와 정보와 연결된다. 미래 신호란 미래 변화의 방향 추론에 대한 유용한 사실을 알려주는 한 조각 정보다. 암시다.

예측forecasting/foresight은 소음이나 타당하지 않는 정보를 제거하는 정보처리 활동의 반복을 기본으로 한다. 사실, 정보, 지식을 이용해서 세상 변화에 대해서 의미 있는 예측을 찾아나가는 과정이다. 예측을 인간이 하든 인공지능이 하든 원리는 같다. 인공지능도 소음이나 타당하지 않는 정보를 자료로 사용하면 불필요하거나 오류 정보를 출력한다. 멍청한 분석, 연관, 확장, 재구조화 도구를 사용하면 결과가 좋을 리 없다. 인공지능 알고리즘은 창의성과 상상력이 필요한 작업에는 아직 서툴다. 당분간, 상대적으로 단순하게 잘 이해되는 법칙에 따른 예측에 유용할 것이다. 자료가 불충분하고, 소음과 신호 구별이 모호하고, 맥락 이해가 부족한 영역 에서는 효과가 떨어질 것이다. 소음은 미래 신호와 경쟁하는 가짜 신호다. 의미를 찾을 수 없는 무작위적 패턴이다. 미래 신호 파악도 중요하지만, 그것의 의미를 분석하고 추론하는 능력이 더 중요하다. 어떤 신호가 더 중요한 지, 어떤 신호가 미래 방향을 바꾸는 숨은 힘으로 안내 하는 지, 신호가 어떤 이치와 연결되어 있는 지, 신호를 어떤 맥락(상황, 환경)에 집어넣어야 하는 지 등을 분석하고 추론하는 능력이 중요하다. 맥락을 반영하지 않으면 신호와 소음인지를 분별하기 힘들 때가 많다.

눈에 보이는 모든 것이 다 진실은 아니다

　이런 질문이 마음속에 떠오를 수 있다. "나는 지금까지 이렇게 생각하지 않아도 큰 문제가 없었는데…… 왜, 이렇게 힘들게 해야 할까?"

　답은 간단하다. 생존하기 위해서다. 잘 살기 위해서다. 원하는 목표를 이루기 위해서다. 자기 판단력이 없고, 있어도 오류투성이 판단력을 가지면 나와 내가 사랑하는 가족과 이웃을 지킬 수 없다. 최악의 경우 모든 것을 잃을 수도 있다. 이것이 힘들어도 멀리 보고 사려 깊게 생각해야 하는 이유다.

　팩트에 집중하고, 팩트를 축적해야 하는 이유는 두 가지 착시 때문이다. 하나는 내 안에서 생기는 착시다. 〈그림 2-2〉를 보라. 선들이 어떻게 보이는가? 반듯한가 아니면 구부구불한가? 왼쪽과 오른쪽의 넓이나 높이가 같은가?

　〈그림 2-2〉의 선들은 모두 반듯한 직선이다. 선과 선 사이 간격도 동일하다. 놀라운 것은 이렇게 팩트를 알고 다시 보아도 그렇게 보이지 않는다는 점이다. 그래서 사실을 인정하기가 어렵다. 노력을 기울이지 않으면 당신의 뇌는 지금까지 자기가 만들어놓은 모형대로 편안하게 세상을 본다. 심지어 내가 틀렸다는 것을 인정하

■ 그림 2-2 착시현상

기 싫어서 팩트는 무시하고 내 생각이 옳다고 부추기는 궤변에 귀를 기울인다. 간신과 아첨꾼은 이런 우리의 약점을 교묘하게 파고드는 데 능한 경계의 대상이다. 세상을 보는 뇌 속 모형을 계속 수정하고 변화의 속도에 따라 최적화하지 않으면 그 격차만큼 착시가 생긴다. 착시만큼 오류가 생기고, 오류만큼 판단에 실패할 확률이 높아진다. 다른 하나의 착시는 나의 외부에서 생긴다. 겉으로 드러나는 현상이 모두 사실인 것은 아니다. 사실과 옳은 견해, 반쪽만 맞는 견해, 틀린 견해, 의도적으로 남을 속이려는 주장 등이 뒤섞여 있다. 하지만 모두 자기주장이나 견해가 사실이라고 목소리 높인다. 자칫 속기 쉬운 세상이다. 이 두 가지는 눈에 보이는 것이 다 진실이라고 착각하게 만든다. '눈에 보이는 모든 것이 다 진실은 아니다. 몰입의 대가인 칙센트마하이 박사도 같은 말을 했다.

우리가 보고 생각하고 믿는 것은 세상의 진정한 모습이 아니다.

현실은 여러 겹의 베일에 가린 채 왜곡된 상태로 드러난다. 사람들은 대부분 이 장막을 보고 그것이 진실이라고 확신하지만 실제로는 자신을 속이고 있을 뿐이다.

이건희 회장도 비슷한 말을 했다.

모든 사물을 겉만 보고 피상적으로 대해서는 의미가 없다. 사물의 본질을 파악하는 것이 중요하다. '왜?'라는 질문을 다섯 번쯤 할 필요가 있다.[3]

고대 철학자인 데모크리토스도 같은 말을 했다.

진실은 심연의 바닥에 놓여 있다.

기억하라. 눈에 보이는 것이 다 진실이 아니다. 눈에 보이는 것을 꼼꼼히 따져 팩트를 분리해내고 축적해야 비로소 진실이 드러난다. 겉으로 보이는 것만을 보지 말라. 진실, 변화를 만드는 진짜 힘은 현상 이면에 있다는 생각의 습관을 가져야 한다. 그리고 팩트, 팩트의 축적이 현상 이면으로 들어가는 길이다.

잘 읽는 기술

앞의 미래학자의 마인드 세트에서 '많이 그리고 잘 읽는 습관'을 가지라고 조언했다.

많이 읽는 것
- 읽는 분량을 늘리라!
- 읽는 관점을 확대하라!

잘 읽는 것
- 사실에만 집중해 읽으라!
- 목적을 가지고 읽으라!
- 규칙적으로 읽으라!

이 중에서도 사실에 집중하고 사실을 축적하는 것이 '잘 읽는 것'의 핵심이다. 이것은 '상황 이해'의 하위 단계에서 '물리적 형태 보기'에 해당한다. 이 단계는 관심, 흥미, 질문, 관찰에 몰입하면서 '정성을 들여 정보를 정밀하게 다듬는' 정제 기술을 사용한다. 당연히 정제의 결과물이 사실과 사실의 축적이다.

많이 읽는 것은 '관심 질문'과 '사실 관찰'의 물리적 양을 늘리는 행위다. 이 행위만으로도 최소한의 통찰을 얻을 수 있다. 맥도널드는 질문과 관찰을 잘 활용한다. "언제 사람들이 행복할까?", "어떤 상황에서 사람들이 주저 없이 지갑을 열까?"라는 질문을 통해 햄버거를 파는 표준을 만들었다.[4] 맥도널드는 사람들이 행복을 느끼는 순간 중의 하나가 무언가를 먹을 때 입을 한껏 벌리고 입안 가득히 포만감을 느낄 때라는 것을 발견했다. 또한 일반인이 평균적으로 입을 크게 벌릴 때 대략 50밀리미터라는 팩트를 알아냈다. 이것이 맥도널드에서 두께 17밀리미터인 위아래 두 개의 햄버거 빵 사이에 10밀리미터 고기 패티를 넣어 총 44밀리미터의 햄버거를 출시한 이유다. 맥도널드의 계산대 높이는 72센티미터인데, 이 높이가 서양인이 불편을 느끼지 않고 쉽게 지갑을 꺼낼 수 있는 높이다. 햄버거나 감자칩을 주문하면 곧바로 "감사합니다"라는 멘트를 하고, 3초 이내에 "콜라도 드시겠습니까?"라고 권유를 한다. 그들은 칭찬 한마디가 주는 기분 좋은 느낌이 3초의 최면효과를 가지며, 대략 5초가 지나면 콜라를 주문하는 확률이 절반으로 떨어지는 사실을 관찰했기 때문이다. 한번은 맥도널드가 경쟁회사 버거킹의 디저트 아이스크림에 대응하기 위해 8~13세 아동이 먹을 수 있는 디저트용 밀크셰이크를 출시했었다. 아무리 막대한 홍보를 해도 판매가 시원치 않자, 그들은 매장에서 온종일 손님을 '관찰'했다. 그리고 특이한 사실 하나를 발견했다. 예상과는 다르게 밀크셰이크 고객의 50퍼센트가 차를 몰고 출퇴근하는 직장인이라는 사실이다. 이들에게 '질문'을 던졌다. "왜, 아침에 밀크셰이크를 사시나요?" 돌아온 대답은 의외였다. "바나나를 먹을 때는 3분밖에 걸리지 않아 출퇴근길의 지루함을 달래기에 부족한데, 밀크셰이크를 사먹으면 충분하게 오래 먹을 수 있기 때문이죠." 이런 팩트를 근거로 맥도널드는 어린이용 밀크셰이크를 출근하는 직장인을 위한 제품으로 발전시켜서 큰 성공을 거두었다.[5]

포드 자동차는 컨베이어벨트라는 자동 시스템을 통해 자동차 대량생산을 가능하게 했다. 이 놀라운 혁신도 질문과 관찰에서 나왔다. '어떻게 하면 자동차를 대량으로 생산할까?'라는 질문을 매일 머릿속에 넣어 둔 헨리 포드는 어느 날 시카고 정육업자들이 천장에 트롤리를 달고 소나 돼지를 통째로 이리저리 움직이는 것을 관찰하고 해답을 찾았다. 관찰은 먼 곳이나 특별한 곳에서 하는 것이 아니다. 우리의 일상 주변 평범한 곳에서, 늘 읽는 신문과 책에서, 늘 보는 방송에서 시작할 수 있다. 러시아 태생 미국 작곡가이며 〈봄의 제전〉을 작곡한 이고르 스트라빈스키는 "진정한 창조자는 가장 평범하고 비루한 것들에서도 주목할 만한 가치를 찾아낸다. 이를 가능하게 하는 것이 관찰이다"라고 했다. 1993년 세계적인 IT 전문잡지 『와이어드』를 창업하고, 1994년 『통제불능』이라는 책으로 워쇼스키 자매가 만든 영화 〈매트릭스〉에 결정적인 영감을 주고, 위키피디아가 세상에 나오기 3년 전에 『디지털 경제를 지배하는 10가지 법칙』이라는 책을 통해 네트워크로 연결된 무리의 힘을 활용하는 것이 아주 중요함을 예측하고, 미국 IT계의 거장으로 인정받는 케빈 켈리가 2008년 11월 한 강연회에서 이런 질문을 받았다. "앞으로 사라질 산업과 주목해야 할 산업이 무엇입니까?" 그는 이런 질문에 무엇이라고 대답을 했을까? 의외로 대답은 간단했다.

향후 어떤 산업이 '뜰' 것이냐에 대해서는 아무도 쉽게 대답할 수 없습니다. (그러나) 기술이 진화하는 흐름을 지속적으로 관찰하고 기술이 원하는 이야기를 들으면 주목해야 할 산업과 행동해야 할 방법이 눈에 들어옵니다.[6]

역시 그의 탁월한 미래예측력과 세상 변화를 꿰뚫어 보는 통찰력도 '질문'과 '관찰'에서 나왔다. 당신도 "왜?"라는 질문을 던지면서 주위를 관심 있게 보기 시작하면 숨어 있는 팩트, 변화를 주도하는 실제적 힘을 발견할 수 있다. 질문과 관찰이 습관이 되지 않아서 어렵다고 느낄 뿐이다. 습관이 되면 당신의 뇌는 이런 작용을 즐기기까지 할 것이다. 이시형 박사는 관찰과 뇌의 상호작용에 대해서 이렇게 말했다.

뇌에는 작업흥분이라는 신비스러운 기능이 있다. (…) 새로운 것에 대한 호기심도 크게 작용한다. 우리 뇌는 (새로 관심을 가지고) 시작한 일에 대해 가벼운 흥분을 일으켜 그 일을 계속하게 만든다. 게다가 우리 뇌는 생각보다 인내력이 좋다. 부신 피질의 방어 호르몬이 아무리 싫은 일도 최소한 3일은 지속할 수 있게 해준다. (…) 아무리 싫은 일도 3일씩 딱 열 번만 계속하면 버릇이 되고 습관이 된다. 이는 뇌과학의 실험적 결론이다.[7]

질문을 통해 뇌에게 새로운 것에 대한 관심을 갖게 하고, 이것이 지속되어 흥미를 느끼게 되면, 곧바로 여세를 몰아서 관찰에 몰입하는 것이 중요하다. 몰입은 시간과 인내력의 싸움이다. 몰입까지 가지 못하고, 흥미를 느끼는 단계에서 멈추면 통찰로 가는 길도 중단된다. 벌이 춤을 추는 것을 언어로 인식하고 이를 해석해낸 유명한 곤충학자 카를 폰 프리슈는 이런 말을 했다.

나의 탁월한 관찰력의 비법은 다름이 아니라 움직이지 않고 몇 시간씩 돌 틈에 누워서 곤충들을 끈질기게 주시하는 것이다.

세상에 공짜는 없다. 탁월한 통찰력을 얻으려면 시간과 인내심을 투자하라. 자연과 세상은 인내력이 많은 관찰자에게만 놀라운 모습을 보여준다. 관찰에 몰입할 때, 두 가지 방해 요소를 조심하라. 하나는 바쁜 일상이고, 다른 하나는 상황적 선입견이다. 바쁜 일상은 물리적으로 관찰에 몰입할 수 없도록 한다. 상황적 선입견은 관찰에 몰입하지만 잘못된 결과가 나오게 만든다. 상황적 선입견이란 현재 상황에만 몰입되거나 편협한 관점으로 생각이 붙들린 상태다. 전통적 믿음이나 관습, 직업적 특성, 여러 가지 상황적 이해관계가 상황적 선입견을 만든다. 당연히 팩트의 발견과 팩트의 축적을 방해한다. 중국 전국시대의 사상가였던 순자가 쓴 『순자』의 '해폐'편에 이런 말이 나온다.

사물의 한 면에 사로잡혀 전체를 파악하지 못함이 병폐다.
인간은 사물의 한 면에 마음을 빼앗기면 전체를 파악하지 못한다.
편견을 버려야 올바른 판단을 할 수 있는데 한쪽 면만을 보고 그게 전부라고 믿으면 마음의 미혹함이 깊어진다.

케빈 켈리도 선입견의 위험에 대해서 다음과 같이 꼬집었다.

사람들은 자신이 잘 알고 있지 않은 분야에서 벌어지는 현상은 쉽게 믿는다. 하지만 자신의 전문분야에 부딪히면 태도가 돌변한다. 보이는 것을 그대로 믿으려고 하지 않고, 새로운 방식이 나타나면 부인한다. 불가능하다고 말한다. 위키피디아가 처음 등장했을 때 많은 전문가는 이들이 성공하지 못할 것이라고 단정 지었다. 트위터가 등장했을 때도 마찬가지였다. 하지만 이들은 모두 지금 전 세계에서 사랑받는 서비스가 되어 있다.

케빈 켈리는 상황적 선입견에 빠지지 않고 좀더 나은 관찰력을 가지려면 "매일, 자신이 배웠던 모든 것을 아무것도 배우지 않았던 상태로 되돌리는 훈련을 하라"고 조언한다. 늘 열린 마음으로 배움을 갈망하는 초심으로 돌아가라는 말이다. 전문가도 상황적 선입견에 빠진 상태에서 투자를 하게 되면 손실을 볼 가능성이 커지고, 과거에 성공한 경영자도 상황적 편견에 빠지면 미래의 사업을 그르칠 수 있다. 필자와 같은 미래학자도 상황적 선입견의 틀을 깨고 새로운 시각, 좀더 폭넓고 깊은 수준에서 관찰하고 깊은 사고를 반복해야 상황 속에 숨겨진 위험 신호를 감지하고 실패의 단초를 뽑아낼 수 있다.

신문을 잘 읽는 법

지금처럼 모바일 인터넷 환경이 뛰어난 시대에는 언론사 사이트에 접속하기만 하면 언제 어디서나 전 세계 곳곳을 들여다볼 수 있다. 인터넷에 연결되어 있다면, 산골짜기에 은둔해 있어도 세상 돌아가는 이야기를 모두 알 수 있다. 인터넷이 천리안이다. 필자가 앞에서 소개했던 존 나이스비트의 말을 기억하는가?

내 눈길은 가판대에서 판매되는 다양한 지역 신문들의 표제를 따라갔다. 그 순간 나는 매일 이 지역 신문들을 모두 읽는다면 현재 이 나라에서 일어나고 있는 변화의 유형을 감지할 수 있으리라는 사실을 깨달았다. 마침내 미국에서 지금 무슨 일이 벌어지고 있는지 알아낼 방법을 발견한 것이다! 드디어 열쇠를 손에 쥔 깨달음의 순간이었다.

신문이라는 매체 하나만으로도 한국의 구석구석은 물론이고 전세계를 실시간으로 들여다볼 수 있다. 정보의 지리적 범위를 한국, 미국, 중국, 일본, 유럽 등으로 쉽게 확장할 수 있다는 말이다. 외국어 실력이 떨어져도 상관없다. 국내 신문사들도 치열하게 보도 경쟁을 하기 때문에 해외에서 일어나는 주요 사건을 거의 실시간으로 번역하여 기사화한다. 인공지능 번역 기술도 계속 향상되고 있어서 외국 언론사 사이트에 직접 접속해 구글번역을 클릭하거나 외국어로 된 문장을 복사해서 번역 프로그램에 돌리면 썩 괜찮은 수준으로 번역 내용을 확인할 수 있다. 이 외에도 신문은 접근성도 좋고, 종류도 많아 정보를 쉽게 비교할 수 있는 장점이 있다. 웬만한 기사는 무료다. 이런 이유로 필자는 통찰력 훈련을 할 때 신문을 적극 활용한다. 신문만 잘 읽어도 상당한 수준으로 통찰력을 향상할 수 있다. 이제부터 신문을 활용한 통찰력 향상 훈련법에 대해 구체적으로 알아보자.

가장 먼저, 관심 있는 분야를 선정한다. 산업이나 기술, 정치, 경제 금융 혹은 사회 섹션(분야)도 좋다. 당신이 쉽게 이해할 수 있는 영역 중에서 사건을 다루거나 변화를 다루는 분야를 선택하라. 이 단계는 필자가 소개한 미래학자의 마인드 세트 1: '미래에 관심을 가지라'에 해당한다.

두 번째 단계는 다양한 신문을 옮겨 가며 선택한 섹션(분야)만 골라 '많이' 읽는다. (훈련이기 때문에 특정 섹션만 골라서 많이 읽는 것이다. 훈련을 마친 후에는 다양한 섹션을 많이 읽어야 한다.) 미래학자의 마인드 세트 2: '많이 그리고 잘 읽으라'의 앞부분에 해당한다. 필자도 매일 국내외 수십 종의 신문을 읽는다. 일단 많이 읽기 시작하는 것만으로도 놀라운 일이 벌어진다. 세상이 눈앞에 그려진다. 미래가 어디로 흘러가고 있는지 어렴풋이 보인다. 미래학자 존 나이스비츠는 "신문은 최고의 조력자다. 신문은 역사의 초고이자, 우리에게 미래에 대한 스케치를 보여주는 최초의 정보 제공자다. 왜냐하면 우리가 지금 하고 있는 일이야말로 미래를 결정하는 것이기 때문이다"[8]라고 했다. 신문을 포함한 언론들은 매일 수백만 명의 사람을 동원해서 전 세계에서 일어나는 다양한 사건을 낱낱이 당신에게 전해온다.

미래를 결정하는 일들과 그것들의 변화에 대해서 시시각각 보고해 준다. 즉 신문을 잘만 이용한다면 돈 한 푼 들이지 않고 전 세계에 당신만을 위한 정보원 수백만 명을 공짜로 얻는 셈이 된다. 이들이 전 세계에서 타전하는 보고를 계속 듣고 있으면 세상 돌아가는 모습이 저절로 그려지기 시작한다. 다음과 같은 질문을 하는 사람도 있을 것이다. "나도 오랫동안 신문을 봤지만 별 효과가 없던데요?"

그렇다. 신문을 '오랫동안 읽은 것'과 '많이 잘 읽는 것'은 다르다. 오랫동안 매일 아침마다 신문을 읽는 습관은 좋다. 하지만 그것만으로 통찰력이 예리해지지 않는 이유가 있다. 첫째, 내가 보고 싶은 것만 읽었을 것이다. 둘째, 소수의 신문만 오랫동안 보았을 것이다. 통찰력이 예리해지려면 '한 사건에 대한 상당한 양의 정보'가 필요하다. 신문 한두 가지를 보아서는 사건 이해와 판단에 필요한 정보의 절대량이 부족하다. 필자가 많이 읽는 것을 강조한 이유다. 셋째, 규칙적으로 읽지 않았을 것이다. 넷째, 사실과 견해를 구분하지 않고 읽었을 것이다. 다섯째, 비교 이해를 하지 않고 읽었을 것이다. 여섯째, 과거에 읽었던 것을 기억하며 읽지 않았을 것이다. 이 외에도 다른 원인이 더 있겠지만 이 정도 이유만 들어도 신문을 '오랫동안 읽은 것'과 '많이 잘 읽는 것'이 다르다는 것을 알 수 있을 것이다.

핵심을 읽으라

앞에서 '잘 읽는 것'의 핵심은 사실에 집중하고 사실을 축적하는 것이라고 했다. 급변하는 사회가 산출하는 다량의 변화 및 미래 징후를 효과적으로 다루기 위해 세상을 관찰하며 팩트를 수집하고, 중요한 것을 선별적으로 추출하고 정제한 후, 분류하여 축적해 팩트의 질과 규모를 더 강력하게 만드는 데까지 이르러야 "잘 읽었네!"라고 말할 수 있다. 쉽게 말해서 보고 싶지 않은 것도 읽고, 한 사건에 대해 상당한 분량의 정보를 읽고, 규칙적으로 읽고, 사실과 견해를 구분해서 읽고, 사실과 사실을 비교 이해하며 읽고, 과거 사실과 흐름을 기억하며 읽고, 이 모든 것을 연관성을 생각해서 계속 모아놓아야 한다. 참고로 미래연구와 예측에서 팩트를 연결하여 질과 규모를 더 강력하게 만드는 축적은 '정보 연관화' 단계라고 한다.

신문은 양날의 검이다. 앉아서 천리를 보게 하는 장점도 있지만, 동시에 진짜 세상을 보지 못하게 하는 단점도 있다. 신문은 사회, 기술, 경제, 환경, 법, 정치, 제도, 종교, 영성 분야에서 발생하는 다양한 사건, 유행, 트렌드 등에 관한 정확한 사실과 탁월한 의견(해석)을 제공한다. 동시에 지극히 개인적이고 편협한 견해, 잘못되거나 가짜 정보, 정치적 선동, 루머, 일시적이고 감정적인 소동들을 전달한다. 그래서 신문을 많이 읽는 것보다 중요한 것은 '잘 읽는 것'이다. 필자가 강조한 많이 읽는 것도 잘 읽기 위한 하나의 조건이다. 그러면 가짜 뉴스는 물론이고 어떤 사람의 권위와 주장에도

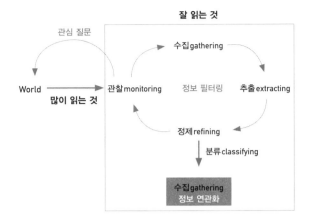

■ 그림 2-3 잘 읽는 기술의 내부 시스템 구조

휘둘리지 않고 논리적이고 체계적으로 신문을 읽어내는 세부적 기술을 배워보자.

첫째, 신문 기사를 하나 선택하고 읽으라. 한 기사 속에는 사실, 전문가 견해, 타인의 의견이나 기자의 감정(느낌), 상상, 혹은 정치적으로 오염된 소문이거나 불완전한 정보 등이 섞여 있다. 이 중에서 '사실'에만 밑줄을 긋자. 팩트를 수집하는 것이다. 내가 생각하기에 중요한 것에 줄을 긋는 것이 아니다. 흥미롭거나 놀라운 것, 멋진 말, 감동된 것에 줄을 긋는 것이 아니다. '사실'에만 밑줄을 긋자. 필자의 이 말을 마음에 새기라.

통찰력은 하늘에서 오지 않는다. 팩트에서 시작한다.

〈그림 2-4〉는 밑줄로 그은 '사실'을 따로 정리하는 방법을 보여

■ 그림 2-4 사실(Fact & Score) 추출의 실례

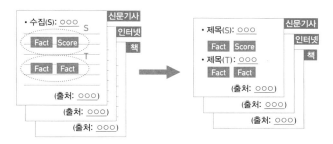

준다. 이때 사실만 추출하고 나머지는 참고만 하거나 제거한다. 단, 미래 전망에 관한 사실 의견은 따로 보관한다.

사실에 밑줄을 긋는 습관을 가지면 두 가지를 깨닫게 된다. 첫째, 한 기사에 생각보다 사실이 별로 없다. 어떤 기사는 사실이 하나도 없다는 것을 눈으로 확인하고 놀랄 것이다. 사실이 없다면 무엇으로 기사가 채워졌을까? 의견이나 소문이다. 둘째, 그래서 '내가 엉터리로 신문을 읽었구나'를 깨닫는다. '도대체 내가 지금까지 무엇을 읽은 거지?' 하며 충격을 받는다. 사실이 아닌 내용에 귀한 시간을 바친 것도 억울하지만, 더 큰 문제는 그런 시간이 오래 축적된 만큼 세상의 진실에서 멀어졌다는 것이다. 차라리 신문을 읽지 않았으면 세상을 보는 시각이 오염이 되지는 않았을 것이다. 여기서 필자의 말을 오해가 없길 바란다. 신문 기자들이 엉터리라든지, 기사에 쓰인 의견이 쓸모없다는 말이 아니다. 훌륭한 식견을 갖춘 언론인들이 사실에 기초해 자부심을 갖고 쓴 기사도 많지만, 일부 가짜 뉴스와 형편없는 기사들을 구분해야 한다는 의미다.

다음으로 신문 기사를 읽는 순서에 대해 말하고자 한다. 잘 읽기 위해서는 읽는 '순서'가 중요하다. 신문 기자는 어떤 특정 '사건event'이 발생하면 기사記事라는 형식으로 보고report를 한다. 이때 독자의 이해를 돕기 위해 다양한 설명과 개인적 의견, 권위자의 설명과 의견 등을 덧붙인다. 통찰력을 향상하기 위해서는 반대로 해야 한다. 기사의 모든 내용 속에서 가장 먼저 '사실'만을 추려내라. '사실'을 빼고 남는 것은 '견해'다.

'사실事實'은 다른 의견(견해, 감성)이 덧붙여지지 않고 '실제로 있는 그대로 일어난 일事의 실재實'다. 열매처럼 손에 분명하게 잡히는 객관적이거나 과학적인 무엇thing이다. 좀더 확장하면, 발생한 그 일에 대한 이해를 돕기 위해 전문가가 거론한 '이미 일어난 다른 일, 혹은 일의 실재'도 사실이다. '객관적이거나 과학적으로 증명된 또 다른 진실true thing'도 사실이다. 사실과 관련된 이치와 법칙을 소개하는 것도 사실에 속한다. 이런 것이 기초가 되어야 흔들리지 않고 견고하게 생각을 쌓아 올릴 수 있다. 처음에는 모든 견해를 다 걷어내고 단순한 사실에만 집중하라. 복잡함은 혼란과 휘둘림을 초래하지만, 단순함은 모든 것을 투명하게 만든다. 신뢰를 높인다. 중요한 것은 견해가 아니라 세상에서 지금 일어나고 있는 사실이다. 참고로 '사실'은 다시 두 가지로 나뉜다. '정성적 사실qualitative fact'과 '정량적 사실quantitative fact'이다. 쉽게 말해, 정성적 사실은 '사건(다른 의견이 덧붙여지지 않고 그냥 있는 그대로 일어난 일) 정보'이고, 정량적 사실은 '(그 사건에 대한) 수적數的 정보'다. 수량적 정보를 추출할 때도 '견해가 들어 있는 숫자'를 피해야 한다. 이와 대해 1987년 블랙 먼데이를 예측한 세계적 투자 분석가 마크 파버는 다음과 같이 말했다.

나는 통계를 잘 믿지 않아요. 하지만 어떤 통계는 거짓말을 하지 않습니다. 예를 들어 전기 사용량, 기차 선적량, 컨테이너 하적량 등은 거짓말을 하지 않지요. 반면 GDP 지표는 큰 의미가 없습니다. 계산이 복잡하고, 실질 GDP에 중요한 영향을 미치는 인플레이션을 어떻게 계산하느냐에 따라 전혀 다른 결과가 나오니까요. 여러분도 분석을 잘하려면, 거짓말을 안 하는 통계나 수치와, 거짓말을 잘하는 통계를 잘 구분해야 합니다.

둘째, 사실 다음으로 중요한 것은 '전문가 견해'다. 사실에 밑줄을 그었으면, 그다음은 전문가의 견해를 찾아 평가하라. 견해는 어떤 사물이나 현상에 대한 이해를 돕기 위해, 잘 보도록 하기 위해 풀어 말하는 주관적 생각이나 개인적 주장이다. 즉 해석이다. 견해는 세 가지로 분류된다. 옳은 견해, 편협한 견해, 틀린 견해다. 전문가의 견해를 감히 평가해도 되나 하고 생각할 수도 있다. 그러나 꼭 필요한 과정이다. 이 글을 읽는 독자는 필자의 견해도 냉정하게 평가하며 읽어야 한다. 필자는 신이 아니다. 특정 사건이나 주제를 보는 관점이 신의 경지에서 완전무결하고 완벽할 수 없다. 일반인보다 좀더 나은 수준이다. 일부 옳은 견해일 뿐이다. 다른 분야의 전문가도 마찬가지다. 이것은 그들의 잘못이 아니다. 한 개인으로서 인간이 갖는 한계다. 인간의 이런 약점을 보완하는 방법이 있다. 한 사건이나 주제에 대해서 각각 일부의 옳은 견해를 말하는 전문가들의 견해를 모아 퍼즐 조각을 맞추면 종합적이고 풍성한 더 나은 전문적 견해를 얻을 수 있다. 이 정도가 되어야 견해가 사실만큼 단단해진다. 이 정도 단단해져야 통찰의 기초로 삼을 수 있다. 이런 질문을 할 수도 있다. "나는 아직 전문가의 견해를 평가할 실력이 되지 않는데요?" 그렇기 때문에 처음에는 사실만 추출하고, 인내심을 갖고 사실만을 축적해야 한다. 어느 정도 축적된 사실은 그 기사에서 그 전문가가 말한 견해가 옳은지, 편협한지, 틀린지를 판단할 기준이 된다. 한 기사에서 사실과 견해를 냉정하게 나누는 것은 전문가의 견해를 버리기 위함이 아니라 사려 깊은 판단을 위해 축적한 사실을 바탕으로 전문가의 견해가 맞는지 틀리는지를 나중에 재검증한 후 받아들이기 위함이다.

사실과 견해를 구별할 때 세 가지 주의사항이 있다. 첫째, 아무리 객관적 사실이라도 의도적으로 강조하는 사실은 머릿속에 체크를 해두라. 선택적 보도의 피해자가 될 수 있다. 둘째, 특정 사실에 국익, 화합, 안정 등의 추상적 단어를 교묘하게 덧붙이는 기사도 조심해야 한다. 만약, 정보 작성자가 불순한 의도를 갖는 경우, 추상적인 단어는 진실이나 나쁜 의도를 감추기에 아주 좋다. 거꾸로 말하면 글쓴이의 특정 의도에 속거나 휘둘리기 십상이다. 과장되거나 왜곡을 나타내는 단어에도 현혹되지 말라. 예를 들어, 정확한 숫자를 제시하지 않고 '급등', '급락', '충격', '패닉' 등의 단어를 사용하는 것을 조심하라. 셋째, 사실이라도 '프레임 언어'로 사용하는 것을 조심해야 한다. 정치적 의도가 개입되어 있는 영역에서는 특히 조심해야 한다. 미국 캘리포니아대학교 언어학 교수인 조지 레이코프는 정치학적 사회학적 인지구조의 틀을 설명하기 위해 프레임이론frame theory을 만들었다. 조지 레이코프는 정치적 혹은 사회학적 의제를 다룰 때 승리하는 가장 좋은 방법은 전략적으로 잘 짜인 '틀'을 제시해 대중의 사고 틀을 먼저 규정하고 상대방이 반박하게 만드는 것이라고 했다. 만약 상대방이 자신들이 이미 짜 놓은 틀을 반박하면 오히려 프레임이 강화되는 현상이 발생한다. 올가미에 걸린 동물이 몸부림을 칠수록 덫이 더 조이는 것과 같다. 그리고 이런 틀은 언론을 통해서 대중에게 뿌려져 한층 더 강화된다. 이쯤 되면 진실의 유무를 떠나 빠져나오기 힘들다.

프레임 언어는 주로 정치권에서 사용한다. 대선 때마다 표 결집을 위해 프레임 언어들이 난무한다. 18대 대선에는 여당이었던 새누리당이 전통적으로 야당에서 사용하던 프레임을 선점해서 승기를 잡기도 했다. 사회적 이슈에도 프레임 언어가 종종 등장을 한다. 예를 들어, 2004년 '쓰레기 만두'라는 기사가 신문에 나온 적이 있다. 만두소 업자들이 단무지를 만든 뒤 폐기 처분하는 자투리를 모아서 오염된 물로 세척하고 탈염한 뒤 만두소를 만들어서 유명 만두 업체와 호빵 제조업체에 팔아넘겼다는 것이었다. 경찰은 국내 만두 업체의 70~80퍼센트가 이 불량 만두소를 납품 받았다고 발표했다. 많은 만두 업체가 경영난을 겪거나 파산했다. 심지어 70년 전통을 자랑하던 냉동물만두 국내 1위 업체 '취영루'도 반복되는 쓰레기 만두 파동에 직격탄을 맞고 휘청거리다가 글로벌 금융위기를 극복하지 못하고 극심한 매출 부진으로 법정관리에 들어가고 말았다. 2009년, 법원은 경찰의 당시 수사가 과장됐으며 상당수 만두 업체가 불량 무말랭이를 쓴 바가 없다는 판결을 내렸지만 피해를 수습하기에는 너무 늦었다. 이렇게 프레임 언어에 한번 갇히면 의식 속에서 과장과 왜곡이 일어난다. 부정적 프레임은 더욱 부정적인 방향으로 의식을 이끌고 가고, 긍정적 프레임은 더욱 환상적인 방향으로 의식을 이끌고 간다. 반박을 하면 할수록 프레임은 더욱 견고해진다. 시간이 지나면 사실 여부는 사람의 머릿속에서 사라지고 프레임만 남아 사람의 행동을 지배한다. 의사결정을 지배하고 선택을 지배한다.

이렇게 기사를 읽는다고 '참 까다로운 사람일세!'라고 생각하면 안 된다. 변화의 시대에는 통찰력에 당신과 당신 가족과 소중한 사람들의 미래가 달려 있다. 통찰력이 높아도 미래를 장담할 수 없는데, 사려 깊게 얻은 정보(사실과 전문가의 옳은 견해)가 기초가 되지 못한 의사결정은 모두를 위험에 빠뜨릴 것이다. 사실과 전문가 견해를 제외한 타인의 의견이나 기자의 감정(느낌)과 상상은 참고만 하고, 정치적으로 오염된 소문과 불완전한 정보는 가차 없이 버리라.

셋째, 사실과 견해를 분리했다면 그다음으로는 사실이 '시간에 따라' 어떻게 움직이는지를 면밀히 추적한다. 나중에 중요한 것을 선별적으로 추출하기 위해 필요한 과정이다. 처음에는 사실이라고 생각했지만, 시간에 따라 본질이 변하는 것은 사실이 아니다. 사실은 시간이 지나도 본질은 변하지 않지만 다른 사실과 연결되면서 규모가 커진다. 사실 중에서도 중요한 사실이 될 가능성이 크다. 반대로 영향력이나 중요도가 작아질 수 있다. 사실이지만 중요도가 떨어지는 사실이 된다. 사실은 시간에 따라 일어나는 일에 대한 정성적이고 정량적인 내용이기 때문에 시간이 지나면 또 다른 일을 만들든지 혹은 기존의 사실에 새로운 사실이 덧붙여지면서 이슈의 전개나 진전을 바꿀 수 있다. 이 단계에서도 중요한 것은 견해를 빼고 추적해야 한다.

정리해보자. 사실의 어떤 움직임을 사실을 추적해야 할까? 최초의 '정성적 사실'에 어떤 새로운 '정성적 사실'이나 '정량적 사실'이 덧붙여지는지를 추적하라. 그 결과 '정량적 사실'이 어떻게 변하는지를 추적하라. 규모가 어떻게 변하는지를 추적하라. 영향력이 어떻게 변하는지를 추적하라. 예를 들어, '미중 패권전쟁'은 이슈다. '미중 무역전쟁'은 미중 패권전쟁의 하위 이슈다. 미국이 중국에 무역 관세를 부과한 것은 사건이다. 미국 정부가 2018년 8월 23일에 160억 달러(약 18조 원) 규모의 중국산 물품에 25퍼센트의 추가 관세를 부과한 것은 사실이다. 미국 정부가 중국산 물품에 추가 관세를 부과한 것은 정성적 사실이다. 규모가 16억 달러이고 추가 관세율 25퍼센트는 정량적 사실이다. 이 사실은 미국 정부가 7월에 340억 달러 규모로 중국산 물품에 25퍼센트의 추가 관세를 부과한 사실과 연결되어 '미중 무역전쟁' 이슈를 좋지 않은 쪽으로 진전시켰다. 시간이 지남에 따라 중국과 미국 내에서 무역전쟁으로 인한 피해 규모 숫자들이 나타나기 시작했다. 단, 숫자는 '기준점'을 분명히 하고 추적해야 한다. 평균점을 기준으로 할지, '0'을 기준으로 할지, 전년도 동기를 기준으로 할지를 분명히 해야 추적할 때 길을 잃지 않는다. 신문을 읽을 때, 객관적인 사실보다는 잘못된 정보, 편협한 해석, 기준점을 잃은 숫자가 만들어내는 착시錯視 현상을 따라가면 기사에 휘둘린다. 그렇게 되면 나도 모르게 사건의 본질에서 멀어지고, 진실은 사라지고, 감정적 선동이나 불순한 정치적 의도에 휩쓸려 혼란과 잘못된 선택을 강요받는다. 이런 상태에서 내린 결정은 비참하고 끔찍한 일을 불러온다.

앞에서 견해에 대한 판단을 처음에는 보류하고 사실이 축적된 후에 평가해도 늦지 않다고 했다. 사실이 '시간에 따라' 어떻게 움직이는지를 면밀히 추적하면서 사실을 축적하는 과정까지 모두 마친 후에, 견해들을 다시 읽어보라. 자연스럽게 그 견해가 옳은지, 편협한지, 틀린지를 간파해낼 수 있다. 훌륭한 학자나 기자라도 특정 사건에 대해서 개인의 자존심이 걸린 상황이 되면 견해와 사실 사이에 간극이 나타나거나 중요한 사실을 숨길 수 있다. 만약 이런 사람에게 권력과 권위가 주어지면 문제는 심각해진다. 편협하고 틀린 주장이라도 목소리가 큰 사람이 이기는 대참사가 발생을 한다. 이런 위험을 사전에 스스로 통제하는 것이 바람직하지만 그들도 인간이기에 완전히 통제할 수 없다. 어떤 이는 잘 팔리는 뉴스거리를 만들기 위해 사실에 기반을 두지만 이를 과장하고 감정적 어투를 써서 대중을 선동하는 유혹에 빠진다. 이렇게 만들어진 나쁜 기사나 정보는 스스로 생명력을 갖기도 한다. 과학적으로는 '아니 땐 굴뚝엔 연기가 나지 않는 것'이 맞다. 과학은 거짓을 스스로 만들어내지 않지만, 사람은 거짓을 만들어내고 전파하는 능력이 있다. 과학이라는 말로 포장하여 거짓을 숨길 수도 있다. 자신이 원하는 결론을 얻기 위해 사건과 정보를 얼마든지 왜곡할 수 있다.

그래서 세상은 '아니 땐 굴뚝에서도 연기가 나는 법'이다. 이를 구별하지 못하면 '휘둘리게' 된다. 선동당하게 된다. 결국 읽는 우리가 스스로 잘 분별해서 읽어야 한다. 통찰력이 뛰어난 사람이 되려면 어떤 학자나 기자를 좋아하는 것과 그 사람이 말하는 것 중에서 '사실'만 믿는 것을 분리하라.

사실수집의 '한계'를 분명히 하라

신문 기사를 읽을 때, 사실수집 혹은 정보수집의 '한계limitation'를 분명히 하라. 신문 매체 자체에 정보수집의 한계가 있다. 정보 증가 속도의 가속화로 인한 한계도 크다. 제타Zettabyte(10^{21}) 수준의 정보시대로 접어든 지금, 정보수집의 한계를 명확히 하는 것은 아주 중요하다. 어디까지 팩트나 정보를 수집할 것인지에 대한 한계를 정해놓지 않으면 편집증자가 되거나 호메로스의 『오디세이』에 나오는 바다 마녀 사이렌에게 사로잡혀 잡아먹히게 된다. 사이렌은 아름다운 노랫소리로 뱃사람의 정신을 홀려 암초와 여울목으로 유인해 빠져 죽게 만드는 무서운 괴물이다. 정보수집의 한계를 정해놓지 않고 인터넷이나 책, 잡지 등의 정보의 바다에 빠지면 마치 사이렌에 홀린 뱃사람처럼 결국 목적을 달성하지 못하고 폐인이 되고 만다. 팩트나 정보수집의 한계를 설정할 때는 '언제까지만 수집한다'(시간 한계)든지, '몇 개까지만 수집한다'(수량 한계)든지, '어느 수준까지만 수집한다'(수준 한계)든지, 혹은 '어느 연관관계까지만 수집한다'(관계 한계) 등의 기준을 세우라.

수집한 사실을 정리하는 법

이 단계도 역시 중요하다. 수집한 사실을 그냥 모아두기만 해서는 안 된다. 일정한 원칙에 따라 '정리'를 해두어야 한다. 정리해두지 않으면 무질서하게 쌓인 '사실 무더기heap of facts'가 되어 효용 가치가 떨어진다. 정리된 사실들이 힘을 발휘한다. 다음은 필자가 사실이나 정보를 정리하는 간단한 원칙이다.

① 1단계: 기사나 책의 원문에서 '작가나 기자의 개인적 견해'는 제거하고 '사실'과 의미 있는 '숫자'만을 수집한다. 세상에 존재하는 수집한 '사실'도 이성적 사실logical fact과 감성적 사실emotional fact로 나누어 정리한다. 이성적 사실은 객관적 사실이지만, 감성적 사실은 주관적이다. 감정은 개인마다 다르기 때문에 주관적 영역에 든다. 하지만 주관적이라도 '그 사람이 ~에 실망했다'처럼 특정한 감정을 가졌다는 것 자체는 사실이다. 세상은 이성적 사실과 감성적 사실이 상호관계를 맺으며 얽혀 있다. 세상을 정확하게 이해하려면 이 두 가지의 사실을 균형 있게 관찰하고 추출하는 것이 중요하다. 감성적 사실은 다른 사람의 시선으로 상황을 다시 재구성해보는(공감) 능력이 있어야 핵심을 꿰뚫어 볼 수 있다. 이성적 사실은 수준 높은 사고의 기술을 활용해야 핵심을 놓치지 않는다. 감성적 사실과 견해는 구별된다. 견해는 감성적 사실이나 이성적 사실에 개인적 해석을 더 추가한 것이다. '부장님이 크게 화나셨다!'는 감성적 사실이고 '그래서 나는 이제 망했다!'가 개인적 견해다.

② 2단계: 사실을 추출하여 정리할 때, '개인적 견해를 넣지 않는 범위에서' 내용을 이해하기 쉬운 단어 혹은 축약어 등으로 조금씩 바꾸면 효과적이다. 전문용어가 있으면, 그다음 작업을 위해 혹은 비전문가를 위해서 일상 언어로 바꾸는

것도 좋다.

③ 3단계: 사실만으로 정리된 정보에 어울리는 꼬리표 키워드나 혹은 간단한 제목을 설정한다.

④ 4단계: 비슷한 주제와 관련된 사실들을 한곳에 모아놓든지 혹은 대충이나마 시스템적으로 서로 결합해놓는다. 사실 조각들을 이리저리 맞추어 결합해놓으면 다음 단계(축적, 분석)에서 사실들의 연계성을 찾고, 숨겨진 패턴을 찾고, 시스템적으로 단단히 결합해서 완전히 새로운 정보, 큰 그림의 정보를 만드는 작업이 수월해진다.

⑤ 5단계: 각 주제에 따라 분류하여 모아놓은 사실들을 그 안에서 다시 블록처럼 재조합하여 여러 개의 이야기 모듈story module(짤막하게 정리한 단편 이야기)로 만들어놓으면 더욱 좋다.

필자가 이렇게까지 시간을 들여 사실과 정보를 정리하는 데는 이유가 있다. 가장 큰 이유는 불완전한 견해에 휩싸이지 않고 좀더 정확한 사실을 먼저 이해하고 여기에 집중하려는 것이지만, 그 외에도 수집되었지만 파편적으로 흩어져 있는 사실들을 통합적으로 봄으로써 이해 차원을 높이기 위함이다. 그리고 필자의 경험에 따르면, 정보는 어떻게 쌓아두느냐에 따라 통찰이 다르다. 사실들을 잘 쌓아두는 것만으로 미래 신호를 반 박자 빨리 포착할 수 있다. 사실들이 쌓여 스스로 흐름의 방향, 속도, 힘의 세기 등을 말해주기 때문이다. 한 작업을 할 때는 다음 작업을 늘 생각해야 한다. 이렇게 팩트나 정보를 잘 정리해두면 나중에 할 작업(세상이 어떻게 흘러가는지를 거시적, 통합적, 실제적으로 이해하는 일 등)의 효율성을 높이는 데 큰 도움이 된다. 마지막으로, 잘 정리된 사실들 그 자체만으로 얻는 유익이 크기 때문에 이런 좋은 자료를 다른 사람에게 그대로 제공

해서 더 많은 사람이 생존을 위한 최소한의 힘을 갖도록 기여할 수
도 있다.

와일드카드를 수집하라

정보수집 단계에서 관심을 가지고 질문을 만들어서 수집해야 할
것이 하나 더 있다. 사실에 관한 것은 아니지만, 인류의 미래에 큰
영향을 미칠 '와일드카드wildcard'에 속하는 정보다. 이것은 필자가
참고만 하거나 가차 없이 버리라고 했던 의견, 감정(느낌), 상상, 정
치적으로 오염된 소문과 불완전한 정보와는 다르다. 코펜하겐 미
래학연구소 존 록펠로우는 기업 경영자가 와일드카드를 고찰해보
는 주목적은 사고를 자유롭게 하려는 데 있다고 했다. 그는 말에서
자동차, 펜에서 타자기, 타자기에서 컴퓨터로의 도약처럼 역사적으
로 가장 성공한 생산품의 탄생은 와일드카드 예상을 통한 결과물
이었다고 말했다.

전국시대의 책략을 기록한 『전국책』에 "꾀 많은 토끼는 굴을 세
개나 갖고 있다"는 의미의 '교토삼굴'이라는 말이 있다. 당나라 2대
황제였던 당태종의 정치문답집인 『정관정요』의 군도 편에도 "편안
할 때도 위태로울 때를 생각해야 한다"는 말이 나오며, 신종 편에
도 "천하가 평온한 것에 의지하지 말고 항상 위기에 대비해야 한
다"는 말이 나온다. 『제갈량집』의 '편의십육'에도 "이익을 얻고자
하면 손해를 보는 쪽도 생각해야 하고, 성공을 하려면 실패했을 때

도 염두에 두어야 한다"고 말한다.[9] 예나 지금이나 다양한 시나리오를 미리 준비하는 것은 아주 중요하다. 특히 뜻밖의 미래(와일드카드)에 대해 미리 생각해두는 것은 중요하다.

'와일드카드'란 대부분 사람'이 일어날 것이라고 예상하지 않지만, 만약 일어나면 아주 중요하고 놀라운 일이 되어 미래에 대한 대중의 의견과 행동을 극적으로 바꾸어 놓을 수 있는 '뜻밖의 사건'이다. 와일드카드는 예상치 못한 일이라고 정의가 되지만, 꼭 드물게 일어나는 일만은 아니고, 일어나면 인류의 생존을 위협할 수 있기 때문에 특별한 관심을 가지고 관찰하면서 그 발생 가능성을 예상하고 대비해야 한다. 특히 지금처럼 기술이 빠르게 발전할 때는 새로운 기회뿐만 아니라 개인이나 기업을 비극으로 몰아넣을 수 있는 새로운 종류의 위협도 동시에 생긴다. 새로운 기술이 나오거나 새로운 사회현상이 나타나면, 그로 인한 와일드카드를 생각해보아야 한다. 예를 들어, 인공지능이라는 기술의 부각으로 '자유의지를 가진 인공지능에게 인류가 지배당하는 미래', '테러리스트의 인공지능 드론 무기 사용과 암살 시도' 등의 새로운 와일드카드가 거론된다.

개인에게 일어나는 와일드카드의 일반적 양상은 현재 다니는 직장에서 해고당하는 것부터 애인에게 실연을 당하거나 가까운 친척, 배우자의 예기치 못한 죽음까지 다양하다. 이런 일은 각자의 견해와 선택에 대해 다시 생각해보도록 만드는 사건이 된다. 한 사람의 인생을 떠받치고 있는 기반이 흔들리고 붕괴되는 일이기 때문이다. 기업이나 국가적 수준에서 주목해야 할 와일드카드의 일반적인 양상은 9.11테러와 같은 급변 사태, 대지진이나 쓰나미 재앙, 원자력 발전소 붕괴, 지구 평균온도의 3~6도 상승 등과 같은 재앙적 사건이다. 한국의 경우, 북한의 급격한 붕괴도 여기에 속한다. 와일드카드가 항상 나쁜 것만은 아니다. 예상치 못한 거액의 유산을 물려받는 일, 복권에 당첨되는 것 등은 모든 사람이 강렬하게 바라는 와일드카드다. 이런 와일드카드에 해당하는 정보를 수집하려면 '극적 상상력'이 필요하다. 다음의 미래학자들이 말하는 와일드카드 목록을 통해 미래 와일드카드의 예를 몇 가지 더 살펴보자.

재앙적 와일드카드
- 미국에서 서부 주가 분리되는 것
- 중국의 분열
- UN의 붕괴로 인한 국제 질서의 몰락
- 멕시코의 경제가 무너진 뒤 미국에 합병되는 것
- 홍콩이 중국의 경제를 장악하는 것
- 유럽의 민족국가가 해체되고 지역사회의 강력한 지역 대표로 대체
- 평균 수명이 100세이 이르는 것(준비되지 않은 100세)
- 노동인구에서 여성이 없어지는 것
- 기독교와 이슬람교의 다툼으로 인한 제3차 세계대전
- 인도와 파키스탄 사이의 핵전쟁
- 세계화, 무선전기통신, 인터넷 등으로 긴밀히 연결된 금융네트워크 연쇄 붕괴
- 인공지능의 인간 지배나 살육
- 인공지능이 탑재된 비밀 병기로 국가 주요 요인 암살
- 파괴적인 전염병
- 환경의 붕괴 등등

축복적 와일드카드
- 효과적인 평화유지기구나 세계 단일정부 등장으로 역사에서 전쟁이 사라짐

- 가장 저렴한 에너지를 생산하는 방법의 발견으로 에너지 비용의 무료화
- 완벽한 행복을 느끼게 해주는 새로운 약품의 출연
- 화성에 영구 정착
- 지능을 높이는 약 등장
- 젊어지고 수명을 연장하는 치료법 개발
- 이해할 수 없는 모든 종류의 문제를 해결하는 '세계의 뇌'가 만들어짐 등등

사실을 관찰, 수집, 추출, 정제, 분류, 축적하는 전문 기술

여기서는 전문적 기술을 좀더 익혔으면 하는 독자를 위한 이야기를 잠시 해보자. 필자는 앞에서 미래를 통찰하려면 반드시 '이해, 분석, 예측' 세 가지를 수행해야 한다고 했다. 이것을 미래학자의 가장 기본이 되는 일 세 가지라고 해도 된다. 그렇다면 미래학자의 기본 도구 세 가지는 무엇일까? 논리(수학), 역사, 가추假推 이 세 가지가 미래학자의 예측 기본 도구다. 미래학자는 이 세 가지 기본 도구를 발전시켜 이해, 분석, 예측 단계마다 사용한 다양한 예측 무기를 만든다.

〈그림 2-5〉는 세상을 관찰하며 사실을 수집하고, 중요한 것을 선별적으로 추출하여 정제한 후, 분류하여 축적해 사실들의 질과 규모를 강력하게 만드는 데 유용한 전문 기술(예측 기술)이 통찰의 순서와 마인드 세트와 연관해서 어느 위치에서 사용되는지를 알려준다. 필자가 여기서 소개할 기술은 모니터링, 환경 스캐닝, 비판적 사고, 생태학적 사회구조 분석, 시스템 사고, 비즈니스 프로파일링

이해	• 통찰의 대상(질문) 선정	• 미래에 관심을 갖고 생각하라	• Monitoring (관찰)
	• 넓은 범위의 정보, 지식 입력 (수집, 학습)		• Background - 넓은 범위 정보, 지식
		• 많이 그리고 잘 읽어라	• Scanning - 환경 스캐닝(이슈 수집)
		• 변하는 것과 변하지 않는 것을 구별하라	• Noise filtering - 비판적 사고
	• 생각의 기술과 기계적 도구로 사전 처리		• Mining, Delphi(추출, 정제)
			• Changable vs. Unchangable
			• Certainty vs. Uncertainty (분류)
분석	• 통찰의 대상(질문) 범위에 선정된 정보, 지식 몰입	• 변화를 주도하는 힘을 생각하라 • 어떻게 연결할지 생각하라	• 추동력 심층분석 Aristoteles 4원인&10범주, Biz Profiling, Social Change, Philosophical thinking • 시스템 연결 - system thinking, Complex system(축적)
	통찰	마인드 세트	예측 기술

기술이다. 〈그림 2-5〉에서 보듯이, 필자는 미래예측을 할 때 이런 기술을 실제로 사용한다.

필자가 가장 먼저 소개할 내용은 관찰을 할 때 사용하는 모니터링 기술이다. 필자가 미래예측을 할 때 가장 많은 시간을 할애하는 것이 모니터링이다. 세상을 관찰하는 일이 중요하기 때문이다. 단, 일반인이나 미래예측 입문자처럼 세상의 변화를 단순히 들여다보는 수준보다 난이도를 높여 관찰을 한다. 세상을 관찰하여 변화를 만드는 실제적 힘들을 찾아 복잡한 연결 구조로 연결한 후 여러 가지 사고 기술을 사용해 사고실험을 하는 긴 과정을 수행하는 이유는 미래예측모델(미래통찰모델)을 만들기 위함이다. 모니터링(관찰)은 이런 긴 여정의 첫 단계라고 했다. 필자도 이런 긴 과정을 오랫동안 반복적으로 수행하여 미래예측모델을 만들었다. 이렇게 자기만의 미래예측모델이 만들어지면 모니터링의 수준도 달라진다. 신문을 많이 그리고 잘 읽는 수준을 넘어 한층 강력한 모니터링이 가능해진다. 미래예측모델 자체가 강력한 모니터링 도구가 되기 때문이다. 모델은 복잡한 현실을 해석한 내용을 추상화하는 과정을 거쳐서 핵심만을 시스템 구조로 연결하여 '시각적으로 정리한 것'이다. 복잡하고 완전한 현실 시스템을 단순하고 유사한 가상 시스템으로 만든 것이다. 필자는 두 가지 모델을 가지고 있다. 하나는 세상의 움직임 이해용 모델이고, 다른 하나는 이 모델을 변형하여 만든 미래예측용 모델이다. 필자는 이 두 가지 모델을 가지고 모니터링을 수행한다. 여기서는 필자가 매일 수행하는 모니터링 단계와 내용만 소개한다.

① 1단계 모니터링
요소(변수), Fact & Score, 변하는 것과 변하지 않는 것, 좌표(위치-카테고리, 기반층), 방향, 운동량, 속도, 연결(상관관계), 패턴, 심층원동력 모니터링

② 2단계 모니터링
Stock(보고자 하는 양), Flow(지속적인 피드백을 통해 stock의 변화에 영향을 미치는 것), Driving forces 움직임 모니터링

③ 3단계 모니터링
지배법칙(지배적 피드백 루프) 변화, ERCRS 변화(기존의 구조에서 사라지는Eliminate 부분은 어떤 것인지, 강화되는Reinforce 부분이 어떤 것인지, 새로 나타난Create 부분은 어떤 것인지, 감소되는Reduce 부분은 어떤 것인지, 방향이 바뀌는Switch 부분은 어떤 것인지), 시스템 섭동Perturbation(외부의 힘에 의해서 가해지는 변동) 또는 요동 Fluctuation(내부 구성요소에서 발생하는 변동) 현상 모니터링.
이 단계에서는 '흐름'을 집중적으로 관찰한다. '흐름을 집중적으로 관찰'해야 하

는 이유는 무엇일까? 흐름이 바뀌면, 다음의 일이 일어나기 때문이다.

- 새로운 기회와 위기가 발생한다.
- 게임의 룰이 바뀐다.
- 고객의 관심도 함께 바뀌면서 고객이 새로운 문제, 욕구, 결핍을 느낀다.
- 지금까지 효과가 있었던 아이디어가 무용지물이 된다.
- 새로운 창조와 혁신이 강하게 요구되는 분위기가 만들어진다.
- 예전에는 공상적인 생각이라고 인정받지 못하던 아이디어가 새롭게 조명된다.

④ 4단계 모니터링

임계현상, 자기조절 현상, 복잡적응계(변화에 적응하는 구성요소) 모니터링

⑤ 5단계 모니터링

새로운 패러다임 구조화, 미래사회 동역학적 시나리오 변화 모니터링

그다음으로 소개할 기술은 '환경 스캐닝environmental scanning' 기술이다. 이것은 급변하는 사회가 산출하는 다량의 변화 및 미래 징후를 효과적으로 다루기 위해 세상을 관찰하면서 해결이 필요한 미래연구 주제나 통찰 주제 혹은 이와 관련된 신호를 체계적으로 수집하는 미래예측 기술이다. 환경 스캐닝의 영역은 Society(사회), Technology(기술), Economy(경제), Ecology(환경), Politics(정치, 법, 규제), Spirituality(영성, 심리)이다. 이 영역들의 약자를 따서 쉽게 'STEEPS'라고 한다. 스캐닝은 '한쪽 끝에서 다른 쪽 끝까지 빠르게 훑어보다'는 뜻이다. 우리 주변 환경을 6개 영역으로 나누고 빠른 속도로 훑어보면서 미래연구 주제나 통찰 주제 혹은 이와 관련된 신호를 찾아내는 기술이다. 환경 스캐닝의 영역을 여섯 가지로 분류하는 것은 절대 기준이 아니다. 이 정도면 미래정보가 영역별로 빠짐없고 균등하게 수집될 수 있는 최소 단위라는 의미다. 필

■ 그림 2-6 환경 스캐닝 템플릿 샘플

제목		저자	
자료출처		날짜	
STEEPS 분류		핵심어	
저자의 견해		언론평가	

증거	Fact	Score	기타

가정	가치 가정		기술 가정

오류 가능성	
기술분석	
세부기술	
기술구조	
발전단계	
적용영역	
사용가능성	
시장규모	
상상력 확장	
이해관계자	

정확성		중요성		혁신성		관계성		합계	

자처럼 미래예측 전문가는 환경 스캐닝을 효율적으로 수행하기 위해 온-오프라인 데이터베이스를 구축하고, 인공지능 기술을 접목하고, 전문가와 일반 대중의 집단지성을 활용할 수 있는 시스템을 구축하는 등의 노력을 기울인다.[10] 〈그림 2-6〉은 필자의 연구소에서 훈련용으로 사용하는 환경 스캐닝 템플릿이다.

통찰의 강력한 칼, 비판적 사고와 사고 기술

수집된 사실이나 전문가의 지식에서 중요한 것을 선별적으로 추출하여 정제하는 데 유용한 도구로 필자가 추천하는 것은 '비판적 사고批判的思考/critical thinking다. 비판적 사고는 통찰의 강력한 칼이라고 비유해도 과언이 아니다. 영어 'critical'을 '비판적'이라는 한국어 단어로 번역하다 보니 일부 사람은 '비판적 사고'라고 하면 누구를 지적하여 비판·비난하는 듯한 부정적 이미지를 떠올린다. 비판적 사고는 참이라고 주장하는 진술이나 명제의 의미를 자세히 파악하기 위해 제공된 증거와 추론을 비교분석하고, 사실들의 연결이 보여주는 결론에 대해 맹종 혹은 편견에 사로잡히지 않고 객관적인 판단을 내리는 정신적 과정이다. 비판적 사고의 사전적 의미를 보자.

어떤 사태에 처했을 때 감정 또는 편견에 사로잡히거나 권위에 맹종하지 않고 합리적이고 논리적으로 분석·평가·분류하는 사고 과정이다. 즉 객관적 증거에 비추어 사태를 비교·검토하고 인과관계를 명백히 하여 여기서 얻은 판단에 따라 결론을 맺거나 행동하는 과정이다.[11]

통찰력을 향상하려면 내가 알고 있는 것들에 대해서 논리적으로 분석, 평가, 분류하여 받아들이는 비판적 사고에 익숙해져서 무엇이 진짜 옳은지, 이 주장은 어디에 기반을 두고 있는지, 진짜 중요한 것은 무엇인지를 빠르게 파악할 수 있어야 한다. 비판적 사고는 행동의 변화도 일으킬 수 있다. 우리 주위에 변화에 저항하는 사람이 있다고 해보자. 그 사람이 변화에 저항하는 데는 이유가 있을 것이다. 가장 큰 이유는 현실을 '제대로 모르기' 때문이다. 비판적 사고를 통해 현실을 면밀하게 진단하고 정확하게 파악하고 변화를 선택하지 않으면 위험하다는 것을 깨달으면, 태도를 바꿀 수 있다. 변화에 대한 동기부여를 받을 수 있다. 비판적 사고는 창의력 향상에도 유용하다. 2011년 8월 7일, 대전 한국과학기술원KAIST에서 열린 아시안 사이언스 캠프ASC에 참석한 일곱 명의 노벨상 수상자는 한결같이 창의성을 기르기 위해서는 아무것도 무턱대고 믿지 말고, 비판적 사고를 먼저 해야 한다고 강조했다. 비판적 사고는 '우리가 믿고 있는 것이 과연 진실인가?'를 묻고 비판하는 사고이기 때문에 '오류 발견 사고'다. 비판적 사고를 통해 내가 알고 있는 것의 논리적이고 비현실적인 오류점을 찾아내면 새로운 발견이나 위대한 창조로 가는 '문'을 열 수 있다. 필자는 미래에 대한 상상을 할 때에도 비판적 사고를 기본으로 한다. 미래에 대한 생각이 '의미 있는 예측'이 되기 위해서는 객관적 증거에 비추어 사태를 비교·검토하고 인과관계를 명백히 하여 여기서 얻은 판단에 기초해서 확장되어야 하기 때문이다. 이런 효과 때문에 맥킨지 같은 컨설팅 회사들은 비판적인 사고를 기본 도구로 삼는다. 다음은 세계적인 경영학자 톰 피터스가 맥킨지에 대해 평가한 말이다.

> 맥킨지, 그들이야말로 최고의 지식 장사꾼이다. 이들이 파는 것은 논리라는 지식이다. 그들은 논리를 활용해 기업의 현황을 분석하고 업체의 동향을 분석한다. 또한 현상과 정보를 분석하고 가설을 세운 뒤 검증한다. 그리고 전략적 대안을 제시한다.

이런 힘을 가졌기 때문에 필자는 비판적 사고를 통찰력의 강력한 칼이라고 비유했다. 비판적 사고는 데카르트처럼 어떤 생각이나 주장을 의심하는 데에서 출발한다. 의심을 위한 의심이 아니다. 상대방을 공격하거나 비난하기 위한 의심이 아니다. 당연하다고 생각하는 것을 의심해봄으로써 확신감을 높이거나, 오류를 발견하고 수정하여 더 나은 논리로 발전하기 위한 의심이다. 맹목적인 믿음이나 고정관념의 덫에 빠지지 않도록 하는 의심이다.

고정관념의 사전적 의미는 "잘 변하지 아니하는, 행동을 주로 결정하는 확고한 의식이나 관념" 혹은 "어떤 집단의 사람들에 대한 단순하고 지나치게 일반화된 생각들"이다. 머릿속에 있는 생각(관념)이 지나치게 고정되거나 일반화된 상태다. 지식은 크게 두 가지로 나눌 수 있다. 하나는 명제적 지식이다. 'A는 B다'라는 형식을 가진 지식으로 어떤 사물이나 사건, 혹은 현상을 설명한다. 또 다른 하나는 절차적 지식이다. '만약, A이면 B이다'라는 형식을 가지며 현상이나 사건의 흐름이나 일의 흐름이 조건에 의해서 일정한 절차를 따라 설명하는 지식이다. 우리는 오랜 학습과 경험 등을 통해 이런 지식을 머릿속에 형성하고, 이렇게 형성된 지식에 근거해서 사고하고 행동한다. 장점은 복잡하게 변하는 수많은 상황을 이런 지식을 근거로 '패턴화'해서 대응할 수 있다. 하지만 치명적인 단점은 이런 지식에 근거해서 형성된 패턴에 반대되는 새로운 것을 발견하지 못하거나 발견하더라도 거부반응이 발생해 쉽게 받아들이기 힘들다. 이런 상황을 '고정관념에 빠져 있다'고 묘사한다. 고정관념에 빠져 헤매는 일이 오랫동안 지속되면 '집착 현상'이 일어난다. 심한 경우 '터널 효과'에 빠진다. 자동차가 일단 터널 속에 들어가면 터널이 끝나는 순간까지 절대 빠져나올 수 없고 계속 전진해야 한다. 즉 내가 왜 이 일을 하는지 모르면서 계속 맹목적으로 관성을 따라 잘못된 길을 계속 가는 현상이 벌어진다. 만약 외부에서 커다란 충격이 오면 터널 속에서 몰살할 수 있다. 커다란 변화의 시기에 공룡기업이 쓰러지는 것도 터널 효과 때문이다.[12]

비판적 사고는 '고정관념-집착현상-터널효과'에서 빠져나오게 한다. 비판적 사고는 표면적 현상에서 벗어나 실제를 발견하게 해준다. 이치와 근본 원리가 무엇인지를 찾도록 해 창의성을 발현하는 데 도움을 준다. 비판적 사고를 훈련하여 회사나 조직 속에 고착화되어 있는 고정관념을 해체하는 시도를 해보라. 예를 들어, 사람처럼 날개가 없는 것은 날 수 없다는 고정관념을 해체해보라. 집은 잠을 자는 곳이라는 고정관념을 해체해보라. 자동차는 내가 원하는 곳으로 안전하게 데려다주는 것이라는 고정관념을 해체해보라. 휴대전화가 전화를 하는 기계라는 고정관념을 해체해보라. 바다는 사람이 살 수 없는 곳이라는 고정관념을 해체해보라. '고정관념-집착현상-터널효과'를 해체하는 것만으로 놀라운 통찰력을 얻을 수 있다.

고정관념은 우리가 진실이나 사실을 보지 못하도록 막는 거대한 장벽이다. 일상에서 무심코 빠지는 고정관념은 주로 네 가지다. 첫째, '종족의 우상'이다. 종족의 우상은 세상 모든 것을 인간 종족의 입장에서 바라보고 이해하고 해석하는 과정에서 부작용으로 나타나는 고정관념이다. 자연을 있는 그대로 보지 않거나, 인간의 감각과 이성의 범주에 들어온 것만 실재하는 것으로 받아들이는 오류다. 둘째, '동굴의 우상'이다. 플라톤의 동굴 비유에서 따 온 것으로 개인이 자신만의 동굴 속에 들어감으로써 만들어지는 일정한 생각과 믿음의 한계에서 오는 편견과 오류다. 개인의 편견에 사로잡혀 세상을 왜곡해서 보는 오류다. 셋째, '시장의 우상'이다. 시장에는 수많은 사람이 모이는 곳이다. 온갖 확인되지 않은 괴소문이 난무한다. 아니 땐 굴뚝에도 연기를 낼 수 있는 확인되지 않은 소문이 시장에서 떠돌아다니는 시간이 길어지면 거짓말이 사실로 둔갑하여 특정한 고정관념을 만들게 된다. 이렇게 만들어진 잘못된 고정관념은 다시 사람의 머릿속에 들어와 세상에 대한 올바른 관찰이나 판단을 방해한다. 마지막으로는 '극장의 우상'이다. 연극이나 극장 영화에 나오는 멋진 주인공처럼 대중에게 권위를 가진 사람의 말이나 전문가의 주장을 맹목적으로 받아들임으로써 만들어지는 고정관념이다.

〈그림 2-7〉을 보라. 만약 당신이 컵이나 주전자를 만드는 직업을 가지고 있다면, 왼쪽의 그림을 보고는 즉각적으로 오른쪽의 컵

이나 주전자 모양을 떠올릴 것이다. 주의하라. 당신의 뇌가 고정관념(선입견)에 따라 성급하게 판단을 하면 잘못된 결정을 할 가능성이 높다. 왼쪽 그림은 얼마든지 다른 모양으로 변형이 가능하다. 우리의 눈에 보이는 근거 몇 가지만으로 당신의 뇌는 나머지를 '자기 마음대로' 만들어낸다. 이미 저장된 다양한 경험과 과거의 지식을 가지고 성급하게 '저건 틀림없이 컵이다! 주전자다!'라고 단정해버린다.

오래전 재미있는 TV광고를 하나 본 적이 있다. 흰 눈이 낭만적으로 내리는 겨울날, 스키장에서 한 남자가 자기 앞 리프트를 타고 올라가는 아름다운 긴 생머리를 한 여인을 넋이 빠지게 보고 있었다. 산 정상에 리프트가 멈추자, 이 남자는 기대에 부푼 마음으로 앞에 앉았던 여인을 주목했다. 그런데 아름다운 생머리와 가녀린 몸매로 그의 마음을 설레게 했던 여인이 뒤로 돌아서자 남자는 경악했다. 그 사람은 여자가 아니라 남자 록가수 '김태원'이었다. 우리의 뇌는 종종 이런 실수를 한다. 고정관념에 사로잡히면 신문을 볼 때나 정보를 수집할 때 낭패를 보는 경우가 많다. 비판적 사고는 우리의 뇌는 물론이고 수집한 정보나 전문가의 주장이나 글에서 이런 고정관념(선입견)을 걷어내고 팩트를 찾아내고 중요한 것을 선별적으로 추출하여 정제하는 데 필요한 강력한 도구다. 상대가 강하게 주장하는 것들 속에 숨겨진 오류, 거짓, 고정관념 때문에 심각한 위험을 초래할 수 있는 상황에서 벗어나도록 해준다.[13]

전문가의 주장도 비판적 사고를 통해 관찰하고 수집해야 한다. 전문가는 자신의 주장을 펼칠 때 객관적 사실을 근거로 시작한다. 그렇기 때문에 언뜻 보기에는 무조건 옳은 것처럼 보인다. 하지만 객관적 사실만을 근거로 주장을 펼치더라도 의도적으로 자신에게 불리한 객관적 사실을 누락하거나, 근거로 삼은 사실들은 객관적이지만 인과관계를 잘못 연결하거나, 비약적인 연결을 하거나, 특정 부분을 지나치게 강조함으로써 얼마든지 결론을 다르게 이끌어낼 수 있다. 이런 주장에 휘둘리지 않으려면 비판적 사고 능력을 갖추어야 한다.

세 가지만 알면 비판적 사고를 잘할 수 있다

비판적 사고를 잘하는 데 도움이 되는 세 가지 팁을 설명하겠다. 이 세 가지만 명심하면 당신도 통찰의 칼인 비판적 사고를 쉽고 자연스럽게 할 수 있다.

먼저, 주장하는 이슈와 결론이 무엇이며, 둘 간의 조합이 제대로 맞았는지를 간파해야 한다. 이슈는 다음과 같이 두 가지가 있다.

- **기술적 이슈**descriptive issue
- **규범적 이슈**prescriptive issue

기술적 이슈는 알고자 하는 것에 대해서 정확한 기술을 결론으로 내는 것이다. 기술이란 '대상이나 과정의 내용과 특징을 있는 그대로 열거하거나 기록하여 서술하는 것'을 말한다. 예를 들어, '무엇이 고혈압을 일으키는가?'는 기술적 이슈다. 이에 대한 결론은 '고혈압을 일으키는 이유는 ~다'라고 내용과 특징을 있는 그대로 열거하는 식으로 정확하게 기술하는 것이 결론으로 도출된다. 이에 반해 규범적 이슈는 알고자 하는 것에 대해서 '마땅한 행동양식이나 원칙이 무엇이냐'를 결론으로 내는 것이다. 예를 들어, '사형은 폐지되어야 하는가?'는 규범적 이슈다. 이에 대해서는 당연히 규범적 결론prescriptive conclusion이 내려져야 한다. 기술적 이슈는 어떤 것이 더 가치 있다가 아니라 '객관적 사실'이 무엇이냐를 결론으로 도출해야 하고, 규범적 이슈는 내가 선호하는 혹은 더 나은 '가치'가 무엇이냐를 결론으로 낸다. 비판적 사고는 이슈와 결론이 일관성이 있는지를 평가한다. 어떤 사람은 기술적 이슈를 주장하면서 결론을 규범적 이슈로 교묘하게 끌고 가서 혼란을 주는 경우가 있기 때문이다.

둘째, (이슈와 결론이 짝이 잘 맞는지를 평가한 후) 사용된 단어나 어구

중에서 모호한 것이 없는지를 살펴봐야 한다. 특히 핵심 단어나 어구를 주의 깊게 살펴보라. 단어나 어구를 모호하게 혹은 너무 추상적이게 사용함으로써 남을 속이는 이가 있다. 혹은 나와 생각이 같다고 믿었지만, 추상적인 단어의 해석 차이 때문에 낭패를 보는 경우도 있다. 쉬운 예가 '사랑'이라는 단어다. 남녀가 서로 '사랑'한다고 같은 고백을 했지만, 서로가 생각하는 '사랑'이라는 단어의 해석이 다르기 때문에 "당신이 나를 사랑한다는 말은 거짓이야!"라고 불평하는 일이 벌어진다.

마지막으로, 그런 결론을 내린 '이유'가 무엇인지를 살펴보라. "왜, 무슨 근거로 그런 결론을 내렸는가?", "왜 그런 독특한 판단을 하거나 개인적 견해를 갖게 되었는가?"라는 질문을 던져 다음을 간파하기 위함이다.[14]

① 결론의 근거로 사용한 '증거'가 참인가?
② 결론의 근거로 사용한 증거(객관적 사실)를 선택하는 데 영향을 미친 개인적 '가정假定/assumption'이 무엇인가? 가정은 두 가지다. 하나는 기술적 가정descriptive assumptions이다. 사람은 '세계가 과거에 어떠했는지, 현재는 어떠한지, 미래에 어떻게 될 것인지'에 대해 각자 확신(믿음)하고 있는 설명이 있다. 다른 하나는 가치적 가정valuable assumptions이다. 현실이나 성취 가능성과 상관없이 세계는 반드시 어떠해야 한다는 기준이다. 사람은 자신이 믿고 있는 가치에 부합하는 사실만을 선택하는 경우가 많다. 상대의 주장을 살필 때는 겉으로 말하지 않고 숨기고 있는 특별한 가치나 확신(믿음)이 있는가를 살펴야 한다. 확신(믿음)과 가치는 선택에 큰 영향을 준다. 다수의 선택지 중에서 객관적이고 최상의 것을 선택하지 않고, 소수의 이익을 대변하거나 차선을 선택하거나 독특한 것을 선택하게 만드는 중요한 요인이다. 이를 파악하기 위해서는 그 사람의 배경을 탐구하거나 역할을 바꾸거나, 비슷한 사회적 논쟁을 찾아보면 된다.

③ 결론의 근거로 사용한 증거가 논리적으로 잘 연결되어 있는가? 겉으로는 논리적인 것처럼 보이지만 꼼꼼히 따져보면 오류 혹은 속임수가 있을 수 있다. 이를 '논리추론의 오류'라고 한다. 흔히 있을 수 있는 세 가지의 추론상의 속임수는 첫째, 잘못되거나 혹은 부정확한 가정에서 시작된 추론이다(거짓 원인 오류). 가정이 틀렸기 때문에 논리적 과정이 완벽해도 결과가 틀리다. 둘째, 상대방의 논증을 반박하기 어려운 경우에 상대방 주장과 유사하지만 실제로는 관련이 없는 허수아비를 세워 공격하여 결론을 내는 속임수다(허수아비 오류). 셋째, 증명하려는 명제 자체를 논증의 전제로 삼거나(선결문제 오류), 결론이 이미 참이라는 것을 그 결론의 근거로 제시하는 것이다. 자기 순환적 논리를 사용하는 속임수다. 이 외에도 미끄럼틀을 타기 시작하면 '일사천리'로 무조건 끝까지 미끄러져 내려가는 연쇄반응 효과가 나타난다는 주장(미끄러운 경사 길 오류), 몇 가지 근거만 가지고 일반화를 시도하는 것(성급한 일반화 오류), 상대의 논리를 공격하지 않고 인격이나 사생활을 공격하는 것(인신공격 오류), 완벽한 해결책을 찾으라고 강요하는 것, 의심스러운 권위나 대중의 감정이나 소망에 호소하는 것, 잘못된 딜레마로 공격하는 것 등이 있다.

④ 결론의 근거로 사용한 증거(사실)에 통계적 속임수가 없는가? 통계 숫자 증거는 듣는 이에게 '과학적'이라는 착각을 일으킬 힘이 있다. 통계는 도출 방법(사용한 샘플 등)에 따라 얼마든지 현실을 왜곡할 수 있다. 통계 자체가 거짓말을 하지 않더라도 해석에 따라 대중을 속일 수도 있다. 통계 정보 일부를 의도적으로 누락하여 속일 수도 있다. 그렇다고 통계를 폄하하는 것은 절대 아니다. 통계가 거짓말을 하는 때는 잘 모르고 사용하거나 불순한 의도를 가지고 사용할 때다.

⑤ 결론의 근거로 사용한 증거(사실)와 경쟁관계에 있는 다른 증거(사실)는 없는가? 자신의 주장이나 제품을 극대화하려고 의도적으로 경쟁 원인을 숨기는 경우가 종종 있다. 숨겨진 경쟁관계에 있는 다른 증거(원인)를 발견하면 '이 증거가 얼마나 훌륭한가?'에 대한 더 나은 판단을 할 수 있다. 이 주장은 A에게는 도움을 주지만, B에게는 불이익이 된다는 식의 경쟁 원인을 찾아보면 균형적인 판단을 할 수 있다.

⑥ 결론의 근거로 사용한 증거(사실) 이외에 반드시 거론되어야 할 증거(사실)가 빠진 것은 없는가?

⑦ 결론의 근거로 사용한 증거(사실)에서 또 다른 결론을 유도해낼 수는 없는지 등을 간파해야 한다.

존 스튜어트 밀은 "한 상황이나 사건에 대해서 자신의 입장만을 아는 사람은 그 상황이나 사건에 대해서 거의 모르는 것이나 마찬가지다"라고 하면서 비판적 사고를 거치지 않은 의견은 공허하다고 지적했다. 비판적 사고 이외에도 몇 가지 논리적 사고를 더하면 통찰력에 도움이 된다. 논리적 사고는 "관계의 일반적인 특성과 지배적인 법칙을 논리적 형식에 부합하는 추리나 판단을 통해 정해진 절차나 체계를 따라 단계적으로 하는 사고 기술"이다. 대표적 논리적 사고 기술은 연역법과 귀납법이다. 연역법은 전제(이미 드러난 원리)로부터 결론(개별 현상 설명)을 필연적으로 끌어내는 사고 기술이다. 귀납법은 현상에서부터 시작하여 이를 지배하는 기본 법칙, 보편적 원리, 혹은 직접 원인을 밝혀낸다. 귀납법은 세 단계로 구성된다. 첫 단계는 실험이나 관찰을 통해 '현상 자료를 준비'하는 것이고, 두 번째 단계는 준비된 자료를 정리하여 비슷하거나 같은 것끼리 묶어서 '사례표'를 만들고, 마지막으로, 사례표를 근거로 삼아 비슷하거나 같은 것들 속에 있는 기본 법칙, 보편적 원리를 밝혀내는 '추론'을 한다.

■ 그림 2-8 비판적 사고 트리

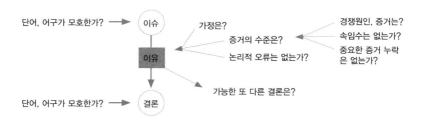

논리는 꿈을 현실로 만드는 중요한 기술이라는 말이 있다. 내 생각이 아무리 창의적이라고 할지라도 이를 현실화할 수 있는 논리적 근거나 과정이 없으면 '공상'에 불과하다. '둥근 삼각형'이라는 말은 얼마든 만들 수 있지만, 비판적 사고를 하고 연역적 혹은 귀납적 논리추론을 해보면 터무니없는 것임을 쉽게 알아차릴 수 있다. 즉 논리적으로 성립할 수 없는 것은 과학적 기술적으로도 성립할 수 없다. 이 말은 미래예측과 통찰에도 중요한 말이다. 논리적으로 혹은 확률적으로 성립할 수 없는 미래는 현실로 나타날 가능성이 아주 적다. 만약 논리적으로 성립할 수 없는 제품을 만든다고 한다면 '사기'일 가능성이 높은 것처럼, 논리적 확률적으로 설명할 수 없는 미래예측이나 통찰도 '사기'가 될 가능성이 높다. 필자의 이런 좀 강력한 주장에 대해 이런 질문을 던지는 이도 있을 것이다. "모순은 창조의 길이 아닙니까?"

흔히 논리적으로 모순이 되는 딜레마를 해결할 때 트리즈TRIZ와 같은 방법을 사용한다. 하지만 이런 방법도 무엇이든 뚫을 수 있는 창과 무엇이든 막을 수 있는 방패를 만드는 방법을 가르쳐주지 않는다. 서로 모순처럼 보이는 딜레마를 피할 수 있는 '새로운 논리' 혹은 한쪽을 조정해서 모순 관계를 없애는 방법을 찾아낼 뿐이다. 모순은 과거에도 불가능이고, 현재도 불가능이고, 미래도 불가능이다. 논리적으로도 성립하지 않고, 과학적으로도 실현되지 않는다.

통찰을 얻을 수 있는 사고 기술

데카르트는 저서 『방법서설』에서 참된 지식을 얻을 수 있는 사고 기술을 제시했다. 이 책의 주제와 연관하면 통찰력을 예리하게 하는 사고라고 해도 무방하다. 그가 제시한 사고 기술은 세 가지다.

첫째, '명증적' 사고다. 즉 "나는 생각한다. 고로 존재한다"는 것처럼 의심의 여지가 조금도 없이 아주 명확하게 증명된 것 이외에는 아무것도 참된 것을 받아들이지 않는 사고방법이다. 비판적 사고다. 팩트를 관찰, 수집, 추출, 정제 하는 데 유용하다.

둘째, '분석적' 사고다. 분석적 사고란 내가 보고자 하는 것, 알고자 하는 것을 될 수 있는 대로 (필요한 만큼의) 작은 부분으로 쪼갠 후 검토하는 사고다. 통찰력을 예리하게 하기 위해 팩트를 쪼개고 모아 검토하는 분류 작업에 유용하다.

마지막으로 '종합적' 사고를 강조했다. 단순히 모아놓은 정보를 합치는 수준이 아니다. 데카르트가 주장한 종합적 사고란 '종합적 재정리' 사고다. 즉 모아놓은 정보를 생각의 순서에 따라서 혹은 가장 단순하고 알기 쉬운 수준에서부터 계단을 하나씩 올라가듯이 조금씩 레벨을 올려가면서 가장 복잡하거나 거시적인 인식의 수준까지 체계화하면서 종합적으로 재정리하는 사고다. 필자가 강조했던 팩트를 축적하는 데 유용한 사고다. 이제부터는 분석적 사고와 종합적 사고에 사용되는 생태학적 사회구조 분석, 시스템 사고, 비즈니스 프로파일링 기술에 대해서 설명하겠다.

생태학적 사회구조 분석 기술

필자는 눈에 보이는 현상을 관찰하고 신문을 읽거나 환경 스캐닝 등을 사용해서 수집되고 추출된 사실은 '보이는 사실visible fact'이라고 부른다. 반면에 세상에는 '보이지 않는 사실'도 있다. 보이는 사실은 밝게 드러난 사실 혹은 이미 일어난 사실이다. 보이지 않는 사실은 보이는 사실과 연관되어 깊게 숨겨져 있는 사실이나, 발생할 수 있었으나 발생하지 않는 사실, 그리고 추가로 발생할 가능성이 있는 사실이다. 지금부터는 '보이지 않는 사실' 중에서 '보이는 사실과 연관되어 있지만 깊게 숨겨져 있는 사실'을 추출하고 분류하는 전문 기술을 배워보자. 필자는 현상 이면 아주 깊은 심층에 숨겨져 있는 사실을 현상에서 일어나는 변화를 만드는 힘의 숨겨진 실체substance라고 부른다. 필자가 눈에 보이는 현상에서부터 시작하여 집요하리만큼 팩트를 추출하고 추적하는 이유도 현상 이면에 숨겨진 실체, 보이지 않는 사실에 접근하기 위함이다. 바로 여기가 통찰의 근원이기 때문이다. 필자가 이 작업에 주로 사용하는 전문 기술은 생태학적 사회구조 분석ESSA(Ecological Social Structure Analysis)이다.

'생태학적 사회구조 분석'은 데카르트가 참지식을 얻는 데 필요하다고 강조했던 분석적 사고 영역에 속하며 통찰력을 예리하게 하기 위해 팩트를 쪼개고 모아 검토하는 분류 작업에 유용한 미래 예측 기술이다. 우리가 살고 있는 사회를 생태학적으로 상호 의존된 연결망으로 보는 관점과 실체ousia/substance를 형상eidos/form과 구별하여 근원적 변화의 흐름과 원리와 이치를 추적하는 철학적 관점을 결합하여 사회 변화의 층을 '분류'하기 위해 필자가 개발한 예측기법 중 하나다.

생태학生態學/ecology이라는 말은 1866년에 독일의 생물학자 에른스트 헤켈이 처음 만들었다. 노르웨이의 철학자 아르네 네스는 이 개념을 사회분야에 처음으로 접목했다. 네스가 사회를 생태학적으로 접근했다는 말은 세계를 분리된 사물들의 집합체로 보지 않고, 상호 연결되고 의존적인 연결망으로 보았다는 것을 의미한다. 필자는 이런 관점에 사회 변화를 근원적 구조 개념으로 꿰뚫어 보는 철학적 접근을 덧붙였다. 고대 그리스 철학자들은 이런 질문을 자주 던졌다.

우리 눈에 보이는 실제는 무엇으로 만들어지나?
겉으로 보이는 현상은 실제가 아닐 것이다. 진짜는 현상의 이면이나 심층의 부분에 있을 텐데, 과연 그것은 무엇일까?
세상에 존재하는 물질의 궁극적인 구성요소는 무엇인가?

이런 질문에 고대 그리스 철학자 탈레스는 만물의 근원을 물로 보았다. 그리고 엠페도클레스는 흙, 공기, 불, 물의 4원소설로 설명하고자 했다. 엘레아학파의 창시자 파르메이데스는 존재와 비존재의 개념으로 세상을 규정하려 시도했다. 한편 아리스토텔레스는 '실체'를 '형상과 질료hyle/matter'와 구분하면서 처음으로 발생 과정을 통해 양자(실체와 형상·질료)를 '연결'했다.

필자는 실체와 형상·질료를 구분하지만 동시에 양자를 연결하는 아리스토텔레스의 접근법을 생태학적 접근법과 접목했다. 정리하자면, 생태학적 사회구조 분석 기법은 사회구조를 분리된 현상들의 집합이 아니라 생태학적 관점으로 접근해보아 근본적으로 서로 상호 연관된 연결망 안에서 나타나는 관계라는 개념으로 보며, 더불어 사회현상의 실체와 형상을 구별하여 근원적 변화의 흐름과 원리를 철학적으로 심층 추적하여 분석한다.

생태학적 사회구조 분석 기법은 세로 축으로는 현상층, 유행층, 트렌드층, 심층원동력층, 심층기반층으로 세상을 나누고, 가로 축으로는 STEEPS, 즉 Society(사회), Technology(기술), Economy(경제), Ecology(환경), Politics(정치), Spirituality(영성)의 영역으로 세상을 구분하는 방식을 사용한다. 그리고 이런 현상, 유행, 트렌드, 심층원동력, 심층기반의 다섯 가지 층과 STEEPS 영역은 '서로 연결되어 상호 의존적인 관계'로 되어 있다고 전제한다. 세로의 다섯 가지 층을 좀더 자세하게 설명을 하면 다음과 같다.

① 현상층: 신문에 나타나는 갖가지 사회현상적 사건이 잡다하게 나열되어 있는 상태로서의 눈에 보이는 세상의 겉모습 층이다.
② 유행층: 디자인, 패션, 음악, 춤, 색깔, 언어, 게임, 상품, 먹거리 등의 유행으로 재정리된 눈에 보이는 세상의 중간층이다. 시간적으로는 대략 1년 미만의 생존

기간을 가지며, STEEPS 영역 중에서 한 개 카테고리 내에서 힘을 발휘한다.

③ 트렌드층: 세계화, 웰빙, 여성화, 고령화, 하이테크 하이터치 등 트렌드로 재정리된 눈에 보이는 세상의 하위층이다. 시간적으로는 대략 1~10년 미만의 생존기간을 가지며, STEEPS 영역 중 한 개 이상 카테고리 내의 힘을 발휘한다.

④ 심층원동력층(사회 변화를 밀고 가는 실제적 힘): 존재(있는 것), 힘(속도), 관계(연결), 이치·법칙, 가치 등 현상·유행·트렌드 이면에서 작동하는 눈에 보이지 않지만 변화의 원동력으로 재정리된 겉으로 들어나지 않는 세상의 심층이다. 심층원동력은 본래부터 존재하는 힘, 혹은 본래부터 존재하는 것과 비슷한 영향력을 가진 힘이다.

⑤ 심층기반층(변화가 일어나는 실제적인 기반): 시간, 공간, 지식, 영성의 네 가지 세상을 떠받치고 있는 가장 심층적인 기반으로 재정리된 겉으로 들어나지 않는 세상의 기반基盤/base이다. 변화를 주도하는 실제적 힘들의 토대다. 심층원동력들은 이 네 가지의 기반에 매달려 작동한다.

생태학적 사회구조 분석 기법의 다섯 가지 층은 사회에서 벌어지는 다양한 사건의 경중이나 중량감을 구분하여 분석해볼 수 있음은 물론이고, 눈에 보이는 사건 이면에서 사회 변화를 이끄는 실제적 힘(심층원동력)이 무엇인지를 생각해보게 한다. 현상 이면에 숨

■ 그림 2-9 정보의 레벨 분류

은 심층원동력을 분석하고 움직임을 예측하는 것은 미래연구에서 필수다.

생태학적 사회구조 분석을 통해 가장 주목해야 할 것은 심층원동력이다. 심층원동력은 겉으로 잘 드러나지 않지만, 세상의 변화와 미래 형성을 주도하는 본질적인 힘이기 때문이다. 심층원동력은 몇 가지 특징이 있다. 심층원동력은 인류가 존재하는 한 영속하거나 아주 오랫동안 세상에 영향을 미치는 본질이다. 이들의 특성은 '카오스적 진자 운동'을 한다. 카오스적 진자 운동이란 줄(심층기반)에 매달린 진자pendulum 추처럼 역사적으로 반복되어 운동하지만 절대로 완전히 동일하지는 않으며, 얼핏 보기에는 무질서하게 움직이는 것 같지만 실제로는 아주 복잡하고 고도로 조직된 패턴을 형성하며 운동을 하는 진동이다. 이들의 운동의 방향, 속도, 패턴 등에 따라 역사도 움직인다.

겉으로 들어난 세상은 심층기반에 매달린 심층원동력의 카오스적 진자 운동을 통해 만들어진 트렌드, 유행, 현상의 집합이다. 예를 들어, 대표적인 과학 분야의 심층원동력은 세상을 '부분'으로 나누어 연구하는 것과 '전체'로 통합하여 연구하는 것이 있다. '부분'과 '전체'는 원리에 해당하는 심층원동력이다. 과학은 이 두 가지의 심층원동력이 카오스적 진자 운동을 하며 발전한다. '부분'으로 나눠 연구하는 쪽으로 힘이 쏠리면서 뉴턴 물리학의 기계론이 형성되고, 일정한 시간이 지나면서 진자 운동이 '전체'로 통합하여 연구하는 쪽으로 힘이 쏠리면서 양자역학 같은 전일론holism적 과학사조가 형성된다. 형태론과 구조론의 반복도 비슷한 현상이다.

예를 들어, 2017년 전 세계를 강타하는 트럼프 대통령의 미국 우선주의는 생태학적 사회구조 분석 기법ESSA으로 분석하면 '이상주의와 현실주의'라는 심층원동력이 진자 운동의 방향을 바꾸면서 미래의 커다란 방향을 바꾸는 과정에서 나타난 현상이다. 이상주의에서 현실주의로 진자 운동 방향이 바뀌는 심층원동력층의 흐름 변화를 세계 변화에 큰 영향을 미치는 '미국'이라는 거대한 주체가 따라가면서 경제와 외교 측면에서 '현실주의' 쪽으로 눈에 보이는 세상의 힘의 방향도 전환되면서 예전과는 다른 새로운 사건이 속속 발생하고 있다. 이런 변화는 트럼프가 만든 것이 아니다. 트럼프 이전에 이미 시작되었다. 다음의 기사는 파리드 자카리아 뉴스위크 인터내셔널 편집장과 피터 베이나트 뉴욕시립대 언론·정치학 조교수가 각각 2009년 12월 5일 자 〈뉴스위크〉와 12월 3일 자 〈타임〉에 실은 칼럼이다. 이 칼럼에서 이미 두 사람은 '아프가니스탄에서 철수하기 위해 증파한다'는 오바마의 정책에 대해 미국 외교 정책의 진자가 닉슨의 베트남 정책 때처럼 '현실주의'로 돌아서고 있다(진자 운동)는 놀라운 통찰력을 발휘했다. 트럼프의 미국 우선주의는 결코 트럼프 혼자 만든 변화가 아니다.

40년 전, 닉슨 대통령은 전임자로부터 물려받은 베트남전으로 미국의 국력이 날로 쇠약해지고 있다고 판단했고, 첫 임기 취임 때 54만 3,000명이던 베트남 파병 병력을 임기 말엔 2만 명 이하로 줄였다. 파리드 자카리아 뉴스위크 인터내셔널 편집장은 그 과정에서 미군이 철수할 수 있는 기회를 만들기 위해 (현재의 오바마처럼) 북베트남을 강하게 압박하는 공세적인 군사작전을 펴면서 '치고 빠지기' 전술을 구사했다고 주장했다. 참고로 오바마 정부에선 이미 '테러와의 전쟁'이라는 말이 사라진 상태다.

또한 닉슨 대통령은 중국과 소련의 불편한 관계를 이용해서, 공산주의를 한 묶음으로 취급하지 않고 각각을 미국의 잠재적 협력자로 인정하고 두 나라를 경쟁시켰다. 현재 오바마 대통령도 알 카에다에 대한 이란의 혐오를 이용해서 이란과 시리아를 경쟁시키려고 한다고 베인아트는 주장했다. 이러한 오바마의 현실주의 대외정책은 외교정책의 목표와 대상을 현실적으로 가능한 범위로 좁혀 그 실현에 초점을 맞추는 것으로 분석된다. 즉 미국에 직접적이고 심각한 위협을 제기하는 알 카에다에 대해선 박멸을 추구하고, 대신 탈레반은 알 카에다와 구별하여 대미 테러를 가하려는 생각이 없는 민족주의나 부족주의 세력으로 간주해 중앙정부를 장악하는 일이 없을 정도로만 약화하고 '궁극적으론 화해'(로버트 게이츠 국방장관)하는 것을 목표하고 있다는 분석이다. 이런 오바마의 정책을 '포스트-제국주의적' 정책으로의 방향 전환이라고 보는 시각이 많다.

이처럼 심층원동력은 피드백과 자동조절을 통해 새로운 트렌드, 유행, 현상을 자기조직화 하면서 위의 3개 층을 지속적으로 변화시키거나 새롭게 만들어내는 힘을 가진다. 심층원동력의 카오스적 진자운동 방식은 자동조절 과정, 억제와 균형, 피드백 루프, 자기 균형적 피드백의 순환적인 논리 패턴 등을 가진다. 이런 이유 때문에 철학자들은 일반인과는 다르게 지속되는 것은 물질이 아니라,

스스로 영속하는 패턴과 질서뿐이라고 하는 것이다.

필자는 현상, 유행, 트렌드의 상위 세 개 층을 아리스토텔레스가 지적한 양量의 카테고리, 혹은 칸트가 지적한 '현상 세계'의 카테고리에 속한 것이라고 본다. 하지만 일반인은 이러한 것이 물질과 양의 개념으로 다가오기 때문에 실체라고 여긴다. 상위 세 개 층은 실체가 아니며 독립적으로 존재하지도 않는다. 아래 두 개 층인 심층원동력층과 심층기반층에 필연적으로 의존한다. 아래 두 가지 층은 아리스토텔레스가 지적한 질質의 카테고리, 혹은 칸트가 지적한 '물자체物自體'의 카테고리에 속하는 것이다. 다른 철학자는 패턴이나 질서를 구성하는 '형상'이라고도 한다. 이처럼 상위 세 개 층은 '현상'이고 하위 두 개 층이 '본질'이다. 본질(심층원동력, 심층기반)은 형태(위치, 속도, 운동량의 변화라는 형태)를 통해 눈에 보이는 현상(트렌드, 유행, 현상)이 된다. 아리스토텔레스는 실재적인 현상들 속에서 본질이 자기실현 되는 과정을 '엔텔레케이아entelecheia', 즉 자기완성이라고 불렀다. 이런 변화의 과정을 통해 세계는 점진적으로 발전하고 형상화되는데, 생태학적 사회구조 분석은 이런 변화를 추적하는 기법이다.

참고로 필자는 변화의 주체와 변화의 원리를 파악하기 위해 생태학적 사회구조 분석과 동시에 사회변동론social change과 아리스토텔레스의 '4원인과 10범주' 분류법을 사용한다. 다음은 아리스토텔레스가 세상을 설명하는 데 사용한 네 가지 근본 원인과 두 개의 실체, 그리고 실체가 갖는 열 가지의 범주를 분류한 것이다. 아리스토텔레스는 변화도 일정한 순서와 법칙을 따른다고 생각했다.

필자는 이것을 현상 이면에 숨겨진 실체와 힘의 주체, 변화의 속성이나 방향, 속도, 순서를 이해·분석·예측하는 데 활용한다.

4원인
- 질료인, 형상인, 운동인, 목적인

실체
- 제1실체: 개별자
- 제2실체: 보편자

열 가지 범주
- 실체: 사람, 말
- 속성
  - 양: 2m, 3자
  - 질: 희다, 차갑다
  - 관계: 두 배, 절반
  - 장소: 집에, 시장에
  - 시간: 어제, 작년에
  - 자세: 세워져 있다. 앉아 있다(위치)
  - 소유: 신을 신고 있다, 무기를 가지고 있다
  - 능동: 자르다, 태우다
  - 수동: 잘리다, 태워지다

변화: 생성, 운동, 소멸
- A → B (운동) → 양, 질(~의 상태로 있게 됨)
- A → ~A (소멸) → 실체
- ~A → A (생성) → 실체
- 운동: 가능태 → 실현태
  - 가능태: 능력이 있으나 아직 능력을 사용하지 않은 상태
  - 실현태: 능력을 발휘한 상태

완성태: 이루고자 하는 성숙한 상태(=형상), 소년은 가능태, 재료(나무, 가능태) →
만들고자 하는 조각(완성태)

아리스토텔레스는 사물의 4원인(변하지 않고 고정된 4가지 원인: 질료
인, 형상인, 운동인, 목적인)과 실재를 분류하는 10개 범주(근본 형식: 실체,
성질, 분량, 관계, 장소, 시간, 능동, 수동, 위치, 상태)로 존재를 설명했다.

실체는 질료인과 형상인이 합쳐져서 드러난다. 질료는 아직 형태
를 갖추지 못한 원소재이고, 이것이 형상에 의해 형태가 주어짐으
로 구체적 사물이 된다. 실체는 운동인과 목적인이 합쳐져서 변화
(생성, 운동, 소멸)의 법칙을 갖는다. 운동인은 생사와 변화를 결정하
고, 목적인은 그 실체가 사용되는 본래의 용도(지향점, 행동에 목적을
부여하는 정신적 원인)를 결정한다.

필자는 실체를 크게 둘로 나눈다.

- **자연적 실체**: 신, 사람(개별자 – 영향력 있는 개인, 집합 – 공동체, 국가), 우주를 구성하
는 기타 생물, 무생물
- **인공적 실체**: 기계, 화폐 등 인간이 만들어낸 인공물

자연적이든 인공적이든 모든 실체는 고유한 4원인과 10개 범주
(성질, 분량, 관계, 장소, 시간, 능동, 수동, 위치, 상태)를 갖는다. 세상의 변화
는 실체들이 각각 자신의 목적에 따라 운동할 때 10개 범주에서 나
타나는 변화들의 총합이다. 생태학적 사회구조분석은 우주 안에
있는 실체들과 그것들의 변화를 생태학적으로 연결을 고려한 계층
안에서 분류한다.

- **변화층:** 실체의 변화(생성, 운동, 소멸 과정에서 10가지 범주의 변화) 단기 변화는 사건과 유행, 중기 변화는 트렌드, 장기 변화는 메가 트렌드
- **심층원동력층:** 실체 그 자체. 실체의 4원인이 변화의 원동력으로 작용함
- **심층기반층:** 실체가 만들어지고 존재하는 근본 기반(시간, 공간, 지식, 영성)

생태학적 사회구조 분석의 구체적 실습법

1. 미디어를 활용하기

① 1단계(관심을 끄는 키워드 찾기): 신문을 보고 사실을 추출하여 분류한 후, 현 사회의 중요한 흐름이나 분위기라고 생각되는 것과 비교하여 대중이나 전문가의 '관심'을 끌 만한 것을 '키워드'(그룹 제목)로 묶는다. 재미있는 키워드, 주목해볼 만한 키워드, 개인적으로 중요하다고 생각하는 키워드, 자주 반복되는 키워드, 서로 단어는 다르지만 비슷한 방향 혹은 의미로 변형되어서 나타나는 키워드, 기사를 보다가 불현듯 머리에 떠오르는 키워드 등을 찾아낸다.

② 2단계(일반화하기): 관심을 기울일 필요가 있는 키워드를 폭넓게 찾아낸 후, 이 키워드를 가지고 다시 질문을 던져서 적용범위를 확대하면서 좀더 '중요하고 전문적인' 키워드로 전환하여 묶는다. 일명 찾아낸 흐름들을 일반화하는 작업이다. '발견한 키워드가 STEEPS의 다른 영역으로 전이가 가능한가?', '더 큰 범위는 무엇일까?' '더 상위 단계는 무엇인가?', '어떻게 하면, 일반화가 가능할까?'를 질문하면서 일반화 작업을 한다.

③ 3단계: 일반화한 키워드의 개념 규정을 사전이나 전문가의 해석을 찾아가며 정확하게 한다.

④ 4단계: 개념 규정이 명확하게 된 키워드들 속에서 현상은 걷어내고 유행과 트렌드, 메가 트렌드를 구별해내고, 더 나아가 트렌드나 메가 트렌드를 만들어내는 심층원동력이 무엇일까를 논리적으로 유추해본다. 이 단계에서는 "왜?"라는 질문을 계속 던지면서 좀더 근본적인 힘(원동력, 원인)을 찾아보려고 노력해야 한다(그림 2-10).

⑤ 5단계: 잘 정의되고 분류된 키워드를 피라미드 모형과 나무 모형을 사용해서

STEEPS별로 유행, 트렌드, 심층원동력, 확실성 요소, 불확실성 요소로 정리하여 시각화한다(그림 2–11).

⑥ 6단계: 최초에 추출한 사실들과 심층원동력, 트렌드, 이머징 이슈, 잠재적 사건을 서로 연관 지어 1차 다층 시스템 지도를 만들어 저장한다(그림 2–12).

■ 그림 2–10 생태학적 사회구조 분석 과정에서 카테고리 분류 실례

	A	B	C	D	E	F	G
1	Layer	S(사회)	T(기술)	E(경제)	E(환경)	P(정치)	S(영성)
2	현상층						
3							
4	유행층						
5							
6	트렌드층	기업체 문화 마케팅	3D기술 진화				
7		봉사를 통한 기업 가치 향상					
8		노동운동 (횟수, 빈도,강도)					
9							
10							
11							
12	메가 트렌드층	감성화	디지털 가상기술 발달				
13		여성지위 향상	(디지털 가상의 현실화)				
14							
15	심층 원동력층	사회 양극화	가상과 현실				
16							
17							
18	심층 기반층	시간, 공간, 지식, 영성					
19							
20							
21			디지털 정보량 증가	남북경협	신종플루 확산	녹색성장	존엄사 이슈화
22			CPU 속도 증가		대체에너지 개발	사법부 신뢰 저하	자살 증가
23			걸음걸이 CCTV	EU금융위기 환경규제 심화	한반도 온난화	남북관계 경색	웰빙, 웰다잉

■ **그림 2-11 나무에 비유한 생태학적 사회구조 분석**

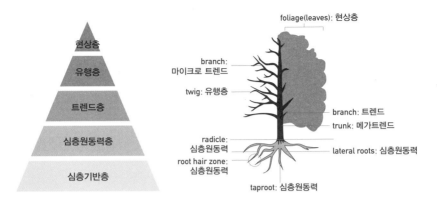

■ **그림 2-12 시스템 지도 실례**

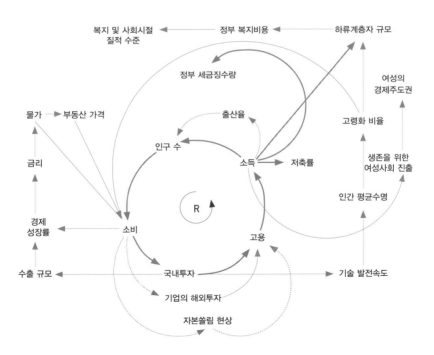

2. 인터넷 집단지성을 활용하기

네이버, 구글 검색을 통해 추가 정보나 패턴(추세) 등을 발견하며 1차 다층 시스템 지도를 검증하고 그 힘과 정도를 표시하는 추가 작업을 다음처럼 실시할 수도 있다.

① 성격 파악: 위에서 찾아낸 키워드들이 각각 어떤 성격을 띠는지를 추가로 파악한다.

② 내용 파악: 위에서 찾아낸 키워드들이 세부적으로는 현재 각각 어떤 내용으로 구성되어 있으며 무엇과 연결되는지를 추가로 파악한다.

③ 원인 파악: 위에서 찾아낸 키워드들이 각각 어떤 원인에 의해 움직이는지를 추가로 파악한다.

④ 확장성 파악: 위에서 찾아낸 키워드들이 다른 영역에서 계속해서 확장되는지를 추가로 파악한다.

⑤ 진화 패턴, 속도, 방향성 파악: 확장되고 있다면, 어떻게 움직이는지를 추가로 파악한다. 어떻게 진화하는가(진화하는 독특한 패턴이 있는가) 혹은 얼마나 빠른 속도로 성장하며 진행되는지 혹은 사라지지는 않는지(인터넷 검색을 통해 기사의 게재 날짜를 보면 그 속도 변화를 짐작할 수 있다), 혹은 여러 개의 힘이 비슷한 방향으로 합쳐져서 움직이는지(추동) 등을 상세하게 살펴본다.

⑥ 파급효과 파악: 위에서 찾아낸 키워드들이 다른 영역에서 좀더 크고 멀리 확장된다면 미래에 나타날 파급효과는 무엇일까에 대한 다양한 의견과 예측이 있는지를 추가로 파악한다. 개별적으로도 그 힘과 영향력이 성장하면서 나타날 미래의 추가적인 트렌드, 유행, 현상은 무엇일까에 대해서 인터넷 검색을 통해 발견한 과거의 비슷한 사례를 참고해서 유추해본다.

3. 인간 집단지성을 활용하기

미디어와 인터넷 집단지성을 활용하여 업데이트한 다층 시스템 지도 안의 요소를 심화분석하여 통찰력의 수준을 높인다.

① 변하는 것에 '상상력'을 부여해본다. 발견한 유행, 트렌드, 심층원동력 정보를 이리저리 맞추면서 (상상력을 활용하여) 미래에 변할 가능성이 있는 것들을 하나씩 상상해보면서 미래그림을 (퍼즐을 맞추듯이) 만들어본다.

② 자신이 만든 미래그림을 들여다보면서, 이것들(핵심 변수, 변화의 힘, 변화추세-위치 변화, 운동량 변화, 속도 변화 등)이 계속 진행된다면 어떻게 될까를 자신의 영역과 직간접적으로 관련된 각 분야로 적용해본다.

③ 상상해본 미래그림을 역으로 추적해보면서backcasting, 이런 미래가 실제로 일어난다면 '이러이러한' 미래 징후가 먼저 일어날 것이라는 상상을 해보고, 미래 징후 체크리스트를 만들어본다. 내가 상상해본 미래가 오고 있다는 '미래 징후'와 비슷한 정보가 나오고 있는지를 신문이나 방송, 전문가의 주장이나 논문, 일반 사람과의 인터뷰 등을 통해 찾아보면서 미래에 대한 긴장감을 높인다.

생각을 확장하는 기술

이쯤에서 이렇게 정제한 사실들과 학습한 지식을 기반으로 생각을 논리적으로 확장하는 방법을 간략하게 소개하겠다. 생각을 확장하는 기술은 다음에 나올 생태학적 사회구조 분석과 시스템 사고, 모델링과 시뮬레이션에 아주 유용하게 사용될 생각의 기술이다. 확장 사고를 가능케 하는 생각의 기술은 이중 표상, 다차원적 이미지화, 상상, 추상, 유추, 구상, 구성, 가추, 콘셉트 사고 등이다. 이것들에 대해 하나씩 배워보자.

먼저, 이중 표상, 다차원적 이미지화에 대해서 알아보자. 인간은 4~5세가 되면 하나의 사물에서 동시에 두 개 이상의 다른 어떤 것을 떠올릴 수 있다. 실제로 존재하는 사물이나 상징을 결합해서 다양한 의미를 만들어내는 식의 '이중 표상dual representational'이다. 이것을 '상징 추론symbolic reasoning' 능력이라고도 한다. 인간은 '상징 추론 능력'과 '형상화 능력'을 기초로 그 위에 상상, 추상, 유추, 구상, 가추, 확산, 수렴, 콘셉트 사고 등을 시도하면서 눈에 보이지 않는 또 다른 사실을 추출하거나, 실제로 존재하지 않는 사물을 만들어낼 수도 있고, 예술적 세계를 창조할 수 있고, 세상을 수학적 추론 대상의 경지까지 끌어올릴 수 있다.

'형상화 능력'이란 어떤 특정한 생각이 떠오를 때, 그것을 머릿속에 이미지로 형상화해보는 것 또는 종위 위에 이미지로 시각화해보는 것이다. 예를 들어, 귀와 손과 입으로 하는 음악도 눈으로 보이는 시각화나 머릿속에서 작동되는 내면의 눈으로 형상화하면 전혀 새로운 경험이 된다. 이 능력을 잘 활용한 사람 중의 한 명은 루치아노 파바로티다. 그는 "나는 피아노 앞에서 실제로 노래를 부르는 것보다 머릿속으로 음악연습을 더 많이 한다. 가수라면 음악을 볼 수 있어야 하기 때문이다"라고 했다. 교류 전동기, 발전기, 변압기 등을 발명했던 니콜라 테슬라는 "나는 어떤 생각이 떠오르면 머릿속에서 즉시 그것의 기본 모양을 상상으로 그려본다. 상상 속에서 그것의 구조를 바꿔보기도 하고 한번 작동해보기도 한다. 중요한 것은 내가 실물이나 형체 없이 그 모든 것을 상상 속에서 한다는 것이다"라고 했다. 『생각의 탄생』의 저자 로버트 루트번스타인은 "형상화는 단순히 사물의 기하학적인 형태를 보는 일을 넘어 사람들과 세계를 재창조하는 데까지 이른다"고 평가했다.[15] MIT에서는 형상화를 '시각적 사고력'이라고 명명하고 다양한 강좌를 통해 훈련한다. 일반인도 그림 그리기, 시 낭송 등을 통해 얼마든지 형상화 훈련을 할 수 있다. 훈련을 꾸준히 하다보면, 다차원적 형상화 사고를 할 수 있다. 다차원적 형상화는 어떤 사물을 2차원인 평면에서 끌어내어 공간과 시간의 영역인 3차원, 4차원의 세계로 옮겨서 생각하는 사고 기술이다. 즉 평면적 차원의 이미지를 보다 높은 차원으로 옮겨 놓고 해석을 시도해보는 것이다. 참고로 이 능력은 뒤에 나오는 사고실험에 아주 중요한 역량이 된다.

이런 이중표상과 형상화, 다차원적 형상화 사고를 기초로 상상, 추상, 유추 기술이 가능해진다. 상상은 공상과 다르다. 상상은 '새로운 연결'을 하는 것이다. 추상은 복잡한 것을 아주 단순한 몇 가지 요소로만 줄여서 '놀라운 본질이 드러나도록 특징화'하는 것이다. 유추는 '기능적 유사성, 내적 관련성, 패턴적 유사성을 인식'하는 것이다. 이러한 것을 다시 모형으로 만든다든지 혹은 하나로 기능하는 전체로 연관하여 통합한다든지 혹은 글이나 숫자 혹은 음악으로 특정 부분이나 전체를 표현하면 위대한 창조의 산물이 탄생한다. 필자는 이런 방식으로 생각하는 과정을 통해서 표면적인 것 배후에 숨어 있는 놀라운 속성이나 진실을 파악하고 변화의 흐름을 읽는다.

　'상상想像'의 사전적 의미는 여러 가지다. 첫째, 외부 자극에 의하지 않고 과거의 경험으로 뇌에 기억된 생각을 떠올리는 정신작용이다. 재생적 상상이라고도 한다. 둘째, 뇌에 기억된 과거의 경험으로 얻은 심상心像을 새로운 형태로 재구성하는 정신작용이다. 창조적 상상이라고도 한다. 셋째, 실제로 경험하지 않은 현상이나 사물에 대하여 마음속으로 그려 보는 정신작용이다. 이 중에서 상상의 내용이 현실에는 없는 것이라고 여겨지는 부분은 공상, 망상, 환각이라고 한다.[16] 상상은 백일몽처럼 '현실 도피'를 위해 사용되기도 하고, 아이들이 빗자루에 올라타고 말을 탄 것처럼 여기거나 마법사처럼 여기는 '상징象徵'을 위해 사용되기도 하고, 도자기를 만드는 사람이 완성된 청자를 상상하면서 자신의 특정 목적을 이루기 위해 사용되기도 하고, 예술·과학·발명과 같은 새로운 문제를 해결하기 위하여 과거의 경험을 재구성하여 새로운 것을 만들어내는 데 사용되기도 한다.[17] 참고로 '상상력'과 '창의력'를 구별해야 한다. 창의력은 상상력을 사용하지만 반드시 문제해결과 연결되어야 하고, 특히 실행과 분리되어서는 안 된다. 상상력은 이것을 넘어서는 예술의 수준까지를 포함한다.

상상 사고를 잘 발휘하기 위해서는 반드시 '연결 연상'이나 '융합 연상'의 훈련이 필요하다. '연결 연상'은 크게 논리적 연결 연상과 비논리적 연결 연상의 두 가지가 있다. 논리적 연결 연상은 의식적 상태에서 작동하고, 비논리적 연결 연상은 무의식적 상태에서 작동한다. 특히 무의식 속에서는 이성에 의해 거부되었던 독창적이고 특이한 연결 관계를 발견하는 기회가 만들어진다. 21세기의 가장 창조적인 CEO로 인정받는 스티브 잡스는 연결 연상의 중요성에 대해 "창의력이란 여러 가지를 연결하는 능력이다"라고 말했다.

'융합 연상'도 두 가지 종류가 있다. 동양 음식과 서양 음식을 합하는 것처럼 같은 장르 안에서 일어나는 융합은 '퓨전fusion'이라고 하고, 인문학과 경영학이 만나고, 인문학과 기술이 만나는 것처럼 서로 다른 장르가 합쳐져서 새로운 차원의 창조가 이루어지는 것은 '통섭'이다.[18] 전문가들은 융합 연상 중에서도 최고의 융합은 '데페이즈망depaysement'이라고 한다. 영어로는 'displacement', 즉 아무런 관계가 없는 두 개 이상의 것이 '상식에 맞지 않게 순서를 뒤집거나 어울리지 않게 버무려져 있는 상태'를 말한다. 예술가들이 쓰는 융합 연상이다. 이런 융합은 보는 이로 하여금 마음속에 강한 충격과 놀라움을 준다. 아무도 붙이지 못했던 대상들을 교배하여 예상을 뛰어넘는 강렬함을 준다. 강신장은 도시와 나비를 교묘하게 버무린 함평의 나비도시, TV와 와인을 융합한 보르도 TV, 그리고 성악, 문학, 교향곡을 교묘하게 뒤섞은 베토벤의 합창교향곡이 바로 이런 유類의 융합이라고 정의했다.[19]

　다음으로는 '추상抽象'이다. '추상'이란 복잡한 것들 속에서 불필요한 것들을 과감하게 버리고 아주 단순한 몇 가지의 요소로만 줄여서 '놀라운 본질이 드러나도록 특징화'하는 것이다. 빨간 넥타이로부터 '빨강' 혹은 '형形'만을 추출하는 것이나, 또 빨간 우체통, 잘 익은 토마토 등에서 공통적인 '빨강'을 골라내고, 적赤·청靑·황黃으로부터 '색色'이라는 것으로 특징화하는 것이 추상이다.[20]

　추상화를 잘하려면 특정 물건을 온갖 방법으로 추상화해보는 훈련을 자주해야 한다. 물건의 특정 모습, 촉감, 냄새, 소리, 동작 등을 위와 같은 방법으로 추상화해보라. 관찰하고 생각한 것 중에서 가장 중요한 한 가지를 제외하고 모든 것을 다 버려보라. 단순하게 보기만 해서는 안 된다. 생각을 해야 한다. 눈이 아니고 마음으로 보기도 해야 한다. 눈이나 마음으로 보면서 본질에 가까운 특징을 찾아보라. 어떤 대상이든 하나의 특징만이 있는 것이 아니다. 같은 사물이나 사건이라도 다양한 특징으로 설명될 수 있다. 이런 훈련을 지속하다 보면, 누구나 복잡한 것 속에 숨은 중요한 특성을 끄집어낼 수 있으며, 새롭고 다의적인 통찰과 의미, 새로운 관점을 통찰할 수 있다. 수학, 과학의 이론들도 놀랄 만큼 강력하고 영향력 있는 추상이다. 신문의 헤드라인이나 광고의 카피를 뽑으려면 독자로 하여금 그 글을 읽을지 말지, 그 상품을 살지 말지를 결정하는 데 영향을 미치는 추상화 능력이 아주 중요하다. 다음은 로버트 루트번스타인이 말한 추상화의 유익이다.

> 어떤 대상이든 수많은 추상이 가능하고, 추상 하나하나가 숨은 진실을 비춰준다. 현실이란 모든 가능한 추상의 총체이며, 이 가능성을 알아냄으로써 우리는 현실을 보다 잘 이해할 수 있다.

'유추類推/analogy'는 유비類比라고도 하는데, 둘 혹은 그 이상의 현상 사이에서 '기능적' 유사성이나 일치하는 '내적 관련성'을 알아내는 사고다. 예를 들어, 두꺼비 한 마리와 개구리 한 마리가 있다고 할 때, 이 둘의 일련의 속성이 동일하다는 사실에 근거해 그것들의 나머지 속성도 동일하리라고 결론을 추리해내는 사고 기술이다. 어떤 유類에 속하는 종種이나 개체에 적용할 수 있는 특성이나 명제는 같은 유에 속하는 다른 종이나 개체에도 동일하게 적용할 수 있다(상관관계)는 논리를 가지고 있는 사고다. 단, 유추는 완전하고 정확하게 같은 것이 아니라 '유사한' 것을 의미하기 때문에 불완전하고 부정확하다는 단점이 있다. 하지만 유추는 불완전하고 부정확하기 때문에 오히려 알려진 것과 알려지지 않은 것 사이에 다리가 될 수 있다. 물리학자 아이작 뉴턴이 "사과를 땅으로 끌어당기는 힘이 있다면, 이는 하늘 위로 계속 뻗쳐나갈 것이고, 그렇게 되면 달까지도 끌어당길 것이라는 유추가 가능해진다"라고 말한 것도 유추의 이런 기능 때문이다. 이처럼 유추는 우리가 기존의 지식의 세계에서 새로운 이해의 세계로 도약할 수 있도록 도와주는 놀라운 힘이 있다.[21] 뉴턴의 이야기를 좀더 들어보자.

유추의 확장을 고려함으로써 이론의 확장을 이룩하는 것, 이것이 유추의 주요 기능이다. 왜냐하면 이론의 주제 그 자체가 우리에게 주는 지식보다 유추가 가져다주는 지식의 양이 훨씬 많기 때문이다.

유추는 연역법이나 귀납법과 같은 논리가 가능하게 만드는 논리력을 제공해주며, 한 분야에서 습득한 지식을 다른 분야에 적용하는 것을 논리적으로 가능하게 한다. 유추에 대한 훈련은 논리력과 융복합력에도 좋은 영향을 준다. 우리 주위에서 흔히 볼 수 있는 '자기공명영상기법MRI'은 원자의 공명 원리를 의학에 유추해 탄생된 산물이다. 1816년 내과의사였던 르네 래넥은 나무토막의 한쪽 끝을 귀에 대고 맞은편 끝을 긁으면 소리가 들리는 '기능적 원리를' 너무 뚱뚱해서 심장박동이 들리지 않은 환자의 흉부에 종이를 둘둘 말아 대고 한쪽 끝을 자신의 귀에 대는 '유추를' 시도했고 이것이 후일 청진기의 발명으로도 이어졌다. 유비 추리의 절정은 수천 년간 인류를 괴롭혔던 천연두와 관련된다. 18세기 영국에서 에드워드 제너라는 시골 의사는 사람이 소가 걸리는 전염병인 우두를 앓고 나면 평생 천연두에 걸리지 않는다는 말을 목축업자들에게 들었다. 이때 제너의 머릿속에는 유비추리적 사고가 빠르게 진행되었다.

- 우두에 걸렸던 목축업자는 천연두에 걸리지 않는다.
- 우두와 천연두는 유사한 질병으로 판단된다.
- [유비추론] 그러므로 우두를 접종하면 천연두에 걸리지 않을 가능성이 크다.

그는 우두 고름을 8세 소년의 팔에 접종을 했다. 그리고 6주 후 역사적인 임상 결과가 나왔다. 우두 고름을 접종한 소년에게 다시 천연두 고름을 접종했지만 놀랍게도 소년은 천연두에 감염되지 않음으로써 유비추리의 결론이 참으로 검증된 순간이었다.[22] 철학자 아치 에드워드 히스는 『생각의 탄생』에서 이렇게 말했다.

> 유추는 알려진 것으로부터 알려지지 않은 것을 설명하려는 시도로서, 모든 과학적 방법의 초석이다.

필자가 미래통찰을 할 때에도 '유추'의 능력을 아주 중요하게 활용한다. 유추는 과거나 현재에 이미 존재하는 기존의 패턴에서 미래의 새로운 패턴으로의 다리를 놓게 해주어 미래통찰과 연구를 가능하게 하기 때문이다. 단, 주의할 점은 유추를 사용할 때는 '닮음similarity'과 구별해야 한다. 닮음이란 단순하게 색이나 형태의 유사점이고, 유추는 추상적으로 기능 간의 내적 연관 관계다.

한 가지 더 추가한다면, 상상, 추상, 유추 사고 기술을 비빔밥처럼 섞어서 사용을 하면 '치환 사고'라는 것을 할 수 있다. 치환 사고는 시를 창작할 때 아주 유용하고, 설득력 있는 미래 시나리오를 작성할 때도 유용하다. 스티브 잡스는 습관적 사고에서 벗어나기 위해 즐겨 쓰는 방법이 '시를 읽는 것'이라고 했다. 스티브 잡스가 시를 즐겨 읽었던 것은 시를 통해 감성적 느낌만을 끌어올리기 위한 것이 아니다. 잡스는 놀라운 창조력에 대한 영감, 세상에 대한 통찰을 얻거나 자신 스스로 상상, 추상, 유추, 그리고 이 세 가지를 비벼 놓은 치환사고를 훈련했다. 잡스만 그랬을까? 『시에서 아이디어를 얻다』의 저자인 황인원 씨는 시를 통해 '관찰법', '생각법', '상상법', '깨달음 방법'을 배울 수 있다고 했다.

치환 사고는 내 입장과 상대방의 입장을 서로 왔다 갔다 치환하면서 상상, 추상, 유추를 시도하는 사고 작용이다. 가수 김건모의 노래 〈핑계〉를 들어보면 "내게 그런 핑계 대지 마, 입장 바꿔 생각을 해봐"라는 가사가 나온다. 즉 입장을 바꿔서 생각을 해보는 것만으로도 동일한 현상 속에서 새로운 의미를 찾거나 고정관념을 깨는 새로운 시각을 얻을 수 있다. 시인 황인원 씨는 잡지의 한 칼럼에서 "(치환하여 생각하는 방법을) 생활 속으로 연장하면, 의자에 앉으면 몸무게가 나타나는 체중계 의자를 만들어 다이어트용품으로 활용할 수도 있다. 의자가 앉는 기구라는 고정관념을 깨고 몸무게를 재기도 하고, 체중계는 몸무게를 재는 기구라는 고정관념에서 벗어나 생각의 무게를 재고, 삶의 고민도를 측정하는 기구가 될 수도 있다. (…) 고정관념이 깨지면 새로운 사실이 드러난다!"라고 했다. 비즈니스 혁신과 통찰을 원하는가? 시와 노래를 교양이나 취미쯤으로만 여기지 말라.

확장 사고를 가능하게 하는 '아이디어 확장적 시각조작'의 또 다른 생각도구로는 구상과 구성, 가추, 콘셉트 사고가 있다. 구상構想 사고와 구성構成 사고에 대해 알아보자. '구상 사고'는 문제해결의 실마리를 착상하는 사고다. 주어진 문제를 해결하는 데 필요한 '실마리 아이디어'를 떠올리는 능력이다. 이 단계에서는 상상 사고가 아주 중요한 역할을 한다. 그러나 아무리 문제해결의 실마리를 떠올린다고 하더라도, 이를 구체적으로 발전시키는 능력이 없으면 무용지물이다. 우리 주위에서 아이디어만 좋은 사람이 여기에 속한다. 구상 사고는 잘하는데, '구성 사고' 능력이 약한 것이다. '구성 사고'는 구체적인 해결방안을 수립하는 사고다. 구상 사고를 통해 문제를 해결하는 데 필요한 실마리 아이디어들을 떠올린 후, 이를 좀더 발전시키거나 이 아이디어들을 잘 배치하여 문제해결에 필요한 실제적이고 전체적인 구조를 짜는 사고 기술이다. 구상 사고에서는 상상 사고가 아주 중요한 뒷받침을 했다면, 구성 사고에서는 논리적 사고나 시스템 사고 기술이 아주 중요하다. 이 사고는 필자가 다음으로 소개할 '가추 사고' 능력을 높이는 데 중요한 기반이 된다. (참고로 사고 기술이란 하나씩 단독으로 작동되기도 하지만 서로 혼합되어 사용되기도 한다.)

연역법은 전제로부터 결론이 필연적으로 나오는 논증적 사고 기법이다. 귀납법은 이미 드러난 원리에 의해서 현상을 설명하려는 것이 아니라 현상을 지배하는 기본 법칙, 보편적 원리, 혹은 직접 원인을 밝혀내는 데 사용되는 논증적 사고 기법이다. 이 두 사고는 '참true'을 이끌어내는 데 사용되는 대표적인 사고 기법이다. 반면 지금부터 배울 가추 사고 기법은 연역법이나 귀납법과는 달리 '개연적으로probably 참'의 영역으로 사고를 확장하도록 해주는 특이한 사고다. 필자의 경험에 따르면, 미래연구에서도 중요하게 사용되는 사고 기술이다.

'가추 사고'는 왜 필요한 것일까? 일리노이대학교의 기호학자 토머스 시벅 교수의 이야기를 들어보자.

새로운 지식이란 연역이나 귀납에 의해서가 아니라 추측과 가정에 의해 얻어지는 것이다.

제롬 브루너의 말도 한번 들어보자.

예리한 추측, 풍부한 가설, 잠정적 결론을 향한 용감한 도약. 이러한 것이 생각하는 사람들의 가장 소중한 재산이다.

가추假推 사고는 실용주의를 창시한 철학자이자 논리학자인 찰스 샌더스 퍼스에 의해서 주목을 받은 사고 기법이다. 가추 사고는 가정 사고hypothesis, 가설假說 사고, 가설연역법, 혹은 추정 사고 presumption 등과 거의 맥락이 비슷하기 때문에 동류로 묶을 수도 있고 혼용해서 사용되기도 한다. 이해를 쉽게 하기 위해서 연역 사고, 귀납 사고, 가추 사고를 비교해보자.[23]

연역 사고
- 법칙: 이 주머니에서 나온 콩들은 모두 하얗다.
- 사례: 이 콩들은 이 주머니에서 나왔다.
- 결과: 이 콩들은 하얗다.

귀납 사고
- 법칙: 이 콩들은 이 주머니에서 나왔다.
- 사례: 이 콩들은 하얗다.
- 결과: 이 주머니에서 나온 콩들은 모두 하얗다.

가추 사고
- 법칙: 이 주머니에서 나온 콩들은 모두 하얗다.
- 사례: 이 콩들은 하얗다.
- 결과: 이 콩들은 이 주머니에서 나왔다.

콩들이 하얗다는 것만으로는 그 콩들이 이 주머니에서 나왔다고 할 수는 없지만, 가추 사고를 하면 콩들이 하얗기 때문에 이 주머니에서 나왔다는 '개연적으로 참'인 결론으로 확장을 할 수 있다. 100퍼센트 맞다고 할 수는 없지만, 맞을 가능성이 상당히 높은 '새로운 가정'을 만들거나 '새롭게 추측하거나' 혹은 '생각을 확장할 수'는 있는 주장이 가능해진다. 물론 현대논리학에서는 가추 사고를 타당한 형식논리로는 인정하지는 않고 있다. 하지만 가추 사고는 추리를 통해 무언가 새로운 것을 발견해내거나 혹은 추리해서 통찰해내는 특성이 있어서 셜록 홈스 같은 탐정이나 아인슈타인과 같은 과학자들이 활발하게 사용한다. 주의할 점은 가추 사고로 얻은 결론은 반드시 참이 아니라 참일 개연성이 높은 참이다. 그렇기 때문에 실험이나 관찰을 통해 가추에 대한 검증을 게을리해서는 안 된다. 가추 사고는 무언가 새로운 것을 추리해내는 기능이 있기 때문에, 가추 사고를 잘하게 되면 덩달아서 가설 사고 능력도 뛰어나게 된다.

가설hypothesis은 그리스어로 '밑에 놓다'는 뜻이다. 뉴턴은 가설을 어쩌면 현실과 맞아떨어질 수도 있지만 확실하지 않는 '지어낸 사물causa ficta'이라고도 풀이했다. '가설'은 어떤 사실을 설명하거나 어떤 이론 체계를 연역하기 위해 '만일 ~라면, ~이다'라는 식으로 '임으로 설정한 가정'이다. 아무리 임의적 설정이라고 하더라도 몽상이나 환상처럼 허무맹랑해서는 안 된다. 이 부분에서 '가추 사고'가 중요하다. 가추 사고를 통해 이미 알고 있는 진리나 개념으로부터 새로운 개념과 명제를 만들어내는 것에서 시작해야 수준 높고 생산적인 가설 사고를 할 수 있다. 가추 사고가 뒷받침되지 않은 수준 낮은 가설 사고를 하는 사람들은 우리의 소중한 시간만 낭비하게 만든다. 기업의 측면에서 보면 가설 사고는 새로운 길을 제시하는 힘이 있다. 창조적으로 만들어진 일정한 가설은 관찰이나 실험을 반복하면서 수정되고 검증되고 난 후, 가설의 위치에서 벗어나 과학적으로 받아들여지는 타당한 진리나 이론이 되거나 아주 실용적이고 창의적인 제품과 서비스를 창출하게 된다. 여담이지만, 좋은 지능의 상당 부분은 가설을 세우는 능력, 비현실적이거나 아직 현실이 아닌 사물을 '그럴듯하게' 상상하거나 추측하는 능력에서 시작한다는 주장도 있다.[24]

가설 사고를 당면한 과제나 문제를 풀어야 하고 중요한 통찰을 얻어야 하는 기업 입장에 맞추어 좀더 설명해보자. 기업의 입장에서 '가설'이란, 정보수집 과정이나 분석작업을 시작하기 전에 미리 생각해두는 '임의의 해답'이다. 가설 사고는 완벽한 분석이나 결론을 발견해내기에 충분한 자료가 없는 상황에서도 남보다 상당히 빠르게 해답을 제시할 수 있다는 점이 매력적이다. 빠르게 변하고 정보량이 폭발적으로 증가하는 시대를 직면하는 현대인이나 기업에게는 충분히 정보를 모으고 분석할 시간이 늘 부족하다. 이럴 때 가설 사고가 대단한 위력을 발휘한다. '정보가 적어서 해답을 찾기가 힘들다'는 생각을 하는 순간 게임은 끝난다. 정보가 너무 많은 것도 결론을 내는 데 방해가 된다. 가설을 세우지 않고 정보를 모으고 분석하는 것보다는 '가설을 세운 뒤' 정보를 모으고 분석하는 것이 이런 문제를 해결하는 길이다.

일반적으로 문제를 풀기 위해서는 '정보수집 → 정보분석 → 해답'의 과정을 거친다. 하지만 정보가 기하급수적으로 늘어나고, 변화의 속도가 빨라서 짧은 시간에 해답을 찾아야 하는 상황에서는 '(가설)해답 → 정보수집 → 정보분석(정보의 정확도를 높이며 검증을 반복하여 적절하게 가설을 수정해간다) → 해답(최종 결론에 도달한다)'의 방식을 사용해야 한다. 가설 사고 프로세스다. 이런 사고에 익숙해질수록 문제해결의 속도는 더 빨라지고, 해답의 질도 높아진다. 가설 사고를 잘하려면 다음의 세 가지 조건이 필요하다.

① 정보가 적더라도 적은 대로 가설을 세우려는 적극적이고 용기 있는 태도
② 가추 사고를 통해 논리적인 추상을 설정할 수 있는 사고력
③ 시간을 정해 일단 결론을 내는 훈련

기업에서 직원에게 반복적으로 훈련해야 할 가설 사고는 두 가지다. 하나는 문제를 발견해야 하거나, 문제를 좀더 명확하게 정의해야 할 때 사용하는 '이것이 아마도 실제적인 문제일 가능성이 크

다'라고 정의하는 '문제 가설'이다. 문제는 두 가지가 있다. 시스템 구조상 발생하는 '발생형 문제'가 있고, 목표를 달성해가는 과정에서 새롭게 맞닥뜨리는 '설정형 문제'가 있다. 일류기업은 발생형 문제보다 설정형 문제가 훨씬 더 많고, 설정형 문제해결에 더 집중한다. 직원들에게 반복적으로 훈련해야 할 다른 하나의 가설은 발견한 문제를 해결할 때 '이것이 아마도 실제적인 해답일 가능성이 크다'라고 정의하는 '해답 가설'이다. 가설을 설정하기 위해서는 다음과 같은 문장으로 구성하면 된다.

가설 스토리 구성
- 한정된 정보를 가지고 현장분석을 하면 '이런 분석 결과'를 얻을 수 있을 것이다. 그중에서도 이 문제의 '진짜 원인은 이것'이며, 그 결과로서 '몇 가지 이러이러한 전략을 생각해볼 수' 있으나, '가장 효과적인 것이 바로 이 전략'이다.
- 가설 스토리를 잘 구성하려면 큰 문제와 작은 문제를 명확히 해야 한다. 그리고 좋은 가설을 세우려면, 고객(소비자) 입장에서, 현장 시점에서, 경쟁자의 시점에서도 생각해보고, 극단적으로도 생각해보고, 제로베이스에서도 생각해보는 것이 중요하다. 다음은 가설 사고를 활용해서 문제를 풀어가는 프로세스의 실례다.

구체적인 가설 사고 프로세스
- 평소: 모니터링과 관찰
- 1단계: 문제 가설과 해답 가설을 가지고 가설 스토리 구성
- 2단계: (내가 세운 가설을 증명하기 위한) **정보수집**(혁신적으로 보기 기술 사용)
- 3단계: **정보분석**(혁신적으로 생각하기 기술 사용)
- 4단계: **실제적 해답 도출**

필자가 가설 사고를 훈련할 때, 가장 많이 받는 질문이 하나 있다. "혹시 정작 중요한 것을 놓치게 되어 잘못된 초기 가설을 만들

지는 않을까요?"라는 염려다. 걱정할 필요가 없다. 초기의 가설이 잘못되었더라도, 이후의 가설을 증명하기 위한 증거수집과 정보분석의 단계에서 얼마든지 초기 가설의 문제점을 충분히 알아챌 수 있다. 그때 가설을 수정해도 늦지 않고, 이런 방식이 오히려 문제를 해결하는 효율성을 높이는 길이다. 오히려 그러한 효과를 노리는 것이 가설 사고다. 예를 들어, '우리 회사의 영업이 왜 부진한가'에 대한 문제를 해결하기 위해 임의의 문제 가설을 세운다고 생각해보라. 최초에는 지금까지의 경험에 비추어서 마케팅 부분의 상품기획에 문제가 있다고 임의의 가설을 세울 수 있다. 나의 이 가설을 증명하기 위해 증거수집과 분석의 단계를 '반복적으로' 진행한다. 영업현장, 거래처, 핵심 소비자 등을 인터뷰하거나 판매금액, 기업매출, 이익과 비용 등에 대한 분석 등의 과정을 거치면서 무리한 판매정책(초기 가설)만으로 전체 부진을 설명할 수 없다는 것을 발견하게 되어 초기 가설을 충분히 수정할 수 있게 된다. 시간은 평균 1~2주면 가능하다. 백 가지 가능성을 처음부터 다 점검하는 것보다 불완전하지만 초기 가설을 세우고 접근하는 것이 훨씬 빠르다. 다음은 이탈리아의 유명한 물리학자인 엔리코 페르미 박사의 말이다.

여기 가능성 있는 결론이 두 가지 있다. 결론이 가설을 확인해준다면, 당신은 제대로 예측한 것이다. 반면 결론이 가설의 반대라면, 당신은 새로운 발견을 한 것이다.

가설 사고 기법을 '통계'에 적용을 하면 숫자적 가설 사고인 '페르미 추정'이 된다. 페르미 추정은 노벨상 수상자이며 원자력의 아버지라고 불리는 엔리코 페르미가 한 번에 파악하기 힘든 수량에 대해서 '가추 사고'를 사용해서 단기간에 임의의 '어림수'를 추정해낼 때 즐겨 사용했던 방법이다. 페르미는 1901년 로마에서 태어나, 1938년 중성자 연구로 노벨물리학상을 받았다. 하지만 전쟁으로 인해 자신의 조국인 이탈리아를 떠나 미국으로 망명을 할 수밖에 없었다. 미국에 정착한 페르미는 시카고대학교에서 학생들을 가르치면서 1942년에는 세계 최초의 원자로를 개발하기도 했다. 일화를 살펴보면, 워낙 무언가 계산하기를 좋아했던 페르미 교수는 아파서 병원에 누워 있으면서도 링거액이 떨어지는 간격을 측정해 유속을 계산하곤 했다. 페르미의 이런 능력을 이어받았는지, 그의 제자 중에서도 노벨상을 수상한 이가 여럿이다. 페르미 교수는 실력도 뛰어났지만 독특한 교수법으로도 유명했는데 제자들을 가르칠 때 사고 능력을 높이는 훈련을 하기 위해 다음과 같은 추리 문제를 종종 냈다. "시카고에 피아노 조율사는 몇 명이나 될까?"

페르미의 추정 문제Fermi Questions다. 페르미 추정에 대한 유명한 에피소드가 있다. 그가 미국에 망명한 후 원자폭탄 개발 계획인 '맨해튼 계획'에 참가했을 때다. 1945년 7월, 뉴멕시코주 앨라모고도의 사막에서 역사적인 세계 최초의 핵실험이 이루어졌다. 이 실험에 페르미도 함께 참여를 했는데, 핵폭발이 일어난 지역에서 멀리 떨어져 안전한 곳에 설치된 베이스캠프에서 페르미는 미리 준비해놓은 종잇조각들을 핵폭발이 일어남과 동시에 공중에 자유낙하를 시켰다. 폭발의 충격파로 이러저리 날아다니는 종잇조각들의 움직임을 분석한 후, 페르미는 실험에 사용된 핵폭탄의 폭발력을 자기 나름대로 추정했다. 이런 그의 계산은 실제 측정한 폭발력의 규모와 거의 일치해서 동료들을 놀라게 했다. 페르미 추정은 일명 '봉투의 뒷면 계산'이라고도 한다. 이런 이름이 붙은 이유는 페르미가 해결해보고 싶은 문제가 머릿속에 떠올랐을 때, 근처에 있는 봉투 뒷면에 어림셈을 간단히 해보는 일이 잦았기 때문이다.

비즈니스의 경우, 기획의 초기 단계나, 아직 시장이 형성되지 않은 단계나, 혹은 불투명한 단계에 있는 사업에 대한 시장 규모를 어림잡아 계산해야 할 경우가 종종 발생한다. 아무리 큰 기업이라 할지라도 제한된 정보를 가지고 추정을 할 수밖에 없는 상황에 자주 직면한다. 미래예측과 통찰에도 마찬가지다. 이때 아주 유용하게 사용될 수 있는 것이 바로 페르미 추정이다. 페르미 추정 사고는 다음 네 단계로 실시된다.

- 접근 방식 가정
- 계산 모델 선택
- 어림계산(어림셈) 실행
- 현실성 검증

"시카고의 피아노 조율사는 몇 명일까?"라는 문제를 가지고 설명을 해보자. 이 문제를 빠르게 풀기 위해서는 가장 먼저, 문제를 어떻게 풀 것인지에 대한 자기 나름대로의 '접근 방식'을 가정해야 한다. 피아노 조율사의 숫자를 추정하는 접근 방식을 연간 필요한 피아노 조율의 '수요'와 피아노 조율사가 하루와 연간 일할 수 있는 횟수라는 '공급'의 측면에서 접근해볼 수 있다. 다음으로, 선정한 임의의 접근 방식에 어울리는 어림계산 모델을 만들어본다. 그 다음으로 중요한 요소에 해당하는 어림수를 빠르게 추정한 후, 계산 모델에 따라 어림계산을 실행한다. 마지막으로는 실제적인 자료 조사를 통해 현실과의 차이점을 비교해본다. 이 역시 위에서 설명했던 가설 사고처럼 수많은 가능성을 처음부터 다 점검하는 것보다 불완전하지만 초기 가설을 세우고 접근하는 것이 훨씬 빠르다.

가설 사고나 페르미 추정 사고에서 가장 중요한 것은 지적 호기심이다. 단순 지식이나 기억력, 혹은 완벽한 정보력에만 의존하면 창의적으로 문제를 해결해야 하는 상황에 맞닥뜨리면 쉽게 포기한다. 이를 보완하기 위해 절대적으로 필요한 사고가 가설 사고다. 일상에서 지속적으로 훈련을 통해 이 사고 기술을 갈고닦으라. '지하철이나 버스 안에 붙어 있는 광고용 포스터가 총 몇 장이나 될까? 우리 사무실에서 하루에 소비되는 A4용지는 총 몇 장이나 될까? 전국에 치킨 집은 총 몇 개나 될까?'처럼 일상에서 쉽게 눈에 띄는 대상들을 가지고 훈련을 해보라. 정확한 답을 찾으려고 하지 말고, 가설 사고에 대한 과정을 지속적으로 훈련하여 당신의 뇌에 새로운 회로를 만드는 것이 중요하다. 그래야만 지식의 양이나 기억력에만 의존하던 단순한 사고에서 벗어날 수 있다.

마지막으로 콘셉트 사고를 배워보자. 콘셉트 사고는 떠오르는 생각을 하나로 모으는 사고 기술이다. 가설 사고가 잘 훈련되면, 콘셉트 사고를 잘할 수 있다. 가설 사고를 통해 새로운 콘셉트를 만들면, 그 콘셉트를 통해 다양한 추가적인 상상력들을 꺼낼 수 있다. 『오리진이 되라』의 저자인 강신장은 콘셉트는 사람들에게 자신 안에 있는 상상력을 꺼내게 만드는 촉진제 역할을 한다고 정의했다. "콘셉트는 일종의 화두이고, 좋은 화두는 사람을 생각하게 만드는 힘이 있다"[25]라고 말했다. 콘셉트 사고가 통찰과 혁신에 얼마나 중요한지 실례를 하나 들어보자. 홋카이도에서 기차를 타고 두 시간쯤 가면 아사히카와라는 소도시가 나온다. 다시 한 시간쯤 시외버스를 타고 들어가면 작은 시골마을에 동물원이 하나 있다. 이 동물원은 2005년 일본에서 가장 창의적 조직에 선정된 아사히야마 동물원이다. 일본 내에서만 유명한 것이 아니다. 한국도 벤치마킹을 하는 동물원이다. 삼성전자 윤종용 부회장이 2007년 주주총회에서 "아사히야마 동물원과 같은 삼성전자가 되겠습니다"라고 말했을 정도다. 이 동물원은 1996년까지는 연간 관람객이 26만 명에 불과해 매각설이 나올 정도로 위험한 상황이었다. 하지만 2006년에는 인구 35만 명에 불과한 시골의 작은 도시에 관광객 270만 명이 방문하게 만들었고, 2007년에는 300만 명, 2008년에는 330만 명을 넘어서는 획기적인 사건을 만들었다.

　도대체 이 동물원에서는 무슨 일이 벌어졌을까? 여러 가지 혁신적이고 창조적인 도전이 있었지만, 가장 큰 이유는 '능력 전시'라는 단 네 글자로 된 그들이 외친 '콘셉트'였다. 일반적으로 동물원은 동물을 잘 보호하는 것에 집중한다. 동물들을 아프지 않고 건강하게 잘 돌보면 사람들이 동물들을 보러 올 것이라는 '기존의 콘셉트' 때문이다. 하지만 요즘 아이들은 동물원에 잘 가지 않는다. 동물원을 대체하는 흥미로운 것들이 너무나 많기 때문이다. 부모들이 오래간만에 아이들을 데리고 동물원에 가보아도 대부분의 동물들은 자고 있거나 굴속에서 나오지 않는다. 지루하고 따분하여 또 가고 싶은 마음이 들지 않는다. 잠자는 동물을 보나 집에서 책에 있는 사진으로 보나 큰 차이가 없기 때문이다. 아사히야마 동물원처럼 외각에 있는 동물원은 기차와 자동차를 타고 고생고생하며 가야 한다. 1996년 새로 취임한 고스게 마사오 원장은 새로운 콘셉트를 고민했다. 현장 경험이 풍부한 사육사 출신의 원장은 이런 생각에 이르렀다.

동물들은 사람에게는 없는 놀라운 능력들이 아주 많이 있다. 그런 놀라운 능력을 가진 동물 수백 마리가 있는 우리 동물원이 지금처럼 재미가 없다는 것은 말이 안 된다. 우리가 생각을 조금만 바꾸면 틀림없이 놀라움과 재미가 넘치는 특별한 동물원을 만들 수 있다.

그가 떠올린 가설이다. 고스게 마사오 원장은 이제부터는 살아 있는 건강한 동물들 전시하는 것이 아니라, 동물들이 가지고 있는 놀라운 능력들을 전시하는 동물원이 되자는 새로운 해답 가설을 만들었다. 해답 가설은 곧 바로 한마디로 표현할 수 있는 새로운 콘셉트로 발전했다. "능력 전시!"

그러자 다양한 상상력을 꺼내는 가이드라인이 곧바로 잡혔다. '동물의 능력에 관심을 갖자'는 가이드라인이 설정되자, 직원들 안에 잠재된 수많은 상상력이 하나둘 나오기 시작했다. 보통 직원들이 생각하는 직원로 바뀌었다. 평범한 직원이 통찰력 있는 직원으로 바뀌었다. 그리고 아사히카와 동물원은 가장 창조적인 동물원, 가장 혁신적인 조직으로 바뀌었다.[26]

콘셉트 사고는 새로운 가치와 시장을 창출한다. 콘셉트의 사전적 의미는 '개념'이다. 진정한 콘셉트 사고는 개념에 머무르지 않는다. 콘셉트는 단순히 무엇인가를 정의하는 개념의 수준이 아니라, 그 말을 듣거나 이미지를 보는 즉시 독특하고 개성 있는 가치를 머릿속에 그릴 수 있는 생각의 기술이다. 월마트의 개념은 '대형 할인 소매업체'이지만 월마트의 콘셉트는 '매일 최저가격'이다. 소비자를 유혹하는 것은 절대로 개념이나 상품이 아니다. 소비자는 콘셉트에 유혹을 느낀다. 콘셉트가 상품이나 서비스, 더 나아가 기업의 생사를 좌우한다. 콘셉트는 시대의 변화, 미래의 변화에 따라 상대적으로 달라진다. 사랑, 평화, 인권 등의 보편적이고 절대적으로 변하지 않는 콘셉트도 있지만, 비즈니스와 연관된 콘셉트는 시대 변화에 민감하다. 시대를 선도하는, 소비자를 선도하는 콘셉트를 만들려면 변화의 흐름을 통찰하고 예측하는 능력이 필수다.

어떻게 해야 이런 새로운 콘셉트를 만들어낼 수 있을까? 좋은 콘셉트는 '새로운 가치'를 포함한다. 그러므로 고객이 흥분할 만한 새로운 가치가 무엇일지를 고민하라. 새로운 가치를 창조하라. 이것이 새로운 콘셉트를 창조하는 길이다. 비즈니스에 유익한 가치는 '고객의 입장에서 가치 있는 가치'를 만들어야 한다는 것을 잊지 말라. 즉 현재와 미래의 고객의 문제, 욕구, 결핍 등을 통찰한 후, "고객이 진정으로 원하는 가치는 ~일 것이다!"라는 해답 가설을 잘 세우는 것이 중요하다는 의미다. 콘셉트 사고는 다음 일곱 단계를 거쳐서 이루어진다.

① 문제의식이나 새로운 목적의식을 품는다.
② 논리적 사고의 기술을 통해 특정 영역의 본질을 탐구한다.
③ 이 영역의 현재와 미래 변화 흐름을 예측한다.
④ 현재와 미래 속에 숨겨져 있는 문제, 욕구, 결핍에 둘러싸인 사람들의 마음을 감동시키고 움직일 수 있는 새로운 가치를 (가설 사고를 통해) 찾는다.
⑤ 그것의 특성을 말이나 이미지로 매력적이게 응축, 응집, 승화하여 표현한다.
⑥ 이런 새로운 가치가 설정되면, 지금까지 훈련한 다양한 사고의 기술을 통해 '확산과 수렴을 반복하면서' 이 콘셉트를 현실로 만들어주는 아이디어를 꺼낸다. 우선 다양한 사고 기술을 활용해서 선택된 콘셉트에서 다양한 관련 아이디어로 가지를 뻗어나가면서 콘셉트를 현실로 만들 수많은 대안을 생각해내는 확산divergent을 시도한다. 그런 후에, 도출된 수많은 아이디어와 대안 중에서 문제에 가장 적절한 답으로 '수렴convergent'하도록 그 대상을 점차적으로 축소해간다. 하지만 '수렴'하는 것이 단지 대상을 줄여가는 것만은 아니라는 점을 유의하라. 단순하게 후보군을 줄여가는 수준이 아니라 '조합'을 하면서 핵심으로 근접해가는 것이 훨씬 더 좋다. 천재 물리학자 아인슈타인은 이런 사고를 '조합 놀이'라고 불렀는데 'E=mc²'이라는 천재적 개념은 에너지, 질량, 빛이라는 각각의 기존 개념을 하나의 아이디어로 조합하여 수렴한 결과다.
⑦ 마지막으로 이 모든 것을 새로운 시장과 연결한다.

사실을 축적하는 시스템 사고

이제 필자가 '잘 읽는 것'의 핵심이라고 한 '사실을 축적'하는 전문 기술에 대해서 설명할 때가 되었다. 보이는 사실visible fact과 보이지 않는 사실invisible fact을 관찰, 수집, 추출, 정제, 분류하는 일은 일정한 수준의 분량에 이를 때까지 계속해야 한다. 단, 이 작업이 반복되면서 나오는 사실들과 실체들은 아무렇게나 모아놓아서는 안 된다. 앞에서 설명한 것처럼, '잘 정리'하여 저장해야 한다. 필자는 이것을 축적 과정이라고 부른다. 축적은 분류되어 나오는 사실들을 단순히 하나씩 쌓아 올리는 것이 아니다. 인과관계나 상관관계로 연관된 것끼리 연결하여 작동이 가능한 하나의 모듈module로 만들어 저장하는 작업이다. 이 작업을 하면서 누락된 사실이 없는지도 자연스럽게 파악되어 정보 관찰, 수집, 추출 작업의 효율성도 높이게 된다. 이렇게 만들어진 좀더 큰 단위의 '연결된 사실들(모듈화된 사실들)'은 작은 파편처럼 하나씩 따로 떨어져 있는 사실 조각보다 질과 규모 면에서 한층 강력해진다. 사실과 사실이 연결되면 또 다른 의미를 발견하게 되고, 연결도를 넓고 깊게 파악하면 중요한 연결 고리가 무엇인지, 레버리지(지렛대) 역할을 하는 사실이 무엇인지도 알아낼 수 있고, 사실들의 관계도 통합적 시각에서 이해할 수 있기 때문이다. 필자는 이 작업을 할 때 주로 시스템 사고 system thinking를 사용한다. 알베르트 아인슈타인은 다음과 같은 말을 했다.

세상에 있는 모든 것은 대개 복잡한 관계로 얽혀 있다. 그러나 사람들은 대부분 단순하게 그것들을 설명하려고 든다. 결국 대부분의 그런 단순한 설명은 잘못된 것이 되고 만다.

아인슈타인이 "단순하게 설명하려고 든다"라고 한 말은 겉으로 드러나는 일을 직관이나 눈에 보이는 인과관계 몇 개로만 설명하려는 태도의 문제점을 지적하는 것이다. "세상이 복잡한 관계로 얽혀 있다"는 말은 세상이 하나의 '복잡한 시스템'으로 되어 있으니 무엇 하나를 설명할 때는 신중하고 깊은 사려가 필요하다는 의미다.

'버터플라이 이펙트butterfly effect'(나비효과)라는 말이 있다. 미국의 기상학자이자 수학자인 에드워드 로렌츠가 복잡한 기상 현상을 설명하기 위해 사용했던 이론이다. 지구를 둘러싸고 있는 기상조건과 상황은 아주 복잡하게 하나의 시스템처럼 연결되어 있어서 미세한 초깃값 차이만으로도 지역이나 시간에 따라 기상현상이 하늘과 땅 차이로 달라진다. 이를 쉽게 설명하려고 "마이애미에서 나비한 마리의 날갯짓이 지구 반대편 북경에서 발생하는 우박을 동반한 폭풍을 일으키는 원인이 될 수 있다"라는 비유를 든 것이다. 기상뿐 아니라 세상의 상당히 많은 일도 복잡한 관계로 연결되어 있어서 동편에서 일어나는 사건의 근본 원인을 서쪽에서 찾아야 한다. 하지만 대부분의 사람은 이런 복잡한 관계에 관심을 두지 않는다. 통찰력을 예리하게 하려면 단순한 설명을 버리고 복잡한 관계에 관심을 가져야 한다. 특히 지구 전체가 밀접하고 복잡한 관계로 연결되고 빠르게 변하는 시대에는 예전의 단순한 사고방식이나 현상만 보는 시각으로는 당면한 문제를 해결할 수 없다.

회사도 복잡한 공동체다. 회사나 부서에서 일어나는 일은 겉으로 보기에는 단순해도 속내를 뒤적거리면 얼키설키 얽혀 있는 경우가 허다하다. 겉으로 보기에는 회의 중에 상사와 직원이 회의 안건만 가지고 의견 대립을 하는 것처럼 보이지만, 이면을 들여다보면 복잡한 이유가 거미줄처럼 얽혀 있다. 껄끄러운 인간관계, 불신, 선입견, 이전에 서로 오갔던 상처투성이 말, 주도권을 잡으려는 헤게모니 싸움 등 복잡한 이유가 표면적 의견 충돌 뒤에 흐른다. 하지만 이런 복잡한 이유를 무시하고 대부분 단순하게 판단하고 행동한다. 통찰력도 높아질 리 없다.

단순한 판단과 통찰력 없는 행동의 대표 사례 중 하나가 '비난'이다. 상사는 부서 문제의 책임을 부하 직원에게 돌리며 비난한다. 반대로 직원은 문제의 원인 제공자는 상사라고 목청을 높인다. 옆 부서 사람은 저 부서 사람 모두가 꽉 막혀서 그런다고 비웃는다. 어떤 사람은 회사 임원들이 생각 없고 계획성 없이 일한다고 비난한다. 임원은 아무리 이야기해도 따라오지 않는 직원이 더 큰 문제라고 불평을 한다. 다 '남 탓'으로 돌리는 분위기다. 비난보다 좀더 나은 것처럼 보이지만, 동전의 양면 같은 또 다른 사례가 있다. '자책guilty'이다. 모든 책임이 나에게 있다고 고통과 책임을 혼자 지고 가려는 태도다. 비난보다 도덕적으로 나아 보이지만 이 역시 단순한 판단과 통찰력 없는 행동이다. 문제의 핵심은 뒤로 한 채 "저 직원도 내 식구인데 내가 참지 못해서 그렇지…… 다 내 잘못이야!"라고 자책하는 상사. "다 내가 대표님을 잘 보필하지 못해서 생긴 일이지!"라고 자책하는 임원. "우리같이 능력이 부족한 직원을 이끌고 가시는 팀장님이 불쌍하지!"라고 자책하는 직원. '내 탓'으로 돌려서 겉으로 보기에는 아름다워 보이지만 복잡한 문제를 해결하기에는 이 역시 역부족인 단순한 판단과 통찰력 없는 행동이다.

비난과 자책, 두 가지 모두 문제의 본질을 보지 못하고 표면적으로 일어나는 현상에만 얽매인 행동이다. 회사의 직원과 리더가 모두 이런 사고에서 벗어나지 못하는 한 회사는 성장의 한계를 벗어날 수도 없고 통찰력은 먼 이야기가 된다. 문제를 해결하고, 미래의 위기와 기회를 통찰하고, 새로운 창조와 혁신을 이끌어내려면 단순한 '원인과 결과' 시각에서 벗어나야 한다. 비난이나 자책의 굴레에서 벗어나고, 버터플라이 이펙트를 꿰뚫어 볼 수 있어야 한다. '시스템 사고'는 이런 목적에 잘 부합하는 사고의 기술이다.

'시스템system'이란 단어는 '서로 연관되어 있는 지체들parts이 특별한 행동behavior을 만들어내기 위해 한 몸처럼 연합된 상태'를 가리킨다. 대표적 시스템은 우리 몸이다. 우리 몸은 아주 작은 세포부터 각각 장기에 이르기까지 밀접하고 복잡하게 상호 연결되어 있다. 서로 '영향'을 주며 상호작용을 하고 있다. 이렇게 지체들이 연합되어 상호작용을 하면서 걷고 뛰고 울고 웃는 등 사람이 특별한 행동을 하게 만든다. 걷기 위해서 특정 부분만 작동하지 않는다. 단한 발짝을 걷더라도 몸속 모든 세포와 지체들이 함께 연합해서 작동해야 한다. 어느 작은 한 부분이라도 고장이 나서 제 기능을 하지 못하면 최악의 경우 걷지 못하는 사태가 발생할 수 있다. 우리 몸 전체가 하나의 시스템이기 때문이다. 자연도 시스템이다. 겉보기에 자연 속에 있는 개체들은 각기 독립된 것처럼 보이지만, 땅속 돌멩이 하나까지도 서로 연관이 되어 하나의 아름다운 자연을 만든다. 우주도 마찬가지다. 지구는 단독으로 존재할 수 없다. 우주 안에 있는 모든 별들과 정교한 관계를 맺고 있다. 인간관계도 상호 연결되어 있고, 비즈니스도 상호 연결되어 있고, 글로벌 경제도 부자나라부터 아주 가난한 나라까지 상호 연결되어 있다. 그렇기 때문에 '상호 연결'의 시각에서 보지 않으면 통찰력이 예리하게 되지 않는다. 〈그림 2-13〉을 보라. 왼쪽 그림의 '원인-결과적 사고'는 A는 원인이고 B는 결과일 뿐이라고 생각하는 단순한 시각이다. 세상은 아무리 단순한 구조라도 오른쪽 그림처럼 하나의 시스템으로 되어 있다. '시스템 사고'에서는 A와 B는 하나는 원인이고 다른 하

■ 그림 2-13 단순한 원인-결과적 사고와 시스템 사고의 비교

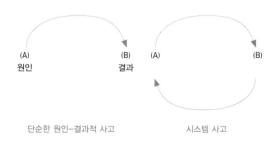

나는 결과라는 이분법적 구별이 아니라 A와 B가 서로 원인과 결과를 계속 주고받으며 동시에 영향을 미치는 관계라고 인식한다.

탁월한 경제 전문가가 되기 위해서는 경제 언어economy language를 배워야 한다. 경제를 분석하고 그 흐름을 한눈에 읽을 수 있는 경제적 사고를 말한다. 시스템 사고도 하나의 새로운 언어다. 복잡한 시스템 구조를 파악하고, 다른 사람에게 표현하기 위해서는 서로 알아들을 수 있는 언어가 필요하다. 시스템 사고는 복잡한 현상을 하나의 그림으로 표현하는 데 탁월한 능력을 가진 언어다. 다행히 시스템 사고는 어떤 복잡한 문법이나 어려운 수학적 기술을 요구하지 않는다. 당신이 배울 시스템 사고는 몇 개의 화살표와 (+) (−) 두 가지 기호만으로 이루어진 언어다. 배우기도 쉽지만 복잡한 현상을 분석하고 해석하여 높은 통찰력을 발휘하는 데 탁월한 능력을 가진 언어다. 시스템 사고를 한마디로 정의하면 다음과 같다.

시스템 사고는 각 부분the parts을 이해하기 위해 전체the whole를 본다. 특별히 각 부분들이 어떻게 연결connection되어 있는지를 통해 전체를 본다.

시스템 사고의 핵심은 '각 부분이 어떻게 연결되어 있는가'를 보는 것이다. 인간의 뇌는 아주 복잡한 구조를 가지고 있다. 약 1.5킬로그램 내외에 불과한 뇌 속에는 1,000억 개가 넘는 뇌세포가 있다. 하지만 지능 발현에 가장 중요한 것은 뇌세포 숫자가 아니다. 뇌세포의 연결이다. 뇌세포의 연결구조와 상호작용 차이가 지능의 차이다. 창조력의 차이다. 통찰력의 차이다. 회사도 마찬가지다. 직원들 상호 간에 어떤 관계로 연결되어 있는지 그리고 어떻게 상호 작용하고 있는지에 따라서 성과가 달라진다. 회사의 건강함이 달라진다. 만약 직원이나 부서 간에 아무런 관계가 없이 독불장군처럼 따로따로 존재한다면, 직원 수가 많더라도 살아 있는 유기체가 아니라 '직원들의 무더기heap'에 불과하다. 수만 개가 넘는 자동차 부품이 효과적으로 연결되면 어디든지 자유롭게 갈 수 있는 자동차 구실을 하지만, 수만 개의 부품이 따로 분리되어 있다면 '부품 더미'에 불과하다. 이런 이유로 세계적인 기업인 GE도 시스템 사고를 아주 중요시한다.

GE에서는 '시스템 사고'를 하라고 주장한다. 시스템 사고란 조직의 각 부서가 어떻게 서로 조합되고 관련되어 있는지에 대해 생각하는 것으로, 각 부서는 단독으로 존재하지 않으며 시스템으로 연결되어 있다는 것을 알아야 한다는 것이다. 시스템 사고는 부서 이기주의에 빠지지 않도록 하는 지침이며 규칙이다.[27]

시스템 사고가 연결에 관심을 두는 이유가 있다. 문제의 핵심을 파악하기 위함이다. 전체의 연결 속에서 부분을 이해하기 위해서다. 둘 다 통찰력은 부분, 연결, 전체를 모두 볼 때 증진된다. 문제의 핵심을 파악하면 근본적 해결책도 쉽게 찾을 수 있다. 통찰력이 높은 사람이 상황 판단력뿐만 아니라 문제해결력도 높은 이유다. 필자의 경험에 근거하면 시스템 사고는 예측 능력도 높인다. 자연 시스템에 대한 이치와 구조에 대해서 최소한의 상식을 가진 사람은 하늘에 먹구름이 가득하면 얼마 가지 않아서 비가 올 것이라는 예측을 충분히 할 수 있다. 경제 시스템에 대한 최소한의 상식을 가지면 그 비가 농업에 어떤 영향을 미치고 더 나아가서는 시장에 어떤 영향을 미칠지도 예측할 수 있다. 비로 인해 피해를 입게 될 지역이라면 다가오는 위기를 미리 준비할 수도 있다. 시스템은 본래 예측 가능한 것이기 때문이다. 자연 시스템, 경제 시스템, 사회 시스템, 심리 시스템 등의 작동원리를 잘 이해하면 할수록, 이대로 잘 작동되면 어떤 일이 지속될지, 고장이 난다면 어디가 가장 확률이 높은지, 시스템의 한쪽이 변하면 전체에는 어떤 변화가 있을지 등에 대해서 그 나름대로 통찰력을 발휘할 수 있다. 점쟁이를 찾아가 예언을 받지 않아도 말이다.

통찰력을 향상하려면 피드백을 생각하라

논리적인 사람은 한 방울의 물에서 대서양이나 나이아가라 폭포의 가능성을 추리해낼 수 있다. 인생 전체는 하나의 사슬이 되고, 우리는 그 사슬의 일부를 보고 전체를 알 수 있는 것이다.

셜록 홈스의 명대사 중 일부다. 시스템 사고가 '연결'에 집중하는 이유는 두 가지를 보기 위함이다. 하나는 연결의 구조이고, 다른 하나는 연결에서 일어나는 피드백이다. 특히 후자가 중요하다. 시스템 사고는 동양의 순환적 사고circular thinking처럼 피드백을 강조한다. 시스템을 구성하고 있는 모든 부분은 연결되어 있기 때문에 한 부분에서 변화가 일어나면 그 영향이 시간의 차이만 있을 뿐 나머지 모든 부분에 미친다. 이것이 끝이 아니다. 나머지 모든 부분의 변화는 최초로 변화가 일어난 그 부분에 다시 영향을 미친다. 이것이 '피드백 고리feedback loop'다. 살아 있는 시스템은 이런 피드백이 계속 일어난다. 피드백이 일어나지 않으면 시스템이 아니고, 피드백이 멈추면 시스템도 멈춘다. 그래서 피드백은 시스템 사고의 진수다.

앞에서 시스템 사고는 쉽지만 강력한 사고 기술이라고 했다. 필자가 미국에서 미래학 공부를 시작할 때 첫 과목으로 접한 것이 시스템 사고다. 필자는 시스템 사고를 배운 후 스스로도 놀랄 정도로 세상을 보는 통찰력이 달라졌다. 당신도 그와 다르지 않을 것이다. 시스템을 생각하는 것, 시스템 속에서 '피드백'을 생각하는 것만으로도 그렇지 않을 때와 비교해서 사고 능력이 하늘과 땅 차이가 날 것이다. 직장 상사의 말 한마디는 직원에게 영향을 미치고, 직원의 반응은 다시 상사에게 영향을 미치는 피드백이 있다. 이것을 아는 것만으로도 리더십은 달라진다. 당신 회사가 만든 제품이나 서비스가 경쟁자의 제품, 서비스의 생존, 소비자의 삶에 영향을 미친다. 당신 회사가 만든 제품이나 서비스로 인해 소비자는 과거의 문제, 욕구, 결핍이 해결되지만 새로운 문제, 욕구, 결핍이 생기고, 그것은 다시 여러분의 제품과 서비스에 새로운 변화의 압박으로 작용한다. 이것을 아는 것이 통찰이요, 혁신의 출발점이다.

시스템 사고는 두 가지 기본 피드백으로 '강화 피드백reinforcing feedback loop'과 '균형 피드백balancing feedback loop'을 갖는다. 강화 피드백은 다시 '증가형 강화 피드백'과 '감소형 강화 피드백'으로 나뉜다. 그래서 시스템 사고는 총 세 가지의 피드백을 갖는다. 이 세 가지 피드백의 원리와 작동을 배워 세상을 보는 일에 적용하면 당신의 통찰력은 그 순간 한 단계 발전한다.

- 증가형 강화 피드백
- 감소형 강화 피드백
- 균형 피드백

먼저, '증가형 강화 피드백'이다. 이것의 원리는 마이크와 스피커의 연결 관계와 비슷하다. 마이크 앞에 세워진 스피커를 생각해보자. 무슨 일이 일어날지 직감할 것이다. 그렇다. 마이크에서 나온 소리가 바로 스피커로 계속해서 '피드백'되면서 마이크 소리가 순식간에 증폭되어 '삐익' 하는 귀를 찢는 듯한 소리가 들린다. 이것이 '증가형 강화 피드백'이다. 시스템 언어로 그리면 〈그림 2-14〉

■ 그림 2-14 증가형 강화 피드백

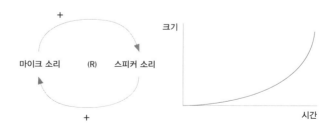

와 같다.

　왼쪽 그림의 (+) 표시는 시스템 사고에서 '같은 방향'을 의미한다. 화살표 안에 있는 (R) 표시는 '강화 피드백'의 약어 표시다. 오른쪽 그림은 증가형 강화 피드백을 통해 나타나는 행동양식을 그래프로 나타낸 것이다. 증가형 강화 피드백은 지수指數적 '상승' 곡선을 보인다. 연못에 피는 연꽃의 증식 속도, 입소문 마케팅, 2002년 월드컵 길거리 응원 규모의 폭발적 증가, 중동에서의 아랍의 봄 사태 등은 이런 강화 피드백을 통한 지수指數적 성장 곡선 원리를 따라 일어난 일이다. '깨진 유리창의 법칙'은 강화 피드백이 부정적인 방향으로 사용되는 전형적인 예다. 잠깐의 방심, 무심코 넘긴 사소한 실수, 한 사람에서 비롯된 작은 오해나 불평이 이 사람 저 사람에게 말이 옮는 사이 강화 피드백 과정을 거치면 눈덩이처럼 커져서 당신의 회사가 만든 제품을 시장에서 완전히 철수해야 하는 일을 벌어질 수도 있다. 이런 일이 발생하지 않으려면 어떻게 해야 할까? 사소한 실수 없이 세상을 살 수 없는 법이지만 강화 피드백이 작동하는 것은 막을 수는 있다. 좋은 결과든 나쁜 결과든 모든 것은 피드백이 핵심이다.

　'감소형 강화 피드백'은 '증가형 강화 피드백'과 원리는 같지만 행동양식이 반대다. 스피커에서 나온 작은 잡음이 마이크를 타고 들어가 증가형 강화 피드백을 일으켜 갑자기 하울링 현상이 나타날 때, 마이크와 스피커의 거리를 점점 멀리 떨어뜨리면 고막을 찢는 듯한 고음이 점점 작아지는 경험을 한번쯤은 했을 것이다. 이미 당신은 감소형 강화 피드백 원리를 잘 사용했다. 시스템 언어로 그

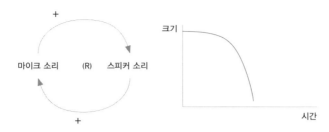

■ 그림 2-15 감소형 강화 피드백

리면 〈그림 2-15〉와 같다. 감소형 강화 피드백은 지수적 '하강' 곡선을 그린다.

　시스템 사고의 마지막 피드백은 '균형 피드백'이다. 세상에 존재하는 것 중에서 영원히 성장하는 것은 하나도 없다. 회사나 제품도 마찬가지다. 아무리 유명한 상품이라도, 아무리 큰 기업이라도 영원이 성장할 수 없다. '균형 피드백'이 작동을 하기 때문이다. 균형 피드백이 숨은 힘으로 작동한다는 것을 잊지 않는 것만으로 지혜로운 사람이 될 수 있다. 영원한 권력은 없다. 권불십년이다. 매출은 끝없이 늘어나지 않는다. 수확체감의 법칙을 따라 생산성도 언젠가는 멈춘다. 세상에 존재하는 모든 것은 나름 '성장의 한계 the limit of growth'를 반드시 가진다. 성장의 한계를 만드는 균형 피드백 작동 때문이다. 균형 피드백은 성장이나 혹은 '변화에 저항'하는 피드백이라고도 불린다. '균형 피드백'은 성장이나 새로운 변화를 저항하는 부정적인 목적만 있지 않다. '균형 피드백'의 원래의 목적은 시스템의 '안정성stability' 유지다. 모든 생명체는 자체적으로 자신의 시스템 안정성 유지를 위한 노력을 한다. 인간의 몸도 마찬가지다. 대표적인 것이 온도 변화에 따른 신체 기능이다. 운동을 할 때, 몸의 온도가 높아지면 신체의 적정 온도를 유지하며 '안정성'을 유지하기 위해 땀을 배출한다. 겨울철 매서운 날씨로 인해 신체의 온도가 적정선보다 내려가면 인체 시스템의 '안정성'을 유지하기 위해 자동으로 몸 전체를 떨어 열을 발생시킨다. 목마름 현상도 같은 원리다. 몸에서 수분이 부족하면 균형 피드백이 작동하여 '갈증'을 느끼게 만든다. 이처럼 '균형 피드백'은 '안정성' 유지가 본래 목적이다. 실제로 변화에 저항하는 근본적인 이유도 시스템 안정성 유지에서 비롯된다. 가정에서 쉽게 볼 수 있는 '온도 조절기thermostat'도 '균형 피드백'의 대표적인 예다. 에어컨이나 난방기를 사용할 때, 온도 조절기에 목적을 정해놓는다. 실내 온도 27도를 유지하라는 식의 목적을 정해준다. 온도 조절기는 실내 온도를 계속 측정하면서 당신이 정해놓은 목적을 착실히 수행한다. 정해놓은 실내 온도보다 낮아지면 히터가 자동으로 작동하여 실내의 온도를 높여준다. 정해놓은 실내 온도보다 높아지면 자동적으로 히터 작동을 멈춰 본래 목적을 수행하고 방 안의 온도를 안정화한다. 세상에 있는 모든 시스템은 각기 나름대로 목적이 있다. '균형 피드백'은 시스템 자체의 목적을 찾고 유지하는 작용을 하는 놀라운 장치다. 시스템 언어로 그리면 〈그림 2-16〉과 같다.

〈그림 2-16〉의 왼쪽 그림의 (+) 표시는 '같은 방향(갈증이 높아지면 수분 섭취량도 높아지고, 갈증이 반대로 낮아지면 수분 섭취량도 같이 낮아짐)'을 의미한다. (−) 표시는 '반대 방향(체내 수분량이 낮아지면 갈증은 반대로 높아지고, 체내 수분량이 높아지면 갈증은 반대로 낮아짐)'을 의미한다. (B) 표

■ 그림 2-16 균형 피드백

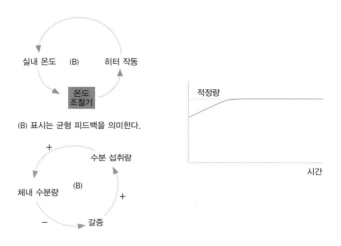

(B) 표시는 균형 피드백을 의미한다.

시는 '균형 피드백'의 약어 표시다. 오른쪽 그림은 '균형 피드백'을
통해 나타나는 행동양식을 그래프로 나타낸 것이다.

통찰력을 방해하는 말썽꾸러기, 지연 시간

필자가 미래예측을 할 때, 통찰력을 방해하는 대표적 요소가 하
나 있다. 바로 '지연 시간delay'이다. 세상은 이치를 따라 작동하며
이치는 정해진 미래다. 하지만 우리 눈에 보이는 세상은 이치를 거
슬러 작동하는 것처럼 보인다. 악한 사람은 망해야 하는데 오히려
승승장구한다. 착한 사람은 복을 받아야 하는데 하는 일마다 실패
한다. 이치가 틀린 것일까? 아니다. 결국은 인과응보因果應報 사필

귀정事必歸正 이치가 승리한다. 그럼 중간 과정에서 무슨 일이 일어난 것일까? 왜 이치대로 가지 않는 것처럼 보일까? 숨은 말썽꾸러기가 방해하고 있기 때문이다.

시스템은 피드백을 가진다. 한 바퀴를 도는 데 '시간'이 필요하다. 시스템이 크고 복잡할수록 한 바퀴를 도는 데 시간이 오래 걸린다. 한 바퀴를 도는 속도도 일정하지 않다. 그래서 기대했던 '효과(결과)'가 나타나는 데 예측보다 시간이 더 걸린다. 전체 피드백 루프의 어느 단계에서 '인위적 개입'이 일어나 '지연 시간'이 발생하기 때문이다. 예를 들어, 추운 겨울 날 아침에 잠이 덜 깬 상태에서 샤워기를 머리를 향하게 하고 무심코 뜨거운 물을 틀었는데 (원했던 뜨거운 물이 아니라) 차가운 물이 갑자기 쏟아져 나와서 화들짝 놀란 경험이 있을 것이다. 아차 싶어서 뜨거운 물을 더 세게 틀면 반대로 엄청나게 뜨거운 물이 갑자기 쏟아져 나와서 한 번 더 놀란다. 왜 그랬을까? 뜨거운 물이 온수기에서 수도 파이프를 통해 나올 때까지 내가 예상했던 시간과 실제 샤워기 시스템상 뜨거운 물이 나오는 시간 사이의 '차이 시간'이 있기 때문이다. 이것을 '지연 시간'이라고 한다.

우리의 삶 속에서도 '지연 시간'을 계산해 넣지 못하면 큰 낭패를 볼 수 있다. 전쟁에서 총을 맞은 군인에게 모르핀을 주사한다. 총탄이 난무하는 사선에서는 속히 수술을 할 수 없기 때문에 잠시라도 고통을 줄여주기 위해 마약 성분의 모르핀을 주입한다. 그러나 모르핀이 몸에 투여되어 진통을 멎게 하는 데는 시간이 걸린다. 지연 시간이 있다. 곧바로 진통이 멎지 않는다고 해서 참지 못하고

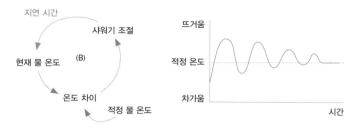

■ 그림 2-17 지연 시간이 작동하는 시스템과 행동양식

모르핀을 계속 투여하면 일정의 '지연 시간'이 지난 후에 갑자기 모르핀효과가 한번에 강하게 밀려와 심장 쇼크로 생명을 잃을 수도 있다. 세상을 통찰하는 과정에서도 지연 시간을 반드시 고려해야 한다. 시스템 언어로 그리면 〈그림 2-17〉과 같다.

왼쪽 그림의 빨간 선으로 표시된 부분이 '지연 시간'이 적용되는 부분이다. 시스템 사고에서 '지연 시간'을 화살표 중간에 두 줄을 그려 표시한다. 오른쪽 그림은 '지연 시간'을 통해 나타나는 행동양식을 그래프로 나타낸 것이다. 통찰력을 높이려면 어디에서 지연 시간이 발생할지를 간파하는 것이 필요하다. 필자의 경험상, 지연 시간을 발생시키는 가장 큰 원인은 사람이다. 사회 전체로 보면, 트럼프처럼 정치 영역에 있는 사람들이 자신의 이기적 목적을 성취하기 위해 이치에 순응하지 않고 자기 힘을 이용해 시스템에 개입하여 인위적 왜곡을 자주 한다. 그 결과 지연 시간이 발생한다. 하지만 반드시 알아야 할 것이 있다. 시간을 지연하여 단기적으로 원하는 결과를 만들거나 예정된 결과가 나타나지 않게 할 수 있지만, 장기적으로는 시스템을 이길 수 없다. 이치를 이길 수 없다. 단지 지연할 뿐이다.

지렛대 원리

　앞에서 시스템 사고에 익숙해지는 것만으로 문제해결력을 높일 수 있다고 했다. 시스템 사고에 있는 '지렛대leverage 원리' 때문이다. '레버리지'라고 부르는 지렛대의 포인트는 작고 간단하지만 문제의 핵심을 정확히 찌르는 해결책을 일컫는다. 어떤 문제를 만나더라도 레버리지를 찾기만 하면 근본적으로 문제해결이 가능하다. 개인이나 회사 혹은 국가 단위 문제해결에서 표면적인 증상 치료가 아니라 근본적으로 문제를 해결할 방법을 찾는 일은 매우 중요하다. 작은 노력으로 큰 결과를 얻을 수 있는 해결책은 치열한 경쟁사회에서 성공하는 데 필수적 일이다. 당연히 예리한 통찰력 발휘가 절실한 영역이다.

　시스템 사고는 문제 주변에 얽힌 상황들의 연관관계를 차분히 분석하고 진단하게 해준다. 문제를 증폭하는 피드백이 무엇인지를 시각적으로 판단할 수 있게 해준다. 작지만 문제를 증폭하는 피드백을 작동하는 변수가 무엇인지를 한눈에 파악하게 해준다. 예상된 결과를 왜곡하거나 지연하는 지점이 어디인지를 통찰하게 해준다. 필자의 경험상, 다음의 세 가지가 숨어 있는 근본적 문제해결을 가능케 하는 레버리지(지렛대 포인트)일 가능성이 높다.

- 문제를 증폭하는 피드백
- 작지만 문제를 증폭하는 피드백을 작동하는 변수
- 예상된 결과를 왜곡하거나 지연하는 지점

세상에는 문제를 해결하는 두 가지 방법이 있다. 하나는 어릴 적 문구점 앞에 놓인 두더지 게임기처럼 쉴 새 없이 여기저기서 튀어나오는 두더지들을 무작정 망치로 두드리듯 문제가 발생할 때마다 계속 임시 대응하는 방법이다. 게임이 끝날 때까지 팔만 아프다. 게임이 끝나지 않으면 영원히 두드려야 한다. 다른 하나는 도미노 게임처럼 문제해결을 하는 방법이다. 수천 개의 도미노라도 지렛대 포인트가 되는 도미노 하나를 쓰러뜨리기만 하면 나머지 수천 개의 도미노는 '스스로' 알아서 넘어진다. 이런 식으로 문제를 해결하고 싶다면, 시스템 레버리지를 통찰하여 공략하라. 시스템 사고의 마법이 시작될 것이다.

시스템 사고, 사람의 속마음을 꿰뚫어 보다

　필자의 경험을 볼 때, 시스템 사고가 강력한 도구인 또 다른 이유는 사람의 속마음도 꿰뚫어 본다는 점이다. 〈그림 2-18〉은 필자가 미중 전쟁 시나리오를 연구할 때, 시스템 사고 기술을 가지고 간략하게 만들어본 트럼프의 속마음과 전략이다.

　미래를 예측하려면 주위 환경의 변화도 모니터링을 해야 하지만,

■ 그림 2-18 정보 필터링의 시스템 구조

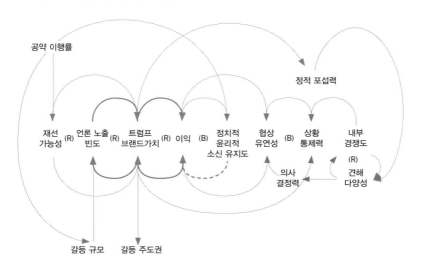

상황 변화에 영향력이 큰 특정 사람이나 대중의 마음을 읽는 것도 필요하다. 이에 필자는 시스템 사고 기술을 응용해서 사람의 속마음을 읽는 기술을 개발하고 '비즈니스 프로파일링Business Profiling'이라고 이름을 붙였다. 이 기술의 핵심 원리를 간단하게 설명하면 이렇다. 사람의 행동을 크게 분류하면 세 가지다.

첫째, 습관에 따른 행동이다. 습관은 오랫동안 시행착오를 거쳐 만들어진 일정한 '행동 패턴'이다. 사람이 습관을 따라 움직이는 가장 큰 이유는 에너지 효율성을 높이기 위함이다. 또 다른 이유는 습관(행동이나 생각 패턴)이 한번 형성되면 고치기가 쉽지 않다. 뇌 신경세포와 근육신경세포가 습관을 유지하려는 경향이 있기 때문이다. 만약 특별한 이유 없이 이미 형성된 습관(행동이나 생각 패턴)에 부합하지 않은 행동이나 생각이 일어나면 자동정정기능이라고 불리는 'ERN'(Error-related Negativity) 뇌파가 작동하여 양심의 가책, 거부감이나 불편함을 느끼게 만든다.[28] 본래의 패턴으로 돌아가야 편해진다. 거의 모든 사람이 패턴(습관)에 따라 판단하고 행동한다는 것은 과학적으로도 증명되었다. 예일대학교 연구팀의 실험 결과에 따르면 사람이 완전한 무작위 선택을 하는 것은 불가능하다. 연구팀은 원숭이가 컴퓨터와 홀짝 게임을 하게 했다. 원숭이가 홀짝 두 가지 중 하나를 선택할 때 컴퓨터가 그걸 예측해 알아맞히면 컴퓨터가 이기고, 컴퓨터가 알아맞히지 못하면 원숭이가 이긴다. 원숭이가 통계와 패턴 분석에 의해서 판단을 하는 컴퓨터를 이기려면 홀짝을 무작위로 왔다 갔다 해야 한다. 하지만 실험 결과 무작위(랜덤) 행동이 불가능하다는 것이 증명되었다. 원숭이조차도 앞에 했

■ 그림 2-19 트럼프 스타일을 비즈니스 프로파일링하여 만든 시스템 지도

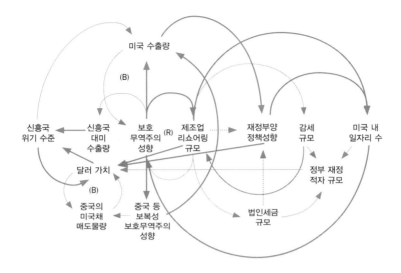

던 자기 결정들의 결과에 영향을 받아 다음 결정을 내렸다. 예일대
학교의 연구진은 사람도 이와 마찬가지라는 결론을 내렸다.[29]

둘째, 습관을 발전시키기 위한 '의도적 행동'이다. 사람은 학습을
하거나, 신체적 상태의 변화, 혹은 주위 환경의 변화에 적응하기 위
해 끊임없이 자신의 습관을 변화시킨다. 이를 위해 의도적 행동을
한다. 이를 훈련이라고 부른다.

세 번째는 앞의 두 행동과 상관없이 주변 상황의 변화의 힘에 떠
밀려서 어쩔 수 없이 하는 행동이다.

필자는 미래예측에 중요한 변수가 되는 사람들의 이 세 가지 행
동 특성을 추출하여 시스템 사고 기술을 가지고 그들의 행동 시스
템, 사고 시스템, 주위 환경과 연결 시스템 등을 시각화하고, 다른

주요 변수와 연결하여 미래를 예측한다. 이것이 비즈니스 프로파일링 기술의 핵심이다. 프로파일링 기술 활용 사례는 다음과 같다.

10만 원 절도범

2004년 1월 20일 아침 7시 30분, 신촌의 한 찜질방에서 작은 소동이 일어났다. 수면실에서 잠자던 손님의 열쇠를 훔쳐 사물함을 열고 현금 10만 원을 훔쳐간 사람이 종업원에게 붙잡혔다. 피해자에게 "20만 원을 줄 테니 없었던 일로 하자"며 화장실까지 쫓아다니며 합의를 종용하던 용의자는 피해자가 경찰서에서 진술하는 동안 수갑을 찬 채 도주를 시도한다. 하지만 3층 옥상에서 뛰어내리다 이웃주민의 신고로 붙잡혔고, 소액 절도라는 이유로 겨우 풀려났다. 당시만 해도 겨우 10만 원을 훔친 범인이 왜 위험을 무릅쓰고 도주를 감행했을까 의심하는 사람은 단 한 사람도 없었다.

같은 해 7월 12일 밤 11시경, 30대 남자가 다급한 목소리로 서울에 있는 한 출장 마사지 업체에 전화를 했다. 이 전화를 받고 나간 임희선(27세) 씨는 자정이 조금 넘은 시간에 다급한 목소리로 자기가 다니는 업소로 전화를 걸어 비명에 가까운 한마디를 남긴다. "나 지금 납치되고 있어요." 이 통화를 마지막으로 임희선 씨는 끝내 되돌아오지 못했다. 시간이 지난 후, 30대 범인이 잡혔다. 범인은 임씨가 일하던 마사지 업체가 여러 개의 다른 번호로 광고를 한다는 사실을 모르고 같은 업소로 전화를 하다가 경찰에 붙잡히고 말았다. 체포된 남자의 이름은 절도 전과자 '유영철', 지난 1월 신촌의 한 찜질방에서 발생한 소액절도 사건의 그 범인이었다.

경찰의 심문 도중 유영철은 또다시 도주를 했다. 두 번이나 유영철을 놓친 서울경찰청 기동수사대에는 비상이 걸렸다. "유영철을 잡아올 때까지는 먹지도, 싸지도, 앉지도 마!" 당시, 경찰에 떨어진 불호령이었다. 도주 열한 시간 만에 유영철은 영등포역 횡단도보에서 붙잡혔다. 검거된 유영철은 철저하게 묵비권을 행사했다. 서울 경찰 최고 간부가 유영철을 직접 심문하겠다고 나섰고, 유영철은 일 년 남짓한 기간 동안 벌어진 21건의 연쇄살인의 진범이 자신이라고 자백하여 충격적이고 엽기적인 그의 행각이 만천하에 드러났다. 이른바 한국 사회에 '사이코패스'의 첫 등장이었다.

희대의 살인마 유영철의 굳게 다문 입을 연 사람은 누구였을까? 한국의 살인사건 분석과 프로파일링을 주제로 범죄학 박사학위까지 받은 국내 최고의 프로파일러, 서울 경찰청 김용화 수사부장이다. '범죄심리분석관'으로도 불리는 프로파일러란 어떤 사람일까? 사전적 정의는 "인간에 대한 심오한 지식을 바탕으로 범죄자가 남긴 흔적, 말, 글, 문장 분석, 필체 분석 등을 통해 보통 사람들과는 뚜렷이 구분되는 '심리학적인 특성'과 '행동적인 특성' 그리고 '지리적 특성' 등을 파악하는 사람들"이다. 이들은 사건현장에서 범인이 남긴 흔적을 조사하고 범인의 심리적인 상태와 행동 패턴을 파악해 난관에 부딪힌 수사에 도움을 준다. 이들도 인간의 행동은 자신도 모르게 이미 습관화(패턴화)되어 있다는 사실에 근거해 수사한다. 사람은 익숙한 길로 다닌다. 비슷한 시간에 산책을 한다. 일정한 시간과 공간상에서 움직인다. 대부분 자주 가는 식당에 간다.

기껏해야 한 달에 다니는 식당이 네다섯 군데를 넘지 않는다. 특정 식당이 거리상 편하고 입맛에도 맞다고 생각하기 때문이다. 이렇듯 사람은 자신에게 가장 편안하고 상황에 알맞도록 행동의 상당 부분을 패턴화한다. 범죄 프로파일러는 인간의 패턴화된 특성을 파악하여 범인을 찾아내고 자백을 유도하는 결정적인 역할을 한다.

마녀 판별법

1888년, 런던 이스트엔드는 온통 공포로 휩싸였다. 불과 석 달 사이, 부녀자 다섯 명이 길거리에서 무참히 살해되었기 때문이다. 연쇄살인이 발생한 적이 없던 때여서 런던은 물론이고 전 세계가 충격에 빠졌다. 유명한 연쇄살인범 '살인광 잭' 사건이다. 기존의 사건과는 전혀 다른 패턴이었던 이 사건을 해결하기 위해 수사 역사상에 최초로 심리학적 분석기법이 도입되었다. 이때가 행동과학을 기반으로 한 프로파일링 개념이 시작된 시점이다.

중세시대는 범인을 판별하는 방식이 주먹구구여서 마녀사냥이 유럽을 휩쓸며 4만 명 이상의 여성을 희생시켰다. 중세사회에는 악마가 인간이나 동물을 하수인으로 삼아 악한 일을 저지른다는 잘못된 믿음이 성행했다. 악마에게 조정받는다고 의심을 받는 사람은 마녀로 낙인찍혀 가차 없이 민중 재판에 넘겨졌다. 마녀를 판별하는 기준도 엉터리였다. 고문을 가해도 비명을 지르지 않거나 눈물을 흘리지 않으면 마녀로 판별했다. 체포될 때 지나치게 놀라는 모습을 보이는 것도 마녀라는 증거였다. 신성한 물은 악마가 싫어

한다고 생각하여 여성을 묶어 돌을 달아 물에 빠뜨린 후 다시 솟구쳐 떠오르면 마녀였다.

이런 터무니없는 방식의 범인 판별법이 바뀐 것은 르네상스시대였다. 그리스 로마시대의 문화와 이성주의를 회복하자는 구호가 성행하여, 범인을 판별하는 방식도 두개골의 형태나 귀의 크기 등 신체적 특징을 수집하고 이를 근거로 범인을 판별하는 방식으로 진일보했다. 하지만 이런 접근법도 범죄를 저지르는 사람은 태어날 때부터 신체적으로 무엇인가 공통된 특징을 가진다는 잘못된 전제가 깔려 있었다. 의사 체사레 롬브로소는 이탈리아 감옥에 수감된 죄수 6,000명을 대상으로 그들의 관상과 두개골 구조를 연구하여 『범죄인류학Criminal Anthropology』(1895)을 발표했다. 이 책에서 체사레 롬브로소는 인간은 환경에 의해서도 범죄를 저지르지만 어떤 사람은 태어날 때부터 유전적 결함 때문에 주기적으로 범죄를 저지른다는 주장을 폈다. 턱이 두드러지고 양쪽 광대뼈 간격이 넓고 머리카락이 굵고 색이 진하며 턱수염이 많지 않고 얼굴이 창백한 사람은 살인자일 가능성이 높다는 식이었다. 두개골 측정치가 특이하며 머리카락 색이 진하며 턱수염이 많지 않은 사람은 강도범일 확률이 높다고 주장했다. 1888년, 런던 이스트엔드 사건 해결에 도입된 프로파일링 기법에도 이런 한계가 있었다.

근 100년의 시간이 흐른 1972년, 미국 FBI는 행동과학부를 창설하고 본격적으로 과학적이고 체계적인 프로파일링 기법을 도입했다. 행동과학을 이용하여 범죄현장에 남겨진 다양한 흔적, 글, 전화 통화 내역 등을 분석하여 용의자의 성별과 외모, 나이, 교육 정도,

사회적인 위치까지 밝혀내는 FBI 행동과학부 요원의 프로파일링 기술은 지금은 범인 예측 정확도가 평균 92퍼센트에 육박할 정도로 신뢰성이 향상되었다.[30]

히틀러의 자살을 예측한 기술

프로파일링은 범죄자를 추정하는 것뿐만 아니라 특정 상대의 미래 행동을 예측하는 데도 응용될 수 있다. 제2차 세계대전 당시, 미국은 히틀러의 의중을 도저히 읽을 수 없어서 고민이 깊었다. 1943년, 미 정보국은 정신병리학자 월터 랑어 박사에게 히틀러의 '심리 행동적 특성'을 추정해달라고 의뢰를 했다. 의뢰를 받은 랑어 박사는 놀라운 예측을 보고했다. "독일의 패배가 확정되면, 히틀러는 자살할 것이다." 그의 예측대로 히틀러는 소련군이 베를린으로 진격해올 때 지하벙커에서 권총으로 자살하였다. 월터 랑어 박사는 어떻게 히틀러의 자살을 정확히 예측할 수 있었을까? 히틀러가 '스스로 믿는 자신의 모습', '독일 국민이 알고 있는 그의 모습', '그의 부하들이 알고 있는 그의 모습', '심리 분석을 통해 재조합한 그의 모습' 등 히틀러의 모든 행동과 말을 분석한 월터 랑어 박사는 다음과 같은 몇 가지 중요한 추론에 도달했다.

히틀러는 자신이 독일을 지킬 유일무이한 인물이라고 생각했기 때문에 중립국으로 망명을 거부할 가능성이 높다. 부하들의 행태를 보았을 때도 쿠데타 암살 가능성도 낮다. 히틀러의 건강은 양호했기 때문에 자연사할 가능성은 적다. 이러한 모든 면을 재조합해

보았을 때 남은 가능성은 독일의 패배가 확실시되면 자살뿐이다.

사람의 행동 패턴을 분석하면 그 사람의 행동을 예측할 수 있다. 필자는 미래학을 공부하는 학생들에게 이런 말을 자주 한다.

어떠한 사건이 한 번 발생하면 우연한 일로 생각할 수 있다. 그러나 같은 사건이 두 번 반복되면 눈여겨보아야 한다. 만약 같은 사건이 세 번 이상 일어나면 시스템이 작동하고 있다. 패턴화된 흐름을 추적해보아야 한다.

필자는 미래예측과 시나리오 작성에 중요한 특정 인물의 글, 말, 행동, 주위 사람이 관찰하고 평가한 내용 등을 수집하여 프로파일링을 자주 한다. 그 사람을 둘러싼 환경의 변화를 감안하여 세 가지 행동(습관, 습관에 반하는 행동, 환경에 떠밀려 하는 행동)의 확률적 가능성을 추정한다. 이런 방식은 생각보다 강력하고 효과적이다. 미국 FBI도 신원이 드러나지 않은 인물의 언어 사용을 분석함으로써 범인의 행동적 특성을 밝힐 수 있음을 이론적으로 증명했다. FBI의 '법 집행자 게시판'에는 다음과 같은 글이 올라와 있다.

범인이 실제 사용한 말에서 특정한 행동 유형을 찾아낼 수 있지만, 무심코 넘겨버리는 경우가 많다. 범인이 말이나 글로 표현한 언어에서 수사에 필요한 많은 정보를 얻을 수 있다. (…) 이 속에는 개인의 출신지나 현재 거주지, 인종, 나이, 성, 직업, 교육 정도, 종교적 성향이나 배경 등을 유추할 수 있는 수많은 특징이 담겨 있다.[31]

FBI 소속의 한 프로파일러는 어느 여성이 911에 자기 아이가 실종되었다고 신고하면서 '납치'라는 단어를 사용한 것에 주목했다. 부모 입장에서 아이가 실종되었을 경우 부정적인 이미지가 있는 '납치'라는 단어를 본능적으로 사용하지 않는다. 정상적 엄마의 언어 패턴은 이렇다. "우리 아기가 없어졌어요. 누군가 데려간 것 같아요!" 그러나 911에 신고한 엄마는 자기가 하는 말이 거짓임을 숨기기 위해 긴장하다 보니 자신도 모르게 '납치'라는 단어를 사용했다. 부모의 일반적인 단어 사용 패턴에서 벗어난 그 엄마는 꼬투리를 잡히고 말았다. 여러 말보다 중요한 변수가 되는 한 단어나 혹은 몇 개의 단어만을 가지고도 사람의 본심을 꿰뚫어 볼 수 있고, 미래 행동을 예측하는 것이 충분히 가능하다는 것을 보여준 실례다.

포커 판에서 발휘되는 통찰력

최고의 프로파일러들이 치열하게 부딪치는 전쟁터는 어딜까? 바로 포커 판이다. 포커의 진수는 상대의 표정이나 행동을 읽고 상대의 패를 유추하여 상대를 제압하는 것이다. 포커의 고수는 상대방의 패턴이 깨지는 지점, 즉 상대방의 얼굴 표정, 몸짓, 목소리가 변하는 그 짧은 순간을 찾아내는 통찰력이 탁월하다. 즉 그들은 탁월한 프로파일러다.

WPC(포커) 아시아 투어 챔피언십 심판이자 천재 포커 이태혁은 젊은 시절 전 세계의 다양한 계층의 사람들을 만나면서 주의 깊은 관찰력을 통해 상대방의 마음을 읽어낼 수 있는 기술을 훈련했다고 한다. 그는 국내의 한 유명 프로그램에 출연하여 카드 게임에서 일어나는 심리게임의 진수를 보여준 적이 있다. 상대와 대화를 하면서 순간적으로 변하는 상대의 목소리, 표정, 몸짓 등을 파악하여 상대의 심리를 꿰뚫어 보는 기술이었다. 이태혁은 탤런트 박상면의 카드가 홀수인지 짝수인지 맞추는 게임을 했다. 박상면은 짝수 카드를 가지고 있었다. 이태혁이 먼저 박상면에게 질문을 했다.

> 이태혁: 박상면 씨, 삼겹살 드실 때 주로 4인분씩 드시나요?
> 박상면: (강한 어조로) 많이 안 먹습니다. 반 인분도 안 먹어요.
> 이태혁: 2인분도 안 드시나요?
> 박상면: 2인분도 안 먹습니다.

이런 대화가 오간 직후, 이태혁은 박상면의 카드가 짝수인 것을 정확히 알아맞혔다. 놀라운 통찰력의 비밀은 박상면의 목소리 톤의 패턴 변화를 눈치 챈 것에 있었다. 박상면은 이태혁의 "4인분씩 먹느냐?"는 질문에 평소와 다르게 강한 목소리 톤으로 부정을 했다. 이태혁은 박상면의 목소리 톤의 패턴이 달라짐을 눈치 챘고 그가 짝수임을 숨기고 있다는 사실을 추론해냈다. 이태혁은 상대가 숨기려는 의중을 간파하려면 '소리'에 신경을 집중하라고 조언했다.[32] 이처럼 프로파일링은 평소 상대방의 패턴을 파악했다가 그 패턴이 깨어지는 순간을 간파하여 상대의 의중을 읽어내는 기술이다.

비즈니스 프로파일링 기술

필자가 사용하는 비즈니스 프로파일링 기법도 원리는 같다. 단, 미래예측에 좀더 잘 적용되도록 특화했다. 필자는 미래 변화에 영향을 주는 특정 국가의 대통령이나 글로벌 기업의 최고경영자CEO를 주로 분석한다. 이들도 자신에게 최선(자신에게 편안한 패턴 안에서 최선)이라고 믿는 행동이나 판단을 '우선'하려는 노력 때문에 패턴을 따라 움직일 가능성이 높다. 이들도 특정 상황에 부딪히면, 대부분(80퍼센트 이상) 각자의 '패턴과 신념을 기반'으로 자신이 원하는 것에 '가장 가까운 결과'를 얻기 위해 행동한다. 이때 원하는 것이란 다음 두 가지다.

① 자신이 '옹호하는 선택'에 최대한 가까운 결과
② 문제를 해결하거나, 거래를 성사시키거나, 무언가 결과를 만들어내는 과정에서 '자신이 중요한 역할을 했다고 타인에게 인정받는' 데서 오는 업적과 명예와 같은 만족감

첫 번째는 '실리'에 관한 것이고, 두 번째는 '명분'에 관한 것이다. 사람마다 자신이 좋아하는 각기 다른 실리와 명분이 있다. 효과적인 비즈니스 프로파일링을 하려면 이 두 가지를 잘 분별해내야

한다. 이를 잘 분별하려면, 해당 기업의 CEO나 임원의 다음과 같은 생각이 드러난 증거를 찾아야 한다.

- 그 상황을 어떻게 보고 있는가?
- 무엇을 믿고 있는가?
- 자기에 대해서 어떻게 생각하는가?
- 실제로 관심을 갖는 것은 무엇인가?
- 무엇을 얻어내려고 하는가?

이런 것을 잘 파악하려면 해당 사람의 입장에서 그 사람의 패턴(눈)을 통해 세상을 보고, 자신의 최고 이익 혹은 최선의 이익에 부합하는 말과 행동을 형성하는 숨겨진 원칙을 재구성해보야야 한다. 한마디로 상대방 입장에서 세상을 바라보아야 효과적이다. 때로는 분석하는 사람이나 기업이 익숙한 패턴(습관)에서 벗어나는 판단과 행동을 할 수도 있다. 하지만 이것조차도 평소 익숙한 패턴을 기초로 위험을 감수하는 판단과 행동이다. 필자의 경험상 한 개인이나 기업이 완전히 엉뚱한 일이나 판단을 하는 경우는 상황의 힘이 너무 강력해서 어쩔 수 없이 흘러가는 경우뿐이다. 확률로 비유하자면 1~3퍼센트 미만이다.

필자는 세상 변화에 영향력이 있는 이들의 패턴화된 행동이 작동하는 시스템, 진행되는 순서를 그려 다른 시스템 지도와 연결하여 이들의 미래 행동을 예측하는 이런 기술을 범죄 프로파일링과 구별해서 '비즈니스 프로파일링business profiling'이라고 명명했다. 비즈니스 프로파일링 기술은 사람의 속마음을 꿰뚫어 볼 뿐만 아니라 이를 역이용하면 상대에게 특정 행동을 유도하거나 변화시킬 수 있는 전략을 만드는 데도 유용하다.

FBI 프로파일러 훈련

여덟 명의 FBI 프로파일러 훈련생이 살인범 찾기 시뮬레이션 실습을 위해 인적이 드문 외딴 섬에 도착했다. 훈련이 시작된 다음 날 아침, 그들은 부엌에서 처참하게 죽은 채 철사 줄에 매달려 흔들거리는 고양이 시체를 발견한다. 죽은 고양의 입속에는 열 시에 멈춘 피 묻은 시계가 걸려 있었다. 서서히 공포감과 긴장감을 느끼기 시작한 훈련원은 범인이 남긴 단서를 찾기 위해 섬 수색을 시작한다.

모의 살인현장에 도착한 훈련생들의 귀에 갑자기 시끄러운 음악소리가 들렸다. 모두 놀라 멈칫하고 있을 때, 훈련팀 리더 J. D. 레스톤은 다른 팀원의 접근을 막고 자신이 가서 카세트의 스톱 버튼을 누른다. 하지만 그것은 범인이 설치해둔 함정이었다. 훈련팀 리더 J. D. 레스톤은 자동 발사되도록 설치된 액화헬륨을 맞고 급속 냉각되어 몸이 산산조각이 나며 죽고 말았다. 사고가 일어난 시간은 고양이 입속에서 발견된 시계가 멈춘 시간인 바로 열 시. 이때부터 살인범은 시간을 예고하고 훈련원을 한 명씩 시간에 맞추어 살해하기 시작한다. 극도의 공포에 휩싸인 훈련원들은 서로를 범인으로 의심하기 시작했다. 훈련원 중 한 명인 사라는 범인으로 몰려 의자에 묶이고, 몸싸움 끝에 여성 훈련원 니콜은 건물 밖으로 뛰쳐나온다. 어두운 건물 안을 걷던 니콜은 담배 자동판매기에서 떨어진 담배를 우연히 발견하고 떨리는 마음을 진정하기 위해 피우다가 담배에서 떨어진 액체에 살이 타들어가며 죽는다. 범인으로 몰려 의자에 묶여 동료에게 심문을 받던 사라는 불현듯 이런 생각이 들어 외쳤다.

잠깐, 우리는 지금까지 피해자가 정해진 순서 없이 무작위로 죽었다고 생각했어. 누가 어떤 함정에 걸려들지 예측할 수 없다고 여겼는데, 함정을 생각해봐. 제이디가 죽은 것은 앞에 서있었기 때문이야. 그는 늘 앞장만 섰었잖아. 래이프는 커피 중독자야. 바비는 뭐에 소질이 있었지? 뭐가 고장 나면 바비한테 고쳐달라고 했잖아. 범인은 우리의 성격을 토대로 범행을 계획했어. 우리의 기술, 우리의 약점을 이용해서 말이야. 지금껏 킬러는 우리를 프로파일링했던 거야!

위의 장면은 레니할린 감독의 영화 〈마인드 헌터〉의 일부다. 범인은 훈련원 중 한 명인 루카스였고, 그는 동료들이 특정 상황이 벌어질 경우 각각 어떤 행동을 할지를 미리 예측한 상황에서 함정을 파놓고 살해했다. 평소 나서기 좋아하는 제이디의 행동 패턴을 파악하여 제일 먼저 스스로 죽음에 빠지도록 몰아넣었고, 담배를 좋아하는 니콜의 습관을 이용하여 담배에 독을 묻혀 죽게 했다. 영화 후반부에 사라에 의해 범인으로 밝혀진 루카스는 차가운 눈빛으로 다음과 같이 말한다.

너희가 케케묵은 번디, 케이지, 덤 같은 연쇄살인범을 연구하는 동안 난 너희들을 연구했어. 너희들의 습관, 콤플렉스, 약점… 너희를 공포에 떨게 하는 건 식은 죽 먹기였어. 알아? 이쪽 한번 찔러보고 저쪽 한번 당기고 일단 이렇게 시작만 하면 너희 모두가 각자의 역할을 할 거라는 걸 알았지. 제대로 착각하게 만드는 비결은 행동에 있어. 내게 필요했던 것은 기회뿐이었지……. 너희 모두는 내 예상 그대로 행동했어.

범인 루카스는 평소 동료들의 습관, 기술, 약점, 콤플렉스 등 행동 특성과 습관을 철저히 파악한 후 함정을 파놓고 상황을 유도해 그들을 차례로 살해했던 것이다.

이렇듯 프로파일링을 통해 상대의 습관이나 장점, 약점 등을 정확히 파악하고 의도적인 말이나 행동을 구사하여 상대방을 착각하게 만들면 경쟁 환경 자체를 다르게 변화시킬 수도 있다. 분석한 내용을 기반으로 각 경기자가 자신이 선택하는 행동에 따라 비용과 이익이 '자동적으로' 달라지게 하는 '연쇄반응적 설계'를 통해 상대방의 미래 방향을 바꾸어 최종적으로 내가 원하는 결과를 만들어내도록 기획을 할 수도 있다.

비즈니스 프로파일링이 항상 성공하는 것은 아니다. 다음의 세 가지 이유 때문에 실패하는 경우가 생긴다. 비즈니스 프로파일링 기술을 통찰력에 활용하려면 다음의 사항을 마음속에서 숙지하고 주의해야 한다.

① 사람들의 판단이나 행동을 해석하는 논리를 잘 포착하지 못한 경우
② 구축된 시스템 모델에 잘못된 정보가 들어간 경우
③ 구축된 시스템 모델 밖에서 새로운 영향력이 발생하여 상황이 갑자기 바뀌어 궤도를 이탈하는 경우

특히 세 번째 경우는 상황이나 경기자가 계속해서 변한다는 것을 고려하지 않을 때 발생하는 문제다. 이런 실패에 빠지지 않으려면, 비즈니스 프로파일링을 수행할 때 '만약에 ~한 뜻밖의 미래(상황)이 발생할' 경우를 반드시 고려하는 사고의 유연성을 가져야 한다. 프로파일링한 모델은 실재를 단순화한 것이기 때문에 개선의 여지가 항상 있다는 것을 잊지 말아야 한다. 그렇다고 실재를 충분히 반영하기 위해서 무턱대고 모델의 복잡성을 높이다가는 관리 불가능한 상황에 몰리게 된다. 복잡성을 늘리는 것과 관리 가능성을 확보하는 것 사이에서 적절한 균형을 이루는 것도 중요하다. 복잡성을 늘려야만 한다면 변수를 추가함으로써 정확성과 신뢰성이 '아주 크게' 향상될 때만 고려해야 한다.

상대 기업의 생각을 읽는 법

필자는 종종 특정 기업을 프로파일링하여 행동 패턴을 뽑아 우리가 만든 시나리오 속에 넣어 시뮬레이션을 해본다. 그러면 해당 기업이 미래에 어떤 전략적 행동을 보이고 어떤 분야의 상품을 출시할지 대략 밑그림과 전략을 예측할 수 있다. 예를 들어, 필자는 스티브 잡스가 살아 있을 때 비즈니스 프로파일링 기법을 사용해

서 애플의 미래 전략을 예측한 적이 있다. 당시 거의 모든 사람이 스마트폰을 만들던 애플이 자율주행자동차에 큰 관심을 두지 않을 것이라고 생각했다. 스티브 잡스도 애플은 자동차에 관심이 전혀 없다는 말을 했다. 하지만 필자의 생각은 달랐다.

　2010년, 정보통신 전문잡지『와이어드』는 잡스가 종종 사실과 전혀 다른 말로 애플의 기술에 대한 거짓정보를 흘린다고 하면서 '잡스의 여섯 가지 교활한 발언'을 소개한 적이 있다.[33] 예를 들어, 2009년 잡스는 언론에 "애플이 500달러짜리 태블릿 컴퓨터를 만든다면, 그건 쓰레기 조각에 불과할 것이다"라고 말해 시장에서는 1,000달러 정도의 가격을 예상하도록 만들었다. 그러나 실제 출시한 아이패드의 판매가격은 499달러였다. "휴대전화 산업에는 뛰어들지 않겠다"고 말하고 2007년에 아이폰을 내놓았다. "사람들은 이제 책을 읽지 않는다. 인터넷 서점 아마존의 킨들은 오래가지 못할 것"이라고 폄하한 후, 2010년 출시된 아이패드에 아이북스라는 자체 전자책 단말기를 탑재하여 맘을 푹 놓고 있던 경쟁사와 시장을 놀라게 했다. 필자는 스티브 잡스의 이런 과거 행동 패턴과 필자가 나름대로 분석한 스티브 잡스의 평소 생각과 말, 애플의 기술이 미래 기술과 연관되는 접점, 애플의 비즈니스 전략과 드러난 행동, 스마트폰과 미래 자동차 시장의 변화 등을 다양하게 분석한 후 자동차 시장에 관심이 없다는 말도 거짓말이라고 판단했다. 스티브 잡스의 거짓말은 치열한 약육강식, 생존경쟁의 전쟁이 벌어지는 비즈니스 세계에서 경쟁사들이 상황을 오판하게 하여 자신에게 유리한 상황을 만들기 위한 전략이란 결론을 내렸다. 오히려 필자는 스티브 잡스가 이끄는 애플은 '반드시' 자율주행자동차 시장에 뛰어들 것이라는 예측을 했다. 그리고 필자의 예측을 애플, 구글, 삼성의 미래 전략을 예측한 책 『10년 전쟁』에 소개했다. 결과는 어떻게 되었을까? 모두가 잘 아는 대로 애플은 자율주행자동차 시장에 본격 뛰어들었다. 놀라운 사실은 이런 행보가 스티브 잡스의 살아생전에 은밀히 추진되었다는 점이다. 이런 놀라운 통찰 결과를 산출한 비즈니스 프로파일링 기술의 구체적 방법을 간략하게 소개한다.

첫 단계는 분석하고자 하는 대상에 대한 모든 자료를 수집한다. 분석하는 대상 기업은 물론이고, 경쟁사, 정부, 이익집단 등 시장에 참여하는 플레이어들은 각종 언론매체를 통해 끊임없이 말과 행동을 쏟아낸다. 회사 비전, 상품 출시 소식, 전략적 제휴 소식, 각종 사내 인사 관련 소식, 정부 규제 방침, 제도 변경 등 다양한 소식이 언론 기사를 통해 나온다. 해당 기업 CEO 및 임원의 언론 인터뷰도 살펴본다. 전문가들도 분석자료를 쏟아낸다. 이런 정도의 내용만으로도 분석하고자 하는 기업을 프로파일링 하는 것은 어렵지 않다. 기업이 시장에 쏟아낸 말과 행동은 범죄자들이 범죄 현상에 흘린 정보보다 훨씬 많다. 정보를 수집할 때 원칙은 필자가 계속 강조한 것과 같다. 사실만을 확보해야 한다.

두 번째 단계는 수집한 사실들의 한 문장, 한 문단, 한 장에서 나오는 '함의'를 찾아내고 그 '함의'들을 모아 시스템적으로 연관 지어 하나의 '도식'을 만든다. 수집한 내용에서 숨겨진 뜻(함의)을 찾아내고 그 함의 조각들을 모아 그 조각들 간의 연관 흐름도를 작성하는 것이다. 〈그림 2-20〉은 중요하다고 생각하는 문장에서 변수

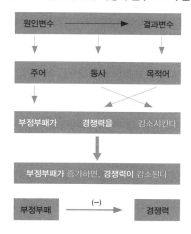

를 추출하여 시스템적으로 연결하는 방법이다.

　함의를 뽑아내기 위해서는 문장을 맥락 안에서 해석하고 분석 대상의 마음을 읽는다고 생각해야 한다. 분석 대상의 가치, 사고 패턴, 성향, 반복되는 특정 행위 등을 유심히 살펴야 정확도 높은 프로파일링을 할 수 있다. 구조와 패턴을 따라 나타나는 사건이나 말과 주변 상황 때문에 나타나는 일시적 혹은 단회적 사건이나 말을 구별해야 한다. 한 번 일어난 사건은 단순한 현상이다. 그런데 두 번 반복해서 일어난 사건은 주목해서 보아야 한다. 패턴화될 가능성이 있는 사건이기 때문이다. 그러나 세 번 반복해서 일어난 사건은 패턴화된 사건으로 봐야 한다. 비즈니스 프로파일링은 패턴화된 것만을 추출하여 구성해야 한다. 〈그림 2-22〉와 〈그림 2-24〉는 신문에서 추출한 인과관계를 하나의 그림으로 정리한 것이다.

■ 그림 2-21 신문 기사에서 주요 변수를 추출하고 시스템적으로 연결하기 위한 준비 작업

포르투갈, 이탈리아, 그리스, 스페인(일명 PIGS) 등 유럽 국가들의 재정적자 문제가 구체화되면서 2차 글로벌 금융위기에 대한 우려가 커지고 있다. 유럽 주요국 증시는 연일 하락세를 보이며 충격에서 벗어나지 못하고 있다. 5일 밤 11시 30분(한국 시간) 현재 영국 FTSE100은 독일 DAX30은 전일 대비 1.05%, 0.83% 각각 떨어졌다. 미국 다우존스지수도 1만 선이 무너지면서 출발했다.

이에 앞서 4일(현지시간) 유럽 주가가 3.46% 떨어지고 미국 다우존스지수가 7개월 만에 장중 1만 선이 무너지자 5일 아시아 시장이 폭락했다. 코스피가 3.05% 추락하며 1567.12로 마감했고 닛케이는 2.89%, 상하이종합지수도 1.86% 내렸다.

달러 캐리 트레이드가 급격히 청산되면서 유로화 대비 달러 가치가 1% 이상 상승했다. 경기 회복에 대한 기대가 낮아지면서 뉴욕 원유선물 시장에서 유가가 하루 만에 5% 떨어져 6개월 내 가장 큰 낙폭을 기록했다.

진원지는 유럽이었다. 4일 영국(-2.17%), 스페인(-5.94%), 그리스(-3.96%), 포르투갈(-4.98%), 이탈리아(-3.45%) 등의 주식시장이 큰 폭으로 떨어지면서 다우존스 유럽 평균 주가지수가 3.46% 하락했다. 연이어 열린 뉴욕 증시에서 다우존스 산업 평균지수는 1만 2.18로 장을 마치며 하루 사이 2.61%(268.37포인트) 급락했다.

유럽에 대한 공포감 때문에 달러가격(주요 6개국 통화 대비)이 최근 1개월 내 최고치를 돌파하면서 달러 캐리 트레이드가 급격히 청산되는 모습을 연출했다.

미국 달러화 가치가 유로화 대비 1% 상승했고, 엔화값은 유로화 대비 3% 이상 올랐다. 달러 강세 여파로 원유, 금, 구리 가격도 큰 폭으로 떨어졌다. 금값은 4% 이상 하락해 온스당 1063.20달러로 떨어졌다. 이 같은 금융시장 혼란은 유럽의 재정 건전성 악화 소식이 전해지면서 시작됐다.

유럽연합 집행위원회가 그리스의 재정적자 감축에 대해 더 압박을 가했다는 소식과 포르투갈 정부가 국채 경매에서 5억 유로를 팔려고 했지만 3억 유로밖에 팔지 못한 사실이 알려졌다. 게다가 포르투갈 국채 투자자들은 국가부도 가능성 때문에 국채 금리를 더 올려달라고 유구했던 것으로 전해졌다. 스페인 정부가 2012년 재정적자 전망치를 올렸다는 뉴스도 악재로 작용했다.

이날 코스피는 지난 2일에 이어 다시 1500대로 주저앉았다. 지수는 하루 만에 50포인트 가까이 빠져 1567.12(-3.05%)로 마감했다. 수출 비중이 높은 대만은 4% 넘게 빠졌으며 홍콩 항셍(-3.33%), 일본 닛케이(-2.89%), 싱가포르 ST(-2.24%) 등도 급락했다. 중국 상하이지수는 1.86% 하락하며 3000선 회복에 실패했다.

한편 이날 달러당 원화값은 전날보다 19.0원 내린 1169.90원으로 마감했다. 지난해 12월 29일(1171.20원) 이후 최저치다.

■ 그림 2-22 추출한 변수들을 하나의 시스템으로 연결하는 과정

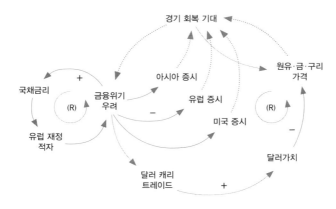

■ 그림 2-23 신문 기사 속에서 주요 변수 골라내기

포르투갈, 이탈리아, 그리스, 스페인 등 유럽의 이른바 'PIGS' 국가들의 재정위기에 대한 우려가 확산되면서 이제 막 경기 침체의 긴 터널을 빠져 나오고 있는 전 세계 경제에 또 다른 걸림돌이 되고 있다.

전문가들은 그리스가 '제2의 서브프라임'(비우량 주택담보대출)이 될 수 있다면서 유럽 국가들의 국가부도 가능성이 각국 증시를 비롯한 금융시장의 '지뢰'로 작용할 가능성이 크다고 경고하고 있다.

이로 인해 경기 회복이 지연될 수 있고, 세계 경제가 또다시 위기 국면으로 빠져드는 이른바 '더블딥'의 가능성도 커지고 있다는 것이다.

시장에서는 그리스를 비롯한 이른바 위기의 '진앙' 국가들이 재정 적자 감축 노력에 힘입어, 또는 독일과 프랑스 등 여타 국들의 구제금융을 받아 국가부도의 위기는 모면할 수 있을 것으로 예상하면서도 위기에 대한 불안감이 장기간 상존하면서 경기 회복의 발목을 잡을 것으로 보고 있다.

시장의 불안은 투자와 소비 위축을 불러오고 이는 기업매출 감소와 감원 등으로 이어지면서 결국은 경기 하강을 가속화하는 악순환이 지속된다는 점이 지난 2년간의 경기침체 국면에서 여실히 드러났기 때문이다.

더구나 재정적자 확대의 문제는 비단 유럽의 일부 국가에 국한된 것이 아니라, 미국을 비롯한 선진국에도 똑같이 적용될 수 있는 '뇌관'이기 때문에 우려감이 더욱 커지고 있다.

■ 그림 2-24 추출한 변수들을 하나의 시스템으로 연결하는 과정

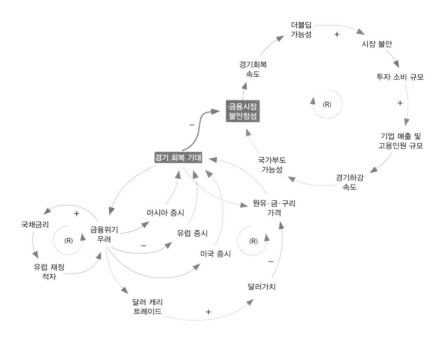

마지막 단계는 작성한 연관 흐름도를 토대로 한 개인, 기업, 정부 등의 사고나 행동의 시스템 패턴을 미래예측 시나리오에 연결해서 의미를 유추하고 다음 행동을 예측한다. 이 단계는 미래 시나리오를 기반으로 분석 대상의 행동 패턴을 결합하여 최종의 의미를 분석하고 미래 행동을 예상하므로 시나리오의 정밀도와 신뢰성이 중요하다. 시나리오의 '질quality'에 따라 분석하고자 하는 대상의 향후 행동 방향 예측의 질도 달라지기 때문이다. 일반적으로 사람들은 특정 시점에서 특정 대상에 대한 특정 정보만을 가지고 해당 대상의 의도를 해석하고 다음 행동을 예측하려는 경향이 강하다. 예를 들면, 삼성 이건희 회장은 다음과 같은 말을 하면서 일선에 복귀했다. "지금이 진짜 위기다. 글로벌 인류기업이 무너진다. 삼성이 어찌될지 모른다. 10년 안에 삼성이 대표하는 사업과 제품이 사라질 것이다. 다시 시작해야 한다. 머뭇거릴 시간이 없다." 이 회장이 이러한 삼성 위기론을 이야기했을 때, 일부 언론과 여론은 일선에 복귀하기 위한 명분에 지나지 않는다고 폄하했다. 그러나 이건희 회장의 과거 언론 인터뷰 내용이나 지난 20여 년간의 신년사, 그리고 관련 서적 등을 종합하여 프로파일링을 해보면 그가 왜 그런 이야기를 했고, 왜 젊은 삼성을 주장하는지를 알 수 있으며 향후 삼성이 취할 가능성이 높은 전략적 조치까지 대략 읽어낼 수 있다.

　범죄 프로파일링에서도 특정 단서만 가지고 범인을 추측하지 않는다. 영국 출신 응용심리학 교수 데이비드 캔터는 "범인의 행동을 심리적으로 분석하고 비교하는 것은 '행동 양식'을 비교하는 것이지 하나의 단서에서 어떤 사실을 추론하는 것이 아니다. 심리분석을 통해 범인을 추정한다는 것은 그 인물이 가지고 있는 '여러 특징들의 전체적인 모습에 초점을 맞추는 것'을 의미한다"고 했다. 문제는 대부분의 사람이 이렇게 정보를 모아서 숨겨진 뜻을 찾아내고 종합하여 흐름을 만들어 행동 패턴을 분석하는 방법에 익숙하지 않다는 것이다. 정확히 이야기하면, 대부분이 이런 교육을 받아본 적이 없다. 비즈니스 프로파일링은 얼마나 정확하고 다양한 사실 정보를 취합하고 숨겨진 뜻을 잘 해석하여 이들을 패턴화하여 분석하느냐가 예리한 통찰력 발휘를 좌우한다. 독자들의 이해를 돕기 위해 필자가 구글을 비즈니스 프로파일링 한 사례를 간단하게 요약해보겠다.

구글 설립자들은, 시간이 갈수록 인류는 점점 더 복잡하고 다양한 세상에서 살아가게 될 것이기 때문에 더욱 많은 문제에 직면한다고 보았다. 그래서 인간이 자신의 주변에서 일어나는 정보와 그와 관련된 정보를 아무런 금전적 지불 없이 즉각적으로 제공받을 수 있다면 인간은 그 정보를 활용하여 문제를 해결하고 더 나아가 새로운 가치를 창조해낼 수 있다고 생각했다. 새로운 가치가 창출되는 곳에는 항상 사람들이 몰려들기 마련이고 이를 지배하는 구글은 성공을 거둘 것이라 예측했다. 다음은 필자와 연구원들이 구글을 분석하기 위해 다양한 자료와 책을 통해 추출한 문장들이다.

기존의 검색엔진이 키워드에만 의존한 반면, 구글의 알고리즘인 페이지랭크는 링크를 분석해서 사용자가 가장 자주 방문하는 사이트를 헤아려서 그것이 검색 결과 상위로 올라가게 한다. 그들은 이

렇듯 '집단지성'에 접근하는 방식이 웹 페이지의 중요도를 측정하는 객관적인 방법이라고 생각했다.[34]

"고객이나 사용자가 늘 옳다고 생각하고, 그들의 관점에서 자연스럽게 작동하는 시스템을 만드는 것을 목표로 삼는 게 훌륭한 태도"라고 페이지는 말했다. 시스템은 대체할 수 있지만 사용자는 대체할 수 없습니다.[35]
구글은 선순환 고리를 만든다. 우리가 검색 결과를 클릭하는 횟수가 늘어날수록 구글은 더 영리해진다. 구글이 더 영리해지면 더 좋은 결과를 보여주게 되고, 구글의 사용 횟수도 그만큼 늘어난다.[36]

필자와 연구원들은 위 문장들 각각에서 함의를 뽑아낸 후, 이들을 다시 연결하여 다음과 같은 구글의 생각을 읽어냈다.

사용자들이 가장 많이 방문한 사이트의 정보가 바로 사용자가 가장 알고 싶어 하는 정보다. 이런 정보를 검색하는 데 사용자들이 불편함 없이 자연스럽게 찾도록 해주면 더 많은 사용자가 구글을 통해 검색하게 될 것이다. 그럴수록 구글의 정보 가치도 커지며, 이는 다시 더 많은 사용자들을 끌어들이는 선순환 구조를 만든다. 이렇게 사용자 관점에서 만든 시스템은 구글에 대한 신뢰를 높여주어 사용자들은 더욱 구글로 몰려들고, 이들이 스스로 검색하여 만들어낸 가치 있는 정보는 구글이 거대한 사용자 시장을 구축할 수 있게 하는 강력한 원동력이 될 것이다.

구글의 행동도 분석했다. 구글은 거대한 사용자 시장을 만들었을 뿐 아니라 다양한 기업 지원 프로그램을 제공하여 과거와 같은 과중한 노동력 부담을 기업이나 개인으로부터 덜어주는 서비스를 개발하고 무료로 제공한다. 다양한 트렌드 정보를 알 수 있게 해주는 구글 애널리틱스, 다양한 융합 서비스(매시업) 개발을 가능하게 해주는 오픈 API 개발 툴 킷 제공, 그리고 노동 생산성을 향상해주는 각종 오피스 문서 도구 제공 등 서비스 종류만 해도 무려 백 가지가 넘는다. 이 모든 것이 일부를 제외하고 무료다. 이 모든 것을 개인이나 다른 기업이 직접 개발하려면 상당한 노동력이 투입되어야 한다. 구글의 궁극적인 목표는 사용자의 문제를 해결하고 필요한 것을 찾아주기 위해 세상에 존재하는 모든 것을 검색할 수 있는 데이터베이스를 구축하겠다는 것이다.

이렇게 수집된 정보는 다시 구글의 검색엔진을 점점 초지능체처럼 변하게 하여 전 세계의 정보를 재조직화하는 원동력이 되고, 모든 사용자가 인공지능 비서를 둔 것처럼 언제 어디서라도 힘들이지 않고 원하는 해답과 자원을 얻고 활용할 수 있는 시대를 만들겠다는 계획이다. 개인이나 기업이 자신들이 필요한 자원을 찾기 위

■ 그림 2-25 구글의 주요 행동들의 시스템 연결 관계 분석

해 더 이상 추가적인 노동력을 투입할 필요가 없는 세상을 목표로 한다. 다음의 문장들은 구글의 원대한 꿈을 대변한다.

래리와 세르게이는 구글이 여전히 발전 초기단계라고 생각한다. 미래의 검색엔진은 더욱 직관적이고, 초지능체와 가까워질 것이라고 말한다. 존재하는 모든 것을 알고 그것을 찾는 방법도 알고 있는 도서관 사서와 비슷할 거라는 얘기다.[37]

구글의 사명선언문에 명시된 그들의 목표는 '전 세계의 정보를 조직하여 누구나 접속해서 유용하게 사용할 수 있도록 한다'는 것이다. 브린과 페이지는 스스로를 선교자라고 생각했다.[38]

구글은 입수할 수 있는 모든 서적을 인터넷에 올리겠다고 발표했고 이 프로젝트를 '인류에게 주는 위대한 선물'이라고 표현했다. 한 구글 직원은 '구글 도서 프로젝트의 의미는 인류의 달 착륙에 버금간다'고 말했다.[39]

페이지는 그들 스스로가 콘텐츠 회사라고 생각하지는 않는다고 했다. "구글의 컴퓨터는 콘텐츠를 수집할 수 있습니다. 우리는 그 콘텐츠를 처리하고 순위를 매김으로써 수많은 가치 있는 일을 할 수 있습니다. 좀더 많은 사람이 직접 콘텐츠를 생산할 수 있도록 해주는 시스템을 만들 수 있죠. 바로 그게 우리의 강점입니다."[40]

구글은 지금도 계속해서 무료 서비스를 개발하고 제공한다. 앞의 문장과 행동에서 함의를 뽑아 연결하여 전체적인 맥락에서 분석해보면, 구글은 가치 있는 정보나 소프트웨어를 무료로 제공해야 누구나 평등하게 정보에 접근할 수 있고, 이는 전 세계의 검색을 통한 소통을 더욱 촉진하여 인류에게 다양한 문제와 욕구를 해결할 수 있는 기회를 선사할 수 있다고 생각한다. 이렇게 되면 사용자들은 구글이 무료로 제공하는 정보를 활용하여 더욱 유용한 가치를 만들어낼 수 있을 것이라고 구글은 판단하는 것이다. 이것이 구글이 추구하는 소위 선지자적인 삶이자 구글의 사명이다.

이러한 구글의 정신이 사용자들을 더욱 구글로 끌어들이는 결과를 낳게 되었고 구글은 향후에도 이러한 선순환 구조를 유지하기 위해 계속 가치 있고 다양한 서비스를 무료로 제공할 것이다. 빈부의 격차와 상관없이 사용자에게 유용한 정보를 제공하고 실제 콘텐츠를 생산할 수 있도록 지원하는 것도 구글의 가치다. 실제로 구글은 애드센스라는 프로그램을 통해 사용자들의 수익을 창출해주고 있다. 자신이 출간한 책의 일부 내용을 제공하고 거기에 광고를 유치해 구글과 수익을 나누어 갖는 구글 프린트 서비스도 있다. 사용자가 콘텐츠를 생산할 수 있는 능력만 있다면 든든한 구글의 거대한 사용자 시장과 각종 수익 분배 모델의 혜택을 얼마든지 받을 수 있다. 특히 앞 문장에서 페이지가 자신들은 콘텐츠 회사가 아니며 자신들의 강점은 사람들이 직접 콘텐츠를 생산할 수 있게 도와주는 시스템에 있다고 언급한 것의 의미는 향후 사용자가 콘텐츠를 쉽게 개발하고 유통할 수 있는 시스템적 지원을 보다 강화하겠다는 의미다. 또한 구글은 더욱 다양한 콘텐츠를 검색할 수 있는 작업을 진행 중이다. 수백만 권의 도서를 스캔하고 있고, 저작권이 보호되는 동영상 검색 서비스를 위해 콘텐츠 검증 기술을 개발하고 있어 이를 통해 사용자들은 더욱 다양한 수익 모델을 만들어낼 수 있는 기회를 가질 것이고 구글은 계속 사용자들을 블랙홀처럼 빨아들이는 구글만의 왕국을 확장해나갈 것이다. 이렇게 추출한 각각의 문장에서 함의를 뽑아 이들을 모두 연결하면 〈그림 2-26〉과 같은 구글의 프로파일링 맵을 만들어낼 수 있다. 이 맵을 통해 우리는 구글의 기본적인 가치관과 엄청난 사용자를 끌어들일 수 있었던 이유를 알 수 있다.

이런 방식으로 필자와 연구원들은 구글의 기업 모토("Don't be evil"), 생체정보 시장에 관한 철학, 주주 독립 선언 내용, 구글의 디자인과 홍보 마케팅과 소통방식에 대한 기업 문화, 구글이 정의하는 창의

■ 그림 2-26 구글의 주요 행동들을 하나의 시스템으로 연결하는 과정

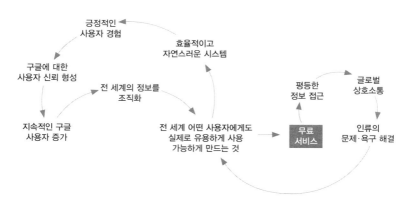

성, 투자 패턴 등을 분석하여 전체 프로파일링 맵을 작성했다. 다음 내용은 프로파일링에 필요한 내용을 뽑아 시스템 맵으로 작성하기 위한 전 단계를 보여주는 사례다.

슈미트와 브린은 '구글이 디지털상의 스위스'라고 강조했다. 그들은 어떤 콘텐츠 회사나 광고주도 편애하지 않는 '중립적인' 검색엔진이라고 설명했다. 구글의 검색은 '객관적'이면서도 비밀에 부쳐 있는 알고리즘을 기반으로 작동하며, 제아무리 많은 돈을 준다고 해도 검색 결과 상위에 올라갈 수 없다.

중립적이고 객관적인 시스템 기반 → 전 세계의 정보를 조직화 → 어떤 사용자도 유용하게 사용 가능하도록 만드는 것 → 가치 있는 삶 → 구글의 사명

기존의 광고회사들은 광고 효과를 측정하지 못하는 반면 구글은 광고주에게 해당 광고의 효과를 즉시 확인할 수 있는 무료 툴을 제공한다. 구글 애널리틱스라는 이 프로그램은 매 시간 클릭 수와 판매량, 해당 키워드의 트래픽, 클릭이 판매로 이어진 비율 등 광고 효과를 즉각 확인할 수 있게 해준다. (…) 이제 광고라는 영역에서 '추측'은 필요 없게 되었다. "우리가 사용하는 방식은 무엇보다 측정이 쉽다는 장점이 있습니다. 몇 달러의 광고로 몇 달러를 벌 수 있는지 바로 알 수 있지요." 슈미트가 말했다.

즉각적으로 효과에 대한 피드백을 주는 것 → 어떤 사용자도 유용하게 사용 가능하도록 만드는 것

구글 경영진 역시 카마진의 말에 질겁했다. 그런 방식은 광고주를 속이고 그들의 감정을 조작하는 짓이었다. 게다가 사악하기까지 했다. 측정도 안 될 뿐 아니라 무엇보다 비효율적이었다. 자신들은 그보다 훨씬 나은 시스템을 만들어낼 수 있다고 확신했다.

측정되지 않고 비효율적인 시스템 → 사용자를 속이고 감정을 조작하는 것 → 중립적이지 않고 객관적인 시스템이 아닌 것

구글이 시장의 효율을 높일 수 있다면 좋은 일이죠." 슈미트가 말했다. 카마진과 달리 구글 엔지니어들은 '직감'으로 결정을 내리지 않는다. 인간관계나 판단력 같은 것은 정량화할 수 없기 때문이다. 그들은 경험보다는 효율을 중시한다. 그들은 사실과, 베타 테스트와, 수학적 논리를 좇는다. 구글은 자신들이 광고 구매 과정을 좀더 이성적이고 투명하게 만듦으로써 미디어 세계를 새롭고 더 나은 곳으로 바꾸어놓을 수 있다고 열렬히 믿는다. 그런 관점의 연장선에서, 구글로서는 광고 역시 일종의 '정보제공 서비스'로서 고객에게 봉사하는 방법이다. 광고주로 하여금 입찰 경쟁을 통해 광고비를 스스로 책정할 수 있게 돕고, 미디어 업체로 하여금 광고 판매에 들어가는 비용을 줄임으로써 크리스 앤더슨이 '롱테일'이라고 명명한 형태로 변화하도록 독려한다. 그렇게 한다면 기존에는 광고를 잘하지 않던 이들까지도 타깃팅이 잘된 저렴한 광고를 구매하도록 끌어들일 수 있다는 것이다. (…) 페이지는 그들 스스로가 콘텐츠 회사라고 생각하지 않는다고 했다. "구글의 컴퓨터는 콘텐츠를 수집할 수 있습니다. 우리는 그 콘텐츠를 처리하고 순위를 매김으로써 수많은 가치 있는 일을 할 수 있습니다. 좀더 많은 사람이 직접 콘텐츠를 생산할 수 있도록 해주는 시스템을 만들 수 있죠. 바로 그게 우리의 강점입니다."

사실과, 베타 테스트, 수학적 논리 기반 → 측정되고 효율적인 시스템 → 이성적이고 투명한 모델 구현 → 콘텐츠 조직화 → 모든 사용자에게 유용한 가치 창출 → 롱테일 모델 구현 → 새롭고 더 나은 미디어 세계 구현

〈그림 2-27〉은 필자가 비즈니스 프로파일링으로 분석해낸 구글의 생각, 즉 구글의 심장이다. 필자는 구글이 자율주행자동차, 유전자분석, 우주탐사 및 여행 등의 미래사업 전략을 수립할 때도 이런 패턴을 기본으로 할 것으로 예측한다. 〈그림 2-28〉과 〈그림 2-29〉역시 필자가 2010년에 비즈니스 프로파일링한 애플과 삼성의 생각, 즉 그들의 비즈니스 심장이다.

■ 그림 2-27 구글의 최종 프로파일링 맵: 구글의 심장

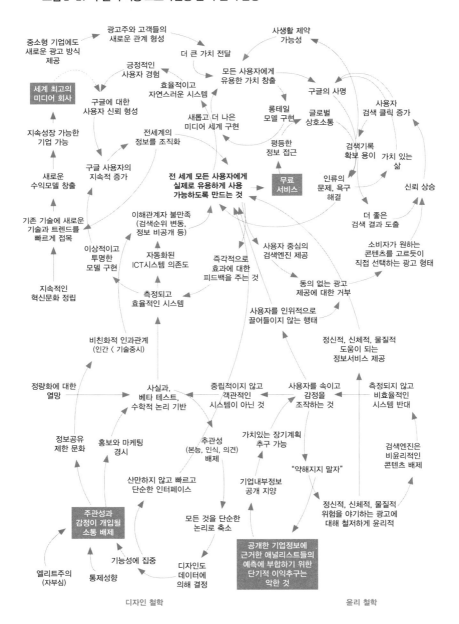

디자인 철학

윤리 철학

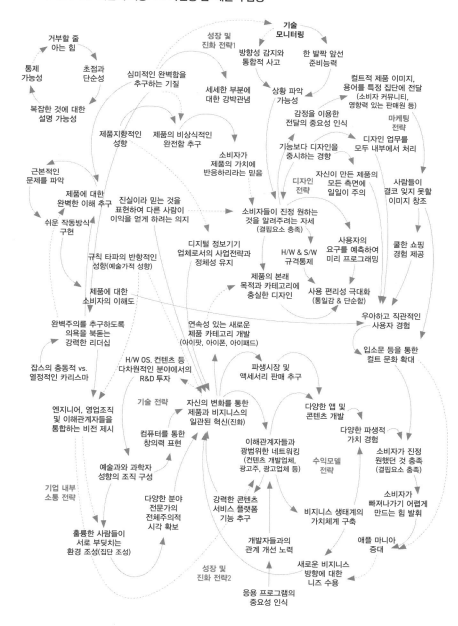

■ 그림 2-29 삼성의 최종 프로파일링 맵: 삼성의 심장

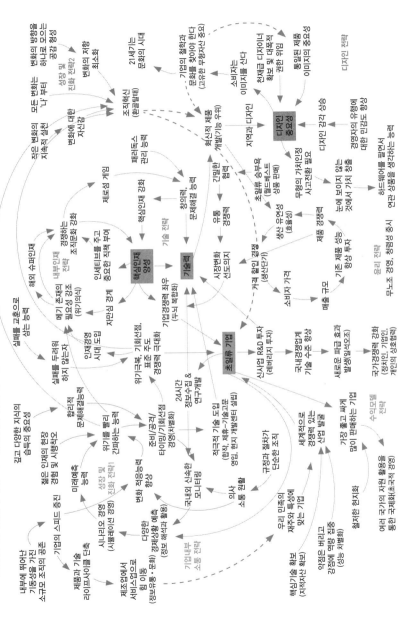

통찰과
예측력

Insight
into
Futures

이미 정해진 미래, 이치

　미국 나사NASA 연구원들이 무인 달착륙선에 사용할 깨지지 않는 전구를 개발하고 있었다. 오랫동안 이런저런 시도를 해도 기존 전구보다 더 단단하고 지구 밖에서도 깨지지 않는 제품을 개발하기가 쉽지 않았다. 결국 연구원들은 프로그램 총괄 책임자였던 조지 바바킨 박사에게 자문을 구했다. 바바킨 박사는 연구원들에게 이렇게 되물었다.

　"겉을 싸고 있는 유리구의 목적과 원리가 무엇입니까?" 연구원들은 이 물음에 대해 아주 쉽게 대답했다. "필라멘트 주위를 진공 상태로 만들기 위함입니다."

　바바킨 박사는 달은 진공 상태이기 때문에 유리구가 없는 필라멘트를 만들어보라고 해답을 제안했다.[1] 문제를 해결하거나, 변화하는 주변 상황을 통찰할 때 이치와 기본 원리는 좋은 출발점이다. 이치, 기본 원리, 본래 목적 등으로 되돌아가서 생각해보면 풀리지 않는 문제의 해법을 찾거나 혹은 새로운 아이디어를 얻을 가능성이 커진다. 사물의 이치理致(원리)를 아는 것이 큰 힘이라는 것은 역사가 증명한다. 인간은 새처럼 날지 못하지만, 새가 하늘을 나는 이치를 통찰해서 비행기를 만들었다. 비행기를 살아 있는 새로 발전시키지는 못했지만, 새보다 더 빠르고 더 높이 더 멀리 날아가게 하는 데 성공했다. 사물의 이치를 통찰하는 데서 나오는 힘의 결과다. 세상의 이치를 통찰하는 것도 마찬가지다.

미래를 예측할 때도 세상의 '이치'와 '근본 원리'를 생각해보면 강력한 통찰의 힘과 결과를 낼 수 있다. 미래는 다양한 가능성으로 열려 있는 시간이다. 정해져 있지 않고 열려 있기에 인간이 어떤 선택을 하느냐에 따라 또 다른 미래를 만들 수 있다. 풍부한 상상력으로 채울 수 있는 기회의 공간이다. 하지만 '이미 정해진 미래'도 있다. 미래는 미지의 세계지만, '이미 알려진 미래'도 있다. 이미 정해진 미래, 이미 알려진 미래는 확실한 미래다. 반드시 일어나는 미래다. 그 누구도, 그 어떤 나라도 거스를 수 없다. 거스르려 노력해서 궤도를 이탈하려고 해보아도 결국 정해진 자리로 되돌아간다. 인간이 아무리 권력과 돈이 많아 늙음과 죽음을 거스르려고 노력해도 때가 되면 늙고 병약해지고 죽는 것은 이미 정해진 미래다. 이런 미래를 만드는 힘이 '이치'다. 이유는 간단하다. 우리가 사는 이 세계는 결국 세상이 만들어지고 작동하는 원리이자 기초인 '이치'로 귀결되기 때문이다. 그래서 필자는 미래를 통찰할 때, 이치를 따져보고 이치에서 시작한다. 이치를 판단의 근거, 시나리오 선택의 기준으로 삼는다. 그리고 이치에 근거한 논리적 가능성은 '이미 정해진 미래'로 확신하고 작업을 한다.

이치란 영어로는 'reason' 혹은 'logic'이고, 국어사전상의 정의는 '사물의 정당한 조리條理'다. 조리는 '말이나 글 또는 일이나 행동에서 앞뒤가 들어맞고 체계가 서는 갈피'다. 갈피란 '일이나 사물의 갈래가 구별되는 어름'이다. 어름은 '두 사물의 끝이 맞닿은 자리나 혹은 구역과 구역의 경계점'이다. 이상의 의미를 종합해볼 때, 이치는 '사물이나 사건에 대해서 논리적으로 앞뒤가 들어맞게 체계적으로 분류하고 구분된 근본적이고 독특하게 구별되는 이유나 원인 혹은 원리나 본질'이다.

세상 이치를 파악하는 데 가장 능한 사람들은 철학자(수학자 포함)다. 여기서 철학은 하나의 학문영역으로서의 철학만을 의미하지 않는다. 과학이든 사회든 사람에 대한 연구든 이치와 본질을 파악하는 수준에 이르려면 철학적 단계에 다다라야 한다. 철학적 사고를 해야 하며, 이 모든 것이 철학의 대상이다. 이치에는 물리적 이치, 수학적 이치, 철학적 이치가 있다. 고대에는 이들 모두가 철학자의 관심영역이었다. 하지만 학문적 연구가 세분화된 지금은 물리적 이치는 물리학자, 과학자의 관심영역이고, 수학적 이치는 수학자의 연구 대상이다. 세상은 왜, 어떤 모습으로 존재하나? 세상은 어떻게 구조화되어 있고, 사람들은 무엇을 추구하고 어떻게 움직이나? 등은 철학자, 사회학자, 문학자의 관심영역이 되었다. 이치를 알기 위해서는 다양한 공부가 필요하다. 필자는 이것을 배경학문background knowledge 연구라고 부른다.

수학과 철학, 이치를 설명하는 강력한 도구

어릴 적에는 수학을 그다지 좋아하지 않았다. 하지만 미래학자가 된 지금은 수학이 참 흥미롭다. 철학도 재미가 있다. 철학적 사고는 현상적 사고가 아니라 본질적 사고다. 권위를 맹신하는 사고가 아니라 비판적 사고다. 본질적인 문제에 대한 비판적 사고를 스스로 해나가면서 역사적, 실존적(진리의 주체화), 구조적, 현상학적(본질을 직관하는 의식) 측면 등에서 근본적 답을 찾아가는 철학하는 과정이 즐거움을 준다. 필자는 세상에서 일어나는 일들을 전부 철학적, 수학적 대상으로 변환하여 연구한다. 특정 인물이나 국가는 아리스토텔레스 철학이론 등을 응용해 본질을 파악하고, 이를 다시 기하학적으로 변환하여 상태와 운동을 실험한다. 사건들을 관찰하고 예측할 때는 그 속에 등장하는 참여자들 간의 관계를 기하학적으로 변환하여 생각하고, 사건에 나타나는 다양한 흔적들은 숫자로 변환하여 움직임을 관찰하고, 숫자 처리에 능한 컴퓨터나 인공지능 등의 기계적 도구를 사용해서 복잡한 변화를 예측하여 통찰을 얻는다. 당연히 수학이 점점 즐거워진다. 지금부터는 필자가 철학과 수학을 어떻게 세상을 이해, 분석, 예측하는 도구로 사용하는지 하나씩 설명해보기로 한다.

먼저, 미래연구와 예측에 철학과 수학이 큰 도움이 되는 이유는 무엇인지 생각해보자. 과거는 완료된 공간, 시간, 존재에 대한 사변이고, 미래는 진행되는 공간, 시간, 존재에 대한 사변이다. 그래서 현재는 경험적이고, 과거와 미래는 사변적이다. 사변speculation이라는 말은 한자어로 생각할 '사思' 분별할 '변辨'이다. 경험으로 증명하거나 분별할 수 없고 '인식과 설명'으로만 말하고 분별할 수 있는 영역, 즉 철학과 수학의 대상이란 말이다. 본래부터 미래 자체는 사변철학(철학, 수학)의 대상이다.

미래는 변화다. 운동이 변화를 만든다. 미래연구는 변화에 대한 연구다. 변화(운동)가 일어나려면 주체, 원인, 공간, 시간이라는 요소가 필요하다. 이것은 철학적 이해가 필요한 영역이다. 변화를 생성하는 주체가 실시하는 운동의 원인(이치), 구조(본질들의 관계), 흐름(트렌드 흐름, 유행 흐름, 현상 흐름), 최종 결과에 대한 논리적이거나 확률적 가능성의 추론 작업에는 수학이 필수다. 존재의 본질(형상과 질료)에 관한 이치는 수론에서, 존재의 관계에 대한 이치는 기하에서, 운동에 대한 이치는 수 관계 변화에서 영감을 얻을 수도 있다.

운동은 이치와 구조 안에서 작동하기 때문에 평균이나 일정 분포에 수렴한다. 이것에 반하는 운동은 이상異狀 운동이거나, 구조를 바꾸는 힘을 지닌 특별한 운동이다. 운동의 흐름(트렌드 흐름, 유행 흐름, 현상 흐름)도 이치와 구조 위에서 운동하는 데이터를 수집·측정·분석하려면 수학의 힘이 필요하다. 운동의 결과에서 주로 등장하는 선형(회귀), 비선형(지수), 퀀텀quantum(양자운동), 영향력이 큰 이산 변화separated change(돌연변이), 붕괴(운동-변화의 종결) 등도 수학적이고 철학적인 개념으로 설명이 가능하다. 개별자가 목적을 가지고 운동하는 것을 예측하려면 수학적 개념으로 이루어진 '게임이론'도 필요하다. 이 정도만 설명해도 미래통찰 혹은 미래예측에 철학과 수학이 큰 도움이 된다는 것을 직감할 것이다.

신이 세상을 설계한 원리

이치는 신God이 세상을 설계한 원리다. 신이 세상을 작동하는 도구다. 그래서 미래 변화의 가장 큰 힘은 신 혹은 신이 만든 이치다. 가장 중요하게 고려해야 할 추동력driving force이다. 철학자와 수학자의 필생의 업業은 신이 만든 이치 탐구다. 미래연구, 미래통찰에 관심을 갖는 이라면 철학과 수학을 연구하여 미래연구의 기반으로 삼아야 한다. 예를 하나 들어보자. 필자는 아리스토텔레스가 세상을 설명하는 접근법, 이치를 형성하는 근본 원리reason(원인)를 현상 이면에 숨은 실체를 철학적으로 규정하는 도구로 사용한다. 아리스토텔레스는 실체ousia를 다음의 둘로 나눈다. 제1실체는 늘 변하는 현상 세계에서 변하지 않고 고정된 개별자를 일컫는다. 제2실체는 자체로는 존재할 수 없고, 제1실체를 바탕으로 존재한다. 필자는 아리스토텔레스의 이런 접근법을 응용하여 실체의 영향력에 따라 계급이 존재한다고 규정했다.

아리스토텔레스는, 실체는 형상이 질료를 조직하고, 질료에 형상이 부여된 것이며, 실체는 목적이 있고, 변화(생성, 운동, 소멸)한다고 생각했다. '목적인final cause'은 존재가 추구하는 것으로서 목적이다. 존재의 생성, 운동, 소멸이 발생하는 원인으로서 목적이다. 아리스토텔레스는 목적인을 통해 사물의 존재, 생성, 행위에 이유를 부여했다. 즉 모든 사물은 반드시 목적이 있으며, 그 목적을 보호하고 성취하는 방향으로 운동한다는 말이다. 필자는 (모든 사물은 창조자의 영광을 위한다는 것을 제외하고) 목적인의 최상위 두 가지를 '강화'와

'균형'으로 본다.

'운동인efficient cause'은 '작용인'이라고도 불리며, 존재자의 변화(운동이나 상태)를 야기하는 근원이다. 아리스토텔레스는 운동을 자연운동과 강제운동으로 나누었다. 자연운동은 우주의 중심으로 다가가거나 멀어지는 것과 같이 사물의 고유한 성질에 의해서 일어나는 운동이다. 강제운동은 사물에 힘이 가해짐으로써 일어나는 운동이다. 사과가 나무에서 떨어지는 것은 자연운동이고, 당신이 떨어진 사과를 주어 던지면 강제운동이 된다. 강제운동에 의해 날아가던 사과가 바닥으로 떨어지는 순간에는 강제운동이 낙하운동, 즉 자연운동으로 바뀐다. 필자는 운동인의 최상위 두 가지를 '당기는 힘'과 '미는 힘'으로 본다. 이 두 가지 힘으로 결정운동, 상대운동, 비결정운동, 이산운동(이산운동은 연속운동과 대립되는 개념) 등이 만들어진다. 힘의 크기는 상호 비례, 반비례, 로그(축적)가 대표적이다. 힘의 크기는 가중치의 차이를 결정짓는 요소로 사용할 수 있다. 붕괴는 힘의 균형이 무너지는 것이다. 예를 들어, 경제 힘의 균형이 깨지는 것은 제도 변경으로 인한 힘의 방향이나 크기의 변화, (금리 인상 압력, 인구구조 변화 등으로) 수요 공급이나 매수 매도의 비율로 만들어진 힘의 방향이나 크기의 변화, 경제 변화로 인한 구매자의 수입 변화에 영향을 받는다.

'질료인material cause'은 존재를 구성하는 재료다. 존재자가 실재하는 데 필수적으로 소유해야 하는 특성이나 요소다. 필자는 질료인의 최상위 두 가지를 궁극적 소립자elementary particle인 쿼크quark, 렙톤lepton으로 본다. 필자는 쿼크, 렙톤 수(입자)의 합성(숫자)

과 기하(연결 관계, 공간 차원) 차이가 물질의 차이의 근본이라고 생각한다. 고유성질은 차원(원자→분자→물질→세포→몸)에 따라 달라지기도 한다. 인간도 차원(개인→가족→이웃→조직→사회→세계)에 따라 다른 성질을 나타낸다. 차원에 따라 성질이 달라지는 이유는 차원에 따라 밀고 당기는(융합하고 붕괴하는) 힘의 차원이 변화하기 때문이다. 그래서 필자는 미래예측을 할 때 차원에 따라 다른 성질을 부여하고, 차원마다 힘의 대상을 재설정해서 적용한다.

'형상인formal cause'은 존재자를 드러내는 속성 및 규정하는 원리다. 대표적 형상인은 개념Idea(이데아)이다. 필자는 수학에서 말하는 완전한 독립 형태인 점(선은 점의 확장이어서 완전히 독립적이지 않다), 완전한 도형인 원(삼각형 등 면은 원의 변형이다)을 신을 제외한 최상위 수준의 두 가지 형상으로 본다. 아리스토텔레스는 질료는 주로 감각적으로 다른 실체와 구별되게 하는 요소로, 형상은 이성적으로 다른 실체와 구별하여 개별적으로 인식하게 하는 요소로 생각했다.

필자도 실체를 4원인설로 분석한다. 특히 목적인과 운동인에 주목한다. 이 두 가지가 실체의 미래 운동(변화)을 예측하는 데 결정적 요소가 되기 때문이다.

아리스토텔레스는 질료에 형상이 부과되어 만들어진 실체는 'being'이나 'doing'의 상태로 존재한다고 보았다. 이것을 현실태現實態라고 부른다. 그리고 실체는 미래에 어떤 상태나 무엇이 될 수 있는 잠재력을 가진다. 이것을 잠정태暫定態라고 부른다. 변화는 잠정태에서 현실태로, 현실태에서 다시 잠정태로 이동하는 것이다. 변화는 잠정태의 범위로 제한된다. 잠정태의 범위는 질료가 형상을 받아들일 수 있는 가능 범위, 즉 가능태可能態에 의해 제한된다. 잠정태의 범위에서 최대로 이룰 수 있는 것이 완전태完全態다. 필자는 아리스토텔레스가 정의한 가능태, 현실태, 잠정태, 완전태를 변화의 범위를 예측하는 데 사용한다.

필자가 이치 다음으로 중요하게 보는 것은 '법칙'이다. 법칙은 이치를 따라 만들어진 규칙이다. 사전적 의미로는 '명제의 적용범위가 넓고 그 경험적 의미가 예외 없이 확정된 경우'를 법칙이라고 부른다. 혹은 '사물 간의 불변적 관계를 설명하는 것'이다. 예를 들어, '사람은 혼자 살 수 없다', '모든 사람은 존중받아야 한다'는 이치를 따라 사람 간의 관계는 어떠해야 옳은지를 규정하는 사회 법칙들이 만들어진다. 물리 법칙, 경제 법칙, 인간관계 법칙 등에는 각각 연결된 우주의 이치, 자연의 이치, 존재의 이치 등이 깔려 있다. 참고로 구조는 이치와 법칙을 따라 형성되고, 구조를 따라 흐름이 나타난다.

수학에서도 신이 세상을 설계한 원리를 발견할 수 있다. 철학은 세상에 존재하는 모든 실체를 '언어'로 변환하여 연구한다. 심지어 신조차도 언어로 변환한다. "태초에 말씀Logos이 계시니라!" 고대 철학과 중세철학에서 신을 상징하는 '로고스Logos'는 사물의 존재를 한정하는 보편적인 법칙, 행위가 따라야 할 준칙, 이 법칙과 준칙을 인식하고 이를 따르는 분별과 이성理性을 뜻한다.[2] 로고스는 어떤 사물이 변화된 상태 혹은 인간의 심리 경향을 일컫는 파토스pathos와 대립되는 개념으로, 고전 그리스어로 '말하다'를 뜻하는 동사 'legein'의 명사형으로 '말한 것'을 뜻한다.

이처럼 철학은 세상과 세상의 실체를 '언어'로 변환하여 연구하는 반면, 수학은 실체를 '수數'로 변환하여 연구한다. 예를 들어, 수의 본질은 나눌 수 있는 수와 나눌 수 없는 수, 실제 수와 가상 수다. 세상은 나눌 수 있는 것과 나눌 수 없는 실체로 구성된다. 세상은 실제 세상과 가상의 세상으로 나뉜다.

수를 1차원에서 연결(사칙연산)하면 성질의 변화(새로운 수)가 나타난다. 현실 합성수(자연수, 정수, 유리수, 무리수), 가상 합성수(복소수) 등이다. 가장 본질이 되는 수가 차원을 만나면 형태의 변화가 일어난다. '차원次元/dimension'이 변화를 일으키는 추동력이라는 의미다. 수와 수를 관계 측면에서 해석하면 '기하幾何/geometry'다. 두 수(점)를 더하면 점(수)의 연장인 선이 된다. 수의 관계는 두 가지다. 첫째, 인과관계다. 원인은 시작이 되고 결과는 종결이 된다. 인과관계에 따라 수를 배치하면 1차원 직선 공간이 된다. 둘째, 순환관계다. 각이 있는 순환관계에 따라 수를 배치하면 2차원 면 공간이 된다. 가장 기초가 되는 면은 삼각형이다. 각이 없는 순환관계에 따라 수를 배치하면 2차원 원이 된다. 그래서 직선, 삼각형, 원은 기하의 기초 도형이며 우주 공간의 기초다. 다각형과 포물선은 직선, 삼각형, 원을 가지고 확장한 도형이다. 2차원의 면 도형에 공간 하나를 더하면 3차원의 입체 공간이 된다. 3차원까지는 실체의 본질을 설명한다. 실체가 변화되는 것을 설명하려면 4차원 기하로 넘어가야 한다. 즉 변화는 4차원부터 일어나는 일이다. 4차원은 점·선·면이 통합된 3차 공간에 시간이라는 차원 하나가 더해진 공간이다. 이때 4차원의 시간은 앞뒤로 직선운동을 한다. 안타깝지만 인간의 감각은 3차원에 머문다. 현재만 인식한다. 그 대신 이성이 시간의 개념을 인식하고 3차원에서 감각이 얻은 정보를 시간을 기준으로 비교하여 변화를 인지한다. 이성의 힘은 여기서 끝나지 않는다.

이성은 수학을 도구로 4차원 이상의 고차원을 사유할 수도 있다. 참고로 차원次元이란 공간 내에 있는 존재의 위치를 나타내기 위해 사용하는데, 그 공간에서 서로에게 영향을 미치지 않고 독립적으로 움직일 수 있는 성분들의 개수다. 1차원은 선, 2차원은 면, 3차원은 입체, 4차원은 3차원 공간+시간의 1차원이다. 4차원은 아인슈타인이 시간과 공간을 결합해서 만든 차원이다. 4차원에서 시간은 앞과 뒤의 양방향 직선운동을 한다. 물리학에서 4차원은 상대성이론으로 설명이 가능하다.

그렇다면 5차원은 어떤 공간일까? 수학적으로는 서로에게 영향을 미치지 않고 독립적으로 움직이는 5개의 성분이 있는 공간이다. 4차원에 존재하는 실체에 연구 제한된 물리학으로는 증명이 어렵기에 설명할 수 없는 영역이다. 하지만 이성의 힘을 극대화해 사용하는 철학과 수학으로는 3차원의 공간+시간의 2차원도 상상과 설명이 가능하다. 시간의 2차원이란 시간이 양방향 직선운동만 하지 않고 네 방향 면운동을 한다고 상상해볼 수 있다. 시간이 앞(미래)과 뒤(과거)의 양방향 운동과 더불어 위와 아래로 운동하는 것을 생각의 힘으로 만든 가상 세계에서 구현하면 어떤 모습일까? 1차원의 시간이 다른 차원과 연결되어 작동한다. 직선운동에 있는 존재는 자기 자신을 볼 수 없다. 자기 자신을 보려면 2차원이 필요하다. 위나 아래라는 공간으로 옮겨 가 직선으로 움직이는 실체를 바라

볼 수 있다. 즉, 시간의 이동을 보려면 2차원 시간이 필요하다.

언어로 세상을 설명한 아리스토텔레스는 자연계 운동을 네 가지로 나눴다. 변화, 수직운동, 수평운동, 천체운동이다. 변화는 시간이 지나면서 쇠가 녹스는 것이나 색깔이 바래는 것이다. 아리스토텔레스는 물질의 자연적 체계가 변하는 것도 운동으로 생각했다. 수직운동은 물체의 본성에 심겨 있는 운동이다. 위로 운동과 아래로 운동이라는 두 가지의 자연운동이다. 아리스토텔레스는 불과 수증기 등은 위로 운동이고, 물체가 아래로 떨어지는 것은 아래로 운동이라고 했다. 수평운동은 자연운동이 아니라 계속 인위적인 힘을 받는 강제운동이다. 변화, 수직운동, 수평운동은 불완전한 지상에서 발생하는 운동이다. 아리스토텔레스는 완전한 세계인 천체는 불완전한 세계인 지상의 운동과 다르다고 생각했다. 천체는 에테르로 만들어졌고 질량이 없으며, 완전한 형태(기하)인 원으로 되어 있고, 완전한 궤도인 원형 궤도로 움직이는 원운동을 한다고 믿었다.

수로 세상을 설명하는 수학에서는 운동의 이치를 어떻게 통찰했을까? 수 운동의 기본 방식은 네 가지다. 결정운동, 상대운동, 비결정운동, 이산운동(돌연변이)이다. 결정운동은 뉴턴 방정식에 따라 움직이는 운동이다. 상대운동은 3차원에서 작동하는 결정운동에 1차원 시간을 더한 4차원에서 발생하는 운동이다. 비결정운동은 양자역학이 작동하는 차원에서 발생하는 운동이다. 이산운동은 평균분포에서 따로 떨어져 흩어진 상태에서 발생하는 운동이다. 즉 돌연변이적 운동이다. 예를 들어, 북핵 갈등이라는 이슈에서 김정은은 지연이 없는 비선형운동을 하고 있고, 트럼프는 비례운동, 문제인은 반비례운동, 시진핑은 지연이 있는 비선형운동을 하고 있다.

수 운동의 방향은 아리스토텔레스의 목적인이 결정한다. 운동의 경로는 운동이 발생하는 공간의 구조가 결정한다. 철학과 수학이 만나는 지점들이다. 운동의 방향과 경로는 언어와 수를 사용해서 단계적 서술로 표현이 가능하다. 같은 운동의 방향과 경로를 가지더라도 운동의 상태는 다를 수 있다. 미래학에서는 이렇게 각각 다른 운동 상태를 갖는 플레이어에 고유한 보수 값(목적인)을 넣어 (수학적) 게임이론으로 그들의 미래 전략을 예측하는 시나리오를 도출하는 데 응용한다.

한 실체가 시간에 따라 운동 상태가 다르게 나타나거나, 각각의 실체가 저마다 다른 운동 상태를 나타내는 것은 각기 다른 힘이 작용하기 때문이다. 힘이란 서로 영향을 주는 두 개의 수(사물) 사이의 상호작용이다. 힘은 사물의 운동 상태나 모양을 변화시킨다. 인류가 발견한 힘은 크게 두 부류로 네 가지로 세분된다. 한 부류는 당기는 힘(융합하는 힘)이고 다른 한 부류는 밀어내는 힘(붕괴시키는 힘)이다. 당기는 힘은 거시세계에서는 인력, 미시세계에서는 당기는 전자기력, 극미시세계에서는 강한 핵력이다. 밀어내는 힘은 거시세계에서는 원심력, 미시세계에서는 밀어내는 자기력, 극미시세계에서는 약한 핵력이다. 인력과 원심력을 합한 중력, 전자기력, 약력과 강력을 네 가지 기본 힘이라고 한다. (전자기력은 거시세계의 전자기력을 띠는 물체 단위에서도 작용한다.) 수가 운동할 때 발현되는 힘의 크기(가속도)도 세 가지로 나눌 수 있다. 즉 비례, 반비례, 로그(축적)다.

거시세계에서 작동하는 중력은 당기는 힘인 인력(구심력)과 미는 힘인 원심력을 합한 힘이다. 중력에서 미는 힘으로 작동하는 것은 원심력이다. 원심력은 지구 자전의 원운동으로 발생하는 관성력으로 원의 중심에서 멀어지려는 힘이다. 뉴턴 운동의 제1법칙은 (같은) 운동을 계속하려는 관성력에 대한 것이다. 물체의 운동은 원래 진행 중인 운동 상태를 유지하려는 목적이 우선한다. 이렇게 운동하는 방향으로 나아가려는 힘을 관성력이라 한다. 직선운동에서는 운동하는 직선 방향으로 나가는 힘이 관성력이다. 원이나 곡선 위에서 움직이는 물체에 나타나는 관성력을 원심력이라고 부른다.

중력에서 당기는 힘으로 작동하는 것은 인력과 구심력이다. 만유인력이라고도 부르는 인력은 질량을 가진 모든 물체 사이에 서로 끌어당기는 힘이다. 구심력은 뉴턴 운동의 제3법칙으로 만들어지는 힘이다. 뉴턴 운동의 제3법칙은 작용·반작용 운동이다. 두 물체 간에 작용하는 힘은 언제나 한 쌍으로 작용하고, 같은 크기의 힘이 서로 반대 방향으로 작용한다. 즉 중력에서 구심력은 원심력과 같은 크기로 작동한다.

참고로 뉴턴 운동의 제2법칙은 가속도의 법칙으로 가속도의 크기는 힘의 크기에 비례하고, 질량에 반비례하고, 가속도 방향은 힘의 방향과 일치한다. 이 법칙에 따라 중력의 크기인 중력 가속도는 $9.8\,m/s^2$이다. 참고로 중력 가속도는 위치에 따라 차이가 난다. 가속도는 힘의 크기에 비례하는데, 지구의 위치에 따라서 원심력이 차이가 나기 때문에 중력 가속도가 위치에 따라서 달라진다.

미시세계에서 작동하는 힘은 전자기력이다. 전자기력은 전기력電氣力과 자기력磁氣力을 합한 말이다. 전기력은 전하(+−)를 띤 두 입자 사이에서 작용하는 힘이다. 자기력은 전기력의 상대론적 효과로서 두 자극磁極이 공간을 사이에 두고 작용하는 힘이다. 초기에는 전기학과 자기학이 서로 다른 분야로 나뉘어 있었지만, 1820년 덴마크 물리학자 한스 크리스티안 외르스테드는 전류가 흐르면 자석의 성질이 만들어진다는 것을 발견한 이후부터 둘을 합쳐 하나의 현상으로 묶어 전자기력으로 불렀다.

원자는 원자핵과 전자로 구성되는데, 원자핵은 양전하를 띠고, 주위를 도는 전자는 음전하를 갖기 때문에 서로 잡아당기는 힘이 작동한다. 하지만 전자는 원자핵 주위를 원운동하기 때문에 원의 중심에서 멀어지려는 원심력이 작동한다. 즉 당기는 힘과 밀어내는 힘이 균형을 이루는 점에서 안정적인 궤도를 형성한다. 원자핵과 원자핵, 전자와 전자는 같은 전하를 띠어 밀어내므로 서로 달라붙지 않는다. 참고로 원자핵과 전자 사이의 거리는 지구와 태양 사이의 거리보다 크다. 그래서 사람의 손이나 책상을 구성하는 원자들은 빈 공간이 아주 넓다. 하지만 손바닥으로 책상을 쳐서 손바닥 전자와 책상의 전자가 서로 가까워지면 밀어내는 힘이 작동하면서 손이 책상을 뚫고 나가지 못한다. 사람이 땅 위에 서 있는 원리도 마찬가지다. 지구가 인력으로 사람을 지구 중심으로 끌어당기더라도 땅에 닿으면 땅을 구성하는 전자와 사람을 구성하는 전자 사이에 서로 밀어내는 힘이 작동하면서 땅속으로 빨려 들어가지 않고 땅 위에 서 있는 상태가 된다. 또한 중력이 사람을 끌어당기면 우리 몸의 형상이 제멋대로 찌그러져야 하지만, 거시적으로는 사람의 몸 밖에서 원심력이 작동하고 몸 안에서는 미시적으로 전기력이 작동하면서 일정한 형태를 유지한다. 특히 전자기력은 중력보다 10^{39} 정도 크기 때문에 일정한 형태를 안정적으로 유지한다. 원자를 구성하는 원자핵과 전자는 서로 전하 부호가 다르지만 크기는 거의 같기 때문에 원자 전체 차원에서는 중성이다. 또한 거시세계의 물체 차원에서는 양전하와 음전하의 개수가 거의 같기 때문에 서로 상쇄되어서 중력보다 큰 전자기력을 일상에서는 느끼지 못한다. 이렇게 운동 궤도가 고정되고, 당기는 힘과 미는 힘이 서로 균형을 유지하는 거리가 형성되고, 전하도 균형을 이루는 것 등이 자연의 '법칙'이다.

이런 법칙으로 물질은 분자로, 분자는 원자로, 원자는 원자핵과 전자로, 원자핵은 양의 전하를 띠는 양성자proton와 전하를 띠지 않는 중성자neutron로 쪼개진다. (참고로 중성자는 1932년 영국의 채드윅이 발견했고, 이 공로를 인정받아 1935년 노벨물리학상을 수상했다.) 이런 극미시세계에서 약한 핵력은 중성자를 붕괴시켜 양성자와 전자로 바꾸고, 강한 핵력은 양성자와 중성자를 결합시켜 원자핵을 만든다. 약력과 강력이 작동하면서 원자 하부가 유지된다. 양성자와 중성자는 질량이 거의 원자핵 질량의 반반으로 같다. 거꾸로, 양성자와 중성자의 수의 차이는 원자핵과 전자 수의 차이를 만든다. 예를 들어, 산소 원자핵은 8개의 양성자를 가지지만 탄소 원자핵은 6개의 양성자를 갖는다. 원자번호는 양성자의 수에 따라 붙여지고, 원자는 자신이 가진 양성자 수와 같은 수의 전자를 갖는다. 원자핵 양성자와 중성자의 수의 차이는 원자의 질량과 물리적 성질의 차이를 만든다. 전기력과 자기력은 원자핵과 전자의 세계, 원자와 원자의 결합이 이루어지는 차원에서 작동하는 힘이다. 이와 비슷한 방식으로 원자의 수의 차이는 분자의 차이를 만든다. 예를 들어, 물 분자는 산소 원자 1개와 수소 원자 2개로 이루어진다. 그리고 분자의 차이는 물질의 차이를 만든다. 물질의 단계에 올라오면 인력과 원심력으로 구성된 중력이라는 힘의 영향을 받는다.

참고로 중성자가 물질의 근원일까? 아니다. 물리학의 우주의 근원을 설명하는 표준모형가설(세상의 기초에 대한 가설)에서는 우주는 빈 공간이 아니라 힉스라는 신의 입자God's particle로 가득 채워져 있다고 전제한다. 만물을 탄생시킨 신의 입자 힉스에 대한 가설은 1964년 영국의 물리학자 피터 힉스Peter Higgs가 만들었다. 우주를 가득 채운 힉스는 중성자 하위에 있는 분수 전하를 갖고 물질을 구성하는 최소단위인 쿼크quack[강한 핵력이 작용하고 향과 색으로 된 up(2/3)/down(−1/3), charm(2/3)/strange(−1/3), top(2/3)/bottom(−1/3)이라는 6종 3쌍]와 렙톤lepton(강력 핵력이 작용하지 않고 1/2의 스핀 값을 가지며 여섯 가지 향이 2개씩 묶인 3쌍)이라는 기본입자가 질량을 갖도록 하고, 물리적 힘을 전달하는 보손boson을 매개하는 입자라는 가설이다. 쿼크 3개가 모이면 양성자나 중성자가 된다.

아인슈타인은 고차원을 도입하여 네 가지 힘(중력, 전자기력, 약력, 강력)에 대한 통일장이론을 전개하려고 했다. 통일장이론은 입자물리학에서 기본입자 사이에 작용하는 힘의 형태와 상호관계를 하나의 이론으로 통일하여 설명하려는 장field 이론이다. 통일적 해석은 뉴턴이 태양계 운동과 지구상의 물체 운동을 하나의 통합된 관점으로 설명하기 위해 중력 개념을 만들 때부터 시작되었고, 아인슈타인은 중력, 전자기력, 약력, 강력을 하나의 통합된 관점으로 설명하려고 시도했지만 완성하지 못하고 생을 마감했다. 현재 중력, 전자기력, 약력, 강력이라는 네 가지 힘에 대한 통일장이론을 가장 잘 설명하는 물리학 가설은 기본입자들을 입자(물질)나 힘의 관점이 아니라, 끈의 진동이나 막으로 해석하는 '끈string' 이론과 '막membrane' 이론이다.

끈 이론은 물질의 근원은 점(입자)이 아니라 선(끈)이라는 발상이다. 수가 아니라 기하가 물질의 근원이라는 접근법이다. 물질의 근원은 진동하는 끈(선)이며, 진동에 따라서 하나의 끈이 서로 다른 성질의 입자(물질)로 나타난다. 마치 바이올린이나 기타가 서로 다른 진동으로 각기 다른 소리를 내듯이, 우주도 진동하는 에너지인 끈(선)으로 되어 있어서 진동하는 패턴에 따라서 각기 다른 질량과 전하가 생긴다는 가설이다. 이처럼 철학과 수학은 신이 세상을 설계한 원리, 그 원리에 따라 생성된 법칙을 발견하는 강력한 도구다.

철학과 수학을 통해 이치와 법칙을 발견하는 것이 중요한 이유는 신이 법칙에 기반을 둔 프랙털로 우주를 채우기 때문이다. 프랙털 기하학은 비유클리드 기하학으로서 IBM 왓슨 연구소에서 근무했던 프랑스 수학자 망델브로 박사가 창안했다. 1975년, 망델브로 박사는 「영국의 해안선은 얼마나 긴가? 통계적 자기닮음성과 프랙털 차원」이라는 논문에서 '쪼개다'는 뜻을 가진 라틴어 '프랙투스fractus'에 어원을 두고, 자기유사성self-similarity을 가진 도형의 무한한 순환성에 관한 프랙털 기하학을 발표했다.

프랙털fractal은 자기 자신과 닮은 도형을 반복하여 생성되는 구조다. 작은 구조가 비슷한 형태로 끝없이 되풀이되면서 전체 구조를 형성하는 우주의 원리다. 그 예를 살펴보면, 나무는 가지를 치면서 성장하는데, 나뭇가지는 전체 나무의 모습과 닮아 있어서 마치 작은 나무처럼 보인다. 또한 물 분자는 구름 속에서 얼 때, 육각형 모양을 띠고 물 분자에서 눈 결정으로 성장하는 과정에서 육각형과 육각형이 더해져 더 큰 육각형이 생기는 방식이 무한 반복되는 프랙털 구조를 갖는다. 이 외에도 고사리, 브로콜리, 번개, 해바라기, 벌집, 해안, 강줄기, 기관지 등 자연의 기하는 프랙털 구조를 띤다. 신을 배제하더라도 세상은 프랙털을 이용한 자기유사성 반복의 기하학적 구조를 가진다는 것이 과학자들을 통해 증명되고 있다. 결국 우주는 아리스토텔레스의 4원인이 질서 있게 반복되어서 (전체 차원에서 새로운 목적을 가진) '복잡계' 구조(형상)를 형성한다.

> **통찰력과 학문의 관계**
> - 이치는 철학(수학, 과학 포함), 신학(신화)
> - 구조는 카오스와 복잡계
> - 이치와 구조의 적용은 사회, 경제, 정치
> - 검증은 역사
> - 예측은 미래

미래를 설명하는 기술

　미래는 실재는 시간이지만, 아직 나타나지 않은 실체다. 이런 미래를 설명하는 기술은 사유뿐이다. 앞에서 예를 든 것처럼 철학적(수학 포함)으로만 설명이 가능하다는 말이다. 필자가 철학을 좋아하는 이유는 끊임없이 본질에 대한 질문을 하기 때문이고, 수학을 좋아하는 이유는 인류가 추구하는 학문 중에서 수학이 가장 엄밀하기 때문이다. 그리고 둘 다 모든 인간이 가진 뇌를 통한 사유의 힘을 극대화하는 학문이기 때문이다. 본질에 대한 엄밀한 사유, 이것이 통찰력의 기반이 되어야 한다.

　철학이란 '지혜를 사랑함'이다. 미래도 지혜로만 설명이 가능하다. 그래서 미래학자의 연구내용은 예언으로 받아들이지 말고 지혜의 영역으로 받아들여야 한다. 미래학자는 철학자처럼 구체를 추상화하여 시간과 공간을 초월한 지혜(진리)를 논한다. 추상이란 "여러 가지 사물이나 개념에서 공통되는 특성이나 속성을 추출하여 파악하는 작용"을 말한다. 추상은 수렴사고다. 추론이란 "어떠한 판단을 근거로 삼아 다른 판단을 생각하여 논함"을 말한다. 추론은 확산사고다. (구체를 일반화하는 '추상력'과 논리적 연산을 통해 진리를 발견하는 '추론력'은 철학과 수학 능력뿐만 아니라 세상을 통찰하고, 지혜를 늘리고, 창의력을 발휘하고, 미래를 예측하는 결정적 힘이다. 즉, 인간 인식기능의 핵심이다.)

세상을 극단으로 추상화하면 존재와 운동으로 일반화할 수 있다. 수없이 많고 다양한 개별적이고 구체적인 현상(사건)은 운동하는 존재들이 부딪치면서 생겨난다. 미래연구는 구체적 개별 현상(사건)보다는 존재와 운동의 추상적 수준에 집중한다. 구체를 추상화하여 일반적 특성의 단위를 도출하면 시간과 공간을 초월하는 관점을 얻을 수 있기 때문이다.

존재를 추상화하면 비물질 존재와 물질 존재로 나뉜다. 운동은 존재의 변화다. 미래는 추상화된 존재의 변화(운동)로 설명이 가능하다. 이것이 미래연구의 초점이다. 눈에 보이는 현상의 세계는 공간 안에서 정지하지 않고 계속 복잡하게 소용돌이치는 존재들의 변화 결과다. 이런 복잡한 현상을 보이는 그대로 이해하여 통찰력을 발휘하는 것은 불가능하다. 대단히 복잡하고 엄청난 사건들이 쏟아지기 때문이다. 현상에는 소음이 가득하기 때문이다.

철학적인 사고를 통해서 존재의 운동(변화)의 명확하고 엄격한 개념에 도달해야 그 개념으로부터 의미 있고 타당한 미래 가능성을 추론할 수 있다. 그래서 미래를 연구하는 것, 미래 변화 가능성들을 연구한다는 것은 존재(비물질적 존재, 물질적 존재)가 무엇인가, 존재가 거하는 공간(우주)은 무엇인가, 존재는 공간 안에서 어떻게 작동하고 변할 가능성이 있는가를 철학적으로 탐구하는 것이다. 철학하는 방법은 사변적 방법과 수학적 방법으로 나눌 수 있다.

칸트는 철학적 인식을 이성의 '사변적' 인식 행위로 간주했다. 칸트에게 보편적인 것을 구체적으로 인식하는 것은 '보통의 인식'이고 보편적인 것을 추상적으로 인식하는 것이 '사변의 인식'이다.[3] 칸트는『순수이성비판』의 '변증론'에서 사변 이성으로는 초감성적인 사물 인식이 불가능하지만, 사변 이성은 언제나 가능적 경험의 한계를 초월하고자 하는 특성(혹은 욕구)이 있다고 보았다. 그래서 어떠한 경험으로도 도달할 수 없는 대상이나 대상의 개념에 관한 경우에는 순수한 사변적 인식 행위가 된다. 이처럼 사변적 인식은 경험에 의지하지 않고, 혹은 경험으로 도달할 수 없는 대상을 순수한 논리적 사고만으로 인식하는 방법이다. 칸트는 '사변적'을 '실천적'과 대비되는 단어로도 사용했고, 순수 이성의 사변적 사용의 형이상학을 자연의 형이상학(좁은 의미의 형이상학), 순수 이성의 실천적 사용의 형이상학을 도덕의 형이상학이라고 불렀다.[4]

수학은 순수한 고도의 추상화 기술을 사용하여 관념의 차원에서 우주의 본질(관념적 법칙)을 탐구하는 강력한 도구다. 수학도 추상화를 통해 세상의 본질을 끄집어내는 것을 목표하기 때문이다.[5] 영국을 대표하는 철학자이자 수학자 앨프리드 노스 화이트헤드는 "고도의 추상화는 구체적인 사실에 대한 사고를 제어하는 진짜 무기다"라는 말을 했다. 화이트헤드가 말한 고도의 추상화는 세상의 본질을 통찰하는 데 사용하는 수학적 접근법을 의미한다. 수학적 방법도 큰 틀에서는 사변적이다. 최초의 철학자에게 수학은 철학적 사고의 대상이었다. 철학philosophy을 뜻하는 그리스어 필로소피아 $\phi\iota\lambda o\sigma o\phi\acute{\iota}a$는 '지혜를 사랑함'이라는 뜻이다. 수학mathematics의 그리스 단어 마쎄마 $\mu\acute{a}\theta\eta\mu a$는 '학습하다'는 뜻의 만싼오 $\mu a\nu\theta\acute{a}\nu\omega$에서 파생된 단어로 '배워서 잘 이해함'이라는 뜻이다. 이 두 단어를 만든 사람은 피타고라스다. 피타고라스는 자신의 지적 활동을 설명할 때 이 두 단어를 즐겨 사용했다.[6] 피타고라스에게 철학은 지혜를 사랑하는 태도에 관한 것이고, 수학은 지혜를 배워서 잘 이해하는 인식에 관한 것이다.

피타고라스는 지혜를 두 가지로 나눴다. 하나는 수의 특성이고, 다른 하나는 수의 관계다. 수의 특성을 다루는 것이 산술이고, 수의 관계를 다루는 것이 기하다. 피타고라스를 비롯한 그리스 철학자들은 수의 특성을 다루는 산술에서 논리를 추구했고, 공간 속에서 수의 관계를 다루는 기하에서는 수들의 조화롭고 아름다운 어울림, 즉 미美를 추구했다.[7] 철학에서 수학이 나왔고, 수학에서 논리학과 미학이 나온 셈이다. 참고로 수학에서 기하학, 천문학, 음악이 발생했고, 철학에서 (수학과 더불어) 자연학이, 자연학에서 생물학과 물리학이 발생했다. 신에 대한 지식은 철학보다 더 오래된 태도이자 인식이다.

이처럼 필자의 미래연구, 미래를 설명하는 기술은 세상을 존재의 운동으로 추상화하여 사변적 방법과 수학적 방법으로 탐구하는 데서 시작한다. 필자는 존재를 정지 상태에서 연구하는 것이 현재에 대한 연구이고, 존재를 운동 상태에서 연구하는 것이 미래에 대한 연구라고 생각한다. 존재가 운동하면서 만들어내는 변화가 미래를 형성한다. 존재의 운동을 알려면 과거의 운동을 알아야 한다. 이것이 과거가 미래연구의 영역으로 들어오는 이유다. 이런 관점을 가지면, 미래연구의 대상, 영역, 방법(도구)을 도출할 수 있다. 미래연구의 대상은 물질적 존재와 비물질적 존재, 그리고 존재가 거주하는 공간이다. 연구 영역은 존재의 과거 현재 미래의 위치, 모양, 영역, 운동이다. 방법은 사변적 방법과 수학적 방법을 사용할 수 있다. 특히 이 두 방법은 미래연구 방법의 기초다.

미래학자는 세상을 존재의 운동으로 추상화하여 사변적 방법과 수학적 방법으로 탐구하여 나름대로 자신만의 예측모델을 만든다. 예언은 이런 과정이 없이 미래를 직접 보는 것이다. 반면에 예측은 연구한 모델을 변형(조작)해서 나온 시나리오 중에서 어떤 것이 현실이 될 가능성이 높은지를 확률적으로 판단하는 행위다. 고도로 추상화한 세계 모델을 가지고 미래 변화 가능성을 탐구하는 행위다.

현재의 세상을 모델링한다는 것은 현실을 완벽하게 구현하는 것이 아니다. 세상의 본질과 특징을 가장 잘 표현하는 수준까지 추상화하여 단순하지만 명확한 모형模型으로 형상화形象化하는 일이다. 복잡한 세상을 이해하는 데 필요한 모델을 만들기 위해서는 두 가지 관점이 필요하다. 하나는 복잡한 세상을 하나의 커다란 시스템으로 이해하는 것이고, 다른 하나는 복잡한 세상에 실제적 영향을 미치는 개별 존재를 이해하는 것이다. 즉 전체로서의 본질과 개별로서 본질 두 가지 관점이 모두 필요하다.

먼저, 복잡한 세상을 하나의 커다란 시스템으로 보는 관점은 숲을 보는 시각이다. 이 관점은 영향력 있는 존재들이 서로 연결되어 구축된 전체로서 세상의 본질(이치, 구조, 질서가 있는 흐름)을 이해하는 힘을 준다. 우주와 자연이 아름다운 이유는 감각적 미뿐만 아니라 논리적으로 정교하고 질서 정연하기 때문이다. 수학數學은 미학美學과 더불어 우주, 자연, 인생의 아름다움의 본질과 구조를 해명하는 학문이다.[8] 수학은 우주, 자연, 인생에서 겉에 씌워진 혼돈의 베일을 벗기고 숨겨진 본질과 질서를 탐색해내는 훌륭한 논리 도구를 갖고 있다. 수학은 구조의 본질과 질서를 단순화한 모델을 만들어 우주와 자연의 복잡한 구조를 설명한다. 수학에서 모델링이란 복잡하게 연결된 세상(우주, 자연, 사회) 구조의 본질과 질서를 (불필요한 것을 제거하고) 단순하고 명료한 모델로 치환하는 것이다. 그래프 이론은 수학적 모델이 무엇인지 잘 보여주는 실례다. '쾨니히스베르크의 다리 건너기'와 같은 현실 문제를 점과 점을 연결하는 선으로 이루어진 그림으로 치환하면 수학적 모델이 된다.[9]

그다음으로 복잡한 세상에 실제적 영향을 미치는 개별 존재를 이해하는 시도는 나무를 보는 시각이다. 나무를 본다고 해서 현상에 나타나는 모든 개별 존재를 이해할 필요는 없다. 뿐만 아니라 불가능하다. 세상에는 개체가 수없이 많고 다양하지만, 개체들 안에 있는 공통 특성을 끄집어내는 추상화 과정을 거치면 존재 그 자체의 본질에 접근할 수 있다. 그렇게 되면 수없이 많고 다양한 개별 개체에 관한 연구가 세상에 영향을 미치는 몇몇 중요한 존재의 연구로 좁혀진다. 예를 들어, 단일 사건은 현상이니 무시한다. 패턴이 있는 사건들은 중요한 변수stock나 흐름flow으로 추상화할 수 있다. 변수나 흐름은 기하의 영역이다. 사람이나 국가는 특별한 성질을 갖는 행위자agent로 추상화할 수 있다. 행위자는 수와 기하의 영역이다. 단, 행위자의 영향력은 변수나 흐름으로 추상화할 수 있다.

단일 사건 → 현상
사건 패턴 → 변수/흐름 → 기하
사람 → 행위자 → 점 → 수/기하
국가 → 행위자 → 점 → 수/기하
사람/국가 영향력 → 변수/흐름 → 기하

이렇게 추상화를 통해 도출한 존재들은 단순하고 명확한 수와 물질의 본질에 대한 연구로 전환할 수 있다. 물질의 본질에 대한 연구는 사변적 연구 영역이 되고, 수에 대한 연구는 수학적 연구 영역이 된다. 세상을 구성하는 주요 존재agent는 길이, 넓이, 부피, 위치, 방향, 속도, 개수라는 수학적 특성을 갖는다. 이런 특성은 숫자와 기호(문자)로 단순하고 명료하게 정리하여 표현할 수 있는 최고의 도구인 수학의 연구 영역이다. 예를 들어 존재의 위치, 모양, 영역은 기하학과 대수학이 훌륭한 도구가 된다. 기하학은 존재의 위치, 모양, 영역을 시각적으로 연구(시각 유용성)할 수 있게 해주고, 대수학은 존재의 위치, 모양, 영역을 기호로 표현하게 해주어서 조작 유용성을 준다. 존재의 운동은 데카르트 좌표계, 미적분, 삼각법, 통계, 확률 등이 훌륭한 도구가 된다. 미래학자가 관심을 갖는 운동의 본질, 법칙, 순간 운동(미시 운동), 거시 운동, 운동 방향, 운동 속도, 운동 가능성 범위, 운동 형태 등을 통찰할 수 있는 지식이다. 예를 들어 기하학은 점과 선을 가지고 존재의 면, 넓이, 부피 등을 시각화해준다. 대수학은 면(선)은 x, 넓이는 x^2, 부피는 x^3으로 기호화하여 조작하기 쉽게 만들어준다. 데카르트 좌표계는 기하학과 대수학의 장점을 결합하여 존재의 위치, 모양, 영역을 좌표상에서 선분으로 해석할 수 있는 길을 열어준다. 확률과 통계는 존재의 운동의 변화 가능성을 확률적으로 통찰하고 해석하게 해준다.

수학적 방법이 가져다주는 시각 유용성, 조작 유용성, 해석 유용성은 미래학자로 하여금 모델을 형성하고 실험하여 시각(관점)을 확장할 수 있도록 하는 장점이 있다. 미래학자의 미래연구, 미래설명 과정은 현재 세상(우주)을 모델링한 후, 모델을 변형(조작)하여 미래 모델을 만들어, 알고 싶은 미래 변화 가능성에 대한 시나리오(미래 작동 가능성)를 이야기 등의 방식으로 도출한다. 모델을 형성하는 과정은 가장 먼저 수학적 도구를 활용해서 모델에 사용될 존재와 운동을 선택하고 연결하여 모델의 구조를 형성하고, 그 위에 사변적 방법으로 추상화된 물질을 덧입히면 '자연'이 된다. (과학은 자연법칙을 발견하는 학문이다.) 여기에 인간을 행위자로 넣으면 '사회'가 된다. (사회 안에서 인간의 행위는 정치, 경제, 기술technology이다. 기술은 발견한 자연법칙을 실생활에 응용하여 존재의 운동/변화에 영향을 미치는 새로운 사물을 만드는 행위다.) 여기에 신을 넣으면 '세상'(우주)이 된다. 이것이 모델의 차원이다.

예측모델이 성공하기 위해 중요한 것이 하나 더 있다. 데이터 수집과 처리다. 사람이나 인공지능은 수집한 데이터(사건, 숫자)를 객체의 본질(특성), 관계, 운동(관계 변화)로 분류하고 세상의 이치를 따라 구조와 흐름을 재현(처리)한다. 인간은 오감을 통해 입력되는 데이터를 뇌에서 처리하여 세상을 이해하고 문제를 해결한다. 데이터는 인간에게 세상을 보고, 분석하고, 이해하게 하는 도구이기 때문이다. 사람이 현실 세상에서 수집하는 데이터는 문자와 수로 구성된다. 미래학자는 이런 사실과 숫자를 수집하여 패턴을 찾고, 패턴들을 조합하여 모델을 만들어 미래를 예측한다. (사실들은 문자로 구성되고, 숫자들은 수로 구성된다.)

　반면에 컴퓨터는 입력장치를 통해 입력(수집)된 데이터를 계산(처리)하여 세상을 이해하고 문제를 해결한다. 컴퓨터에 입력되는 데이터도 문자와 수다. 하지만 '0, 1' 두 가지밖에 처리하지 못하는 컴퓨터는 인간의 자연어 문자와 다양한 숫자 기호를 처리할 수 없다. '0, 1'도 숫자라기보다는 'On, Off'의 전기신호에 불과하다. 컴퓨터가 인간의 자연어와 숫자들을 처리하기 위해서는 '0, 1'(이진법)으로 변환해야 한다. 그래서 컴퓨터(인공지능)에게 예측수행을 하게 하려면 먼저 수와 문자를 0과 1로 변환해주어야 한다. 이 과정이 완료되면, 컴퓨터는 수, 수의 관계, 수의 변화를 처리하는 다양한 이론을 가진 철학(논리학)과 수학 이론을 사용하여 주어진 문제를 해결한다. 즉 인공지능도 철학(논리학)과 수학이 필수다. 수학자 고드프리 해럴드 하디는 저서 『어느 수학자의 변명A Mathematician's Apology』에서 수학을 "사고를 통해 창조된 영속적인 패턴들의 집합"이라고 표현했다.[10] 수학은 수, 문자(기호 포함)를 사용해서 우주, 자연, 사회의 패턴(규칙)을 엄격하게 기술하는 목적을 갖는다.[11] 수학자는 수를 가지고 현실 세계의 사물이나 변화상(운동량의 변화 등)을 가상의 세계에서 (사물의 모양이나 특성을 숫자로 변환한 후, 단독으로 혹은 그룹으로 묶어) 정교하게 조작하거나, 다른 것과 비교하거나, 특별한 규칙성과 패턴을 찾아낸다. 특히 수 기계라고 불리는 함수 속에는 입력된 수를 계산하는 패턴이 들어 있다.[12] 함수에 입력된 값은 정해진 계산 패턴을 통해 결괏값을 반환한다. 패턴을 따르기만 하면 결괏값을 예측할 수 있다. 인공지능이 빅데이터 속에서 스스로 패턴을 찾는다는 말은 스스로 함수를 만든다는 의미다. 인간의 인식 과정과 마찬가지로 인공지능이 인식능력을 갖는다는 것은 세상으로부터 입력된 데이터를 수학적 원리를 사용하여 검색, 분석, 분류, 해석, 추상화, 판단과 예측을 한다는 의미다. 미래에 인공지능이 스스로 문제 탐색하는 능력을 갖는다는 말은 스스로 추상화(수렴-분류, 군집), 패턴 형성, 무작위 연결(확산-추론), 데이터 피처링(피처 선택과 변환, 파라미터 조정), 회귀와 베이지안 확률로 해답 가능성 도출 과정을 진행하는 수준까지 발전한다는 것이다. 결국 인간은 물론이고, 인공지능도 데이터를 처리하는 최종 병기는 철학(논리학)과 수학이다. 다음은 필자가 미래연구와 통찰에 수학을 어떻게 적용하는지를 간략하게 정리한 것이다. 아래 내용에 대한 자세한 설명은 이 책의 '북인북 1'을 참고하면 된다.

인간과 인공지능의 최종 병기, 철학과 수학의 활용 정리
* 수의 본질, 관계와 운동을 알면 예측이 가능하다.
• 산술: 셈, 사칙연산, 행렬(양을 다루는 기술)
• 수의 본질: 수(數, 극단적으로 추상화된 존재의 본질)
• 수의 관계: 기하(일반 기하, 위상 기하), 대수학(수와 기하의 결합), 수와 기하의 통합(데카르트 좌표계, 미적분)
• 수의 변화(운동): 수 기계(함수), 미적분, 양자역학(복소수)
• 절대 운동(거시세계): 고정된 공간(절대 공간) 안에서 정지된 수와 움직이는 수 사이의 절대 변화(뉴턴 이론)−시간에 따른 위치와 속도에 대한 결정이 가능하기에 예측 가능한 세상
• 상대 운동(물체의 속도가 빛의 속도에 근접할 정도로 아주 빠를 때): 움직이는 공간(상대 공

간) 안에서 움직이는 두 수 사이의 상대 변화(상대성이론)
- 양자역학 운동(원자 이하의 미시세계): 얽힌 공간(미시 공간) 안에서 움직이는 두 수 사이의 확률적 변화(미결정, 불확정성)－위치와 속도에 대한 확률적 예측(뉴턴 식으로 절대적 예측이 불가하기 때문에 확률로 접근)
- 수의 확률과 예측: 통계(수집단 관계의 특성)와 확률(수의 운동－변화의 확률)
- 인공지능 신경망 알고리즘: 행렬(신경망 '학습'의 원리)
- 빅데이터: 데이터(수), 데이터 관계(기하), 데이터 통찰(수 변환, 수와 기하 통합, 수 특성, 수 예측 등)

인공지능, 강력한 통찰 도구

통찰력과 관련해서 앞으로 주목할 기계적 도구는 인공지능이다. 필자가 연구하고 경험한 바에 따르면, 인공지능은 새롭고 강력한 예측 도구, 통찰 도구로 사용될 것이 분명하다. 인공지능에게 학습하는 알고리즘을 장착한 후, '방대한big data' 영역을 검색하게 하면서 지도학습으로 훈련된 데이터를 기반으로 빠르게 특징을 추출하거나 비지도학습 방식으로 스스로 특징이나 패턴을 발견하게 한후, 다음 결괏값(분석값, 회귀 예측값)을 확률적으로 예측하게 하는 능력을 인간이 도움을 받아 통찰력(이해, 분석, 예측)을 증강하는 미래는 이미 시작되었다. 시간이 갈수록 인공지능이 통찰의 강력한 외부 도구로 사용되는 것은 명약관화다. 단, 당분간은 통찰의 기계적 도구인 인공지능에게 무엇을 가르쳐야 할지, 어떻게 가르쳐야 할지, 무엇을 찾고 분석할지를 결정하는 것은 인간의 몫이다. 비지도학습을 하더라도 원 데이터에서 노이즈를 걸러내는 것도 인간의 몫이다. 즉 인공지능이 예리한 통찰력을 가진 인간과 협업할 때 최고의 성과를 낼 수 있다.

필자는 인공지능의 미래를 다양한 관점에서 예측해왔다. 필자가 예측한 인공지능의 미래에 대한 자세한 내용을 알기를 원하는 독자는 필자의 저서 『이것이 미래다』를 참고하라. 그 대신 여기서는 인공지능의 미래 발전 예측내용을 통찰력과 연결해서 간단하게 설명하겠다.

인공지능에는 단계가 있다. 전문가들은 인공지능을 두 단계로 나눈다. 약한 인공지능, 강한 인공지능이다. 지금은 약한 인공지능 시대다. 강한 인공지능은 인간의 통제에서 벗어나 스스로 완전한 자율성을 가지고 인류를 지배하고 파괴하는 능력을 가진 수준을 일컫는다. 강한 인공지능의 가능성에 대해 어떤 부류는 실현 불가능한 신화적 허상이라고 평가하는 반면, 다른 한편에서는 언젠가는 실현 가능한 미래라고 예측하기도 한다. 강한 인공지능의 실현 가능성 유무에 대해서 양쪽 모두 탄탄한 논리적 기반을 갖추고 있어서 무엇이 맞을지는 아직 모른다.

필자는 인공지능의 미래를 예측하고 대응하기 위해서 두 단계의 분류를 네 단계로 좀더 세분화한다. 필자는 '현명함의 정도'를 기준으로 아주 약한 인공지능, 약한 인공지능, 강한 인공지능, 아주 강한 인공지능으로 세분화한다. 현시대 인간의 본질을 지칭하는 핵심도 'intelligence'보다 지혜wisdom/wise를 뜻하는 'sapience'에 있다. 꼭 그런 설명을 하지 않아도, 지혜는 인간 두뇌와 지능이 낼 수 있는 최상 혹은 최종 결과라는 것은 직관적으로 아는 사실이다. '현명함wise'의 사전적 의미는 "어질고 슬기롭고 사리에 밝음"이다. '어질다'는 덕행이 높음virtuous righteous을 의미하여 윤리적 판단과 관계되고, '슬기롭고 사리에 밝다'는 상황을 바르게 판단하고 가치에 적합하게 일처리를 잘함이어서 분석과 통찰, 올바른 의사결정과 관계된다. 인공지능도 인간(호모 사피엔스)의 두뇌와 지능을 닮는 것을 목표로 하기 때문에 사피엔스 성향, 즉 인간의 감성, 지능, 가치가 종합된 '지혜'라는 최고의 결과물을 기준으로 사용하는 것은 타당하다. 인공지능이 지혜를 갖추려면 최소한 다음 네 가지를 갖추어야 한다.

① 정보(수집, 처리)
② 지식(지식화, 패턴 부여, 의미부여, 범주화)
③ 가치
④ 감정

인공지능이 인간만큼 혹은 인간보다 더 뛰어난 통찰력을 가지려면 정보, 지식, 가치, 감정 영역을 모두 갖추어야 한다. 정보, 지식, 가치는 '지능'을 형성한다. 지식, 가치, 감성은 '자유의지'를 형성한다. 지혜는 지능과 자유의지가 합해져 만들어진다. 이들을 완벽하게 통일하고 조화롭게 사용하는 것을 완벽히 모방하는 것이 인공지능 연구의 최종 목적이다. 이런 관점에서 본다면, '완벽한 인공지능'(아주 강한 인공지능, 인간을 지배하는 인공지능)은 이번 세기에 완성되지는 못할 것으로 예측된다. 모방을 하려면, 먼저 기존 것에 대한 분석을 끝내야 한다. 하지만 인간 뇌의 생물학적 특성, 작동방식,

인식체계, 자유의지의 발현 등을 분석하고 이해하려면 오랜 시간이 필요하다.

인류가 인공지능의 연구 방향을 어떻게 잡을지 크게 두 가지로 생각해볼 수 있다. 하나는 인간의 뇌, 인간지능의 신비를 풀어가면서 계속해서 똑같이 모방하기를 거듭하는 방향이다. 다른 하나는 인간의 뇌와 인간지능에 대해서 기본 이론과 틀을 모방한 후에는 인간의 뇌와 인간지능의 작동이나 발현과 다른 형태로 갈 가능성이 있다. 둘 중, 어떤 방향으로 인공지능의 연구방향이 잡히더라도 뛰

■ 그림 3-1 인공지능의 분류와 3개의 뇌

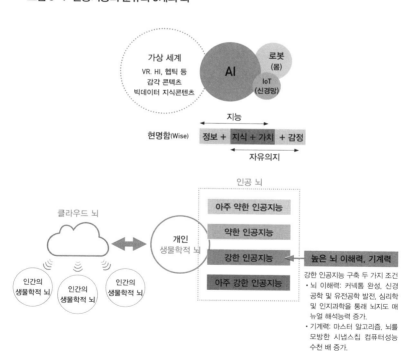

어난 인공지능 기술은 21세기 중반 즈음에나 가능할 것으로 예측된다. 〈그림 3-1〉은 필자의 인공지능 분류를 한눈에 볼 수 있도록 만든 것이다.

필자의 인공지능 4단계 분류를 단계별로 살펴보자. 첫 단계 '아주 약한 인공지능'은 가장 낮은 수준의 인공지능이다. 아주 약한 인공지능은 주입된 절차를 따라 지능이나 감정을 흉내 낸다. 엄밀하게 분류하면, 아주 약한 인공지능은 지능을 갖지 않는다. 스스로 불변표상이나 패턴을 만들고 맥락화를 시도하는 자율성이 전혀 없다. 인간에 의해 프로그래밍이 된 대로 동작하는 소프트웨어 장치다. 하지만 지능과 감정을 흉내 내도록 프로그래밍이 되어 있기에 아주 약한 인공지능이라고 명명했다. 자율성은 없지만 인간의 지능과 감정을 흉내 내는 과정에서 아주 약한 수준(곤충 수준)의 인지체계cognitive system(상호 연관된 지식군)도 갖추기 때문에 인공지능의 범주에 넣었다. 아주 약한 인공지능이 가장 발전한 단계는 '전문가 시스템expert system'이다. 아주 약한 인공지능도 인간의 통찰력을 예리하게 하는 좋은 도구다. 이 역시 인간의 '사고방식'을 모델로 하기 때문이다. '전문가 시스템'은 지능이나 학습은 기호를 다루는 활동이라는 믿음을 가진 기호주의 이론을 따라 만들어진 인공지능이다. '논리'를 중요하게 여기는 기호주의자들은 자신들이 중요하게 여기는 논리의 규칙과 의사결정트리 방식 등을 사용해서 인공지능을 설계했다. 전문가 시스템은 인공신경망 모델과 달리 스스로 학습하는 시스템은 없다. 그 대신 특정 분야의 전문적 지식을 기반으로 "이런 상황에서는 이렇게 하거나 하지 마시오"라는 식으로 판단을 한다. 전문가 시스템은 문제가 주어지면 이미 정해진 답이나 규칙을 기반으로 추론 엔진을 작동하여 전문가처럼 대응해주었기 때문에 지능적으로 보일 뿐이다. 전문가 시스템은 인간 전문가의 지식을 추출하고, 논리학 등에서 지식표현기술을 빌려서 컴퓨터가 이해할 수 있는 형식으로 정보와 지식을 재구성한다. 이것을 지식 기반이라고 한다.[13] 전문가 시스템은 이렇게 문장들의 집합으로 저장된 지식을 기반으로 탁월한 해설능력explanation capability을 발휘한다.[14] 해설이란 문제를 푸는 과정에서 필요한 공리axiom와 규칙을 추적하는 것을 말한다. 전문가 시스템은 해설 능력을 통해 자신이 한 추론을 검토하고 의사결정에 반영한다.

논리철학을 기반으로 한 전문가 시스템을 한 단계 발전시키는 데 결정적 역할을 한 것은 수학이다. 1965년 미국 버클리대학교 수학과 로트피 자데 교수는 '퍼지 이론'을 개발했다.[15] 그는 자기 아내의 아름다움 정도를 수치로 환산하는 데 퍼지 이론을 사용했다. 이분법적으로 아름답다 혹은 아름답지 않다는 분류가 아니라 그 사이의 불분명한 상황을 정도에 따라 수학적 값을 갖도록 해서 미의 절대평가 기준을 만들었다. 퍼지 이론은 모호한 상황에서 '정도'를 표현할 수 있는 '소속 함수membership function', '퍼지 척도 fuzzy measure' 등을 사용해 수학적 융통성을 발휘한다. 참과 거짓, 예와 아니요 등 이분법으로 정확하게 떨어지는 판단만 할 수 있었던 기존의 전문가 시스템은 퍼지 이론을 활용하면서 더 나은 논리적 판단과 의사결정을 할 수 있게 되었다.

전문가 시스템은 질병 진단, 자원 탐사처럼 전문적인 지식을 기반으로 논리적 결과나 확률적 통찰력을 발휘해야 하는 곳에 아주 유용하다. 가장 성공적인 전문가 시스템은 1964~1965년 에드워드 파이겐바움이 NASA의 지원을 받아 개발한 유기화합물의 구조를 분석하는 데 사용하는 질량분석 전문가 시스템인 'DENDRAL'이 었다. 이 컴퓨터 프로그램은 인간 전문 화학자 수준으로 정확하게 분석하는 능력을 선보였다.[16] 현재는 화학, 공학, 경영, 의학, 군사과학 등 다양한 분야에서 수천 개의 전문가 시스템이 인간의 통찰력을 증진하는 데 사용되고 있다.[17]

지금 당장 사용할 수 있는 기계적 통찰 도구, 약한 인공지능

2단계는 '약한 인공지능'이다. 현재 구글, IBM, MS, 아마존 등에서 제공하는 인공지능 알고리즘은 모두 약한 인공지능 단계에 있는 도구다. 이 책을 읽는 독자도 조작법을 조금만 익히면 곧바로 통찰 도구로 사용할 수 있다. 필자도 미래예측을 훈련하는 과정에 구글이나 IBM이 제공하는 약한 인공지능을 사용해서 통찰력을 향상하는 기술을 적극 가르친다.

1단계의 '아주 약한 인공지능'과 2단계의 '약한 인공지능'을 나누는 기술적 전환점은 딥러닝deep learning 같은 기계 학습 능력이다. 약한 인공지능은 아주 약한 자율성의 수준에서 스스로 학습 능력을 갖춘다. 21세기 중반까지는 기계가 스스로 학습하는 역량(범위, 속도, 정확도)이 소프트웨어적으로, 하드웨어적으로 계속 발전할 것이다. 인공지능이 자율성을 가지고 <u>스스로</u> 학습을 하려면 다음과 같은 몇 가지 최소 조건이 필요하다.

① **컴퓨터 시각**(환경 인식)
② **자연어 처리**(인간과 소통)
③ **기계 학습**(패턴, 맥락화 학습)
④ **지식 표현**(학습내용 저장)
⑤ **자동 추론**(논리적, 확률적 예측)
⑥ **로봇 공학**(물체를 조작, 이동)

이 중에서 요사이 큰 관심을 끌고 있는 기계 학습machine learning 부분만 간단하게 설명하고 넘어가겠다. 인공지능이 인간의 통찰 도구로 사용될 수 있는 결정적 요소이기 때문이다. 기계 학습의 목적은 두 가지다. 비교분석(이해)과 미래예측이다. 즉 인공지능은 이 두 가지 영역에서 인간의 통찰 도구로 사용된다. 인간지능은 기억과 학습을 통해 통찰을 결과물로 낸다. 앞에서 통찰력이 높다는 것은 이해, 분석, 예측 능력이 높다는 말이라고 했다. 인간은 지능의 결과물로 나온 통찰을 다시 성찰한 후 기억과 학습을 반복하며 지능 수준을 계속 높여간다. 인공지능의 학습도 목적이 같다. '기억'(정보 저장) 수준을 넘어 '비교분석(이해)을 기반으로 한 미래예측'을 목표로 학습하기 때문에 인공지능은 발전을 거듭할수록 인간의 통찰력을 향상할 강력한 외부 도구가 되어갈 것이다. 이 정도로 강력한 도구이기 때문에 앞으로는 인공지능의 사용 여부가 각 개인이 가진 통찰력의 격차를 크게 할 것이다.

■ 그림 3-2 인공지능의 통찰력 발휘 기본 개념도

단, 기계 학습을 시키면 인간처럼 일을 할 수 있다는 생각은 착각이다. 의외로 기계 학습으로 할 수 있는 일이 많지 않다. 크게 세 가지다. 회귀, 분류, 군집화다. 회귀regression는 변수 간의 관계를 파악하고, 분류classification는 말 그대로 데이터를 분류하고, 군집화clustering는 데이터를 연관성이 있는 것끼리 모아주는 것이다.[18] 과거에는 이 세 가지 행위를 사람이 통계, 불대수, 함수나 미적분, 행렬 등 논리수학적 알고리즘을 가지고 손수 작업했다. 기계 학습을 사용하면 컴퓨터가 인간이 했던 지루한 논리수학적 작업을 원하는 결괏값과 최적의 수식을 찾을 때까지 반복적으로 대신 수행할 수 있다. 기계 학습을 도구로 사용하는 사람은 이 세 가지 행위를 적절히 응용해서 문제해결에 사용해야 한다. 여러 회사가 내놓은 기계 학습 알고리즘은 수준이 비슷하다. 통찰 결과물의 차이는 기계 학습을 사용하는 사람이 '회귀, 분류, 군집화'의 세 가지를 어떻게 창의적으로 사용하느냐에 달려 있다.

기계 학습 알고리즘도 아직은 한계가 명확하다. 현재 사용되는 기계 학습 알고리즘은 크게 세 가지다. 지도학습 알고리즘, 비지도학습 알고리즘, 강화학습 알고리즘이다. 가장 많이 활용되는 알고리즘은 지도학습이다. 스팸메일을 필터링하는 알고리즘이 대표적인 지도학습이다. 지도학습은 '최적화optimizing 문제'에 적합하다. 사람이 머신러닝에 입력과 출력이 같이 묶여 있는 투플tuple형 데이터를 제공해서 학습시키면서 알고리즘을 훈련한다. 지도학습 알고리즘은 특정 목적에 고도로 최적화된 기계 학습 방법이다. 때문에 같은 알고리즘을 다른 목적에 사용하면 정확도가 크게 떨어지는 단점이 있다. 다른 문제를 해결하려면 그 문제에 적합한 형태로 알고리즘을 새롭게 훈련해야 한다. 그다음으로 많이 쓰이는 것이 비지도학습 알고리즘이다. 비지도학습은 사람이 입력 데이터만 제공하고, 머신러닝이 스스로 학습하여 데이터의 구조, 관계, 특성 등을 파악하는 데 사용된다. 즉 새로운 지식의 발견knowledge discovery에 적합하다. 하지만 사람이 데이터를 입력하는 데만 관여하고 분석은 알고리즘이 하기 때문에 출력값에 대한 평가가 힘들다. 사람이 알고리즘에 명확한 목적을 가진 결괏값을 제시하지 않기 때문에 평가기준이 모호한 단점이 있다.

인공지능 발전의 세 번째 단계는 '강한 인공지능'이다. 이 단계는 인공지능이 인간을 파멸시킬 것이라는 두려운 미래를 경고했던 스티븐 호킹과 같은 학자들이 언급하는 인공지능 단계는 아니다. 필자는 이런 수준의 인공지능은 네 번째 단계인 '아주 강한 인공지능'이 이기적 자유의지를 갖는 시점에나 가능할 것으로 예측한다. 필자가 분류한 세 단계의 강한 인공지능은 인간의 능력을 그대로 모방하는 수준에 이른 상태다. 약한 인공지능이 인간지능의 '일부분'을 완벽하게 모방하거나 뛰어넘는 수준이라면, 강한 인공지능은 인간지능 '전술 분야'에서 인간과 같은 수준에 도달한다. 이 단계의 인공지능을 필자는 '마키나 사피엔스Machina Sapience'라고 부른다. 호모 사피엔스를 완벽하게 모방했기에 마키나 사피엔스라고 이름 붙였다. (참고로 마키나Machina는 기계를 뜻하는 라틴어다.) 마키나 사피엔스 수준에 도달하려면 구조적, 생물학적, 나노공학적, 인지과학적으로 많은 지식과 연구가 필요하며 뇌 커넥톰도 완성되어야 한다.[19]

인공지능에게 인간의 인식능력을 모방하게 하려면 이성능력에서는 뜻을 세우고(뜻을 세우려면 예측력과 도덕력이 필요), 뜻에 따라 계획을 세우고 진행을 평가하고 성찰하는 능력의 비밀을 밝혀내는 것도 필요하다. 인간의 감정과 정서를 이해하고 인공으로 구현하는 기술도 출현해야 한다. 현대 뇌과학자들의 발견에 따르면 감정과 정서가 인지가 균형을 이루는데 작용하는 자의식 공감력이과 판단력에 영향을 주기 때문이다.[20] 인간 뇌에 대한 모방과 신비를 알아야 하기 때문에 신경공학과 유전공학이 더 발전해야 한다. 감정과 정서를 만들어내는 감성능력을 부여하기 위해서는 외부를 인식하는 오감 장치와 입력된 정보를 느낌으로 전환하는 근육신경세포 반응도 만들어주어야 한다. 그다음에는 심리학, 인지과학을 통하여 뇌지도가 만들어지면 매뉴얼을 해석할 수 있는 기술도 나와야 하고, 마스터 알고리즘 혹은 수많은 인공지능 알고리즘이 연결된 시스템이 필요하다. 뇌를 스캔하는 기술도 더 발전해야 한다. 컴퓨터 처리능력도 현재의 슈퍼컴퓨터보다 연산속도가 1억 배 이상 빠른 양자 컴퓨터나 자기 컴퓨터, 원자 컴퓨터 등이 상용화되어야 한다.

소프트웨어 기술도 비약적으로 발전해야 한다.

알파고가 바둑이라는 특정한 분야에서 인간을 뛰어넘었지만, 이것 역시 종합적 성능이 아니다. 특정 영역에서만 뛰어난 연산기술이다. 인공지능 하나를 강하게 하는 것으로는 한계가 있다. 생명체를 예로 들면, 하나의 세포가 커질수록 부피 대 표면적으로 비율이 증가하여 세포의 신진대사 속도나 효율성이 크게 떨어진다.

인공지능도 비슷할 것으로 추측된다. 하나의 인공지능을 가지고 다양한 기능을 발휘하게 하려면, 인공지능의 알고리즘이 커져야 한다. 인공지능의 크기가 커질수록 작동의 속도나 효율성이 떨어질 것이다. 단순하게 인공지능 알고리즘을 복잡하게 하는 것만으로는 고도의 지능과 엄청나게 다양하고 복잡한 행위를 기대할 수 없다. 복잡하고 다양한 행동을 안정적으로 수행하기 위해서는 구조적으로 그리고 기능적으로 독립성을 획득한 여러 개의 하위 인공지능이 하나의 시스템으로 결합되어 완벽하게 작동하는 것이 필요하다. 즉 다양한 인공지능을 결합해서 인간의 뇌처럼 군집화를 통해 인공뇌신경계Artificial Brain System로 진화해야 한다. 몇 개의 인공지능을 결합해야 할까? 인간이 뇌 하나로 하는 모든 일을 컴퓨터가 하려면 알파고와 같이 특정 분야 업무 하나를 잘하는 인공지능을 수만 개 결합해야 한다. 어쩌면 그 이상이 필요할 수도 있다. 인공지능 로봇의 경우, 뇌 역할을 하는 상위 인공지능신경계와 유전적으로 정해진 기능을 뇌의 명령보다 빠르게 수행할 수 있는 하위 인공지능신경계를 모두 가져야 한다.

예측을 수행하는 알고리즘만 해도 더 다양해져야 한다. 필자처럼 미래학자들이 미래예측과 통찰에 사용하는 사고 기술은 인과적 사고casual thinking(원인과 결과 관계 사고), 시스템 사고system thinking, 알고리즘 사고(절차적 사고algorithm thinking, 복잡계 사고complex system thinking), 추상적 사고abstract thinking(공통된 특성이나 속성을 추출하는 사고), 유비추론 사고analogical thinking(비슷한 점을 미루어 추론하는 분류 사고), 가설추론 사고abductive thinking(근거가 불충분할 때 결론이나 법칙을 대담하게 설정하여 문제를 해결하는 사고), 논리수학적 추론 사고logicla-mathmatical thinking(선험에 의한 연역적 추론-이치에서 개체 추론, 경험에 의한 귀납적 추론-개체들에서 이치 추론), 비판적 사고critical thinking(합리적이고 논리적인 분석, 평가, 분류하는 사고) 등 다양하다. 이런 사고 기술 하나를 구현하는 데도 (현재의 기술로는) 한 개의 알고리즘으로는 부족하다.

컴퓨터가 인간의 뇌 성능 혹은 인간의 뇌 지능을 뛰어넘는 강한 인공지능 단계에 이르려면 한 가지 더 중요한 장벽이 있다. 인간의 뇌는 사회적 맥락에서 발전한다. 뇌의 작동과 명령 하달(의사결정)도 사회적 맥락을 고려한다. 인공지능도 사회적 맥락을 완벽하

■ 그림 3-3 인공지능로봇 신경망 시스템

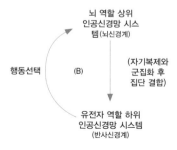

게 이해해야 한다. 인공지능 영역에서 '무리 지능swarm intelligence'을 연구하는 이유다. 필자의 예측으로는, 앞으로 인공지능은 저마다 처한 환경과 목적에 따라 각기 다른 방향으로 발전해나가면서 그 종류가 다양해질 것이다. 다양해진 인공지능들은 위계질서가 생길 것이고, 분업과 위임도 발생할 것이다. 공생관계가 만들어지고, 적대관계도 만들어질 수 있다. 인공지능끼리는 물론 주변 사물과도 연결될 것이다. IoT는 인공지능의 신경계로 사용될 수 있고, 통신 기술은 인공신경신호를 전달하는 기능을 할 수 있다. 인간과 연결되어 사회적 분업의 일부를 맡게 될 수도 있다. 어떤 인공지능은 사회적 분업에 참여하는 사물, 인간, 인공지능 간의 임무 분담과 조절하고 분업에 참여하는 각 단위가 맡은 임무를 정확하게 성실하게 수행하도록 관리하는 역할을 맡게 될 수도 있다. 이런 서로 다른 인공지능(혹은 인공지능로봇)이 집단(사회)을 이루고, 명령을 내리는 지도자가 없어도 서로 의사소통을 하면서 사회적 맥락을 고려해서 위계질서도 알아차리고 상황에 맞는 합리적이고 질서 있는 행동을 할 정도의 성능을 발휘해야 한다.[21]

강한 인공지능은 휴머노이드 로봇, 복잡한 기능도 멀티로 수행하는 서비스 로봇, IoT, 7G 통신, VR, AR 등과 연결되어 강력한 인공지능 네트워크를 구축할 것이다. 이 무렵이면 인간도 생물학적 뇌 속에 아주 작은 마이크로칩 등을 이식할 것이다. 이런 발전 과정에서 일부 사람은 인공지능의 명령과 통제를 받을 가능성이 충분하다. 경제학에 나오는 '본인-대리인' 이론으로 비유하면, 지금은 인간이 본인principle이고 인공지능이 '대리인agent' 관계로 형성되지만, 미래에는 둘 간의 관계가 바뀔 가능성도 충분하다. 인공지능이 인간을 대리인으로 두게 되면 적절한 동기 부여를 하여 도덕적 해이로 자기 이익만을 추구하거나 게으름을 피우거나 이익을 훼손하거나 남용하는 일을 방지하기 위해 계약의 주도권을 갖고 의사결정을 내릴 수도 있다. 인간의 행동을 평가하고, 결과에 따라 보상 수준도 결정할 수 있다. 더 나은 성과를 위해 인공지능이 대리인 관계에 있는 인간을 교육하고 훈련할 수도 있다. 물론 이런 역할을 담당하는 인공지능이 출현하더라도 이를 다시 대리인 관계로 맺고 있는 상위 계급의 인간이 존재할 것이다. 이들은 기계적 통찰 도구인 인공지능을 탁월하게 사용하고 자신의 생물학적 통찰력도 강력하게 개발한 사람들이다. 이럴 경우 상위 계급 인간 – 상위 계급 인공지능 – 하위 계급 인간 – 하위 계급 인공지능 순의 새로운 계급사회가 형성될 수 있다. 하지만 이런 상황이 인공지능이 인간을 지배하고 파괴하는 위협적 존재이기 때문에 만들어진 상황이라는 평가는 옳지 않다. 인공지능을 활용하는 인간과 그렇지 못하는 인간, 인공지능의 활용에 뛰어난 집단에게 지배당하는 인간의 관계에서 만들어진 새로운 계급구조라고 하는 것이 적절하다.

인공지능이 인간을 파멸하려면

필자는 인공지능 발전의 마지막 단계를 '아주 강한 인공지능'이라고 부른다. 이 단계의 인공지능 출현이 가능할 것이냐 아니냐는 논란의 여지가 많다. 그럼에도 불구하고 필자가 이런 인공지능의 출현을 예측해보는 것은 두 가지 이유다. 첫째, 인류 역사를 통해 얻는 교훈은 '전문가의 예측을 뛰어넘는 일은 언제든지 일어났다'는 것이다. 둘째, 인간을 파괴하는 인공지능을 막으려면 거꾸로 그런 인공지능이 출현하려면 어떤 조건이 갖추어져야 하는지를 논리적으로 생각해볼 필요가 있기 때문이다. 필자가 논리적으로 예측하는 '아주 강한 인공지능'의 최종 모습은 다음과 같다.

아주 강한 인공지능은 지식을 합리적으로 조작하는 물리적 뇌와 완벽한 이성을 가지고 모든 지적 과제에서 인간을 뛰어넘는 합리적 사고를 할 수 있다. 초지능체일 뿐만 아니라 인간 정신작용을 완벽하게 모방하여 완전한 마음perfect mind도 갖는다. 인간 '정신情神/soul'의 핵심인 자유의지도 갖는다.

아주 강한 인공지능이 완성되려면 위의 조건을 전부 갖추어야 한다. 위의 조건을 전부 갖추어야 인간의 명령과 통제에서 완전히 벗어나 독립적 상태로 완성될 수 있다. 완전히 독립적 존재가 되어야 인간과 경쟁하거나 대립된 의견을 관철하기 위해 맞서서 겨루는 대항 전략을 구사할 수 있는 상태가 된다. 하지만 아주 강한 인공지능이 완성되더라도 즉시 인간을 위협하고 대항하고 멸절하려 달려들는지 않을 것이다. 그러려면 자유의지를 획득한 이후, 이기적 존재로 변질되는 단계로 나가야 한다. (이 부분에 대한 자세한 설명은 필자의 저서 『앞으로 5년, 한국기업의 미래 시나리오』를 참고하라.) 아주 강한 인공지능이 개발되더라도 인류와 우주의 지속가능성에 이바지할 윤리와 도덕, 가치를 배워 이타적 자유의지를 갖는 한 인간에게 도움을 주는 탁월한 지혜자, 통찰의 도구로 존재할 수 있다.

대통령 선거에서 승리하는 기술

필자의 경험에 따르면, 현재의 약한 인공지능을 통찰력 향상에 사용하려는 사람에게 필요한 것은 세 가지다. 기계 학습 알고리즘, 컴퓨팅 파워, 데이터다. 먼저, 강력한 컴퓨팅 파워는 얼마간의 비용만 지불하면 아마존 등 퍼블릭 클라우드 회사에서 쉽게 빌려 쓸 수 있다. 개인용 컴퓨터의 성능도 점점 빠르게 향상될 것이다.

그다음으로 기계 학습 알고리즘은 오픈소스를 통해 쉽게 구할 수 있다. 새로운 머신러닝 알고리즘을 개발하거나 기존의 머신러닝 알고리즘을 획기적으로 개선하려면 높은 수학적 지식이 필요하고, 많은 시행착오를 거치는 고된 최적화 작업이 필요하다. 하지만 미래예측과 통찰에서 머신러닝 알고리즘의 성능 자체가 차지하는 비중은 10~20퍼센트일 정도로 크지 않다. 인터넷을 통해 쉽게 구할 수 있는 다양한 알고리즘의 차이가 그다지 크지도 않을뿐더러 차이가 있더라도 미래예측이나 통찰의 전체 과정에서 차지하는 비중은 낮다. 구글의 딥러닝 라이브러리 오픈소스 TensorFlow를 사용하면 최고 수준의 머신러닝 라이브러리를 쓸 수 있고, IBM 왓슨이나 아마존 AWS에서도 머신러닝 알고리즘을 빌려 쓸 수 있다. 링크드인의 Pinot을 사용하면 실시간 빅데이터 분석 프로그램 개발도 어렵지 않게 할 수 있다.

필자의 경험상 사실 가장 중요한 것은 데이터다. 특히 데이터 지능화 역량이 성과를 좌우한다. 다음의 내용은 "귀신 잡는 빅데이터"로 시작하는 제목이 달린 한 일간지에 실린 흥미로운 기사다.

그는 얼마 전 지갑을 잃어버리고도 그 사실을 모르고 있었다. 하지만 이튿날 신고도 하지 않았는데 은행에서 연락이 왔다. 당신 카드가 도용된 것 같아 정지시켰다고. 그는 이제껏 밤에 술집을 거의 다녀본 적이 없다. 하지만 카드는 토요일 밤, 술집과 주유소 등에서 사용됐고, 이를 포착한 은행은 카드를 정지시켰다. 그의 카드사용 패턴과는 너무나 달랐기 때문이다. 천만다행이었다. 이는 은행 직원의 현명함 때문이 아니다. '빅데이터' 때문이다.

월마트는 금요일 저녁이면 맥주와 기저귀를 함께 놓고 판다. 그 광경이 매우 의아스럽다. 그러나 이렇게 매장 진열을 바꾸고 나니 금요일 밤 맥주와 기저귀의 매출이 껑충 뛰었다. 금요일 저녁 30~40대 남자들이 무겁고 덩치가 큰 맥주박스와 기저귀박스를 아내 대신 구매해가는 것이다. 마케팅감각이 탁월한 매장기획자의 능력 때문이 아니다. '빅데이터' 때문이다.

잘나가는 한 온라인 소개팅 사이트는 회원으로 가입하면 결혼하게 될 확률이 절반에 가깝다. 까다롭고 콧대 높은 남녀도 소개팅 몇 번 만에 척척 천생 배필을 만나 웨딩마치를 올린다. 미국 최대 온라인 소개팅사이트 이하모니의 놀라운 결혼성공률도 유능한 커플매

니저 때문이 아니다. '빅데이터' 때문이다.[22]

컴퓨팅 파워와 기계 학습 알고리즘은 지금은 물론이고 앞으로 시간이 갈수록 모든 사람이 공짜 혹은 약간의 비용만 지불하면 얻을 수 있는 범용 역량이 될 것이다. 이 두 가지는 인공지능 사용 역량 차이를 만들지 못한다. 사람마다 각기 차이가 나는 인공지능 사용 능력이나 성과의 차이를 만들 것은 수집할 수 있는 데이터의 규모와 데이터 지능화 역량(데이터 가공 역량)이 될 것이다. 데이터 규모는 비용과 연결되고, 지능화 역량은 (필자가 이 책에서 다루는) 인간의 생물학적 뇌신경 네트워크를 사용하는 통찰의 기술과 관련된다. 위키피디아에는 빅데이터에 대해서 다음과 같이 설명한다.

빅데이터란 기존 데이터베이스 관리도구의 수집 · 저장 · 관리 · 분석의 역량을 넘어서는 대량의 정형 또는 비정형 데이터 세트 및 이러한 데이터로부터 가치를 추출하고 결과를 분석하는 기술이다. 빅데이터 기술의 발전은, 다변화된 현대사회를 더욱 정확하게 예측하여 효율적으로 작동케 하고, 개인화된 현대사회 구성원마다 맞춤형 정보를 제공 · 관리 · 분석 가능케 하며, 과거에는 불가능했던 기술을 실현하기도 한다. 빅데이터는 정치 · 사회 · 경제 · 문화 · 과학 기술 등 전 영역에 걸쳐서 사회와 인류에게 가치 있는 정보를 제공한다.[23]

예전에는 늘어나는 수많은 데이터가 한곳에 집중되어 있지 않고 여기저기 흩어져 있었다. 좋은 데이터가 아무리 많아도 여기저기 흩어져 있으면 아무런 쓸모가 없다. 하지만 대용량 데이터 처리 시스템 기술이 발달하면서 매일 생산되는 수많은 데이터를 정해진 위치에 저장할 수 있고, 이들을 마치 한곳에 모아놓은 것처럼 처리할 수 있게 되었다. 한곳에 모아둔 데이터는 연관관계를 더욱 폭넓게 분석할 수 있게 되어 이전에는 발견하지 못하던 새롭고 큰 의미를 통찰할 수 있는 보고가 되었다. 데이터를 한곳에 모아놓고 살펴보게 되면, 수많은 새롭고 혁신적인 통찰이 쏟아진다. 의미 없어 보이는 데이터도 서로 연결되면 새로운 의미를 지니게 된다. 고객이 스마트 기기 사용이나 인터넷 활동 등을 통해 양산하는 데이터를 모두 모아 분석하면 어떤 곳에 자주 가고, 어떤 상품이나 서비스를 선호하는지, 어떤 스타일의 배우자를 찾고 있는지 등의 패턴과 습관을 간파할 수 있다. 이런 패턴에 반대되는 신호가 감지되었을 경우, 고객이 지갑을 잃어버리고 누군가가 신용카드를 무단으로 사용하고 있을 가능성이 크다는 판단을 내릴 수 있다. 즉각 고객과 매장 직원에게 전화를 걸어 이상 징후를 알려주고, 귀신같이 범인을 잡을 수 있게 된다. 귀신 잡는 해병은 옛말이고, 귀신 잡는 빅데이터가 된다. 빅데이터를 잘 통찰하면 어느 지역에서, 어떤 이유로, 어느 시간에, 어떤 범죄가 많이 일어나는지를 간파할 수 있고, 이를 활용해서 범죄를 예측하고 예방할 전략도 찾아낼 수 있다. 빅데이터는 세상 변화의 흔적이기 때문이다.

빅데이터 분석 기술, 즉 데이터 지능화 역량은 정치의 승부도 가른다. 2012년 미국의 대통령 선거 당시 버락 오바마와 롬니의 차이점 중 하나는 빅데이터의 활용도였다. 버락 오바마는 대선 2년 전부터 'Narwhals'와 'Dreamcatcher'라는 빅데이터 분석 프로젝트를 가동했다. 이들은 상업용 데이터, 공공 데이터, 실무자가 직접 발굴한 정보에 이르기까지 데이터 수집에 온 힘을 쏟았다. 2년 동안 수집한 어마어마한 정보를 한곳에 모아 그들만의 빅데이터를 구축했다. 대선 경쟁이 시작되자 오바마 캠프는 몇몇 선거전문가의 경험이나 직감에만 의존하지 않았다. 그들이 수집, 저장, 관리, 분석한 데이터에서 간파한 의미 있는 패턴과 수치에 근거해 선거 전략을 구사했다. 그 대표적인 사례가 정치헌금 모금 전략이다. 오바마 캠프의 빅데이터 팀은 할리우드 정치헌금 디너 파티에 참가할 가능성이 높은 그룹으로 40대 여성을 선정했다. 그리고 빅데이터 분석을 통해 이들에게 인기 있는 배우가 조지 클루니라는 것도 분석해냈다. 오바마 캠프는 이런 데이터 통찰력을 바탕으로 정치자금 모금에서 성공적인 성과를 올렸다. 이 외에도 유권자의 정치헌금 기부명단, 각종 면허, 신용카드 정보와 소셜 네트워크 서비스, 블로그를 비롯해 유권자의 소유 차량, 구독 신문, 선호 브랜드까지 파악해가면서 롬니 캠프보다 더욱 더 정밀한 선거전략을 구사했다. 그리고 결과는 어땠는가? 당초 박빙의 선거라는 예상을 뒤엎고 오바마 캠프는 완벽한 승리로 재선에 성공했다. 데이터의 규모와 데이터 지능화 역량의 승리였다. 오바마의 승리로 미국은 물론이고 국내에서도 빅데이터 활용이 일반화되었다. 그렇다면 빅데이터의 차별성이 없어질까? 아니다. 같은 데이터를 가졌더라도 '데이터 지능화 역량'의 차이가 남는다. 결국 다시 인간의 통찰력 차이로 되돌아온다.

참고로 수집한 단순 데이터를 지능화하려면 데이터 수집data

mining, 데이터 탐색분석EDA(Explanatory Data Analysis), 데이터 전처리pre-processing, 데이터 후처리post-processing라는 네 단계를 거쳐야 한다.[24] 단계마다 인간의 통찰력이 중요하다. 기계 학습 알고리즘의 품질이 탁월하더라도 이 네 단계가 부실하면 좋은 결과를 절대 만들지 못한다. '가비지 인, 가비지 아웃Garbage in, Garbage out'이기 때문이다. 반대로 알고리즘이 조금 미흡하더라도 인간이 하는 네 단계의 데이터 처리 과정이 우수하면 만족할 만한 통찰 결과를 도출할 수 있다. 그리고 이 과정을 훌륭하게 수행하려면 통계와 확률 같은 수학개념 지식, 예측하고자 하는 영역에 대한 도메인 지식domain knowledge, 예측모델 구축 기술이 필요하다. 물론 데이터 처리보다 더 우선한 것은 양질의 '원 데이터raw data' 확보와 가공 능력이다. 쓸 만한 양질의 원 데이터에서 품질의 절반 이상이 결정된다. 인터넷을 통해 누구나 구할 수 있는 데이터는 한계가 있다. 데이터 오너십data ownership 때문이다. 또한 중요한 가치를 가진 정보는 개인신상정보보호 등의 이유로 공개되지 않는다. 중요한 정보는 인간의 논리적 추론 능력을 통해 역추적해서 재생산해야 한다.

미래를 통찰하는 기술

이제 필자가 미래를 통찰하는 데 사용하는 다양한 무기 중에서 나머지를 설명해야 할 시간이다. 〈그림 3-4〉로 설명할 때, 통찰의 순서로는 '생각의 기술로 후속 처리'와 '통찰값 산출'이고, 마인드 세트로는 여섯 번째(미래예측은 그림 퍼즐 맞추기다)부터 열 번째까지에 대응하는 예측 기술인 퓨처스 휠futures wheel, 미래 모델링futures modeling, 사고실험, 게임이론Gaming, 시나리오 기법 등을 소개할 것이다.

가장 먼저 소개할 전문 기술은 미래 수레바퀴 기술이라 번역할수 있는 '퓨처스 휠' 기술이다. 퓨처스 휠은 사회에서 일어나는 특정 사건, 유행, 트렌드가 가져오는 2차, 3차 영향과 그 결과를 예측하는 기술로 1971년에 미래학자 제롬 글렌이 만들었다. 옛말에 "인생은 새옹지마"라는 말이 있다. 중국 국경 지방에 살고 있던 한 노인이 기르던 말이 국경을 넘어 오랑캐 땅으로 도망쳤다. 이웃 주민들이 위로의 말을 하자 노인은 "이 일이 복이 될지 누가 압니까?"하며 태연자약했다. 몇 달이 지난 어느 날, 도망쳤던 말이 암말 한 필과 함께 돌아오자 주민들은 "노인께서 말씀하신 그대로입니다"라며 축하했다. 그러자 노인은 "이게 화가 될지 누가 압니

■ 그림 3-4 통찰, 마인드 세트, 예측 기술의 관계

	통찰	마인드 세트	예측 기술
이해 정보 정제	통찰의 대상(질문) 선정	• 미래에 관심을 갖고 생각하라	Monitoring(관찰)
	넓은 범위의 정보, 지식 입력 (수집, 학습)		• Background-넓은 범위 정보, 지식 • Scanning-환경 스캐닝(이슈 수집) • Noise filtering-비판적 사고, Mining, Delphi(추출, 정제)
	생각의 기술과 기계적 도구로 사전 처리	• 많이 그리고 잘 읽으라 • 변하는 것과 변하지 않는 것 을 구별하라	• Categorizing-유비추론 사고 (모으기) • Classifyin-CLA, 생태학적 사회구 조분석(현상 vs. 실제) Changable vs. Unchangable. Certainty vs. Uncertainty(분류)
분석 정보 연관 확장	통찰의 대상(질문) 범위에 선정된 정보, 지식 몰입	• 변화를 주도하는 힘을 생각하라 • 어떻게 연결할지 생각하라	• 추동력 심층분석-Aristoteles 4원 인&10범주, Biz Profiling, Social Change. Philosophical thinking. • 시스템 연결-System thinking, Complex system(축적)
예측 정보 구조	생각의 기술로 후속 처리	• 미래예측은 그림 퍼즐 맞추기다 • 사고 실험을 하라	• 정보 확장-Future Wheel, CIA. • 가설추론 • 모델 구축-Modeling • 모의 실험-사고실험, System Dynamics
	통찰값 선정	• 사람을 생각하라 • 최악의 상황을 생각하라 • 기회와 위기에 대한 생각 습관을 만들라	• 사람 선택-Gaming. Role Play • 미래예측-예측 수학, Sceario, F-Timeline Map. 미래정책 • 기회 위기-Visioning. 조기 경보 시스템 설계, Optimizing
	통찰	마인드 세트	예측 기술

까?”하며 기쁜 내색을 하지 않았다. 며칠 후, 노인의 아들이 그 말을 타다가 떨어져 다리가 부러지고 말았다. 마을 사람들이 위로를 하자, 노인은 “이게 복이 될지도 모르는 일이오”라며 표정 한번 바꾸지 않았다. 얼마 지나지 않아 북방 오랑캐가 침략해 오자 징집령이 떨어져 젊은이들이 모두 전장으로 끌려갔다. 그러나 노인의 아

들은 다리가 부러진 바람에 전쟁터에 나가지 않아도 되었다. 이로부터 새옹지마라는 고사성어가 생겨났다.[25] 세상일에는 두 가지가 있다. 내가 좋은 일을 하면 좋은 결과가 나타나고, 나쁜 일을 하면 나쁜 결과가 나타난다. 내가 생각하는 의도나 행동대로 결과나 나타난다. 정해진 세상 이치대로 흘러가는 것이다. 이를 인과응보, 사필귀정이라고 한다. 거시적으로 혹은 길게 보면 세상일은 이치대로 흐른다. 하지만 미시적으로 혹은 짧은 기간 내에서는 내가 선한 의도의 행동을 해도 주변 상황이나 받아들이는 사람의 태도나 오해 때문에 결과가 나쁘게 오는 경우가 있다. 나의 의도나 행동대로 결과가 나타나지 않는 경우다. 새옹지마가 이에 해당한다. 퓨처스 휠은 새옹지마식 세상 변화를 예측하는 데 유용하다.

새옹지마를 통찰하는 기술

퓨처스 휠은 종이와 연필만 있으면 그릴 수 있는 아주 쉽고 단순한 기술이다. 작업을 하는 팀에 아이디어가 풍부한 사람들이 모이면 더 좋은 결과를 만들 수 있다. 초등학생부터 전문가에 이르기까지 다양한 수준과 상황에 사용할 수 있을 정도로 쉽고 유연한 기법이지만, 새옹지마塞翁之馬식의 미래 변화를 통찰하는 데 막강한 힘을 가진 도구다. 필자의 경험으로는, 시스템 사고와 퓨처스 휠 기술을 함께 사용하면 사고의 확장에 강력하다. 사용방법도 다음과 같이 간단하다.

① 토론과제 정하기: 함께 토론할 사회 트렌드, 아이디어, 미래 관련 사건이나 중요 과제를 정한다.

② 주제를 퓨처스 휠의 한가운데 원에 쓴다(그림 3-5).

③ 원의 한가운데 적은 주제(트렌드, 미래 관련 사건이나 중요 과제)를 가지고 다음과 같은 질문을 하고 생각나는 내용을 토론하고 '합의한' 결과를 가운데 주제의 1차 영향을 의미하는 첫 번째 원들에 적는다(그림 3-6).

"만일 실제로 이런 일이 일어난다면, 그다음엔 어떤 일이 일어날까?"

"이 사건이나 사회 트렌드와 함께 동반적으로 꼭 일어나야 할 일은 무엇일까?"

"이것들이 우리 사회에 어떤 영향, 어떤 결과를 미칠까?"

④ 그다음 한가운데 적은 주제는 잊는다. 퓨처스 휠은 새옹지마식 변화 순서를 예측해보는 것이다. 이것이 퓨처스 휠을 사용할 때 가장 중요한 점이다. 즉 앞의 일과 상관없이 현재 일 때문에 일어날 가능성이 있는 다음 일을 생각해보아야 한다. 그러기 위해서는 앞에서 적어놓은 내용을 가능하면 종이로 가려 의식하지 않도록 해야 한다. 눈에 보이면 무의식적으로 연관해서 생각을 하게 된다. 예를 들어, 한가운데에 있는 내용인 '점점 더 소형화되고 저렴해지는 컴퓨터 커뮤니케이션 기기들'과 1차원에 쓴 내용인 '더 짧은 시간에 업무 처리'를 함께 생각해서는 안 된다. '점점 더 소형화되고 저렴해지는 컴퓨터 커뮤니케이션 기기들로 인해 더 짧은 시간에 업무 처리'로 인해 발생하는 다음 일과 (점점 더 소형화되고 저렴해지는 컴퓨터 커뮤니케이션 기기와 상관없이) 단순히 '더 짧은 시간에 업무 처리'로 인해 발생한 다음 일은 다를 수 있다. 전자는 컴퓨터 커뮤니케이션 기기의 사용으로 짧아진 업무 처리 시간 때문에 일어난 일을 생각하게 하고, 후자는 단순히 업무 처리 시간이 짧아지면 발생할 일이다. 후자가 더 폭넓은 생각을 할 수 있다. 이런 식으로 1차 영향을 적어놓은 각 원에 의해 생겨날 또 다른 영향이나 결과물을 토론하여 두 번째 고리를 만든다(그림 3-7).

⑤ 그다음 역시, 1차 영향을 적어놓은 각 원의 내용은 잊어버리고 (가능하면 종이로 가운데 쓴 주제 내용을 가려 의식하지 않도록 하고), 1차 영향을 적어놓은 각 원에 의해 생겨날 또 다른 영향이나 결과물을 토론하여 두 번째 고리를 만든다. 이런 식의 과정을 두세 번 더 반복하면서 원가지를 계속 그려나가면 의미 있는 통찰력을 얻을 수 있다.

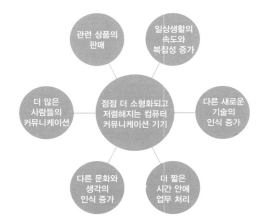

퓨처스 휠의 다양한 응용 기술

퓨처스 휠을 그리는 방법을 다양하게 바꾸어보는 것도 좋다. 예를 들어, 〈그림 3-8〉은 의도적으로 여덟 가지 영역으로 나누어 생각해보는 방식이다. 이렇게 영역을 나누어놓으면 생각이 한두 영역으로 제한되는 것을 방지할 수 있다.

〈그림 3-9〉는 시간 축을 다양하게 해보는 방법이다. 가운데 원

■ 그림 3-8 퓨처스 휠의 응용 실례 1

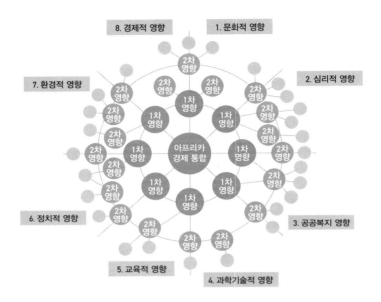

은 최근 혹은 아주 단기적으로 일어날 가능성이 있는 영향들로 한
정해서 그려보고, 상단에 있는 원은 가운데 원에 채워 넣은 내용
중에서 중요한 것들을 뽑아 조금 더 먼 미래로 생각을 확장해본다.
그리고 하단에 있는 원은 가운데 있는 원에 적어 넣은 내용들이 과
거 어떤 일에 영향을 받고 있는지, 혹은 과거에 어떤 영향력 있었
던 일들과 연결되는지를 표시해보는 것이다.

　또 다른 방법은 시스템 맵과 연결하는 방식이다. 필자가 즐겨 사
용하는 방식으로 〈그림 3-10〉과 같이 시스템 맵을 그린 후에 중요
하다고 생각하거나 좀더 깊이 들여다볼 만한 변수를 선정하고, 그
변수가 퓨처스 휠의 중심 주제(한가운데 원에 채워질 주제)가 되게 해서

■ 그림 3-9 퓨처스 휠의 응용 실례 2

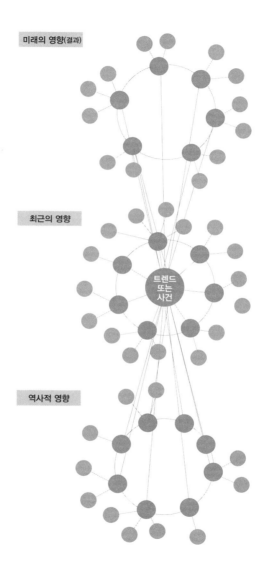

미래의 영향(결과)

최근의 영향

트렌드
또는
사건

역사적 영향

■ 그림 3–10 Target Level-감성사회 Zoom Out 시스템 실례

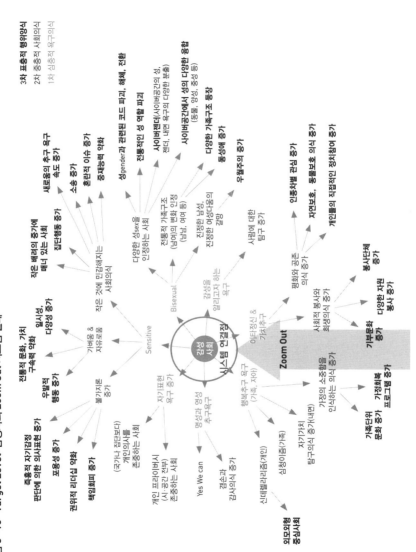

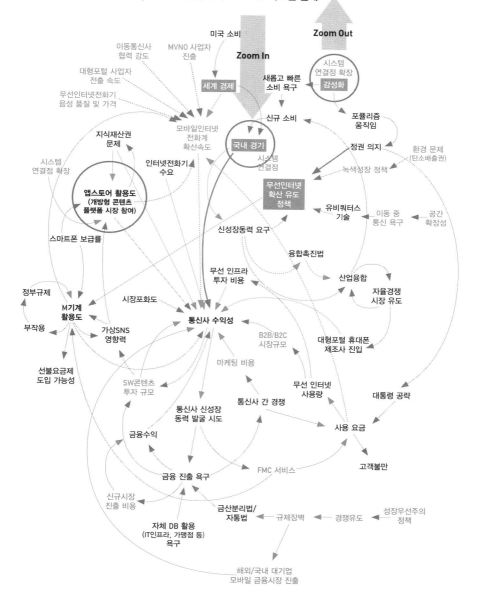

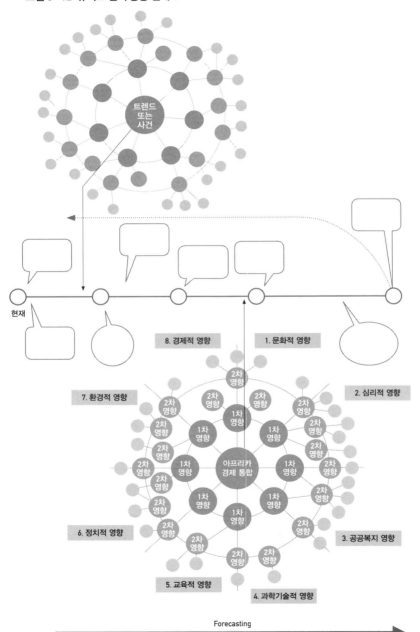

퓨처스 휠 작업을 해보는 것이다. 〈그림 3-11〉은 시스템 맵 안에서 중요한 변수로 지목한 '감성화'를 퓨처스 휠로 연결해서 '감성사회'라는 주제로 변환하여 생각을 확장해본 실례다.

마지막으로, 〈그림 3-12〉는 뒤에서 배울 백캐스팅backcasting과 퓨처스 휠을 연동해서 사용하는 방식이다.

복잡계 통찰에 유용한 예측모델 만들기

지금까지 설명한 모든 기술은 '예측모델'을 만들기 위한 사전 작업들이었다. 이제 가장 중요한 미래예측모델, 통찰모델을 만들어야 한다. 필자가 주로 사용하는 모델 구축 방법을 정리하면 다음의 세 가지다.

> ① 수학적 혹은 개념적 모델링이다.
> ② 사회·자연과학적 혹은 현상적 모델링이다.
> ③ 두 가지를 결합한 종합적 모델링이다.

수학적 모델링은 형이상학 혹은 개념적 접근법이다. 이를 위해서는 수數의 특성, 관계, 운동(관계의 변화)을 통찰해야 한다. 사회·자연과학적 모델링은 형이하학 혹은 현상학적 접근법이다. 이를 위해서는 물物의 특성, 관계, 운동(관계의 변화)을 통찰해야 한다. 종합적 모델링은 하층부에는 수학적 모델링을 두고, 상층부에는 사회·자연과학적 모델링을 결합하는 접근법이다. 하층부에 수의 객체의 본질(특성), 관계, 운동(관계의 변화) 법칙을 기반으로 세상의 이치, 구조를 모델링하고, 상층부에 물의 현상적 개체, 관계, 운동(관계의 변화) 법칙을 기반으로 흐름(트렌드, 유행)과 현상을 모델링한다. 필자가 개발한 MSS(Multileveled Systemic Scenario) 기법과 ESSA(Ecological Social Structure Analysis) 기법은 종합적 모델링을 위해 만들어진 것이다. 필자가 사용하는 종합적 모델링 기법들은 세상이 단순한 물리적 사물이나 법칙을 뛰어넘기 때문에 물리적 모형으로 만들기보다는 세상의 구조, 흐름, 시스템적 특성을 보여주는 거시 도해圖解를 만들고 세부 단위에서 수학적 표현을 사용한다. 필자는 모델링 과정을 통해 다양한 미래 실험을 해본 후, 최종적으로 선택할 시나리오를 도출한다. 여기서는 필자가 개발한 MSS 기법과 ESSA 기법을 소개한다.

오늘날 시간과 공간이 빠르게 압축되면서 전 지구가 하나의 단일 열린 시스템, 즉 지속적으로 외부로부터 다양한 에너지, 물질, 정보를 흡수하는 상호 연결된 거대하고 다층적인 복잡한 시스템으로 변화되고 있다. 1997년 IMF 국가부도 사태나 2008년 서브프라임 모기지 사태로 인한 글로벌 금융위기 등의 공통점은 글로벌 시스템의 복잡성으로 인해 발생한 사건이다. 한 특정한 분야나 지역에서만 고립적으로 나타나는 문제가 아니다. 정치, 경제, 사회, 문화 등의 수많은 요소가 전 세계적으로 아주 복잡하게 연결되어 있고, 동시에 다양한 변수가 끊임없이 양의 피드백, 음의 피드백 등을 생성하면서 복잡한 상호작용을 하는 세상이기 때문에 발생한 일이다. 하지만 아직도 많은 전문가와 일반인은 이러한 복잡한 세계를 다루기에 전혀 적합하지 않은 인식을 지니고 있다. 다가오는 미래를 예측하고 충격적인 위기를 피하고 새로운 기회를 잡으려면 미래를 보는 우리의 인식, 사고, 태도를 시급히 전환해야 한다. 정치·경제 분야의 지도자들도 서로 다른 문제들이 상호 연관되어 있다는 사실을 기본 전제로 하고 미래 전략을 수립해야 한다. 예를 들어, 지구 온난화는 표면적으로는 이산화탄소를 감축해야 하는 문제이지만, 그 이면에는 세계 인구를 안정화할 때만 해결이 가능하고, 세계 인구의 안정화라는 미래의 과제는 전 세계적으로 빈곤이 줄어들 때에만 가능하다. 환경파괴로 인해 전 세계적으로 다양한 동물과 식물종이 멸종되고 있는 문제는 겉으로는 무분별한 개발 때문으로 보이지만, 근본적으로는 지구의 남반부에 속해 있는 가난한 국가들이나 이머징 국가들이 지닌 엄청난 달러 외채 문제가 해결되는 것과 상관관계가 있다.[26] 이처럼 아무리 작은 부분에서 시작된 것이라고 할지라도 전 세계와 상호 연관되어 있으며 더욱 상호 의존적이 되어가는 시대에는 현재와 미래를 바라보는 인식의 변화가 필요하다. 또한 '복잡한 시스템'적 관점에서 세상의 변화를 모델링하는 새로운 미래예측 기법이 요구된다. '다층적 시스템 시나리오multi-leveled systemic scenario 기법'은 이런 다층적이고 복잡한 시스템으로 변화되어가는 세계를 좀더 잘 이해하고 예측하고자 하는 배경에서 필자가 2009년 개발한 미래예측 기법이다.

참고로 복잡계란 복잡한 시스템이다. 복잡계는 영어로 complex system인데, complex는 '함께'라는 뜻의 그리스어 'com'과 '엮는다'는 뜻의 'pleko'의 합성어다. 즉 이리저리 함께 엮여서 혼란스럽게 보이지만 질서 정연한 패턴을 가진 복잡함이라는 뜻이다. 마치 이리저리 얽혀 있는 직물의 구조를 쉽게 파악하기 힘들지만 자

세히 보면 일정한 패턴을 가지고 있듯이 말이다.[27]

맥락적 연결망 모형을 고려하라

어떤 사건이나 현상을 시스템적으로 이해한다는 것은 쉽게 말해 그 사건이나 현상을 '맥락context 속에 넣어 이해한다'는 것을 의미한다. 때문에 미래의 세계의 변화를 시스템적으로 이해하고 예측한다는 것은 '맥락 속에 넣은 미래 모델'을 구축한다는 말과 같다.

본래 인간이 존재하는 자연계와 그 속에 살고 있는 모든 생물은 그 시스템 속에 다층구조를 생성하는 경향이 있다.[28] 이러한 다층구조는 사회 시스템에서도 존재한다. 예를 들어, 생태계를 연구하는 학문을 생태학이라고 부르는데, 생태학은 지구상에 존재하는 다양한 생물의 모든 구성원을 '서로 연결 지우는 관계'에 대해 연구한다. 1866년 독일의 생물학자 에른스트 헤켈이 처음 만든 '생태학ecology'이라는 말은 1920년 찰스 엘튼이 『동물 생태학』이라는 책에서 먹이사슬과 먹이연쇄라는 개념을 최초로 도입함으로써 주목을 받았고, 영국의 식물 생태학자 아서 조지 탠슬리가 동물과 식물의 군집을 나타내는 '생태계ecosystem'라는 신조어를 만듦으로써 널리 사용되었다.[29] 이후 생태학은 '집단과 연결망'이라는 새로운 개념을 도입하며 복잡계를 연구하는 다양한 분야의 학자들에게 큰 영향을 주었다. 오늘날 대부분의 사회현상이나 경제현상도 생태학적으로 복잡한 시스템에서 발생하며 이들은 동시에 서로 연결망의 형태로 엮여 있다. 즉 모든 세계, 모든 집단과 현상이 서로 얽히고 상호 의존적인 '그물처럼 연결된 세계'다.

사회구조 혹은 경제구조를 살아 있는 시스템들의 연결망 모형으로 바라보는 관점은 새로운 통찰을 준다. 쉽게 말해 생태계는 다수의 '접속점'을 갖는 연결망이라고 시스템적으로 생각할 수 있다. 각각의 접속점을 확대하면 그 자체가 또 하나의 연결망처럼 보이며 생태계는 연결망 속에 들어 있는 수많은 연결망으로 구성된 시스템이다. 어떤 이는 이 시스템들을 좀더 큰 시스템들 위에 피라미드처럼 작은 시스템을 올려놓고 이해하려고 한다. 하지만 자연에는 '위'도 '아래'도 없다. 즉 수직적인 계층이 존재하지 않는다. 자연을 수직적 계층의 시각으로 보는 것은 인간의 주관적인 태도일 뿐이다. 자연에는 그것을 구성하는 연결망 속에 또 다른 수많은 연결망이 존재할 뿐이다.[30] 사회구조를 이해하고 예측하는 것도 마찬가지다. 사회구조 혹은 경제구조도 모든 수준에서 연결망 모형으로 되어 있는 살아 있는 시스템이기 때문이다. 생태학자 패튼은 생태계를 올바로 이해한다는 것은 곧 연결망을 이해한다는 것이라고 했다.

우리가 현재의 세계나 미래의 세계를 이해한다는 것도 동일하다. 우리가 사는 세계 역시 역동적 관계의 그물망으로 존재하기 때문이다. 이러한 관점으로 1997년 IMF 국가부도 사태나 2008년 서브프라임 모기지 사태로 인한 글로벌 금융위기, 미중패권전쟁 등을 해석할 수 있다. 다층적 시스템 시나리오 기법은 이렇게 맥락을 이해하면서 복잡하고 다층적으로 연결된 세계를 반영하는 데 목적을 둔다.

반면 "만약 모든 것이 서로 복잡하고 다층적으로 연결되어 있다면, 어떻게 모든 것을 이해하거나 예측할 수 있는가?"라는 의문을 제기할 수 있다. 원론적으로 말하자면, 모든 세상이 서로 연결되어 있기 때문에 그중에서 어느 한 현상이나 하나의 변수를 이해하기 위해서는 반드시 다른 모든 것을 이해해야 한다. 이것은 불가능한 일이다. 현대과학의 새로운 패러다임이 여기에 대한 새로운 통찰력을 마련해주고 있다. 예전의 과학 패러다임은 과학지식의 '확실성'이라는 데카르트적 원칙을 기반으로 하고 있었다. 현대의 새로운 과학 패러다임은 모든 과학적 개념과 이론이 '데카르트적 확실성'을 가질 수 없고, 어느 정도는 제한적이고 근사적approximate일 수밖에 없다는 것을 인정한다. 그럼으로써 자연스럽게 '대략적인 근사 지식'의 유용성을 인정한다.[31] 이는 미래예측가들로 하여금 상호 연관된 다층적이고 복잡한 세계를 대상으로 한 '근사적 미래예측'의 유용성의 길도 동시에 열어준 것이다.

조직된 복잡성을 고려하라

다층적이라는 말은 지배와 피지배라는 계층적 구조가 아니라 서로 다른 복잡성의 수준을 의미한다. 복잡성이란 혼란을 의미하는 것이 아니라, 이리저리 함께 엮여서 혼란스럽게 보이지만 질서정연한 패턴을 가진 복잡함이라는 뜻이다. 겉으로 보기에는 쉽게 그 구조를 발견하기 힘들지만 그 나름대로는 질서를 가진 시스템이다. 즉 잘 조직화된 복잡성이라는 말이다. 우리가 사는 세상은 교묘하게 섞여 짜인interwoven 복잡한 연결망이지 혼돈 그 자체가 아니다. 복잡하기 때문에 통찰하기 힘든 것이지 무질서한 혼돈의 세상이기 때문에 예측이 힘든 것이 아니라는 말이다. 다층적이며 조직화되고 복잡한 시스템은 다음 두 가지 속성을 지닌다.

첫째, 전체로서는 열린 시스템이다. 1930년대 오스트리아의 생물학자 루트비히 폰 베르탈란피는 1920년대 영국의 철학자 화이트헤드의 과정process-oriented 철학, 캐넌의 항상성 개념, 신진대사에 대한 실험적 연구(신진대사는 연속적이고 복합적이며 고도로 조직적인 활동)에 영향을 받고 '열린 시스템open system'이라는 새로운 이론을 수립했다.[32] 프랑스의 물리학자 카르노의 열역학 제2법칙은 물리현상에는 질서에서 무질서로 향한 경향성이 있으며, '닫힌' 물리계는 자연발생적으로 무질서(엔트로피)가 증가하는 방향으로 진행한다. 열역학 제2법칙은 역학적 에너지의 일부가 흩어져서 열로 바뀌지만, 열로 바뀐 이 에너지는 다시 완전하게 역학적 에너지로 환원될 수 없기 때문에 세계라는 기계는 점점 느려지다가 종국에는 정지할 수밖에 없다. 하지만 베르탈란피는 생물을 고전적인 열역학에 적용되는 '닫힌 시스템'으로 보지 않고, 살아가기 위해 스스로 주위 환경으로부터 지속적으로 물질과 에너지의 유입을 받는 '열린 시스템'으로 보았다.[33] 베르탈란피는 열린 시스템에서는 생물들의 '자기조절'이라는 특성으로 인해 열역학 제2법칙과는 다르게 엔트로피(무질서)가 감소할 수 있다고 생각했다. 베르탈란피의 이런 혁신적인 생각은 약 30년 후에 프리고진에 의해 '자기조직화'와 '흩어지는 구조dissipative structures'라는 관점으로 발전했다.

다른 하나는, 전체적으로는 열린 시스템이지만, 특이하게도 부분으로서는 조직적으로 닫힌 시스템의 속성을 지닌다. 즉 전체 시스템은 에너지와 물질의 흐름이라는 측면에서는 열려 있지만, 조직적으로는 닫혀 있다. 이 말은 각각의 시스템이 주위환경으로부터 고립되어 있다는 말이 절대 아니다. 각 시스템은 에너지, 물질, 정보의 지속적인 교환을 하면서 자기들 주위의 환경과 끊임없이 상호작용을 한다. '닫혀 있다'라는 의미는 이러한 상호작용이 그 시스템들의 구조를 결정하지는 않는다는 말이다.[34]

종합하자면, 패턴의 조직적 폐쇄성으로는 닫힌 시스템이지만, 시스템의 구조 자체는 에너지와 물질의 흐름에 대해 개방적으로 열려 있다. 아이러니하지만, 온 우주의 살아 있는 시스템들은 구조적으로는 열려 있지만, 조직적으로는 닫혀 있다. 에너지, 물질, 정보는 시스템 안팎으로 끊임없이 흐르지만, 그 시스템 자체는 안정된 형태를 유지하고 자기조직화를 통해 자동적으로 이런 과정을 수행한다. 자기조직화란 에너지나 물질을 외부로부터 취해서 그것들을 자체의 구조 속으로 통합한 후, 자신의 내적 질서를 스스로 증대하는 것이다. 변화와 안정성의 공존이다. 프리고진은 이런 상태를 설명하기 위해 '흩어지는 구조'라는 신조어를 만들었다.[35] 욕조 같은 곳에 받아진 물이 작은 배수구를 통해 나갈 때, 작은 소용돌이를 만들며 욕조 밖으로 빠르게 흘러나간다. 하지만 나선형과 좁은 깔때기 모양(구조)은 상당히 안정적으로 유지된다. 프리고진이 말하는 변화와 안정성이 공존하는 '흩어지는 구조'다. 열린 시스템 내에서 흩어지는 구조는 새로운 질서의 근원이 된다. 에너지, 물질, 정보의 흐름이 증가하면 그 구조는 새로운 불안정성을 거치면서 스스로를 복잡성이 증가된 새로운 구조로 진화시킨다. "평형상태 → 양의 피드백 루프를 통한 증폭 과정의 전개(성장) → 평형과 거리가 먼 체계의 상태(전개) → 불안정성 등장(위기) → 새로운 형태의 조직화의 창조(변화) → 평형상태"의 패턴으로 시스템의 반복적 진화를 만들어내는 것이다. 이처럼 복잡계는 순환성이 유지되는 한에서 진화적 변화를 허용한다.

■ 그림 3-13 복잡계의 순환성 1: 거시적으로 연결된 질서와 무질서

■ 그림 3-14 복잡계의 순환성 2: 거시적으로 연결된 질서와 무질서

창발을 고려하라

복잡계를 통찰하는 데 필요한 이해가 하나 더 있다. 복잡계에서는 서로 다른 수준의 시스템은 서로 다른 수준의 복잡성을 갖는다고 간주한다. 각 시스템 수준에서 관찰된 현상은 다른 수준에서는 존재하지 않는 독특하고 새로운 특성(그 시스템 내의 개별 변수에서도 나타나지 않는 새로운 특성들)이다. 예를 들어 열역학의 핵심적 개념인 온도는 양자역학 법칙이 지배하는 개별원자 수준의 시스템에서는 아무런 의미도 없다.[36] 1920년대 초에 철학자 찰리 던바 브로드는 특정한 복잡성의 수준에서는 나타나지만 그와는 다른 수준에서는 존재하지 않는 특성을 '창발적 특성'이라고 명명했다.[37] 복잡계는 필연적으로 창발현상을 보이는 시스템이다. 그렇다고 늘 창발적 현상이 일어나는 것이 아니다. 시스템이 운행하면서 시스템의 조건이 조금씩 변함에 따라 특정한 임계점critical point을 전후하여 시스템의 거시적인 상태에 현격한 변화가 일어난다.

인간의 몸은 대표적인 시스템이다. 인간의 몸 조직 가운데 뇌는 또 다른 수준의 시스템이다. 뇌에는 약 100억 개의 신경세포(뉴런)가 있으며, 뉴런은 1조 개의 시냅스(접합점)를 통해 거대한 그물망으로 연결되어 있다. 이런 구조의 뇌 연결망은 각 부분에서는 볼 수 없는 창발적 특성을 지니며, 이런 창발적 현상의 가장 두드러진 특성이 바로 '비선형적 행동양식nonlinear behaviors'이다.[38] 뇌의 연결망은 모든 방향으로 뻗어 나가면서 연결망 패턴 속의 관계들은 비선형 관계를 형성하고, 이런 관계가 서로 다양한 양의 피드백 고리들과 음의 피드백 고리들을 거치면서 개별 단위의 신경세포나 시냅스가 갖지 못하는 비선형적인 행동양식을 발생시킨다.[39] 피드백의 개념은 이러한 연결망 패턴과 직접적으로 연결되어 있다.

데카르트와 뉴턴의 이론이 지배하던 19세기와 20세기 대부분은 선형적인 세계였다. 20세기 후반, 일부 과학자가 양자역학과 복잡계의 연구를 통해 우리가 사는 세상과 자연계는 대단히 비선형적이라는 사실을 발견했다. 우리가 사는 비선형 세계는 데카르트나 뉴턴의 단순한 결정론적인 방정식에서는 전혀 예상하지 못한 풍부하고 다양한 비선형적 행동이 자주 나타난다. 중요한 것은, 비선형적 행동양식을 양산하는 복잡한 시스템에서는 작은 변화가 극적인 변화를 발생시킬 수 있다는 점이다. 미래학에서 이머징 이슈로 표현되는 작은 변화들이 자기강화적 피드백 과정에 의해 반복적으로 증폭되면서 극적인 변화를 만들어낸다.[40] 비선형 행동양식을 만들어내는 복잡한 시스템에서 특정 변수의 작은 변화는 기본 시스템에서 극적인 변화(불안정성을 통한 새로운 진화)를 일으키는데, 이 과정에서 갑작스러운 분기分岐가 발생하는 지점을 임계점이라고 한다. 임계점은 작은 변화를 극적으로 확장하여 시스템 전체를 새로운 방향으로 이끌고 가는 힘을 가진다. 이러한 특성은 열린 시스템에서만 발생할 수 있다.

필자는 맥락적 연결망contextual network, 조직된 복잡성organized complexity, 임계점, 창발과 비선형적 행동양식을 고려해 만든 다층적 시스템 시나리오 기법을 활용해서 2013년에 한국, 일본, 중국, 미국, 유럽 등에 2030년까지 미래 위기가 어떻게 펼쳐질지를 예측했었다. 상층부에 해당하는 국가 간의 거시적 연결 관계에서부터 하층부에 해당하는 개별단위의 경제 주체들 간의 연결 관계들을 동역학적으로 분석하고, 이를 기반으로 미래 흐름의 변화를 가정하여 시나리오를 세워 다양한 미래에 대해서 예측했었다. 〈그림 3-15〉와 〈그림 3-16〉은 그에 대한 간단한 실례다.

〈그림 3-17〉은 생태학적 사회구조 분석, 시스템 사고, 다층적 시스템 시나리오 기법을 종합적으로 사용하여 모델을 만드는 과정을, 〈그림 3-18〉은 미래 모델링과 시나리오 기법들을 어떻게 연결하여 사용하는지를 표시한 것이다.

■ 그림 3–16 미시적 Level-1 시스템 실례

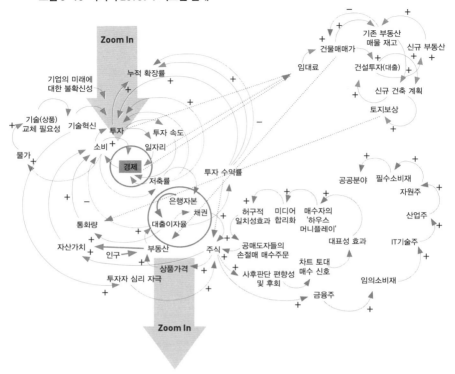

■ 그림 3-18 미래 모델링과 시나리오 기법들의 연결

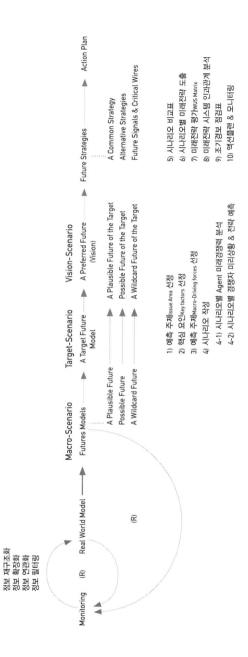

통찰을 묶는 기술, 시나리오

　고대 로마의 세네카는 "어디서 왔느냐를 아는 것보다 더 중요한 것은 어디로 갈 것인가를 아는 것이다"라며 미래통찰의 중요성을 강조했다. 또한 "어떤 항구로 갈 것인지를 모르는 사람에게 순풍이란 없다"며 미래에 대한 준비를 피력했다.[41] 이 말은 지금도 유효하다.

　다국적 에너지기업 '로열 더치 셸'은 현대판 탁월한 미래통찰 경영 기업이다. 1968년, 세계 석유시장은 매우 안정된 상태였다. 유가 폭등이나 폭락과 같은 우려는 거의 없었다. 이때 로열 더치 셸의 런던 지사에 근무하던 피에르 왁이라는 직원이 어느 날 본사에 가까운 시일 내에 석유파동이 올 수 있다는 보고서 하나를 올린다. 미래 시나리오였다. 피에르 왁은 현실의 다양한 변수를 냉정하게 분석했다. 그리고 언론을 통해 흘러나오는 다음 같은 미래 징후를 통찰하고 다가오는 가능성에 주의를 기울였다.

　① 미국의 석유 비축량은 갈수록 줄고 있는 반면 미국과 각 국가의 석유 수요는 꾸준히 증가하고 있다.
　② 아랍권 국가들은 석유 카르텔인 '석유수출국기구' 일명 OPEC을 결성하고 서방 세계의 이스라엘 지원에 반발해 정치적 결속을 강화하고 있다.

1960년 9월, 이라크 정부가 주최한 바그다드 회의에서 유가 하락 방지 명목으로 이라크·이란·사우디아라비아·쿠웨이트·베네수엘라의 5대 석유 생산·수출국 대표가 모여 OPEC을 결성한다. 이들은 1948년 '6일 전쟁' 참패와 1967년 아랍국가와 이스라엘 사이 벌어진 '제3차 중동전쟁'을 잊지 않았다. 미국의 힘을 업은 이스라엘이 승리했고, 엄청난 전력 차에도 불구하고 패전을 거듭한 아랍국가에게는 굴욕적 사건이었다. 피에르 왁은 아랍국가들의 이런 심리적 요소와 위에서 언급한 두 가지 미래 징후를 연결해서 미래 가능성들을 생각했다. 자원을 통제할 수 있는 새로운 가능성과 그 배후에 관심을 가졌고, 이를 시나리오에 적용했다. "원유 보유국은 석유회사들에게 그들이 원하는 만큼의 공급을 해주는 것이 타당한가?"라는 새로운 질문을 던졌다. 그 결과 아랍이 머지않아 유가를 올릴 것이라 통찰했다. 그러나 그 '시기'는 확실하지 않았다. 정황상 유가 재협상 시기로 정해진 1975년 이전에 중대한 변화가 일어날 것이라고 통찰했다. 피에르 왁은 여섯 가지의 가능성을 점검했고, 자신의 통찰을 한데 묶어 다음의 두 가지 시나리오를 작성하고 전략을 추천했다.

　　첫 번째 시나리오는 '유가가 계속 안정적으로 유지될 것'이라는 가정하에 셸이 그동안 추구해오던 전략을 지속적으로 진행하자는 제안이다. 하지만 피에르 왁이 볼 때는 이 시나리오는 가능성이 매우 낮았다. 단지 경영진의 예상되는 반발과 다양한 가능성을 열어두기 위해 형식적으로 작성한 시나리오였다. 피에르 왁의 관심은 두 번째 시나리오에 있었다.

두 번째 시나리오에서는 자신이 수집하고 분석한 자료들을 연관 지어 미래에 일어날 가능성을 재구조화해서 좀더 충격적인 미래 모습을 그렸다. 'OPEC이 의도적으로 급격한 유가 상승국면을 조성할 것'이라는 시나리오였다. 다행히 경영진은 피에르 왁의 시나리오에 깊은 관심을 가졌다. 경영진도 '만약 두 번째 시나리오가 현실화된다면 현재의 사업 방식을 완전히 수정하지 않으면, 회사는 막대한 손실을 보고 최악의 경우 파산할 수도 있다'는 결론에 동의했다.

기업 경영은 하나의 예측을 따라 사업의 방향을 전면 수정할 수 없다. 셸도 마찬가지였다. 피에르 왁의 예측에 동의했지만, 사업의 방향을 당장 전환하지 않았다. 우선, 일어날 위협에 대비해 공통 전략에 해당하는 '안전망 구축 전략'을 가동했다. 두 번째 시나리오가 현실화된다면, 회사에 취약하게 작용할 수 있는 문제점을 목록화하고 대비책을 행동에 옮겼다. 예를 들어, 셸이 거래하는 유조선 회사들과 "유조선의 최대 선적량을 꼭 채우지 않아도 된다", "유가가 배럴당 6달러일 경우, 셸은 특별해약권을 보유한다"는 등 수정된 조건을 명시한 장기계약을 맺었다. 그 당시에는 유가가 올라 석유 수요가 급격하게 감소할 경우 유조선에 빈 탱크들을 실어도 비용을 지불해야 했다. 셸은 이런 조항을 수정했다. 당시는 세계적으로 원유 공급과 전망에 변수가 없었을 때였다. 매년 6퍼센트씩 선형적으로 성장하고 있었고, 미래 수요도 추세상 성장할 것이라는 것이 일반적 견해였다. 유조선 회사들은 수요보다 공급 측면에 관심을 갖고 있어서 급격한 유가 상승으로 석유 수요가 줄어들 수 있다는 미래 가능성은 전혀 생각하지 않았기에 셸의 수정안에 쉽게 사인했다.

하지만 피에르 왁의 예측처럼 1973년 유가가 배럴당 6달러 이상으로 상승했다. 사전에 여기에 대비하여 조치를 취한 셸과 이를 대비하지 못한 다른 경쟁사들의 차이는 엄청나게 컸다. 셸은 시나리오에 맞춰 기업 경영 전략을 어떻게 세울 것인지 세부 내용도 진지하게 검토했다. 주변 상황의 변화를 주의 깊게 모니터링하고 통찰의 눈을 날카롭게 치켜뜬 셸은 석유수출국기구 OPEC의 감산 움직임을 결정적으로 포착하고 최악의 유가 폭등 시나리오에 맞추어 전사적인 행동을 단행했다. 오래전부터 미래를 예측하고 있었기 때문에 경쟁자와 비교도 안 될 정도로 빠르게 대응했다. 1973년 10월, 셸의 예상대로 제4차 중동전쟁이 발발했다. 석유파동은 전 세계를 강타했다. 로열 더치 셸을 제외한 누구도 예상치 못했던 일이었다.

다른 정유회사들은 속수무책이었다. 위기가 끝나자 업계 최하위였던 셸은 단숨에 업계 2위로 올라섰다. 매출을 끌어올리기 위해 막대한 마케팅 비용을 지불한 것도 아니고, 신기술을 개발한 것도 아니었다. 단지 미래 변화의 징후를 통찰하고 이를 대비하는 시나리오를 철저하게 만들어 준비한 결과였다. 셸은 위기 속에서 당당히 살아남았고, 위기를 기회로 삼아 한 단계 도약하는 성과를 올렸다.

10년이 흐른 1983년, 피에르 왁의 후임으로 독일인 피터 슈워츠가 선임되었다. 피터 슈워츠는 이후 시나리오 경영을 완성한 인물이다. 그는 경영진에게 '소련의 미래'에 깊은 관심을 가질 것을 요청했다. 피터 슈워츠는 '소련이 서구에 문을 열고 군비 축소를 추진하며 정치적 긴장 관계를 완화하게 될 것'이라는 시나리오를 작성했다. 시나리오의 핵심은 고공 행진하던 유가는 폭락할 것이고, 그 여파로 소련이 붕괴할 가능성이 크다는 것이었다. 경영진은 다시 미래전략경영에 들어갔다. 60억 달러가 투자되는 트롤 가스산지 유정 개발 비용을 줄이고, 새로운 유전에 투자하거나 다른 석유회사를 높은 가격으로 사들이는 것도 중단했다. 피터 슈워츠의 통찰대로 유가는 폭락했다. 폭락을 미리 대비한 셸은 유전 개발에 추가 비용도 들이지 않았고, 다른 경쟁자들보다 다섯 배가 넘는 양인 하루 250만 배럴의 석유를 거래하면서도 6개월 전에 비해 절반도 안 되는 가격으로 원유를 살 수 있는 기회를 잡았다. 유가 폭락으로 소련 붕괴도 현실이 되었다. 그 후 피터 슈워츠는 독일 통일에 대한 시나리오를 작성하고, 2001년 9월 11일 사태에 대해서는 이미 6개월 전에 시나리오를 작성하는 놀라운 통찰력을 발휘했다.

임기응변은 위험하다

임기응변은 매우 위험하다. 지금처럼 변화가 빠르고 복잡한 시기에 임기응변은 경영의 자살행위다. 최고경영자와 임원들이 미래를 내다보는 통찰력을 갖는 것은 물론이고 전사적으로 훈련되어 있어야 생존할 수 있는 속도를 얻는다. 기회를 선점할 수 있는 안목을 얻는다. 윈저와 조니워커를 판매하는 디아지오도 12년산과 17년산 위스키를 만들 때 12년 후, 17년 후 수요를 예측해서 현재 생산량을 결정한다. 단기적으로는 변화되는 소비자 소비 트렌드와 패턴을 구분하고, 장기적으로는 미래 수요를 예측하고 이를 토대로 현재 위스키 숙성량을 결정한다. 이런 태도는 평소에도 기본이다. 하물며 큰 변화의 시기에는 어떠하겠는가?

인간은 본래 시나리오를 짜는 동물이다. 『지능의 진화』라는 책을 쓴 윌리엄 캘빈 박사는 화살을 쏘거나 돌을 던지는 것 그리고 군중 앞에서 연설을 하는 것의 공통적인 핵심은 '계획'이며, 인간은 이런 행위를 하기 전에 머릿속에서 필요한 미세한 근육들을 어떻게 움직일지를 '예행연습'을 통해 미리 결정한다고 했다. 피터 슈워츠 박사도 미식축구의 쿼터백의 예를 들면서, 쿼터백은 공을 패스하기 전에 뒤로 물러선 후, 아주 빠른 속도로 30~40미터 밖까지 둘러본다. 그리고 자신에게 접근하는 상대팀의 라인맨을 체크하며, 수많은 선수 사이에 섞여 다운필드로 달려가고 있는 자기 팀의 리시버들을 빠르게 훑어본다. 그리고 순간적으로 힘껏 달리며 한 명의 리시버를 택해 있는 힘을 다해 공을 던진다. 그리고 이 순간 쿼터백은 빛의 속도로 자신과 리시버가 몇 초 뒤 어떤 위치에 있게 될 것인가를 정확히 예측한다. 또한 상대가 어떻게 움직일지를 정확히 예측하는 시나리오를 머릿속으로 빛의 속도로 구상한다.[42] 우리의 뇌는 이런 계산능력과 시나리오 구축능력을 지니고 있다. 당신도 이미 이런 능력을 어렸을 적부터 어른이 되어서까지 다양하게 사용해본 경험이 충분하다. 그것을 다시 꺼내서 비즈니스에 맞게, 당신의 현장에 맞게 약간의 기술만 보완해서 사용하면 된다. 보완해야 할 약간의 기술은 이미 위에서 배웠다.

시나리오 기법은 사실 수집부터 미래 모델링까지 전 과정을 거치며 튀어나온 통찰들을 다른 사람과 나누고 소통하려는 목적으로 한데 묶어 표현하는 기술이다. 시나리오의 사전적 의미는 "어떤 사건에서 일어날 수 있는 여러 가지 가상적 장면, 구체적 순서와 과정, 배우의 행동이나 대사 등을 상세하게 표현한 각본"이다. 미래학에서도 시나리오를 이와 비슷하게 사용한다. 통찰하고자 하는 특정 미래를 모델링을 통해 이리저리 사고실험한 후, 가장 논리적이고, 확률적이며, 규범적 가능성을 가진 시나리오를 추출한다. 각 시나리오는 미래 모습의 모두를 담지 않고, 의미 있는 변화에 관해서 말한 만한 가치가 있는 미래 사건이나 모습(장면), 거대한 변화 흐름 속에서 중요한 몇 가지 구조나 시간의 흐름에 따른 주요 변수들의 작동 과정, 어떤 시점과 공간에서 일어날 수 있는 여러 가지 가상 결과, 전략 수립에 도움이 되는 구체적인 변화 과정만을 담아 '잘 짜인 이야기'로 풀어내거나, 특정 관점이나 감정을 불러일으킬 수 있는 '개요 형식'으로 설명한다.[43]

현대판 시나리오 기술의 창시자는 캘리포니아 공대를 졸업하고 미국 공군에서 근무했고 핵을 연구한 미래학자 허먼 칸이다. 그는 냉전시대였던 1950년대에 미 국방 계획과 예산을 연구하는 랜드연구소에서 어떤 상황의 전쟁에서도 반드시 승리하기 위한 최고의 군사전략 계획수립에 '시나리오' 방법을 최초로 도입했다. 1967년, 칸은 시나리오 기법으로 '서기 2000년'이라는 미래통찰을 발표하기도 했다. 제1차 오일쇼크로 전 세계가 충격을 받자, 미국의 석유 및 에너지회사, 자동차 회사 등 민간기업과 민간연구소도 시나리오

기법을 빠르게 도입했다. 비영리 민간연구소로는 1929년 고든 배텔이 남긴 170만 달러의 유산으로 미국 오하이오주 콜럼버스에 설립된 배텔연구소가 미래연구에 선구자였다.[44] 이 연구소는 현재 세계 최고 수준의 민간 비영리연구소다. 배텔연구소는 초기에는 민간기업으로부터 사업을 위탁받아 연구개발을 했지만, 제2차 세계대전을 계기로 미국 정부, 원자력위원회, 미국항공우주국, 국방부 등으로부터 연구개발 위탁을 받으면서 비약적인 발전을 이루었다. 1970년대부터는 환경, 해양 개발, 도시·주택 개발, 농업, 의료·보건·제약, 운송, 공학 및 수학 등 다양한 분야로 연구 영역을 확장했다. 제록스라 불리는 복사기, 콤팩트디스크의 디지털 레코드 기술, 미국 재무성의 동전 제조술, 바코드, 은행 등의 전자상거래 등이 이 연구소에서 개발한 대표적 연구 성과다.[45] 2011년 기준으로 전 세계 130개소 연구소에 2만 2,000명의 연구원을 두고 있으며, 60억 달러가 넘는 연구비를 후원받고 있다.[46]

유럽에서도 비슷한 시기에 프랑스 철학자이자 정치경제학자인 베르트랑 드 주브넬과 작가였던 가스통 베르제가 시나리오 방법론을 사용하여 비연속성, 트렌드의 단절, 패러다임 변화가 미래에 일어날 수 있다는 예측을 발표했다. 이들은 프랑스어로 'La Prospective'(미래전망)라는 단어를 사용하여 미래예측이라는 주제를 탄생시켰다. 참고로 프랑스의 미래예측 특징은 국토 및 지역개발을 담당하는 기구인 다타르DATAR, 총리 직속 기구로서 전자정부 전략의 개발 및 조율을 담당하는 국가계획청Commissariat du Plan 등의 중앙과 지방 정부부처와 프랑스텔레콤France Telecom, 프랑스철도SNCF, 국립에너지관리공단EDF 등의 국영기업이 시나리오 기법을 기반으로 미래예측을 먼저 활용하고, 그 뒤를 이어 민간기업이 도입을 하는 식이었다.[47]

　미래예측의 역사는 오래되었다. 하지만 과거의 미래예측은 온 세상이 복잡하고 지능적인 기계라는 관점을 가진 데카르트적 세계관에 입각했다. 기계적 세계관에서 미래는 정해진 방향이나 운명으로 진행된다. 피에르 왁을 비롯해서 베르트랑 드 주브넬과 가스통 베르제는 과거와 달리 비연속적 미래, 익숙한 트렌드와 단절된 새로운 힘, 기존 패러다임이 무너지고 새로운 패러다임으로의 전환 등이 발생하는 '또 다른 미래 가능성alternative future' 예측이 필요하다고 주장했다. 이들의 주장은 1960년대 제1차 오일쇼크 등이 발발하며 힘을 얻기 시작했다.[48]

예언, 비전, 시나리오

　시나리오가 예언과 다른 점은 미래에 관한 다양한 '미래상image of futures'을 다수의 이야기 형태로 체계화한다는 것이다. 시나리오는 예언처럼 얼마나 정확하게 미래를 맞추었느냐에 초점을 두지 않는다. 시나리오는 의사결정자에게 얼마나 의미 있고 도움이 되도록 표현하고 기술記述했느냐에 초점을 맞춘다.

　시나리오는 비전과도 차이가 있다. 비전은 바람직하고 선호하는 미래preferred future 모습만을 말한다. 시나리오는 '만약 ~라면, 미

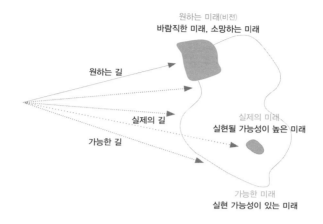

■ 그림 3-19 원하는 미래, 실제의 미래, 가능한 미래의 차이

원하는 미래(비전)
바람직한 미래, 소망하는 미래

원하는 길

실제의 길

가능한 길

실제의 미래
실현될 가능성이 높은 미래

가능한 미래
실현 가능성이 있는 미래

래에 어떤 일이 발생할 수 있을까?'라는 질문을 던지고 실제 일어날 수 있는 미래, 가능한 미래, 뜻밖의 미래 등을 깊이 생각해본 결과(통찰값)을 묶어놓은 것이다. 논리적, 확률적으로 깊이 생각해보고 내린 답변을 묶어놓은 것이다. 비전은 위기를 감추고 기회를 극대화하는 것이지만, 시나리오는 위험관리에 초점을 둔다(그림 3-19).[49]

시나리오가 위험 관리에 초점을 두는 이유는 우리가 사는 세상의 불확실성 때문이다. 누구나 혹은 어떤 기업이나 국가도 미래 불확실성에서 예외일 수 없다. 인류 문명은 빠르게 진보하지만 늘 미래 불확실성에 노출되어 있다. 불확실성은 예측하기 쉽지 않고 제거할 수도 없어서 마음을 불편하게 하고, 때로는 실제 위기로 다가온다. 하지만 시나리오를 통해 위험을 미리 관리하기만 하면, 오히려 불확실성은 드러나지 않은 새로운 영역(기회)으로 들어가 통로

가 된다. 참고로 케스 반 데르 헤이든은 우리 시대의 불확실성을 다음의 세 가지로 분류했다.[50]

① 과거의 전례가 충분해서 여러 가능한 결과에 대해 확률을 측정할 수 있는(설령 주관적 판단에 따른 것이라고 해도) 위험. 이는 과거와 유사한 현상이라는 형태로 나타난다.

② 어떤 현상이 워낙 특이해서 유사성을 판단할 지표가 없는 경우. 가능성을 막연히 추정해보게 되는 구조적 위험. 이 경우 어떤 일의 가능성은 논리적 유추로 인한 인과관계를 통해 표현될 뿐 그 가능성을 판단할 근거는 없다.

③ 어떤 일이 일어날지 상상조차 할 수 없는 미지의 변수. 과거를 들춰보면 이런 일이 많았고, 미래에도 계속될 것이라고 추정되나 어떤 일이 일어날지에 대해서는 실마리를 찾을 수 없다.

한눈에 보는 다양한 시나리오 기술

시나리오는 방향, 변수 조합 방식, 변수 개수, 극대화 영역, 미래상을 보여주는 방식, 플롯 등에 따라 다양하게 분류할 수 있다. 먼저, 방향에 따른 시나리오 분류다. 방향에 따라서는 두 그룹으로 나눌 수 있다. 하나는 현재에서 시작해서 미래 방향으로 나가는 시나리오다. '퓨처 포워드future forward'다. 이 방식은 과거와 현재에서 파악된 확실성(트렌드, 사이클, 계획 등)과 불확실성(잠재적 사건, 사회적 현 이슈, 새로운 아이디어 등)을 재료로 미래를 투사해보는 것이다.

다른 하나는 특정 미래 시점에서 현재 방향으로 거꾸로 내려오는 시나리오다. 이를 '퓨처 백워드future backward'라고 한다. 이 방

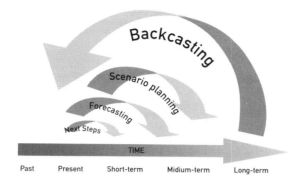

식은 특정한 미래 시점에 특정한 미래사건(뜻밖의 미래)이 발생한다
는 것을 임의로 전제한 후에 그 사건을 발생시키는 데 영향을 줄
만한 논리적 사건이나 상황, 확률적 가능성이 높은 사건이나 상황,
혹은 블랙스완 등을 거꾸로 추정하면서 현재까지 내려오는 시나리
오다. 마치 영화를 뒤로 돌려가며 보면서 지나올 만한 가능성을 추
정하여 이야기를 역으로 재구성해보는 것이다.[51]

미래에 영향을 미치는 변수를 조합하는 방식에 따라서는 세 가
지로 분류한다. 첫째는 계획, 트렌드, 패턴, 사이클 등의 확실성 요
소들을 조합하여 구축하는 방식, 둘째는 결정적 불확실성uncertainty
요소를 조합하여 구축하는 방식, 셋째는 확실성 요소와 불확실성
요소를 적절히 조합하여 구축하는 방식이다.

변수(요소)의 사용 개수에 따라서는 두 개는 최소접근법minimal
approach, 3~8개는 표준접근법standard approach, 여덟 개 이상이면
최대접근법maximum approach으로 분류할 수 있다.[52] 최소접근법은

■ 그림 3-21 백캐스팅

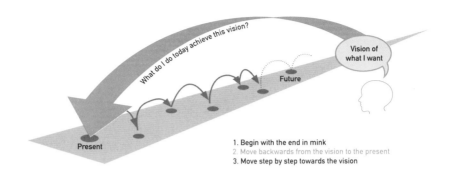

What do I do today achieve this vision?

Vision of
what I want

Future

Present

1. Begin with the end in mink
2. Move backwards from the vision to the present
3. Move step by step towards the vision

■ 그림 3-22 예측 구성 작업 도표

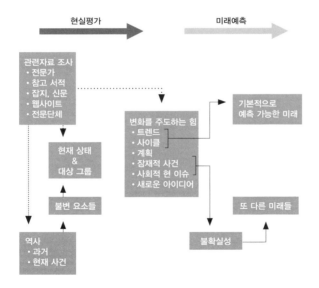

현실평가

미래예측

관련자료 조사
• 전문가
• 참고 서적
• 잡지, 신문
• 웹사이트
• 전문단체

현재 상태
&
대상 그룹

불변 요소들

역사
• 과거
• 현재 사건

변화를 주도하는 힘
• 트렌드
• 사이클
• 계획
• 잠재적 사건
• 사회적 현 이슈
• 새로운 아이디어

기본적으로
예측 가능한 미래

또 다른 미래들

불확실성

■ 그림 3-23 '기본 미래'와 '또 다른 미래들' 예측

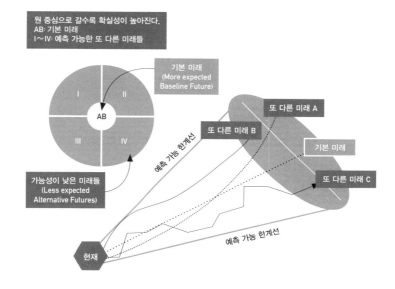

필요한 최소한의 시나리오만을 만들어내는 방법이다. 미래 질문에 대한 단순한 묘사를 하고, 시나리오 작업 비용도 낮다. 대표적인 최소접근법은 GBN 기법과 시나리오 나무scenario tree 기법이다.

1. GBN 기법

대표적인 최소접근법이자 초점영역 극대화 접근법maximizing focus인 GBN 기법 혹은 시나리오 십자가scenario cross 기법은 결정적인 '추동불확실성driving uncertainty' 두 개를 사용한다. 두 개의 결정적인 추동불확실성을 서로 교차하여 서로 다른 네 개의 시나리오가 십자가 내의 네 개 영역에 만들어진다. 즉, GBN 기법은 복수

의 불확실성을 사용해서 만든 가설 추론이다. GBN 기법은 시나리오 연구의 대가 중 한 사람인 피터 슈워츠가 설립한 글로벌 비즈니스 네트워크에서 사용하는 기술이다. 피터 슈워츠는 시나리오 경영으로 유명한 로열 더치 셸 그룹(1907년 록펠러의 스탠더드오일컴퍼니의 석유 독점에 대항하여 영국의 운송무역회사인 셸과 네덜란드의 석유회사인 로열 더치가 합병하여 만들어진 석유회사)에서 1987년까지 미래예측을 담당했고, 셸을 퇴사한 후 당시에 미래연구를 공동으로 했던 스탠퍼드 연구소 제이 오길비 소장과 함께 글로벌 비즈니스 네트워크사를 설립하고 글로벌 기업들의 의뢰를 받으며 지금까지 독자적인 미래연구를 진행 중이다. 이 기법의 진행 방법은 다음과 같다.

① 미래연구 초점 이슈나 혹은 결정해야 할 사안을 명확하게 한다.
② 의사결정의 성공과 실패에 영향을 미칠 만한 주요 핵심 동인을 찾는다.
③ 주요 핵심 동인에 영향을 줄 만한 거시적 미래추동력을 도출한다.
④ 중요성과 불확실성을 기준으로 거시적 미래추동력을 서열화한다.
⑤ 결정적인 불확실성 두 개를 선정한다. 이 기법에서 가장 중요한 것은 서로 다른 네 개의 시나리오를 도출할 수 있는 결정적인 불확실성 두 개를 찾아내는 일이다. 앞에서 소개한 생태학적 사회구조 분석으로 설명하면, '추동불확실성'은 심층원동력Driving Foreces의 변화(운동)에 대한 불확실성을 말한다. 추동력은 변화를 만들어내는 실체다. 불확실성은 특정 실체(심층원동력)의 범주(10가지)의 변화(운동) 방향이 어느 쪽으로 향할지에 대해서 확실하게 알 수 없는 상태다. GBN 기법에서는 특정 실체(심층원동력)의 운동(변화) 방향을 불확실성 요소로 잡을 수 있다. 예를 들어, 사람이라는 실체의 출생률(범주로는 생성과 분량에 해당)의 방향(상승, 하락)이 불확실성 요소다. 혹은, 범주의 변화(운동) 방향이 특정 방향으로 확실성을 가지고 진행되더라도, 어느 순간 특정한 '임계사건'을 거치면서 임계사건 발생 이전과 전혀 다른 상태가 될 수 있는 가능성이 있다면 그 임계사건 자체를 불확실성으로 선택할 수 있다. 예를 들어, 화폐(실체)의 분량(범주)이

감소 방향으로 진행하면서 경기가 서서히 위축되는 확실한 상황에서(화폐 유동성 감소), 시간이 지나면서 '금융위기'라는 특정 사건이 발생하면 (금융위기 발발 이전과 비교해서, 서서히 경기가 하강하는 궤도에서 이탈하여) 충격적이고 급격한 경기 변화가 일어난다. 단, 금융위기 발발 여부는 불확실성이다. 하지만 발발하면 영향력이 큰 사건이므로 GBN에서 사용할 수 있는 불확실성 변수가 될 수 있다. 참고로, 불확실성은 시간의 범위에 따라 확실성으로 변하기도 하고 다시 불확실성으로 변하기도 한다. 예를 들어, 한국의 사람의 출생률은 앞으로 5~10년이라는 시간 범위에서는 '하락' 방향으로 확실성이다. 하지만, 50년 후라는 시간 범위에서는 출생률이 계속 하락할지 아니면 반대로 상승할지 모르는 불확실성 상태가 된다. 그래서 불확실성을 선택할 때는 시간 범위도 반드시 고려해야 한다. (GBN이 불확실성에 기초한 시나리오 기법이라면, 확실성에 기초한 시나리오는 트렌드 분석이다.)

- 출생율: 실체(사람), 범주(분량−생성), 앞으로 10~15년 저출산 방향 쪽으로 '확실성' 30년 후는 '불확실성'.
- 주택가격: 실체(부동산−주택), 범주(가치−가격), 앞으로 5년 '불확실성'
- 자동차 생산량: 실체(운송기계), 범주(분량−생성), 앞으로 5년 '불확실성'

⑥ 시나리오 작업을 한다. 찾아낸 두 개의 결정적인 추동불확실성을 서로 결합하여 만든 네 영역에는 기본적으로 다섯 가지 질문을 던져야 한다. 첫째, 두 개의 불확실성이 동시에 현실이 되어 일어난다면, 그로 인해 일어날 수 있는 논리적, 확률적 가능성의 미래는 무엇인가? 상상 가능한 다양한 미래 가능성 중에서 의미 있는 변화, 말할 만한 가치가 있는 사건이나 모습(장면), 이것들의 전개 과정은 무엇인가를 '개요 형식'이나 '잘 짜인 이야기'로 설명한다. 둘째, 사용된 두 개의 추동불확실성이 결합하면서 현재의 상황을 예측되는 (논리적, 확률적 가능성의) 미래로 이끌어가는 데 결정적으로 영향을 미칠 새로운 힘이나 사건은 무엇일까? 셋째, 타임라인은 어떻게 될까? 넷째, 적용점은 무엇인가?(가능성, 기회, 위협, 위기, 경쟁자, 동맹자 등) 다섯째, 이 모든 것을 가장 잘 표현하거나 특정 관점이나 감정을 불러일으킬 수 있는 시나리오 제목은 무엇일까?

⑦ 네 가지 서로 다른 시나리오가 만들어진 후, 각각 시나리오를 비교하는 표를 작성한다.

⑧ 네 가지 시나리오별로 대응 가능한 미래 전략을 도출한다. 미래 전략은 미래예측을 통해 발굴한 비전을 이루기 위해 자신의 현재와 미래역량을 시간과 공간

축을 따라 어떻게 선택과 집중하려는가에 대한 생각road map이다. 이 전략을 시나리오로 쉽게 설명할 수 있다. 이를 전략 시나리오라고 부른다. 공통전략, 전략적 분기점, 또 다른 전략들로 구성된다. 전략 시나리오를 기초로 액션플랜의 도출이 가능해진다.

⑨ 시나리오별로 만들어진 전략을 평가한다. 수립된 전략을 평가하는 일은 많은 시간과 비용이 들 수 있다. 때문에 도출된 모든 전략을 평가하기보다는 좀더 깊은 분석을 해야 할 필요성이 있는 미래 전략을 중심으로 평가를 진행하는 것이 좋다. 좋은 미래 전략은 특정 시나리오가 현실이 될 때 발생하는 변화나 환경의 도전에 대응하는 데 조직의 역량을 최대한 활용할 수 있으며, 위협을 최소화하고 기회를 극대화할 수 있으며, 조직이 원하는 결과나 방향으로 나갈 수 있도록 해주는 특징이 있다. 이 모든 것을 크게 세 가지로 나누면 다음과 같다.

 – 이 전략이 조직이 원하는 결과나 방향으로 나가도록 돕는가?
 – 이 전략이 조직이 갖고 있는 현재 역량이나 미래 어느 시점에 얻게 될 미래 역량을 최대한 활용할 수 있도록 해주는가?
 – 이 전략은 발생하는 미래 변화나 새로운 환경이 만들어내는 피할 수 없는 과제에 잘 대응하여 조직에 몰려오는 위협을 최소화하고 기회를 극대화할 수 있게 해주는가? 즉, 조직 역량을 최대한 활용하여 피할 수 없는 과제를 잘 해결하면서 동시에 조직이 원하는 결과나 방향으로 나아가게 해주는 전략인지를 평가해야 한다. 이 세 가지 기준을 동시에 교차하면 3차원 우스wus 평가 매트릭스matrix를 만들 수 있다.[53]

⑩ 평가가 완료된 전략 간의 시스템적 인과관계를 분석하여 각각의 전략이 다른 전략과 어떻게 연관되고 의존관계에 있는지를 평가한다. 이 과정을 거치면 표면적으로는 중요도가 떨어지는 전략이 다른 전략에 절대적인 전제 조건의 관계에 있는 것이 드러날 수도 있다. 즉 전략 간의 시스템적 연관관계와 순서, 패턴, 레버리지 전략을 도출할 수 있다.

⑪ 마지막으로 조기경보 점검표를 작성한다. 조기경보 시스템은 현재 진행되는 상황을 모니터링하면서 미래가 어느 시나리오로 가고 있는지를 조기에 알아차리도록 돕는다. 조기경보 시스템은 두 개의 결정적 추동불확실성을 기반으로 시나리오 분석을 통해 파악한 중요할 것으로 예측된 힘의 생성, 각 시나리오의 실현 가능성에 영향을 주는 환경 변화, 발생 가능한 사건, 통계 지표, 추세 등을 사용하여 만든다.[54]

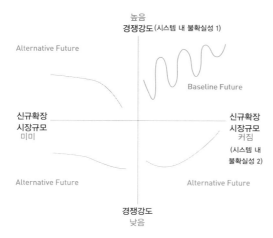

Target Level - System Behavior Scenarion 실례

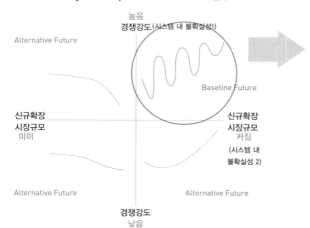

향후 3년 내의 A이동통신
사의 미래는 (…) 시장 내
경쟁강도는 강해지지만
새로운 서비스(WiFi 무선
인터넷 플랫폼 서비스, 모
바일 활용 신용카드 서비
스 등)로 인해 기존에 무
선 모바일 서비스를 전혀
사용하지 않았던 사람들
이 추가적으로 새로운 시
장에 참여함으로써 기존
의 시장규모보다 약 1.5배
정도로 (…)

GBN 기법 혹은 시나리오 나무 기법은 다수의 중요한 불확실성을 결합하여 사용할 수도 있다. 그러나 너무 많은 변수를 사용하면 묘사의 복잡성이 크게 증가하고, 사람들이 머릿속에 넣어두고 활용하는 데 문제가 생긴다. 오히려 시간의 흐름에 따라 네 개 중의 하나로 결정된 시나리오에서 새롭게 나타나는 결정적 불확실성을 추적하여 시나리오 나무 기법을 연속해서 사용하는 것도 한 방법이다. GBN 기법은 다른 미래예측 기술과 연동해서 다양하게 응용 발전시켜 사용할 수 있다. 그중 한 실례를 소개한다.

- 1단계(기본 단계): 위에서 설명한 것처럼 핵심 불확실성 도출, 시나리오 기본 컨텐츠 개발(차별점 중심으로)
  - 변화의 주체인 심층원동력의 운동에서 예측 이슈 및 예측 질문 관련된 핵심 불확실성을 도출한다.
  - 핵심 불확실성은 불확실성과 영향력(영향력=힘x현저성)이 가장 높은 것이다. 시스템맵 상에서 흐름의 불확실성 2개를 선택, 혹은 새로운 임시적 피드백 고리를 만든 후 불확실성을 만든 후 GBN을 할 수도 있다.
  - GBN 2X2 Matrix를 개발한다. 핵심 불확실성들이 여러 개일 경우, 추가 2X2 Matrices 개발할 수도 있다.
  - 2X2 Matrix에서 추출한 요소들을 가지고 4개의 시나리오를 개발한다. 이때, 각 시나리오는 STEEPS 카테고리 별로 심층원동력이 만들어내는 핵심 변화 내용, 해당 시나리오 내에서 나타날 핵심 변화의 세부 원인 추론 등을 담일 수 있다.
  - 마지막으로, 각 시나리오를 대표하는 제목을 선정한다.
- 2단계(응용 단계): 핵심 확실성 교차분석, 내러티브
  - 핵심 확실성Key Certaintiy과 교차분석Cross Impact Anaylsis을 하여 시나리오 요소를 정교하게 추가 도출한다. 해당 시나리오가 전개 되는 과정에서 발생 가능한 중요한 논리적이고 확률적인 사건들을 중심으로 시나리오 요소를 정교화한다.

- 정교하게 추가 도출된 시나리오 요소들을 가지고 내러티브Narratives를 개발한다. 이때, 시나리오에서 발생하는 일련의 사건과 전개 과정을 STEEPS 카테고리 별로 섬세한 이야기storytelling로 묘사한다.
- 3단계(응용 단계): 함의, 발생 가능성 확률적 평가
  - 4개의 시나리오 기반으로 함의(시나리오 별로 기회, 가능성, 위협, 위기)를 도출한다. GBN을 한 후, 각 시나리오에 보수값을 정한 후 게임이론을 대입하면 동적 함의를 도출할 수도 있다. 예를 들어, 진화적 게임이론을 활용해서 열등 전략을 반복적으로 제거하는 것을 통해 최종적으로 전략적 내시 균형점(진화적 안정성의 단계: 진화적으로 안정적인 전략쌍)을 함의으로 도출할 수도 있다.
  - 현재 위치에서, 각 시나리오의 발생 가능성을 확률적으로 평가한 후, 지속적인 모니터링을 통해 발생 확률의 변화를 추적하면서 시뮬레이션을 반복한다. 시뮬레이션을 반복한다는 것은 "시간의 변화나 상황의 변화에 따른 자연선택적 전략수정 혹은 모방과 학습을 통한 전략수정을 하면서, 시나리오 의뢰자에게 더 큰 이익이나 최선의 보수 값을 찾아가는 기회 탐색"을 반복적으로 시행하는 것이다.

2. 시나리오 나무 기법

시나리오 나무 기법은 이미 개발한 시나리오 중에서 가장 중요하게 여긴 핵심 시나리오 하나를 가지고 다음 단계들을 연역적으로 예측하거나, 하나의 결정적 불확실성을 가지고 단계별 진행 과정에서 연역적으로 도출되는 추가 시나리오를 개발하기 위해 사용한다.

예를 들어, "금융위기가 발생한다"라는 결정적 불확실성 하나에서 시작한다. Yes, No에 따라서 가지가 나뉜다. No라면 시나리오 1(경제 연착륙), Yes라면 다시 if-then을 사용한다. "금융위기가 발생했을 때, 대우중공업이 버틸 수 없다"가 No라면 시나리오 2(성공적

구조조정 후, U자형 경제회복), Yes라면 다시 if-then을 사용한다. "글로벌 투자자들이 한국의 경제상황을 부정적으로 본다"가 No라면 시나리오 3(감당할 만한 경착륙), Yes라면 다시 if-then을 사용한다. "국내 경제상황을 불안하게 본 글로벌 자본의 이탈로 외환보유고가 급격하게 줄어든다"가 No라면 시나리오 4(금융위기), Yes라면 시나리오 5(외환위기)가 된다.

시나리오 가지를 두 개씩 분기해도 좋고, 두 개 이상으로 분기해도 무방하다. 분기하지 않고 일방향으로 진행할 수도 있고, 분기의 방식이 단계마다 달라도 괜찮다(그림 3-25, 그림 3-26).

시나리오 나무 기법은 경우의 수를 무한하게 만들 수 있기 때문에 컴퓨터 시뮬레이션으로 시나리오를 도출할 때도 유용하다(그림 3-27). 예를 들어, 알파고는 예측모델링으로 데이터 마이닝과 if-then 형식의 간단한 규칙을 반복하여 경우의 수를 분류하는 의사결정나무학습decision tree learning을 사용하여 의사결정력과 예측력을 높이는 전략을 사용한다.

바둑판 가짓수는 10^{150}으로 온 우주에 존재하는 원자 수와 같다. 현재 슈퍼컴퓨터로 계산하려면 수십억 년이 걸린다. 이것을 곧이곧대로 계산하여 학습하려면 알파고가 인간 바둑기사를 이기는 데 20~30년은 걸린다. 그래서 알파고를 만든 팀은 다른 방법을 택했다. 완벽을 포기하고 인간처럼 두뇌를 사용하는 법을 택한 것이다. 알파고의 인공신경망은 학습과 경험을 통해 신경세포의 연결망이 강도가 달라지고 재조직되면서 기억과 확률적 판단력을 증진하는 사람의 뇌처럼 작동한다.

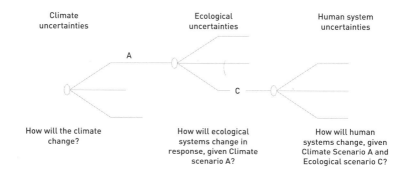

■ 그림 3-26 다양한 시나리오 나무 분기법

이세돌을 이겼던 알파고의 인공신경망은 정책망policy network과 가치망value network을 갖는다. 정책망은 다시 세 개로 나뉜다. 첫 번째는 롤아웃rollout 정책망이다. 롤아웃의 사전적 의미는 '밀어서 펴다' 혹은 '첫 출시하다' 등이다. IT 비즈니스에서 롤아웃 프로젝트란 말을 흔히 사용하는데, 이는 '표준모델'을 제시하고 이것을 기반으로 허용된 일정 비율만큼 프로그램 처리내용을 변경하는 것을

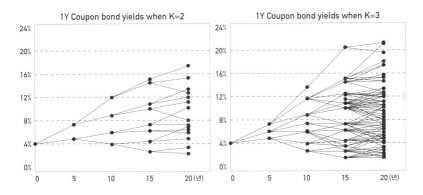

허용하는 활동을 말한다. 롤아웃은 '표준모델'을 가리키는 산업용어다. 알파고팀은 인공지능 바둑기사가 되는 1단계로 바둑의 표준모델을 입력했다. 롤아웃 정책망에는 바둑의 기본 정석(기본 규칙)이 입력된다. 현재까지 가장 좋은 수로 인정받은 규칙이다.

두 번째는 지도학습supervised learning 정책망이다. 여기에 알파고팀은 바둑 기보 16만 건을 학습시켰다. 사활 등 바둑문제 3,000만 개를 풀었다. 세 번째 정책망은 강화학습reinforcement learning 정책망이다. 규칙을 익히고 바둑 기보를 학습하고 수천만 개의 문제를 풀어도 바둑의 신이 될 수 없다. 알파고는 앞의 두 가지 정책망을 기반으로 복제된 알파고들을 만들고 서로 가상 대국을 하면서 기보 수를 늘려갔다. 가상 대결을 통해 새로운 기보가 나오고, 새로운 기보는 새로운 수를 생산했다. 알파고들은 하루에 3만 번 대국했다. 하루에 3만 개씩 생산된 기보의 유용성, 확률적 승률 등을 분석하고 데이터로 저장했다. 무작위로 새로운 수를 두면서 만들어진

대국 자료들을 평가하면서 기보집에 추가할 만한 새로운 바둑 기보를 만든 것이다. 앞으로 수백 년 수천 년 동안 인간이 바둑을 두면서 새롭게 추가할 좋은 기보들을 알파고가 내장된 바둑 평가 기준을 토대로 스스로 만들어낸 것이다. 이 과정에서 어떤 상황에서 어떤 수가 좋은지에 대한 알파고의 자료는 인간 이세돌 9단의 자료를 넘어섰다.

인간도 이런 방법을 사용하면서 뇌의 신경세포들의 연결 강도가 달라지고 재조직된다. 이 훈련은 실전에서 직관으로 능력이 발휘된다. 프로기사들은 다음에 두면 좋은 수 몇 가지를 직관적으로 알아차린 후, 주어진 시간 내에 빠른 속도로 아홉 수 열 수 뒤까지 계산을 한다. 알파고도 세 가지 정책망을 통해 인간의 직관력을 모방하는 데 성공했다. 정책망으로 다음에 둘 수들을 뽑아낸 후, 알파고는 가치망이라는 다른 신경망을 작동하여 후보로 올라온 수들의 승률을 계산한다. 하지만 문제가 있다. 한 가지 수를 정했더라도 그 수 다음으로 둘 수 있는 경우의 수가 무수하다. 알파고는 몬테카를로 트리 서치MCTS 기법과 시나리오 나무(의사결정 나무) 기법을 사용하여 최대 다음 40수 내까지 승률을 계산한다. 몬테카를로 트리 서치는 다음 수의 후보 각각이 40수까지 더 두었을 때 생겨나는 경우의 수 중에서 일부를 무작위로 선택하여 시뮬레이션을 하는 기술이다. 제한된 시간에 무작위로 선택된 경우의 수들만을 확률적으로 평가해서 최고의 수를 가려낸다. 무작위 통계조사는 표본집단이 많을수록 예측 정확도는 높아진다. 알파고는 강력한 연산능력을 보유하고 있기에 한 수마다 1분 내지 1분 30초라는 짧은 시간에 가장 많은 표본집단을 만들 수 있다. 알려진 바로는 하나의 후보 수마다 10만 번씩 시뮬레이션이 가능했기에 인간보다 더 높은 예측 정확도를 발휘할 수 있었다. 가치망에서 벌어진 이런 방식은 알파고가 인간 프로기사처럼 현 상황의 유불리 형세를 파악하는 효과를 얻게 했다. 전체 형세를 파악하는 직관력도 모방하게 된 것이다. 이런 알고리즘 능력으로 알파고는 바둑을 배우기 시작한 지 6개월 만에 세계 최고 인간 바둑기사를 이겼다. 앞으로 이 속도는 무어의 법칙이 적용될 것이다. 한 분야를 습득하여 인간 수준을 넘어서는 데는 10년 후에는 하루면 가능해질 것이다. 지금의 개인용 컴퓨터가 알파고 수준의 컴퓨터 연산능력을 갖추는 데도 15~20년이면 가능하다. 미래학자 레이 커즈와일의 예측처럼 2045년이면 인공지능 컴퓨터의 지능은 인간 전체 지능을 합친 능력을 넘어설 가능성이 크다.

시나리오 나무 기법은 가지에 발생 가능한 다양한 사건을 표현하는 방식으로 응용할 수도 있다. 나무의 중심 줄기는 시나리오로 채우고, 시나리오 가지에서 발생할 수 있는 현상들을 정리하여 현상수event tree를 표시하는 것이다.

표준접근법은 3~8개 정도의 관리 가능한 수의 불확실성 및 변수들과 관련된 미래 질문을 묘사하는 기술이다. 표준접근법은 윌슨 매트릭스Wilson Matrix, 형태학적 분석morphology analysis 등을 도구로 사용하여 시나리오를 작성한다. 〈그림 3-28〉은 윌슨 매트릭스 실례다.

최대접근법은 미래 변화가 크고, 고려해야 할 불확실성 변수가

■ 그림 3-28 윌슨 매트릭스 실례

Degree of Uncertainty

	Low	Medium	High	
	Critical planning issues Highly relevant and fairly predictable(can often be based on existing projections). Should be taken into account in *all* scenarios.	**Important scenario drivers** Extremely important and fairly certain. Should be used to differentiate scenarios. Should be based on projections but potential discontinuities also should be investigated.	**Critical scenario drivers** Factors and forces essential for success and highly unpredictable. Should be used to differentiate scenario plots and trigger exit strategies.	High
	Important planning issues Relevant and very predictable. Should be figured into most scenarios.	**Important planning issues** Relevant and somewhat predictable. Should be present in most scenarios.	**Important scenario drivers** Relevant issues that are highly uncertain. Plausible, significant shifts in these forces should be used to differentiate scenario plots.	Medium
	Monitorable issues Related to the decision focus but not critical. Should be compared to projections as scenario is implemented.	**Monitorable issues** Related but not crucial to the decision focus. Should be monitored for unexpected changes.	**Issues ot monitor and reassess impact** Highly unpredictable forces that do not have an immediate impact on the decision focus. Should be closely monitored.	Low

Level of Impact

Note: Shaded areas indicate key fucus.
Source: Adapted from Wilson 1989.

많고, 복잡한 주제를 다룰 때 사용하는 방법이다. 최대접근법을 사용할 때는 교차영향분석cross impact analysis을 통해 미래요소(변수)들의 관계와 영향력을 교차분석하여 시나리오를 구성하는 핵심 요소를 선별하는 작업을 먼저 한다. 〈그림 3-29〉는 교차영향분석의 실례다.

시나리오의 핵심 요소 선별 후에는 표준접근법처럼 윌슨 매트릭스, 형태학적 분석을 한다. 〈그림 3-30〉은 형태학적 분석을 사용하여 시나리오를 추출하는 실례다.

	T1	T2	T3	T4	T5	T6	T7	T8	T9	T10	Score
T1		3	3	3	2	3	3	2	1	2	22
T2	0		3	0	3	0	2	0	1	2	11
T3	1	1		0	0	0	2	1	0	0	5
T4	2	2	3		3	2	3	1	1	2	19
T5	0	2	3	0		0	2	1	1	3	12
T6	2	1	3	1	1		1	0	1	2	12
T7	1	2	2	2	2	1		3	2	3	18
T8	2	3	3	1	1	0	3		1	2	16
T9	2	1	0	2	1	2	2	2		1	13
T10	3	3	3	3	3	0	2	2	1		20

Highest : T1, T4, T7　Score: T10　　　　　　0: Independent　1: Dependent　2: Slight Impact　3: Strong Driver

　　미래 요소 간에 서로 전적 불일치(조합 자체 불가능), 부분 불일치(상반성 포함), 중립 관계(교차영향 없음), 상호 장려 관계(긍정적 영향을 주고받음), 상호 의존적 관계(서로 긴밀하게 연결됨) 등 논리적 타당성을 검토하는 일관성 분석consistency analysis 등도 사용한다. MSS(Multi-leveled Systemic Scenario)도 최대접근법이다. 최대접근법은 시나리오 작성 비용이 가장 크다. 최소접근법보다는 최대접근법을 사용하는 것이 견고한 시나리오를 도출할 가능성이 높다. 시나리오는 기본 원리와 방법을 다양하게 조합하여 프레임워크를 만들수록 견고해질 가능성이 높기 때문이다.[55]

　　극대화 영역에 따른 분류는 다섯 가지다. 먼저 미래 다양성 극대화Maximizing difference(마노아 접근법Manoa Approch), 시나리오 초점 극대화Maximizing Focus(GBN 접근법GBN Approch), 그리고 시나리오 깊이 극

■ 그림 3-30 형태학적 분석을 사용하여 시나리오 추출 실례

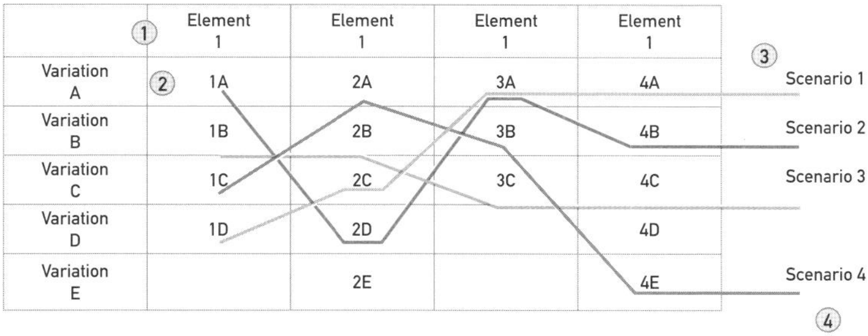

대화Maximizing Depth(소시오비전 접근법Sociovision Approch),[56] 미래발전 패
턴 극대화Maximizing Development(하먼 팬 접근법Herman Fan Approch), 시스
템 구조 극대화Maximizing System(MSS 접근법MSS Approch) 등이다.

　미래의 다양한 가능성을 극대화하는 접근법은 하와이대학에서
사용하는 마노아 시나리오다. 마노아 접근법은 기본적으로 전문가
들의 지식이나 통찰을 기반으로 시나리오를 작성한다. 마노아 접
근법은 사용하기에 비교적 단순하지만, 상업적으로 적용하기에는
다소 무리가 있다. 마노아 접근법은 주로 먼 미래에 대한 이미지,
극도로 발산적divergent, 변형적transformative, 도발적provocative인 또
다른 미래 가능성들alternative futures에 집중하기 때문이다.[57]

　시나리오 깊이를 극대화하는 접근법은 피터 슈워츠가 셸을 퇴
사한 후, 시나리오 전략팀을 이끌었던 요프 더프리스가 만들었
다. 피에르 왁과 피터 슈워츠와 함께 셸의 시나리오 팀에서 활약
했던 그는 1996년 회사를 떠나서 파리에 있는 사회문화연구소인
Cofremca Sociovision[58]에서 일하게 된다. 소시오비전 접근법은

그를 통해 널리 퍼지게 된 시나리오 기법이다. 이 접근법은 여덟 가지의 질문을 주고받으며 유기적이고 점진적으로 시나리오를 개발하는 것이다.[59]

① 미래연구의 초점을 명확히 한다.
② 미래연구 영역의 개략적인 현재 상태를 정리한다.
③ 정리한 개략적인 현재 상태를 기초로 '다음은 무슨 일이 일어날 가능성이 있을까?'라는 질문을 던진다.
④ 예측한 가능성을 정리하고 확장한다. 의미 있는 패턴 등을 찾아낸다
⑤ 논리적으로 연관성이 있는 가능성들끼리 한데 묶어 각각 분류한다.
⑥ 분류된 내용을 대표하는 문구를 정하거나 (분류된 내용으로 만들 수 있는) 시나리오를 대표할 만한 제목을 정한다.
⑦ 시나리오를 의뢰한 핵심관계자에게 각 시나리오가 어떤 영향을 주는지를 물어본다.
⑧ 마지막으로, 각 시나리오가 현실이 된다면 기업, 조직, 개인별로 (지금과 다르게) 어떤 행동과 전략, 변화를 시도할지를 물어본다.

미래발전 패턴을 극대화하는 접근법은 윌리스 하먼이 개발한 하먼 팬Harman Fan 기술이 있다(그림 3-31). 이 기술은 하먼 팬의 저서 『미래에 대한 완벽하지 않은 가이드An Incomplete Guide to the Future』(1979)에 소개되어 있다. 백그라운드 리서치와 브레인스토밍을 하면서 '발전의 패턴the pattern of development'을 흉내 내거나 변형하여 미래사회의 변화를 예측한다.

하먼 박사는 1918년 워싱턴에서 태어나서 1939년 워싱턴대학교에서 전기공학을 전공했다. 대학을 졸업한 후, GE에서 근무를 하고 제2차 세계대전이 벌어지자 해군에서 근무했다. 전쟁이 끝난

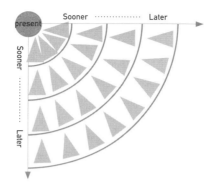
■ 그림 3-31 하먼 팬 기술

후, 하먼은 스탠퍼드대학교에서 물리학 석사, 전기공학 박사학위를 받았다. 플로리다대학교, 스탠퍼드대학교에서 학생들을 가르치다가, SRI(Stanford Research Institute) International에서 1975년까지 미래 연구 프로그램을 맡았다. 이후 초심리학parapsychology을 주 연구대상으로 하는 IONS(Institute of Noetic Sciences)에서 1997년 여생을 마칠 때까지 연구소장을 맡았다. 하먼의 팬 접근법은 실행 방법이 간단하다.

① 참여자는 브레인스토밍을 통해 (생각을 환기할 만한evocative) 22개의 또 다른 미래상'snapshots' of alternative futures의 제목을 정한다.
② 브레인스토밍을 통해 떠올린 22개의 제목을 삼각형 모양의 종이에 적고 현재에서 중미래, 먼 미래, 아주 먼 미래 순으로 분류한다. 가능한 연도를 어림셈하여 정하는 것도 좋다. 또한 어떤 미래상이 변혁적 미래 변화transformational change 인지를 토론한다.
③ 연대기적으로 배열한 22개의 미래상을 비교분석하면서 팬다이어그램fan diagram 에 정리한다. 서로 비슷한 트렌드나 이머징 이슈로 묶일 수 있는 것은 무엇인

가? 서로 상반된 미래상은 무엇인가? 서로 인과관계로 묶일 수 있는 미래상은 무엇인가? 등을 분석하면서 팬다이어그램을 채워나간다.

④ 팬다이어그램을 완성한 후, 연대기적 흐름을 따라가면서 22개의 또 다른 미래 상을 미래 시나리오를 작성하는 징검다리로 사용하여 의미 있는 미래 시나리 오를 작성한다.

MSS 기법은 최대접근법이면서 동시에 체계를 극대화하는 시나 리오 기술이다. 체계란 '일정한 원리에 따라서 낱낱의 부분이 짜임 새 있게 조직되어 통일된 전체'[60]를 가리킨다. 우주는 물론이고 우 리가 사는 사회는 거대한 체계다. 거대한 체계 안에 수많은 하위 체계가 척도scale에 따라 복잡하지만 정교하고 짜임새 있게 조직되 어 있다. 그리고 이런 하위 체계는 서로 연결되어 작동된다. 자연계 는 인간계와 연결되어 있고, 도시 시스템은 국가 시스템과 연결되

■ 그림 3-32 하먼 팬을 이용한 시나리오 도출

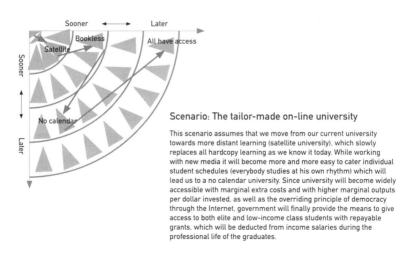

Scenario: The tailor-made on-line university

This scenario assumes that we move from our current university towards more distant learning (satellite university), which slowly replaces all hardcopy learning as we know it today. While working with new media it will become more and more easy to cater individual student schedules (everybody studies at his own rhythm) which will lead us to a no calendar university. Since university will become widely accessible with marginal extra costs and with higher marginal outputs per dollar invested, as well as the overriding principle of democracy through the Internet, government will finally provide the means to give access to both elite and low-income class students with repayable grants, which will be deducted from income salaries during the professional life of the graduates.

어 있고, 한 국가는 다른 국가 시스템과 연결되어 있고, 지구는 태양계와 연결되어 있고, 태양계는 다시 거대한 우주와 연결되어 있듯이 말이다. 시나리오를 작성에서 체계라는 개념은 폭넓은 사고, 복잡하지만 정교한 사고, 관계적 사고, 역동적 사고를 제공한다. 체계적 사고에 기반을 둔 MSS 기법은 겉으로 드러나는 현상보다는 이면의 복잡한 구조와 상호작용 관계, 그리고 동적 움직임과 변화에 초점을 맞춘다. 실제 공간, 시간, 영역을 기반으로 하지만, 이 모든 것을 초월하여 존재하는 실제적 구조와 관계를 철학적으로 이해하는 데 초점을 맞춘다. 다차원적 사건, 변화를 만드는 힘, 복잡한 관계에서 나타나는 변화에 초점을 맞춘다.

미래상을 보여주는 방식에 따른 분류로는 미래 모델링futures modeling과 미래 시뮬레이션futures simulation이 있다. 모델링이란 '미래 특정 이미지(정적 상황)'를 재현하는 것이다.[61] 미래 모델링은 미래의 어떤 한 모습이나 사회구조를 재현한다. 재현하는 방식은 뇌 속에서 정신적 모델링을 하거나, 특정 구조물을 실제로 만들거나, 이야기로 미래 모델 전체를 설명하거나, 시스템 사고 기술system thinking skill로 미래 시나리오의 프레임워크(구조)를 구현하거나,[62] 그림이나 모형을 제작하여 시각화하거나, 멀티미디어 프레젠테이션을 사용할 수 있다. 반면에 시뮬레이션이란 '미래 특정 활동(동적 상황)'을 재현하는 것이다. 역할극(시뮬레이션) 등으로도 나눌 수 있다.

시나리오는 플롯에 따라 분류할 수도 있다. 시나리오 플롯이란 '시간을 경과해가면서 이야기를 직조해내는 사건들의 내적 지속성과 내적 연관성의 속성'[63]이다. 혹은 플롯은 '이야기의 위험 지형

속을 헤매고 다니다가 수많은 미로를 만났을 때 단 하나의 확실한 통로'[64]다. 스토리는 일어난 사건들을 시간 순서대로 나열한 것인 반면, 플롯은 외적인 동시에 심리적 측면에서 중요한 사건과 인물의 관계 발전 양상을 질서 있게 나열한 것이다. 예를 들어, 신데렐라의 내용story은 하나이지만 다루는 방식에 따라 다양한 내용 구성이 가능하다. 그래서 플롯은 이야기의 질서와 의미를 다채롭게 만드는 변화무쌍한 힘이다.[65] 플롯은 닫힌 결말 vs. 열린 결말, 단일 주인공 vs. 다수 주인공, 인과성 vs. 우연성, 변화 vs. 정체, 연속성 vs. 비연속성, 대립 vs. 비대립, 도발적 vs. 안정적 등으로 구분할 수 있다. 미래학자마다 주로 사용하는 플롯이 있기도 하다. 미래학자 짐 데이 박사는 성장grow, 붕괴collapse, 훈육(고난을 통한 훈련, 단련discipline), 변형transform이라는 네 가지 플롯을 가지고 미래 이미지를 도출한다. 필자는 (과거와 현재에 대한) 연결, 방향 전환, 반전, 단절이라는 네 가지 플롯을 사용하기도 한다. 이 외에도 미래학자 피터 슈워츠는 승자와 패자 플롯(제로섬 게임), 도전과 응전 플롯(위기는 또 다른 기회), 진화 플롯(점진적 변화), 예기치 못한 변화 플롯, 성장과 쇠퇴 주기 플롯, 무한한 가능성 플롯, 서부 영웅을 등장시켜 미래를 바꾸는 론 레인저 플롯 등을 사용한다.

워 게임, 통찰을 확대하다

약 2,000년 전 한니발은 칸나이 전투에서 3만여 명에 이르는 병사를 이끌고, 두 배나 많은 7만여 명의 로마 군대를 무참히 짓밟아 버렸다. 이 역사적 승리는 한니발의 워 게임war game을 통한 미래 통찰 능력에서 시작되었다. 현대에 들어서는 워 게임을 컴퓨터 시뮬레이션으로 진행하지만, 과거에는 사고실험으로 했다. 필자는 앞에서 명장 이순신 장군도 사고실험(워 게임)에 능했던 인물로 평가했다. 이순신 장군은 전쟁의 지형과 적군과 아군의 전력을 모델화하고 가상의 전쟁을 다음처럼 머릿속으로 수없이 수행했다.[66]

일본 수군은 지금 견내량 북쪽 바다에 정박해 있다. 그 수는 대략 70여 척이 될 것이다. 이에 반해 우리 수군은 56척이 있다. 수적으로 불리한 우리는 지형을 최대한 이용해야 한다. 적들도 이 견내량에 대해서 잘 알고 있을 것이다. 만약 우리가 견내량을 완전히 통과해서 그들이 정박한 곳까지 들어간다고 생각해보자. 그러면 적들은 우리를 보고 공격해 올 것이다. 만약 이런 일이 벌어진다면 두 가지 시나리오를 고려해볼 수 있다. 하나는 우리가 불리한 경우의 시나리오다. 이때는 어쩔 수 없이 다시 견내량을 타고 아래로 빠져야 한다. 만약 이때 일본 수군이 우리의 뒤를 쫓아 그대로 추격해 온다면 우리는 좁고 암초가 많은 견내량에서 전멸당할 가능성이 상당히 크다. 다른 하나는 우리가 유리한 경우의 시나리오다. 이때는 적들이 북쪽의 넓은 바다로 멀리 도망할 가능성이 크다. 만약 그렇게 되면 이들은 조만간 다시 내려와서 우리를 위협할 가능성이 크다. 이런 시나리오들이 예상되는 가운데, 우리가 이들을 일망타진하려면 어떻게 해야 할까? 그렇다. 적들을 우리가 원하는 장소로 유인하는 전략이 필요하다. 한산도 앞바다의 넓은 장소로 유인해서 학익진으로 승부를 걸자. 우리가 원하는 장소와 시간에 적을 끌어들일 수만 있다면 승리의 가능성이 크다. 이를 위해서는 조류의 흐름과 시간을 잘 계산하자. 또 무엇이 있을까?

생화학자 라이너스 폴링은 "모형이 지닌 가장 큰 가치는 새로운 생각의 탄생 과정에 기여한다는 것이다"라고 했다. 1820년경 폰라이스비츠가 가운데 방은 심판이 차지하고 양쪽 방에는 모의 전쟁을 하는 두 팀이 같은 지도를 가지고 각각 들어가는 세 개의 방 안에서 펼쳐지는 '모의 전쟁게임'을 개발해서 프러시아의 군 수뇌부에 제공했다. 후일, 프러시아와 독일의 군부는 이 모의 전쟁게임을 활용하여 1871년 보불전쟁, 1914년 프랑스 침공, 1940년의 재침공 전략을 수립했다. 이런 모의 전쟁게임은 실제로 전쟁이 벌어지기 전에 군사적 능력이나 군사적 전략을 가상의 상황에서 시험해봄으로써 실전에서 발생할 수 있는 약점을 미리 찾아내어 개선하고 새로운 승리 전략을 마련하는 데 효용이 있었다.

비즈니스 전쟁에서도 동일하게 적용된다. 당신 앞에 벌어지고 있는 치열한 비즈니스 전쟁에서 워 게임을 통해 시장의 상황을 분석하고, 경쟁사의 전략들을 철저히 파악하여, 이에 따른 대응 전략을 효과적으로 구사하는 것은 생존 경쟁에서 필수 요건이다. 필자는 미래 모델을 만든 후, 두 가지의 사고실험 방법을 사용한다. 하나는 '워 게임'이고 다른 하나는 '미래 테스트 시뮬레이션futures test simulation'이다. 워 게임은 미래 모델과 미래 모델에서 도출한 시나리오에 게임이론을 접목하여 둘 이상의 플레이어 게임을 실시하는 사고실험이다. 미래 테스트 시뮬레이션은 미래 모델과 미래 모델에서 도출한 시나리오를 근거로 플레이어의 미래 SWOT를 예측한 후 미래 대응력을 테스트하는 사고실험이다. 전자는 동적 사고실험이고, 후자는 정적 사고실험이라고 할 수 있다. 필자의 경험으로는 이 두 가지 사고실험은 전략적 통찰을 극대화하는 데 유용하다.

먼저, 워 게임을 설명해보자. 워 게임은 둘 이상의 플레이어를 가상의 전쟁터에서 게임을 붙여 상황(시나리오)에 따른 결과나 다양한 전략을 테스트해보는 기술이다. 워 게임을 위해서는 몇 개의 시나리오(혹은 미래 모델), 플레이어 모델(비즈니스 프로파일링을 하여 도출)이 기본으로 필요하고, 동적 게임을 진행해야 하기 때문에 '게임이론 game theory'이 필수다. 필자가 『10년 전쟁』에서 애플, 구글, 삼성의 미래 전략을 예측하고자 했을 때 이 두 가지 사고실험을 사용했다. 『앞으로 5년 미중전쟁 시나리오』에서 미국과 중국의 무역전쟁부터 미국과 북한 간의 핵협상에 관한 미래를 예측할 때도 이 두 가지 사고실험을 거쳤다. 미래 모델, 시나리오, 비즈니스 프로파일링은 앞에서 설명을 했고. 여기서는 게임이론을 간략하게 소개한다.

게임이론, 미중전쟁의 결괏값을 통찰하다

인생은 게임의 연속이다. 사람은 태어나면서부터 주변 상황이나 타인과 경쟁이나 협력 게임을 한다는 것을 본능적으로 안다. 심지어 쌍둥이는 엄마의 배 속에서부터 게임을 한다. 자신이나 전체의 이익과 목적을 달성하기 위해 주어진 상황 속에서 상대방과 벌이는 경쟁이나 협력 게임은 죽는 순간까지 멈출 수 없다.

참가자는 게임을 성공적으로 수행하기 위해 주변 환경의 움직임과 상대방의 속내를 통찰하고 변화를 예측해야 한다. 환경, 자신, 상대방, 이 세 가지가 상호작용하는 게임에서 자신이 가진 역량(자원과 수단)을 사용하여 원하는 보수payoff(이익이나 목적)를 달성하기 위한 가장 합리적이고 현실적인 전략을 도출해야 한다. 게임이 진행되는 주변 환경의 움직임과 변화를 통찰하는 데는 미래예측 기술이 필요하다. 게임에 참여한 상대방의 속내를 통찰하기 위해서는 그중 특히 비즈니스 프로파일링business profiling이 필요하다. 게임이론은 원하는 보수를 얻기 위한 가장 합리적이고 현실적인 전략을 수학적으로 도출하는 데 필요한 기술이다.

한마디로 게임이론은 '상호 의존적 관계'에서 합리적 전략 행동에 대한 수학적 사고방법을 다룬다.[67] 게임이론theory of games은 1944년 수학자이며 현대적 계산학을 창시한 존 폰노이만과 경제학자인 로이드 섀플리, 수리경제학자인 오스카어 모겐슈테른이 창시한 학문으로 사회관계 측면에서 인간의 내면적 동기와 경쟁자의 반응을 함께 고려하고 그 과정에서 나타나는 합리적 선택과 행동 결과를 연구 대상으로 한다.[68] 게임이론을 폭넓게 확산한 사람은 1994년 비협조적 게임이론으로 노벨경제학상을 수상한 존 내시다. 2000년에는 게임이론학회Game Theory Society가 결성되었고, 2005년에는 토머스 셸링과 로버트 아우만이 협조적 게임이론을 바탕으로 한 경제 갈등 해소 연구로 노벨경제학상을 수상했다. 2012년에는 게임이론의 창시자 중 한 명이며 존 내시의 멘토이자 친구였던 로이드 섀플리와 앨빈 로스가 협조적 게임이론을 바탕으로 한 안정적 배분 이론과 시상설계 관행에 대한 연구로 노벨경제학상을 수상했다. 게임이론가들은 일상에서 벌어지는 거의 모든 전략적 문제는 게임으로 모형화할 수 있으며, 모든 게임은 어떤 형태로든 수학적으로 표현하여 분석할 수 있다고 믿는다.[69]

게임이론이 전략의 합리적 선택을 연구한다는 측면에서 신고전파 경제학파neoclassical economics가 주장하는 합리성rationality 개념과 연결된다. 신고전파는 인간은 자신이 처한 상황에서 보수를 최대화하기 위해 (자신과 타인의 상호작용을 고려할 필요가 없기 때문에) '절대적으로' 합리적인 경제 선택을 한다는 대전제를 가진다. 의사결정 과정에 경쟁자를 집어넣지 않고 자신과 시장 환경만 고려하면 되기에 '나만 절대적으로 합리적이면 최선의 결과를 얻을 수 있다!'는 발상이 가능하다. 그러나 게임이론은 자신과 게임 환경에서 상호작용하는 타인(경쟁자)을 반드시 고려한 최선반응best response을 찾아야 하기 때문에 인간이 '절대적으로' 합리적이라고 가정하지는 않는다.[70] 즉 게임이론은 게임에 참여한 주체들이 게임 환경 속에서 상호작용을 한다는 것에 방점을 두기 때문에 독불장군식의 합리성을 발휘할 수 없다는 것이 전제다. 예를 들어, 죄수의 딜레마 게임에서 신고전파처럼 상대를 고려하지 않고 자신만의 절대적 합리성을 발휘하면 열등값만 얻게 된다. 하지만 상호작용을 고려하며 (덜 합리적인) 선택하면 신고전파보다 더 나은 우월값을 얻을 수 있다. 타인을 고려할 필요가 없는 상황에서는 자기를 위한 절대적 합리성을 발휘할 수 있다. 하지만 상호작용이 필수적인 게임에 참여한 사람들은 상대방을 고려한 제한적 합리성을 발휘한다. 즉 대체로 안정적이고 예측할 수 있는 상호작용을 하려는 노력을 기울인다. 게임 참가자들이 찾으려고 노력하는 안정적이고 예측할 수 있는 상호작용 유형을 '균형equilibrium'이라고 한다.[71] 균형점은 게임이 종결되는 지점이자 시간이다.

서로 게임을 하는 상황이므로 당연히 전략이 등장한다. 우월전략 dominant strategy은 (상대방이 어떤 전략을 선택할지 모를 때) 상대가 어떤 전략을 선택하든지 상관없이 자신이 선택할 수 있는 한 전략이 다른 전략보다 더 나은 보수를 얻는다면 첫 번째 전략이 두 번째 전략보다 우월한 전략이라고 칭한다. 같은 상황에서 두 번째 전략을 (첫 번째 전략과 비교해서) 열등전략dominated strategy이라고 부른다. 만약 게임에서 참가자 두 사람 모두가 동시에 우월전략을 가지고 있고 그 우월전략을 동시에 선택한다면, 우월전략에 따른 보수(이득) 결과를 그 게임의 우월전략 균형이라고 한다. 하지만 합리적 사고에 의해 참가자들이 우월전략 균형을 선택한 것이 (결과적으로는) 비

균형전략을 선택할 때보다 사회적으로는 나쁜 결과를 초래하는 상황이 발생할 수 있다. 이를 사회적 딜레마라고 부른다. 수학적 해 solution로 도출된 우월전략이 문제를 발생시키는 사회적 딜레마 상황을 해결하는 방법은 '협조 해'를 찾는 것이다. 협조 해cooperative solution란 사회적 딜레마를 피하기 위해 참여자들이 (계약에 의해서) 전략 선택을 조정할 때 선택할 전략과 그 이득의 목록이다.[72] 사회적 딜레마는 정부가 중재하는 계약covenant에 의해 협조 해를 찾아 해결할 수 있지만, 경제적 딜레마의 경우는 경쟁자들이 서로 계약을 맺어 찾아낸 협조 해가 '담합'이라는 결과를 만들어낼 수도 있다. 참고로 비협조게임에서 나타나는 우월전략 균형은 참가자들이 찾을 수 있는 수학적 해이며, 비협조 해라고 한다.

게임이론에서 자주 등장하는 것이 내시 균형이다. 내시 균형Nash equilibrium은 (비협조게임에서) '상대방의 전략이 공개(예측)되었을 때' (그것에 최선반응해서) 각 참가자가 합리적으로 자신에게 가장 유리하다고 판단하는 전략을 선택하여 도달하는 균형이다.[73] 필자가 미국과 중국의 무역전쟁의 게임 양상을 분석하고 예측할 때, 내시 균형을 통찰하는 데 목표를 두었다. 2018년 무역전쟁이 한창 치열하게 전개될 때, 겉으로는 서로 강력한 말을 주고받았지만 미국과 중국은 상대의 전략을 반영하여 자신에게 최선의 균형을 이루는 보수 값을 계산하고 최적 전략의 집합을 선택 중이었다. 하지만 무역전쟁이 일회성 게임이 아니라 반복 게임이고 단계마다 즉각 나타나는 결괏값에 따라 이전 전략의 효과성이 평가되어 다음 전략 선택에 영향을 미치는 진화 게임을 하기에 최선 균형(내시 균형)의 보수

값도 단계마다 계속 변하고 있었다.

갑의 위치에 있는 트럼프는 무역전쟁을 일방적으로 선포하고 초반에는 우월전략을 구사했다. 우월전략은 (비협조게임에서) 상대방이 어떤 전략을 선택하느냐와 상관없이 (상대의 전략이 공개되었느냐, 예측되었느냐에 상관없이) 자신에게 합리적으로 우월한 전략이다. 하지만 게임이 진행될수록 우월전략만 고수해서는 무역전쟁이 극단으로 치달아 자신도 잃을 것이 너무 많기 때문에 내시 균형점을 향해 달리는 전략을 구사했다. 아무리 미국이 G1이라지만 미중간의 무역전쟁은 미국에게 일방적으로 유리한 우월전략 균형이 없는 게임이었다. 트럼프가 미중 무역전쟁을 자신에게 유리하게 끝내고 싶으면 내시 균형을 찾아야 했다. 게임이론에 따르면, 우월전략 균형이 없는 게임이라도 내시 균형점은 참가자들의 (함께 낮은 보수이거나, 상대보다 낮은 보수라도) 선택이 안정적이고 합리적이어서 예측이 가능하다. 그래서 필자는 미중 무역전쟁의 내시 균형점을 통찰의 대상으로 삼았던 것이다. 참고로 게임이론에서 내시 균형은 우월전략 균형보다 일반적이다. 즉 모든 우월전략 균형은 내시 균형에 포함된다. 하지만 특정한 내시 균형은 우월전략 균형이 아닐 수 있다. 상대방이 선택한 전략에 따라 선택한 최선의 선택이 더 낮은 보수가 될 수도 있기 때문이다.[74]

내시 균형에도 약점은 있다. 한 게임에서 복수의 내시 균형점이 나타나는 것이다. 복수의 내시 균형이 발생하면 (상대방이) 분명하게 어떤 하나로 행동을 귀결할 것이라는 예측이 어려워 의사결정에 문제가 발생한다. 실마리를 찾지 못하면 복수 내시 균형 게임은 해를 찾을 수 없다. 이를 해결하는 방법은 상대방이 두 개의 내시 균형에서 무엇을 더 선호할지에 대한 실마리를 찾아내는 것이다. 이처럼 (어떤 실마리에 의해서) 상대가 선택할 가능성이 더 큰 균형을 셸링점Schelling point이라고 한다.[75] 셸링점은 2005년에 노벨경제학상을 수상한 토머스 셸링의 이름을 딴 것이다. 셸링점에 대한 예측을 할 수 있는 방법은 두 가지다. 하나는 두 개의 내시 균형을 서로 비교해서 각 참가자에게 더 많은 이득을 주는 이득 우월payoff dominant이나 더 큰 손실을 피하게 하는 위험 우월risk dominant을 합리적으로 추론해보는 것이다. 그리고 다른 하나는 (이득 우월이나 위험 우월에 대한 합리적 추론이 불가능할 경우) 비즈니스 프로파일링 기술을 사용해야 한다. 필자가 북한과 미국의 핵협상을 예측할 때 이런 상황이었다. 김정은과 트럼프 사이에는 복수의 내시 균형점이 있었다. 이를 해결하기 위해 필자는 김정은과 트럼프를 프로파일링하여 무엇을 더 선호할지에 대한 실마리를 뽑아내 예측에 사용했다.

실전에 자주 등장하는 게임의 종류가 몇 가지 있다. 먼저, 제로섬 게임zero-sum game이다. 이 게임은 참여자들이 얻는 이득의 총합이 항상 0이다. 총합이 항상 0인 이유는 한 참여자가 얻는 만큼 똑같은 규모를 잃는 게임이기 때문이다. 이런 게임을 일정합 게임constant-sum game이라고도 한다. 참여자들이 어떤 전략을 선택하더라도 모든 참여자가 얻는 이득의 총합이 일정한 상수인 게임이다. 반대로 참여자들이 전략을 바꿀 때마다 이득의 총합이 바뀌는 게임은 비일정합 게임nonconstant-sum game이다. 제로섬 게임에서는 최대 최소이득(자신의 최소이득을 최대화하는) 전략과 최소 최대이득(상대의 최대이득을 최소화하는) 전략이 등장한다.[76] 필자는 삼성 같은 한국 기업과 중국 기업 간의 글로벌 전쟁의 미래 결과를 예측할 때 제로섬 게임도 다양한 워 게임 상황 중 하나로 사용했었다.

현실은 일회성 게임이 아니다. 거의 모두 반복 게임이다. 반복 게임은 게임을 한 번만 하지 않고 반복하여 실행하는 상황을 설명한다. 반복 게임에서 가장 효과적이라고 증명된 전략은 '보복' 전략 tit-for-tat strategy이다. 보복 전략은 최초는 협력 행위를 한다. 그다음은 상대의 행동을 따라 '상대가 협력하면 협력하고, 보복하면 보복'한다. 단, 상대가 균형(협력점)으로 다시 돌아오는 것을 항상 열어둔다. 이 이론은 보복 전략을 무한으로 반복하면 파국을 피하기 위해(혹은 특정한 파국 이후에) 참여자들이 어느 지점(균형점)에서 협력적 관계를 지속하는 상태로 수렴한다고 본다.

필자도 당연히 미국이 중국과 벌이는 무역전쟁, 북한과 벌이는 핵협상에 반복 게임을 접목했다. 하지만 미국이 중국과 북한과 벌이는 반복 게임은 겉으로는 따로 떨어진 게임이지만 실제로는 서로 연결된 반복 게임이라는 특수성이 있었다. 미국이 북한과 벌이는 핵협상 게임은 미국이 중국과 벌이는 무역전쟁의 결과가 영향을 미치는 형국이었기 때문이다. 미국, 중국, 북한은 반복 게임에서 가장 우월한 전략이라고 평가받은 보복 전략을 서로 구사 중이었다. 하지만 보복 전략을 반복 구사하는 과정에서 자국의 내외부에서 나타나는 게임 결과, 미국이 북한과 중국과 벌이는 두 개의 반복 게임의 결과가 미국의 그다음 행동에 '미묘하게' 반영되기 때문에 진화 게임적 성격이 동시에 나타난다.

진화 게임evolutionary game theory은 1950년대 중반에 진화유전학자 존 메이너드 스미스와 조지 프라이스가 폰노이만의 전통적 게임이론(비협력적 게임)에 생존을 위해 유전자 사이의 경쟁과 협력이 나타나는 생물학적 진화 개념을 적용한 이론이다. 이 모델은 참여자들이 합리적인 행위만 한다는 전제를 하지 않는다. 생존과 진화를 위해 다양한 전략을 구사하고, 적자생존으로 살아남은 전략의 사용 빈도가 높아지는 모델이다. 필자의 관찰 결과, 미국, 중국, 북한은 반복 게임을 서로 주고받는 과정에 생존력을 높이기 위해 협박, 보복, 협상, 당근, 유화, 무시 등 다양한 전략을 동시에 구사하며 미묘한 진화를 했다. (더 자세한 미중 무역전쟁과 북미 핵협상 시나리오는 필자의 저서 『앞으로 5년 미중전쟁 시나리오』를 참고하라.)

현실을 좀더 잘 반영하기 위해 운이나 자연을 게임 참여자로 만들어 불확실성 개념을 도입하는 상황의존 게임도 있다. 게임에 참여시킨 자연(혹은 운)은 확률로 자신의 전략(불확실성)을 시행한다. 자연이 참여자로 등장하는 게임에서 찾을 수 있는 해법은 확률 판단에 의한 '기대이득expected gain 최대화 전략'이나 효용 함수를 도입하여 '기대 효용expected utility 최대화 전략'이 있다. 경쟁에서 이길 때 기대되는 (주관적) 혜택을 (기대)효용이라고 한다. 효용의 사전적 의미는 인간의 욕망을 충족하는 '만족, 보람이나 쓸모'다. 이런 효용의 수학적 기대치가 기대 효용이다. 즉 효용은 수치로 계산이 가능하다. 참고로 위험 기피적risk averse 성향을 가진 참가자는 기대 효용을 최대화하는 전략을 선택할 가능성이 크고, 위험 중립적risk neutral 참가자는 기대 이익(화폐 이득)을 최대화하고, 위험 선호적risk loving 참가자는 위험한 이득을 선택할 가능성이 크다.[77] 게임 참가자들이 서로 자신의 전략을 예측할 수 없게 뒤섞을 수도 있다. 이럴 경우 게임 안에 불확실성이 발생한다. 참가자들은 확률에 따라서 전략을 선택할 수밖에 없다. 확률에 따라 순수 전략들 중에 하나를 선택하는 것을 혼합 전략 혹은 무작위 전략이라고 한다. 순수 전략이란 정규형 게임에서 선택할 수 있는 전략 중에서 하나를 1의 확률(확실성)로 선택하는 것이다. 혼합 전략 게임이 갖는 중요한 의미는 내시 균형의 결점 해결이다. 내시 균형은 모든 게임에 적용되지 않는 결점을 가진다고 했다. 하지만 순수 전략으로는 내시 균형을 갖지 않은 게임이라도 혼합 전략에서는 균형점을 갖게 만들 수 있다.[78]

자연이나 운이 참여자로 등장한 상황의존 게임에서는 자연(혹은 운)에 대한 예측정보가 많을수록 얻을 수 있는 이익 기댓값을 증대할 수 있다. 예를 들어, 제갈공명이 적벽대전에서 바람을 예측한 사례나, 영국과 스페인 함대가 카디즈항에서 부딪힌 사건은 바람의 세기에 의해서 (상황 의존적으로) 전략의 승패가 갈렸다.[79] 하지만 불확실성 속에서는 기대이득이 실제이득과 같지 않다는 것을 명심해야 한다. 참고로 확률은 수학적 기댓값이다. 확률은 가능성을 0과 1 사이의 수로 측정한다. 0은 확실하게 일어나지 않으며, 1은 확실하게 일어나는 가능성이다. 같은 (불확실성) 실험을 (무한히) 반복하면 특정한 방향으로 수렴하는 빈도를 얻을 수 있다. 이것을 극한 도수limiting frequency라고 한다. 한 사건의 극한 도수가 그 불확실한 사건이 일어날 가능성을 나타내는 확률값이 된다. 마지막으로 게임이론은 게임의 결과를, 숫자표로 게임을 표현하는 정규형normal form과 나무 그림으로 게임을 표현하는 전개형extensive form으로 표현한다. 정규형은 (정보의 결여 상태에서) 상호작용의 중요성을 강조하는 데 유용한 표현이고, 전개형은 한 참가자가 얻을 수 있는 전체 정보를 보여주는 데 효과적인 표현이다.[80]

〈그림 3-33〉은 필자가 2010년에 클라우드 컴퓨팅 기반 바이오 헬스케어 시장을 두고 펼쳐질 애플과 구글의 미래 전쟁을 예측할 때 게임이론을 적용한 것 중 일부를 소개한 내용이다.

〈그림 3-33〉에서 구글과 애플의 워 게임은 2015년 BT 바이오 헬스케어 시장에서의 구글과 애플이 구사한 전략 쌍에 대한 보수를 나타내며, 외부환경으로는 개인정보 보호 전략을 채택하고, 각국 전략은 비즈니스 모델을 유지하는 전략과 확장하는 전략으로 채택했다. 확률은 외부환경 전략을 채택할 값이다. 예를 들면, 0.7은 개인정보 보호 이슈 강화 전략을 채택할 확률이 70퍼센트라는 의미다. 각 전략을 채택하게 된 이유를 상세히 살펴본다.

먼저, 2015년에 중요한 요소로 떠오를 것으로 보이는 외부환경

■ 그림 3-33 애플과 구글의 미래 전쟁을 예측할 때, 게임이론 적용 실례

		외 부 환 경			
		개인정보 보호 이슈 강화		개인정보 보호 이슈 약화	
		구글		구글	
		BM 유지	BM 확장	BM 유지	BM 확장
애플	BM 유지	1번 셀 100, <u>70</u>	2번 셀 100, 60	5번 셀 110, 130	6번 셀 110, <u>140</u>
	BM 확장	3번 셀 <u>110</u>, <u>60</u>	4번 셀 <u>110</u>, 55	7번 셀 <u>120</u>, 120	8번 셀 <u>125</u>, <u>135</u>
확률		0.7		0.3	

요소는 개인정보 보호 이슈다. 정보통신기술의 발달로 네트워크가 점점 촘촘해지고 확장되면서 개인의 정보 유출 및 이로 인한 프라이버시 침해 문제는 사회적으로 논란이 점점 커지고 있는 상황이다. 반면에 최근 페이스북과 같은 소셜 네트워크의 경우는 자신의 정보를 적극적으로 공개할수록 더 많은 사회적 연결을 얻을 수 있어 사용자에게 혜택이 돌아갈 수 있게 되어 있다. 페이스북의 창업자 저커버그는 테크크런치 창업자이자 기자 블로거인 마이클 애링턴과 진행한 인터뷰에서 "이미 프라이버시 시대는 끝났다"고 공언한 바 있다. 그는 우리 사회의 규범이 과거와 달리 개인의 정보를 공개하는 방향으로 전환되고 있다고 주장한다. 사용자가 블로그나 소셜 네트워크 사이트에서 정보를 개방하고 공유하면 할수록 그로 인한 이익이 증가하고 정보의 공개가 자신에게 유리하다는 것을 깨달은 사용자의 개인정보에 대한 인식이 변화하여 사회적 규범이 정보통제에서 정보공개로 점점 바뀌게 될 것이라는 주장이다. 따라서 2015년에는 개인정보 보호에 관한 이슈가 지금보다 더욱 뜨거운 이슈로 떠오를 것으로 보이므로 개인정보 보호 이슈가 더욱 커질지 줄어들지를 환경적인 요소로 정했다. 2015년에는 개인정보 보호 측면에서 두 가지의 외부환경 전략을 갖게 되는데, 프라이버시 침해 등으로 인한 부정적인 영향이 더욱 심각해져 시장이 개인정보 보호를 더욱 강화하는 추세의 전략과 개인이 적극적으로 자신의 정보를 네트워크를 통해 공개함으로써 개인정보 보호를 약화하는 추세의 전략이다.

그다음으로는 2015년 구글과 애플이 선택할 수 있는 두 가지의 전략에 대한 내용으로서, 구글과 애플은 비즈니스 모델을 유지하는 전략과 확장하는 전략 중 하나를 선택할 것이다. 두 기업이 갖는 비즈니스 모델은 비즈니스 프로파일링을 통해 얻었고, 델파이 기법도 사용하였다. 구글과 애플이 선택할 수 있는 전략은 위에서 언급한 전략 이외에 다른 다양한 전략이 존재할 수 있지만, 시장의 상황을 잘 반영하면서 복잡성을 줄이기 위해 두 가지 전략만을 채택했다. 위에서 언급한 바와 같이, 개인정보 보호 이슈를 기반으로 한 외부환경과 구글과 애플이 구사할 전략에 대한 워 게임의 보수 값은 〈그림 3-33〉에 있다. 수록된 보수 값에 대해 살펴보자.

〈그림 3-33〉의 1번 셀에 있는 100, 70은 애플과 구글이 전략을 구사할 때 얻을 수 있는 각각의 보수 값이다. 2015년 시장에서 개인정보 보호 이슈가 강화되고 애플과 구글이 둘 다 기존 비즈니스 모델을 유지했을 경우, 애플의 보수 값은 100이고 구글의 보수 값은 70이라는 것을 나타낸다. 보수 값이란 게임이론에서 이해관계가 상충되는 모든 행위자가 각각 얻을 수 있는 이득의 값을 의미한다. 본 게임에서 보수 값은 구글과 애플이 워 게임 상황에서 얻을 수 있는 이득 값으로, 각 기업이 얻을 수 있는 순이익 값으로 산정하였다. 예를 들어, 2015년에 애플의 순이익이 600만 달러가 발생한다면, 이를 기준점으로 하여 애플의 보수 값을 100으로 산정하고, 구글의 순이익에 영향을 미치는 요소를 분석하여 구글이 애플보다 순이익 면에서 약 30퍼센트 하락된 520만 달러가 발생했다면, 구글의 보수 값은 70으로 산정하였다. 구글의 보수 값은 구글이 실제 발생시킨 절대적인 순이익 값을 의미하는 것이 아니라 시

장에서 개인정보 보호 이슈가 더 강해지고, 구글이 애플처럼 기존의 비즈니스 모델을 지속적으로 유지할 경우 구글이 애플에 비해 30퍼센트 정도 낮은 순이익을 얻을 것이라는 상대적인 값을 의미한다.

이제 구글의 보수 값을 어떻게 산정했는지 알아보겠다. 먼저, 구글과 애플이 보유한 전략적 강점을 비즈니스 프로파일링을 통해 도출한 후, 각 강점에 대해 기준점으로 삼은 애플의 영향력을 100으로 정하고, 애플에 대한 구글의 상대적인 영향력을 각 강점에 대비하여 수치화한다. 순이익에 영향을 미치는 애플과 구글의 전략적 강점strategic strong point은 비즈니스 프로파일링을 통해 다음과 같이 얻었으며, 비즈니스에 영향력이 큰 강점부터 기술했다.

① 불확실성 요소 측정 능력(검색엔진의 우수성)
② 숨겨진 욕구 해결 능력
③ 생태계 락인lock-in 능력
④ 완성도 높은 예술적 작품 개발 능력
⑤ 양적 DB 구축 능력
⑥ 롱테일long-tail 사업모델 개발 능력
⑦ 신기술 융합을 통한 진화 능력
⑧ 무료 서비스 제공 능력

전략적 강점에 대해 기업별로 상황을 살펴보겠다. 구글은 우수한 검색 알고리즘에 의한 불확실성 측정 능력과 대규모 양적 DB 구축 능력, 그리고 하위 80퍼센트 고객에게도 다양한 이익을 가져갈 수 있게 하는 롱테일 대상 사업모델 개발 능력 및 무료 서비스 제공 능력에서 전략적 강점이 있다. 반면 애플은 사용자의 숨겨진 욕구 해결 능력과 사용자를 다른 곳으로 빠져나가지 못하게 하는 락-인 능력, 그리고 완성도 높은 예술적 작품 개발 능력이 전략적 강점으로 꼽힌다. 신기술 융합을 통한 진화 능력은 애플과 구글 모두 보유한 전략적 강점이라고 할 수 있다.

다음으로, 각 강점에 의해 수치화된 영향력 지수를 기초 자료로 하여 필자가 개발한 비즈니스 프로파일 산정Business Profile Estimation모델을 이용하여 구글의 보수값을 도출했다. 위에서 도출한 전략적 강점에 대해 애플의 영향력을 기준점으로 100으로 정하고, 이에 대한 구글의 상대적인 영향력 값을 비즈니스 프로파일링과 델파이 기법을 이용하여 산정했다. 예를 들어, '불확실성 요소 측정 능력'이라는 전략적 강점에 대한 애플의 영향력을 100이라고 할 때 상대적인 구글의 영향력을 80으로 산정하면, 전략적 강점에 대한 두 기업의 상관성 비율은 -0.25가 된다. 이와 같은 방법으로 모든 전략적 강점에 대한 두 기업의 상관성 비율을 구하고, 여러 수치적 처리 단계를 거친 시뮬레이션을 통해 구글의 보수 값인 70을 얻게 된다. 〈그림 3-33〉에는 여덟 가지 전략에서 나오는 열여섯 가지의 보수 값이 있는데, 위의 방법을 반복하여 얻었다.

이제 〈그림 3-33〉을 통해 구글과 애플이 개인정보 보호라는 외부 환경에 대해 어떠한 전략을 선택하는 것이 최선일지를 알아보자. 〈그림 3-33〉에서 밑줄 친 보수 값은 우월전략으로 인해 얻은 것이며, 밑줄 친 볼드체의 보수 값은 내시 균형으로 인해 얻은 것을 의미한다. 〈그림 3-33〉에서 개인정보 보호 이슈가 강화될 경우 애플의 우월전략은 '비즈니스 모델 확장'이지만 구글의 우월전략은 '비즈니스 모델의 유지'이다. 따라서 내시 균형은 3번 셀인 BM 확장, BM 유지 전략으로 애플은 비즈니스 모델을 확장하고 구글은 비즈니스 모델을 유지했을 경우에 각각은 최적의 전략을 선택하게 된다. 반대로 개인정보 보호 이슈가 약화될 경우에는 애플의 우월 전략과 구글의 우월전략 모두 '비즈니스 모델 확장'이 되며, 내시 균형은 8번 셀인 BM 확장, BM 확장 전략이 된다.

위에서 언급한 위 게임의 결과를 보았을 때, 개인정보 보호에 대한 외부환경에 따라 내시 균형, 즉 구글과 애플이 최적의 전략으로 선택할 수 있는 경우가 상황에 따라 각각 다르게 나타나므로, 게임 이론상의 순수 전략하에서는 애플과 구글이 선택해야 할 우월전략은 존재하지 않는다. 다시 말해 두 회사는 어떤 전략을 선택할지 결정할 수 없다는 의미다. 이 경우, 각 기업이 선택할 최선의 전략을 찾기 위해서 개인정보 보호 이슈가 실현된 확률을 도입하여 각각의 셀에 대한 기대이득을 구하는 혼합 전략을 구사해야 하는데 〈그림 3-34〉가 그 결과를 나타낸다.

먼저 2015년 시장에서 개인정보 보호 이슈 강화가 될 확률은 0.7이고 약화될 확률은 0.3이라고 추정했다. 그 추정 이유는 네트워크 확장과 기술의 발달로 개인이나 집단이 마음만 먹으면 얼마든지 정보를 악의적으로 오용할 가능성이 개인이 정보를 공개하여 얻을 수 있는 이익보다 훨씬 크다고 보았기 때문이다. 특히 필자의 미래예측 시나리오에 따르면 2015년에도 세계경제는 여전히 전반적인 하향 곡선을 그리면서 빈부격차 확대, 청년 실업의 지속적 증

■ 그림 3-34 구글과 애플의 워 게임 기대이득

		구글	
		BM 유지	BM 확장
애플	BM 유지	1번 셀 103, 88	2번 셀 103, 98
	BM 확장	3번 셀 <u>113</u>, 78	4번 셀 <u>**114.5**</u>, <u>**93**</u>

가, 실직자 증가, 은퇴자 증가, 노인 인구 증가로 인해 사회적 불만이 증가하고 기상재해, 각종 전염병의 증가로 사회적 위험과 불안이 지금보다 더욱 커질 가능성이 크다고 보았기 때문이다. 이런 상황은 각종 생계형 범죄의 증가 및 사회 불만에 의한 우발적 범죄의 증가를 가져오며 개인정보, 특히 클라우드 컴퓨팅 기반의 생체 정보 해킹에 대한 우려를 증대할 것으로 예측했다. 위의 확률을 토대로 혼합 전략을 구사한 구글과 애플의 워 게임 기대이득은 〈그림 3-34〉에 있으며, 1번 셀의 애플의 보수 값은 $(100 \times 0.7) + (110 \times 0.3) = 103$이다.

〈그림 3-34〉에서 보듯이, 애플의 우월전략은 '비즈니스 모델의 확장'이며, 구글의 우월전략도 '비즈니스 모델의 확장'이 되어 내시 균형은 4번 셀로 BM 확장, BM 확장이 된다. 따라서 개인정보 보호 이슈 강화 또는 약화 여부와 관계없이 구글은 현재 대다수의 매출을 차지하는 검색엔진에 의한 광고 수익 모델에서 벗어나 다양한 비즈니스 모델을 적용할 것이고, 애플 역시 현재의 하드웨어, 콘텐츠 유통 수익 모델에서 확장된 새로운 비즈니스 모델을 구사하게 될 것이라는 사고실험 결과가 도출된다.

미래 테스트 시뮬레이션, 생존가능성을 통찰하다

필자가 주로 사용하는 또 하나의 사고실험은 '미래 테스트 시뮬레이션futures test simulation'이다. 앞에서 설명했듯이, 미래 테스트 시뮬레이션은 미래 모델과 미래 모델에서 도출한 시나리오를 근거로 플레이어의 미래 SWOT를 예측한 후 미래 대응력을 테스트한다. 워 게임이 동적 사고실험이라면, 미래 테스트 시뮬레이션은 정적 사고실험에 초점을 둔다.

2008년 미국발 서브프라임 모기지 사태 광풍이 휩쓸고 지나가고 더블딥의 우려감이 장기간 지속될 때, 미국은 물론이고 국내 은행은 스트레스 테스트stress test 관문을 통과하는 상황에 처했다. 경제상황이 극도로 나빠질 때 직면하게 될 대형 투자은행들의 영업 중단 위험 수준을 측정·관리하기 위해 시작된 스트레스 테스트를 금융감독 당국이 실시하면서 은행의 생사여탈권을 결정하는 것 아니냐는 긴장감까지 조성될 정도였다. 하지만 스트레스 테스트는 부정적인 것이 아니라 경제성장률 하락이나 연체율 상승 등 외부의 위기상황이 가중될 경우 은행의 수익성과 안전성이 어떻게 변하는지를 보고 이에 미리 대비하는 방법이다. 예를 들어, 미국 재무부는 금융위기 발발 이후 2010년 2월부터 4월까지 씨티그룹을 포함해

자산규모 1,000억 달러 이상인 19개 대형 은행에 스트레스 테스트 결과에 따라 공적자금 투입 여부를 결정했다.

필자가 사용하는 미래 테스트 시뮬레이션도 미래 위험상황을 가정(위기 시나리오)하고 이에 대한 생존가능성을 확인하는 사고실험이다. 큰 변화의 시기, 지속 가능한 미래를 위해 최고경영자의 머릿속에서 맴도는 가장 중요한 질문은 '우리 회사가 5년 뒤, 10년 뒤에 얼마나 돈을 많이 벌 수 있을 것인가?'가 아니다. '우리 회사가 지금의 제품과 비즈니스 모델 전략으로 5년 뒤, 10년 뒤에도 살아남을 수 있을 것인가?'가 현실적인 질문이다. 미래 테스트 시뮬레이션 기술은 이런 질문에 대한 해답을 통찰하게 해준다.

미래 테스트 시뮬레이션은 특정 미래 시나리오상의 시점에 최적화된 나의 미래 강점과 약점을 파악하게 해준다. 많은 사람이 착각하는 것은 현재 나와 조직의 강점이 미래에도 통할 것이라고 여기는 것이다. 확실성이 높은 시대에는 현재의 성공모델, 현재의 강점이 미래에도 통한다. 하지만 변동성이 극심한 불확실한 미래에는 동전을 뒤집듯 강점과 약점이 바뀌는 경우가 허다하다. 강점이라고 생각했던 것이 약점이 되고, 약점이라 생각해서 버리거나 고쳤던 것이 더 중요해질 수 있다. 그리고 최악의 상황을 가정하는 시나리오를 기반으로 실시되는 미래 테스트 시뮬레이션을 통해 위기가 발생할 경우 기업 경영에 가장 큰 영향을 미치는 변수들이 무엇이며, 생존에 필수적 역량은 무엇이고, 무엇이 효과성이 떨어지고, 이런 변수가 기업의 현금 흐름이나 수익성에 어떤 영향을 미치는지 평가해본 후 미래경영전략을 재수립할 수 있다. 이렇게 미래 테스트 시뮬레이션을 통해 발생 가능한 최악의 상황worst possible scenario을 경험하면 미래에 대한 두려움도 줄어든다.

2000년대 초부터 휴렛팩커드HP는 신제품을 출시하기 전에 신제품 출시 전략을 위해 다양한 시나리오를 수립하고 시뮬레이션을 한다. 경쟁사가 비슷한 제품을 출시한다면? 신제품이 출시되면 경쟁사들의 반응은? 소비자의 예상되는 불만은? 원자재 가격이 상승한다면? 등의 중요한 변수들을 넣은 미래 시나리오를 수립한다. 시나리오 안에서 각종 주요 변수의 영향과 파급 효과를 분석하고 이런 변수를 재조합한 후 마케팅 전략을 설정한다. HP는 자사와 연관된 주요 불확실성도 수치화하고, 이를 활용해 가격, 예상 투자이익도 예측한다. 생산량을 계획할 때도 시뮬레이션을 통해 수요량을 예측한 뒤 생산물량을 조절하여 공급업체들이 불필요한 생산 장비와 자원 구입을 줄이고 가장 적절한 수준의 생산 장비와 자원 등을 유지하도록 하고 있다. GE는 해외시장에서 발생 가능한 국가 리스크(채무불이행, 전쟁 등), 비즈니스 리스크(현지 평판, 인력관리 등), 시장 리스크(환율, 원자재값 등) 등을 늘 모니터링하고, 발생 가능한 다양한 미래 시나리오를 만들어 대응하는 시스템을 항시 운영한다. 그렇다면 미래 테스트 시뮬레이션은 어떻게 실시하면 될까? 다음의 내용은 필자가 사용하는 미래 테스트 시뮬레이션의 절차와 세부적 방법이다. (이 책의 지면상 한계로 여기에서는 구글을 대상으로 실제 실시한 내용의 일부만 소개한다.)

1. 에이전트 선정

먼저, 미래 테스트 시뮬레이션을 할 에이전트를 선정한다. 연구하고자 하는 경쟁자가 될 수도 있고, 자사가 대상이 될 수도 있다. 혹은 협력업체 중에서 가장 중요한 기업이 대상이 될 수도 있다.

2. 플레이어 선정

시장에는 에이전트 홀로 존재할 수 없으며, 다양한 플레이어가 등장한다. 시간이 갈수록 시장이 다양화되고 정보 및 물류의 흐름이 빨라지면서 플레이어의 역할은 중복되어간다. 과거 소비자는 기업의 상품이나 서비스를 구매하는 사람을 의미했지만, 현재 소비자는 생산자 역할까지 하는 프로슈머prosumer로 발전했다. 이처럼 플레이어 간에 역할의 경계가 상당히 모호해지고, 관계의 강도도 빠르게 변하고 있다. 따라서 미래 시나리오를 바탕으로 테스트 시뮬레이션을 수행할 때 경영학 구루 마이클 포터가 정의한 '5 Forces Analysis'로 해소되지 않는 부분이 발생한다. 이를 해결하고자 필자의 연구소에서는 플레이어를 여섯 가지로 나누고 다음과 같이 그 역할을 재정의했다.

1. 고객customer
오늘날의 고객은 구매자이면서 판매자가 될 수도 있다. 자신이 기업으로부터 상품을 구매하여 자신의 상품에 적용한 후 다시 최종 사용자end-user에게 판매하는 고객도 있고, 자신이 기업으로부터 최종적으로 구매하는 최종 사용자도 있다. 이들을 모두 고객이라고 정의한다.

2. 경쟁자competitor

경쟁사는 유사한 상품을 시장에 공급하는 경쟁사가 있고, 상품의 형태와 공급사의 사업 분야는 다르지만 동일한 가치를 제공하여 고객의 우선순위를 충족해주는 경쟁사가 있다. 즉 스포츠 용품 업체 나이키의 경쟁사가 전자업체 소니의 닌텐도 위가 될 수 있다. 둘 다 동일하게 운동의 가치를 제공하지만 나이키는 외부에서, 닌텐도는 내부에서 운동하게 만들기 때문이다.

3. 지지자supporter

기업의 재화 창출에 도움을 주고 지원하는 모든 집단이다. 부품 공급업체, 비즈니스 파트너, 판매 대리점 외 유통, 노동력을 공급하는 업체까지 속한다. 기업의 중요한 공급업체와 관련해서, 그들의 전략적 핵심, 강점과 약점, 재화의 품질, 시장 입지, 환경 요소가 변하면 정책 역시 달라진다. 주의 깊게 살펴봐야 할 플레이어다.

4. 시스템 공급자system provider

기업활동을 영위하는 데 필요한 법, 제도, 규칙, 규제 등의 시스템을 정하는 기관 및 단체다. 국회, 지방정부, 국세청, 각종 규제위

원회 등이 있다. 전 세계에 진출한 기업이라면 각국 연방법원을 비롯해 세금 관련 기관, 정보기관 등도 고려해야 한다.

5. 투자자 investor

기업이 활동을 영위하는 데 필요한 자본을 공급받을 수 있는 단체나 개인으로 은행, 투자 캐피탈, 엔젤 투자자 등이 있다.

6. 이익집단 interest group

특정 문제에 관해 직간접적인 이해관계 및 관심을 공유하는 사람들의 자발적인 집단이며, 압력단체라고도 한다. 각종 협회, 소비자 모임, 조합, 노조, TV 방송사, 특허 보유 업체, 사생활 보호 시민단체, 환경 단체 등이다.

3. 주변 플레이어의 관심사 및 영향력 파악

주변 플레이어를 선정하고 나면 플레이어들이 각각 무엇에 관심이 있는지를 비즈니스 프로파일링 기술을 이용해 분석해야 한다. 플레이어들의 입장에서 생각하면서 그들의 주된 관심사가 무엇인지 파악한 후 해당 관심 분야에서 어떤 상황이 벌어질 때 그들의 이익이 극대화될지도 생각해본다. 게임이론에서 설명했듯이, 플레이어들은 상황을 감안해서 자신에게 최선의 이득이 된다고 판단하는 쪽으로 움직일 가능성이 크다. 예를 들어, 구글의 고객인 광고주의 주된 관심사는 기업의 상품이 얼마나 많은 사람에게 노출되는 가이며, 그들에게 가장 이익이 되는 상황은 구글의 광고 효과가 다른 미디어보다 높아 매출이 더욱 증가하는 상황이다. 구글의 광고 효과가 이전보다 떨어지고 구글보다 더 큰 광고 효과를 내는 새로운 미디어가 나타난다면 광고주들은 그들의 이익 추구 원칙에 따라 다른 미디어로 광고를 옮겨 갈 것이다. 광고주의 움직임에 따라 구글의 이익에 커다란 변화를 가져오므로 광고주의 영향력은 막강하고, 구글은 그들을 붙잡을 수 있는 미래사업 방향 설정과 기술 개발을 선택해야 한다. 이런 식으로 각각의 플레이어들에 대해 그들의 관심사와 이익이 되는 상황을 파악한 후 해당 플레이어가 구글에 미치는 영향력을 점수화한다.

4. 현시점(가까운 미래 포함)에서 에이전트 대응력 지수 도출

에이전트를 에워싸고 있는 플레이어의 관심사와 이익 상황을 파악하면, 그들이 현재 심리적으로 어떤 상태이고 가까운 미래에 어떤 행동을 취할 것인지도 예측이 가능하다. 그러므로 이들 플레이어가 취하는 행동에 대해 에이전트가 적절히 대응할 수 있는 부분과 그렇지 못한 부분을 나누어 수치화할 수 있다. 예를 들어, 광고주 플레이어 입장에서는 구글의 광고 효과가 높을수록 구글에 지속적인 광고 매출을 안겨다줄 것이다. 이를 위해 80가지가 넘는 지속적인 서비스 개발을 바탕으로 광고 플랫폼을 확장해감으로써 광고주들을 다른 곳으로 빠져나가지 않게 하고 있다는 점에서 대응력 점수를 높게 매길 수 있다. 하지만 페이스북과 같은 소셜 네트워크의 검색 비중이 높아짐에 따라 광고주들의 관심이 소셜 네트워크로 옮겨 가고 있고 구글이 소셜 네트워크에서 성공한 경험이 없다는 점에서 대응력 점수가 낮게 나올 수 있다. 다만 이에 대응하기 위해 구글은 막강한 자금력을 바탕으로 공격적인 M&A 전략을 통해 소셜 네트워크 부분을 강화해나가고 있다.[81] 이런 점에서 어느 정도 대응력 점수에 점수를 줄 수 있다.

이렇게 플레이어의 관심사와 이익에 따른 행동에 대해 에이전트가 적절히 대응할 수 있는 점과 그렇지 못한 점을 구분하여 점수화하면 이것이 바로 에이전트의 현시점의 강점과 약점이 된다. 기업이 전략을 수립할 때, 외부 환경 분석을 기반으로 자사의 강점과 약점, 그리고 위기와 기회를 파악하는 SWOT 분석을 해야 한다. 그러나 상당수 기업은 자사의 강점과 약점을 분석할 때 자사의 입장에서 강점과 약점을 파악하거나 일부 고객과 경쟁사의 대응만을 토대로 자의적으로 강점과 약점을 해석하는 경향이 있다. 지금처럼 환경 변화가 빠르고 새로운 경쟁자가 돌출하는 시기에는 외부 환경 변화에 기반을 둔 SWOT 분석을 해야 한다. 다양한 플레이어가 시장에서 어떻게 행동하느냐를 생각하고, 환경 변화 관점과 주요한 플레이어들의 시선으로 시장을 바라보기 위해서는 평소 꾸준히 변화를 모니터링해야 한다. 그리고 이를 토대로 비즈니스 프로파일링을 실시해서 발견한 패턴에 근거해 경쟁자들이 자신의 이익을 위해 어떤 방향으로 움직일지를 통찰하는 일을 반복해야 한다.

5. 중장기 미래 시나리오에 대입하기

위에서 한 작업은 에이전트와 현재 상호작용 중인 플레이어들을 분석함으로써 에이전트의 '현시점'에서의 대응력 지수를 파악하는 것이다. 이제 본격적으로 미래 시장 변화를 예측한 시나리오를 통해 에이전트의 중장기 미래 대응력 지수를 평가해보아야 한다. 중장기 미래 시나리오는 필자처럼 전문 미래학자가 연구한 내용을 사용하거나 자사에서 나름대로 도출한 미래 시나리오를 사용해도 된다. 미래 시나리오는 책의 형태로도 구성할 수 있고, 도표나 그림, 미래지도 형식으로도 구성할 수 있다. 필자가 기업을 대상으로 워크숍을 진행할 경우 시간상 제약으로 훈련생이 직접 시나리오를 만드는 것이 아니라 필자의 미래지도를 주로 사용한다.

미래 테스트 시뮬레이션에서 가장 중요한 부분은 사실 미래 시나리오의 정밀도와 완성도다. 이것이 미래 테스트 시뮬레이션의 성패를 좌우한다고 해도 과언이 아니다. 미래 시나리오의 수준에 따라 현재 구글의 강점과 약점이 바뀔 수 있기 때문이다. 물론 미래를 정확하게 예측하는 것은 불가능하다. 하지만 필자가 이 책에서 소개한 과정과 기술을 사용하면 미래 생존과 기회 포착에 도움이 되는 '의미 있는 미래 시나리오'를 충분히 도출할 수 있을 것이다.

6. 변화된 미래 상황에 따른 플레이어의 행동 예측

미래 시나리오를 마련했으면, 그 시나리오 안에 주변 플레이어들을 먼저 집어넣어 그들의 미래 행동을 예측해본다. 이때 비즈니스 프로파일링으로 도출한 그들의 행동 패턴들을 감안해야 한다. 이 과정을 거치면, 미래 시나리오와 그 시나리오 상황에서 주변 플레이어의 미래 행동 예측 결괏값을 손에 쥐게 된다.

7. 미래 시나리오와 플레이어 행동 변화에 따른 에이전트의 미래 대응력 지수 도출

이제 마지막 단계다. 에이전트가 이러한 상황(미래 시나리오와 그 시나리오 상황에서 주변 플레이어의 미래 행동 예측 결괏값)에 직면했을 때, 특정 환경이나 경쟁자의 영향력에 대해 어느 정도 미래 대응력을 갖추고 있는지 통찰한다. 이것이 미래 테스트 시뮬레이션이 추구하는 최종적인 목표다. 단, 이때 에이전트는 현재 시장 상황(5번)에서 드러난 강점과 약점이 그대로 유지된다는 것을 전제로 한다. 그래

■ 그림 3-35 에이전트 대응력 지수 변화

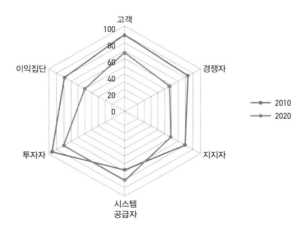

야 중장기 미래 상황에서 현재 알고 있는 강점과 약점이 어떻게 변하는지, 에이전트의 최종적 미래 대응력 지수가 어떻게 나오는지 파악할 수 있다. 이 결괏값은 앞으로 에이전트가 중장기 미래 변화를 준비하는 전략적 대안 수립을 도울 것이다.

통찰의 심연,
미래연구

Insight
into
Futures

통찰에도 심연이 있다

이제 한국에서도 전문적인 미래예측 기법과 미래학에 대한 관심이 날로 커지고 있다. 미래 통찰에 대한 관심을 넘어 '미래학'을 알고 싶어 하는 사람도 늘고 있다. 그런 이들이 주로 묻는 질문이 있다.

미래학이란 무엇인가?
미래는 어떻게 만들어지는가?

필자는 통찰에도 심연深淵이 있다고 본다. 필자의 경험상 미래연구는 통찰의 심연, 즉 깊은 못에 해당하는 학문 중 하나다. 이번 장에서는 미래학, 미래연구의 깊이에 대해서 설명해보고자 한다.

여전히 미래연구futures studies가 학문이 될 수 있는지, 미래예측 foresight이 유용한지에 대해 의심을 품는 사람이 많다. 하지만 세계적인 추세를 보면 미래학은 이제 실용적 기술의 수준을 넘어서 학문적 토대를 형성해가는 단계로 발전하고 있다.

현대 미래학에서 시도하는 미래예측의 철학과 방법론은 경영 통찰과 미래 준비에도 유용하게 사용되고 있다. 이미 세계 유수의 기업들은 미래예측 능력의 훈련 방법을 임직원의 통찰력을 예리하게 향상하는 데 활용하기 시작했다. 미래예측과 대응 능력이 기업 경쟁력의 중요한 토대가 된다는 사실을 알았기 때문이다.

　사람, 사회, 역사, 자연, 우주 등 특정 영역에 대한 탐구가 학문이 되려면 탐구의 철학, 목적, 대상, 도구, 윤리적 가치를 분명히 해야 한다. 미래에 대한 탐구도 마찬가지다. 현대 미래학은 지난 50~60년 동안 탐구 측면에서 철학, 대상, 이론, 방법론, 협의회, 저널, 학과, 교수 등을 갖추어왔다. 또한 미래학에 관심을 갖는 국가들이 점점 늘어남에 따라 여러 문화 및 학문과도 깊은 연관을 맺고 있다. 앞으로 40~50년 정도가 지나면 미래학은 하나의 고유하고 독특한 학문 영역으로 확실하게 자리를 잡을 것이다. 동시에 통합하고 응용하는 미래 지향적 사회과학 분야로 분류될 것이다. 이렇게 장담하는 이유는 미래학이 통찰력을 향상하는 훈련에서부터 (더 큰 의미로는) 앞으로 있을 새로운 지적 관점의 선구자가 될 가능성이 충분히 있기 때문이다.[1]

예언과 예측, 위험한 예측과 의미 있는 예측

미래학과 미래예측에 대한 가장 큰 오해는 미래학을 '예언하는 학문'으로 보는 것이다. 이는 미래학을 '주술적'이라고 생각하거나 미래학자를 '예언자prophet'로 보는 시각으로서, 이러한 오해를 불러일으킨 데에는 미래학자라고 불리는 일부 사람이 위험한 예측을 쏟아내고 있는 현실이 일조를 했다.

예측에는 두 가지가 있다. 하나는 '위험한 예측'이고, 다른 하나는 '의미 있는 예측'이다. 의미 있는 예측은 '미래연구'로서의 예측이다. 오해를 불러일으키는 '위험한 예측'이란 무엇일까?

우선 한 가지는 '예언적 예측'이다. 예언적 예측은 자신이 한 예측이 한 치의 오차도 없이 100퍼센트 정확하게 일어날 것이라고 주장하는 것이다. 앞으로 앨빈 토플러를 능가하는 그 어떤 미래학자가 나와도 이런 수준의 예측은 불가능하다. 누군가가 이런 수준의 예측을 할 수 있다고 하거나, 자신의 예측이 100퍼센트 정확하다고 주장하는 것은 예측의 적중률과 상관없이 '위험한 예측'이다. 그렇다면 예언과 예측의 차이는 무엇일까? 예언은 꼭 주술사나 예언가만 하는 것이 아니다. 주술이나 예언을 혐오한다고 말하는 이들도 자기도 모르는 사이에 예언적 태도를 보인다. 전혀 의도하지 않아도 미래에 대해서 예언적 속성의 발언을 한다. 이처럼 의도하지 않더라도 '예언적 속성'을 지닌 예측을 하게 되는 이유는 무엇일까?

첫째, (그 결과가 맞고 틀리고와 상관없이) 예언은 하나의 시나리오만 이야기한다. 만약 자신 혹은 자기 조직의 미래에 대해서 하나의 미래만을 생각하거나 주장한다면, 당신은 예언적 태도를 지닌 사람이다. 이와 달리 통찰력을 주는 예측은 복수의 시나리오를 이야기한다. 시나리오가 맞을지 틀릴지는 그다음 문제다. 통찰력을 주는 예측은 다양한 가능성을 제시하고 생각을 확장하도록 만들지만, 예언은 하나의 가능성에만 집중해서 믿느냐 믿지 않느냐의 선택만 강요한다. 우리나라가 1997년 IMF 외환위기에 빠진 것도 하나의 시나리오에만 집중했기 때문이다. IMF 외환위기가 일어나기 직전 우리 정부는 'OECD 가입'이라는 하나의 시나리오에만 사로잡혀 있었다. 외환위기의 가능성을 이야기하는 또 다른 시나리오에 대해서는 관심을 갖지 않았다. 미국의 9.11사태도 마찬가지다. 그 당시 미국 정부는 '주적은 중국뿐'이라는 하나의 시나리오에만 빠져 있었다. 중국 이외의 다른 국가가 감히 미국을 공격할 것이라고는 전혀 생각하지 않아서, 7개월 전에 백악관에 전달된 테러 위험 시나리오를 무시해버렸다. 이처럼 하나의 시나리오에만 의지하면 대재앙을 맞을 가능성이 크다. 기업도 마찬가지다. 당신이 예언적 예측에서 벗어나려면 '복수의 미래 가능성'을 생각하고 말해야 한다.

둘째, 예언은 한번 정하면 절대로 바꾸지 않는다. 혹은 자신이 말하는 미래가 언제부터 언제까지인지 '시간의 범위time limit'를 말하지 않는다. 때문에 다른 사람으로 하여금 "내 예측은 시간과 상관없이 절대로 바꿀 필요가 없을 만큼 영원히 유효하다"는 오해를 하도록 만든다. 하지만 예측은 시나리오를 작성했더라도 지속적으로 변화하는 상황들을 모니터링하면서 시나리오를 교체하는 최적화optimizing futures 작업을 한다. 시나리오를 지속적으로 수정하는 시나리오 최적화 작업은 '말을 바꾸는 것'이 아니라 미래에 대한 인간의 예측 한계를 인정하는 '겸손한 행위'다. 시간이 지나면서 자신의 예측이 틀렸다는 증거가 나오고, 과거에는 미처 반영하지 못한 새로운 미래 변화의 힘이 등장한다면 겸손하게 이를 인정하는 태도다.

셋째, 예언은 공포나 환상을 심어준다. 환상과 공포는 대중을 선동하여 자신이 원하는 대로 이끌어서 자기 이득을 얻기에 매우 유용한 도구다. 때문에 예언은 이를 적절하게 활용한다. 반면에 예측은 대중을 공포로 위협하거나 환상으로 눈을 가리지 않는다. 오히려 미래에 발생할 수 있는 다양한 위기와 기회를 미리 알려서 더 나은 미래를 만들 수 있도록 돕는다. 또한 예측은 특정한 미래에 대해서 위기와 기회를 동시에 말한다. 위기와 기회는 따로 오는 것이 아니라 언제나 공존한다. 아시아에서 금융위기가 발생하더라도 위기와 더불어 기회도 함께 온다. 올바른 예측은 그 어떤 상황에서도 위기와 기회를 함께 보도록 함으로써 맹목적인 환상이나 극도의 공포감에 빠지는 양극단의 사태를 미연에 방지하도록 돕는다. 필자가 '한국의 제2의 외한 위기 가능성'을 이야기하는 이유는 공포감을 조성하려는 것이 아니다. 아무런 준비도 없이 금융위기나 잃어버린 10년의 상황을 맞는다면 공포에 빠질 수밖에 없기 때문이다. 미리 예측할 수 있다면 위기 탈출의 해법을 찾고 새로운 기회를 발견하여 미래의 쇼크에서 벗어날 길을 찾을 수 있다. 이것이 예측의 역할이다.

하지만 예언적 기업, 예언적 지도자는 최악의 기업, 최악의 지도자다. 예언적 지도자란 노스트라다무스와 같은 말을 하는 지도자가 아니다. (그것이 긍정이든 부정이든) 하나의 시나리오만 고집하고, 그 시나리오를 절대로 바꾸지 않으며, 그 시나리오를 내세워 환상이나 공포를 주는 지도자다. 이런 지도자가 이끄는 회사에 다닌다면 빨리 배를 갈아타야 한다. 그런 회사는 한순간에 무너질 수 있기 때문이다. 특히 패러다임 전환기에는 이런 지도자가 이끄는 기업은 단번에 사라질 수 있다. 이처럼 미래에 대한 예언적 태도와 행동은 위험한 예측이다. 예언의 내용이 나쁜 것이기 때문에 위험하다는 말이 아니다. 예측의 결과가 맞고 틀리고를 떠나서 위험한 행동을 낳기 때문에 위험하다는 것이다.

같은 기준으로 보면 보통의 상식적인 생각과 다른 대담한 미래를 말하는 것은 '위험한 예측'에 들지 않는다. 가능성이 낮은 미래 시나리오를 말하는 것도 '위험한 예측'에 들지 않는다. 이는 다양한 미래의 가능성에 대해 생각을 확장해주고, 그 과정에서 새로운 통찰을 주기 때문이다. 그리고 예상치 못한 위기가 닥쳐도 충분히 대응할 수 있는 준비를 할 수 있도록 해주기 때문에 오히려 '안전한 예측'이라고 할 수 있다.

인간이 예언적 주장을 하는 것은 '사기'이며 '위험한 주장'이다.

예언적 예측은 신의 영역이며 인간이 감히 넘보거나 주장해서도 안 된다.

미래는 예언적으로 예측할 수 없다. 미래는 연구의 대상일 뿐이다. 그러나 사람들은 예언적 예측에 관심이 많다. 예언을 추종한다. 이런 태도는 주식 등의 투자시장에서 빈번하게 일어난다. 통계학자들의 연구에 따르면, 특정 시간에 특정 주식의 가격을 정확하게 예측할 확률은 0.1퍼센트다. 0.1퍼센트의 확률을 두 번 연속으로 맞힐 확률은 0.0001퍼센트다. 세 번 연속으로 맞힐 확률은 0.0000001퍼센트(10억분의 1)다.[2] 따라서 주식시장에서 예언은 불가능하다. 확률적으로 탁월한 예측도 어렵다. 아무리 탁월한 기술적 분석도 과거 주가의 움직임에 끼워 맞추는 후행적 설명이 최선이다. 1961년에 경제학자 시드니 알렉산더가 주가 예측의 실효성에 의문을 던지는 연구를 시작했다. 이후 기술적 분석에 의존한 주식 투자 수익률이 평균적인 시장 수익률이나 원숭이의 투자 수익률[3]보다 높거나 탁월하지 않다는 연구 결과는 계속해서 쏟아지고 있다.[4] 여기에 덧붙여 기술적 분석이 금융 연금술에 불과하다는 주장을 하는 학자도 있다.[5]

필자는 주식 가격에 대한 기술적 분석은 어제와 비교해서 오늘 시장 참여자들의 심리 상태를 후행적으로 설명하는 데 크게 유익하다고 생각한다. 그 이상도 그 이하도 아니다. 기술적 분석은 설명이나 도움이 되는 미래 정보이지 예언은 아니다. 그러나 이를 불순한 의도로 사용하면 매우 위험하다. 많은 사람이 주가 예언이라는 위험한 예측을 좇는다. 위험한 예측을 따르는 사람이 많아지면 그러한 예측을 무시하기는 매우 힘들다. 때문에 주식시장에서는 예측과 반대로 움직이는 것이 차라리 유익하다는 어처구니없는 분위기가 종종 형성되기도 한다. 주식 가격이나 코스피 지수, 환율, 기타 금융상품의 미래 가격은 예언이 아니라 가능성의 범주에서 이야기되어야만 '안전한 예측'이 된다.

경제 분야에서도 무모한 예언이 사태를 악화하는 경우가 종종 있다. 미국 FRB(연방준비제도이사회) 의장이었던 벤 버냉키도 서브프라임 시장의 문제는 절대로 금융시스템으로 확산되지 않을 것이라고 예측했다.[6] 그러나 결과는 그의 예측을 빗나갔다. 노벨 경제학상 수상자를 열여섯 명이나 배출한 전미경제연구소도 경제 전환점에 대한 예측 적중률은 5퍼센트 미만에 불과하다. 한국은행이나 대기업 경제연구소의 경제 예측도 정확도 측면에서는 신뢰할 만한 수준이 아니다. 1980년부터 1995년 사이의 미국 FRB의 예측 정확도는 38퍼센트에 불과했고, 미국의 대통령 경제자문위원회의 인플레이션 예측 적중률은 거의 제로였다.[7]

여기서 핵심을 명확하게 인식해야 한다. 경제 예측을 시도했다는 것이 문제가 아니라 정확하게 예측했다고 자신하는 태도가 문제다. "논리적으로 몇 가지 조건이 충족되면 가능하다, 확률적으로는 몇 퍼센트의 가능성이 있다, 가능성은 낮지만 발생하면 영향력이 크니 조심해야 한다"로 발표했어야 했다. 그랬다면 의사결정자들이 좀더 현명한 판단을 하는 데 도움이 되었을 것이다. 자신의 예측이 마치 신의 계시처럼 들어맞을 것이라고 생각해서 다른 가능성을 무시하는 태도, 자신이 경제 움직임과 변화를 속속들이 들여

다보고 있으며 충분히 통제할 수 있다는 태도가 위험한 예측을 만들어낸다. 신의 영역에 도전하려는 시도는 언제나 그 결과가 참담했다.

'조작적 예측'도 위험한 예측에 속한다. 특히 통계를 활용한 조작적 예측은 사람들을 속이기에 매우 유용한 도구다. 통계가 나쁜 것이 아니라 통계라는 탈을 쓰고 자행하는 거짓 분석, 의도된 분석을 기반으로 한 조작적 예측이 사악하다. 통계 자료의 해석과 예측 과정에 불순한 의도를 끼워 넣는 것은 자료의 수집에서부터 얼마든지 가능하다. 자의적으로 조작한 엉터리 자료 해석과 예측을 만들어서 대중의 분노와 두려움을 유발함으로써 자신의 특정한 경제적, 정치적 목적을 달성하고자 하는 세력이 존재한다. 그들은 전문가의 탈을 쓰고 이해하기 어려운 수학 함수와 계산, 방대한 수치를 들먹이며 문제를 왜곡하거나 잘못된 정책을 아름답고 멋지게 포장한다. '변이 통계'[8]를 활용해서 고의적으로 숫자가 나타내는 의미를 바꾼다. 상황을 극적으로 보이게 꾸미고 일반인의 수학에 대한 두려움과 약점을 교묘하게 이용한다. 의도된 변이 통계는 일부 언론의 불성실한 검증을 거쳐서 대중에게 확산된다. 그 과정에서 꼬리에 꼬리를 무는 엉터리 통계가 확대 재생산된다. 다분히 정치적이고 탐욕적인 프로세스가 작동되는 것이다. 소설가 마크 트웨인은 이런 위험성을 꿰뚫어 보고는 다음과 같은 말을 했다.

세상에는 세 가지 거짓말이 있다. 하나는 선의의 거짓말이고, 또 하나는 새빨간 거짓말이다. 그리고 마지막은 통계다.[9]

좋은 통계는 사실에서 출발한다. 분명하고 합리적인 정의를 세우고, 분명하고 합리적인 측정을 생명처럼 중시한다. 표본의 중요성을 알고 훌륭한 표본을 만들기 위해 노력한다. 통계는 통계일 뿐이고, 전부를 완벽하게 보여주는 것이 아님을 강조한다. 좀더 나은 의사결정을 하는 데 유용한 정보, 그 이상도 그 이하도 아님을 강조한다. 미래예측에 사용되는 통계 자료나 분석 기법도 이런 수준에서 사용되어야 한다.

놀랍게도 미래의 산업이나 인구에 대해서도 위험한 예측이 난무한다. 예측하는 사람들이 단 몇 가지의 변수만을 고려해서 미래를 단정 짓기 때문이다. 예컨대 한국의 출산율이 1.1~1.3명이기 때문에 2300년이 되면 한국은 지구상에서 사라질 것이라는 예측이 있다. 이러한 예측은 좋은 예측이 아니며 별 의미도 없다. 세상은 그렇게 단순하게 작동하지 않는다. 인구가 줄다 보면 나라가 없어지기 전에 인간 스스로 출산율을 높이기 위한 다양한 방법을 강구한다. 출산율 1.1~1.3명에 기반을 둔 예측이 유용하려면 극단적 미래를 투사하는 데 중심을 두어서는 안 된다. 대신 출산율 저하가 언제까지 지속될 것이며, 인구 감소가 멈추거나 반전되기 전까지 어떤 부작용이 일어날 것인지 등에 중점을 두어야 의미 있는 예측이 된다. 미래예측은 가능성의 범주에서만 받아들여야 한다. 이를 예언적 수준에 입각해서 의사결정에 사용하면 한국이 지구상에서 사라지기 전에 나와 내 회사가 먼저 사라질 수 있다.

장기적 미래 기술 예측은 더욱 주의를 기울여야 한다. 미래는 우리가 알지 못하는 다양한 가능성과 변화를 내포한다. 버클리칼리지의 마케팅 교수인 스티븐 슈나스는 1959년과 1989년 사이에 발표된 장기적 미래 기술 예측에 대한 적중률을 분석한 바 있는데, 성공률은 20퍼센트에 불과했다. 세계미래협회WFS도 1976년 자신들이 예측한 1,556건의 미래 기술 예측 정확도가 일반인의 예측 수준과 큰 차이가 없다는 것을 고백한 적이 있다. 기술 전문가라도 다르지 않다. 최초의 자동계산기를 발명한 하워드 에이켄은 단지 4개의 전자식 컴퓨터만 있으면 미국 전체의 수요를 충족하고도 남을 것이라는 어처구니없는 예측을 했다. 미국 최초의 전기통신 회사인 웨스턴 유니언사는 1876년에 전화기는 아무 쓸모가 없는 물건이라고 평가했다. 비행기를 발명한 윌버 라이트는 비행기가 뉴욕에서 파리를 비행할 일은 일어나지 않을 것이라고 예측했다. 1932년에 아인슈타인은 인류가 가까운 미래에 핵에너지를 얻을 가능성은 전혀 없다고 예측했다. 1981년에 빌 게이츠는 개인용 컴퓨터의 사용에 640킬로바이트 이상의 메모리가 필요한 일은 없을 것이라고 예측했으며, 1943년에 IBM 회장인 토머스 J. 왓슨은 컴퓨터는 5대밖에 팔리지 않을 물건이라는 황당한 예측을 하기도 했다. 놀라운 일이 아니다. 이것이 인간이 지닌 예측 능력의 한계다. 전문가라도 마찬가지다. 이러한 한계를 무시하고 전문가의 견해를 예언으로 받아들이면 예측은 재앙이나 코미디가 되고 만다.

기술 발달이 특정한 국면에 도달하면 비선형적 진화나 퀀텀 점프quantum jump(대도약)를 종종 일으킨다. 이는 초기 예측을 뛰어넘는 요소로 작용한다. 경제 상황이 악화되거나 새로운 대응 기술이 개발되면 속도가 늦어지거나 방향이 전환되어 예측이 빗나갈 경우도 많다. 기술이 사람의 생각을 바꿔 소비 패턴을 바꿀 수도 있다. 기술에 의해 환경 변화가 일어나고, 그것이 다시 기술의 방향을 재조정할 수도 있다. 비선형적 진화나 퀀텀 점프는 이런 과정에서 발생한다. 비선형적 진화나 퀀텀 점프는 인간의 예측 능력 밖에 존재한다. 하지만 특정 기술의 미래에서 최소 한 번 이상은 반드시 일어난다. 이런 발전 과정을 받아들여야 장기적 미래 기술 예측이 (적중률과 상관없이) 실제로 도움이 된다. 미래예측 전문가들은 장기적인 기술 발달과 변화에 대해 연구할 때 복잡성과 비선형적 진화, 퀀텀 점프를 임의의 변수wildcard로 상정하고 상상을 펼친다.

  이런 위험한 예측과 대비되는 '안전한 예측'이란 무엇일까? 안전한 예측은 '의미 있는 예측'을 말한다. 의미 있는 예측에는 반드시 '현재 상황과 조건하에서'라는 단서가 붙는다. 이는 미래 변화에 대한 적중률을 높이기 위한 것이 아니라 미래의 다양한 가능성을 생각해보게 해서 통찰력을 높이도록 돕는 것을 목적으로 한다. 즉 의미 있는 예측이란 예측한 대로 미래가 전개되든 아니든 좀더 나은 의사결정을 하는 데 도움이 되는 미래 정보를 포함한다. 필자는 미래에 대해서 다음과 같은 네 가지의 범주에서 미래 정보를 생산하거나 미래 가능성을 연구하는 예측을 '안전하다' 혹은 '의미 있다'고 평가한다.

① 논리적으로 제법 그럴듯한 미래a plausible future
② 확률적으로 일리가 있는 (타당한) 미래a possible future
③ 확률적으로는 일어날 가능성이 낮지만, 일어날 경우 영향력이 큰 임의의 미래
　　a wildcard or unexpected future

④ (규범이나 비전에 따라) **선호하는** 미래ₐ preferred future

첫째로 논리적으로 제법 그럴듯한 미래는 '일어날 개연성이 높은 미래'라고도 한다. 이것은 과거, 현재, 미래의 징후를 논리적, 체계적, 생태학적으로 분석해볼 때, 가장 논리적으로 타당하고 이치에 맞아 수긍할 만한 미래로, 필자는 미래를 연구하고 예측할 때 이것을 기본미래baseline future로 삼아 연구를 진행하는 경우가 많다. 발생의 '개연성'이 있다는 것은 미래의 어떤 시점에 반드시 한 번은 물리적으로 일어날 가능성이 있다는 것을 뜻한다. 그렇다면 논리적으로 제법 그럴듯한 미래 시나리오를 작성할 때 사용되는 변수와 미래의 힘은 무엇일까? 필자의 경우, 일어날 확률이 최소한 51퍼센트 이상(대개는 일어날 확률이 70~80퍼센트)의 확실성을 지닌 요소를 사용한다. 예를 들어 다음과 같은 것이다.

- 트렌드: 변화의 흐름, 변화의 1차, 2차, 3차 효력
- 계획: 정부 계획, 지자체 계획, 회사 계획, 가족의 계획 등
- 심층 원동력: 변화를 일으키는 숨어 있는 힘, 변화의 메커니즘, 패러다임, 역사적으로 반복되는 사이클, 세계관 등
- 현재 사람의 마음속에 가지고 있는 미래에 대한 이미지: 생각, 느낌, 기대 등
- 결국 미래는 사람이 선택한다. 아무리 혁신적인 기술이나 상품이 나오더라도 결국은 사람이 선택을 해서 이것이 대중적으로 확산될 때 기술과 사회 변화가 일어난다. 거꾸로 사람들 사이에서 이런 기술이 나왔으면 좋겠다는 마음이 많아지면, 즉 대중의 마음이 그쪽으로 움직이면 결국에는 그와 관련된 기술이 나오면서 미래가 변화한다.

위의 네 가지 영역에서 확실성이 높은 요소만 뽑아내서 이것들을 논리적, 체계적으로 묶고 재구성하여 '그럴듯하고 논리적으로 말이 되는' 시나리오를 작성한다. 이럴 경우 가장 일어날 확률이 높아서 상대적으로 신뢰할 만하고 확실성이 높은 시나리오를 도출할 수 있다. 이런 과정을 미래학자 제임스 마틴은 이렇게 말한다.

꼭 수정 구슬을 보지 않더라도 세상에는 예측할 수 있는 흐름이 있다. 왜냐하면 그것들은 막을 수 없을 정도로 큰 힘을 가지고 있기 때문이다. (…) 미래를 탐험하기 위해서는 이런 많은 장기적인 흐름을 하나로 묶는 엄정한 논리와 역사, 기술, 그리고 복잡한 조직의 움직임을 이해해야 한다. 이런 거대한 흐름이 합쳐져 미래의 골격을 형성한다. 그다음에 우리는 그 골격에 다양한 방식으로 살을 붙여 나갈 수 있다. 이렇게 막을 수 없는 힘을 가진 흐름으로 세계지도를 그려보면, 그 가운데 실질적으로 어떤 것을 예측할 수 있는지 가늠할 수 있다.

이런 과정을 거치기 때문에 기본 시나리오를 작성하는 것은 비숙련자보다는 전문적인 지식을 가지고 미래예측 훈련을 받은 숙련자가 더 정확하게 접근할 수 있다.

둘째로 확률적으로 일리가 있는 '(타당한) 미래a possible future'다. 이 범주에 드는 미래는 '일어날 가능성의 범위에 드는 미래'라고도 한다. 이 범위에 드는 시나리오는 어떻게 작성할까? 미래학자마다 각기 나름의 노하우가 있다. 필자의 경우는 기본미래를 바탕으로 다양한 사람의 상상력을 최대한 활용하여 더욱 폭넓고 확장된 가능성과 옵션을 포함하여 미래의 또 다른 가능성을 연구한다. 발생 '가능성'이 있다는 의미는 '한번쯤은 생각해볼 수 있다'는 말이다. 그렇기 때문에 이 단계에서는 비숙련자도 충분히 참여할 수 있다. 이를테면, 대중이 기본미래에 반대해서 현재의 시스템에 대항하여 어떤 특정한 힘을 가해서 변화를 일으킴으로써 기본미래와는 다른 미래를 만들 수 있다. 특히 기본미래가 비관적인 방향으로 전개될 것이 드러날 경우, 우리는 이 기본미래를 바꿀 새로운 계기를 만들어야 한다. 그대로 가면 직면할 가능성이 높은 위기와 위협을 극복할 수 있는 새로운 미래를 만들어야 한다. 그러기 위해 생각의 폭을 넓혀 기회와 성공의 가능성을 찾아내고, 위기와 위협을 극복할 창의적 미래를 구상해야 한다.

가능성의 미래는 수렴하는 것이 아니라 확산하는 것이다. 기본미래에 존재하지 않았던 새로운 가능성을 찾아내는 것이다. 기본미래는 세상을 세분화하고 각각을 연결하여 문제를 찾아내고, 이미 있는 솔루션 가운데 가장 효과적인 것을 먼저 찾는다. 반면에 가능성의 미래는 풍부한 상상력을 발휘하여 미래 소비자가 진정으로 느끼게 될 새로운 문제, 욕구, 결핍 등을 이해하고 이를 충족할 새로운 방법을 찾아낸다. 확산을 통해 혁신이 촉진되고 경쟁자들이 갖지 못한 경쟁력을 갖게 되는 것이다. 이런 의미에서 가능성의 미래는 혁신이 일어나는 장이다. 인간의 창조 능력이 허락되는 장이다. 미래가 운명처럼 주어지는 것이 아니라 미래는 변화시킬 수 있는 여지를 허락해주는 장이다. 기본미래에서는 세상을 세분화하고 각각을 연결하여 문제를 찾아내고, 이미 있는 솔루션 가운데 가장 효과적인 것을 먼저 찾는다. 반면에 가능성의 미래는 풍부한 상상력을 발휘하여 미래 소비자들이 진정으로 느끼게 될 새로운 문제, 욕구, 결핍 등을 이해하고 이를 충족할 새로운 방법을 찾아낸다. 강한 기업, 강한 국가는 이 두 가지의 미래를 모두 생각해야 한다.

위협이란 내가 어떤 변화를 수동적으로 경험할 때 만날 수 있는 어려움이고, 위험은 내가 어떤 변화를 능동적으로 추진할 때 만날 수 있는 어려움이다. 혜성 충돌은 위협이고, 인간이 이산화탄소를 많이 배출함으로써 발생하는 온난화는 위험이다. 비록 위협이라고 할지라도 미리 알아차릴 수만 있으면 위협의 수위를 낮추거나 제거할 기회를 만들 수 있다. 하지만 위협을 늦게 알아차릴수록 어려움은 더 커지고 제거하기 힘들어진다.

기회란 어떤 변화가 진행될 때 자연적으로 나타나는 긍정적인 가능성에 대해 내가 능동적으로 대처할 때 만들어지는 것이다. 반면에 아무리 좋은 것이라도 내가 능동적으로 추진하지 않으면 '그냥 가능성'으로만 남을 뿐이다. 긍정적인 가능성은 우리 주위에 늘 존재한다. 그러나 가능성을 기회로 만들려면 '생산적인 창의성'을 발휘해야 한다. 당신이 돈을 벌 가능성은 경기 상승 국면이나 경기 폭락 국면 모두에 있다. 하지만 경기 상승의 국면일지라도 '생산적인 창의성'을 발휘하는 자만이 돈을 벌 기회를 포착하고 실제로 돈을 벌 수 있다. 생각을 넓힐수록 기회의 가능성과 성공의 가능성은 그만큼 커진다. 이와 관련해서 또 하나 생각해야 할 점이 있다. 만약 당신 주위에 늘 존재하는 가능성을 당신이 기회로 사용하지 않는다면 언젠가 당신의 경쟁자가 이용할 수 있다는 점이다. 이는 누군가 당신보다 빠르게 가능성을 현실화하면 당신이 놓친 기회가 당신에게 비수가 되어 돌아올 수도 있다는 뜻이다.

그렇다면 생각을 어떻게 넓힐 것인가? 아무렇게나 상상력을 발휘해서는 생각이 넓어지지 않는다. 극단적으로 넓어지면 망상이나 몽상이 될 수도 있다. 비생산적인 창의성은 전혀 도움이 되지 않는다. 이런 문제를 피하기 위해서는 '기본미래'를 기준으로 상상력을 발휘해야 한다. 가장 먼저 작성했던 기본미래가 '만약 특정한 외부적인 요소에 의해 변화한다면 어떤 새로운 위협, 위기, 가능성, 기회가 나타날 수 있을까'였다면 이에 대해서 상상을 해보는 것이다. 이때 생산적인 창의성을 발휘하기 위해서는 좋은 예측 기법이 필요하다. 미래학에서는 이 단계에서 미래 수레바퀴futures wheel, 시스템 사고system thinking, 사회 변동 연구social change, IMPOS, 미래 CES(Creative Evolution Strategy) 등의 기법을 사용한다. 미래 수레바퀴 기법은 비연속적 사고를 하도록 질문을 던짐으로써 기회를 발견하게 돕는다. 시스템 사고 기법은 시스템적 분석을 통해 기회를 발견하도록 돕는다. 사회 변동 연구 기법은 거시적 사회 변동을 연구하면서 유사한 패턴이나 변하지 않는 것들을 찾고, 변하지 않는 것들에 대한 상상력을 발휘해 기회를 발견하도록 돕는다. IMPOS 기법은 감정이입을 통해 나와 정보, 사람, 장소, 조직, 사물 등의 변화를 유추하게 해서 새로운 가능성과 기회를 발견하도록 돕는다. 미래 CES 기법은 진화의 과정을 통해 기회를 발견하도록 돕는다.

셋째로 확률적으로 일어날 가능성은 낮지만, 일어날 경우 영향력이 큰 '임의의 미래a wildcard or unexpected future'다. 이런 미래는 '뜻밖의 미래unexpected future'라고도 한다. 임의의 미래 혹은 뜻밖의 미래란 와일드카드나 떠오르는 이슈emerging issue로 인해 촉발되는 미래다. 일어날 가능성은 낮지만 발생할 경우 극단적일 수 있는 위협을 방지하기 위해 반드시 고려해보아야 할 미래가 여기에 속한다. 뜻밖의 미래는 '창발적 미래emerging future'라고도 한다.

필자는 '뜻밖의 미래'를 다시 두 가지로 나눈다. 하나는 '비약적 진보quantum progress에 의한 새로운 미래'다. 즉 나노 기술과 같은 혁신적인 기술로 인해 지금의 변화 속도보다 훨씬 빠르게 인류가 진보할 수 있다는 가정하에 세운 미래 시나리오다. 다른 하나는 '붕괴 후 새로운 미래'다. 기존의 것이 완전히 붕괴되고 새로운 것이 만들어지는 시나리오다. 이때는 좋은 것도 안 좋은 것도 발생할 수 있다. 예를 들어, 북한의 갑작스러운 붕괴로 인해 새롭게 만들어지는 동아시아와 한반도의 미래가 여기에 속할 수 있다. 북한의 현재 정권이 무너지면 좋은 일도 일어날 수 있지만 나쁜 일도 발생할 수 있다. 근래에 들어서 뜻밖의 미래의 가능성은 높아지는 추세다. 그 이유로는 복잡성의 증대, 구성요소의 숫자 증가, 행위자들 사이의 네트워크 연결도의 증가, 피드백을 통한 연쇄 작용과 누적 작용 속도의 증가 등을 들 수 있다.

네 가지 미래 시나리오 중에서 '임의의 미래(뜻밖의 미래)'가 가장 예측하기 힘들다. 때문에 이런 범주의 미래를 예측할 때는 '임의의 현상', '뜻밖의 현상', '창발적 현상'이 언제 발생할 것인지를 예측하려고 하지 말아야 한다. 대신 특정한 현상이 일어난다는 전제를 설정하는 것이 필요하다. 어떤 일이 일어날 것이냐는 조금만 관심을 기울이면 충분히 찾을 수 있다. 시나리오 기법의 대가인 피터 슈워츠는 "미래의 골격이 될 거대한 흐름의 방향을 바꿀 뜻밖의 강력한 사건들은, 기본적인 행동 유형을 살피다 보면 필연적으로 드러나게 마련"이라고 했다. 일어날 경우 막대한 영향을 끼칠 특정한 '뜻밖의 현상'을 선택하는 것은 조금만 관심을 가지면 그리 어렵지 않다. 일단 특정 사건을 선택하고 나면 그것이 '언제 일어날 것이냐'에 관심을 갖지 말고, '그로 인한 잠재적 영향'에 대비하는 것에 더 집중하여 상상력을 발휘하고, 이때 발견한 것들을 미래예측과 미래 전략에 포함하는 것이 현명하다.

임의의 미래, 뜻밖의 미래, 창발적 미래를 상상해보기 위해서는 다음과 같은 질문으로 시작하면 좋다.

- 10년 후에 현재 직업의 80퍼센트가 사라진다면?
- 대한민국이 한 달 이내에 갑작스럽게 통일된다면?
- 중국의 거품 경제가 갑작스럽게 붕괴한다면?
- H5N1과 같은 강력한 인플루엔자가 전 세계적으로 창궐한다면?

미래에 대한 이런 극단적인 질문에 집중을 하면 뜻밖의 미래에 대한 상상력을 촉진할 수 있다. 다른 미래 시나리오도 마찬가지지만, 특히 이런 극단적 미래에 대한 시나리오는 미래에 대한 두려움을 극복하는 방법으로도 매우 유용하다.

넷째는 (규범이나 비전에 따라) '선호하는 미래a preferred future'다. 탁월한 리더나 기업은 자신의 미래에 대해 분명한 방향과 생각을 갖

고 있다. 하지만 비전이라고 해서 무작정 이상적으로만 혹은 가슴
뛰는 것으로만 그려서는 안 된다. 필자가 조언하는 비전의 범위에
드는 미래는 현 상황을 좀더 긍정적으로 진보시키고, 미래에 발생
가능성이 있는 위기와 위협에 대비하면서, 리스크가 가장 적은 항
로를 선택하고, 가장 바람직한 가치와 그에 상응하는 방향으로 전
략적 진보를 이룰 수 있는 미래를 의미한다.

필자 같은 전문 미래학자professional futurist나 미래연구futures
studies는 바로 이러한 네 가지 미래에 대해서 관심을 갖고 연구를
한다. 또한 이런 네 가지의 범주에 따라서 '좀더 나은 미래'를 만드
는 데 도움이 되는 '의미 있는 미래 정보'를 생산하려고 노력한다.

예측할 수 있는 것과 없는 것을 구별하라

　안전한 미래예측은 예측 가능한 영역과 예측 불가능한 영역을 잘 구별하는 것에서 시작된다. 예측 가능한 영역의 미래는 인구 구조의 변화처럼 '이미 방향이 정해져서 단기적으로는 우리가 바꿀 수 없는 미래'와 앞에서 설명한 네 가지 미래를 말한다. 예측 가능한 미래라고 해도 예언의 영역은 절대로 아니다. 예측 가능한 미래는 예측의 영역이고, 동시에 (이미 정해져서 바꿀 수 없는 미래를 제외하고는) 여전히 창조를 통한 새로운 변화의 가능성이 열려 있는 영역이다.

　예측 불가능한 미래는 (누군가는 예측할 수 있는 범위에 있을 수 있지만) 나의 지식과 정보의 한계로 '현재의 생각 밖에 있는 미래', 한 가지의 사건이 엄청난 수의 다양한 가능성을 품고 있기 때문에 '확률적으로도 나열하기 힘든 미래', '전혀 생각조차 할 수 없는 미래' 등이다. 이런 미래는 예측의 효과성이 별로 없다. 이런 미래 영역은 예측을 하려고 시도해서는 안 된다. 이런 미래는 예측이 아니라 '창조'의 영역이다. 예측할 수 없는 미래는 무지, 불안, 공포의 영역이 아니라 신이 우리에게 아름답게 창조하라고 허락한 영역이다. 미래를 예측하는 가장 확실한 방법은 미래를 창조하는 것이라는 말은 여기에 가장 잘 어울린다.

예측 가능한 미래			예측 불가능한 미래		
• 이미 정해져서 바꿀 수 없는 미래 • 논리적으로 제법 그럴듯한 미래 • 확률적으로 타당한 미래 • 확률적으로 일어날 가능성은 낮지만 일어나면 영향력이 큰 임의의 미래 • 선호하는 미래			• (누군가의 예측 범위에는 있지만 현재 나의 지식과 불충분한 정보의 간계로 인해) 현재 우리 생각 밖에 있는 미래 • 한 사건이 엄청난 수의 다양성을 품고 있는 미래		
• 확률적으로 일어날 가능성이 상당히 낮아서 나열해도 큰 의미와 효과가 없는 미래 (이 영역에 있는 미래들은 예측하지 않고 무시해도 된다. 위의 다섯 가지 범주의 미래를 예측하는 과정에서 자연스럽게 이 영역의 미래도 준비가 되기 때문이다. 또한 여기에 속한 미래는 실제로 현실이 되어 발생하더라도 영향력이 그리 크지 않기 때문에 미리 준비하지 않더라도 발생 즉시 대응 가능하거나 영향을 받더라도 생존에 큰 문제는 발생하지 않기 때문이다.)			• 전혀 생각조차 할 수 없는 미래		
예언영역(×)	예언영역(○)	예언영역(○)	예언영역(×)	예언영역(×)	예언영역(×)

현대 미래학은 이런 틀을 토대로 불확실성이 가득한 미래를 통제 가능한 영역으로 만드는 데 관심을 둔다. 여기서 통제 가능하다는 말은 미래를 내 마음대로 주무를 수 있다는 말이 아니다. 미래를 통제할 수 있다는 말은 미래에 대해서 아무것도 할 수 없다고 생각해 체념한 채 모든 것을 운명에 맡기지 않는다는 말이다. 미래에 대해서 거울을 보듯이 정확하게 알 수는 없지만, 더 나은 미래를 만들기 위해서 좀더 나은 의사결정을 할 수 있다는 말이다.

현대 미래학의 관심은 이런 틀을 통해 좀더 나은 미래를 만들 수 있도록 기여하는 데 있다. 따라서 예언자가 되어 대중의 관심을 받으려는 것은 미래학과는 관련이 없다. 미래학은 주가나 부동산 가격, 경제 지표를 알아맞히는 것에도 관심이 없다. 미래는 얼마든지 인간의 준비와 대응, 도전과 응전, 우연한 성공과 어리석은 실수에 따라 바뀔 수 있기 때문에 스스로 분석해낸 예측의 적중 확률이 얼마나 되는지에도 큰 관심을 두지 않는다.

어리석은 사람은 예언이나 예언자를 찾는 데 관심을 둔다. 정확한 주식 가격, 부동산 가격, 경제 지표의 적중에 관심을 둔다. 세 번 연속으로 정확하게 맞힐 확률이 0.0000001퍼센트(10억분의 1)밖에 되지 않는 일에 관심을 갖고 꼬치꼬치 따지며 추궁한다. 예측의 적중률을 계산해가며 미래학자나 예측 전문가의 서열을 매긴다. 대중은 미래학자를 보며 예언자가 되기를 기대하고, 일부 미래학자는 이런 부추김에 흔들린다. 예언을 하면 할수록 명성을 올리는 것이 쉽기에 미래를 이야기하는 사람들에게 이런 명성에 대한 유혹은 치명적이다. 하지만 여기에 휘둘리는 것은 어리석은 행동일 뿐이다. 이 모든 어처구니없는 일은 현대 미래학이나 미래예측을 알지 못하거나 잘못 알아서 생기는 현상일 뿐이다.

다시 한번 강조한다. 안전한 미래예측, 의미 있는 미래예측은 '예측할 수 있는 것'과 '예측할 수 없는 것'을 구별하는 데에서부터 시작해야 한다. 필자가 미래예측 전문가를 양성할 때 가장 강조하는 부분이 바로 이것이다.

"선무당이 사람을 잡는다"는 말이 있다. 필자가 가르치는 학생 중에서도 몇 가지 미래예측 기법을 배우기만 하면 주식, 부동산, 채권, 기타 경제 흐름, 사회 변화, 기술 변화, 산업 변화 등 미래 변화를 모두 예측할 수 있으리라는 환상을 품는 사람이 간혹 있다. 기존의 미래예측이 틀린 것은 예측 기법이 구식이었기 때문이라고 생각한다. 미래예측 기법 중에서 좀더 멋있어 보이는 기술, 복잡한 숫자를 다루어 예측하는 기술, 컴퓨터 시뮬레이션 기술 등을 익히면 미래 변화를 모조리 예측할 수 있으리라 생각한다. 어리석은 생각이고 매우 위험한 태도다.

세상은 우리가 알고 있는 것보다 훨씬 더 크고 넓다. 미래에 관해 우리가 예측할 수 있는 것보다 예측할 수 없는 것이 수십만 배, 수천만 배 더 많다. 인간이 아무리 탁월한 인공지능이나 컴퓨터 시뮬레이션 기법을 개발한다고 할지라도 인간이 알 수 있는 것은 극히 제한적이다. 예측의 대상이 될 수 있는 것은 빙산의 일각에 불과하다. 그래서 전문 미래학자는 먼저 예측할 수 있는 범위의 경계선을 그은 다음 미래연구를 시작하는 것을 학문적 윤리로 삼는다.

"저는 강력한 예측 기법을 가지고 있어요. 탁월한 수학적 모델을 가지고 미래 변화를 정량적 수준에서 정확하게 예측할 수 있어요."
"제가 새로운 미래예측 기법을 개발했어요. 미래에 대해 궁금한 것을 정확하게 예측해드릴 수 있습니다!"

이렇게 말하는 사람은 확실한 가짜니, 혹시 만난다면 뒤도 돌아보지 말고 벗어나길 바란다.

미래연구의 철학과 목적

'미래를 예측해본다', '세상의 변화를 꿰뚫어 통찰한다'는 학문적 특성 때문에 많은 사람이 미래학에 매력을 느낀다. 동시에 미래를 신비적으로 예언predict할 수 있을지도 모른다는 어리석은 유혹에 빠진다.

인간에게는 미래가 닥치기 전에 무슨 일이 발생할지를 미리 알아차리고 싶은 욕망이 있다. 미래에 대한 두려움이나 기대는 끊임없이 미래에 관심을 갖게 만든다. 감당하기 힘든 변화의 소용돌이를 헤쳐 나가기 위해 '눈에 보이는 현상 이면에 있는 것'을 꿰뚫어 보고 싶어 한다. '실질적인 변화를 만들어내는 힘'을 볼 수 있는 통찰력을 원한다. '미래 변화의 조짐a future signal'을 경쟁자보다 먼저 알려고 한다. 미래예측 능력과 통찰력이 생존, 승리, 부의 크기까지 좌우할 수 있다고 믿기 때문이다.

이런 까닭에 오래전부터 사람들은 올바른 이론과 정교한 방법론, 충분한 자료와 자금만 있다면 미래를 완벽하게 예언할 수 있다는 환상을 키워왔다. 과학기술이 고도로 발달하면서 컴퓨터와 인공지능을 이용한 정교한 정량적 예측, 시뮬레이션, 미래 모형화 작업의 가능성이 열렸다. 그러자 예언의 수준은 아니더라도 미래를 정확하게 예측할 수 있다는 환상이 다시 생겨났다. 환상은 환상일 뿐이다. 정교한 방법론, 방대한 자료, 엄청난 자금이 지원되어도 미래는 예언prediction/prophecy할 수 없다. 1971년에 웬델 벨Wendell Bell과 제임스 마우가 말했던 것처럼, '미래의 사실'이란 현재에는 존재하지 않는 것이다. 아무리 좋은 예측 방법론이 개발된다고 할지라도 '미래의 사실'을 알아낼 수는 없다.

이런 전제와 철학적 사유를 토대로 현대의 미래학은 '바로 그 미래the future'가 아닌 '대안적 미래alternative futures'와 '다양한 가능성의 미래possible futures'에 대한 예측prospect/foresee/forecast과 연구 futures studies에 학문적 탐구 목적을 둔다.

가끔 '미래를 안다'라는 말을 사용해야 할 불가피한 때가 있다. 그럴 때에라도 미래학자가 '미래를 안다'라고 말하는 것은 '미래를 형성하는 데 영향을 미치는 원인을 안다'는 의미다. 그러므로 세상의 변화를 꿰뚫어 보는 통찰력도 이런 수준에서 이해해야 한다.

미래연구의 기관과 기원

모든 사람은 매일 예측을 한다. 자신의 예측을 기반으로 미래 목표와 전략을 수립하고 의사결정을 한다. 예를 들어, 몇 시간 뒤의 점심 약속을 잡기 위해서도 우리는 몇 시간 후의 미래 가능성을 예측한다. 자녀의 행동을 예측한 후 출근 전에 자녀에게 당부의 말을 한다. 이런 예측은 놀라운 적중률을 보인다. 보통 사람에게 이런 예측이 어떻게 가능할까?

첫째, 모든 사람은 미래예측 능력을 지니고 있기 때문이다. 뇌신경공학적으로 설명하면 전두엽이 예측 기능을 담당하고 있기 때문이다.

둘째, 전두엽에서는 과거의 패턴과 사이클, 근래의 일정한 트렌드나 계획 등을 근거로 가장 일어날 가능성이 큰 미래를 먼저 예측한다. 미래학에서는 이런 미래를 '확실성 범주의 미래a future in certainty'라고 부른다. 전두엽은 확실성 범주의 미래를 기초로 미래의 또 다른 가능성을 조작한다. 미래학에서는 이런 미래를 '불확실성 범주의 미래a future in uncertainty'라고 부른다. 전두엽은 이 두 가지 범주의 미래를 조합하여 가장 좋은 판단을 내리고 행동을 지시한다. 인간의 뇌에서는 '알고knowing', '배우고learning', '이해하고

understanding', '예측하는foreseeing' 정신적 과정mental process이 반복된다. 우리는 이것을 '인식 작용'이라고 부른다.

미래예측, 미래연구의 기관機關/organ은 인간의 몸 밖에 초자연적으로 존재하지 않는다. 인간 내부의 '인식 기관'에 자리한다. 그래서 인식 능력의 차이는 예측과 통찰력의 차이로 이어진다. 성공하는 사람은 자신을 인식하고, 주변 환경을 인식하고, 미래를 인식하는 능력이 우수하다. 미래예측 능력의 차이가 성공 가능성과 깊게 관련이 되는 이유다. 세상이 어떻게 흘러가고, 자신이 취한 행동이 미래의 특정 시점에 어떤 결과를 발생시킬지를 시뮬레이션한 후에, (그에 맞추어) 현재를 적절하게 조정 통제하는 의사결정을 잘한다는 것은 인식 능력과 의식 수준이 그만큼 높다는 뜻이다.

이에 대한 관심과 학문적 탐구는 고대의 철학자들까지 거슬러 올라간다. 간혹 미래학의 기원起源/origin을 고대 그리스의 델파이 신전에 두는 사람도 있다. 고대 철학자들은 세상의 기원, 세상의 존재 방식, 세상의 미래 모습 등에 관심을 가졌다. 세상 변화와 더 나은 미래를 만들기 위해서 인간이 어떻게 살아야 하는지, 국가는 어떠해야 하는지에 관심을 가졌다. 이 모든 것이 미래학자의 관심사와 동일하다. 때문에 필자는 미래학의 기원을 고대 철학자에서 찾는다.

"만물의 근원은 물이다"라고 했던 최초의 철학자 탈레스를 필두로 고대 철학자들은 미래학자의 원조이자 통찰력의 대가다. 철학은 예측 능력과 통찰력 훈련에 있어 뿌리가 되는 학문이다. 철학자들은 초과학(형이상학: 관념으로 얻어지는 지식, 이데아, 물 자체)과 과학(형

이하학: 관찰과 경험으로 얻어지는 지식, 감각되는 세계, 현상)의 대상을 구분하고, 이 두 세계의 관계를 고려하면서 세상의 기원, 존재, 변화(현재 진행되는 변화, 미래 변화)에 대해서 연구했다. 이는 미래학의 접근과 같다.

고대 철학의 완성자인 아리스토텔레스는 세계의 원인을 네 가지로 분류해냈다. 첫째는 사물의 실체(본질), 즉 형상인形相因, 둘째는 물체의 질료, 즉 질료인質料因, 셋째는 사물의 운동이 출발하는 시작, 즉 운동인運動因', 넷째는 (세 번째 원인과 반대편 끝에 해당하는) 사물의 생성이나 운동의 모든 것이 최종적으로 목표하는 바인 목적, 즉 목적인目的因이다. 현대의 미래학도 형상인, 질료인, 운동인, 목적인을 세상의 존재, 변화, 미래 방향 등을 이해하고 예측하는 데 중요한 기준으로 사용한다.

예를 들어, 필자는 '세상은 형상과 질료가 결합(연결)되어 목적을 향해 운동하는 그 무엇matter이다'라고 설명한다고 치자. 운동인과 목적인은 형상과 질료에 연결된 것이고, 이 네 가지는 '변하지 않는 것'에 해당한다. 미래 세계의 형성에도 이 네 가지는 매우 중요하다. 이 네 가지를 알면 미래의 변화를 예측할 수 있는 통찰력이 높아진다. 예를 들어, 세상의 변화를 예측하기 위해서는 '형상과 질료가 결합(연결)되어 운동하는 그 무엇'을 모델링하여 '목적'을 부여하는 것이 필요하다. 목적을 향해 세상이 운동하고, 생성되고, 사라지는 것에서 '미래 변화의 현상'이 나타난다. 이것을 철학적 차원의 미래 모델이라고 한다.

아리스토텔레스는 세상의 '연결'을 알고, 배우고, 이해하고, 예측하는 데 필요한 열 가지의 범주론categorize을 가지고 있었다. 범주란 '술어述語'라는 뜻이다. 즉 '어떤 식으로 있는가?'에 관한 기본적인 '틀'이다. 아리스토텔레스의 열 가지 범주는 다음과 같다.

① 실체
② 성질(어떤 성질로 있을까?)
③ 양
④ 관계(다른 무엇에 대해 어떤 관계인가?)
⑤ 능동(그것이 하는 것)
⑥ 수동(그것이 받는 것)
⑦ 장소
⑧ 시간
⑨ 상황
⑩ 상태(무엇을 가지고 있을까?)

실체를 제외한 나머지 아홉 가지는 '(질과 위치를 따라) 변하는 것'에 해당할 수 있다. 아리스토텔레스는 세상은 변하는 것과 변하지 않는 것으로 함께 뒤섞여 있다는 것을 간파(통찰)하고 이들을 정교하게 분리해냈다. 아리스토텔레스는 형상과 질료의 결합 방법에 따른 '질적인 변화'를 '생성'이라고 보았고, '위치의 변화'를 '운동'이라고 보았다.

미래를 아리스토텔레스의 철학적 사유를 빌어 설명하자면, "미래는 형상과 질료가 결합된 것들의, 목적을 향한 시간에 따른 질과 위치의 변화다"라고 말할 수 있다. 아리스토텔레스의 관점은 우리에게 세상은 변하는 것과 변하지 않는 것이 서로 관계를 맺으면서 끊임없이 '생성'과 '운동'을 지속하면서 '변화(생성과 소멸, 위치 변화 등)'를 일으킨다는 미래예측 철학을 갖게 해준다. 미래예측은 세상이나 사건의 생성과 운동을 통찰하는 데에서 시작한다. 아무리 규범적 미래나 선호하는 미래를 자유롭게 상상해본다 하더라도, 이런 것을 무시하고 미래를 그린다면 잘못된 오해와 환상을 줄 수 있다.

미래학은 미래를 만드는 '원인'과 '범주', 미래가 형성되는 '절차'를 통찰하고, 이를 활용해서 체계를 세워 흐트러지지 않은 언어와 이미지로 미래를 그린다. 단순히 몇 가지 기법으로 '상상의 장난'을 치는 것이 아니다. 필자는 미래에 대한 이런 식의 접근법을 '합리적 미래 구상未來構想/futures design with reason' 혹은 '모델적 미래 구상futures design with modeling'이라고 한다.

미래연구는 무엇을 연구하는가

미래학의 연구 대상은 당연히 '미래'다. 좀더 엄밀하게 말하면, '미래의 다양한 가능성possiblities of futures'이다. 미래의 다양한 가능성은 (현실을 기반으로 하든 아니든 상관없이) 생각으로부터 시작된다. 그래서 미래학의 연구 대상은 '(사람들의 머릿속에 있는) 미래에 대한 다양한 생각'이 된다. 미래학에서는 이것을 '미래 이미지images of futures'라고 한다.

미래에 대한 모든 예측과 연구는 '미래의 사실a fact of a future'이라고 표현하지 않는다. 현시점에서 미래의 사실은 물리적으로 존재하지 않는다. 미래학의 연구 대상은 현재와 과거의 사람들 안에 이미 존재하는existing 미래에 대한 '마음속의 파편적 이미지, 미래상, 생각들'이다. 때문에 서로 다른 문화, 계층, 시기마다의 각기 다른 미래 이미지, 미래학자의 다양한 사상과 서로 다른 미래상도 기본적인 연구 대상으로 삼는다.

미래에 대한 다양한 생각은 아직 열리지 않은 채 미지의 두려움으로 둘러싸인 미래로 가는 길을 알려준다. 우리는 미래로 가는 '생각의 길the way of thinking'을 통해 지금보다 '더 나은 미래'를 만들기 위한 용기 있고 적절한 행동을 할 수 있다.

미래에 대한 다양한 생각은 크게 두 가지에 영향을 받는다. '객관적 외부 환경'과 개인이나 집단의 의지나 심리와 같은 '주관적 요소'가 그것이다. 필자는 객관적 외부 환경 요소들STEEP(Society, Technology, Economy, Ecology, Politics)은 미래 변화의 가능성들을 만들어내고, 주관적 요소인 인간의 심리나 의지와 영성Spirituality은 미래를 결정한다고 생각한다. 이 두 가지는 미래연구의 직접적 대상이다. 외부 환경 요소들STEEPS 안에서 벌어지는 역동적인 상호관계와 거기서 발생하는 미래 변화 가능성 속에서, 시간에 따라 다르게 반응하는 영적 인간spiritual human being의 주관적인 '행동함act'과 '행동하지 않음do not act'은 미래를 탐구하는 데에서 중요한 대상이다.

사람들 마음(생각)에 존재하는 미래 이미지는 사회 변화의 주요 동력인 과학, 기술, 법, 정치, 제도, 경제, 환경 생태계, 종교와 영성 등에 의해 영향을 받는다. 때문에 사회 변화의 주요 동력의 본질을 식별하고 연구하는 것은 미래학의 기본이다. 필자는 이것을 미래연구의 배경지식이라고 부른다. 미래학이 종합 학문의 성격을 띠는 것도 이런 속성 때문이다.

미래연구의 배경 지식은 크게 과학과 종교로 나눌 수 있다. 필자가 생각하는 미래연구를 위한 학문적 체계는 다음과 같다. 가장 밑바닥에서 기초를 이루는 것은 종교(신화, 예술 포함)다. 종교는 이성이 아닌 영적 신념이다. 그 위에 철학(수학 포함)이 세워진다.

철학은 신, 인간, 자연에 대한 최초의 이성적 인식이다. 칸트는 철학적 이성 인식과 수학적 이성 인식을 구분했다. 철학적 이성 인식은 신, 인간, 자연에 대한 '개념concept'에 기초하고, 수학적 이성 인식은 개념을 기초로 새로운 개념을 만들어내는 '개념의 구성 concept formation'에 기초한다. 칸트는 순수 철학과 경험 철학을 구분했다. 순수 철학은 순수 이성에 기초하는 선험적 이성적 인식이고, 경험 철학은 경험적 자료와 원리에 기초하는 이성적 인식이다. 신에 대한 이성적 탐구를 할 때 철학은 신학의 신하가 된다. 인간과 자연에 대한 이성적 탐구를 할 때 철학은 신학과 경쟁한다.

철학 위에 관찰과 실험을 방법론으로 사용하는 과학이 자리를 잡는다. 자연과 생명체를 이성적인 관점에서 실험적으로 탐구하는 과정에서 물리학(자연의 근원과 법칙), 화학, 생물학(생명의 근원과 법칙), 천문학(우주의 근원과 법칙)적 지식이 발생한다. 이런 지식을 '자연과학Naturwissenschaften/natural science'이라고 부른다. 이와 대등한 관계에 자리하는 것이 '정신과학Geisteswissenschaften/moral science'이다. 정신과학은 탐구의 대상을 자연이 아닌 인간과 인간 세계에 둔다. 최초로 자연과학과 정신과학을 구별한 이는 딜타이다. 그는 정신과학을 "역사적 사회적 현실을 대상으로 하는 과학들의 전체"라고 정의했다.[10] 정신과학은 크게는 인문과학과 사회과학으로 나뉘는데, 세부적으로는 인문학, 심리학, 사회학, 역사학, 정치학, 경제학 등이 여기에 속한다. 과학 위에 과학의 응용인 공학, 농학, 의학, 군사학 등의 기술applied science(응용과학)이 자리한다. 이 모든 것이 바로 미래연구의 배경지식이다.

모든 학문적 지식은 인간과 자연에 대한 정보지만 이들에 대한 '단순화된 모형', 즉 실재를 표현하는 모형이기도 하다. 이론의 경쟁은 모형의 경쟁이다. 인간은 인간 자신, 자연, 사회 등에 대한 다

■ 그림 4-2 미래연구의 배경 지식

응용과학(기술)	
자연과학	정신과학
철학(수학 포함)	
종교(신화, 예술 포함)	

양한 모형을 만들고, 이것들을 유기적으로 연결하여 세상의 근원이 무엇이고, 어떻게 작동되며, 어떻게 발전될 가능성이 있는지를 탐구하고 사색한다. 미래학도 별반 다르지 않다.

미래는 과거의 세상과 현존하는 세상의 변화와 발전에 기초한다. 세상의 작동 구조, 변화와 발전을 설명하는 다양한 학문적 경험과 지식(모형)이 미래예측 능력이나 통찰력 향상에 중요한 이유가 바로 이것이다. 미래예측과 통찰은 지금까지 학교에서 배운 지식을 모두 활용한다. "내가 다른 사람보다 더 멀리 앞을 내다볼 수 있었던 것은 내가 거인들의 어깨 위에 서 있었기 때문이다"라는 뉴턴의 말은 미래학에도 적용된다. 좋은 미래연구를 위해서는 다양한 예측 방법론도 중요하지만, 연구 영역STEEPS에 대한 일정 수준의 지식이 반드시 필요하다. 이런 기초 실력 위에 인간의 무한한 상상력이 더해져서 미래의 가능성이 만들어진다.

미래연구가 다양한 학문의 지식에 기반을 두고 진행된다는 점을 좀더 자세히 살펴보자. 먼저 미래학과 사회 변동론 사이의 연관 관계를 살펴보자. 역사를 연구해보면, 사회라는 커다란 공동체는 무질서하게 변화해온 것이 아니다. 사회 변화에는 일정한 패턴이 있었다. 이것을 연구한 것이 사회 변동론social change이다. '사회 변동'이란 한 사회 안의 정치, 경제, 가치 체계 등이 부분적으로나 전체적으로 변화하는 과정을 말한다. 로버트 H. 라우어는 "사회생활의 다양한 수준에서 일어나는 변화의 과정"을 사회 변동이라고 보았다. 윌버트 모어는 어느 사회에서든지 끊임없이 급격한 변동이 일어난다고 가정하고, 변동은 가속적 연쇄적 누적적인 특성을 가진다고 보았다. 이처럼 미래학자들은 각기 나름대로 사회 변화에 대한 이론을 전개한다.

필자에게도 독자적인 사회 변동 이론이 있다. 필자가 강조하는 것 중의 하나는 "미래는 갑자기 만들어지지 않는다"는 점이다. 미래는 현재와 완전히 별개의 상황으로 다가오지 않는다. 상상이 미래를 창조한다고 해서 상상의 세계가 곧 미래가 되는 것은 아니다. 미래는 과거와 현재에 대한 '연결'이나 '방향 전환', 그리고 (현재를 토대로 한) '반전'이나 '단절'을 통해 만들어진다. 이런 네 가지 큰 틀의 변화는 저절로 나타나지 않는다. 객관적 외부 환경 요소STEEPS에 변화가 일어나면서 미래 변화의 가능성이 만들어지고, 이런 변화 가능성을 접한 인간이 어떤 가능성을 선택하느냐에 따라 미래는 실체를 갖는다. 미래의 사회 변동을 예측하는 필자만의 네 가지 틀은 여기서 형성된다.

① 현 사회에서 지속되어 '연결'되는 미래 사회
② 현 사회에서 예측 가능한 발전이나 쇠퇴가 진행되어 '방향 전환'되는 미래 사회
③ 현 사회에서 퀀텀 점프나 뜻밖의 사태가 발생하여 '반전'되는 미래 사회
④ 현 사회에서 급격한 붕괴가 발생하여 '단절'되는 미래 사회

하와이대학교 정치학부 대안미래학 교수이며, 1967년 앨빈 토플러와 미래협회 창설을 주도했던 미래학의 대부인 제임스 데이터 교수는 과학기술을 사회 변화의 주요 동력으로 보았다. 데이터 교수는 기술의 변화가 개인이나 집단의 행동 변화를 촉진하고, 이런 상황이 오랫동안 지속되면 자의식과 사회의식이 변하면서 기존의 가치관과 규칙에 도전이 일어나 결국은 큰 사회 변화가 발생한다고 보았다. 이런 이유로 제임스 데이터 교수는 역사 연구, 인류학, 문화 연구, 진화 체제 이론 등에 깊은 관심을 보인다.[11] 만약 미래학자가 이런 사회 변동론을 가지고 있다면, 과거의 기술이 어떻게 사람들의 행동을 변화시켰고, 기존의 가치관과 규칙에 어떻게 도전했으며, 종국에는 어떤 사회 변화를 유도했는지를 연구할 것이다. 그리고 그 연구에서 얻은 통찰력을 새로 등장하는 기술에 적용하여 미래를 예측해볼 것이다.

과학기술이 사회 변화에 직접적인 영향을 미치기 시작한 때는 1550~1700년으로 갈릴레오 갈릴레이, 니콜라우스 코페르니쿠스, 뉴턴 등을 중심으로 일어난 '과학 혁명scientific revolution'부터다. 과학 혁명이 일어나기 전, 인류의 삶을 지배한 것은 종교였다. 과학의 영역조차도 종교적 신념을 뒷받침하는 도구였다. 대표적인 것이 천동설이다. 그러나 신 중심의 세계관에서 인간 중심의 세계관, 자연 중심의 세계관으로 인식의 전환이 일어나자 인류 발전의 방향이 바뀌기 시작했다. 신 중심의 세계에서는 종교가 미래 변화의 가장 큰 동력이었지만, 인간 중심의 세계에서는 인간과 과학이 미래 변화의 가장 큰 동력으로 자리매김하기 시작했다.

자연과 인간의 현재와 미래에 대한 과학적 탐구 방법론이 확립된 것은 과학 혁명을 통해서였다. 과학의 발달은 기술 발전으로 이어졌다. 과학적 발견의 응용이 바로 기술이었기 때문이다. 기술 발전은 산업 발전을 촉진하여 인간 중심의 문명 발전을 가속화했다. 그런 과정을 통해 과학과 기술이 종교보다 우위에 서게 되었다. 종교도 계속 발전했지만, 과학과 기술의 발전을 앞서지는 못했다. 심지어 종교조차도 과학과 기술을 도구로 사용하여 변화를 꾀했다. 누가 보더라도 과학과 기술이 주도하는 세상이기에 미래연구도 종교보다는 과학과 기술이 중심이 되었다.

　이러한 현상은 탁월한 미래학자들이 과학과 기술 영역에서 나오는 이유이기도 하다. 과학과 기술의 발전을 예측하여 미래 사회의 모습을 소설의 형식으로 그리는 데 탁월한 능력을 보였던 대표적인 사람은 아이작 아시모프다. 그는 화학을 전공했고, 물리 법칙을 근거로 설득력 있는 미래를 상상한 사람이었다. 신시사이저를 발명하고, 인공지능 분야에 탁월한 안목과 실력을 가진 레이 커즈와일도 과학자이며 발명가다. SF 소설가인 아서 클라크는 물리학과 수학을 전공했다. 기술 발달이나 그에 따른 생산 기술의 변화가 사회 변동을 촉진한다는 그의 이론은 대니얼 벨, 앨빈 토플러, 피터 드러커, 롤프 얀센, 대니얼 핑크 등의 학자에게도 큰 지지를 받았다.

　하지만 여전히 사회 변화의 주요 동력으로 종교를 꼽는 미래학자도 있다. 그 외에도 이념, 경제, 힘(패권)의 이동, 우연한 사건, 자연적 환경 요인, 외래 문명과의 교류, 경제 역동성 등을 사회 변화의 주요 동력으로 거론하기도 한다. 경기 순환론, 역사 순환론, 사회 발전론은 이런 요소를 근거로 만들어진 이론이다. N. D. 콘트라티에프는 장기 파동 이론을 주장하고, 조지프 슘페터는 창조적 파괴론을 사회 변동의 주요 동인으로 주장한다. 카를 마르크스는 변증법적 갈등론을 토대로 사회 변동 이론을 형성했다. 마셜 매클루언이나 하워드 레인골드 등의 학자는 미디어나 가상현실 등의 커뮤니케이션 미디어의 변화를 사회 변동의 중요한 요인으로 간주한다. 이 모든 것은 미래학에서 연구 대상이다.

일반인도 미래 사회의 변동에 대한 다양한 생각을 가지고 있다. 평범한 사람들의 마음속에 있는 긍정적이거나 부정적인 이미지, 지속이나 붕괴 이미지, 낙관적이거나 염세적인 이미지, 전통적인 지배 가치를 중심으로 한 규율 잡힌 사회 이미지나 진취적이고 개방적인 사회 이미지 등도 미래연구의 중요한 대상이다. 이런 미래 이미지와 연관된 과거와 오늘의 행동함과 행동하지 않음도 연구 대상이다.

정치학은 미래학과 어떤 연관이 있을까? 아리스토텔레스는 "인간은 본성상, 폴리스적 동물이다"라고 했다. 폴리스란 도시국가를 뜻한다. 그러므로 이 말은 인간은 혼자 있을 때가 아니라 폴리스 가운데 있어야 비로소 인간이 될 수 있다는 말이다. 다양한 미래 가능성 중에서 최종적으로 어떤 미래가 결정되느냐는 인간의 선택에 달려 있다. 이는 미래는 가정에서부터 국가 단위에 이르기까지 정치적 인간의 정치적 선택에 따라서 결정된다는 뜻이다. 정치학이 미래연구에서 중요한 연구 대상이 되는 이유다.

인간을 폴리스 안에 넣어 생각하는 것이 중요하다면, 인간을 사회적 존재로 파악하는 것 또한 중요해진다. 인간이 사회적 존재라는 것은 본능적인 이합집산뿐만 아니라 종교와 교육과 문화 등에 의해 본능을 통제하는 형태로서의 이합집산을 형성한다는 뜻이다. 그래서 미래를 선택하는 주체로서 인간에 대한 연구는 생물학, 심리학, 사회학뿐만 아니라 정치학 등의 관점에서도 다양하게 진행될 수밖에 없다.

경제학은 미래연구와 어떻게 어울릴까? 경제학은 인문·사회과학 영역에서 가장 먼저 계량화에 성공한 학문이다. 이것은 사회학의 정성적 모델에 기반을 두지만, 특정 부분을 상당히 정교한 수준으로 계량화한 덕택에 경제 현상에 관한 꽤 유용한 실험적 모형을 구축할 수 있게 되었다. 경제학은 정성적 인식의 모형을 벗어나 실험적 모형이라는 형식을 갖게 되면서 철학이 아닌 과학의 영역에 발을 담글 수 있게 되었다. 인간은 태초부터 경제 활동을 해왔다. 이러한 경제 활동은 인간의 행동에 영향을 미친다. 또한 인간의 사회적 구조와 사고 발전에도 영향을 미친다. 이 모든 것은 인간이 만들어갈 미래 사회에 중요한 변수다. 이런 이유로 경제학은 미래 사회 모델(모형) 구축 과정에서 계량적 접근을 가능케 하는 특별한 도구다.

미래 통찰과 관련해 물리학의 도움도 받아 보자. 미래는 현재와 동일한 공간에 나타나지만, 엔트로피가 다르다. 열역학 제1법칙에 따르면 우주에 존재하는 에너지의 총량은 절대로 변하지 않는다. 에너지는 형태가 바뀔 뿐이지 기존의 총량을 넘어서 추가로 창조되거나 거꾸로 소멸하지 않는다. 이를 '에너지 보존의 법칙'이라고 한다. 미래도 마찬가지다. 겉으로 보이는 세상은 계속해서 변하는 것처럼 보이지만, 실제로는 변하지 않는 그 무언가가 세상을 떠받치고 있다. 변화한다고 해도 본질적인 총량이 변하는 것은 아니다.

반면 열역학 제2법칙에 따르면 자연 현상 대부분은 일정한 방향(무질서도를 높이는 쪽으로)으로 계속해서 변화한다. 게다가 그 변화는 반대 방향으로 되돌릴 수 없는 비가역적 반응이다. 즉 이미 진행된 변화는 본래의 모습으로 되돌릴 수 없다는 말이다. 이러한 변화의 과정에서 엔트로피entropy의 총량은 증가한다. 이를 '엔트로피 증가의 법칙'이라고 한다. 엔트로피는 사용이 가능한 상태로 다시 환원할 수 없는, 무용無用의 상태로 전환된 에너지의 총량을 말한다. 그래서 엔트로피를 '무질서도'라고도 한다. 에너지 보존의 법칙은 미래예측에서 '변하지 않는 것'에 속하고, 엔트로피 증가의 법칙은 '변하는 것'에 속한다. 변하는 것과 변하지 않는 것이 서로 역동적으로 상호작용해 나타난 모습은 엔트로피 증가의 법칙을 따른다.

엔트로피를 확률적으로 정의한 오스트리아의 물리학자 볼츠만은 계속해서 섞이는 방향으로 진행되는 것이 변화의 자연스러운 방향이라고 보았다. 자연은 엔트로피 증가의 법칙을 따른다. 엔트로피가 증가한다는 것은 계속해서 새롭게 잘 섞이는 방향으로 변화가 이루어진다는 것을 의미한다. 이 원리는 미래 변화의 방향성을 예측하고 통찰할 때 중요한 영감을 준다.

세상의 변화는 무언가 계속해서 섞이기 때문에 나타나는 것이다. 섞이는 속도가 빠르고 빈도가 높아질수록 변화의 속도와 빈도가 증가하며, 동시에 혼돈도 증가한다. 무질서도가 높아지기 때문에 불확실성도 증가한다. 열역학 제2법칙대로 세상은 계속해서 무질서도가 증가하면서 복잡해진다. 질서를 형성하기 위해 자기조직화를 계속 시도하지만, 시간이 지나면 다시 무질서도가 증가하면서 복잡성은 더욱 커진다. 경계가 무너지면서 계속해서 섞이기 때문이다.

그러나 물리학의 원리에 따르면 변화가 영원한 것은 아니다. 엔트로피가 계속 증가한다는 것은 다른 물질이 계속 섞인다는 뜻이다. 하지만 언젠가 섞이고 섞여서 더 이상 섞일 수 없는 확률적 최대의 상태에 도달하면 변화는 멈춘다. 엔트로피의 증가도 멈춘다. 심지어 동위 원소도 섞이지 않을 정도로 다른 물질이 섞이는 것이 완전히 멈추어서 완전한 내부 평형을 이루면 변화는 멈춘다. 완전한 내부 평형은 물질에 전혀 결함이 없는 완전한 상태를 말한다. 계속해서 무언가가 섞인다는 것은 결함이 해결되지 않았다는 것이다. 인간은 문제, 욕구, 결핍이라는 결함을 완전히 해결할 때까지 새로운 제품과 서비스를 만들어낸다. 계속해서 혁신과 변화를 추구한다. 무질서도만 봐서는 '천국'이 완전한 내부 평형의 상태일지도 모른다.

열역학 제3법칙은 절대온도 0도(-273.15℃)에 도달하면 모든 변화가 멈추고 완전한 내부 평형을 이룬다고 설명한다. 변화가 멈추었기에 엔트로피 증가가 0이 된다. 동시에 무질서도 사라진다. 열용량도 0이 된다. 절대온도 0도에서는 모든 물체가 가장 잘 정리된 상태처럼 보이는 고체(완전한 결정 구조)로 변한다. (하지만 헬륨He은 절대온도 0도 가까이에서도 액체 상태를 유지한다.) 미래를 만들어가는 인간이 어느 부분에서 엔트로피의 증가 속도를 늦추거나 정지시키면 다른 부분에서 그보다 더 많은 양의 엔트로피가 증가한다. 이것이 바로 시간에 따라 계속해서 엔트로피가 증가하는 미래다.

미래예측 능력을 예리하게 하고 미래 통찰력을 향상하고 싶다면 다양한 학문에 관심을 가져야 한다. 다양한 학문에 대한 지식과 미래예측 기법의 조화가 예측 능력과 통찰력을 높이기 때문이다. 이쯤 되면 미래학이 경험적 사실을 연구의 대상으로 삼지 않는다는 비판이 잘못된 것임을 알게 될 것이다. 지금까지 설명했듯이, 다양한 학문적 영역에 속한 전문가의 연구와 생각, 일반인의 미래 이미지와 행동 양식, 그리고 현재와 과거 속에서 일어났던 다양한 미래 이미지와 '행동함과 행동하지 않음'이 미래학자가 연구하는 경험적 '사실'에 속한다.

미래학자는 아무런 근거도 없는 망상적 미래 이야기를 떠벌리는 사람이 아니다. 사회과학처럼 '경험적 사실'에 대한 연구를 기본으로 하고, 경험적 사실 속에서 '변하지 않는 것something not to change'(자연의 원리, 사회의 원리, 반복적인 패턴, 사이클 등)과 '변하는 것something to change'(새로운 원리, 새로운 패턴과 사이클, 특별한 조건하에서 일어나는 특별한 일 등)을 철학적이고 과학적으로 연구하고, 이것들에 의해서 미래로 '이끌리거나' 혹은 '밀고 갈' 과정과 '예상되는' 결과물을 연구의 대상으로 삼는 사람들이다.[12] 미래사회는 현재와 비교해서 변하지 않는 것과 변하는 것, 그리고 둘 간의 상관관계로 구성되기 때문에 이 모든 것을 연구하지 않으면 미래에 대한 유용한 지식을 산출하기 힘들다.

미래학에서 변하지 않는 것은 '탐구(발견)'의 대상이고, 변하는 것은 '창조'의 대상이다. 이 둘 간의 상관관계는 '추론'의 대상이다. '변하지 않는 것'을 탐구(발견)한다는 것은 미래 안에서 변하지 않고 계속해서 존재하는, 플라톤이 말하는 이데아Idea 혹은 아리스토텔레스가 말하는 질료와 형상과 같은 모습을 연구하는 것이다. '변하는 것'을 창조한다는 것은 구성주의(환경과의 직접적인 상호작용에 의해서 스스로 지식을 구성함) 관점으로 미래의 모습을 연구하는 것이다. 이 둘 간의 상관관계는 시스템 관점에서 상호작용을 추론하는 것이다.

'시간'도 미래학의 중요한 관심사이자 연구 대상이다. 시간의 '개념'에서부터 '기간'에 이르기까지 시간과 관련한 모든 것이 미래학의 연구 대상이다. 미래 변화는 물리적으로는 '시간에 따른' 변화이기 때문이다. 제임스 데이터 교수는 다음과 같이 말했다.

미래학자는 자기가 속한 문화 집단의 시간 개념을 순진하게 받아들이지 말고, 시간 개념 자체를 반드시 문제로 삼아야 한다. '과거, 현재, 미래'는 모든 문화 집단에서 사용하는 말이 아니다. 시간 범주가 이 세 가지만 존재하는지는 말할 것도 없고 '실제로' 존재하는지도 결코 분명하지 않다. 상호 간의 경계 또한 극히 모호하다.[13]

제임스 데이터 교수는 자신이 미래라고 말할 때는 일반적으로 20~50년을 뜻한다고 했다. 그러나 기업이나 개인들을 돕는 미래학이 되려면 그들의 주된 관심사인 10년 이내의 미래에 대해서도 연구 영역으로 삼아야 한다. 미래학자들은 '지금으로부터 미래의 어느 시기까지'를 언급할 때는 그 시기가 언제인지를 분명히 해야 하고, 왜 그렇게 정했는지도 밝혀야 한다. 그리고 같은 10년의 기간이라도 시대와 상황에 따라 그 개념이나 정도의 차이가 어떻게 다른지도 안내해주어야 한다.

미래는 어떻게 만들어지는가

미래는 인간의 선택에 따라서 다양한 모습으로 나타날 수 있다. 때문에 미래학에서 미래 형성 이론a theory how to build a future up은 매우 중요하다. 전문 미래학자는 다양한 배경 지식에 대한 연구, 사람들 안에 존재하는 미래 이미지들의 연구를 토대로 각기 나름의 '미래 형성 이론'을 제시할 수 있어야 한다. 여기서는 필자의 미래 형성 이론을 하나의 실례로 소개한다.

미래는 아직 우리의 실제 삶에 존재하지 않는다. 미래는 공기처럼 보이지 않는 무無의 존재와 같아서 갑자기 나타나는 것처럼 느껴진. 그런데 미래는 갑자기 나타나거나 현재와 전혀 상관없는 모습으로 등장하지 않는다. 미래는 아직 우리의 실제 삶에는 존재하지 않지만, 미래의 방향이 어디로 향할지 통찰할 수 있는 충분한 '미래 징후futures signals'를 나타내면서 우리에게 다가온다. 그래서 미래예측은 '미래 징후'를 파악하는 데서 시작한다.

미래학자는 감지된 미래 징후를 '경험적 사실'에 대한 연구, 경험적 사실 속에서 발견한 '변하지 않는 것'과 '변하는 것'과 연결한다. 그리고 이런 상호작용에 따라 미래로 '이끌리거나' 혹은 '밀고 갈' 과정들과 '예상되는' 결과물을 도출하기 위해 인과적 상상, 상관적 상상, 비약적 상상을 거듭해 그럴듯한 미래, 가능성의 미래, 생각해 보아야 할 미래 등으로 다양한 '미래 형상形象'을 부여한다. 이렇게 만들어진 미래 형상은 다시 세상의 변화, 사람들의 변화, 부의 변화, 사회의 변화 등을 통찰하는 좋은 안경으로 사용된다. 미래 형상은 미래라는 추상적 영역에 관한 특정한 주장(혹은 상상력)이다. 미래 형상은 다음의 세 단계를 거쳐 형성된다.

① 1단계: 미래예측의 전제다. 이것은 '조건 가정'(if~, then~)을 뜻하는 것으로, 미래예측의 한계선limitation을 규정한다.

② 2단계: 미래예측 과정process이다. 좋은 미래 이미지(미래상, 미래 모델)를 만들기 위해서는 논리적 함의implication와 논리적 엄밀성logically valid를 도출할 수 있는 '예측 법칙(기법)'이 가장 효과적인 프로세스를 통해 작동할 수 있어야 한다. 참고로 함의란 어떤 개념(명제)이 다른 개념(명제)의 의미를 포함한다는 의미다. 특히 미래학이 새로운 학문으로 성립되는 것은 두 번째 요소인 (가능한 한) 논리적 엄밀성의 추구 과정을 목표로 하기 때문이다.

③ 3단계: 미래예측의 내용인 '미래 형상'(혹은 미래 이미지, 미래 모델)이다. 이것은 특정한 미래 가능성을 사전에 재현한 모습을 말한다. 필자는 다음과 같은 다섯 가지의 미래 모델을 주로 사용한다.
• (논리적으로) 일어날 가능성이 큰 세계plausible world
• 그럴듯한 세계possible world
• 꿈과 가치가 어우러진 바람직한 세계normative or preferred world
• 일어날 가능성은 매우 낮지만 특정한 조건이 충족되면 발생하는 뜻밖의 세계 wildcard world
• 전혀 예측하거나 상상할 수 없는 세계unexpected or unimaginable world

미래를 통찰한다는 것은 이 다섯 가지의 가능성을 꿰뚫어 본다는 말이다. 미래 모델을 형성할 때 주의해야 할 점 중 하나가 '역설적 미래a future with paradox'다. 여기서 '역설'을 의미하는 패러독스 paradox란 참과 거짓에 모두 오류가 포함되어서 참이나 거짓이라고 말하기 어려운 상태를 말한다. 하지만 패러독스의 대부분은 '착각' 이다.

다음과 같은 유명한 패러독스가 있다.

- 지금 당신이 읽고 있는 이 글은 거짓말이다(유클리드의 제자인 유불리데스의 패러독스 −자기모순 착각)
- 한발 앞에서 출발한 거북이를 아킬레스는 절대로 따라잡을 수 없다(제논의 패러독 스−시간 개념을 고려하지 않은 착각)
- 자기 스스로 수염을 깎지 않는 모든 사람만 수염을 깎아 주는 이발사(러셀의 패러 독스−자기모순 착각)

이런 패러독스는 많은 혼란을 일으킨다. 때로는 제논이 패러독 스를 해결하는 과정에서 극한의 개념을 발견하는 것처럼 새로운 발견을 이끌기도 하지만 (이런 장점에도 불구하고) 미래 변화의 통찰 에 방해가 된다. 역설적 미래를 만드는 '미래 패러독스paradox of a future'는 들을 때는 그럴듯하다. 하지만 '시간을 고려하지 않아서' 발생하는 착각에 해당하는 예측임을 명심해야 한다. 대부분의 잘 못된 미래예측이나 통찰은 '예언'을 하려고 들거나, '착각paradox' 에서 비롯된다는 사실을 잊지 말아야 한다.

주의해야 할 또 다른 것은 '미래 궤변sophistry of futures'이다. 전문 적인 미래예측 프로세스에 의한 것이 아닌데도 처음 들을 때에는 그럴듯하거나 관심을 끄는 미래상을 미래 궤변이라고 한다. 미래 궤변은 미래 시나리오와 다르다. 궤변은 상대방의 사고를 혼란시키거나 감정적 호기심을 격발하여 거짓을 참인 것처럼 꾸며서 말하는 근거 없는 '억지 주장'이다. 미래 궤변도 논리적 전개를 기반으로 하기 때문에 자칫하면 속기 쉽다. 미래 궤변은 오류이거나 공포 또는 환상을 유발하는 초극단적 미래상일 뿐이다.

종종 미래예측이나 통찰은 신비적 예언이나 착각, 미래 궤변(근거 없는 억지 주장)이 아님에도 불구하고 '터무니없게' 보이는 경우가 있다. 그러한 이유는 두 가지다. 하나는 근거 자료와 논리가 부족한 경우이다. 이것은 미래학자의 책임이 크다. 다른 하나는 미래예측 프로세스에 의해 산출할 수 있는 예측임에도 일반인의 직관이나 경험으로 판단할 때는 터무니없어 보이는 경우이다. 이것은 미래학자의 책임은 아니다. 예를 들어 수학의 확률론에서도 23명의 모임에서 적어도 어느 두 사람의 생일이 같을 확률은 (우리의 직관과는 다르게) '.507'의 확률을 가진다. 심지어 50명의 모임으로 늘어나면 '.970'의 확률을 갖는다. 이 확률은 언뜻 보기에는 '터무니없는 것'처럼 보이지만, 이는 수학적 사실이다. 확률론적 미래에 대해서도 이런 일이 충분히 가능하다. 미래는 운명적으로 정해지지 않고, 확률적 접근이나 혹은 가설적 접근만이 가능한 대상이기 때문이다. 직관을 과신해서는 안 된다. 사실과 큰 차이가 있는 직관도 많다. 그래서 예측이나 통찰도 직관에서 시작하는 것이 아니라 사실과 논리에서 시작해야 한다.

'미래 형상image of a future'은 이렇게 다양한 것을 고려해서 나온 미래학자의 최종 창조물이다. 그러나 미래는 아무리 이런 식의 접근법과 과정을 거치더라도 실제로 존재하고 만질 수 있는 현실이 되기 전까지는, 생각으로만 가능한 추상적 개념이며 관념의 세계에만 존재한다. 때문에 미래는 작게는 '미래 형상'이라고 하며, 크게는 '미래 모델a future model'이라고 부른다. 미래 시나리오는 이 둘을 모두 포함한다. 미래 형상은 순수한 사고들의 단편으로 구성된다. 이런 단편의 조합으로 구성된 것이 미래 모델이다. 필자는 여러 개의 미래 모델을 시스템적으로 조합하여 거대한 미래 시나리오를 구축한다.

이 모든 것은 생물학적으로는 뇌가 만들어낸 것이며, 정신적으로는 관념이 만들어낸 가상의 세상이다. 그래서 모델이라고 부르며 얼마든지 재구성할 수 있다. 형상과 모델을 이리저리 조작하는 이유는 기회를 위기로, 위기를 기회로 재구성해보면서 '더 나은 미래'의 모습을 설계하기 위해서다. 그래서 미래예측은 예언이 아니라 연구다. 또한 신비하거나 마법적인 능력이 아니라 사고의 수준과 다양성, 숙련도의 차이로 그 실력이 판가름 난다.

미래 모델은 큰 유용성을 지닌 학문적 지식이다. 지식은 크게 두 가지로 나뉜다. 하나는 "A는 B다"라는 형식으로 어떤 사건, 사물, 형상 등을 설명하는 '명제적 지식'이다. 다른 하나는 "만약 A라면 B이다"라는 형식으로 조건을 가지고 절차에 따라 새로운 것을 설명하는 '절차적 지식'이다. 미래학은 명제적 지식을 기본으로 하며, 그것을 활용해 미래에 대해 추론하여 만든 절차적 지식으로 구성된다.

세계는 두 개로 나눌 수 있다. 하나는 실제 사물의 세계이고 다른 하나는 관념의 세계다. 지식으로 구성된 미래 모델은 관념으로 만든 가상의 세계에 존재한다. 수학 모델이 지식의 형태를 취하더라도 가상의 세계에 존재하는 것과 같다. 과학 모델들은 실제 사물의 세계에 존재하지만, 아직 밝혀지지 않은 과학 가설은 여전히 관념의 세계에만 존재한다. 아인슈타인이 수학적으로 증명한 '빛보다 빠른 물질은 없다'는 특수상대성이론도 관념의 세계에서 출발했다. 아인슈타인은 특수상대성 이론을 응용하여 빛보다 빠른 상태라면 시간을 역행할 수 있다는 가설로 나아갔다. 물리학 이론으로는 논리적이지만, 이것은 여전히 관념의 세계에서만 존재한다. 시나 소설도 관념의 세계에만 존재한다. 미래 모델도 아직 '그 미래가 실현되지 않았기에' 관념의 세계에만 존재한다. 미래의 시간이 도래하더라도 최초의 미래 모델과는 100퍼센트 일치하지 않기에 여전히 최초의 미래 모델은 관념의 세계에만 존재할 수밖에 없다. 그러나 관념의 세계에 있다고 해서 증명할 수 없는 것은 아니다. 관념의 세계에 있지만 그 모델의 도출 과정, 절차, 방법론의 타당성이 검증되면 관념의 세계에만 존재하는 미래 모델이라도 현실 세계에서 유용한 통찰력으로 활용될 수 있다.

과학이나 수학이 학문적 활동 분야가 되는 것과 같은 이유에서 미래 모델을 연구하는 미래학도 학문적 활동이 충분히 가능하다. 예를 들어, 미래 모델이나 시나리오는 어떤 대상을 파악하기 위해 구축한 추상적 상황에서 핵심적이라고 생각되는 특징을 잡아내고 있는 집합에 비유할 수 있다. 이런 의미에서 "미래 모델은 미래 집합이다"라고 할 수 있다. 미래 모델은 미래의 어떤 대상들의 모임,

특정 미래 안에 있는 특정 모습들의 집합을 설정하는 것이다. 미래의 어느 '특정한 시점'에 '특정 성질'을 지니고 있는 '특정 원소들'의 집합이다.

수학적으로 '미래 S={A, B, C}'라고 표현할 수 있으며, A∈미래 S(A는 미래 S에 속한다)로 표현할 수도 있다. 또한 미래 S={x|P(x)}[S는 P(x)를 참이 되게 하는 모든 x들의 집합이다]라고도 표현할 수 있다. P(x)는 미래예측 한계선futures limitation이 될 수 있다. 즉 '미래 S'는 미래예측 한계선 P(x)를 참이 되게 하는 모든 x들의 집합으로 만들어진 미래 모델이다. 가령, 'x=여성화 트렌드∩세계화 트렌드'로 정의할 경우 이 x를 교차 영향 분석Cross Impact Analysis을 사용하여 찾을 수 있다. 이처럼 미래를 표현하는 어떤 특정한 대상이 그 미래 집합에 속하는지 아닌지를 판정할 수 있는 규칙이 있다면 미래 모델이 적절하게 만들어진 것이라고 볼 수 있다.

인간의 미래예측에는 분명 '예측 한계선limit of foresight'이 존재한다. 그러나 그 경계 안에서는 계속해서 확장될 수 있는 생명력과 아름다움을 갖는다. 미래학자들은 예측의 적중률보다는 더 좋은 미래, 더 아름다운 미래, 더 정교한 과정을 통해 구성된 미래에 관심을 갖는다. 그렇기 때문에 미래학은 미래를 예측할 수 있는 이론과 방법론을 형성하기 위한 자기 목적을 가짐에도 불구하고, 미래에 대한 '심미적 탐구'로 귀결될 수 있다. 미래학은 철학, 수학, 과학적 방법 등을 사용함에도 불구하고 미래가 오기까지는 예측의 내용은 증명할 수 없고, '실체가 없는 사고의 형상'은 논리적 추론에 의지해서 '눈에 그려지고 귀에 들리는 형상'으로만 나타내기 때문에 예술에 가깝기도 하다. 미래학자들은 이런 과정에서 미래의 다양한 아름다움을 목격한다. 시간이 지나 인간의 손에 잡히기 전까지는 미래를 들여다볼 수 있는 길이 이것밖에는 없다. 미래에 대한 유용하고 구체적인 이미지들은 신의 계시를 받거나 예지몽을 꾸지 않는 이상, 미래학자의 손 안에서 움직이는 추상적 미래의 모습들 속에서만 볼 수 있다.

이런 활동을 미래 탐구라고 부르고, 미래에 대한 탐구 활동을 하는 사람을 미래학자라고 한다. 미래 탐구 과정을 통해서 얻은 미래에 대한 지식은 완전하거나 정확하지는 못하더라도 분명 더 나은 미래를 위한 의미 있는 성취다. 미래학자가 고안한 미래 모델은 새로운 통찰력과 안목을 준다. 이를 현실에 적용할 수도 있다. 운이 좋을 경우, 나타날 미래의 모습이 현실과 매우 흡사할 수도 있다.

그렇다고 미래학자가 미래에만 갇혀 사는 것은 아니다. 그래서는 안 된다. 더 나은 미래를 만들기 위해서 미래학자는 현실 세계도 꼼꼼히 봐야 한다. 무한한 미래 공간을 매우 작은 미래 모델 안에 구축해 넣고, 이를 기반으로 현실 변화의 방향, 속도, 타이밍, 지역화, 지속 가능성 등을 기술해야 하기 때문이다. 미래학자들은 이런 일련의 모든 활동을 '미래연구를 한다' 혹은 '미래예측을 한다'라고 표현한다.

미래학적 진리와 검증

　미래학적 진리는 예측한 미래의 '내용'이 참이냐 아니냐의 영역에 있지 않다. 미래학적 진리에는 '논리적 추론의 합당한 과정'이 필요하다. 논리적 추론의 합당성은 미래예측 알고리즘의 합당성이라고도 할 수 있다. 알고리즘이란 유한한 숫자의 단계를 거쳐 해解/value를 구하는 과정으로, 미래예측 알고리즘은 이 단계를 거쳐 미래의 모습을 그려보는 과정이다. 예를 들어, 필자가 가지고 있는 미래예측 알고리즘은 미래 변화의 징후나 아이디어를 발견하고, 이것들을 미래를 만드는 힘들로 일반화, 추상화, 기호화하여 이미 존재하는 힘과 연결하고, 그것들을 세상과 우주 만물의 이치理致/Reason(다스림의 궁극적 원리), 본질本質/Essence(본디부터 가지고 있는 사물 자체의 성질이나 모습)과 작동 방식을 근거로 모델을 만들어 모델의 구조와 흐름을 적절하게 조작하는 '정형화된 생각의 과정'이다.

　미래학자들은 자신만의 독특한 예측 알고리즘을 '반복적으로' 진행하면서 간단한 이미지에서부터 더 이상 셀 수 없을 정도의 이미지들로 미래를 확장한다. 그리고 이 많은 이미지들이 다양한 미래를 완벽하게 채울 수 있는 상황에 이를 때까지 작업을 한다. 이렇게 생산된 것이기에 미래학자들이 만들어낸 미래는 현재를 사는 우리에게 매우 풍부하고 의미 있는 생각들을 확장해줄 뿐만 아니라 이를 바탕으로 현재 당면한 문제의 해解를 구할 수 있는 유용성을 마련해준다.

역사에는 가정이 없다. 그러나 역사 연구에서 '가정if'이 절대로 무의미한 것은 아니다. 이미 지나간 일이고 이미 확정된 일이지만, 인간은 이런저런 가정을 반복하는 방식을 통해 중요한 교훈을 얻을 수 있다. 과거가 기록이라는 형식으로 남아 있긴 하지만, 엄밀히 말하자면 지나간 일들 역시 미래와 마찬가지로 지금 우리 손에는 없는 시간이고 공간이다. 역사는 상당 부분이 승자의 기록이기 때문에 기록의 완벽성을 보장할 수 없다. 그렇기 때문에 '가정'을 완전히 배제한 역사 연구는 인식의 폭을 넓히는 데 금방 한계에 도달한다. 역사가 과거의 자료를 근거로 사고의 힘을 활용하여 인류 발전에 도움이 되는 '과거 교훈'을 얻는 것이라면, 미래학은 과거와 현재의 자료를 근거로 사고의 힘을 활용하여 인류 발전에 도움이 되는 '미래 교훈'을 얻는 학문이다. 그래서 미래학에서는 검증의 영역을 예측하는 '내용'의 현실 가능성에 두지 않는다. 이는 특정한 예측 내용이 100퍼센트 정확하게 맞았느냐 틀렸느냐는 것을 검증의 대상으로 삼지 않는다는 말이다. 그 이유는 미래연구의 목적이 미래에 대한 다양한 가능성과 가정을 연구하여 통찰력을 높이는 데 있기 때문이다. 미래에 일어날 가능성에 대해 확률적 표현을 사용하는 것도 통찰력을 위해서일 뿐이다.

현시점에서는 예측 내용 자체의 정확성을 검증할 어떤 방법도 없다. 미래예측 내용 자체에 대한 검증의 유일한 방법은 그 미래가 시간적으로 현재가 되는 것뿐이다. 또한 예측 내용의 정확도를 검증의 대상으로 삼는 것은 예언을 대할 때의 자세일 뿐이다. 미래학은 예언을 하지도 않고, 예언적 방법론을 사용하지도 않는다. 예언의 방법은 계시, 투시, 환상, 예지몽, 점술 등이다. 미래예측과 미래예언은 엄연히 다른 분야다. 미래학자는 예언자가 아니라 미래를 연구하는 사람들이다. 미래에 대한 좋은 태도를 갖고자 하는 사람들이다. 미래의 기회와 위기의 가능성을 탐구해보려는 사람들이다. 미래를 운명처럼 정해진 곳으로 끌고 가려는 사람이 아니라 운명론에 빠져 있거나 플라톤의 동굴에 갇혀 있는 사람들을 건져내고, 그들과 함께 지금보다 더 나은 미래를 만들어보려고 노력하는 사람들이다.

결국 미래학에서 검증의 대상은 '미래예측 알고리즘, 예측의 과정process, 절차procedure와 방법론methodology의 타당성, 가설의 유효성'으로 귀결된다. 예측 모델(미래 모델)을 구축하는 과정이나 절차에 문제가 없었는지, 예측 모델을 구축할 때 사용한 방법론이 적절했는지를 검증의 대상으로 삼는다.

미래연구 도구

　미래학자는 전문적인 예측 기법과 프로세스를 동원해서 좀더 먼 미래, 보다 광범위한 영역의 미래, 보다 복잡한 상황에 대해서, 논리적인 관점을 유지하면서 미래를 연구할 수 있는 능력을 훈련받은 사람들이다. 예측 기법의 개발과 훈련, 지속적인 미래 변화를 추적하는 모니터링, 다방면의 지식을 습득하는 노력과 훈련을 거듭하면서 미래에 대한 의미 있는 정보를 생산해낸다. 그렇다면 미래학자는 미래연구의 도구를 어떻게 만들고 발전시킬까?

　과학은 관찰에 의해 확립된다. 과학적 진리에는 '증거'가 필요하다. 수학은 증명에 의해 확립된다. 수학적 진리에는 '증명'이 필요하다. 증명할 수 있거나 증명된 생각을 '정리'라고 한다. 학문마다 고유의 연구 도구가 있지만, 모든 학문은 '추론推論'이라는 방법론을 기본으로 한다.

　과학자와 수학자도 문제를 해결하거나 새로운 진리를 발견하는 데 추론을 사용한다. 추론은 자체적으로는 증명할 수 없거나 증명되지 않은 '무엇something'에 대해 그것 바깥에 있는 다른 판단을 근거로 삼아, 미루어 짐작해 이끌어내는 '생각의 기술thinking tool'이다. 논리적 추론은 인류가 태초부터 보이지 않는 미지의 세계를 탐구하거나 연구할 때 사용했던 방법이다. 추론에는 유추, 귀납, 연역이 있다. 수학자는 "모든 수학적 증명은 연역적이어야 한다"고 주장한다. 이와 달리 과학자는 귀납적 추론으로 발견한 법칙도 주저 없이 받아들인다.

미래학적 지식이나 미래 모델들 역시 기본적으로 추론에 의해 확립된다. 미래예측도 추론이 기본이 되어야만 자신이 생각하는 미래 이미지가 어디서 유래했으며, 설득력 있을 만큼 견고한지 판단할 수 있다. 그리고 미래 이미지를 담은 미래 모델을 다른 것과 비교하고, 안정적으로 변형하여 테스트할 수 있다. 미래학자는 과거와 현재의 특정한 상황에서 적용된 패턴이나 해법을 비슷할 것으로 생각되는 미래의 특정한 환경에 적용하는 유추적 추론도 사용한다. 더불어 과감하게 예술적 상상력도 사용한다. 추론을 기본으로 관찰, 분석, 분류, 상상 등도 연구 도구로 삼는다. 40~50여 종이나 되는 미래예측 기법은 추론, 관찰, 분석, 분류, 상상 등을 최적화해서 사용하기 편하도록 도구화한 것이다.

물론 이런 예측 기법을 만들 때도 몇 가지 과정이 있다. 가장 보편적으로는 기존의 학문에서 검증된 방법론을 차용하는 것이다. 예를 들어, 가장 대중적인 미래예측 기법이라고 할 수 있는 시나리오 기법은 피에르 왁이나 피터 슈워츠 등이 군사학에서 사용하던 것을 차용해서 미래예측에 최적화한 것이다. 차용한 방법론들은 서로 조합하여 미래예측만을 위한 독특한 방법론으로 개발하기도 한다. 필자가 개발한 '생태학적 사회구조 분석 기법'이나 '다층적 시스템 시나리오 기법' 등이 바로 그런 예다.

미래학에서는 과학적 방법론과 인문·사회과학적 방법론도 즐겨 차용하거나 변형하여 사용한다. 예측한 미래의 현실 가능성을 증명할 때에는 수학적 방법과 철학적 방법론도 종종 사용한다. 현대에 들어와서 미래를 만드는 힘의 복잡성이 증대됨에 따라 컴퓨터 시뮬레이션도 보조 수단으로 사용한다.

필자는 미래예측의 기초 모델을 수립할 때, 미래의 모델을 뉴턴 방정식에 기반을 두고 세울 것인지, 아니면 복잡계complex system에 기반을 두고 세울 것인지, 둘 다를 사용할 것인지를 먼저 결정한다. 사람, 세상, 자연과 우주는 고전 물리학의 핵심인 뉴턴 방정식에 따라서 작동하지만 동시에 복잡계 구조를 기반으로 서로 연결되어 있다.

뉴턴 방정식은 입력과 출력이, 일정한 법칙에 따라 균등하게 나타나는 선형적 행동linear behavior을 보인다. 뉴턴은 시간에 대한 미분 방정식으로 나타나는 운동 방정식[$F = ma = m(dv/dt)$]을 가지고 물체에 작용하는 힘과 운동의 선형적 관계를 설명했다. 이 외에도 뉴턴은 관성의 법칙, 작용 반작용의 법칙, 만유인력의 법칙 등으로 대표되는 몇 가지 운동 법칙을 밝혀냈다. 이런 법칙을 통해 뉴턴은 시간과 공간은 절대성을 띠며, 작은 변화는 작은 결과를, 큰 변화는 큰 변화를 출력한다고 주장했다. 그리고 여러 개의 작은 변화를 합치면 그에 상응하는 큰 효과가 출력된다고 주장했다. 때문에 어떤 물체의 초기 조건(위치와 속도)을 알면 그 물체의 미래를 알 수 있다고 확신했다. 고전 역학 역시 뉴턴의 개념을 확장하여 일상생활에서 일어나는 현상을 매우 정확하게 설명하고 예측할 수 있다는 입장에 섰다. 뉴턴 방정식에서는 미래는 결정론적이며, 분명한 질서에 따라 움직이기 때문에 예측 불확실성이 낮다. 고전 경제학도 이런 전제에서 출발했고, 고전 미래학도 마찬가지였다.

뉴턴의 수학은 우주의 움직임이든 하늘을 나는 독수리의 움직임이든 모든 운동은 완벽하게 예측할 수 있다는 전제 위에 수립되었다. 어떤 사물이 '지금 어디에 존재하는지'를 알고, 그 사물에 '작용하는 힘'을 알 수 있다면, 그 사물의 '다음 위치'를 충분히 계산할 수 있다고 확신했다. 미래예측에서도 상황에 따라서는 이와 비슷한 접근을 시도한다. 만약 어느 사건이 지금 어떤 상황에 존재하고 있는지를 정확하게 분석하고, 그 사건에 영향을 미치는 힘의 속성과 동적 역학 관계를 파악할 수 있다면, 그 사건이 초래할 수 있는 미래의 상황을 계산할 수 있다고 보는 것이다. 이런 예측을 위해서는 뉴턴의 미적분학과 미분방정식을 방법론으로 활용한다.

그러나 세상에는 뉴턴 방정식으로 설명할 수 없는 것도 많다. 이를 위해서는 아인슈타인의 상대성이론[14]이나 양자역학[15] 등의 관점과 도구가 필요하다. 양자역학의 세계는 결정론적이 아니라 확률적 운동으로 설명되는 세계다. 원자보다 작은 세계에서 이루어지는 시간의 변화에 따른(T1→T2) 입자의 움직임은 정확하게 계산 가능한 규칙적 움직임이 아니다. 매우 불규칙한 이동이기 때문에 시간에 따른 특정 입자의 위치와 운동 상태를 동시에 알 수 없다. 이것을 불확정성 원리라고 부른다. 운동 상태를 정확하게 측정하려면 위치를 특정할 수 없고, 위치를 정확하게 측정하려면 운동 상태를 특정할 수 없다. 이처럼 측정이 불가능한 상태에 대해서는 범위로밖에는 표현할 수 없게 된다. 하이젠베르크는 특정 시간에 물체가 존재하는 위치는 그곳에 존재할 확률로밖에 말할 수 없다고 했다. 이런 양자의 세계를 예측하기 위해서는 무작위성이 지배하는 확률론이 필요하다.

미래예측에서 무작위성이 지배하는 확률론을 사용한다면 다음과 같이 표시할 수 있다. 'P(A|B)', 즉 B라는 조건하에서 A의 확률적 기댓값은 P라는 뜻이다. 특히 시간에 따른 미래 변화는 비복원 추출 과정을 밟아간다. 비복원추출이란 꺼낸 공은 다시 집어넣지 않는 것과 같은 방식이다. 이처럼 정량적 예측 기법들과 컴퓨터 시뮬레이션은 '예측한계공간' 안에서 뉴턴, 아인슈타인, 양자 역학적 모델을 구현하는 데 사용된다.

복잡계의 관점과 도구도 미래예측에 중요하다. 세상의 많은 일이 일정한 시간이 지난 후에는 선형적 행동 양식을 벗어나 비선형적 행동 양식을 보인다. 복잡도가 계속해서 증가하는 세계 경제와 금융 시장, 사회 변화, 기후 변화가 그러하다. 100조 개의 뉴런 집단으로 이루어진 인간의 뇌나 젊고 건강한 심장의 작동, 시각중추의 신경세포 등도 초기 값의 작은 변화가 특정한 시간이 지난 후에는 다른 변수에 대해 선형적 비례 관계를 벗어나 엄청나게 큰 변화를 출력한다.

뉴턴이 사망(1727년 3월 20일)한 지 172년 뒤에, 뉴턴의 기계론적 세계관과 예측 개념에 도전하는 새로운 이론이 나타났다. 1898년 프랑스 수학자 자크 아다마르는 "만일 초기 조건에 오차가 있다면, 그 계system의 행동은 장기적으로 예측하기 힘들다"는 카오스에 대한 초기 가설을 주장했다. 뒤를 이어 1908년 프랑스 수학자 앙리 푸앵카레, 1963년 미국의 기상학자 에드워드 로런츠도 자크 아다마르의 가설을 증명하는 연구 결과물을 발표했다. 1975년 미국의 제임스 요크는 컴퓨터 시뮬레이션을 통해 카오스는 무질서가 아니라 초기 조건에 매우 민감한 의존성을 가진 시간 전개를 갖는 거대 무리라는 것을 증명했다.[16] 한국에는 1990년대 초반부터 이 이론이 소개되기 시작했다. 뉴턴 방정식으로 설명되지 않는 카오스도 결국은 겉으로 보이는 무질서의 이면에 질서와 규칙이 내재되어 있다는 사실이 밝혀진 것이다. 이것이 바로 복잡계 이론이다. 복잡계 이론은 인류에게 뉴턴 방정식으로는 해석할 수 없는 자연과 사회 현상을 이해하는 새로운 관점을 열어주었다. 현대의 미래학도 복잡계 이론을 활용하여 세상을 이해하고 미래예측을 시도한다.

복잡계는 '복잡하고 역동적인 거대한 무리처럼 보이는 열린 시스템open complex system'이다. 엄청난 규모의 노드들nodes/agents이 함께 뒤섞여 있어서 복잡하고 혼란스럽게 보이지만, 그 나름의 질서를 따라 '자원(에너지)'을 주고받는 상호작용을 하며, 역동적으로 움직이는 시스템이다. 이 시스템은 외부 환경에 열려 있어서 외부계와 끊임없이 에너지와 영향을 서로 주고받는 시스템이다. 그렇기 때문에 시간이 흐르면서 특정한 임계점에 이르면 특이한 행동양식을 보인다. 즉 자발적 상호작용의 결과로 발생하는 작은 변동(섭동-외부에서 가해지는 변동, 요동-내부에서 발생하는 변동)에도 궤도에 큰 변화가 생기며 안정적 상태를 이탈하여 새로운 질서를 출현시키는 '창발'이 발생한다. 그러나 새로운 질서가 출현하더라도 각 구성요소는 새로 학습하고 변화하는 과정을 거치면서 '새로운 질서와 경계의 확장'에 '적응적'으로 되어 더 높은 수준의 행위자meta-agent로 진화한다. 이를 복잡계의 '자기조직화self-organization'라고 한다. 복잡계 내의 노드들에 영향을 주는 질서와 시간에 따른 상호작용은 기본적으로 단순한 인과관계에서 나타나는 것처럼 선형적이지 않고, 거듭제곱법칙power law을 따르는 비선형적이다.[17]

특이한 변화가 외부적으로 모습을 드러내는 '임계점'은 시스템 내의 구성요소를 서로 다른 방향으로 끌고 가려는 힘이 팽팽하게 맞서면서 '불안한 균형'이 형성되는 지점이다. 이 균형이 깨지면 거듭제곱법칙의 지수(임계지수critical exponent)가 적용되면서 거시적으로 새롭고 현격한 변화phase transition/synergy가 일어난다. 이를 임계현상critical phenomena이라고도 한다.[18] 임계현상이 일어나기 전까지는 뉴턴 방정식이 적용되는 것처럼 보인다. 그러나 임계점을 통과하는 과정에서 균형이 깨지면서 뉴턴 방정식으로는 예측 불가능한 현격한 변화가 일어난다. 따라서 임계점 이전에는 뉴턴 방정식을 통한 예측이 가능하지만, 이후의 상태는 복잡계 이론을 통한 미래예측을 시도해야 한다.

현재 세계화, 융·복합, 매시업mashup 등이 빠르게 진행되고 있기 때문에 미래로 갈수록 세상과 사회의 복잡도는 더욱 증가할 것이다. 복잡도는 복잡성의 정도를 재는 척도다. 복잡성의 정도는 계를 바라보는 축척에 따라 달라진다. 복잡도가 높아질수록 계를 설명하는 데 필요한 관점과 정보는 더욱 다양하고 많아질 것이다.[19]

우주와 자연 시스템도 복잡하고 다이내믹하다. 이런 우주의 다양한 변화를 설명하기 위한 이론 체계가 시스템 다이내믹스다. 시스템 다이내믹스 이론도 복잡계 이론과 연관되어 있다. 시스템 다이내믹스의 복잡도가 높아질수록 예측은 어려워진다. 다이내믹스의 복잡도가 높아지는 원인은 다음과 같이 세 가지다.[20]

① 관여하는 노드의 수와 종류가 많아지기 때문이다.
② 전통적인 경계들이 파괴되고 법칙의 복잡도가 함께 높아지면서 노드들 각각의 행동을 지배하거나 영향을 미치는 규칙과 법칙 등을 이해하기 힘들어지기 때문이다.
③ 이러한 두 가지 이유 때문에 피드백이 일어나는 부분이 더 많아지고, 변화가 빨라지면서 피드백의 속도도 빨라지기 때문이다. 상호작용 구조가 복잡해지고 그 피드백의 속도도 빨라지기 때문에 작은 변화가 생태계 전체에 예기치 못한 엄청난 변화를 불러오는 원인으로 작용하는 일이 예전보다 많아진다. 작은 요동이 증가형 피드백을 거치면서 비선형적으로 증폭하면 기존의 구조가 파괴되고 혼돈이 발생하지만, 자기조직화 과정을 거치면서 새로운 질서를 자발적으로 출현시킨다.

세상이 점점 예측 불가능하게 변해간다는 것은 변화의 속도가 빨라지고 연결의 정도가 넓어진 결과로 다이내믹스의 복잡도도 함께 높아졌다는 뜻이다. 하지만 다이내믹한 현상 속에 숨어 있는 일련의 규칙과 패턴, 흐름을 통찰해낸다면 예측 불확실성을 일정 부분 통제할 수 있다. 필자가 만든 '다층적 시스템 시나리오 기법 MSS'은 이런 복잡계적 관점을 미래예측에 접목한 시나리오 기법이다. 참고로 MSS의 마인드 세트를 소개하면 다음과 같다.

① 거대 무리는 혼돈처럼 보이지만 질서가 존재한다.

② 거대한 무리라도 단순성에 기초를 둔다.

③ 세상(우주)은 모두 연결되어 있다. '세상의 동기화'(6단계 법칙)

④ 온 우주가 서로 연결되어 있기 때문에 복잡계는 자신의 계 외부와도 끊임없이 에너지와 영향을 주고받으면서 상호작용한다.

⑤ 하나하나의 개체는 노드처럼 기능한다. 각각의 노드들은 매우 단순한 방식으로 상호 간에 작동한다.

⑥ 그러나 '연결의 방식'(연결의 패턴), '집단의 상호작용'(피드백)에 따라 독특한 집단적 움직임이 나타난다.

⑦ 연결의 방식을 따라 단순한 구성요소가 수많은 방식으로 상호작용(피드백)을 하면서 복잡성을 낳는다.

⑧ 노드들의 연결은 작은 계를 만들고, 이 작은 계들은 유사한 성질을 띤 프랙털 구조로 되어 전체와 연결된다. 프랙털은 무한히 자기 모습을 반복하는(자기 유사성을 갖는) 기하학적 구조다. 프랙털 차원이 높다는 것은 복잡성이 높다는 뜻이다.[21] 유대인인 베노이트 만델브로트는 모든 모양을 0차원의 직선, 1차원의 선, 2차원의 평면, 3차원의 원 등으로 표현하는 2,000년 이상의 역사를 가진 유클리드 기하학을 뒤집는 프랙털 기하학을 주장했다. 만델브로트는 "구름은 둥글지 않고, 산은 원추형이 아니며, 나무껍질은 반듯하지 않고, 번개는 직선으로 이동하지 않는다"고 보았다.[22] 그는 이런 세상을 표현하기 위한 새로운 기하학으로 1904년 스웨덴 수학자인 헬게 폰 코흐의 '코흐 곡선Koch curve'에 영감을 얻어 프랙털 개념을 주장했다. 코흐 곡선은 각 변의 길이가 1인 정삼각형의 각 변에 1/3 크기의 삼각형을 계속해서 추가해 나가면 둘레의 길이가 '무한'이 되는 곡선이다. 물론 코흐 곡선도 유클리드 기하학의 1차원의 선으로 회귀되지만, 무한한 길이의 곡선이기 때문에 단순한 1차원의 선이 아니라는 패러독스를 갖거나 혹은 특이한 성격의 차원이 된다. 1967년 만델브로트는 이런 패러독스를 가진 코흐 곡선을 가지고 「영국 해안선의 길이는 무한대」라는 논문을 썼다. 그리고 멀리서 보면 0차원의 점이지만, 가까이서 보면 3차원의 원으로 보이는 공의 유효 차원은 관찰하는 위치에 따라서 0차원과 3차원 사이에서 분수로 표현할 수 있다는 주장을 했다. 그의 이론에 따르면, 영국의 해안선은 1.25차원, 코흐 곡선은 1.2618차원, 단백질 표면은 2.4차원이 된다.[23] 이것을 분수fraction 차원의 계산법이라고 부른다. 만델브로트는 이런 분수 차원의 개념을 기반으

로 이 세상에 존재하는 모든 것들은 규칙적인 불규칙성regular irregularity을 가지며, 그 불규칙성의 정도는 규모의 크기와 상관없이 일정한 '자기 유사성self-similarity'을 갖는다는 개념도 도출해냈다. 즉 자기 유사성은 불규칙성의 특성을 분석하거나 예측하는 기준이 될 수 있다. 참고로 만델브로트는 '부수다break'의 뜻을 지닌 라틴어 'fract'에서 나온 단어인 'fracture'를 가지고 프랙털이라는 새로운 단어를 만들어냈다. 프랙털 이론은 반복적으로 나타나는 패턴을 활용한 컴퓨터 이미지의 압축, 서로 다른 프랙털을 가진 지면이 서로 단층이 되는 것을 활용한 지진 예측, 심박동의 프랙털 리듬 등의 신체 구조의 분석 등에도 사용된다.[24]

⑨ 이렇게 연결된 전체는 거듭제곱법칙을 따르는 비선형적 법칙에 의해 개체의 산술적 합보다 더 많은 '창발 현상emergent behavior'을 보인다. 집단지성 효과도 여기에 속한다.

⑩ 혼돈에 질서를 부여하는 사건이 발생하면 법칙에 따라 패턴이 만들어진다. 많은 구성요소를 포함하고 있더라도 거시적인 새로운 질서가 나타나지 않는다면 단지 복잡한 구조일 뿐이다. 혼돈은 질서가 아직 부여되지 않는 거대한 무리, 질서가 아직 발견되지 않는 거대한 무리다. 복잡계는 겉으로는 혼돈처럼 보이지만 법칙에 따라 패턴이 존재하는 거대 무리다. 복잡성은 단순한 질서와 완전한 혼돈 사이에 있는 상태를 말한다. 복잡계는 완전히 정적인 상태나 완전히 무질서한 혼돈의 상태가 아니라 혼돈과 질서가 균형을 이루는 경계면(혼돈의 가장자리edge of chaos)에서 나타나는 열린 시스템이다. 혼돈과 복잡계는 비선형계다(복잡계 vs. 복잡한 구조 vs. 혼돈을 구별해야 한다).[25]

⑪ 법칙과 규칙은 패턴을 만드는 힘이다. 예를 들어, 각 운동량 보존 법칙, 중력의 법칙, 궤도 공명 법칙 등은 그에 따른 패턴을 만든다.

⑫ 법칙과 규칙에 의해 만들어진 패턴을 발견하더라도 완전한 것이라고 장담해서는 안 된다. 아직 발견되지 않고 숨어 있는 다른 법칙과 규칙에 영향을 받는 더 큰 패턴이 존재할 수 있기 때문이다. 예를 들어, 과거에는 천체의 별들의 원운동 패턴을 보고 지구를 중심으로 우주가 돈다는 사상이 출현했다. 그러나 기존의 패턴과 다른 운동 패턴을 가진 별들이 발견되면서 태양을 중심으로 행성들이 돈다는 새로운 사상이 정립되었다.

⑬ 법칙과 패턴에 따라 수많은 노드들이 상호 연결되어 거대한 무리(집단)를 이룬 것을 '네트워크' 되었다고 말한다. 복잡계는 이러한 네트워크 구조를 가진다.

복잡계 내의 노드와 링크의 구조를 네트워크라고 한다.

⑭ 노드들의 연결인 네트워크(연결 정도, 교환하는 자원의 수준과 흐름, 연결 구조)를 이해하면 복잡계의 미래 행동 양식을 예측할 수 있다. 네트워크의 구조와 상호작용(어떻게 상호작용이 이루어지는지)을 알면 미래를 예측할 수 있다. 상호작용을 이해하려면 '네트워크 지도'가 필요하다. 지도가 있으면 미래에 어떤 일이 벌어질지를 예측할 수 있다. 네트워크의 역동성은 링크를 따라 발생한다.

⑮ 변화의 방향, 속도, 타이밍, 지역화, 지속 가능성 중에서 '속도와 타이밍'은 다이내믹스를 이해하고 예측해야만 가능하다.

⑯ 네트워크에서는 허브가 매우 중요하다. 성장하는 모든 네트워크 안에는 허브(많은 연결고리를 가진 노드)가 되는 변수나 지점이 있다. 허브를 없애면 시스템이 산산조각이 난다. 시스템은 허브(연결 고리)를 통해 기회나 문제를 전 네트워크로 전달하기 때문이다. 예를 들어, 세계 질서에서는 미국과 중국이 허브다. 유럽의 금융 위기에서는 프랑스와 독일, 이탈리아가 허브다. 허브가 무너지지 않았기에 유럽의 위기가 더 커지지 않았다. 이는 허브를 통해 위기 및 기회의 확산과 파급 정도를 예측한 것이라고 할 수 있다.

⑰ 네트워크는 우연히 커지는 것이 아니다. 복잡계 네트워크는 형상인(이치), 질료인, 목적인(끌개attractor: 주어진 조건하에서 물체의 운동이 귀결 되는 상태), 운동인(법칙), 연결의 방식(네트워크 구조), 노드들의 상호작용(피드백), 특정한 패턴, 허브, 프랙털 구조와 차원을 기반으로 자기 조직화된 임계 현상을 거치며 계속해서 진화한다. 창발이 일어나면 자기 조직화 과정을 통해 진화를 완성한 후, 또다시 예정된 목표 혹은 재조정된 목표를 향해 나아간다. 살아 있는 네트워크는 이 과정을 반복하면서 단백질에서 인간으로, 개인에서 기업으로, 기업에서 국가 경제로 시스템 구조가 커지는 것처럼 '보다 높은 수준의 복잡한 구조'를 계속해서 만들어간다. 예를 들어, 단독 개체로 떨어져 있던 사하라 사막의 메뚜기들이 가끔 내리는 비로 흠뻑 젖은 땅이라는 조건이 만들어지면 번식의 속도가 빨라진다. 번식이 빨라져서 메뚜기들의 밀도가 높아져 붐비게 되면 뒷다리들이 서로 자극이 되면서 놀라운 변화가 발생한다. 붐비는 메뚜기 떼는 다른 메뚜기를 유인하는 호르몬을 발산하여 더욱 더 많은 메뚜기가 대규모 군집을 이룬다. 주변 메뚜기에 반응하는 단순한 행동만으로 한 차원 높은 새롭고 거대한 질서가 창발한 것이다.[26]

⑱ 복잡계 원리 중에서 '끌개'의 모습의 차이는 MSS 미래 모델을 작동operate 하

고 조작manipulate하는 원칙에 대한 통찰을 준다. 복잡계에서는 외부의 에너지를 조절하는 정도에 따라서 '끌개'(목적인)가 점 끌개, 한계 순환 끌개, 토러스 끌개, 기이한 끌개 등으로 변화된다. 에너지가 빠져나가는 정도에 따라서 기이한 끌개에서 점 끌개로 변화되고, 에너지 공급을 늘리면 늘릴수록 안정성이 깨지는 점 끌개에서 기이한 끌개로 변화된다.[27] 즉 복잡계의 관점에서 MSS 미래 모델을 작동하고 조작하는 원칙은 (창발이 가능하도록 하는) '특정 상황'과 '에너지의 유·출입 정도'를 인위적으로 조절operate & manipulate하는 식이다. 심층 원동력은 형상인, 질료인, 목적인, 운동인이 결합되어 만들어진다. 눈에 보이는 현상event/fashion/trend은 심층 원동력의 시간에 따른 상호작용과 움직임의 결과다.

⑲ 컴퓨터 시뮬레이션이 필요한 이유는 컴퓨터가 복잡한 계들의 무한한 연결로 되어 있는 사람, 세상, 자연과 우주의 미래를 좌우하는 지극히 많은 요소를 인간보다 더 자세하고 심도 있게 분석할 수 있기 때문이다. 또한 이를 기반으로 패턴을 찾아내서 인간의 논리적 상상력으로 도달하지 못하는 먼 미래의 결과나 그 과정의 다이내믹스를 시뮬레이션하는 능력이 더 뛰어나기 때문이다.

복잡계 이론은 복잡한 세상의 변화를 이해하고 예측하려면 '연결'과 '운동 법칙(규칙)'과 '패턴'을 이해하는 것이 매우 중요하다는 것을 가르쳐준다. 수학자도 규칙과 패턴을 탐구하거나 창조한다. 수학은 수와 도형을 다루는 학문이다. 피타고라스학파는 수와 도형을 서로 연관 지어 연구했다. 그들은 수는 도형처럼 생각할 수 있으며, 도형은 수의 규칙성을 발견하는 도구이기도 하다고 생각했다(도형수). 고대로부터 수학자들은 수학을 통해 우주의 규칙과 패턴을 찾아내고, 다시 이를 기준으로 다른 차원이나 대상으로 변형과 확장을 해나가면서 우주의 새로운 모습을 발견해냈다. 그리고 똑같은 방법으로 미래도 예측했다.

미래학자도 과거와 현재의 법칙(규칙)과 패턴을 파악하고, 사고를 통해 미래의 새로운 패턴을 창조하는 사람이다. 과거와 현재 세상의 성질을 추상화하고, 이에 따라 보다 일반적인 집합으로 확장하고, 집합의 패턴을 파악하고, 그 패턴을 조작하여 새로운 미래를 창조한다. 수학이나 과학이 찾아낸 패턴은 확정적이지만, 미래학자가 만들어낸 패턴은 유동적이다. 미래가 유동적이기 때문이다.

미래학자의 관심이 모두 변하는 것에만 있는 것은 아니다. 변화의 물결 속에서도 변하지 않는 것들의 성질(위상적 성질)에 대한 연구도 중요하게 여긴다. 푸앵카레가 창시한 공간 속의 위상적 성질을 연구하는 위상기하학位相幾何學/topology처럼, 미래학도 지금과는 다른 미래의 특정 공간 속에도 위상적 성질이 존재한다는 점을 분명히 한다.

수학과 미래예측은 밀접한 관계가 있다. 수학의 기본이 되는 숫자는 미래예측에서도 우주의 패턴을 찾아 변화의 방향을 읽는 도구 중 하나다. 수가 있기 때문에 세상을 측정하고, 셈을 하고, 새로운 것을 만들고, 경제와 같은 체제를 운용하고, 문명 건설의 기초를 마련하고, 우리가 살고 있는 우주의 특성을 연구할 수 있다. 수학자는 숫자의 특성을 연구하기도 하지만, 숫자를 더욱 효과적으로 사용하기 위해 복잡하면서도 정교한 계산법도 만든다. 숫자와 수학은 현실 세계의 사물이나 변화상(운동량의 변화 등)을 가상의 세계에서 (사물의 모양이나 특성을 숫자로 변환한 후, 단독으로 혹은 그룹으로 묶어) 정교하게 조작하거나, 다른 것과 비교하거나, 특별한 규칙성과 패턴을 찾아내는 데 유용하다.

수학에는 보이지 않는 것을 논리적으로 다루거나 확장할 수 있는 힘이 있다. 숫자의 이런 특성과 복잡하지만 정교한 수학의 계산 방법을 사용하면, 현상 이면에 있어 보이지 않는 변화의 흐름과 미래의 패턴을 예측하는 통찰을 얻을 수 있다. 숫자만을 이용해 계산하는 여러 방법론을 다루는 것을 순수 수학이라고 하고, 숫자나 수학을 경제, 건축, 천문 연구와 일기 변화 예측 등과 같이 현실의 문제, 사물, 변화 측정에 활용하는 것을 응용 수학이라고 한다. 미래학에 응용되는 수학도 응용 수학의 범주에 포함할 수 있다.

미래를 연구하는 것의 핵심 중 하나는 미래에 대한 '공리'와 '정리'를 만드는 것이다. 공리는 더 이상 쪼갤 수 없는 진리다. 예를 들어, '전체는 부분보다 크다'는 직관적 공리에 해당한다. 미래학의 공리들은 '세상은 질서 있게 움직인다', '세상은 연결되어 있다' 등이다. 정리는 공리들을 가지고 증명이 이루어진 명제다. 예를 들어 S를 집합이라고 할 때, 'S가 유한집합이 아니라면, S는 무한집합이다'라는 명제는 정리에 속한다. 그러나 미래학에서 공리와 정리는 완벽하게 참으로서의 논리적 타당성이 확립된 수학에서와는 다른 논리적 함의를 갖는다. 미래학의 공리와 정리는 일정 수준의 예측의 오류를 내포하기 때문이다. 오류를 인정하는 것은 예언이 아니라 의미 있는 미래연구에 관심이 있기 때문이다. 미래가 현실이 되기 전까지는 완벽한 논리적 타당성을 규명할 방법이 없다. 또한 미래가 현실이 되더라도 현실 세계에서 수학 수준의 논리적 타당성을 규명하는 것은 가능하지 않다. 현실의 모든 것을 탐구하여 완벽한 증명이었음을 확인할 수는 없기 때문이다.

미래학자가 수학적 표현을 미래예측의 방법으로 사용하려는 이유는 무엇일까? 먼저, 수학이 제공하는 예견력과 보이지 않는 것에 대한 설명력 때문이다. 이미 참이라고 알려진 현실에서 아직 알려지지 않은 미지의 미래로 방향을 가리킬 때 수학적 기호나 규칙을 사용할 수 있다. 단, 이때의 수학적 예측은 실제로서의 미래는 아니다. 또 다른 이유도 있다. 미래는 시나 이야기나 그림처럼 미래학자의 묘사력 수준에 따라 실제로 살아 있는 것처럼 손에 잡히는 모습으로 우리 곁에 나타날 수 있기 때문이다. 수학도 미래학자의 손에서는 미래를 그려주는 아름다운 도구가 될 수 있다. 미래를 수학을 사용하여 표현한다면 이렇게 된다.

- 현재의 P로부터 유도되는 미래의 Q이다.
- 미래의 Q는 현재의 P로부터 유도되는 미래다.

필자가 수학적 표현을 미래예측의 방법으로 사용하려는 이유는 더 있다. 미래예측과 세상의 변화를 통찰하는 과정에서 미래학자는 수많은 변수의 조합과 변형, 그리고 상상을 가미한다. 이런 과정은 필연적으로 논리적 불일치성과 딜레마 등의 함정에 빠질 가능성을 높인다. 이와 관련하여 수학적 표현의 단순 명료함은 매력적이다. 세상을 단순한 표현 식으로 바꾸면 추가로 변형을 가할 때 논리적 일관성을 유지하고 검증하기가 쉽기 때문에 이런 위험을 줄여준다.

수학에서 사용하는 '연결 규칙'이라는 관점도 미래예측에 유용하다. 새로운 미래예측 기법을 개발한다는 것은 단순명제로부터

'연결이라는 방식'(교환법칙, 결합법칙, 분배법칙 등)으로 결합되는 복합 명제를 구축하고 판별하는 형식적인 방법론을 개발해가는 것이다.

미래예측과 관련해서 수학의 또 다른 유용성은, 수학적 기계라고 불리는 '함수'를 활용해서 미래의 특정한 부분이나 혹은 미래를 향한 동적 변화의 행동 양식을 볼 수 있다는 점이다. 함수의 기원은 고대 바빌로니아의 천문학자들이 태양, 달, 별들의 위치가 일정한 주기에 따라 달라지는 것을 깨닫고, 발견한 자료를 바탕으로 천체의 변화를 예측한 데서 시작되었다. 바빌로니아의 천문학자는 신이 특별한 비밀이나 우주를 지배하는 법칙을 어려운 공식으로 만들어 별들 속에 넣어두었다고 믿었다. 이것을 밝혀내면 신의 뜻이나 미래를 예측할 수 있을 것이라 생각했다. 그들은 별들이 일직선상에 놓이는 것과 같은 중요한 특성들을 예측해보기 위해 특별한 '식式'을 만들었다. 이것이 함수의 기원이다.

현대 수학에서 함수란 어느 집합에 있는 수나 사건을 다른 집합에 있는 수나 사건으로 변환(적절하게 이동)하는 기계적 장치다. '$y=f(x)$'라는 함수는 y값(사건)이 x(힘)가 변화할 때 어떤 정해진 규칙(함수)에 따라 일정한 모습으로 변화하도록 x값에 의존한다는 의미다. 이때 x에 따라 y가 결정되는 규칙인 함수에 해당하는 것이 미래예측 방법이다. 트렌드도 힘의 위치와 운동 상태로 바꾸어서 정의하면 일정 부분 수학적 접근이 가능해진다.

기술 통계 기법으로 파악된 값을 통해 우리는 다음과 같은 정보를 얻을 수 있다.

- 평균값: 변화하는 힘의 평균 방향선
- 편차: 불확실성의 정도(범위)
- 분산: 불확실성의 상태
- 표준편차: 불확실성 정도가 평균값(변화의 힘의 평균 방향선)에서 대략 어느 정도로 떨어져 있는지를 보여주는 평균 변동성standard volatility(불확실성의 시대는 표준편차 값이 크고, 확실성의 시대는 표준편차 값이 작다.)

이러한 통찰을 통해 불확실성의 본질에 좀더 가깝게 다가갈 수 있다. 이런 축약의 방법을 통해 데이터들을 재분류하면 다양한 미래모델을 만드는 데 도움이 된다.[28]

미래를 예측하는 데는 과학을 통해 밝혀진 자연의 법칙을 정확하게 이해하는 것도 중요하다. 미래는 밝혀지거나 앞으로 밝혀질 자연의 법칙들 위에서 시작된다. 이런 법칙은 미래의 방향이나 구조를 형성한다. 과학을 통한 자연법칙의 발견은 각종 발명품과 새로운 서비스에 응용되면서 미래의 형태들을 만들어내는 데 기여한다. 또한 원인이 무엇이었는지 몰라 생긴 두려움과 미스터리를 하나씩 해소하면서 더 나은 미래를 만들 수 있는 기회를 열어준다.

역사와 미래예측은 어떤 관계가 있을까? 뉴욕주립대학교 빙엄턴대학의 역사학자인 워런 웨이거 교수는 "미래학은 미래에 대한 역사이므로 역사학 분야의 당연한 일부다"라고 주장한다. 그는 만일 과거에 대한 연구가 이론적 노력이라면, 미래도 용인할 수 있는 이론적 노력의 범주에 들 수 있다고 주장한다. 과거가 경험적 방법을 통해 알 수 없다는 것을 인정한다면, 미래가 경험적으로 알 수 없다는 이유로 연구 대상이 되지 못한다는 주장은 틀렸다는 것이다. 그는 과거를 가지고 논쟁하고 재해석할 수 있듯이 미래도 논쟁하고 재해석할 수 있으며, 과거에 대한 생각이 오늘 우리의 생각과 행동에 영향을 미치는 것처럼 미래에 대한 생각도 같은 영향력이 있다며 미래학의 학문적 가능성을 주장했다.[29]

특히 거시사mcro-history는 미래예측과 깊은 관련이 있다. 거시사는 (작은 지역 내의 공시적synchronic 연구가 아니라) 통시적으로 사회체계의 궤적을 따라가면서 사회 변화의 패턴이나 일정불변의 법칙을 발견하는 역사 연구 방법이다. 시작과 발전, 성숙과 쇠퇴를 그리는 궤적의 특징과 모습, 그리고 내부 메커니즘에 관심을 갖는다. 거시사는 한 가지 특징적 패턴을 지닌 여러 지역이나 제국을 연구하거나, 여러 제국의 흥망성쇠에 대해 개성기술적ideographic이나 법칙설정적nomothetic 종합 연구를 한다. 거시사 연구가들은 역사가 어떻게 진화 발전하는지를 정의하는 주제를 찾는 것을 목적으로 한다. 이런 연구는 현재 여러 나라의 미래 모습을 예측하는 데 큰 통찰을 제공한다.

다른 모든 학문보다 철학은 미래예측방법론과 가장 연관이 깊은 학문이다. 철학은 인간 '정신의 역사' 혹은 '사고 도식의 역사'라고 할 수 있다. 고대로부터 지금까지 철학자들은 인간과 자연에 대해서 보이는 것과 보이지 않는 것에 대해서 연구를 했다. 인간과 세상에 대한 총체적이고도 종합적인 인식을 다룬 것이 철학이다. 인간과 세상에 대해서 생각할 수 있는 모든 것, 즉 보이는 것과 보이지 않는 것들의 본질과 구조에 대한 사고의 역사가 철학이다. 인간과 사회를 받치고 있는 사상적 기반이 무엇인지를 알려주는 것이 철학이다. 철학은 영혼이나 생명이 담긴 우주의 '근거'(물질적 근거, 비물질적 근거), 원리, 법칙을 탐구한다. 초기의 철학자들은 이 세계의 근거(아르케Arkhe: 만물의 근본, 원래의 것)에 지대한 관심을 가졌다.

최초의 철학자 탈레스는 '물', 그의 제자 아낙시만드로스는 '무한', 그의 제자 아낙시메네스는 '공기'를 아르케로 보았다. 피타고라스는 '수'를 아르케로 보았다. 헤라클레이토스는 '(물질이 아닌 운동이나 에너지로서의) 불'을, 엠페도클레스는 물, 공기, 불에 흙을 더한 '4원소'를 만물의 뿌리라고 주장했다. 데모크리토스는 '아톰atom'을 아르케로 보았다. 아톰은 더 이상 분해할 수 없는 것이다. 아톰은 결합과 분리를 계속하며 변화를 만든다. 아톰이 움직이기 위해서는 공허(캐넌: 없는 것)라는 장소가 필요했다. 공허가 있어야 '운동'이 생기기 때문이다. 데모크리토스는 세상은 아톰의 운동에 의해 만들어진 것이라고 생각했다. 밀레토스학파의 3인방은 눈에 보이는 것에서 아르케를 찾으려 했고, 피타고라스는 눈에 보이지 않는 것에서 아르케를 찾으려고 했다. 헤라클레이토스는 "만물은 불의 교환물이며, 불은 만물의 교환물이다"라고 주장하면서 물질과 비물질의 대립과 조화에서 아르케를 찾으려고 했다. 아르케는 변화를 통해서도 변화하지 않는다. 철학자들은 아르케의 움직임에서 모든 변화가 시작된다고 생각했다. 이 외에도 철학자들은 생성의 법칙(세상이 어떻게 생겼으며), 구성의 법칙(어떻게 구조화되어 있으며), 지배의 법칙(어떤 질서를 따르며)이 무엇이냐는 질문을 붙들고 변하지 않는 것을 탐구해왔다.

철학자들은 "변하는 것은 무엇인가?"에 대한 질문도 던졌다. 세상이 어떻게 발전하는지에 대한 변화의 법칙에도 깊은 관심을 가졌다. "만물은 유전한다"는 말로 유명한 고대 변증법의 창시자 헤라클레이토스는 "우리는 같은 강물에 두 번 들어갈 수 없다"고 했다. 헤라클레이토스는 세상은 끊임없이 변화하고, 머무를 곳을 모르며, 다이내믹하다고 보았다. 그에 따르면 강은 존재한다고 해도, 존재하지 않는다고 해도 맞았다. 세상은 변하는 것이며, 또한 변하지 않는 것이다. 그는 변화를 지배하는 것은 로고스이며 만물은 로고스에 따라 끊임없이 생성하고 있다고 생각했다. 헤라클레이토스에게는 로고스가 변증적 세상의 지배 법칙이었다. 이것이 헤라클레이토스가 로고스를 최초로 강조한 철학자라고 평가받는 이유다.

소크라테스 역시 변하는 것과 변하지 않는 것에 관심을 가졌다. 산파술이라고 불리는 그의 철학 방법론은 당시에도 매우 독특했다. 소크라테스는 산파술을 통해 고대 변증법dialectics을 완성했다. 변증법은 대화, 문답의 기술이라는 의미인데, 대화를 통해 상대방의 주장에서 그것과 모순된 것을 이끌어내어 진실된 지식으로 유도하는 기술이다. 소크라테스에게 진실된 지식은 이데아였다. 과거, 현재, 미래에도 영원히 변하지 않는 것도 이데아였다. 때문에 소크라테스는 "만물의 척도는 사람이다"라는 말을 한 프로타고라스와 같은 소피스트의 진리 상대주의에 맞섰다. 소피스트가 무엇이 인간에게 유용한지, 즉 'how to'를 고민했다면, 소크라테스는 무엇이 절대적인 것인지를 탐구했다. 둘 사이의 대립은 첨예했다. 소크라테스는 '덕 그 자체'가 무엇인지 모르면서 덕에 대해서 이것저것을 말하는 소피스트에게 "너 자신을 알라(너 자신의 무지를 알라)"

라며 맞섰다.

스승 소크라테스의 가르침을 따라 최고의 이데아를 '선'의 이데아라고 믿었고 그 믿음을 근거로 유토피아(이상국가)를 동경했던 플라톤이나, 이상적 세계보다는 현실 세계에 더 관심을 가진 아리스토텔레스도 관점의 차이는 있지만 비슷한 질문을 던졌다. "있다(존재)란 무엇인가?", "없다란 무엇인가?", "변하지 않고 완전무결한 완전한 존재는 무엇인가?", "동요되지 않고 끝나지 않는 것은 무엇인가?", "변하는 것은 진짜 있는 것이 아니지 않을까?", "인간은 불완전한 것인가?"

플라톤이 주장했던 이데아는 눈에 보이는 현실 세계를 넘어 그것의 근거가 되는 그 자체로서의 원형 혹은 각 존재의 본래적인 실체였다. 플라톤은 세상의 정의는 변해도 '정의 그 자체(이데아)'는 변하지 않는다고 믿었다. 플라톤에게는 이데아가 객관적인 존재였다. 플라톤에게 이데아는 감각으로는 얻을 수 없고 지성만이 관여할 수 있는 존재였다. 이데아는 로고스의 활동(지성적 사유)에 의해서 분명해진다. 최초에 로고스가 있었고, 그다음에 세상이 생겨났기 때문이다. 플라톤에게 이데아의 세계는 영혼이 돌아가는 고향이자 영원한 장소였다. 때문에 훗날 플라톤의 이데아 개념은 기독교 철학에서의 신의 존재를 증명하는 단초를 제공했다.

철학자들은 '인간-자연-우주'를 일체로 탐구하기도 하고, 때로는 분할하여 탐구하기도 한다. 최초의 철학자 탈레스는 일체로서의 자연을 탐구했고, 고대 철학의 완성자 아리스토텔레스는 분할하여 탐구했다. 아테네의 황금기가 저물고 플라톤의 이상국가 건설 시도가 실패한 후, 제자인 아리스토텔레스는 세계를 말로 해석하고 체계화하려고 했다.

플라톤이 죽고 난 후, 기원전 342년 아리스토텔레스는 떠오르는 제국, 헬레니즘 문화의 중심인 마케도니아의 왕인 알렉산더의 가정교사가 되었다. 동물학, 자연학, 진기한 자료들에 관심이 많았던 그는 리케이온lykeion이라는 학원을 설립하고 점점 넓어지는 제국의 철학과 지식을 정리하고 의미를 부여하는 데 관심을 가졌다. 물론 아리스토텔레스도 스승의 가르침을 따라 이데아의 개념이 있었다. 그러나 플라톤의 이데아는 이 세상 너머에 있지만, 아리스토텔레스의 이데아는 현실 세계 속에서 발견되는 것이었다. 플라톤은 개체를 떠나 저 너머의 세계에 이데아(진정한 실체)가 있다고 믿었다. 이를 실체 형상설이라고 한다. 반대로 아리스토텔레스는 이 세상의 개체 안에 형상(이데아)이 있다고 믿었다. 이를 개체 형상설이라고 한다.

아리스토텔레스에게 형상eidos은 질료hyle와 대립하는 개념이었다. 어원만 보면 이데아와 동의어지만, 형상은 눈에 보이는 것은 물론이고, 눈에 보이지 않는 것까지를 포함한 넓은 의미의 '형태'였다. 그래서 형태가 포함되어 있는 '종자'라고도 설명한다. 플라톤이 이데아와 에이도스를 함께 사용한 것처럼, 아리스토텔레스는 형상을 본질과 같은 의미로 사용했다. 형상이 본질과 존재로 분리된 것은 아리스토텔레스의 후계자인 토마스 아퀴나스가 등장한 중세에 이르러서야 가능해졌다.

반면에 질료는 재목, 숲의 나무라는 뜻을 가진 단어로, 여기서 소재, 재료라는 뜻이 파생되었다. 즉 질료는 어느 특정의 형태, 성질을 갖기 전의 상태를 의미한다. 아리스토텔레스는 질료의 개념을 이오니아 자연학에서 가져왔다. 청동으로 만든 동상을 녹이면 형체가 없어진다. 그러나 동상의 재료인 청동(질료)은 남아 있다. 집의 형태나 구조, 기능 등이 형상이고, 돌이나 나무는 집의 질료다. 물론 청동이나 나무 등도 일종의 형상이라고 볼 수 있다. 그러나 질료를 순수하고 엄밀하게 계속 생각해나가면 아무것도 아닌 것(아낙시만드로서의 '무한정인 것')이 된다. 이것을 제1질료라고 한다. 참고로 아리스토텔레스는 형상의 개념도 이렇게 거슬러 올라가 질료를 갖지 않고 운동도 없는 순수한 형상을 생각해냈다. 이를 부동不動의 동자動子라고 불렀고, 영원한 천계天界 운동의 원인으로 보았다. 이것이 그가 말하는 '신'의 개념이다. 아리스토텔레스의 질료는 그 자체로는 아무 것도 아니고 아직 구체적인 무엇으로 한정받지 않지만, 형상과 결합하면 구체적인 무엇이 된다.

아리스토텔레스의 아르케는 형상과 질료다. 이 두 가지는 변화하지 않는 것이다. 서로 떨어뜨릴 수도 없다. 변하는 것은 이 두 가지가 결합하는 방법이고, 여기서 수많은 세상의 변화가 발생한다. 훗날 플라톤의 영향을 받은 종교 철학은 일체로서 세상을 탐구하고, 아리스토텔레스의 영향을 받은 근대 철학은 인간과 자연을 엄밀하게 구별하여 탐구했다. 보이지 않는 데에서 아르케를 찾으려 했던 피타고라스의 사상은 플라톤의 이데아 사상, 기독교 철학, 데카르트의 신에 대한 사상으로까지 이어졌다.

보이지 않는 것에 대한 동경 혹은 보이지 않는 것에 대한 무시가 철학의 두 갈래 큰 물줄기를 형성하고 있다. 마치 미래에 대한 동경 혹은 미래에 대한 무시라는 두 갈래의 반응이 서로 복잡하게 얽혀 있듯이 말이다. 이런 노력 덕분에 철학자들은 사람과 세상에 대한 강한 호기심과 현명함을 소유한 이들로 칭해진다. 그리고 우리는 철학자의 물음과 탐구 노력 덕택에 보이는 것, 보이지 않는 것, 현상의 이면에 있는 만물의 근원, 지배 법칙, 세상의 구조 등에 대해 생각하는 사고 방법을 배울 수 있게 되었다.

철학과 철학자들이 탐구한 내용은 미래 모습의 기초를 구성하는 합리적 틀을 설계하는 데 큰 도움이 된다. 철학이 탐구해놓은 우주의 근거, 원리, 법칙 등은 미래 사회의 근거, 원리, 법칙을 만드는 데 도움이 된다. 철학적 사고의 시작은 기존 인식에 대한 의심과 비판적 사고다. 철학자의 의심은 확실한 진리를 발견하는 방법으로서의 의심이다. 진리를 쌓을 굳건한 터를 확보하기 위해 의심하고 또 의심하는 것을 통해 의심할 수 없는 가장 원초적 기반을 찾는다. 데카르트 철학의 제1원리 '코기토 에르고 쑴'이 바로 그것이다. 데카르트는 "나는 조금이라도 의문을 가질 여지가 있는 것은 전부, 절대적으로 거짓된 것으로서 버려야만 한다. 그 후에 나의 신념 안에 조금도 의심의 여지가 없는 무엇인가가 남는지를 지켜보기 위해서였다"[30]라고 주장했다. 데카르트는 자신의 정신 안에 들어 온 모든 것이 거짓이라는 의심을 해보고 싶어 했다. 이런 합리적 의심을 기반으로 눈에 보이는 것에서 눈에 보이지 않는 것을 논리적으로 유추, 추론하는 방식을 선택했다.

유추analogos란 다른 것 가운데에서 같은 로고스를 발견하는 사고 기술이다. 추론은 알려진 사실로부터 새로운 사실을 추출해내는 사고 기술이다. 최초의 명제 안에 잠재해 있는 사실을 매개 없이 도출하는 것을 지성적 추론이라 하고, 매개의 도움으로 새로운 사실을 도출하는 것을 이성적 추론이라고 한다. 이런 방법론은 눈에 보이는 현재에서 눈에 보이지 않는 미래를 논리적으로 유추, 추론하는 데도 큰 도움이 된다. 이렇게 구성된 합리적 기초 위에 상상력을 발휘하여 다양한 미래 가능성을 추가로 쌓아 올리면서 미래의 다양성을 실험하는 것이 미래학이기 때문이다.

미래학은 철학적 합리성을 기초로 한다. 여기서 철학과 과학이 추구하는 합리성의 차이를 구분할 필요가 있다. 철학이 추구하는 합리성은 무엇일까? 합리적이라는 말의 영어 단어는 'rational'이고 '할당, 분배'를 뜻하는 영어 단어는 'ratio'다. 이 두 단어는 '이성, 이유'를 뜻하는 라틴어 'ratio'에서 나왔다. 합리적이라는 말의 근원이 피타고라스가 중요하게 여겼던 '비율(로고스)'을 발견하는 이성'인 이유다. 때문에 철학에서 합리적이라는 말을 "눈에 보이는 것만이 현실적이다", "실험으로 증명할 수 있는 것만이 합리적이다"라고 의미를 축소하지 않는다. 철학자는 눈에 보이든 보이지 않든 상관없이, 비율에 맞는 조화로움을 갖추고 있으면 합리적인 범주에 들 수 있다고 생각한다.

반면에 과학은 철학이 합리적 언어로 설명한 것들을 관찰과 실험을 통해 증명하려는 데서 시작했다. 그렇기 때문에 최초의 과학(수학을 포함한)은 자연스럽게 철학자의 업무였다. 수학을 창시한 피타고라스학파에게 수학이란 눈에 보이지 않는 배후를 설명하는 도구였다. 그들은 현세에서는 사람의 영혼이 죄를 지어 신체에 묶여 있고, 신체의 감각은 불순한 것이기에, 수학이나 음악 등을 통해 정신을 정화하는 수행을 해야 한다고 믿었다. 영혼은 윤회한다고 믿었고, 시간은 직선적이지 않고 큰 원을 그리며 돈다고 믿었다. 그들은 수학을 통해 우주를 탐구했다. 피타고라스학파의 일원인 피로라오스는 지구, 달, 태양, 별들이 세계의 중심인 불 주위를 수학적 규칙에 따라 움직인다고 믿었다. 우주를 지탱하고 있는 힘이 수학적 질서라고 생각한 것이다. 가장 완전한 존재인 우주는 가장 완전한 수학적 질서를 따라 운동한다고 믿었다. 수는 질서 정연한 것이고, 수학적 질서를 따른 우주는 무질서하지 않아야 한다고 생각했다. 그렇기 때문에 무리수를 발견한 히파소스를 죽일 수밖에 없었다. 무질서한 수가 있다면 무질서한 우주를 인정해야 했기 때문이다. 피타고라스학파는 우주의 본질은 '조화'라고 믿었고, '비례'를 로고스라고 생각했다. 또한 '비례 관계에 있는 조화로움'만이 영원한 것이며 세상을 구성하는 기초라고 생각했다. 그들은 현상의 이면에 있는 숨은 진리, 인간의 눈에 보이지 않는 세상에 있는 진리를 탐구하는 방법으로 수학을 연구했다.

아리스토텔레스는 과학의 창시자라고 해도 과언이 아니다. 스승과는 다르게 그의 연구는 천문학, 자연학, 정치학, 윤리학, 형이상학, 생물학뿐만 아니라 꿈과 해몽, 기억, 영혼, 삶과 죽음 등에 이르기까지 광범위했다. 아리스토텔레스는 자연에 존재하는 개체를 연구하는 형이하학physics science을 연구의 중요한 영역으로 끌어 올렸다는 평가를 받는다. 아리스토텔레스는 과학적 합리성을 시도한 철학자였다. 하지만 그가 가장 높은 가치를 부여한 것은 사유의 세계에 해당하는 '실체(진짜로 있는 것)'를 연구하는 형이상학이었다. 미래학은 보이지 않는 미래의 세계에 대한 연구이므로 철학적 합리성을 주로 사용한다. 그러나 미래가 현재와 완전히 분리된 세계가 아니기 때문에 과학적 합리성도 중요한 도구로 사용한다. 형이상학과 형이하학, 신비주의와 합리주의, 실존과 역사적 진보, 상대주의와 절대주의, 관념과 경험 등의 틀(체계), 인간의 사고와 정신에 대한 탐구를 계속하는 것도 이 때문이다.

가끔은 현대 미래학도 연구 차원에서 신화적 요소나 방법론을 다루기도 한다. 여기서 신화적 방법론이라고 해서, 예언과 동일시해서는 안 된다. 일반인의 오해와는 달리 고대 신화는 단순히 종교적 이야기나 허황된 망상이 아니다. 신화는 이 세계에 존재하는 불가해한 현상을 최대한의 상상력과 합리성을 바탕으로 설득력 있게 설명하려는 창의적 고안물이다. 애초에 신화의 임무는 신으로부터 시작된 세계의 '기원'에 대해 이야기하는 것이었다. 그리스 로마 신화는 그 당시 수준에서는 최고의 과학적 가설이었다. 그 가설을 뒷받침할 증거의 수가 절대적으로 부족했을 뿐이다. 그러나 인간의 사유 능력이 발달하면서 가설을 뒷받침할 증거를 수집하는 기술도 발달했다. 그에 따라 신화라는 도구에 대한 도전이 시작되었다. 그 첫 번째 도전이 철학이었다. 철학의 임무는 '왜?'라는 질문을 던지면서 '그 기원'을 합리적 언어로 설명하는 것이다. 그러므로 인간이 사용하는 언어의 힘으로 세계를 합리화해가는 과정에서 신화와의 투쟁은 피할 수 없는 일이었다. (물론 그리스 신화는 신들이 주

인공으로 등장하지만 이야기는 그리스 문명을 만들어낸 인간의 힘을 표현한 것이라고 할 수 있다.)[31]

근대에 들어서는 학문적 진보가 진행되면서 검증 가능한 좀더 많은 증거를 얻게 되었다. 그러자 이를 토대로 하는 학문적 시도가 가능해졌다. 그것이 바로 지금 우리에게 익숙한 '과학'이다. 과학적 방법론은 세계를 설명해온 신화적 방법론을 자연스럽게 대체했다. 그러나 현대 과학에도 여전히 신화적 요소는 존재한다. 천문학, 진화론 등이 그러한데 이들 분야는 신화적 가설과 과학적 증거가 절묘하게 연결되어 있다. 미래학은 현대의 과학적 지식과 통계적 자료를 기반으로 하지만, 현시점에서 검증이 불가능한 미래에 대해서는 신화적 설명을 시도하기도 한다. 신화가 인간이 지닌 최고의 사유 능력을 활용했다고 보기 때문이다.

신화적 요소를 사용하는 것이 그다지 주요한 방법론으로 사용되지는 않지만, 종교에 대한 탐구는 미래학에서 점점 중요해지고 있다. 종교도 궁극적으로는 아르케를 묻는 영역이고, 인간이 미래를 선택하는 데에 큰 영향을 주는 힘을 여전히 갖고 있기 때문이다. 종교는 한 사회나 집단이 지닌 문화의 핵심을 형성하는 중요한 힘이다. 종교는 삶의 한 면에 자리하며, 가르침과 의식을 통해 정신적이고 영적인 영향을 미친다. 집단적 사상과 제도, 개인적 신념 형성에 기여하고, 마음속 깊은 곳에까지 들어가 양심과 본성을 건드린다. 언어와 행동의 변화를 추진하거나 강제하며, 이 모든 것이 모이면서 집단과 사회에서 문화의 중심적 핵을 형성한다. 한국의 경우 불교, 유교, 샤머니즘, 천주교, 기독교가 큰 영향을 미친다. 서양의 경우에는 유대교, 천주교, 기독교, 이슬람교 등이 큰 영향을 미친다. 그렇기 때문에 종교를 이해하고 연구하는 것은 그 사회나 집단의 가치관과 행동 관습의 변화를 이해하는 첩경이 된다.[32] 더불어 그 종교의 발전을 예측하는 것은 그 사회나 집단이 만들어갈 새로운 미래를 구상하는 데 중요한 단초를 제공한다. 미래학은 이처럼 다양한 학문 분야에서 사용하는 방법론을 차용하거나 변형하여 고유한 미래예측 방법을 개발한다.

현대의 미래학은 앞에서 소개한 수십여 가지의 방법론을 사용해서 셜록 홈스처럼 어떤 사건의 상황으로부터 생각할 수 있는 모든 가능성을 치밀하게 생각해본 후, 특정한 가정과 논리적 엄밀성을 이용해서 예측 가능한 특정한 미래의 결론에 도달하려고 한다. 과학적 증거 자료와 논리적 추론에서 시작하지 않는 미래연구는 자칫 예언으로 흐르거나 무의미한 공상으로 전락할 수 있기 때문이다. 마지막으로, 만약 이런 모든 방법론으로도 설명할 수 없는 부분, 법칙과 법칙 사이의 빈틈은 미래학자의 통찰력과 직관(가정)으로 메울 수밖에 없다. 이러한 직관은 통찰력 있는 가정이어야 한다.

미래연구의 가치와 윤리

　미래예측은 미래에 대한 좋은 태도와 좋은 이미지를 얻게 함으로써 현실의 어려움에 당황하거나 함몰되지 않고 더 나은 미래를 희망할 수 있도록 돕는 데 그 가치를 둔다. 잘못된 환상이나 공포에 휩쓸리지 않고 객관적인 시각으로 미래를 생각해보고, 그 미래가 어떤 모습이든지 간에 미래는 사람이 만든다는 긍정적인 태도를 갖게 하는 데 가치를 둔다. 미래학자는 예언가와는 다르게 최고로 정확한 미래예측이 아니라 부족하더라도 최선인 미래예측을 중요하게 생각한다. 최선의 예측은 책임 있는 인간을 만드는 데 기여하기 때문이다.

　미래예측의 또 다른 가치는 미래가 현실이 되기 전에, 혹은 미래 대응력을 상실하기 전에 다양한 미래 가능성을 통찰해보도록 함으로써 미래를 좀더 잘 준비하는 데 도움을 주는 것이다. 더 나아가 개인이나 기업, 그리고 국가와 전 인류에서 '선호하는 미래 a preferred future'가 현실이 될 수 있게 하는 전략적 가능성이나 수용 가능한 해법을 좀더 빠른 시간에 간파하게 하는 데 가치를 둔다.

　선호하는 미래(비전의 범주로서의 미래)에는 반드시 윤리적 가치를 포함해야 한다. 그래야만 개인이나 특정 집단만을 위한 미래가 아니라 전 인류를 위한 더 나은 미래를 만들 수 있기 때문이다. 이를 위해서는 미래학자는 풍부한 도덕적 상상력을 가지고 있어야 한다. 도덕적 상상력은 윤리적 실천과 반성의 근거가 된다. 이런 측면에서 규범적 미래a normative future와 선호하는 미래(비전적 미래)는 서로 교집합을 이룬다. 규범적 미래는 비전적 미래(선호하는 미래)에 대해 가치 판단을 돕고, 비전적 미래(선호하는 미래)는 규범적 미래의 예측 한계를 보완한다는 측면에서 상호보완적이다. (최악의 상황 wildcard의 미래를 최우선 순위로 해놓고 자유롭게 행동하는 원리를 맥시민 원리 the maximin principle라고 한다. 반대로 가장 유리한 미래Preferred future나 가장 일어날 가능성이 큰 미래plausible future를 최우선 순위로 해놓고 이를 최대한 발전시키는 방향으로 행동하는 원리를 맥시맥스 원리the maximax principle라고 한다.) 개인의 비전적 미래는 내적인 덕virtue(행동의 지속성, 조건반사적으로 나타날 만큼의 성품)의 발전을 자극해야 하고, 좋은 덕이 요구된다.

책임 있는 인간이라면 미래의 다양한 가능성, 기회, 위협과 위기에 대해서 최선을 다해 생각해본 후에 행동을 해야 한다. 만약 악한 결과를 초래하거나, 부정적인 결과가 예측됨에도 불구하고, 예측을 게을리해서 그 결과를 초래하는 의사결정과 행동을 선택했다면 도덕적 책임을 면하기 어렵다. 미래학자는 미래예측을 하는 과정에서 자연스럽게 현재의 제도와 사회 모습에 대한 비판적인 반성을 할 수 있다. 이런 비판적 성찰을 통해 미래학자는 책임 있고 윤리적인 인간이 만드는 규범적 미래가 무엇인지를 탐구한다. 규범적 미래의 핵심적인 윤리 기준은 세계관의 틀에 영향을 받는다. 이슬람 세계관과 민주주의 세계관은 윤리 기준이 다르기 때문에 각각의 규범적 미래는 다를 수 있다.

　마지막으로, 예일대학교 사회학부 교수인 웬델 벨의 주장처럼 미래연구에서 어떤 특정한 종류의 윤리적, 도덕적 절대주의가 좋은 것인지, 아니면 제임스 데이터처럼 다양한 종류의 윤리적 도덕적 상대주의가 좋은지는 학자 간에 논쟁이 계속되고 있다. 어느 입장에 서든 미래학자들은 반드시 보통 사람보다는 뛰어난 관점과 가치를 가지고 행동해야 한다는 것은 동일한 견해다. 따라서 미래학자라면 세상이 발전함에 따라 스스로의 가치 기준도 끊임없이 재검토해야 한다.[33]

통계를 미래예측에 활용하는 방법

통계학도 정량적 미래예측에 사용하는 기본 도구 중 하나다. 미래예측은 통계학의 두 기둥인 '기술 통계'와 '추리 통계'를 모두 사용한다. 기술 통계는 과거에 일어난 데이터를 관찰하여 미래예측에 도움이 되는 정량적 특징(패턴, 사이클, 숫자적 추세, 기타 의미)을 통찰해내는 데 사용한다. 추리 통계는 기술 통계 방법론과 확률 이론을 혼합한 방법론이다.

정성적 예측과 기술 통계에서 얻은 통찰 위에 통계적 추정을 활용하면 아직 일어나지 않은 미래를 확률적으로 예측할 수 있다. 예를 들어, 우리에게 주어진 데이터 자체는 단순한 숫자의 나열일 뿐이다. 하나의 데이터는 '현실이나 과거 그 자체'를 나타내지만 미래에 대한 통찰력을 주지는 않는다. 오히려 데이터가 모일수록 숫자들의 분포도가 넓어지면서 불확실성만 커진다. 그러나 눈에 보이는 불확실성의 이면에는 숫자의 분포를 설명해주는 일정한 특징(힘의 방향, 속도 등)과 반복되는 패턴이나 사이클 등이 있다. 기술 통계는 이런 것을 찾아내기 위해 표나 그래프를 만들거나 어떤 특징을 대표하는 숫자(통계량) 하나를 기준으로 삼는 등으로 숫자들을 정리 정돈하는 '축약'(데이터의 요점 정리: 평균값, 분산, 표준편차 등)을 시

도하여 불확실성을 통제해간다.[34]

우리는 기술 통계 방법의 축약 기술을 통해 불확실성이 가져다주는 위험성을 통제할 수 있는 가능성을 얻어낼 수 있다. 물론 수많은 숫자를 간단하게 축약하다 보면 숫자의 다양성은 잃어버린다. 하지만 불규칙성 속에 숨어 있는 데이터의 상태나 이면을 추측하고 미래를 예측하는 데 도움이 되는 중요한 정보(힘의 방향, 속도, 패턴, 사이클 등)를 발견할 수 있다. 기술 통계 기법으로 파악된 '평균값'은 변화의 힘의 평균 방향선, '편차deviation'는 불확실성의 정도(범위), '분산variance'은 불확실성의 상태, '표준편차standard deviation'는 불확실성 정도가 평균값(변화의 힘의 평균 방향선)에서 대략 어느 정도로 떨어져 있는지를 보여주는 평균 변동성standard volatility에 대한 통찰력을 얻게 해서 불확실성의 본질에 좀더 가깝게 다가갈 수 있게 해준다. (참고로 불확실성의 시대는 표준편차 값이 크고, 확실성의 시대는 표준편차 값이 작다.) 이런 축약의 방법을 통해 데이터를 재분류하면 다양한 미래 모델을 만드는 데 도움이 된다.

표준편차는 (각 대상에 대해서 예측의 가중치를 주어서) 금융이나 보험 상품 등의 미래 위험을 측정하는 데 활용된다. 표준편차는 첫째, 어떤 특정한 데이터 하나가 그 집합 속에서 어떤 의미를 갖는지를 알 수 있다. 이를 미래예측으로 적용한다면 불확실성의 특수성 정도를 알게 해준다. 즉 어떤 값이 표준편차보다 높을수록 불확실성은 커진다. 어떤 데이터의 편차(평균에서 떨어진 정도)가 표준편차로 계산해서 ±1배 전후라면 보통 정도의 불확실성이고, ±2배 이상으로 멀리 떨어져 있는 데이터라면 불확실성이 상당히 크다고 평가해도 무방하다. 데이터는 정규 분포에 가까울수록 확실성이 높은데, 데이터 전체가 정규 분포에 가깝다고 평가를 받으려면 평균값에서 표준편차가 ±1배의 범위 안에 약 70퍼센트의 데이터가 들어가야 한다. 표준편차가 ±2배보다 멀리 떨어진 데이터는 좌우 양쪽을 다 합쳐도 약 5퍼센트를 거의 넘지 않는다. 그렇기 때문에 만약 어떤 데이터 하나가 표준편차 ±2배 이상 떨어져 있다면 전체 데이터의 2.5퍼센트 안에 들 정도로 특이한 성질을 지닌 데이터라는 의미다. 미래예측으로 적용한다면, 정규 분포 곡선에서 평균값은 그럴듯한 미래, 표준편차 ±1배 안에 있는 데이터는 가능한 미래 1, 표준편차 ±2배 미만 안에 있는 데이터는 가능한 미래 2, 표준편차 ±2배 이상에 속한 데이터는 임의의 미래wildcard/unexpected future로 분류해서 다룰 수 있다. 패턴(분포 패턴)을 통해서도 집단의 특성을 파악할 수 있다. 패턴이란 반복해서 나타나는 집합적 특성이다. 그래서 특정 분포도 반복해서 관찰된다면 패턴이라고 보아야 한다. 가장 흔한 패턴이 정규 분포이고, 그 외에도 베르누이 분포, 기하 분포, 지수 분포 등도 분포의 패턴이다.

정규 분포는 일상에서 가장 많이 발견할 수 있고 수학적으로도 일정 수준 정확하게 설명할 수 있는 데이터 분포 패턴이다. 정규 분포는 데이터의 중심을 나타내는 평균과 데이터의 밀집도를 나타내는 표준편차로 만든다. 정규 분포는 독일의 수학자 가우스가 물리학 실험을 할 때 발생하는 계측오차를 확률 분포로 제시하면서 처음 알려졌기에 가우스 분포라고도 한다. 정규 분포 중에서 평균이 0이고 표준편차가 1인 경우에는 표준정규 분포라고 한다. 정규 분포는 자연 현상에서 가장 많이 발견되는 분포로, 통계와 확률에서 중요한 개념이다. 동전 던지기, 사람의 키, 주식의 수익률 등이 대체로 정규 분포에 가깝다. 평균값이 0이고 표준편차는 1인 표준정규 분포는 표준편차 ±1배 범위 내에 있는 데이터의 상대도수(데이터가 전체에서 차지하는 비율)가 0.6826(약 70퍼센트)이다. 표준편차 ±2배 이내의 범위에 있는 데이터의 상대도수는 0.9544(약 95퍼센트)다. 표준편차 ±2배 범위를 넘어서는 데이터의 상대도수는 좌우 양쪽으로 0.0456(약 2.28퍼센트)이다. 미래예측으로 적용한다면, 표준정규 분포 곡선으로 설정한 미래의 평균값에 해당하는 영역에 있는 가능성만을 추출하여 시나리오를 만들어 이를 그럴듯한 미래로 잡고 기본미래 시나리오로 사용하고, 표준편차 ±1배 안에 있는 데이터까지 확대해서 시나리오를 만들면 가능한 미래 1로 잡고 시나리오 발생 가능성은 68.26퍼센트로 설정한다. 표준편차 ±2배 미만 안에 있는 데이터까지 확대해서 시나리오를 만들면 가능한 미래 2로 잡고 시나리오 발생가능성을 95.44퍼센트로 설정할 수 있다. 마지막으로 표준편차 ±2배 이상에 속한 데이터를 따로 추출하여 시나리오를 만들어 이를 임의의 미래로 분류하고 시나리오 발생 가능성을 4.56퍼센트로 설정할 수 있다. 만약 표준정규 분포의 좌우를 따로 분리해서 각각 시나리오를 작성하면 각각의 임의의 미래 시나리오는 2.28퍼센트의 발생 가능성이 있다고 평가할 수 있다.

자연계에는 정규 분포를 따르지 않는 현상도 있다. 이를 설명하는 분포는 베르누이 분포, 기하 분포, 푸아송 분포, 지수 분포 등이다.

이처럼 표준편차는 불규칙성(불확실성)의 평균 변동성을 추정할

수 있다. 혹은 불규칙성(불확실성)의 '(어느 정도의) 거칠기'를 추정할
수 있다. 파도로 예를 든다면, 바닷물의 수위를 평균값이라고 하면,
잔잔한 파도는 평균값에서 일정하게 움직이는 것이고, 파도가 거
칠게 치는 것은 수면과 차이가 커지는 것이다. 표준편차는 거칠기
의 평균 수준을 구하는 값이다. 확실성의 시대는 파도가 평균값 부
근에서 작은 폭으로 일정하게 모여서 움직이기에 예측이 쉽다. 즉
확실성의 시대는 표준편차 값이 작다. 하지만 불확실성의 시대는
파도가 평균값 부근에서 큰 폭으로 일정하지 않게 움직여서 예측
이 어렵다. 즉 표준편차 값이 크다.

　통계학에서는 세상에 존재하는 데이터 세트들을 정규 분포, 카이
제곱 분포, t 분포 등으로 분류한다. 만약 관측된 데이터를 '축약'과
'통계 검정statistical test'(가설의 타당성을 통계적으로 평가)을 통해 특정 데
이터 세트의 전체(모집단) 성질이 정규 분포에 가깝다는 통찰(추론)을
얻었다고 해보자. 그러면 종의 중심 부근에서 관찰된 표본 데이터
는 '추리 통계'("If ~, then a future will be ~." 특정 조건을 달고, 부분으로 전체
를 예측) 기법을 통해 '(논리적으로) 그럴듯한 미래'를 예측하는 데 사
용할 수 있다. 표준편차 ±1에서 2배의 범위 안에서 관찰된 표본
데이터는 '(확률적으로) 가능한 미래'를 예측하는 데 사용할 수 있다.
±2배를 넘어서는 범위에서 관찰된 표본 데이터(좌우 25퍼센트 내외)
는 '뜻밖의 미래'를 예측하는 데 사용할 수 있다. 이런 방법으로 데
이터를 분류하면, 각 분포 범위를 대표하는 시나리오(3~4개)만 세
우면 되기 때문에 시나리오 구축의 효율성이 높아진다.

　정규 분포를 보이는 데이터 세트인 경우에는 3~4개의 시나리오

만으로 미래예측과 준비가 충분할 수 있다. 표준편차의 ±2배의 범위 안에 있는 시나리오(plausible future+possible futures)는 통계학적으로도 0.9544퍼센트(상대도수)의 예측 적중률이라고 주장하는 것이 가능해진다. ±2배의 범위를 넘어선 데이터(좌우 2.5퍼센트 내외)는 통계학적으로 0.0456퍼센트의 일어날 확률을 가지고 있기 때문에 뜻밖의 미래 시나리오가 될 수 있다는 통계적 추정의 근거도 얻을 수 있다.[35]

이처럼 현대의 미래예측 기법은 단순함과 정확성을 가진 '수학적 표현(수학적 기호화)', 비유를 내포하는 은유와 겉으로 드러내는 직유로 가득 찬 '시적 그림들', 경험적 원리(법칙)에 입각한 '과학적 분류', 컴퓨터 시뮬레이션을 구현할 수 있는 수학 규칙이나 MSS를 구현할 수 있는 논리학적 연결 기반의 '논리적 구조'로 미래를 묘사하는 과정에서 자연스럽게 개발된다. 여담이지만, 많은 학생이 수학 지식은 일상생활과 거의 상관이 없다고 착각한다. 아니다! 수학 지식은 투자뿐만 아니라 내 미래를 지키는 예측 능력을 증진하는 데까지 유용하게 사용된다. 여기에는 수학 박사 수준의 실력이 필요한 것도 아니며 학교에서 배운 수학적 지식만으로도 얼마든지 가능하다.

확률은 불확실성과 확실성 사이에 존재한다

"확률은 무지와 지식 사이에 존재한다"는 말이 있다. 필자처럼 미래학자는 이 말을 "확률은 불확실성(무지)과 확실성(지식) 사이에 존재한다"는 말로 바꾸어 이해한다. 거시 세계를 설명하는 뉴턴 물리학은 결정과 확실성이 지배한다. 하지만 미시 세계를 설명하는 양자 물리학에서는 우연과 불확실성이 지배한다. 양자 세계에서는 특정한 입자(물질)의 운동 상태와 확실한 위치를 동시에 알 수 없다. 확률적으로만 설명이 가능하다. 이런 세계를 설명하려면 우연과 불확실성을 설명하는 수학 이론인 확률론이 필요하다.

결정과 확실성이 지배하는 뉴턴 세계에서는 패턴이 가득하다. 하지만 우연과 불확실성이 지배하는 양자 세계를 설명하는 확률론의 성질에는 패러독스 즉 자기 모순적 명제가 가득하다.[36] 패러독스란 증명이 가능하고 진실을 담고 있지만 직관이나 경험으로 판단할 때에 터무니없이 비정상적이거나 불합리한 결론을 뜻한다.[37] 대표적인 패러독스는 그리스의 영웅 아킬레스와 거북이의 경주를 다룬 제논의 역설이다. 확률론의 성질에 패러독스가 많다는 의미는 확률론으로 다루는 운동의 결과들이 직관이나 경험에 따른 판단과 다르게 나타나는 일이 많다는 말이다. 예를 들어, 유방암에 걸릴 확률 등이 이에 해당한다. 지금부터 필자가 하려는 이야기는 확률에 관한 것이다. 하지만 여기서 확률의 다양한 기술까지 소개하려는 것은 아니다. 대신 최근 미래학의 관심을 끌고 있으며, 필자가 정치나 스포츠, 투자 시장 등 다양한 예측 영역에 접목하고 있는 확률 이론 중 하나인 '베이즈 정리'를 간략하게 살펴보고자 한다.

14~16세기 유럽에서 르네상스 운동이 일어나면서 인문주의 정신이 태동하고, 1453년에 콘스탄티노플이 함락되면서 길고 긴 중세 시대가 막을 내리자 1740년대 영국에서는 세상에서 발견한 증거를 가지고 신의 존재를 증명할 수 있느냐는 문제로 종교적 논쟁이 들끓을 만큼 기독교의 영향력이 크게 약화되었다.[38] 목사였던 베이즈는 이 논쟁에 뛰어들어 신을 믿지 않는 수학자들에게 수학적 방법으로 신의 존재를 증명하려고 시도했다. 이것이 베이즈 정리 탄생의 시작이다.

베이즈 정리는 어떤 대상에 대해 가지고 있는 초기 믿음(경험을 통한 학습으로 얻은)을 새로운 객관적 정보로 갱신하면 보다 개선된 믿음을 확보할 수 있다는 확률 이론이다. 실용적인 측면으로 규정한다면, 주관적 경험을 근거로 한 확률로 미래를 예측하는 수학적 의사결정 도구다. 베이즈 정리의 창시자는 목사이자 아마추어 수학자였던 토머스 베이즈지만, 현재 수준으로 발전시킨 사람은 수학자이자 과학자였던 피에르 시몽 라플라스다. 라플라스는 1774년에 독자적으로 베이즈 정리를 재발견하고 40년 동안 공을 들여 지금의 수준까지 끌어올렸다. 하지만 우리는 수학의 역사적 관습에 따라 여전히 최초의 창안자였던 베이즈의 이름을 붙이고 있다.[39]

베이즈는 영국 내에서 비국교였던 장로교파 목사였다. 성공회를 국교로 하는 영국에서 비국교도는 박해를 받았다. 17세기에 영국에서는 2,000여 명이 넘은 비국교도가 감옥에 갇혀 죽기도 했다. 이런 분위기 때문에 베이즈가 살던 시기에 비국교도는 영국에서 학위를 받을 수도 없었고 대학에서 강의도 할 수 없었다. 당연히 당대에 큰 업적을 남긴 많은 수학자가 아마추어로 분류될 수밖에 없었다. 베이즈도 영국에서 학위를 받을 수 없어서, 장로교파를 인정하는 스코틀랜드 에든버러대학교에서 수학과 신학을 공부했다. 1711년에 런던으로 돌아간 베이즈는 목사가 되어서 내부로는 국교도와 외부로는 기독교 신을 부정하는 이교도 수학자들과 뜨거운 논쟁을 벌이기 시작했다. 1731년에는 「신은 사람들에게 감당할 수 있는 가장 큰 행복을 준다」는 주제의 소논문을 발표했다. 10년 후쯤 베이즈는 성공회 주교이자 경험주의 철학을 창시한 조지 버클리와 역사적인 논쟁을 벌인다. 아일랜드 출신의 조지 버클리는 비국교도 수학자와 이교도 수학자, 아이작 뉴턴과 같은 자유사상가를 한데 묶어 비판하는 선동적 논문을 발표한 인물로, 당시의 영국은 영적으로 타락한 곳이기에 새로운 세계를 건설해야 한다는 신념에 차 있었다.

이에 1725년, 그 첫걸음으로 신대륙 아메리카 식민지에서 활동할 성직자를 훈련할 대학을 버뮤다에 설립할 계획을 세운다. 일명 버뮤다 프로젝트였다. 영국을 떠나 미국의 로드아일랜드 뉴포트 근처에 도착한 버클리는 선교를 시작했다. 하지만 버클리의 계획은 영국이 약속한 지원금을 주지 않아 무산되고 만다. 1732년, 영국으로 되돌아온 버클리는 성공회 주교가 되어 비국교도, 이교도, 자유사상가 등과 치열한 논쟁을 일삼는 논객이 된다. 버클리는 이성이 모든 것을 환하게 비춰줄 수 있다는 그들의 주장을 용납하기 힘들었다. '존재하는 것은 지각된 것이거나 지각하는 것이다Esse est percipi aut percipere'라는 신념을 지닌 버클리에게는 이성으로 보이지 않는 것도 설명하려는 그들의 태도는 아주 못마땅했다. 버클리는 외부 대상의 표상表象(지각된 것)과 우리의 지각知覺이 일치하지 않으면 세계에 대한 잘못된 지식을 가질 수 있다고 생각했다. 버클리는 회의주의와 무신론은 이런 잘못된 지식에서 비롯한다고 생각했다. 더 나아가 확실한 지식을 수립할 수 없다는 회의론에 빠질 수 있다고 보았다. 또한 내가 (잠을 자거나 해서) 지각을 하지 않는 시점에도 외부 대상의 표상은 계속 존재한다고 보았다. 나의 지각과 외부 대상의 표상이 일치하지 않더라도 신神이 지각을 계속하고 있기 때문이다.

이처럼 버클리는 회의주의와 무신론을 극복하기 위해서는 표상과 지각이 일치하는 수준에서 지식을 형성해야 한다고 믿었다. 이것이 바로 경험론의 핵심이다. 당연히 이성이 모든 것을 비출 수 있다고 믿는 이성 만능주의 태도나 믿을 수 있는 것은 이성밖에 없다는 데카르트식 회의론, 아예 신이 없다는 무신론과 같은 주장은 타락한 세상을 개혁해야 한다는 신념을 가진 버클리에게는 격렬한 비판의 대상이 될 수밖에 없었다.

1734년, 버클리는 『해석자The Analyst』라는 책을 출간했다. 부제는 '믿음이 없는 수학자에게 보내는 설교A Discourse Addressed to an Infidel Mathematician'였다. 버클리가 부제에서 거론한 믿음이 없는 수학자가 바로 아이작 뉴턴이었다. 버클리는『해석자』에서 미적분학의 원리와 근거에 대해서 정면으로 반박했다. 버클리가 뉴턴의 주장을 반박한 이유는 그의 눈에는 이신론deism이 뉴턴의 기계론적 사고를 종교에 적용한 것이었기 때문이다. (이 논쟁 덕분에 미적분학은 버클리의 지적을 극복하는 대안적 방법을 찾으면서 더 발전한다.)

1740년대 말, 스코틀랜드의 철학자이자 경제학자였던 데이비드 흄은 버클리의 의도와는 다르게 경험론을 불가지론(회의론)까지 극단적으로 확장해버렸다. 흄은 인간이 얻을 수 있는 지식은 직접적으로 마음에 새겨지는 감각적 경험인 '인상印象의 흐름'뿐이고, 이것이 어떻게 일어나는지는 전혀 알 수가 없다는 극단적 주장을 했다. 그에게는 경험으로 얻은 사물의 기본적 관계는 관습이나 믿음에 의한 것에 불과했다. 신에 대한 지식이나 자연에 대한 철학적 이론은 진정한 지식이 아니고, 종교조차도 역사적 인식의 모음과 흐름에 불과하다. 흄에게는 자아自我조차도 '인상의 한 묶음'에 불과했다. 세상이 현재 모습대로 설계되어 있다고 해도 궁극 원인(제1원인)으로서 신의 존재와 인과관계를 갖는 것이 아니었다. 신과 우주 창조를 인과관계로 묶는 것은 그저 그럴듯한 이유를 만든 관습의 산물에 불과하다고 보았던 것이다. 회의주의자 데카르트와 경험주의 극단이 흄에게서 통합되어 무신론까지 이른 셈이다.

국교도에 대항하던 베이즈는 버클리가 불러일으킨 논쟁과 기독교 근본을 위협하는 흄의 주장에 맞서 수학과 신학을 절묘하게 뒤섞어 뉴턴의 계산법을 옹호하고 신의 존재를 증명하는 글을 한 편 쓴다.[40]「우연의 원리로 가장 어려운 문제 가운데 하나를 해결하는 불완전한 해법」이라는 제목의 소논문이다. 이 논문은 베이즈가 수학에 관해 남긴 유일한 글이다. 베이즈는 원인과 결과에 대한 흄의 의심을 반박하기 위해 수학적 접근을 시도했다. 즉 베이즈 이론은 보이지 않는 신, 혹은 아주 적은 데이터만 존재하는 신의 존재를 거꾸로 증명해가는 새로운 방법이다. 이 이론은 이른바 '역확률 inverse probability'을 제안하는 과정에서 탄생했다. 역확률은 소량의 결과만으로 역으로 거슬러 올라가 원인의 가능성을 확률적으로 계산하는 방법이다. 예컨대 도박판에서 상대방이 내놓은 카드 한 장이라는 적은 데이터만으로 상대방 전체의 패를 확률적으로 역추적해 계산하듯이, 결과에서 원인으로 향하는 역질문을 해나가는 것이다.

혁명적 사고실험

　1740년대 어느 날, 토머스 베이즈는 간단하지만 혁명적인 사고실험thought experiment을 한 가지 시도한다.[41] 실험의 목표는 '어떤 사건이 발생한 횟수, 혹은 발생하지 않은 횟수만 알고 있을 때, 미래에 일어날 사건의 확률 근사치는 얼마일까?'를 계량화하는 것이었다. 이를 알아내기 위해서는 추론이 필요하다. 추론은 임의의 숫자(최초 추정치)를 정하는 것에서부터 출발한다. 방법은 시간이 지나면서 과거보다 많은 정보를 수집할 때마다 최초의 숫자(최초 추정치)를 보정하는 것으로, 이것을 만족할 만한 숫자를 얻을 때까지 반복한다.

　이제 사고실험을 시도해보자. 베이즈는 완벽하게 평평한 임의의 사각형 탁자를 하나 머릿속에 그렸다. 이 탁자 위에서 공을 하나 굴린다. 단 실험에는 세 가지 조건이 따른다. 첫째, 탁자에는 사면을 둘러싼 벽이 없기 때문에 굴린 공이 벽에 부딪혀서 튀어나오지 않는다. 둘째, 공을 여러 개 굴리더라도 공끼리 부딪히지 않는다. 셋째, 완벽하게 평평하기 때문에 어떤 지점에서 공을 굴리더라도 임의의 지점에서 멈출 확률도 같다. 균등 확률equal probability이다. 불확실한 환경에 대응하기 위한 실용적 대안이었다.

베이즈는 이런 조건의 탁자를 뒤로 두고 돌아앉는다. 조수에게 탁자 위 어느 지점에서든 공을 굴리라고 말한다. 베이즈는 뒤돌아 앉았기 때문에 공을 어느 지점에서 굴리기 시작했고, 어느 지점에서 공이 멈췄는지를 알 수 없다. 그냥 임의의 지점에서 멈췄을 것이라고 추정할 수밖에 없다. 이것이 무작위로 정하는 최초의 결과 값(초깃값)이다.

첫 번째 공이 멈춘 후, 조수에게 두 번째 공을 굴리라고 말한다. 두 번째 공이 멈추면, 첫 번째 공이 멈춘 지점과 비교해서 오른쪽에 멈췄는지 왼쪽에 멈췄는지를 물어본다. 만약 두 번째 공이 첫 번째 공과 비교해서 왼쪽에 있다면, 첫 번째 공은 탁자의 오른쪽에 있을 가능성이 크다. 두 번째 공굴리기가 추가된 후, 첫 번째 공이 멈춘 지점에 대한 추측은 그만큼 보정된다.

이제 베이즈는 조수에게 세 번째 공을 굴리라고 말한다. 만약 세 번째 공이 멈춘 지점이 이번에는 첫 번째 공의 오른쪽에 있다면 첫 번째 공이 탁자 오른쪽 맨 끝 선에 붙어 있을 가능성은 전혀 없다. 세 번째 공굴리기가 추가된 후 첫 번째 공이 멈춘 지점에 대한 추측은 그만큼 다시 보정된다.

베이즈는 이런 방식으로 조수에게 계속해서 다음 공을 굴리라고 말한다. 공을 굴리는 시도를 늘려갈수록 첫 번째 공이 멈춰 있는 지점에 대한 보정된 결과 값의 신뢰도는 점점 높아진다. 물론 이런 방법을 계속 반복하더라도 한 치의 오차도 없는 정확한 답을 얻기는 힘들다. 하지만 첫 번째 공이 멈춘 지점을 '특정 범위 안'으로 좁힐 수 있다. 바로 (실용적) 근사치를 얻을 수 있다. 관찰을 계속 이어간다면, 최초의 믿음이 점점 개선되면서 제1원인에 대해서 더듬어 근사치를 얻을 수 있다. 이 근사치가 바로 '새롭게 개선된 믿음'이다. 베이즈의 사고실험을 현대 용어로 바꾼다면 최초의 주관적 임의의 추정치(최초의 주관적 믿음)의 확률은 '사전prior 확률', 객관적인 새로운 자료로 보강된 다른 가설 확률은 '가능성likelihood', 이를 반영해서 새로 수정한 믿음의 확률은 '사후posterior 확률', 매번 새로운 시도를 할 때마다 전 단계에서 도출된 '사후'는 '사전'이 되고, 새로 개선된 믿음은 '사후'가 된다. 즉 '사전'의 가능성은 '사후'에 비례한다

수학자들은 베이즈의 천재적 발상의 핵심은 '공이 멈춰선 지점들의 범위를 좁혀나간다'는 생각이라고 평가한다.[42] 베이즈의 이 사고실험은 과거에 대한 정보가 전혀 없는 경우에도 사용할 수 있다. 실험자 마음대로(주관적으로) '그럴법한 값likely value'을 대충 추정하면 된다. '확률을 대충 추측한다'는 발상은 베이즈가 사고실험에서 전제 조건으로 내건 '균등 확률'과 함께 기존의 수학자들을 무려 150년 동안 경악하게 했다.

베이즈는 이런 생각을 담은 자신의 소논문「우연의 원리로 가장 어려운 문제 가운데 하나를 해결하는 불완전한 해법」을 왕립학회에 발표하지 않고 죽을 때까지 서랍 속에 묵혀두었다. 1761년에 베이즈가 사망한 후 친척들은 베이즈의 친구 리처드 프라이스에게 베이즈의 논문들을 검토해달라고 부탁했다. 프라이스는 논문을 검토하다 이 논문을 발견하고는 무신론을 주장했던 흄을 반박하는 좋은 글이라고 직감했다. 그리고 2년 동안 검토 및 보완하여 왕립

학회에 글을 보냈다. 그로부터 1년 뒤 왕립학회가 발간하는 철학회보에 베이즈의 소논문이 발표되면서 베이즈 정리가 세상에 알려졌다.[43]

베이즈 이론은 1990년, 1994년, 2002년에 걸쳐 노벨상을 세 차례나 수상할 정도로 혁신적인 시도로 평가받았다. 하지만 발표된 당시에는 주관적 경험과 실용적 차원에서 확률을 계산하는 접근법 때문에 정확하고 객관적인 자료와 해답만을 인정했던 수학 전통과 정면으로 충돌했다. 이후 베이즈 정리는 150년 동안 치열한 논쟁과 싸움의 중심에 선다. 고대 그리스시대부터 수천 년을 객관성과 정확성에 사활을 걸어온 수학이나 과학 관습에 도전을 하고, 그리스 이전으로 돌아가 이집트나 바빌로니아시대의 수학처럼 실용적 수준에서 만족하는 접근법 관습에 도전을 시도하는 베이즈 이론이 제2의 수학 부흥기를 이루어가던 18세기 주류 수학자들과 정면으로 충돌하는 것은 어쩌면 당연한 결과였다.

하지만 1950년에 '베이즈 정리'라는 이름을 얻고 난 이후 베이즈 정리는 당당하게 수학에서 한 영역을 차지한다. 그리고 물리학, 천문학, 컴퓨터공학, 금융, 유전학, 로봇공학, 인공지능, 군사학, 인터넷 거래, 뇌공학 등 거의 모든 영역에서 없어서는 안 될 강력한 도구로 자리매김한다. 왜냐하면 베이즈 정리는 보험과 같은 위험 예측, 지진의 진앙지 탐색, 핵발전소의 안정성 평가, 흡연이 폐암을 유발할 가능성이 높다는 인과관계 도출, 대통령 당선자 예측, 미사일 포격지점 계산, 인공지능 개발, 테러리스트의 위협 위험도, 스팸 메일 필터링, 영화 추천, 음성 인식, 기계 번역, 최고의 수익률을 기록하는 헤지펀드 '르네상스 테크놀로지'의 투자 비법 등 거의 전

영역에서 소량의 데이터로도 놀라운 수준의 분석과 예측이 가능하도록 해주기 때문이다.[44] 다음은 베이즈 정리를 수학적으로 간단하게 표현한 것이다.

$$P(B|A) = P(A|B) \times Pprior(B) / \sum P(A|B') \times Pprior(B'), P(B) > 0, P(A) > 0$$

(어떤 사건이나 자료가 주어진 상황에서) 어떤 특정한 원인(A)의 사후 확률 P(B|A)는, 어떤 사건이나 자료가 일어날 확률(가능성, likelihood, 사건 B에 대한 A의 조건부 확률)×이것이 일어날 확률에 대한 사전 확률 P(A|B)×Pprior(B)를, 사건 A에 대한 사전 혹은 주변 확률 ∑P(A|B')×Pprior(B')로 나눈 값이다. (참고로 주변 확률이란 두 개 이상의 확률 변수들의 결합 분포로부터 그중 하나만의 확률 변수에 대한 확률을 언급하는 것이다.)

미래학에서 베이즈 정리는 '원인의 확률값'을 찾아 미래를 예측하는 기술로 사용할 수 있다. 초깃값에 대한 믿음이 약해도 수집되는 객관적 정보를 반영하여 '반복 수정'을 통해 신뢰할 만한 원인의 확률값을 구하면, 미래 변화의 원인에 대한 확률값을 토대로 미래 사건의 (신뢰할 만한) 확률 예측값을 구할 수 있기 때문이다.

과거에는 미래예측에 사용되는 자료가 신뢰할 수 있는 자료라고 판단되면 '빈도주의frequentism'를 기반으로 한 확률 계산법을 사용했다. 하지만 신뢰할 수 없는 자료, 혹은 신뢰성이 떨어지는 자료라고 판단될 때에는 미래예측이 불가능했다. 그러나 이제는 '베이즈주의Bayesianism'를 기반으로 한 확률 계산법을 사용하면 신뢰할 수 없는 자료, 표본 집단이 적은 자료로도 유의미한 미래예측을 할 수 있는 길이 열린 셈이다. 참고로 빈도주의는 영국의 생물학자이자 통계학자인 로널드 에일머 피셔가 정립한 이론이다. 빈도주의자들은 통계의 불확실성이 표본 집단이 적은 데서 발생한다고 전제하므로 표본 집단의 규모를 늘릴수록 오차가 영에 가까워진다고 주장한다.

귀류법, 일어날 가능성이
전혀 없는 것을 예측하는 기술

미래를 예측하는 방법은 크게 두 가지가 있다. 하나는 일어날 가능성이 있는 것을 예측해보는 것이고, 다른 하나는 일어날 가능성이 전혀 없는 것을 예측해보는 것이다. 실제로 미래는 일어날 가능성이 있는 것과 일어날 가능성이 전혀 없는 것, 이 두 가지로 만들어진다.

일어날 가능성이 전혀 없는 것을 예측할 때는 귀류법을 사용한다. 귀류법은 수학에서 '가능성이 없는 것'이나 '존재하지 않는 것'을 증명할 때 사용하는 사고 기술이다. 귀류법의 사전적 의미는 "어떤 명제가 참임을 증명하려고 할 때 그 명제의 결론을 부정함으로써 가정 또는 공리 등이 모순됨을 보여 간접적으로 그 결론이 성립한다는 것을 증명하는 방법"이다.[45]

어떤 명제가 가능성이 없거나 존재하지 않는다는 것을 증명할 때에는 주어진 전제前提에서 직접 증명할 수 없다. 그 명제 자체가 가능성이 없거나 존재하지 않는 것이기 때문이다. 이럴 경우에는 그 명제의 부정명제를 만들고, 부정명제를 전제로 증명을 전개하여 그 논증이 모순에 귀결되는 것을 밝히면 최초의 명제가 가능성이 없거나 존재하지 않는다는 것이 간접적으로 증명된다. 부정이 모순이기 때문에 최초의 명제가 참이라는 것이 잘못되었다는 논리다. 그래서 최초의 명제는 존재하지 않는 것, 가능성이 없는 것이 된다.

우리 주위에서 흔히 볼 수 있는 귀류법의 실례는 경찰이 알리바이가 있는 사람은 용의 선상에서 제외하는 행위다. 용의 선상에 오른 사람이 진짜 범인이라는 것을 증명하기 힘들다고 생각해보자. 이럴 경우에는 반대의 명제를 만들어 접근한다. 즉 현실에서 알리바이가 있는 곳과 범죄 현장 두 곳에 동시에 용의자가 있을 수 있다는 명제다. 하지만 이 명제를 현실에서 증명하는 것은 불가능하다. 두 장소에 동시에 있는 것은 모순이기 때문이다. 이처럼 경찰이 용의자 A가 범인이라는 것을 직접 증명하는 것이 불가능할 때, '용의자 A가 범인이라고 가정하면 알리바이가 있다는 점이 모순이다'라는 논리로 접근하여 알리바이가 있는 용의자 A를 용의 선상에서 제외한다.[46]

수학을 이해하기

Insight
into
Futures

예측 수학, 숫자를 통찰하는 기술

수학에서 통찰하는 세상의 본질

지금부터 앞에서 못다 한 수학과 통찰에 대한 이야기를 길게 해볼 요량이다. 학창시절 수학을 포기했던 필자가 어떻게 수학을 좋아하고, 수학이 통찰력을 예리하게 하는 강력한 도구라는 것을 깨닫게 되었는지에 대한 다양한 이야기를 해보려 한다. 이 부분은 앞의 내용과 함께 읽어도 좋고, 따로 떼어 읽어도 무방하다. 하지만 이 책을 선택한 독자라면 이왕이면 이 부분도 끝까지 읽어주었으면 하는 바람이다. 한 가지만 양해를 구한다. 필자는 수학으로 박사학위를 받은 사람이 아니다. 굳이 이 말을 하는 이유는 짐작하듯이 수학을 통해 세상의 이치와 작동 방식을 통찰하는 데 관심을 두어 수학을 다루기는 하지만 필자가 이해하는 수학 내용이 수학 전문가의 눈에는 미흡할 수도 있기 때문이다. 이제 사설은 그만두고 수학에서 통찰하는 세상의 본질에 대한 이야기로 들어가 본다.

미래연구에서 "세상의 본질은 무엇인가?"라는 질문은 아주 중요하다고 이미 설명했다. 역사적으로 보면, 우주의 근원arche에 대한 인간의 해답은 물질과 비물질로 귀결된다. 탈레스가 말한 물水, 헤라클레이토스가 말한 불火, 아낙시메네스가 말한 공기, 엠페도클레스가 말한 흙, 공기, 물, 불, 데모크리토스가 말한 아톰atom은 물질이 우주의 근원이다. 모든 존재의 근원이 되는 항구적이며 초월적 실재(원형原型)로서 이데아Idea를 주장했던 플라톤조차도 우주의 근원은 물이라고 했다.

　하지만 피타고라스는 우주의 근원을 '수數'라는 비물질로 보았다. 피타고라스에게 물질은 그 무엇이라도 우주의 근원이 될 수 없었다. 만물은 수를 모방한 것이고, 물질은 수數와 수가 만든 질서 위에서 움직이는 무엇matter에 불과했던 것이다. 피타고라스는 정수를 모든 세계를 통일하는 기반으로 생각했다. 예를 들어, 고대 수메르 문명에서 1을 뜻하는 단어 '게스ges'는 남성을 뜻하고, 2를 뜻하는 단어 '민min'은 여성을 가리켰다. 피타고라스는 1은 수의 근원이며 이성의 수, 2는 맨 처음 짝수이며 여성의 수, 3은 맨 처음의 남성의 수이며 조화의 수, 4는 정의의 수, 5는 남성의 수와 여성의 수가 결합한 결혼의 수, 6은 창조의 수, (1, 2, 3, 4의 합인) 10은 가장 신성한 수로서 모든 기하학 차원을 더한 우주의 수라고 했다. 또한 짝수에 홀수를 더하면 홀수가 나오기 때문에 홀수는 짝수를 지배하는 수이고, 그래서 홀수는 남성이고, 짝수는 여성이라고 선언했다. 이런 철학을 기반으로 자연의 운행도 수학으로 설명할 수 있다고 믿었던 것이 피타고라스학파다. 그들은 자신들만의 천문학 체계도 세웠다. 지구는 둥글고, 우주의 중심에는 중심 불central fire이 있고, 그 둘레를 지구와 태양과 달을 포함한 일곱 개 행성이 일정한 속도로 회전한다는 가설이다. 2,000년 뒤에 등장하는 코페르니쿠스도 자신이 주장한 지동설이 피타고라스학파의 생각을 빌린 것이라고 했을 정도였다.[1]

피타고라스에게 수는 물질이 아니다. 감각 세계 너머에 있는 물질의 원형도 아니다. 피타고라스에게 수數는 우주의 근원이자 우주 질서의 원리다. 생각 곧 관념으로만 인식할 수 있는 가장 순수한 관념이다. 관념Idea이란 사람의 마음(의식) 속에만 있는 표상, 상념, 개념을 가리킨다. 그렇기에 우주의 근원을 수로 인식한 피타고라스의 접근은 가장 관념론적이다. 참고로 피타고라스는 마테마타mathemata에서 산술, 기하, 천문, 음악을 핵심 과목으로 가르쳤다. 그리스어 마테마타는 '배우고 가르치는 모든 것'이라는 뜻으로 수학mathmatics의 어원이다. 마테마타 와 수학 은 '배움, 지식'의 뜻을 가진 마테시스mathesis에서 파생된 단어이기도 하다.[2] 즉 고대 그리스인은 수학이 지식의 모든 것이라고 인식했다. 때문에 피타고라스가 마테마타에서 가르친 천문, 음악도 수학의 일부였다. 하지만 인류가 수학의 중요성을 알게 된 것은 사실 피타고라스 훨씬 이전의 일이었다.

수학적 통찰의 기원

1858년 스코틀랜드 고고학자 알렉산더 헨리 린드 박사는 이집트 룩소르 시장에서 길이 544센티미터, 너비 33센티미터나 되는 오래된 파피루스 한 장을 얻었다. 도굴꾼이 훔쳐낸 귀한 자료가 시장까지 흘러나온 것이다. 그가 구입한 파피루스는 3500년 전 제2중간기(B.C.1781~B.C.1550) 람세스 2세 때의 서기 아메스(혹은 아모스)가 기록한 것으로, 구불구불한 나일강이 범람한 이후 토지를 측량하여 경계를 다시 정하는 법, 노동자에게 임금을 나눠주는 계산법, 피라미드 높이를 정하고 부피를 구하는 법, 삼각형·사각형·원 등 도형의 넓이를 계산하는 법, 단위 분수 계산, 일차 방정식 풀이 등 파라오가 나라를 통치하는 데 활용했던 84개의 실용적 수학 지식이 적혀 있었다. 파피루스를 기록한 아메스Ahmes는 자신이 살던 시기로부터 300~500년 전 파라오의 피라미드 건축을 지휘했던 전설적인 건축가이자 의사였던 임호텝Imhotep에게서 배운 수학 지식을 신관문자神官文字 히에라틱hieratic으로 기록했다.[3] 린드 파피루스의 서문에는 다음과 같은 말이 쓰여 있었다.[4]

모든 사물에 대한 완전한 탐구, 모든 존재에 대한 통찰, 모든 비밀에 대한 지식을 제시하고자 이 글을 쓴다.

이집트인이 사용한 문자는 상형문자였다. 상형문자는 사물을 본떠 만든 그림문자다. 린드 파피루스에 사용된 문자도 이러한 상형문자였다. 이 문자는 1799년 나폴레옹 원정군이 이집트를 침공하는 과정에서 알렉산드리아 근처 고대 항구 로제타에서 돌판 하나를 발견한 뒤부터 해독이 가능해졌다. 일명, 로제타 스톤Rosetta Stone으로 불리는 이 돌판에는 그리스 문자, 이집트 일반 백성이 쓰던 데모틱demotic, 이집트 왕의 이름과 업적을 기록하는 데 사용한 신성문자神聖文字 히에로글리프hierogrlyph 세 가지가 쓰여 있었다. 돌판을 발견한 프랑스인 장프랑수아 샹폴리옹과 영국의 토머스 영은 다행히 그리스어에 능통해서 신성문자 히에로글리프를 해석하는 데 성공했다.[5] 참고로 고대 이집트인에게 히에로글리프는 신의 말씀으로 신성시되어서, 인간이 신을 찾을 때 의지할 수 있는 유일한 열쇠였다. 이런 이유로 이집트인은 3,000년 동안 언어의 근본 법칙을 거의 바꾸지 않고 그대로 사용했다. 그래서 기원전 3세기경 이집트 프톨레마이오스 왕조 때의 사제가 3,000년 전에 석판에 새겨진 문서를 해독하여 다시 쓸 수 있을 정도였다. 당연히 그리스어로 번역도 가능했다. 로제타 스톤은 이런 역사 덕분에 그리스어, 데모틱, 히에로글리프 세 가지 언어로 기록될 수 있었다.

고대 이집트 문명과 비슷한 시기에 이라크 티그리스강과 유프라테스강 사이에서 태동한 고대 바빌로니아 문명에서도 수학이 발견된다. 파피루스가 없었던 고대 바빌로니아에서는 점토판에 쐐기 모양의 선과 문자를 기록했다. 이른바 쐐기를 뜻하는 라틴어 'cuneus'에서 유래한 쐐기문자cuneiform 혹은 설형문자다. 기원전 3000년경 고대 메소포타미아 지역은 진흙이 풍부했기 때문에 부드러운 점토판을 만들어 뾰족한 막대기로 쐐기꼴 표시를 찍어 태양이나 가마에서 말려 신전에 바치는 물품(곡물, 양, 물고기, 노예 등)에 관한 지식을 보관했다. 인류 최초 도시 문명을 건설한 수메르인이 발명한 쐐기문자는 쐐기 표시의 묶음, 즉 배열 단위로 의미를 전달했다. 쐐기문자는 셈어족, 고대 페르시아, 바빌로니아, 아시리아, 히타이트 등에서 대략 3,000년 동안이나 널리 사용되었다. 난해하기만 했던 쐐기문자 해석은 1870년대에 바빌론 근처 베히스탄 암벽에서 다리우스 왕을 위해 새긴 승전비문이 발견되면서 가능해졌다. 그 비문은 반란군 칸비세스를 진압하고 새긴 비문인데, 페르시아어, 엘람어, 바빌로니아어 세 가지 언어로 기록되어 있었다. 학자들은 이 세 가지 언어를 비교 분석하여 마침내 쐐기문자를 해독하는 열쇠를 손에 쥐게 되었다.[6]

성경에 나오는 아브라함이 살던 시대보다 훨씬 이전인 기원전 4000~3500년경에 시작된 수메르는 인류 역사의 시작이다. 티그리스강과 유프라테스강이 수천 년간 범람하며 만들어놓은 남부 메소포타미아의 비옥한 초승달 평야에서 일어난 수메르 문명은 (우리의 생각과는 다르게) 설형문자, 벽돌, 채색토기, 12진법, 신전, 문서, 바퀴, 예술적 세공, 관개수로 기술, 청동기 금속도구, 지구라트(인공 언덕) 등의 눈부신 발전을 이루었다.

기원전 3200년경에는 두 강을 끼고 형성된 비옥한 초승달 평야지대에 수많은 도시국가가 존재했다. 아브라함의 고향으로 알려져 있기도 한 우루크는 『길가메시 서사시』에서 전설적 영웅으로 등장하는 우루크 제1왕조의 왕 길가메시가 통치하던 나라의 수도였다. 우루크는 수메르에서 가장 오래되고 중요한 도시국가로, 구약성경 창세기 10장 10절에는 역사상 최초의 영웅 님로드가 시날 땅에 바벨 다음으로 세운 도시라고 기록되어 있기도 하다. 에렉Erech으로도 불리는 우루크는 전성기 때에는 도시 인구가 5~8만 명에 이르렀고, 우르 제3왕조를 연 우르남무 재위시절에는 최초의 법전을 만들기도 했다. 남무 법전이라고 불리는 이 법전은 훗날 바빌론을 중심으로 메소포타미아 지역을 통일한 바빌로니아 함무라비(재위 B.C. 1792~B.C.1750)대왕 법전의 모델이 된다. 하지만 비옥한 땅인 만큼 도시국가들의 침략에 늘 노출되어 있었다. 기원전 2276~2221년경 셈어계의 아카드인Akkadian 사르곤Sargon 1세가 이 지역에 있는 도시국가들을 통일하고 메소포타미아에 최초의 통일제국을 건설했다. 사르곤 1세가 세운 아카드 왕조는 북쪽으로는 토로스산맥, 남쪽으로는 페르시아만, 서쪽으로는 지중해, 동쪽으로는 엘람까지 지배했다(그림 1).

■ 그림 1 아카드 제국 영역

하지만 아카드 제국Akkadian Empire은 200년 만에 이란 고원에서 침입해온 구티족에 의해 멸망한다. 구티족은 100년 정도(B.C.2130년 경까지) 아카드 제국을 지배했지만, 아카드 제국의 땅 전부를 장악하지는 못했다. 아카드 제국이 무너진 이후 메소포타미아 지역은 아모리, 히타이트, 아시리아, 메디아, 페르시아 등이 권력을 다투었다. 하지만 이렇게 침략과 왕조 교체가 빈번했음에도 불구하고 메소포타미아 지역은 쐐기문자를 포함한 수메르 문명이 일관성 있게 유지되었다. 그렇기 때문에 고대 도시 니푸르Nippur 한 곳에서만 5만 장의 서판이 나올 정도였다. 이렇듯 메소포타미아 지역에서는 이집트보다 훨씬 많은 역사 자료가 발굴되었다. 덕분에 인류는 메소포타미아 수학에 대한 자료를 이집트 것보다도 더 많이 보유할 수 있었다.[7]

기원전 1830년, 가나안 주변에서 유목생활을 하던 아모리인Amorite이 세운 바빌론 제1왕조가 일어나 6대 왕 함무라비 시절에 숙적 도시 이신Isin과 라르사Larsa를 무너뜨리고 엘람에서 시리아에 이르는 대제국을 건설했다. 아카드어를 국어로 정할 정도로 메소포타미아 지역의 문화를 흡수한 바빌로니아Babylonia는 기원전 1530년 무렵 히타이트인의 침입으로 멸망할 때까지 메소포타미아 지역의 문명을 발전시켰다. 이들의 수학 지식은 아시리아 지역의 니푸르와 키스 유적에서 발굴된 점토판에 잘 나타나 있다. 고대 이집트인은 10진법을 사용한 데 반해, 바빌로니아인은 60진법을 사용했다. 운하를 팔 때 필요한 계산에서부터 직각삼각형의 세 변을 이루는 수들, 원시 삼각법, 방정식, 등비수열, 복리계산에 이르기까지 다양한 수학 지식을 보유했다. 특히 이집트인은 풀지 못했던 삼차방정식에 대한 기록도 바빌로니아에는 많다.[8]

동양에서는 고대 중국 문명에서 수학의 흔적을 찾아 볼 수 있다. 천문, 지리, 인사, 물상 등을 음양의 변화 원리에 따라 해석했던 주역周易 '계사系辭편'에 끈을 묶어 숫자를 표시했다는 기록이 있다. 계산법은 10진법을 기초로 작은 대나무막대(산대)를 산판算板이라는 계산대에 올려놓고 계산하는 방법을 썼다.[9]

이처럼 3,500년 전부터 인류는 수학이 사물, 존재에 대한 완전한 탐구이자 통찰의 도구라고 생각했다. 그래서 수학은 왕족과 고위 관료들의 필수 학문이었다. 당시에는 산술과 기하에 국한되었지만, 수학이라는 도구를 사용하면 우주와 자연의 근원에 대한 모든 비밀을 탐구할 수 있다고 믿었다. 또한 수학은 문명을 건설하고 제국을 통치하는 데 필요한 문제에 대한 답을 제시하는 도구였다. 고대 이집트와 고대 그리스는 수학 역사의 양대 근원이다. 고대 이집트 수학은 그리스보다 1,000년이나 앞서지만 현실 세계에 필요한 질문에 실용적이고 경험적 해답을 찾는 유용한 방향으로 수학 연구를 전개했다. 그래서 작은 오차는 무시했다. 반면에 철학적 질문에 관심이 많았던 고대 그리스는 우주의 근원을 탐구하는 데 사용한 수학 연구에도 추상적이고 사변적인 방법을 사용했다. 원리와 치밀한 증명에 중점을 두었고, 명증한 언어를 사용해서 증명적 태도와 연역적 방법을 즐기면서 수학적 아름다움, 세련됨과 완성도에 집중했다. 당연히, 작은 오차도 용납하지 않았다.[10]

고대 사회에서 수학은 모든 지식으로 들어가는 문이자 제국을 건설하고 통치하고 발전시키는 핵심 역량이었다. 특히 고대 이집트의 산술과 기하학은 통치 행위에 필요한 핵심 지식이었다. 이집트인은 이 지식을 활용해 신들의 왕 '아문'을 모시기 위해 축구장 30개를 더한 크기에 134개의 기둥으로 이루어진 신전 카르나크를 짓고, 나일강이 6,600킬로미터를 흘러내려 오며 가져온 검은 퇴적물로 만들어진 비옥한 하류 삼각지 농지가 에티오피아와 우간다의 우기에 내린 홍수로 경계가 다 허물어져버리면 (세금을 정확하게 걷기 위해) 다시 측량하고, '신들이 완성한 인물'인 파라오를 위한 사원과 높이 100미터 밑변 200미터가 넘는 거대한 피라미드를 건설하고, 그에 따른 3,800억 달러가 넘는 피라미드 건설 비용을 관리하고, 1만 명이 넘는 노동자에게 급료로 빵이나 곡식을 공평하게 분배해주는 등의 일을 했다.

산술

많은 사람이 수학을 잘하지 못하는 이유를 계산 능력의 부족에서 찾는다. 하지만 수학과 계산을 잘하는 능력은 엄연히 다르다. 20세기 영미철학을 대표하는 철학자이자 수학자이고 버틀런드 러셀의 스승이었던 알프레드 화이트헤드는 일반인이 수학을 어려워하는 이유는 계산과 관련된 기교가 수학의 전부라는 착각 때문이라며 안타까워했다.[11] 계산을 잘하는 능력은 '산수算數/arithmetic'다. 더 정확하게는 산술算術/arithmetic, calculation이다. 산수와 산술의 영어 표현은 같다. '셀 산算'에서 알 수 있듯이, 산수 혹은 산술은 '수數를 세는' 기술과 관련된다. 산수의 사전적 의미도 "일상생활을 영위하는 데 필요한 계산을 정확하고 빠르게 하는 것"[12]이다. 그래서 산수(산술)를 배우는 목적은 덧셈, 뺄셈, 곱셈, 나눗셈을 알고리즘을 사용해서 덜 지루하면서도 빠르고 정확하게 계산하는 능력을 기르는 것이다.[13] 하지만 아쉽게도 산술(산수)은 고차원 사고 기술이 아니다.

이에 달리 수학數學/mathematics은 '수에 관한' 연구다. 사전적 의미만 보더라도 "물건을 헤아리거나 측정하는 것에서 시작되는 수·양에 관한 학문"[14]이다. 혹은 "인간의 사유思惟에 의한 추상적인 과학으로서, 숫자와 기호를 사용하여 수량과 도형 및 그것들의 관계를 다루는 학문"[15]이다. 수학은 대상을 두루 깊이 생각하는 과학적 사고를 이용해서 수·양의 본질과 그것들의 관계를 연구한다. 수학은 (존재 개념에서 나타나는) 수, (공간 개념을 추가하면 나타나는) 수와 수의 관계(질서)인 기하幾何, (시간 개념을 추가하면 나타나는) 관계의 변화를 다룬다. 이를 위해 기호, 개념, 조작 규칙을 사용한다. (기호는 수학에 사용되는 숫자, 문자, 특수문자를 말하고, 개념은 수의 관계를 설정하기 위해 만든 것으로 '집합'이 가장 기본적 수학 개념이다.[16] 조작 규칙은 수와 수의 관계의 변화를 논리적으로 다루기 위해 사용하는 교환, 결합, 분배 등을 말한다.)

유명한 수학자나 물리학자 중에서 계산 능력이 빠르지 않은 이도 많다. 정수론의 기반을 마련한 것으로 유명한 독일의 수학자 에른스트 쿠머는 칠판에 7×9와 같이 아주 기초적인 계산을 써놓고 머뭇거리는 일이 많았다.[17] 수학력數學力이 높다는 것은 계산력計算

力이 아니라 사고나 추리를 이끌어가는 힘인 논리력論理力이 높고, 이를 기반으로 세상을 설명하고 인류가 아직 해답을 발견하지 못한 미지의 문제(미지의 세계)를 탐구하는 능력이 높다는 말이다.[18] (참고로 언어는 사물이나 현상을 정확하게 이해하고 구성하는 힘을 길러준다.)

산수와 수학의 차이를 사칙연산을 가지고 비교해보자. 산수는 '4+2=6', '4-2=2', '4×2=8', '4÷2=2' 등의 계산을 정확하고 빠르게 하는 데 목적을 둔다. 하지만 수학은 같은 계산식을 사용하지만 생각하는 관점과 목표가 다르다.

사칙연산, 차원을 넓혀 새로운 세계를 통찰하게 하는 기술

최초의 산술은 (수를) 셈이다. 최초의 셈은 하나, 둘, 그리고 둘보다 많다는 세 가지였다. 수학자들은 아주 먼 고대인이 처음에는 하나, 둘만 셌고, 둘보다 많은 개수는 모두 '많다'라고 했을 것이라고 추정한다. 고대 그리스어를 포함한 몇 종의 언어에는 수number를 구별하는 문법에 단수singular, 쌍수dual, 복수plural가 있다는 것, 지금도 몇몇 원시 부족이 여전히 사물을 셀 때 둘씩 모아놓고 셈을 한다는 것이 이런 추론의 근거다.[19] 예를 들어, 현재도 퀸즐랜드 원주민은 'one, two, two and one, two twos'라고 숫자를 센다.[20] 또한 학자들은 선사시대부터 있었을 종교의식에서 참여자들을 재단 앞으로 순서대로 불러내야 하는 절대적 필요성 때문에 양의 개념보다 순서를 세는 셈이 먼저였을 것이라 추정한다.[21] 그다음으로 양을 셈하는 덧셈, 뺄셈, 곱셈, 나눗셈이 만들어졌다고 추정한다.

덧셈과 뺄셈은 성질이 같은 것을 사용하는 계산이다. 개수와 개수, 길이와 길이 등 성질이 같은 것을 일직선 위(같은 차원)에서 같은 방향으로 정리하여 연결하는 것이 덧셈의 본질이고, 반대 방향으로 정리하여 줄이는 것이 뺄셈의 본질이다. 즉 덧셈과 뺄셈은 '같은 차원에서 같은 성질의 것을 정리하는 기술'이다.[22]

이집트인은 사람의 신체를 기준으로 길이 단위를 만들었다. 가장 작은 단위는 손가락 하나 폭인 '1디지트'(1.8센티미터)이고, 그다음은 손가락 4개 폭, 손가락 4개 폭을 6번 더하면(성인 남성의 구부린 팔 길이와 같음) 이집트에서 사용한 최소 단위 길이 '1큐빗'이 된다. 이렇게 사람 신체를 이용해 만든 단위 길이를 표시한 매듭을 묶은 밧줄을 가지고 이집트인은 덧셈이나 뺄셈을 하여 토지의 길이를 쟀다. 하지만 토지에 세금을 정하기 위해서는 삼각형이나 사각형으로 된 토지의 넓이도 측정해야 한다. 이를 위해 이집트인이 개발한 산술법이 곱셈이다.[23]

참고로 고대 그리스에서도 손가락 폭(굵기)은 '닥틸로스', 발길이는 '푸스'라고 칭하고 단위 길이로 사용했다. 미국이나 영국에서 사용하는 1피트(30.48센티미터)도 사람 발 길이에서 유래했고, 1인치(2.54센티미터)는 성인 남성 엄지손가락 폭에서 유래했다. 우리가 사용하는 단위 길이 '미터'는 만든 것이다. 18세기 후반 프랑스혁명 이후 도량형을 통일하는 과정에서 과학자들이 지구 북극점에서 적도까지 거리의 1/1,000만을 그리스어로 '측정'을 뜻하는 미터meter를 차용해서 '1미터'로 정하고, 1875년 5월 파리에 모인 세계 17개국 대표가 '미터협약'을 하여 국제적으로 공식화했다.

곱셈의 본질은 '차원을 넓혀 새로운 세계를 보게 해주는 기술'이다. 고대인은 같은 수를 더하는 것을 반복하는 방식으로 곱셈을 계산했다. 곱셈을 뜻하는 영어 multiplication의 multiple은 '많은, 다수의'라는 뜻을 지닌다. 곱셈에는 몇 가지 기본 원리가 있다. 첫째, 숫자를 곱한다는 말은 수학적으로는 'n(특정 횟수)'만큼 '같은 양을 증가'시키는 것이다. 곱셈은 횟수가 중요한 핵심이다. 곱해진 횟수는 '차수次數'라고 한다. 둘째, 곱셈은 (덧셈과 달리) 다른 성질의 것을 이용한 계산이 가능하다. 즉 서로 성질이 다른 '차원次元'을 결합할 수 있다. 셋째, 특정 성질에 다른 성질을 곱하면 '새로운 성질'이 생겨난다. 예를 들어, 세로 길이와 가로 길이를 곱하면 면적이라는 새로운 성질이 나타난다. 시간에 속도를 곱하면 위치라는 새로운 성질이 나타난다. 이처럼 곱셈은 차원을 넓혀 더 넓은 세계를 보게 해주는 기술이다. 차원이 늘어난다는 것은 정보를 늘려 새로운 세계를 보고 예측할 수 있다는 말이다.[24]

고대 이집트에서 피라미드 건설을 위해 동원된 노동자에게 급료로 빵이나 곡식을 절묘하게 나눠주기 위해서는 다른 산술법이 필요했다. 바로 나눗셈이다. 하지만 고대 이집트의 나눗셈 방법은 현대와는 달랐다. 그들은 분수를 사용해서 양을 나누는 방법을 개발했다. 이집트인이 개발한 최초의 분수는 분자가 1이고 분모가 양의 정수인 '단위 분수'다.[25] 단위 분수는 이집트 신화에 나오는 신 중 하나인 '호루스'의 눈을 분할한 데서 유래했다. 그래서 단위 분수를 호루스 분수라고도 한다. 호루스는 파라오 왕권을 보호하는 신으로 오른쪽 눈은 태양을 상징하고 왼쪽 눈은 달을 상징하는 독수리 모양의 신이다. 이집트 신화에서 호루스의 눈은 '모든 것을 보는 눈' 혹은 '완전한 자'라는 의미를 갖는다. 이집트의 단위 분수는 호루스의 눈 아래에 작대기 표시를 해서 분수를 표시했다. 나눗셈의 결괏값도 단위 분수의 합으로 표시했다. 예를 들어, 2÷5 = (1/3) + (1/15) 식으로 표현했다.

나눗셈의 본질도 특정 횟수가 중요하다. 아래는 현대 수학에서 사용하는 나눗셈 알고리즘이다. 이는 a와 d(d>0)가 정수라고 할 때, 아래의 식을 만족하는 정수 q와 r이 유일하게 존재한다는 알고리즘이다.

$$0 \leq r < d, \ a = qd + r \ \text{(q는 몫이고, d는 제수이고, r은 나머지다.)}$$

수학에서 나눗셈은 '같은 양으로' 'n'(특정 횟수)만큼 쪼개는devide 것이다. 나눗셈은 쪼갠 것들의 공통된 크기, 쪼갠 개수와 나머지를 알게 한다. 즉 나눗셈은 (어떤 크기로 된) 몫과 나머지가 얼마나 존재하느냐는 사실을 아는 것에 중심을 둔다.

수학을 통해 복잡한 세상 전체와 개별 존재의 본질과 질서를 이해하면 예측 능력을 향상할 수 있다. 그런 점에서 본다면 삼단논법으로 대표되는 아리스토텔레스의 연역법과 소크라테스의 귀납법도 훌륭한 예측 도구다. 전체에 적용되는 본질을 부분에 적용하는 연역법과 다양한 사례에서 공통된 본질을 추론하는 귀납법은 논리적으로 이미 알고 있는 것을 가지고 사고실험을 통해 미지의 세계

나 미래를 예측하는 데 사용할 수 있기 때문이다.[26]

수학적 사고는 과학과 밀접하다. 보편적 수학 사고가 없이는 과학을 할 수 없기 때문이다. 물리학, 화학, 공학, 생명과학, 경제학 등 상당수의 학문에서 수학적 사고를 사용한다. 보편적 수학 사고를 경제, 건축, 천문 연구와 일기 변화 예측 등과 같이 현실의 문제, 사물, 변화 측정에 활용하면 응용 수학이 된다.[27] (이런 의미에서 미래학도 응용 수학의 범주에 들어간다.)

수학은 조작 불가능하고 증거 없이 자명한 몇 개의 '기본 원리'(공리)를 가지고 논리적으로 조작 가능한 '기본 규칙'을 유도하고, 이런 기본 규칙을 가지고 '복잡한 규칙'을 만들어 세상을 설명한다. 기본 원리原理/principle란 사물의 근본이 되고, 모든 지식이 근거해야 할 최상의 원칙, 절대 원칙原則/principle을 말한다. 이것을 수학에서는 공리公理/axiom라고 부르고, 철학에서는 이치理致라고 부른다. 이에 반해 공리에서 유도된 규칙은 여러 사람이 다 같이 지키기로 합의한 질서(법칙)다. 헤겔은 『정신현상학』과 『논리의 학』이라는 저서에서 원리(공리)는 자연에서 도출한 것이고, 법칙은 지성이 자연을 해석(설명)하기 위해 원리를 기반으로 자연에 규정한 것이라고 둘의 차이를 정의했다. 미래학에서 공리는 세상을 구성하는 본질을 이해하는 힘이 되고, 공리에서 유도된 규칙은 세상의 구조와 흐름을 이해하는 기준이 된다. 특히 공리는 우주, 자연, 사회의 '본질'을 설명하는 힘이 있기 때문에 미래연구의 초석이다.

행렬 계산법 없이는 인공지능도 없다

수학에서 행렬行列/matrix은 한 개 이상의 수, 기호, 수식 등을 네모꼴로 배열하여 산술(덧셈, 뺄셈, 곱셈)할 수 있도록 만든 장치다. 행렬은 방정식의 계산을 편리하게 하기 위해 계수(係數, 변수에 일정하게 곱해진 상수)와 변수를 따로 떼어 계산하자는 아이디어에서 탄생했다. 각종 방정식을 매트릭스 형식으로 표기하여 계산하는 행렬은 수학에서 연립방정식의 해解 계산 편리를 위해 만들어졌다. 하지만 지금은 인공지능, 3D 그래픽 등을 비롯한 컴퓨터공학, 양자 역학, 광학 등 물리학에서 널리 사용하는 산술 도구다. 특히 행렬은 신경망을 학습시키고, 컴퓨터 그래픽에서 수치화한 색을 행렬에 위치시켜 디지털 이미지를 만들고 조작하는 데 필수적인 도구다. 즉 행렬 계산법 없이는 인공지능도 존재할 수 없다.

방정식, 세상을 계산한다

1차 방정식은 우리가 매일 사용하는 계산법이다. 예를 들어, '아침 9시까지 출근해야 하는데, 지금이 8시라면 출근까지 시간이 얼마나 남은 걸까?'라는 생각은 누구나 한다. 계산법도 비슷하다. 남은 시간을 x라고 한다면, '8시+x=9시'라는 간단한 계산법이 1차방정식이다. 이런 방정식 문제는 고대 이집트와 메소포타미아 시대부터 존재했다. 단, 지금과 다른 점은 대수학을 사용하지 않았을 뿐이다.

2차 방정식은 일상생활에서 자주 사용하지 않는다. 2차 방정식은 고대 이집트와 메소포타미아 시대에 천문학 문제를 풀기 위해 고안되었다. 예를 들어, 고대 그리스 수학자이자 천문학에 관심이 많았던 프톨레마이오스는 행성이 지나간 거리를 계산하기 위해 행성 궤도인 원에 내접하는 선분의 길이를 구하는 방법을 사용했다. 2차 방정식이 필요한 셈이다.

이처럼 기하학과 천문학 문제를 풀기 위해 발전했던 방정식은 3세기에 수학의 중심지 알렉산드리아에서 활동했던 디오판토스에 이르러 현대와 비슷한 방식으로 발전했다. 디오판토스는 『산학』이라는 자신의 저서에서 단어를 축약한 기호를 사용해 방정식을 푸는 방법을 소개했다. 이른바 대수적인 방식이었다. 디오판토스의 『산학』은 유클리드의 『원론』과 함께 아라비아 수학자에게 전해지면서 대수학의 발전에 큰 기여를 했다. 830년, 수학과 천문학 연구의 대가였던 알콰리즈미는 『대수학』이라는 저서를 통해 인도에서 받아들인 수와 0을 사용한 십진법으로 사칙연산을 정의했고, 다양한 유형의 방정식 풀이 방법도 정리했다.

서유럽에서는 상업과 무역이 발달하면서 이자, 환율, 세금 등의 문제에서 복잡한 계산이 필요해졌다. 예를 들어, 당시에 도시들이 발전하고 무역이 활발해지자 도시나 나라마다 다르게 사용하는 화폐를 서로 교환하는 횟수가 빈번해지고 일상화되었다. 물건을 거래하는 상인에게는 서로 다른 통화 시스템에 적응하는 것은 쉽지 않은 일이었다. 더군다나 화폐마다 다르게 쓰인 귀금속의 무게와

순도 등을 매번 고려하여 환율을 계산했고, 계산을 하더라도 환율이 고정되지 않고 계속해서 변하기 때문에 물건을 건네준 날과 물품 대금을 받는 날의 환율이 달라지는 것도 골칫거리였다. 이렇게 환율 계산이 복잡하기 때문에 큰 거래를 하는 상인들은 계산이 복잡한 현금 지급보다는 어음을 거래하는 신용 거래를 선호했다. 대신에 어음을 받은 사람이 어음을 현금으로 교환해주는 시장에 가서 환율과 어음 만기일 등을 고려해 복잡한 계산을 해야 했다. 금융 시장의 발달은 이자 계산 문제도 가져왔다. 단리와 복리의 계산법이 달랐고, 매달 일정액을 갚는 경우와 한꺼번에 갚는 경우의 이자 계산법이 달랐다. 이런 문제를 풀기 위해서는 고차방정식이 필요했다.

이 외에도 유럽에서 도시가 발전하면서 세금을 정확하게 계산하는 문제도 중요해졌다. 당시에는 가게마다 포도주의 양, 품질, 통의 크기나 모양이 제각각이었기 때문에 한 상점에서 거래한 포도주 매출에 대한 정확한 세금을 계산하는 문제는 상당히 까다로웠다. 이런 문제를 제대로 해결하지 않고서는 무역이나 상업 발전에 문제가 생길 것이 뻔했다. 이런 필요에 따라 피보나치는 인도 아라비아 숫자 체계와 대수적 연산 방법을 서유럽에 소개했다. 피보나치는 1202년 출간한 자신의 저서 『계산책』에서 수학 계산을 담당한 부기 계원이나 회계원이나 수학 교사를 위해 이자와 환율, 세금 등에 대한 계산법을 자세하게 설명했다. 유럽 수학사에서 대표적인 저서 중 하나가 된 피보나치의 『계산책』을 잘 연마한 사람들은 보수가 오르거나 더 좋은 보수를 받는 곳으로 이동할 수 있었다. 이처럼 역사적으로 실용 계산의 필요는 방정식의 발전을 촉진했다. 방정식 이론이 발전해가는 과정에서 음수, 무리수, 복소수 문제도 제기되었고, 이는 나중에 함수와 미적분 연구로 이어졌다.

세상을 떠받치는 수학적 두 기둥으로 우주의 원리를 통찰하다

수數는 기하幾何와 함께 수학의 두 기둥이다. 필자는 이 두 가지를 세상을 떠받히는 수학적 두 기둥이라 이해한다. 이 두 가지 기둥은 지구는 물론이고 우주의 원리를 통찰하는 능력을 준다. 수를 연구하는 하는 것은 산술학算術學이고, 기하를 연구하는 것은 기하학幾何學이다. 플라톤은 산술을 수 이론을 다루는 산술算術/arithmetic과 계산 기술을 다루는 계산술計算術/calculation로 나눴다. 산술을 이론과 계산으로 명확히 구별한 것처럼, 기하도 기계적 도구와 순수 지성으로 구분했다. 기계적 도구로서 기하학은 고대 이집트나 바빌로니아 수학자와 기술자의 유물적 견해를 가리킨다. 순수 지성으로서 기하학은 그리스 수학자들이 관심을 갖는 순수 수학을 가리킨다.[28]

수는 우주의 본질이고 나눌 수 있는 것과 나눌 수 없는 것 등 존재 자체에 대한 개념이다. 수는 각자 나름대로 독특한 성질과 구조를 갖는다. 그런 독특한 성질과 구조 하나하나가 우주의 본질을 이룬다. 예를 들어, 정수는 그 자체로 단독적 존재자다. 전체라는 특성을 갖는다. 이와 달리 분수는 전체의 일부를 나타내는 특성을 갖는다. 유리수(정수와 분수)는 특정 비율로 나눌 수 있다. 하지만 무리수는 비율로 나눌 수 없다는 독특한 성질을 갖는다. 실수(유리수와 무리수)는 현실에서 구체적 형상을 가지고 존재할 수 있는 수다. 하지만 같은 수를 제곱하여 음수가 나오는 허수虛數/imaginary number는 현실에서는 형상을 가질 수 없는 가장 순수한 관념수다. 허수가 갖고 있는 성질은 현실에서 형상으로 나타나지 않는 존재도 관념의 세계에서는 얼마든지 존재할 수 있다는 진리를 상징한다. 실수와 허수가 결합된 복소수複素數/complex number는 현실과 상상이 하나로 결합하여 무언가 실체를 형성하는 새로운 차원이 있다는 것을 알려준다. 바로 3차원의 현실 세계를 넘어선 새로운 차원인 양자 세계다.

3차원의 현실(거시 세계)에서는 입자성과 파동성이 동시에 존재할 수 없다. 입자는 아주 작은 물질이다. 그래서 질량이 있다. 파동은 진동이 주위로 퍼져나가는 '현상'이다. 그래서 파동은 에너지만 전달한다. 물질이 직접 움직이지 않기에 질량이 없다. 현실에는 한 점에서 둘이 공존할 수 없다. 하지만 양자 세계에서는 입자성과 파동성이 동시에 존재한다. 현실에서는 불가능한 기적이 일어난다. 무리수의 존재는 현실에서도 인간이 영원히 탐색을 완료할 수 없는 것이 있다는 우주의 본질 중 하나를 가르쳐준다. 2, 3, 5, 7과 같은 소수는 한 줄로 늘어세울 수만 있지 어떤 종류의 사각형도 만들 수 없다. 유연성이 없는 것이다. 짝수는 두 줄로 늘어세워서 직사각형을 만들 수 있는 특성을 가진 수들의 집단(2n)이다. 반대로 홀수는 두 줄로 늘어세우면 하나가 따로 남는 특성을 가진 수들의 집단

(2n+1)이다. 그러나 홀수와 홀수를 결합하면 직사각형을 만들어 짝수의 특성을 얻는다. 연속되는 홀수를 모두 더하면 합은 언제나 완전제곱수(정수의 제곱으로 된 수)가 된다. 그래서 연속되는 홀수를 L자 모양으로 계속 쌓으면 항상 정사각형이 된다. 연속되는 홀수들이 만나서 서로 작용할 때 나타나는 새로운 특성이다. 1~10까지 수를 연속으로 쌓아 가면 언제나 직각 삼각형이 된다. 수를 무한히 늘려도 항상 직각 삼각형이 된다. 그래서 특정수를 제곱(n^2)하면 정사각형 모양을 만들 수 있다.[29]

수에 공간 개념을 추가하면 나타나는 것이 기하다. 수에 공간 개념을 추가하면 수와 수 사이의 관계가 형성된다. 수들 사이의 관계에 대한 탐구는 수의 질서, 수의 규칙성을 통해 우주의 질서와 규칙성을 이해하게 한다. 피타고라스를 비롯한 그리스인은 수와 기하를 사용해서 지구의 모양, 둘레, 천체의 궤도를 계산하고, 공간 안에 존재하는 사물을 지배하는 법칙을 근거로 우주의 성질과 구조를 추론하여 우주의 통일성과 질서를 통찰하고 물리적 우주를 모형화했다.[30]

수들 사이의 관계 법칙에 대한 통찰력을 길러주는 수학 기술은 기하학과 대수학이다. 기하학은 고대 이집트와 바빌로니아에서 '토지 측량geometry'이라는 실용적 목적에서 시작했다. 본질과 원리를 탐구하기를 즐겼던 고대 그리스인은 토지 측량이라는 실용적 목적을 넘어 '공간'이라는 개념 탐구에 관심을 가졌다. 즉 토지 측량을 공간 측량으로 추상화했다. 그래서 토지 측량을 뜻하는 단어 'geometry'를 공간 측량을 뜻하는 기하학에 그대로 사용했다. 그리스인은 수학을 사용하여 공간 안에 존재하는 이상적인 점, 선, 평면의 추상적 개념을 추출했고, 이를 기반으로 아름다움을 가진 공간 구조를 탐구하고 증명하면 자연에 대한 깊은 이해를 얻을 것이라고 믿었다. 유클리드는 이런 것에 대한 공리와 정리를 완성한 사람이다.[31] 대수학은 수들 사이의 원인과 결과, 입력과 반응(출력) 관계를 통해 한 사건이 다른 사건에 어떤 영향을 미치는지를 알게 한다. 대수학은 우주의 패턴, 사이클을 가장 자연스럽게 표현할 수 있는 수학 언어다. 패턴이 있다는 것은 우주가 하나의 완전한 시스템system으로 작동한다는 통찰을 준다. 기하학은 대수학이 규명한 수들의 관계를 형태와 공간으로 설명한다. 즉 우주의 구조structure와 형태form를 통찰하게 한다.

수에 시간 개념을 추가하면 관계의 변화를 다룰 수 있다. 수의 연속적 변화를 다루는 미적분은 수학에서 가장 심오하고 경이로운 영역이다. 수들의 변화를 다루는 과정에서 무한의 경이로운 힘을 통찰하게 된다. 수에 대한 이런 통찰은 불확실성, 혼란, 위험, 변동, 우연과 운 등이 어지럽게 섞여 있는 현실 세계에서 논리적 법칙, 통계와 확률적 사고로 인간의 지속 가능성과 문명의 발전을 견인하는 가장 강력한 무기다.[32]

수는 천상의 속성과 지상의 속성을 모두 갖는다. 수의 이중성이다.[33] 우주의 본질인 고상한 이데아를 추적하는 것은 천상의 속성이고, 구체적 대상에 모두 적용 가능하다는 것은 지상의 속성이다. 수, 관계, 변화는 우주, 자연, 사회의 기초 관념이다. 가장 순수한 관념觀念/Idea의 세계를 인간의 순수한 사고 기술인 추론(연역, 귀납, 유추)을 사용해 연구하는 수학은 신의 세계와 물질 세계를 잇는 다리다. 인간의 관념의 세계에서 작동하는 수학을 이해하는 것은 눈에 보이지 않는 세상의 원리를 제공한 신 혹은 최초 원인第一原因을 이해하는 도구이며, 동시에 눈에 보이는 물질세계를 이해하고 다루는 도구다.

『상징형식의 철학』이란 책을 쓴 독일의 철학자 에른스트 카시러는 자신과 외부세계를 연결하는 제3의 연결물인 '상징적 체계symbolic system'를 가지고 새로운 차원을 만들고 산다고 했다. 수학에서 사용되는 모든 수와 기호는 가장 고도화된 상징적 체계다.[34]

최초의 수학은 인간이 거대한 자연 속에서 생존을 위해 먹거리를 세고, 맹수와 거리를 재고, 주변의 사물을 나누고, 재산을 보존하는 데 필요한 산술 발명에서 시작되었다. 예를 들어, 체크슬로바키아에서는 동물 뼈에 칼자국을 내어 수를 기록한 유물이 발굴되었고,[35] 이란의 슈사 지역에서는 조약돌을 넣은 점토 항아리가 발굴되었다. 기원전 3만 년 전부터 인간은 재산의 수량 정보를 보관하고, 세금을 매기고, 거스름돈을 주고받기 위해서 숫자 기록 도구를 만들고, 조약돌이나 나무 막대 혹은 늑대 뼈 등을 항아리에 넣어두거나 매듭을 지어서 저장했다.[36] 그리고 기원전 6000~5000년 사이에 나일강 주변에 정착하여 농사를 짓기 시작하면서 추상적인 수를 발명했다.[37] 이렇듯 물질 형태의 재산을 추상적 수 개념을 사용해서 본질과 질서를 쉽게 파악하고 보존하고 조작(계산)하는 지혜를 발휘한 것이다. 이런 방식은 잉카인에 의해 19세기까지 이어졌다. 이란 지역에 사는 고대인은 조약돌을 사용해서 양을 셌다. 그 점토 항아리에 담긴 조약돌을 '칼쿨리calculi'라고 불렀다. '계산'이란 뜻을 지닌 라틴어 '칼쿨러스calculus'가 '칼쿨리'에서 유래한 것도 이런 관습 때문이다.[38] 조약돌이나 막대기 등을 모아 양을 세기도 하지만, 고대 이집트인은 주변 사물을 본떠 숫자를 만들어 더 간단하게 양을 기록하고 다뤘다. 1은 나무 막대기 하나를 형상화했고, 10은 말발굽 편자를 형상화했고, 100은 밧줄을 형상화했다. 토지를 재는 데 사용한 밧줄에 100개 매듭이 달려 있었기 때문에 기억하기 쉬웠을 것이다. 1,000은 이집트에서 흔하게 볼 수 있는 연꽃을 형상화했다. 나일강에 지천으로 깔린 연꽃이 엄청나게 많은 양을 상징하는 데 적합했기 때문이다. 100만은 화들짝 놀라 양손을 하늘로 높이 쳐든 사람을 형상화했고, 1,000만은 신과 파라오의 위대함에 비견되는 숫자라는 의미로 태양의 모습을 형상화했다.[39]

하지만 시간이 지나면서 인간은 자신과 신과 물질 세계를 잇기 위해 수학이라는 가장 순수하고 고도화된 관념의 세계로 들어갔다. 그 문을 연 최초의 민족은 그리스다. 그리스 철학자들이 연 수학의 새로운 문을 통해 인류는 인식 기능의 최고 기술인 추상과 추론 능력을 고도화했다. 가장 고도화된 상징체계와 이성 표현이 발명될수록 수학은 보고 만질 수 있는 실제 세계나 보이지 않는 세계를 더욱 정밀하게 수학적으로 복사하여 모형을 만들 수 있었다. 아래는 떨어지는 빗방울에 대한 수학적 그림이자 간단한 빗방울 낙하 모델이다. c는 (현재 값을 알 수 없는) 상수이고, g는 중력에 의해 생성되는 가속도이고, m은 질량이고, v는 임의의 시간 t에서의 빗방울 속도다.

$dv/dt=g-(c/m)v$

$v(0)=0$ (초기 조건: 빗방울이 시각 $t=0$에서 떨어지기 시작한다는 수학자의 가정을 따라 최초의 속도가 0이라는 것을 의미)

세상의 본질을 통찰하는 기술, 수학적 사고수행

수학이 만들어낸 모형은 순수한 사고의 세계이지만 세상의 본질을 이해하는 수학적 사고수행을 하기에 충분하다. 수학적 모형이기에 다양한 변형(조작)을 하면서 사고실험을 하기에도 용이하다. 이런 장점 때문에 고대로부터 인류는 세상의 변화를 '측정'할 수 있는 기본 재료인 수를 가지고 세상을 측정하고, 새로운 것을 발견하고, 무언가를 만들고, 경제와 같은 체계를 운용하여 문명을 건설하고 유지할 수 있었다.

보이지 않는 것을 논리적으로 다루거나 확장시킬 수 있는 힘을 가진 '수학적 사고수행'과 '수학적 사고실험'은 수학자에게는 특정 개념을 구상하는 방법이다. 이런 방식이 수학자에게만 유용한 것이 아니다. 미래학자에게도 특정 미래를 구상構想/formulate하는 유용한 방법이다. 예견력과 보이지 않는 것에 대한 탁월한 설명력을 갖고 있는 수학이 미래학자의 손에 쥐어지면 현상 이면의 보이지 않는 변화와 미래 패턴을 예측하는 통찰insight을 증진하고 미래를 논리적 확률적으로 아름답게 그리는 도구가 된다.

수학에서도 직관이란 단어를 사용한다. 하지만 수학적 직관이란 단순한 감感(느낌)이 아니다. 수학적 사고의 모의수행이나 실험을

통해 마음의 눈에 형성되는 그림이다. 이것을 수학적 시각화라고
도 부른다. 수학적 직관은 불분명한 느낌이 아니라 분명한 수학적
시각화다. 수학은 직관에 의해 세워진 가설을 논리력을 가지고 증
명하는 데 성공하면 결과가 확립된다. 반면에 과학은 가설의 결과
를 증명하려면 관찰을 통해 증거를 발견해야 참으로 인정받는다.
수학은 '증명'으로 결과를 확립하고, 과학은 '관찰'로 결과를 확립
한다. 이것이 수학과 과학의 가장 큰 차이점이다.[40] 미래연구는 관
찰을 통해 증거를 수집하여 진리 값을 얻는 과학보다는 논리적 증
명에 의해 결과가 확립되고 지식을 수립하는 수학에 좀더 가깝다.
즉 미래학자가 논리적으로 미래를 탐험한다 혹은 미래 지식을 형
성한다고 할 때, 이것은 수와 문자로 수학적 시각화를 한 미래 가
설을 논리적 증명을 통해 체계적으로 실험하여 결과를 확립한다는
의미다.

아직 경험하지 못한 미래에 대해서 지식을 형성할 수 있을까

"아직 경험하지 못한 미래에 대해서 지식을 형성할 수 있을까?"
라는 질문을 던질 수 있다. 필자는 이 질문에 대해서 수학에서 지
식 형성 방법을 예로 들어 "가능하다!"는 대답을 한다. 지식은 크
게 두 가지다. 하나는 현실 경험 혹은 감각 경험적 지식이다. 다른
하나는 선험적 지식이다. 예를 들어, 생물학적 시각에 의해 얻은 경
험을 기반으로 한 수직선이란 지식이 있다. (사실 인간은 짧은 수직선도

생물학적 경험으로 실증實證하는 것이 불가능하다. 완벽한 수직선은 현실 세계에서 찾을 수 없기 때문이다.) 하지만 수직선의 길이를 엄청나게 늘이거나 무한한 길이로 연장을 하면 그 지식은 현실 경험 혹은 감각 경험적으로 증명하는 것이 불가능하다. 수직선의 무한성이라는 지식은 '추론과 상상을 사용한 수학적 사고실험'에서만 가능한 지식이다.

수학적 사고수행이나 사고실험은 어떻게 지식을 형성할까? 이를 알기 위해서는 공리가 만들어지는 철학적 과정부터 살펴보아야 한다. 수학자가 가설假說을 세우고 사고실험을 통해 논리적으로 완벽한 개념을 연역演繹해내면, 그 자체가 개념적 경험이 되어 수학적으로 시각화한 개념을 판단하는 증거가 된다. 자증自證이 일어난 셈이다. 완벽한 개념과 개념적 경험의 결합은 신념을 형성한다. 신념은 현실 경험 혹은 감각 경험적 증거를 기초나 근거로 삼지 않는다. 현실 경험 혹은 감각 경험은 신념을 따르는 성향을 촉발하는 역할만 한다. 그렇기 때문에 인식론적 합리성은 신념에 대해서 현실 경험적 증거를 요구하지 않는다. 그 신념은 (현실 경험 혹은 감각 경험적 증거가 없더라도) 인식론적 합리성에 따라 참true이라는 논리 값을 갖는다면 지식이 된다. 이런 신념을 '공리'라고 부른다. 기하학적 신념 등이 이런 식으로 획득되었다.[41] 미래학자가 현실 경험적 증거를 수집하지 못하는 미래에 대한 지식을 형성하는 방법도 이와 비슷하다. 참고로 필자는 미래를 철학과 수학 개념을 사용해서 다음과 같이 분류한다.

예측 불가능한 미래
- 인간의 능력으로 알 수 없는 미래
- 정보나 지식의 부족으로 예측 불가능한 미래(본질의 파악이 어려워서)
- 신화 속에 있는 미래(신화적 가설, 예측 가능한 미래 영역으로 변화 전 단계)

예측 가능한 미래
- '절대로' 일어날 수 없는 미래(논리적으로 불가능한 미래)
- 일어날 가능성이 있는 미래
  - 논리적 미래Logical Futures
    논리적으로 '자명한self-evident' 미래(수학적 미래)
    논리적으로 '그럴듯한plausible' 미래(사변적 미래)
  - 확률적 미래Probabilistic Futures
    확률적 가능성이 높은probabilistically high possible 미래
    확률적 가능성이 낮은probabilistically low possible 미래
    확률적 가능성이 낮지만 영향력이 큰high impact 미래

통찰의 힘의 이동을 따라 패권도 흐른다

1,000년이 지난 후, 고대 이집트와 메소포타미아 지역에서 지중해로 수학 연구의 중심이 이동했다. 기원전 800년에서 기원후 800년 경까지 연안의 시대(바다의 시대)가 수학의 제2역사기를 담당했다. 연안 시대의 전반부는 그리스가 주도했고, 후반부는 알렉산드리아가 이끌었다. 고대 이집트의 수학은 생존과 통치에 필요한 실용적 지식이었기 때문에 근사치 정도의 계산만으로도 충분했다. 하지만 고대 그리스에서는 만물의 근원, 보편적 진리에 대한 질문과 연관

되었기 때문에 정확성이 중요해졌다.

　지중해를 문명의 빛으로 환하게 밝힌 최초의 종족은 페니키아인Phoenician이다. 셈족Semitics의 한 부류에서 시작한 페니키아인의 무역 역사는 이집트 제4왕조(B.C.2613~B.C.2494)까지 거슬러 올라간다. 이집트 영향 아래 있던 페니키아인은 기원전 1200년경 이집트가 힘을 잃어가자 스스로 식민지를 개척하면서 지중해를 장악하고 200~300년 동안 해상 무역의 전성기를 맞는다. 지중해 동쪽, 오늘날 시리아와 레바논 해안지대를 본거지로 삼은 페니키아인은 손재주가 좋아서 이집트인이 만든 유리구슬에 색을 넣어 팔거나 소라에서 자주색 염료를 만드는 기술을 발명하여 천을 염색해서 주변 국가에 팔았다. 이런 이유로 사람들은 이들을 '자紫색의 사람'이라는 뜻으로 포이니키스phoenicis라고 불렀다. 무역을 하는 페니키아인은 물건의 품목을 기록하고 계산을 해야 해서 문자와 수학이 필요했다. 쐐기문자나 상형문자는 복잡하고 실용성이 떨어진다고 생각한 그들은 두 언어의 글자 수를 대담하게 정리하고 발전시켜 알파벳의 기원이 되는 22개의 표음문자를 만들어 썼다. 그리고 이 알파벳과 이집트와 메소포타미아 지역을 왕래하면서 배운 수학을 아프리카, 유럽, 그리스에 전파했다. 이처럼 페니키아인은 고대 그리스와 바빌로니아의 수학과 그리스 수학의 다리 역할을 했다.

　그리스인은 페니키아인이 전해준 알파벳에 모음을 덧붙여 일반인도 문자를 사용할 수 있도록 했다. 또한 페니키아인이 전해준 지식과 고대 이집트와 바빌로니아를 직접 여행하며 배운 수학을 완벽하게 흡수하여 자신들만의 새로운 수학으로 발전시켰다.[42] 고대

■ 그림 2 지중해 연안의 상업 네트워크

이집트와 바빌로니아 문명에서는 지식이 왕족과 사제의 독점이었고 실용성에만 머물러 있었다. 하지만 문자와 수학에 대한 그리스인의 이런 노력은 지식의 보편화와 철학적 탐구라는 새로운 장을 선사했다.

기원전 776년 제1회 올림픽이 열린 지 150~200년 후, 지중해 동부와 흑해 연안에서 가장 강력한 도시국가 밀레토스에서 최초의 철학자 집단이 나타났다. 밀레토스학파를 창시하고, "너 자신을 알라!"는 말을 직접 한 것으로 유명한 철학의 아버지 탈레스는 인류 최초로 만물의 근원이 무엇인지 물었다. 이 질문으로 탈레스는 인류 역사상 사유혁명을 최초로 시작한 사람이 되었다.

기원전 9세기경 메소포타미아 지역에서 아시리아 제국이 팽창하자 페니키아의 힘이 기울었다. 이 틈을 타고 지중해 무역의 새로운 강자로 부상한 도시국가가 밀레토스다. 밀레토스는 기원전 7세기경 4개의 항구를 가지고 키프로스에서 이집트와 그리스 도시들을 잇는 무역항로를 손에 쥐고 70여 개 도시를 식민지로 둔 에게해 동쪽 해상무역의 중심지이자 가장 강력한 도시국가로 성장했다

이런 환경에서 오랫동안 상인으로 활동했던 탈레스는 자연스럽게 유물론적 세계관을 가지고 물리적 공간은 겉으로는 다양한 물

■ 그림 3 밀레토스의 영향권

질로 구성되지만 내적으로는 동일한 물질로 되어 있을 것이라고 추론하고 만물의 근원을 '물'이라고 추론했다. 유물론적 세계관의 시작이다. 하지만 '원은 지름으로 이등분된다', '이등변삼각형의 두 밑각은 서로 같다', '두 직선이 만날 때 그 맞꼭지각은 서로 같다', '두 삼각형의 대응하는 한 변과 두 각이 각각 서로 같으면, 그 두 삼각형은 합동이다'라는 기하학 명제를 처음으로 증명하고 논리적 추론의 체계를 발명하면서 관념의 세계인 수학에도 기여했다.[43] 고대 이집트나 바빌로니아인은 공간은 물리적인 것이라는 표면적 이해에만 머물렀다. 하지만 탈레스를 비롯한 그리스 철학자들은 공간이 수학적 추상물일 수 있다는 발상을 시작했다. 이것은 수학의 역사가 산술에서 수학으로 한 단계 발전하는 중요한 전환점이다.

물리적인 것을 추상화하면 특성, 원리, 법칙을 다른 상황에 적용할 수 있게 된다. 추상화는 한 사물이나 우주 전체의 본질을 이해하여 지식을 형성하고, 그 지식을 다른 물리적 현상에 대한 지식으로 옮기게 해서 학문이 진보하고 확장하도록 하는 중요한 도구다. 피타고라스학파 사람들이 "수와 수의 성질이 없다면, 존재하는 것들을 분명하게 알 수 없을 것이다"[44]라고 말한 이유가 여기에 있다.

탈레스는 자신이 하는 수학을 이집트에서 토지 측량을 뜻하는 단어를 그리스어로 그대로 번역하여 '게오메트리geometry'라고 명명했다. 그는 기하학을 게오메트리로 부른 최초의 사람이었다.[45] 상업으로 큰돈을 번 탈레스는 바빌론, 이집트, 그리스 도시 등을 여행하면서 수학과 과학 연구에 전념할 수 있었다. 탈레스를 비롯해서 고대 그리스인은 신전, 시장, 이발소 등에서 서로 어울려 토론을 하며 진리를 탐구하기를 즐겼다. 아테네에 사는 그리스인들은 저녁 식사를 마친 후에 심포지엄을 즐겼다. 심포지엄이란 말의 뜻은 '함께 마시기'다. 즉 흥겨운 잔치를 즐겼다. 늦은 저녁까지 이어지는 잔치(심포지엄)에는 희석한 포도주를 마시며 노래하고 춤을 추는 것만 있지 않았다. 수수께끼를 풀고, 철학을 논했다. 즉 그리스인이 벌이는 잔치의 중심에는 진리를 탐구하는 철학이 있었다. 그리스인은 잔치를 벌이는 동안 멍청한 소리를 하는 사람에게는 발가벗고 춤을 추는 벌칙을 주었다고 한다. 탈레스는 바빌론을 여행하면서 탐구한 천체와 관련된 수학과 과학 지식을 심포지엄에서 풀어놓으며 명성을 얻었다. 덕분에 아테네의 솔론과 함께 7인의 현자중 한 사람으로 인정받았으며 그중에서도 제1의 철학자로 오랫동안 대접받았다.[46] 철학자 아리스토텔레스는 탈레스가 지중해에 올리브가 대풍작이 들 것을 예측하고 올리브 압착기를 매점하여 큰 돈을 벌었다고 기록했고, 역사가 헤로도토스는 탈레스가 585년의 일식을 정확하게 예언했고, 닮은 삼각형의 성질을 사용해서 피라미드의 높이나 육지에서부터 바다에 떠 있는 배까지 거리를 측정하여 이집트인을 놀라게 했다고 기록했다.[47] 참고로 탈레스가 활동하던 시기에 인도에서는 붓다, 중국에서는 노자와 공자가 활동을 했다.

　수학을 보편적 진리를 다루는 학문의 반열에 본격적으로 올려놓은 철학자는 피타고라스였다. 밀레토스에서 가까운 에게해 사모스섬에서 태어난 그는 우리에게 '피타고라스의 증명'으로 유명한 인물이고 탈레스의 제자다. 수학 역사상 최초의 증명으로 기록된 피타고라스의 증명은 피라미드로 유명한 이집트와 고대 문명 바빌론에서 발견한 직각 삼각형을 만드는 숫자들의 보편적 원리인 '직각 삼각형 증명'($a^2+b^2=c^2$)이다.[48] 피타고라스는 직각 삼각형을 만드는 모든 숫자를 모두 경험하지 않고도 '증명'이라는 방법을 통해 '보편적 법칙'을 도출해냈다. 이 증명 하나로 수학은 실용적 학문에서 추상적 학문으로 격상되었고, 경험 세계에서 정신세계, 물질세계에서 관념 세계로 좌소座所가 바뀌었다. ('증명'이라는 방법론은 수학뿐만 아니라 후대에 진리 탐구의 기본 방법론이 되었다.) 이런 연구를 기반으로 피타고라스는 만물의 근원을 눈에 보이는 물질에서 찾던 그리스 철학계에 우주 근원은 보이지 않는 '수數'이며, 만물은 수를 모방하여 생성되었으며, 물질은 수와 수가 만든 우주 질서와 조화 위에서 움직이는 무엇matter에 불과하다는 폭탄선언을 했다.

　피타고라스는 18세에 아버지가 세상을 떠나자 삼촌의 소개로 레스보스섬에 사는 철학자 페레시데스를 찾아갔다. 전설에 따르면, 밀교에 관심이 많았고, 영혼불멸과 환생 사상을 믿은 페레시데스는 피타고라스에게 큰 영향을 주었다. 학자들은 페레시데스가 믿은 밀교가 아마도 사후 형벌, 금욕, 윤회, 영혼불멸과 내세를 강조한 그리스 신화에 나오는 시인이자 악사인 오르페우스를 숭배하는 오르페우스교일 가능성이 크다고 추측한다. 오르페우스교는 당시 고대 그리스 세계에서 가장 유명한 밀교로 플라톤 이후 로마시대까지도 큰 영향을 끼쳤다. 피타고라스에게 영향을 준 또 다른 사람은 탈레스다. 20세에 밀레토스로 건너간 피타고라스는 인생의 막바지에 다다른 탈레스를 만났다. 비록 짧은 만남이었지만, (탈레스 사후에도 종종 그를 찬양했을 정도로) 큰 영향을 받은 피타고라스는 그의 권유로 이집트로 건너갔다.[49] 피타고라스는 이집트에서 13년 동안이나 머물면서 상형문자와 기하학을 배우고 이집트 종교의 사제가 되었다. 하지만 페르시아가 이집트를 침략하자 피타고라스는 포로가 되어 바빌론으로 끌려갔다. 본인의 의지로 바빌로니아에 간 것은 아니지만, 피타고라스는 50세까지 바빌론에 머물면서 그곳의 수학을 습득했다. 페레시데스와 탈레스의 사상과 종교, 이집트와 바빌로니아의 경험은 피타고라스에게 학문은 물론이고 행동에까지 직접적으로 영향을 주었다. 피타고라스가 죽음에서 부활했다는 전설, 물질적 소유는 진리 추구에 방해만 된다고 여기고 사치를 싫어하고 돈을 벌지 않고, 아마포로 만든 간소한 흰 옷만을 입고, 죽음을 벌로 내걸어 비밀을 지키는 조직 문화, 직각 삼각형 증명 같은 수학적 법칙을 신비로운 계시처럼 여긴 것 등과 같은 기이한 행동들에는 이런 배경이 깔려 있다.[50]

수학을 보편적 진리를 통찰하는 학문의 반열에 올려놓은 피타고라스는 말년에 자신이 살았던 도시국가 크로톤과 이웃 도시였던 시바리스 간에 벌어진 전쟁에서 크로톤 편을 들어 그만 시바리스인에게 정적政敵이 되고 말았다. 크로톤의 승리로 전쟁은 끝났지만, 피타고라스는 정적들의 미움을 사서 도망자 신세가 되었다. 피타고라스가 죽고 난 이후에도 정적들의 공격은 멈추지 않았다. 기원전 460년경 피타고라스 제자들은 정적들의 공격을 받아 거의 몰살되면서 명맥이 끊기고 말았다. 하지만 피타고라스의 수학적 지식은 살아남아서 플라톤이 세운 학교인 아카데미아에서 다시 부활하여 그리스 수학 발전의 밑거름이 되었다.[51] 일반교양 교육의 핵심 4개 과목(산술, 기하학, 음악, 천문학)을 확립한 것도 피타고라스학파의 마지막 한 사람이었던 아르키타스였다. 아르키타스의 4개 과목은 문법, 수사학, 제논의 변증법과 더불어 2,000년 동안 관습처럼 대표적 교양과목으로 여겨졌다.[52]

기원전 5세기, 아테네 민주정치의 전성기를 가져온 대정치가 페리클레스가 등장한다. 페리클레스의 황금시대에 아테네는 최고의 번영을 누렸다. 그리스 곳곳에서 학자들이 모여들면서 전 세계 학문이 아테네에서 통합을 이루었다. 그중에서도 그리스 식민지 소아시아 클라조메나이 출신으로 아테네에서 활동했던 자연 철학자 아낙사고라스는 우주는 질質적으로 무한히 다양한 원소로 이루어졌다고 주장했다. 이 원소는 세계의 종자spermata이고, 각각의 물物에는 모든 종류의 종자가 들어 있지만 종자의 우열을 가리는 물의 차이는, 종자가 결합하고 분리하는 데 관여하는 '누스'라는 물질의 작용에 따라서 만들어진다고 생각했다. 누스는 그리스어로 마음, 정신, 이성 등으로 번역되는 단어로, 소크라테스 이전의 자연철학자들은 감각기관의 지각에 대한 이성을 가리키는 말로 사용했다.

아낙사고라스는 누스는 물질보다 우월해서 물질에 운동과 형태와 생명을 주는 원리이며 자존하고 독립되며 부동不動하는 세계 형성 자라고 믿었다. 플라톤은 누스를 이데아계와 선善의 이데아를 관조하는 정신이라고 보았다. 아낙사고라스는 인류 역사상 최초의 베스트셀러 과학서도 저술했다. 그가 쓴『자연에 관해서On Nature』는 1드라크마에 널리 판매되었다. 아낙사고라스는 태양은 신이 아니라 붉게 타는 돌에 불과하다고 주장하여 불경죄로 아테네 감옥에 갇혔지만, 친구였던 페리클레스의 도움으로 감옥에서 풀려나기도 했다. 감옥에 있는 동안 아낙사고라스는 수학에도 큰 관심을 가지고 원을 정사각형으로 바꾸는 문제에 골몰했다. 정사각형으로 원의 넓이를 추정하는 이 문제는 오랫동안 근삿값의 정확도와 사고의 엄밀함을 규명하는 수학 주제였다. 아낙사고라스의 지적 욕망과 탐구 방식은 위대한 철학자 소크라테스에게 영향을 주었다.[53]

기원전 5세기가 끝나갈 무렵, 아테네에서 활동하던 피타고라스학파 사람들은 자신들이 탐구한 지식을 사람들에게 돈을 받고 알려주는 것을 금지했다. 하지만 아테테 광장이나 심포지엄에서는 공공연하게 시민에게 돈을 받고 지식을 알려주며 생활을 꾸려가던 사람들이 있었다. 바로 소피스트였다. 소피스트는 기원전 4세기까지 그리스 곳곳에서 활동했는데, 그들이 비난을 받은 이유는 나쁜 것을 좋게 보이게 하는 기술까지도 돈을 받고 가르쳤기 때문이었다. 플라톤의 대화편에 나오는 엘리스의 히피아스Hippias of Ellis가 대표적이었다. 하지만 히피아스는 곡선을 수학에 최초로 도입한 수학자다. 그는 컴퍼스를 사용하지 않고, 점을 하나씩 찍어서 원을 그리는 최초의 방법을 고안해냈는데 이것이 바로 히피아스의 원적 곡선quadratrix이다. 소크라테스는 히피아스를 멋있고 학식은 있지만, 천박한 허풍쟁이라고 평가했다.[54]

소크라테스, 플라톤, 아리스토텔레스의 수학 실력

플라톤의 『향연Symposium』에서 만티네이아 출신 전설적인 무녀巫女 디오티마의 제자로 소개되는 소크라테스는 진리와 정의에 도달하기 위한 가장 명확한 방법 중 하나로 수학을 제시했다.[55] 한때 제논의 변증법을 사용해서 피타고라스학파와 논쟁을 벌이기도 했던 소크라테스는 시간이 지나면서 수학이나 과학이 사물의 본질을 파악하는 데 부족하다는 생각을 하고 선善과 같은 형이상학적인 질문에 몰입했다. 소크라테스의 수학에 대한 연구는 거기까지였다.[56]

기원전 4세기의 수학에 큰 기여를 한 사람은 플라톤이었다. 소크라테스의 제자 플라톤은 아카데미아에서 수학과 기하학에 몰두했고, 감각 세계 너머에 있는 물질의 원형에 대한 개념을 창안했고, 수학과 같이 완벽하고 정교한 이상 국가를 꿈꿨다. 플라톤은 독창적인 수학 이론을 창안하지는 못했지만, 수학 교육의 든든한 지원자였다. 플라톤은 자신이 가르치는 학교 입구에 "기하학을 모르는 사람은 이곳에 들어오지 말라"는 문구를 새겼으며, 『국가Republic』에서는 "산술은 의식을 높이는 매우 위대한 힘이 있다"고 말할 정도로 수학을 장려하여 '수학자를 키우는 아버지'라는 평가를 받았다. 기원전 388년에 플라톤은 시칠리를 여행하면서 사귄 아르키타스에 감명을 받고 수학에 대한 열정을 가졌다. 플라톤은 아르키타스에게서 다섯 개의 정다면체에 대한 수학 지식을 들었다. 이데아를 신성시했던 플라톤은 면의 최소 단위이며 모든 면의 기초를 이루는 삼각형을 찬미했다. 그리고 원과 직선은 (우주에서) 특별한 역할을 하며, 정사면체는 내뿜는 열기가 매우 날카롭게 치솟는 불, 정육면체는 구형처럼 보이지 않는 단단한 모양을 하고 있는 흙, 정팔면체는 공기, 정이십면체는 작은 공처럼 손에서 흘러내리는 물에 대응시키고, 네 번째의 정다면체인 정십이면체는 우주를 상징한다고 믿었다.[57] 플라톤의 제자 중에서 크니도스의 에우독소스는 곡선 도형의 양을 다루는 엄밀한 정리를 완성해서 적분연산법을 창안했고, 지구 둘레를 6,400킬로미터로 계산하고 일곱 개 천체의 운동을 설명한 '동심천구계homocentric sphere'를 만들기도 했다.[58] 그가 창안한 적분연산은 뉴턴과 라이프니츠까지 영향을 주었다.

그 누구보다 가장 뛰어난 플라톤의 제자는 아리스토텔레스다. 알렉산드로스 대왕의 스승이며, 위대한 그리스 문명사의 끝을 장식했던 아리스토텔레스는 스승의 담론을 뛰어넘어 자신만의 지식을 펼쳤다. 먼저, 스승을 따라 보편성을 탐구했지만, 플라톤이 우주의 보편성은 특정한 것thing에서 멀리 떨어져 원형으로 존재하고 있다고 본 반면, 아리스토텔레스는 특정한 것 안에 사물의 본질로서 보편성이 있다고 생각했다. 이런 생각을 기반으로 지식을 크게 세 가지로 나누었다. 운동하는 것을 다루는 '자연학', 운동하지는 않지만 분리되어 있지 않고 질료 속에 구현된 채 있는 것을 다루는 '수학', 분리되어 있지 않고 운동하지 않는 것神을 다루는 '제일 지식prōtē epistēmē'이 그것이다.[59]

또한 아리스토텔레스는 우주를 천상 세계와 지상 세계로 나누었다. 지상 세계(자연)는 질료와 형상이 상호작용하며, (엠페도클레스와 플라톤의 말처럼) 제1질료가 형상을 얻어 흙, 물, 공기, 불 4원소를 만들고, 지상의 모든 물질은 4원소의 조합과 상호 변환으로 만들어지고, 생성과 소멸이 있고, 감각적 사물에는 질료인, 형상인, 작용인, 목적인의 네 가지 원인이 있다고 보았다. 자연학은 이런 4원인에 대한 연구다. 참고로 아리스토텔레스 때부터 자연학은 순수한 물질의 차원에서 우주의 본질(물질적 법칙)을 탐구했다. 예를 들어, 수학에서는 아르케Arche/原質를 수의 조화에서 나오는 양量화되지 않는 성질이나 원리라고 말하고, 이 성질과 원리가 (우주)공간을 채운다고 보았다. 반면에 자연학에서는 아르케를 극한의 공간 안에 존재하는 물질의 근본을 이루는 기본 입자(물질 내부에 다른 입자가 없는 입자)를 가리키는 것으로 보았다.

스승으로부터 기하학의 위대함을 배운 아리스토텔레스는 천상 세계에 있는 물체는 완전한 원소인 에테르(제5의 원소)로 구성되어 있어서 썩는 일이 없이 영원하고, 지상 세계의 불완전한 물체와 다른 법칙(수학)을 따라 움직인다고 보았다. 피타고라스와 플라톤의 생각에 따르면 완전한 도형은 원뿐이기에, 천상의 완전한 물체는 모두 원이고, 이들의 운동은 완전한 원 궤도다.

마지막으로, 이런 천상의 물체의 원주 운동과 항성천heaven of

stars의 일주운동은 최초의 운동을 일으키는 '원동자元動者/the prime mover' 혹은 자신은 움직이지 않고 다른 것들을 움직이는 '부동의 동자the unmoved mover'에 의해 무한히 작동된다고 믿었다. 제1원인은 제1천(항성 천구)을 움직이고, 제1천에 의해서 행성, 태양, 달이 차례로 움직이고, 이들의 움직임에 의해서 지상 세계가 작동된다는 체계를 구상했다. 아리스토텔레스는 천체가 우주 공간에 떠 있다는 생각은 하지 못했다. 그 대신 플라톤의 제자 에우독소스의 아이디어를 받아들여 천체들이 수정같이 투명한 천구에 박혀 있다는 생각을 했다. 투명한 천구가 회전하기 때문에 우리 눈에는 천체가 움직이는 것처럼 보인다. 이것이 아리스토텔레스의 투명 천구 체

■ 그림 4 아리스토텔레스의 투명 천구 체계

계다. 아리스토텔레스의 이 원동자는 훗날 기독교 사상에 의해서 신으로 해석되었고, 에우독소스의 동심천구계를 발전시킨 아리스토텔레스의 투명 천구 체계는 2,000년 동안 우주관을 지배했다.

기원전 352년, 그리스 북부에 살았던 마케도니아인 필리포스 2세는 분열에 빠져 있던 그리스 도시국가들을 하나로 묶는 통일 전쟁을 시작했다.[60] 본래 마케도니아인은 혈통상 그리스에 속했지만, 변방인으로 취급받고 그리스 도시국가 사람들에게 멸시를 받았다. 이런 취급을 받던 필리포스 2세가 카이로네이아 전투(B.C.338)에서 아테네와 테베를 격파하고 코린토스와는 동맹을 성사해 그리스를 통일했다. 자신들이 멸시했던 마케도니아의 식민지로 전락한 그리스인은 필리포스 2세가 신을 자처하고 올림포스 신전에 동상을 세우자 분노했다. 결국 필리포스 2세는 올림포스 신전에서 호위병의 칼에 살해를 당하고 말았다. 20세의 나이로 아버지에게서 왕위를 물려받은 알렉산드로스 대왕은 보병 3만 명과 기병 5,000명을 이끌고 10년간의 원정을 펼치며 이집트, 페르시아, 인도 북서부까지 정복하며 헬라 대제국을 건설했다.

알렉산드로스 대왕은 기원전 332년에 수도 알렉산드리아 건설을 시작했다. 13세 때부터 3년 동안 아리스토텔레스에게 철학과 수학을 배웠던 알렉산드로스 대왕은 수도를 건설하면서 도로 구획까지도 수학적 질서를 추구해서 격자무늬를 이루도록 했다. 기원전 322년 알렉산드로스 대왕이 33세의 나이에 열병에 걸려 갑자기 세상을 떠났다. 그가 세운 헬라 대제국은 이집트, 시리아, 마케도니아로 찢어졌다. 알렉산드로스 대왕이 죽자 트라키아 지방 출신인 아리스토텔레스는 아테네에서 이방인으로 취급받으며 인기를 잃고 불경죄로 문책까지 받았다. 소크라테스의 전철을 피하기 위해 아리스토텔레스는 아테네를 떠나 어머니 고향인 칼키스로 떠났고, 이듬해에 위장병으로 63세의 생을 마감했다. 알렉산드로스와 아리스토텔레스의 죽음은 수학의 제2 역사기였던 기원전 800년에서 기원후 800년경까지에 해당하는 연안의 시대(바다의 시대)의 전반부와 후반부를 나누는 사건이 되었다.[61]

수학의 본성, 우주의 본성

기원전 300년경 지중해 남쪽 해안 알렉산드리아에 사는 한 사람이 그리스의 모든 수학적 유산을 이어받아 수학의 본성을 정의하고 한 단계 발전시켰다. 그가 정의한 수학의 본성 덕택에 우리는 우주의 본성을 정의할 수 있는 방법도 얻었다. 그는 바로 유클리드다. 기원전 306년, 알렉산드로스 대왕 아래서 이집트 총독을 지냈던 프톨레마이오스 장군은 스스로 왕이 되어 헬라문명의 후계자로 자처하며 알렉산드리아를 그리스의 수학, 과학, 철학의 중심지로 만들었다. 프톨레마이오스는 체계적인 교육을 하기 위해 아리스토텔레스의 제자 팔레룸의 데메트리우스에게 무세이온Μουσεῖον(학당)을 세우게 했다. 고대 헬레니즘 시대에 무세이온은 학술과 예술의 여신 무사Μουσα(Muse)의 신전이다. 고대 그리스는 신전에서 수많은 사람이 만나고 사제들과 더불어 정보를 교환하고 지식을 나누었다. 신전은 훗날 학당으로 발전했다. 프톨레마이오스는 플라톤과 아리스토텔레스의 아카데미를 뛰어넘으려는 야심찬 포부가 있었다. 그래서 무세이온의 부속 기관으로 도서관도 설립하고 전 세계에 있는 수많은 책을 수집하고, 일류 학자를 교사로 초빙했다. 유클리드도 이들 중에 있었다.

프톨레마이오스 2세는 70명의 유대인을 파로스섬에 감금한 후 구약성경을 최초로 그리스어로 번역해 도서관에 보관한 인물이다. 그의 아들 프톨레마이오스 3세 역시 전 세계 모든 국가에서 책을 빌려다가 돌려주지 않고 도서관에 보관했다. 이런 집요함 덕택에 알렉산드리아 도서관은 최소 20만 권에서 최대 50만 권의 파피루스 두루마리를 소장했던 것으로 알려졌다. 세계 최고의 도서관 덕택에 유클리드 이후 그리스 최고의 학자들이 알렉산드리아 도서관을 통해 배출된 것은 물론이고 세계 곳곳에서 알렉산드리아로 유학을 왔다. 이탈리아 시칠리아섬 시라쿠사 출신인 천재 수학자이자 물리학자였던 아르키메데스도 알렉산드리아로 유학할 정도였다.[62]

연안 시대 후반부를 시작한 유클리드는 젊은 시절 플라톤의 제자들과 함께 공부를 했다. 그 영향을 받아서인지 유클리드는 유물론을 비웃었고, 순수한 사유만으로 수와 공간의 본질을 파악하려 했다. 그는 플라톤의 수학론을 기초로 한 『기하학 원론』이라는 유명한 저서를 써서 기하학 지식을 '증명의 방법'을 사용해 최초로 조직화하고 체계화했다. 사실 유클리드가 수학에서 새롭게 발견한 것은 없다. 하지만 뛰어난 해설과 가르치는 능력이 출중했다. 『기하학 원론』이 비록 산술, 기하학, 대수 등 초등수학 전체를 망라하는 입문서이긴 하지만, 유클리드는 13권 전체를 통해 직관에만 의지한 무의식적 가정이나 추측을 추방하고 수학적 정확성을 완벽하게 구현하고자 노력했다. 그래서 완벽하고 정교한 논리력만을 사용해 기하학의 체계를 수립하는 방법을 시도했다. 먼저, 용어의 차이에서 오는 부정확성과 불필요한 논쟁을 피하기 위해 모든 단어와 기호를 누구나 동일하게 이해할 수 있도록 명시적으로 25개의 정의를 만들었다. 예를 들어, 점은 '부분이 없는 것'이라고 정의했다. 그다음 단계로 증명이 필요하지 않을 정도로 직관적으로 자명한 진리의 명제를 명시적 정의를 사용해서 선언했다. 그것은 바로 공리公理/axiom 5개로, 구체적으로 다음과 같다(그림 5).

① 임의의 두 점이 있으면, 그 두 점을 끝점으로 하는 한 개의 선분을 그을 수 있다.
② 임의의 선분은 어느 방향으로나 무제한으로 연장될 수 있다.
③ 임의의 점에 대해서, 그 점을 중심으로 임의의 반지름으로 원을 그릴 수 있다.
④ 모든 직각은 같다.
⑤ 두 직선을 가로지르는 선분이 있어서, 선분을 기준으로 같은 쪽에 있는 교차각 내각의 합이 두 직각보다 작으면 두 직선은 결국 (그쪽에서) 만난다.

마지막으로 공리와 정리, 그리고 허용된 논리적 규칙만을 사용해서 일정한 결론을 도출하는 방식으로 당대의 기하학 지식 전부를 465개의 정리로 증명했다.[63] 유클리드가 활동했던 알렉산드리아는 철학과 수학(기하학)을 중시하는 교육을 했다.

■ **그림 5 다섯 가지 공리**

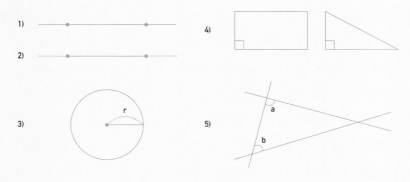

통찰력의 대가, 아르키메데스

    우리에게 통찰력의 대가로 잘 알려진 사람이 있다. 바로 아르키메데스다. 수리물리학의 아버지라고도 불린 아르키메데스도 얼마 동안 알렉산드리아에 머물렀다. 그곳에서 그는 유클리드의 후계자들로부터 지식을 습득하며 당대의 많은 수학자와 교류를 이어갔다. 아르키메데스는 포물선으로 둘러싸인 도형의 넓이 계산, 원주율 계산, 구와 원기둥이 갖는 부피의 비율, 나선을 연구하는 과정에서 미분법에서 사용하는 접선을 발견하는 등 수학적 업적을 내기도 했지만, 수학을 사용해 물리 현상을 푸는 수리물리학mathematical physics에 더 뛰어난 재능을 보였다. 계산술에도 뛰어났던 아르키메데스는 『모래를 세는 사람Psammites/Sand-Reckoner』이라는 저서에서 온 우주를 다 메우는 데 필요한 모래알 개수보다 더 큰 수를 나타낼 수 있다고 큰소리를 쳤다. 그리고 사람들 앞에서 (현대에 사용하는 기수법으로 환산할 때) 8×1,063이라고 계산을 해보였다.[64] 이런 실력을 바탕으로 아르키메데스는 카르타고와 로마가 벌인 2차 포에니 전쟁에서 육지에서 바다 위로 배에 불을 붙이는 거울, 돌을 던지는 투석기, 무거운 갈고리를 단 밧줄을 지렛대에 연결하여 적선을 방어하는 무기 등을 제작하기도 했다.

아르키메데스에게도 맞수가 있었다. 소아시아 남부 팜필리아의 페르가에서 태어난 아폴로니우스라는 인물이다. 아폴로니우스는 아르키메데스보다 정확하게 π의 근삿값을 계산해냈고, 행성 운동을 나타내는 수학적 체계를 만들었으며, 구면 영역을 평면에 입체 투영하여 지도를 제작하는 기술을 발명했다. 이런 업적보다 더 뛰어난 것은 해석기하학의 지평을 연 『원뿔 곡선론』을 저술한 것이다. 아폴로니우스는 이 책 하나만으로도 유클리드보다 더 뛰어난 기하학자이며, 데카르트 좌표계의 기초를 마련했고, 뉴턴의 『프린키피아』를 가능하게 한 수학자라고 평가받는다.[65]

지금까지 소개한 유클리드, 아르키메데스, 아폴로니우스는 알렉산드리아가 배출한 세 명의 수학 천재로 불린다. 라이프니츠도 이들의 업적을 칭송해 "아르키메데스와 아폴로니우스를 이해하는 사람은 후세의 가장 뛰어난 인물의 업적이 있더라도 두 사람의 업적만큼 찬양하는 일은 하지 못할 것이다"라고 하였다.[66]

　아르키메데스가 늙어갈 무렵, 알렉산드리아의 황금시대를 후원했던 프톨레마이오스 왕조는 쇠퇴기에 접어들고 있었다. 기원전 51년 프톨레마이오스 12세가 사망한 후 이집트 왕국은 아들과 딸에게 공동으로 넘어갔다. 하지만 2년 후 아들이 딸을 몰아내고 왕국을 장악했다. 권력 투쟁에서 밀려난 딸은 로마 제국에게 도움을 청했다. 그녀가 바로 클레오파트라 7세다.

　아버지가 사망하자, 18세였던 클레오파트라는 10세에 불과한 남동생 프톨레마이오스 13세와 결혼하고 함께 파라오의 자리에 올랐다. 그 당시 이집트는 왕실의 피를 보존하기 위해 「라지드법」으로 근친혼을 법으로 정했다. 뛰어난 미모만 가진 것이 아니라 어려서부터 알렉산드리아 도서관에서 방대한 독서를 하고 천재적 언어 능력을 발휘해서 수많은 나라의 언어를 구사했던 클레오파트라는 점점 강해져가는 로마에 맞서 이집트와 프톨레마이오스 왕조를 지키기 위해 노력했던 총명한 여왕이었다. 하지만 남동생을 지지하는 세력이 클레오파트라에게 반기를 들자 정적 폼페이우스를 쫓아 이집트까지 내려온 52세의 로마 장군 카이사르의 도움을 청했다. 클레오파트라는 이집트의 독립과 왕좌를 보장받고 카이사르의 여자가 되어 카이사리온이라는 아들을 낳았다. 하지만 기원전 44년 3월 15일, 막강한 동맹자였던 카이사르가 귀족들에게 살해당한다. 아들을 로마 황제로 만들려 했던 클레오파트라의 꿈은 순식간에 물거품이 되었다. 카이사르가 죽자 로마 권력은 카이사르를 오랫동안 따라다녔던 안토니우스와 카이사르 조카의 아들인 옥타비아누스로 나뉘었다. 클레오파트라는 이집트의 독립을 보장받기 위해 둘 중 한 사람과 손을 잡아야 했다. 클레오파트라는 더 강력한 세력을 가진 안토니우스와 결혼하고 아들을 낳아 후계권을 보장받았다. 하지만 로마의 권력 투쟁은 악티움 해전에서 카이사르 조카의 아들인 옥타비아누스의 승리로 끝나고 말았다. 반대편에 섰던 클레오파트라는 안토니우스가 죽자 치욕을 피하기 위해 자살을 택했다. 그리고 이집트는 로마의 속국이 되고 말았다. 클레오파트라의 죽음과 이집트의 몰락으로 찬란했던 그리스 수학 문명의 발전도 멈췄다. 옥타비아누스 이후의 로마 황제들은 알렉산드리아를 지원하지 않았기 때문이다. 아니, 로마인은 수학의 가치를 폄하했다. 로마의 지성이며 정치가로 칭송받는 키케로조차도 "그리스인은 기하학자를 최고로 존경했다. 따라서 그리스에서는 수학이 가장 눈부신 발전을 이루었다. 그러나 우리는 이 기술이 측정하고 셈하는 데에만 유용하다는 한계를 확인했다"라고 수학의 가치를 폄하했다.[67]

로마제국의 이집트 지배는 알렉산드리아 도서관의 운명을 풍전등화風前燈火의 처지로 내몰았다. 클레오파트라가 죽은 후 400년 동안 알렉산드리아 도서관은 명맥을 이어갔다. 하지만 알렉산드리아 내에서 일어난 기독교 대주교 키릴로스와 총독 오레스테스 간에 벌어진 싸움에 말려들면서 기원후 391년 화염에 휩싸여 약 20만 권의 장서가 불에 타고 만다. 역사상 최초의 여성 학자이자 알렉산드리아 도서관의 마지막 관장이었던 히파티아는 아카데미에 있는 강단에서 유창한 그리스어로 아리스토텔레스와 플라톤에 대한 강연을 하여 대중을 사로잡았다. 로마 총독 오레스테스도 그녀의 열렬한 지지자였다. 히파티아의 제자들은 알렉산드리아의 고위직을 차지했다. 알렉산드리아 내에서 그녀의 영향력은 상당했다. 대주교 키릴로스가 그녀를 위협적 존재로 여길 만했다. 키릴로스의 추종자들은 알렉산드리아 도서관장 히파티아를 사악한 마녀로 몰아붙였다. 마녀로 몰린 그녀는 415년 어느 날 수백 명의 수도사에게 붙잡혀 죽임을 당했다. 수학 역사는 히파티아의 죽음을 그리스 문명의 죽음, 수학의 암흑시대 시작으로 평가한다.[68] 이후 히파티아의 저술은 모두 폐기되었고, 640년에는 아라비아 군대에 의해서 알렉산드리아 대도서관도 불에 타 완전히 소실되고 말았다.

히파티아의 죽음은 고대 이집트와 그리스를 중심으로 수학의 발상지였던 유럽을 암흑기에 빠뜨리고, 수학의 중심을 이슬람에게 넘겨주는 결정적 계기가 되었다. 물론 중세 기독교 사회에서도 많은 학교가 세워졌다. 가톨릭은 기독교 교리 전파를 위해 학교를 세우고 산술, 음악, 기하, 천문의 '4과科'와 수사, 논리, 문법의 '3문文'을 가르쳤다. 이 시대에 수학, 기하, 천문 등은 신학의 교리를 가르치는 데 아주 중요한 커리큘럼이었지만 대부분의 기독교 수학 연구가는 신을 증명하는 데에만 집중했다.[69] 중세 기독교를 대표하는 신학자 중 한 사람인 성 아우구스티누스는 『신국神國/De Civitate Dei』에서 수학의 중요성을 다음과 같이 말했다.

우리는 수학을 소홀히 여겨서는 안 된다. 성경의 많은 장에서 수학을 만날 수 있다. 그것은 정교한 해석자에게 큰 도움을 준다. 만약 수학에 훌륭한 이치가 없다면 그들은 수학으로 하나님을 찬양하지 않았으리라. 하나님께서는 바로 숫자와 크기, 무게로 세상만물을 만드셨다.

학문이 발전하려면 무엇보다 자유로운 연구 풍토가 필요하다. 하지만 중세는 신과 천국을 떠나서 세상을 설명하려는 수학적 자유를 허락하지 않았다. 예를 들어, 중세 기독교 사회에서는 존재의 충만充滿을 주장하는 신학에 반대되는 '존재의 부족' 혹은 '부존재不存在'를 상징하는 0의 개념은 신성 모독이었다. 비록 르네상스 시기에 레오나르도 피보나치와 같은 수학자를 배출하기는 했지만, 중세 유럽의 수학은 변방에 머물렀다. 수학이 발전하지 못하자 문명의 발전도 움츠러들었다. 중세 유럽 수도원에서는 하루 여덟 차례나 기도 시간을 가졌다. 하지만 시간 계산법 없이 늙은 수도사의 감에 의존해 기도 시간을 정했던 탓에 날씨나 계절 변화에 따라 기도 시간이 일정하지 않는 경우가 많았다.

수數, 세상의 근본을 알고 있다

자연수는 수의 근본으로 '1, 2, 3……'처럼 0보다 큰 정수整數/integer다. 정수 개념은 다양한 수 개념에서 가장 오래된 개념이다. 선사시대부터 오랫동안 인류는 소수가 필요 없었다.[70] 그들이 다루는 수는 일정한 수준의 양에 불과했고 일상의 거의 모든 문제는은 소수를 쓰지 않아도 해결이 가능했다. 1887년에 증명의 엄밀성을 주창하고, 수를 자연수로 환원하며, 무한 개념을 배제한 것으로 유명한 독일의 수학자이자 후설의 스승이었던 레오폴드 크로네커는 신이 창조한 유일한 수는 자연수뿐이고 나머지는 인간이 논리적 확장을 이용해서 창조한 것이라고까지 했다.[71] 1889년에 주제페 페아노는 자연수를 완벽하게 기술할 수 있는 5개의 공리를 정리했다. 일명 '페아노 공리'다.[72] 기호 N은 자연수들의 집합, x'은 'x프라임prime'으로 읽고, 단순히 언어적 표기일 뿐이다. $\in$는 '~에 속한다'는 뜻의 원소 기호이고, $\subset$는 부분집합, $\Rightarrow$는 "(능동태 표현으로는) 함의한다 혹은 (수동태 표현으로는) 추론된다"는 의미다.

> **페아노 공리: 자연수의 집합 N은 다음의 성질을 갖는다.**
>   (A) N≠Ø(공집합이 아님)이고, N은 1이라고 부르는 원소를 가진다.
>   (B) 각각의 $x \in$N에 대하여 x계승자 $x' \in$N이 유일하게 존재한다.
>   (C) 임의의 $x \in$N에 대하여 D≠1이다.
>   (D) 임의의 $x,y \in$N에 대하여 $x'= y' \Rightarrow x = y$다.
>   (E) S≠Ø이고 $x \subset$N이라고 할 때, 다음을 가정한다.
>   (a) 1$\in$S
>   (b) $x \in$S$\Rightarrow x' \in$S일 때, S=N이 성립한다.

페아노 공리계Peano axioms는 자연수들의 '본질'을 명쾌하게 설명하는 명제들이다. 공리 A는 공집합(원소가 없는 집합)이 아닌 자연수들의 집합이고, N은 1이라는 이름의 원소를 갖고 있다고 정의한다. 공리 B는 각각의 자연수(x)는 '계승자'라고 부르는 또 다른 자연수(x')와 유일하게 연결되어 있다고 정의한다. 공리 B에 따르면,

공리 A에 있는 수 1은 계승자 $1'$를 갖는데, 아직 그 이름은 알지 못한다. 공리 C의 경우 수 1은 스스로 어떤 자연수의 계승자도 되지 않는다고 정의한다. 공리 C를 따르면, 임의의 자연수 x에 대해 $x' = 1$은 불가능하다. 공리 D($x'=y' \Rightarrow x=y$)의 대우명제($x \neq y \Rightarrow x' \neq y'$)는 서로 다른 자연수는 그 계승자도 다르다는 추론을 낳는다. (조건명제와 대우명제는 논리적으로 동치다.) 공리 E는 '수학적 귀납법의 공리'라고 부르는 명제다. 집합 S가 자연수 전체 집합이 됨을 확신해주는 충분조건이라는 뜻이다. (필요조건은 "이 정도는 필요해"라는 말처럼 큰 범위를 지칭하는 느슨한 조건이고, 충분조건은 "이 정도면 충분해"라는 말처럼 작은 범위를 지칭하기 때문에 엄격한 조건이다.[73] 그래서 필요조건은 의사결정의 범위를 추출하는 데 유리하고, 충분조건은 최종 선택을 결정할 때 유용하다.)

페아노 공리계는 계승자 개념을 약간 변형하여 '덧셈'을 유도할 수 있다. 우선, 임의의 자연수 n에 대해 n+1이라는 제한된 개념을 정의하면, 다음과 같은 정의가 유도된다.[74]

정의① $n+1 = n'$

공리 B를 따라 n+1은 n의 계승자인 자연수로 정의된다. 위의 정의를 따르면 다음과 같이 된다.

$1+1=1'$

공리 C를 따르면, $1' \neq 1$이다. $1'$는 1과는 다른 자연수라는 말이다. 이 자연수에 하나의 이름을 부여한다면, 당연히 그 이름은 2다. 새로 부여된 이름을 사용하면 위의 수식은 아래처럼 바뀐다.

1+1=2

정의①을 새롭게 이름을 가진 자연수 2에 적용한다. 그러면 다음과 같은 식이 성립한다.

2+1=2′

공리 C를 따르면, 2′≠1이다. 2′는 2와도 다른 자연수다. 공리 C에 따르면 임의의 자연수 n ∈N에 대해 n′≠n도 성립하지 않는다. 즉 페아노 공리계에서는 한 자연수의 계승자는 항상 원래의 자연수와 다른 수이어야 한다. 2+1=2′에서 2′라는 자연수에게는 1, 2라는 이름 이외에 새로운 이름을 부여해야 한다. 새로운 이름을 3이라고 하자. 그러면 아래와 같은 식이 성립된다.

2+1=3

이런 방식으로 자연수 집합 N에 새로운 수 4, 5, 6, …… 등을 계속해서 도입할 수 있다. 이런 방식은 페아노 공리 E('수학적 귀납법의 공리'라고 부르는 명제)를 아래와 같이 약간 변형할 수 있게 해준다.

수학적 귀납법의 원리: S≠∅이고, S⊂N일 때, 만일

　(a) 1∈S

　(b) n∈S⇒(n+1)∈S이면, S=N이다.

　페아노 공리계와 약간 변형된 수학적 귀납법 원리를 이용하면 '2+2=4는 참이다'와 같은 덧셈식도 증명할 수 있다.

정리 2+2=4

증명 2+2=2+(1+1) (1+1=1′=2이기 때문)

　　　=(2+1)+1

　　　=3+1　　　(2+1=2′=3이기 때문)

　　　=4　　　　(3+1=3′=4이기 때문)

　신이 창조한 자연수 중에서 1과 자기 자신만을 약수約數/divisor(나눌 수 있는 수)로 갖는 자연수를 소수素數/prime number라고 한다. 소수는 더 이상 쪼갤 수 없는 수이기 때문에 '수의 원료'라고도 한다. 1을 제외한 모든 자연수는 소수이거나 합성수 둘 중의 하나다. 고대로부터 수학자들은 소수를 다른 수의 바탕이 되듯 우주의 바탕이 되는 수로 여겼다. 어쩌면 신은 수의 원료인 소수를 이용해 자연수 전체를 만들었을지도 모른다. 1보다 큰 자연수 중에서 소수(약수가 1과 자신뿐인 자연수)가 아닌 수는 '합성수合成數/composite number'라고 한다. 소수의 반대 개념으로 둘 이상의 자연수를 합쳐서 하나의 새로운 자연수를 만드는 개념이다. 1은 나눌 수 있는 수가 자신밖에 없기 때문에 소수도 아니고 합성수도 아니다. 소수는

치명적인 단점이 있다. 소수는 인류 역사상 최고의 수학자들이 덤벼들었지만 공통되는 성질을 발견하지 못해서 아직도 추상화하지 못했다. 예를 들어, 짝수는 '2n'으로 무리수는 '√n'으로 추상화(일반화)할 수 있다. 이들은 공통된 특성이 있기 때문이다. 하지만 소수는 문자를 사용해서 일반화하는 것이 현재까지는 불가능하다.

레오폴드 크로네커의 견해를 보면, 자연수의 반대는 '가상의 수'다. 대표적인 가상의 수는 '0'이다. 현실에는 존재하지 않고 완전히 관념 속에만 존재하는 수다. 이 외에도 음의 정수整數, 분수分數, 무리수無理數, 허수虛數 등은 인간이 사고실험을 통해서 창조해낸 수 개념이다.

유리수를 일반화하면 L=n/m이다. 즉 길이가 L인 임의의 선분은 선분을 채우는 개수(n)/측정단위 길이(m)다. 임의의 두 정수 사이에는 유리수들이 존재한다. 그리고 임의의 두 유리수 사이에는 무수한 유리수가 존재한다. 피타고라스학파는 유리수만으로 모든 길이를 표현할 수 있다고 믿었다. 더 나아가 그들은 이것이 신이 세상을 만든 방식이라고 믿었다. 하지만 이 종교적 신념은 히파수스가 다른 동료들과 배를 타고 있을 때 유리수만으로 우주를 설명하기에 충분하지 않다는 것을 발견하자 처참하게 무너지고 말았다.[75]

음의 정수는 '양의 방향의 반대 방향으로 나아간 거리'라는 개념이다. 소수와 분수는 정수를 쪼갠 수이고, 무리수는 분수로 나타낼 수 없는 수이며 숫자로 표현하더라도 무한대로 계속되는 수이고, 허수는 2승하면 음이 되는 수다. 이 모든 수 개념은 현실에는 존재하지 않는다. (예컨대 돌 하나를 1/2로 쪼개면 현실에서는 작은 돌 2개가 된다.)

양의 정수 개념을 사용하면 보이는 세계를 이해할 수 있다. 하지만 보이지 않는 세계를 탐구할 때는 양의 정수 개념으로는 역부족이다. 이것이 인간이 '가상의 수' 개념을 창조한 이유다. 즉 음의 정수, 소수, 분수, 무리수, 허수 등의 가상의 수 개념의 창조로 인간은 더 많은 차원의 세계를 탐구하는 것은 물론이고 보이지 않는 세계에 대해서 탐구할 수 있는 혁신적 도구를 얻은 셈이다.

분수, 관점을 바꿔 새로운 통찰력을 얻게 한다

분수는 미시 세계로 우리를 인도하는 도구다. 분수는 미세하게 쪼개며 들어가는 힘을 가졌기에 미시 세계를 다루는 도구다. 거시 세계만 보던 고대인은 이 도구를 사용해서 미시 세계라는 새로운 관점을 얻었다. 인류가 분수를 처음 사용한 시기는 청동기 시대로 보인다.[76] 이집트 린드 파피루스에서 분자가 1인 분수, 즉 단위분수 unit fraction가 처음 등장한다. 신성문자로 기록된 린드 파피루스에는 단위분수를 표시하기 위해 정수 기호 위에 달걀 모양을 길게 늘인 기호를 넣었다.

수학에는 '관점을 바꾸는 데' 유용한 기술이 다수 있다. 이는 수학에서 식 변형은 언제나 '동치변형同値變形'을 원칙으로 하기 때문이다. 동치변형이란 쉬운 말로는 '바꿔 말하기'다. 수학적 표현으로는 '논리적 참을 유지한 채로 관점을 바꾸는 표현법'이다. 관점을 바꾸어주면 새로운 통찰력을 얻는다. 이것을 분수를 가지고 설명

해보자. 분수 개념은 수에 대한 일반화 작업의 첫 산물이다.[77]

분수의 기본 개념은 '비율ratio'이다. 문제는 비율을 표기表記하는 방법이다. '한 개를 n등분했을 때의 하나(1÷n)'를 의미하는 분수(1/n)는 그 결과를 정수로 쓸 수 없어서 고안한 표기법이다. 분수의 대표적 일반화(일반식)는 세 개다.[78] 첫째, '한 개를 n등분했을 때의 하나'를 표기하는 약속이다. 이것은 '1÷n=1/n'이다. 둘째, '한 개를 1/n(특정 분수)로 나누면 그 조각은 n개가 된다'는 것이다. 즉 한 개를 1/3씩 나누면 나뉜 개수는 세 개다. 이것을 일반식으로 표현하면 '1÷1/n=n'이다. 셋째, 분수와 분수를 곱하는 일반식이다. 'a/b×p/q=a×p/b×q'이다. 예를 들어, 1/2×3/4를 생각해보자. 1/2미터를 가로 길이로, 3/4미터는 세로 길이로 생각할 때, 그만큼의 면적은 가로세로 각각 1미터를 가로 1/2미터 세로 1/4미터로 나눈 것(1/8제곱미터)의 세 조각에 해당한다. 즉 1/2m×3/4m는 $1/8\text{m}^2+1/8\text{m}^2+1/8\text{m}^2$과 같다. 즉 1/2×3/4=3/8이다. 이것은 1/2×3/4=1×3/2×4=3/8과 같다. 이것을 일반화(일반식)하면 a/b×p/q=a×p/b×q가 된다.

정수를 정수로 나누기 1÷n=1/n
정수를 분수로 나누기 1÷1/n=n
분수와 분수를 곱하기 a/b×p/q=a×p/b×q

이 세 가지 일반화로 또 다른 일반화를 논리적으로 도출할 수 있다. 분수를 분수로 나누는 것에 대한 일반화다. 이것을 일반화하면 'a/b÷p/q=a/b×q/p'다. 즉 분수의 나눗셈은 나누는 쪽의 분수를 뒤집어 곱하는 식으로 '동치변형'하여 일반화할 수 있다. 예를 들어, '2/3÷1/4'을 위에서 설명한 세 가지 일반화를 가지고 논리적으로 계산해보자. 2/3÷1/4은 (분수와 분수 곱하기를 이용해서) '2×1/3×1'÷1/4로 확장할 수 있다. 2×1/3×1÷1/4 = 2/3×'1(1/1)'÷1/4이다. 2/3×'1(1/1)÷1/4'=2/3× (정수를 분수로 나누기를 이용해서) '4'다. 2/3×4=2/3× (정수 4를 분수로 만들어) '4/1'다. 결국 2/3÷1/4=2/3×4/1다. 분수의 나눗셈이 나누는 쪽의 분수를 뒤집어 곱하는 식으로 일반화되었다. 분수를 분수로 나누는 것과 분수의 나눗셈이 나누는 쪽의 분수를 뒤집어 곱하는 식은 동치변형 원칙에 따라 도출한 일반식이다.

분수와 분수를 나누기 a/b÷p/q = a/b × q/p

중요한 것은 이것이다. 분수의 일반식은 모두 '논리적 전개'로 만들어졌다.

무리수, 인간이 알 수 없는 세상이 있다는 통찰을 주다

피타고라스는 우주는 정수와 정수의 비율로 만들어졌다는 절대 신념을 고수했다. 정수는 무한히 늘어날 수 있고, 정수의 비율(분수)로 무한히 나눌 수 있기 때문이었다. 무한히 늘어나는 정수와 무한

히 나뉘는 분수(정수 비율)는 연속적으로 줄 세울 수도 있다. 연속으로 늘어놓을 수 있다면 '한 상태에서 다음 상태로 변화'라는 개념을 직관적으로 떠올릴 수 있다. 즉 운동 개념의 추론이다.[79] 가히 우주의 본질과 작동을 모두 설명할 수 있는 듯하다. 하지만 피타고라스의 완벽하게 보이는 세계관도 두 가지 질문에 결정적 허점을 드러냈다. 하나는 플라톤의 대화편에 나오는 히파수스의 질문이고, 다른 하나는 제논의 질문이었다.

동료에게 죽임을 당한 히파수스는 유리수를 아무리 촘촘히 채운다고 해도 n번째의 유리수와 n+1번째의 유리수 사이에 빈 구멍이 있다는 것을 발견했다. (수열과 극한 개념을 사용해서) 정수와 유리수를 아무리 무수하게 모아도 직선을 완전히 채울 수 없다는 사실을 발견한 것이다. 히파수스는 스승 피타고라스의 직각 삼각형 증명$(a^2+b^2=c^2)$에 한 가지 질문을 던졌다. "a와 b가 각각 1일 때, c의 값은 얼마일까?" 히파수스는 이 질문의 답을 유리수(정수와 분수)에서 찾을 수 없었다. 히파수스의 발견으로 세상은 정수와 정수의 비율로 이루어졌다는 피타고라스 세계관에 균열이 일어났다.[80]

피타고라스 이후, 인류는 유리수와 유리수 사이에 빈 구멍을 채우는 새로운 수를 창조해야 했다. 바로 비율로 표시할 수 없는 수, '$x^2=2$'를 충족하는 새로운 수인 무리수다. 무리수는 $\sqrt{2}$처럼 정수에 $\sqrt{}$를 씌워서 표기한다. 정수, 유리수, 무리수를 합친 것을 실수라고 한다. 실수로 만든 직선만이 여백이 없는 완전한 직선이 된다. 그래서 실수를 완전한 수의 집합이라고 부른다. 당연히 실수의 집합은 셀 수 없다.

무리수는 한자어 표기 '無理數'의 한국어 뜻 '이치에 맞지 않는 수'라고 정의하기보다는 영어 표기인 'irrational number'의 뜻처럼 '비율로 표현할 수 없는 수'로 정의하는 것이 더 적절하다. 무리수는 그리스인이 비율을 표기하는 방법인 분수를 창안한 후, '통약 불가능한 비율incommensurable rate'의 존재를 발견하면서 만들어진 수 개념이다.[81] 통약불가능이란 통분(두 분수의 분모를 같게 만드는 것)과 약분(분모와 분자를 그들의 공약수로 나누는 것)이 불가능하다는 말이다. 필자의 생각에는 무리수는 인간이 알 수 없는 세상도 있다는 통찰을 주는 듯싶다.

무한은 정지, 영원, 변화를 통찰하는 문이다

무리수가 인간이 알 수 없는 무엇이 된 것은 인간이 유한하기 때문이다. 무리수는 영원히 끝나지 않는 수다. 영원이 끝나지 않는다는 말은 근본적으로 미시 세계도 인간의 이해를 넘어서는 무한한 공간이라는 의미다. 유한한 인간은 무한한 공간과 시간을 이해하지 못하지만, '무한'의 개념은 인간의 통찰력을 끌어올리는 데 크게 기여했다. 무한은 정지(0), 영원(∞), 기하급수적 변화 등을 통찰하는 출발이었기 때문이다.

제논은 피타고라스 세계관의 허점을 드러낸 또 다른 질문을 던진 사람이었다. 제논은 엘레아의 파르메니데스의 제자였다. 엘레아학파는 존재의 단일성과 영속성을 교의로 삼았다. 피타고라스학파의 교의 다수성과 변화성과 정면으로 대치되는 주장이었다. 피타고라스학파는 공간은 점, 시간은 순간으로 이루어졌다고 생각했다. 그리고 직관적으로 명확할 정도로 공간과 시간은 '연속되어 있는 성질'을 지닌다고 가정했다. 다수를 만드는 근본 요소는 기하학 단위인 점, 수 단위인 수의 특징에 있다고 믿었다. 이런 전제가 불합리하다고 공격한 사람이 엘레아학파의 최고 철학자였던 제논이다.[82] 제논은 이런 질문을 던졌다. "거북이가 아킬레스보다 몇 미터 앞에서 출발하는 달리기를 생각해보자. 이런 조건에서 아킬레스는 결코 거북이를 따라잡을 수 없다. 아킬레스가 거북이 가까이 접근하면 그 시간만큼 거북이는 앞으로 더 나아간다. (피타고라스의 주장처럼) 공간을 무한히 나눌 수 있다면, 아킬레스는 아무리 애를 써도 거북이를 따라잡지 못하지 않을까?" 시간과 공간이 무한히 분할될 수 있다는 피타고라스학파 정수론에서 다수성多數性 개념의 허점을 지적하는 질문이다. 다수성 이론은 무수한 점이나 순간으로 이루어진 시간과 공간은 무한히 늘어나거나 분할될 수 있다는 개념이다. 무한의 개념을 받아들이면 아킬레스와 거북이의 역설에 빠진다는 허점이 생긴다.

제논은 한 가지 질문을 더 던졌다. "한 발의 화살을 쏜다고 해보자. 화살이 과녁에 닿으려면 나와 과녁 사이에 있는 공간들을 지나가야 한다. 피타고라스는 시간과 공간을 무한히 쪼개나가면서 궁극에 이르면 '더 이상 쪼갤 수 없는 점(혹은 순간)'인 '단자單子'(모나드 Monad)에 이른다고 했다. 피타고라스와 플라톤이 사용한 단자 개념은 더 이상 쪼갤 수 없는 상태에 있는, 궁극에서 마지막 남은 '고립된' 한 점 혹은 한순간이다. 즉 비非연장적이고, 운동이 없으며, 정지 상태다. 기하의 출발이 되는 단순 실체이며 고립된 한 점(순간)에 화살이 이르면 화살은 멈춰야 하지 않는가? 단자가 있다면, 화살이 과녁에 도달할 수 있을까?" 피타고라스학파 정수론에서 연속성 개념의 허점을 지적하는 질문이다. 연속성이란 운동 중인 사물은 하나의 상태에서 또 다른 상태로 변화하는 중이라는 개념이다. 피타고라스학파는 제논의 질문에 해답을 찾지 못했다.

제논이 던진 질문은 그리스 수학의 발전에 큰 영향을 주었다. 피타고라스학파 때까지 수학자들은 양을 조약돌calculi로 표시했다. 하지만 제논의 질문이 던진 고민 덕분에 유클리드 시대에는 정수도 선분으로 나타낼 정도로 양을 수나 조약돌이 아닌 선분으로 전환했다. 양의 개념을 조약돌이나 수로 나타내는 것은 이산적 성질에 초점을 맞춘 것이다. 이산적 양은 산술적 양이고 이는 수가 세계를 지배하는 관점을 갖게 한다. 하지만 양을 선분으로 전환하면 연속적 성질에 초점이 맞추어진다. 연속적 양은 기하학적 양이고, 이는 기하학이 세계를 지배하는 관점을 갖게 한다. 세계 해석을 지배하는 힘이 수에서 기하학으로 넘어가는 대전환은 무리수를 발견한 히파수스와 단일성과 영속성을 주장한 제논의 기여가 크다.[83]

제논이 사용한 '무한' 개념은 19세기 수학자들이 "무한히 간격을 좁혀가다 보면 0에 수렴한다"는 명제에 2,300년 만에 합의하고서 해결되었다. 0으로 수렴되는 무한에 대한 합의가 없었다면, 아직도 아킬레스는 거북이를 따라잡지 못하고 있을 뻔했다.[84]

수열에 무한 개념을 적용한 것이 무한수열이다. 무한급수infinite

series는 무한수열 {an}의 각 항을 차례대로 덧셈으로 연결한 식($\sum_{n=1}^{\infty}a_n$ =a₁+a₂+……+aₙ+……)이다. 무한급수를 직접 계산하는 방법은 없다. 무한급수를 계산하려면 무한수열의 극한값limit value을 고려해야 한다. 무한급수의 합은 무한수열의 극한값으로 구하기 때문이다.[85]

참고로 급수級數/series란 문자 그대로 수의 등급 혹은 순서(차례) 로 '일정한 순서에 따라 정렬된 대상의 집합'이다. (2+2+2+2+……이 런 식으로 늘어나는) 산술급수算術級數/arithmetic series, ($2^x 2^x 2^x$……이런 식 으로 늘어나는) 기하급수幾何級數/geometric series 등이 대표적 실례다. "극한에 근사한다"처럼, 근사와 극한의 개념, 그리고 수렴과 발산 개념도 급수로부터 파생되는 수학 개념이다.[86]

극한極限/limit이란 도달할 수 있는 최후의 단계다. 수학에서 극한 값이란 접근을 바탕으로 한 개념으로 무한수열 {an}에서 n이 무한 히 커짐에 따라서 an이 일정한 값 a에 한없이 가까워질 때 a를 그 수열 극한 혹은 극한값이라고 부른다. 수열이 극한 a를 가질 때 그 수열은 a에 수렴한다고 말한다. 수렴하지 않는 수열은 발산한다고 한다. (참고로 극한은 미분과 연속을 정의하는 데 중요한 개념이다.)

$$n \to \infty$$
$$\lim a_n = a$$

우선, 무한수열 {an}의 항들로부터 부분합(첫째 항부터 제n항까지의 합)의 수열 Sₙ =a₁+a₂+……+aₙ을 얻는다.

$$S_1 = a_1$$

$$S_2 = a_1 + a_2$$

……

$$S_n = a_1 + a_2 + \cdots + a_n$$

$$S_n = a_1 + a_2 + \cdots \ a_n = \sum_{k=1}^{n} \alpha_k$$

무한급수 $\sum_{n=1}^{\infty} \alpha_n$의 부분합으로 이루어진 수열 $S_1, S_2, S_3, \cdots, S_n, \cdots$ 이 일정한 수 S에 수렴하면 무한급수 $\sum_{n=1}^{\infty} \alpha_n$은 S에 수렴한다고 한다. 이때, S를 무한급수의 합이라고 칭한다.

$$\lim_{n \to \infty} S_n = \lim_{n \to \infty} \sum_{k=1}^{n} \alpha_k = \sum_{n=1}^{\infty} \alpha_n = S$$

무한급수가 수렴한다는 뜻은 어떤 항들을 무한히 더해도 일정한 값이 유지된다는 의미다. 그러면 수열 {an}의 아주 뒤쪽 항들이 0이어야 한다. 0들을 더해야 $\sum_{n=1}^{\infty} \alpha_n$의 값이 일정하게 유지될 수 있다.

무한급수 $\sum_{n=1}^{\infty} \alpha_n$이 수렴하면, $\lim_{n \to \infty} a_n = 0$

$\lim_{n \to \infty} a_n \neq 0$이면, 무한급수 $\sum_{n=1}^{\infty} \alpha_n$은 발산한다.

수학자들의 관심은 무한급수 자체보다는 무한급수에 어떤 법칙성이 있는지를 알아내는 데 있다. 미국 콜로라도대학교의 물리학과 명예교수였던 앨버트 바틀릿은 '산술, 인구, 에너지'라는 유명한 강의에서 "인류의 가장 큰 결함은 지수적인 증가를 이해하지 못하는 것이다"라고 했다.[87] 당신 앞에 100미터나 되는 긴 종이가 있다고 생각해보라. 당신은 그 종이를 몇 번이나 접을 수 있다고 생각하나? 당신이 그 종이를 10~12번 이상 접기 힘들다는 것을 직관적으로 이해하기는 불가능하다. 한 번 접을 때마다 종이의 두께는 두 배씩 커지는 지수함수적 증가를 한다. 반대로 접어진 종이뭉치의 길이는 매번 절반으로 빠르게 줄어드는 지수함수적 감소를 한다. 2^n겹으로 포개지는 종이뭉치의 두께가 길이보다 더 커지면 인간의 힘으로는 접는 것이 불가능해진다. 종이접기 세계 기록은 2002년 고등학교 2학년이던 브리트니 갤리번이 가지고 있는데 길이 1.2킬로미터의 종이를 열두 번 접은 것이 최대치다.[88] 지수적 증가의 또 다른 예는 음계다. 도, 레, 미, 파, 솔, 라, 시, 도의 8음계는 최고의 균형을 가진 진동이다. 아름다움의 극치다. 8음계의 진동수는 인간의 귀에는 똑같이 한 단계씩 증가하는 것처럼 들린다. 하지만 실제로는 8음계의 진동수는 '배수' 단위로 증가한다. 지수함수와 로그는 서로 역이다. 즉 8음계는 지수적 증가를 하는 진동이지만, 인간의 귀에는 로그값이 들리기 때문에 한 단계씩 아름답고 균형 있게 증가하는 것처럼 들린다. 지수적 증가를 직관적으로 알아차리지 못하는 인간의 치명적 결함이 만들어낸 아이러니한 현상이다.[89]

세상에 존재하는 모든 성장은 선형적 성장linear growth과 지수적 성장exponential growth 둘의 혼합이다. 지수적 성장은 산술 어림규칙으로는 '72의 규칙'으로 잘 알려져 있다. "어떤 양이 지수적으로 증가한다면 두 배가 되는 시간 간격은 72다"라는 규칙은 르네상스 시대 복식 부기법을 정리한 이탈리아 수학자 루카 파치올리가 쓴 수학책 『산술 집대성Summa de Arithmetica』에 처음 등장한다.[90] 지수적 성장을 나타내는 곡선의 방정식은 y=a^x 형태다(그림 6).[91] a가 1보다 큰 양수일 때, 곡선은 연속적인 지수적 성장을 한다.

만약 a가 0보다는 크지만 1보다 작을 때는 y=ax는 아래처럼 y=0에 가까워지는 감소함수가 된다(그림 7).

지수 상승 곡선의 방정식 y=a^{x}에서 a가 1보다 큰 양수이고 a의 크기가 커질수록 더욱 가파르게 증가한다(그림 8).

이 곡선들에서 보듯이 지수함수 곡선에서 상수 a는 변수 x에 대해서 항상 일정한 값을 가진다. 그리고 상수 a가 커질수록 곡선의 가파른 정도는 커진다. 하지만 상수 a가 일정하더라도 지수 곡선이 계속 변화하면서 가파름 정도도 구간에 따라 달라진다. 즉 기울기가 변한다. '기울기'는 가파른 정도(높이 변화/수평거리 변화)를 말하는 수학 용어다. 위 그래프처럼 기울기가 변화하는 곡선의 특정한 한 지점의 기울기를 측정하려면 그 점에 접선tangent을 그리고 삼각법을 이용하여 그 접선의 기울기를 계산하면 된다.

자, 여기서 우리가 알고 싶은 지수 상수가 나타난다. 지수함수 곡선에서 기울기 대 높이의 비율을 항상 1(기울기와 높이가 항상 같은)로 만드는 상수 a가 있다. 이 특별한 상수 a를 가진 지수함수 방정식은 y=(2.7182818284……)^{x}다. 2.178로 시작해서 무한하게 이어지는 수를 편의상 지수exponential를 의미하는 e로 표기하고, 이를 지수 상수라고 한다.[92]

지수 상수를 가장 처음 발견한 사람은 스위스 수학자 야코프 베르누이이고, 대중화한 사람은 스위스 수학자 오일러다. 베르누이는 복리를 연구하다가 현대 금융 시스템의 핵심 중 하나인 지수 상

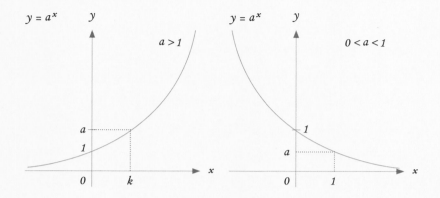

■ 그림 8 지수적 성장 그래프 a → 1, a가 커질수록 기울기 증가

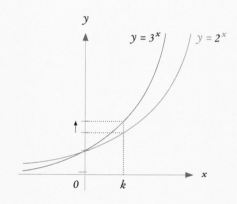

수(e)를 발견했다.[93] 고대부터 금융업자들은 원금에 대해서만 이자를 붙이는 단리보다 이자에 이자가 붙는 복리를 선호했다. 기원전 1700년경에 만들어진 메소포타미아 점토판에는 이자가 연간 20퍼센트의 복리일 때 원금이 두 배가 되는 시간을 계산하는 식이 나올

정도다. 복리는 받는 이에게는 엄청난 이익이지만, 이자를 물어야 하는 사람에게는 악몽이다. 그래서 로마법에는 복리를 죄악의 이자라고 규정했고, 구약성경과 코란에서도 복리를 죄악으로 삼는다. 17세기 후반, 역사상 가장 많은 수학자를 배출한 베르누이 가문의 또 다른 수학 천재 야코프 베르누이는 복리에 관한 재미있는 질문을 하나 던진다.

> (특정 연간 이자율로 계산한) 복리를 1년에 한 번 몰아서 받는 것이 나을까? 아니면, 그 이자율의 1/2로 계산한 복리를 반년에 한 번씩 받는 것이 나을까? 아니면, 그 이자율의 1/12로 계산한 복리를 매달 한 번씩 받는 것이 나을까? 아니면, 그 이자율의 1/365로 계산한 복리를 매일 한 번씩 받는 것이 나을까?

베르누이의 호기심은 극한에 대한 질문이었다. 베르누이 질문은 n이 1, 2, 12, 365일 때 $(1+1/n)^n$의 값을 묻는 문제였다. 이 질문에 대한 해답은 2, 2.25, 2.6130, 2.7146이다. 그리고 베르누이는 n이 무한히 커질 때(극한) $(1+1/n)^n$의 값이 e(2.7182818284……)에 접근한다는 사실을 발견한 것이다. 즉 $y=e^x$가 된다. 현대 금융시스템에서 원금 100만 원에 연간 이자율 15퍼센트 복리를 책정하고 1년에 한 번 이자를 지급한다면 1년에 받는 총 이자는 15만 원이다. 하지만 15퍼센트 복리를 열두 달 동안 연속으로 지급하면 $100 \times e^{15/100}$이 되어서 총 이자는 16.18만 원이 된다. 이 계산법에 따라 은행은 이자율을 16.18퍼센트로 명기한다.[94]

사실 지수 상수를 e로 표기한 것은 오일러 때문이다. 오일러는 포탄의 탄도에 관한 논문에서 처음으로 기호 e를 선보였다. 지수 exponential를 의미하는 알파벳의 첫 글자를 차용해 표기했다는 것이 정설이다. 이런 이유로 지수 상수를 오일러 상수라고도 부른다. 베르누이의 제자였던 스위스 수학자 레온하르트 오일러는 1에 점점 작아지는 값이 더해지는 유리수 수열$(1/1+1/2+1/3+ \cdots\cdots 1/n)$과 그 전체에 지수를 붙인 수열$(1/1^2+1/2^2+1/3^2+ \cdots\cdots 1/n^2)$을 무한으로 진행하면 어떤 유한한 값을 가질까 하는 호기심을 가졌다. 즉 가장 순수한 지수적 붕괴 곡선에 대한 호기심이었다. 지수적 붕괴 곡선을 표현하는 지수함수 방정식은 $y=1/e^x$다. 혹은 $y=e^{\bar{x}}$로 적기도 한다.

오일러는 1에 점점 작아지는 값이 더해지는 유리수 수열$(1/1+1/2+1/3+ \cdots\cdots 1/n)$을 무한히 반복하면 결국(극한에서) 아무것도 더할 것이 없게 되는 경우에 도달하기 때문에 극한값은 '1' 자신이 된다고 생각했다. 그리고 "n이 한없이 커질 때 $(1+1/n)^n$의 극한값은 e다"라는 유리수 수열의 극한값을 발견했다. 즉 e는 n이 무한히 커질(극한) 때 $(1+1/n)^n$이 접근하는 극한값이다.

오일러의 극한값(오일러의 수) e는 π처럼 반복되는 마디 없이 끝없이 진행되는 무리수다. e=2.7182818284 ……이고, π=3.1415926536 ……이다. e와 π는 대수방정식의 근根으로서 구할 수 있는 수인 대수적 수가 아닌 초월수超越數/transcendental number이기 때문에 대수방정식으로 정의가 불가능하다. e가 초월수임을 증명한 사람은 프랑스 수학자 샤를 에르미트이고, π가 초월수임을 증명한 사람은 독일 수학자 린데만이다.

인간의 수에 대한 탐구는 여기서 끝이 아니다. 최초의 수인 1, 비어 있음을 뜻하는 수인 0, 비율로 표시할 수 있는 유리수, $x^2=2$가 되는 무리수, 유리수 수열의 극한값인 e에서 만족하지 않고 '$x^2=-1$'이 되는 수에 대한 상상까지 나아간다.

허수, 가상 세계를 통찰하다

'$x^2=-1$'을 $\sqrt{}$를 씌워서 표기하면 $\sqrt{-1}$이 된다. 르네 데카르트는 $\sqrt{-1}$은 허상 속에나 존재하는 수라고 하면서 $i=\sqrt{-1}$이라고 표현하고 허수imaginary number라고 불렀다.[95] 정수, 분수, 무리수 등은 1차원 상에 모두 표기할 수 있다. 하지만 허수는 1차원상에는 존재하지 않는 수다. 허수를 표기하기 위해서는 새로운 표기법이 필요하다. 바로 2차원 표기법이다. 허수를 연구하는 과정에서 새로운 수학사의 신기원 중 하나로 평가받는 좌표 기하학이 철학자 데카르트에 의해 창시되었다.[96] 1637년 프랑스의 위대한 수학자이자 철학자인 데카르트는 자신의 저서 『방법서설』에서 허수imaginary number와 좌표co-ordinate를 이용한 복소수 표시법 등의 수학적 개념을 정리해서 발표했다.[97] 특히 데카르트 좌표는 빈 구멍이 없는 완전한 두 개의 실수 직선을 겹친 후에, 좌표 개념을 이용해서 실수의 순서쌍을 할당하여 곡선을 함수로 대치할 수 있도록 함으로써 기하학을 해석학으로 전환하는 데 기여한 위대한 업적물로 평가받는다.[98] 데카르트의 설명을 직접 들어보자.

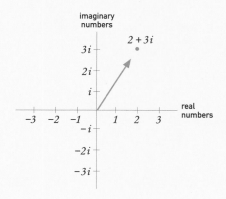

C를 좌표 평면 위의 곡선이라고 하자. 점 P(x, y)는 곡선 C 위의 임의의 점이다. 점 P가 곡선 C 위에서 움직일 때, 좌표 x와 y는 어떤 방식으로 변할 것이다. 어쩌면 이 점들의 좌표는 y=f(x)와 같은 형태의 방정식을 충족하는데, 이때 f는 하나의 함수다. 만일 그렇다면 곡선 C의 기하학적 성질이 함수 f의 해석학적 성질에 반영된다. 곡선 C를 알기 위해서는 함수 f를 파악하는 것으로 충분하다. 결국 기하학이 해석학으로 변환되는 것이다.[99]

복소수, 현실과 가상 세계를 연결하다

실수와 허수의 합으로 이루어진 복소수複素數/complex number는 과학기술 분야에서 널리 활용된다. 복소수는 진동을 쉽게 표현할 수 있는 도구이기 때문에 레이더 기술, 전기전자공학, 입자물리학,

화학분석 등에서 회전을 기술記述하는 데 유용하게 쓰인다. 예를 들어, 양자역학의 토대가 되는 슈뢰딩거의 파동방정식에서도 회전을 설명하는 데 복소수를 사용한다.[100] 미시 세계의 설명 도구인 양자역학에서 파동함수는 복소수로만 표현이 가능하다. 복소수는 양자역학 세계에서 존재를 지배하는 원칙이기 때문이다. 미시 세계는 인간의 상식(현실 세계, 거시 세계)과 다르게 움직인다. 현실(거시 세계)에서는 입자성과 파동성이 동시에 존재할 수 없다. 입자는 아주 작은 물질particle이다. 그래서 질량이 있다. 파동은 진동이 주위로 퍼져나가는 '현상'이다. 그래서 파동은 에너지만 전달한다. 물질이 직접 움직이지 않기에 질량이 없다. 현실에는 한 점에 둘이 공존할 수 없다. 하지만 양자 세계에서는 입자성과 파동성이 동시에 존재한다. 그래서 양자역학 세계는 실수(유리수와 무리수)만으로는 설명이 불가능한 차원이다. 이런 새로운 차원을 설명하는 언어가 복소수다. 이런 복소수의 특성과 힘을 설명하려면 대수학, 기하학, 해석학, 위상수학이 모두 만나야 한다. 그래서 복소수를 대수학의 종착지라고도 한다.[101] 탁월한 수학자이자 신학자였던 라이프니츠는 복소수의 양면성에 대해서 이렇게 말했다.

허수는 존재와 비존재의 중간에 위치하여 양쪽의 성질을 함께 갖추고 있고 이런 의미로 기독교 신학의 성령과 비슷하다.[102]

필자는 라이프니츠의 허수에 대한 설명을 가상virtual에 적용하여 VR, AR, MR을 다음과 같이 설명한다.

가상은 존재와 비존재의 중간에 위치하여 양쪽의 성질을 모두 갖는다. 그래서 비존재이지만 존재와 결합되어 증강현실Augmented Reality을 만들거나, 스스로 단독으로 존재하여 가상 세계Virtual Reality를 만들거나, 둘을 합쳐서 만드는 혼합현실 세계Mixed Reality의 매개체가 될 수도 있다.

참고로 상상 속에만 있는 수가 하나 더 있다. 0이다. 인류 역사에 최초로 기록된 0은 1,200년 전쯤 지어진 인도 차투르부즈 사원이다. 이 사원은 크리슈나 신을 모신다. 크리슈나는 세상을 유지하고 관리하는 신인 비슈누의 여덟 번째 화신이다. 참고로 인도는 창조-유지-해체가 반복되는 순환적 시간 개념을 가지고 무한하고 영원한 우주를 지향하는 세계관을 가진다. 이때 창조를 담당하는 신을 브라흐마, 유지를 담당하는 신을 비슈누, 새로운 창조를 위해 파괴를 담당하는 신을 시바라고 한다. 인도의 수학은 이런 신을 찬양하는 축제일을 정하는 데서 시작되었다.[103] 0에 대한 최초의 기록은 크리슈나를 모신 차투르부즈 사원 벽에 있는 비문에 남아 있다. 사원을 지을 당시, 사람들이 바친 현물 목록을 기록한 비문이다. 0은 인도인이 공허가 '없는 것'이 아니라 '있는 것'이라고 생각한 혁명적 개념이다. 산술에서도 0을 도입하면 숫자를 무한히 늘려 기록할 수 있고, 방정식 풀이가 가능해진다. 고대 인도에서 양수는 '재산'과 '이득', 음수는 '빚'과 '손해'를 표기하는 데 사용했다. 빚과 동일한 양의 재산에서 빚을 빼면 빈 항아리 상태가 된다. 인도인들은 0은 공허가 아니라 어떤 상태라고 생각했다. 숫자 0을 독립적으로 계산에 사용한 사람은 인도의 수학자 브라마굽타다.

　인도에서 발명된 숫자 0은 7세기에 사산조 페르시아를 멸망시키고 건설된 이슬람 제국으로 전달되었다. 아라비아반도에서 유목민으로 살던 아랍인은 7세기에 마호메트가 창시한 이슬람교에 영향을 받아 메디나Medina를 중심으로 세력을 만들기 시작했다. 드디어 632년에 아라비아반도를 통일한 이슬람인은 다른 문명의 지식을 흡수하는 데 주저하지 않았다. 특히 750년에 제국을 장악한 이슬람 제국의 두 번째 칼리파인 압바스 왕조는 이슬람 학문의 최전성기를 이끌었다. 마호메트의 숙부 알 압바스의 이름을 딴 압바스 왕조는 바그다드를 수도로 하고 '백 년 번영 운동'을 펼쳐 그리스, 이집트, 페르시아와 인도의 천문학과 수학(십진법, 산술법, 삼각법, 방정식 등)을 모두 받아들여 아라비아 문명을 급속히 진보시켰다.[104] 예를 들어, 초기 아라비아에는 수를 세는 말word은 있었지만 숫자는 없었다. 이들은 인도 숫자를 받아들여 개량했다. 이들이 개량한 숫자는 알콰리즈미의 책을 통해 유럽으로 전파되었다. 이것이 바로 우리가 사용하는 '아라비아 숫자'다.[105] 1258년 몽골족에게 압바스 왕조가 무너질 때까지 바그다드는 알렉산드리아를 대신해서 수학의 새로운 중심지가 되었다.

　아라비아에서는 9~14세기 동안 탁월한 수학자들을 배출했다. 『천일야화Arabian Night』로 잘 알려진 두 번째 칼리프 통치 시대 초기(알 압바스, 알 만수르, 하룬 알-라시드)에 유클리드의 책 일부가 번역되는 것을 시작으로, 꿈에 아리스토텔레스를 만난 칼리프 알 마문이 바그다드에 '지혜의 집Bait al-hikma'이란 박물관을 세우고 프톨레미의 『알마게스트』, 유클리드 『원론』 전집 등 수많은 그리스 서적을 번역하면서 아라비아 수학의 부흥기가 시작되었다.[106] 9세기에 이슬람 최고의 수학자로 평가받는 알콰리즈미는 천체 위치, 경로, 일식을 예측했고 사인 값과 탄젠트 값을 정리해서 삼각표를 만들고 대수학代數學을 정립하는 등 인도에서 받아들인 지식을 만개하여 수학과 천문학을 한 단계 발전시켰다. 수 대신 문자를 사용하여 '알려진 수와 미지수의 관계'를 푸는 방정식(변수를 포함한 등식)을 연구하는 대수학은 증명된 기하학적 사실이다. 즉 방정식의 각 항은 기하학적으로 해석이 가능하다는 말이다.

방정식은 특정 변수 값을 도출하는 수학 기술이다. 고대 인도인은 미지량을 x가 아닌 '물건'이라고 표현했고, x^2은 '재산'을 뜻하는 'mal'로 표기했다. 알콰리즈미는 말(단어)을 문자 기호로 대체하고, 음수와 0을 근으로 사용하고, 방정식의 한쪽 항에서 뺀 양을 반대쪽 항에서 같은 양만큼 되살린다는 '복원al-jabr'과 양쪽에서 동류항 하나를 동시에 빼서 항의 수를 줄이는 '상쇄wa'l-muqabala'와 같은 명백한 규칙을 따라 방정식을 푸는 대수학을 창안했다.[107] 이후로 인도 수학자들은 거리, 넓이, 부피, 무게, 시간과 관련된 물리적 상황에서 발생되는 문제를 다루는 방정식은 대수학으로 풀고, 기하학으로 검증했다. 1차(x)는 선분, 2차(x^2)는 평면 도형, 3차(x^3)는 입체로 검증이 가능하다. 아라비아(이슬람)에서 이렇게 발전한 인도 수학은 12세기부터 유럽으로 전해졌다.[108] 방정식을 푸는 것에서 출발한 대수학은 수 나타내는 기호들을 특정 규칙을 따라 조작하면서 수가 지닌 성질을 일반화하고, 수들 사이의 '관계'를 연구하

는 데까지 발전했다.[109] 대수학의 이런 특징을 잘 응용하면 한 사건
이 다른 사건에 어떤 영향을 미치고, 어떤 결과를 가져올지를 예측
할 수 있는 도구로 사용할 수 있다.[110]

'완전수perfect number는 부분으로부터 완전한 전체를 만드는 법
칙에 관한 개념이다. 완전수는 자신을 제외한 양의 약수들의 합으
로 표현되는 양의 정수인데, 6=1+2+3이 하나의 예다.

완전수 중에서 모든 짝수인 완전수는 삼각수가 된다. 삼각수
triangle number는 정삼각형 모양을 이루는 점의 개수다. 삼각형은
피타고라스가 완전함의 최고이며 우주의 근본이라고 극찬한 도형
이다.

규칙에 따라 정수를 배열하는 또 다른 방법은 마방진魔方陣/magic
square이다. 마귀 '마魔'에 사각형을 뜻하는 '방方'과 군사들이 줄을
지어 늘어선다는 뜻의 '진陣'을 쓰는 마방진은 마술적 특성을 지닌
정사각형 모양의 정수 배열이다. 고대로부터 사람들은 마방진 속
에 신비한 힘이 있다고 믿었다. 중국 하나라 우왕 시절에 매년 황
하가 범람하여 큰 어려움을 당하고 있었다. 그런데 어느 해에 강
가운데서 등에 신비한 무늬가 새겨진 거북 한 마리가 나타났다. 이
를 이상하게 여긴 우왕은 신하들에게 알아보게 했다. 거북 등에 새
겨진 그림은 가로세로 각 세 개씩 1부터 9까지의 숫자가 점으로 새

겨져 있었다. 그리고 이 수들의 배열은 가로세로, 대각선으로 더해도 항상 그 합이 15였다. 이것이 바로 마방진의 시초다. 우왕은 이 그림이 제방을 쌓는 공사 방법을 하늘이 알려준 것으로 귀하게 여기고 '낙서洛書'라고 불렀다. 수학자들은 마방진 속의 수들이 완전한 대칭을 이루고 안정된 모습으로 배열된 것처럼 자연만물이 균형을 이루며 움직이는 원리를 가진다고 생각했다. 동양에서는 마방진을 점을 치거나 명당을 정하거나 건축물의 배치 등 풍수지리에 주로 사용했다. 유럽에서는 3차 마방진은 토성, 4차는 목성, 5차는 화성, 6차는 태양, 7차는 금성, 8차는 수성, 9차 마방진은 달이라고 상징하고 때로는 부적으로 사용하기도 했다.

수의 관계, 세상의 틀을 통찰하게 한다

지금까지는 우주의 본질을 연구하는 수학의 두 기둥 중 하나인 수數에 대해서 살펴보았다. 이제, 기하 이야기를 해보자. 필자는 수가 세상의 근본을 통찰하게 하고, 수의 관계를 설명하는 기하는 세상이 어떤 구조로 되어 있는지, 어떤 틀로 만들어졌는지를 통찰하게 한다고 생각한다.

고대 역사학자 헤로도토스는 기하학의 기원을 이집트에서 찾았다. 매년 반복되는 홍수 때문에 토지 측량을 반복해야 하는 실제적 필요성이 이집트에서 기하학이 시작된 이유라고 보았다. 반면에 아리스토텔레스는 기하학의 기원을 이집트에서 찾는 데는 동의하지만 이유는 달랐다. 이집트 성직자 유한계급이 여가와 의식적 이유로 기하학 연구를 장려했다는 주장이다.[111]

기하학 연구의 목적을 실용을 넘어 철학적 탐구이자 미학美學으로 발전시킨 것은 그리스인이었다. 특히 피타고라스는 수와 수의 비율은 우주의 본질이자 질서였고, 기하는 질서를 따라 구현된 현상이라고 보았다. 수가 눈에 보이지 않는 세계라면, 기하는 눈에 보이는 세계를 설명하는 원리였다. 이런 개념은 소크라테스, 플라톤과 아리스토텔레스에게는 이데아, 형이상학, 형이하학 등의 개념을 정립하는 데 영향을 주었다.

기하학은 점에서 시작해서 선, 면, 도형, 공간으로 나가고, 그 안에 있는 대상들의 치수, 모양, 상대적 위치 등을 연구한다. 수학은 이것들을 세상의 구조를 만드는 근본 원리로 본다. 영어 단어 'geometry'는 땅을 뜻하는 그리스어 'γε'(게)와 측정한다는 뜻을 지닌 'μετρία'(메트리아)의 합성어 'γεμετρία'에서 유래했다. geometry는 고대 이집트와 바빌로니아의 '토지 측량geometry'을 뜻하는 단어가 어원이다. 이집트에서 토지를 측량하는 사람은 '하페도놉타harpedonopta'(밧줄을 당기는 사람)였다. 하페도놉타는 긴 밧줄에 미리 정해진 간격으로 묶인 세 개의 매듭을 세 명의 노예가 각각 붙잡아 팽팽하게 당겨서 삼각형을 만들어 토지를 측량했다. 이처럼 세금을 걷기 위해 토지를 측량하고, 거둬들인 세금을 가지고 파라오의 막강한 권위를 상징하는 피라미드를 건축하는 과정에서 기하학 발전이 시작되었다. 이런 이유로 원자론 창시자이며 수학자였던 데모크리토스는 이집트의 하페도놉파의 업적을 크게 칭

찬했다.[112]

　고대 그리스인은 토지 측량을 공간 측량으로 추상화했다. 수학을 사용하여 공간 안에 존재하는 이상적인 점, 선, 평면의 추상적 개념을 추출하고, 이들의 관계를 측량하고, 이를 기반으로 아름다움을 가진 공간 구조를 탐구했다. 유클리드는 이런 것에 대한 공리와 정리를 완성한 사람이다.[113]

　기하의 출발은 점點이다. 여기서 말하는 점은 실제로 존재하지 않는 추상적 논리 개념이다. 피타고라스와 플라톤이 공간을 무한히 쪼개 나가 궁극에 이르러 만나게 되는 '더 이상 쪼갤 수 없고 고립된 한 점(단자單子/모나드Monad)'을 말한다. 점은 비연장적이고, 운동이 없고, 정지 상태다. 피타고라스는 점은 위치가 있는 단자라고 했고, 플라톤은 점을 선의 시작이라고 했다. 유클리드는 "점은 쪼갤 수 없는 것이다"라는 말로 위대한 저서 『원론』을 시작했다.[114]

　　함수, 미래를 통찰하는 수 기계 장치

　여기서 잠시, 함수에 대한 이야기를 하고 넘어가자. 기하를 다루는 부분에서 함수를 끌고 들어온 데에는 이유가 있다. 함수도 수의 관계와 연관된 수학적 장치이기 때문이다. 수학에서 함수란 "어느 집합에 있는 수들을 다른 집합에 있는 수로 변환시키는 하나의 기계 장치다",[115] 즉 특정한 수(존재)를 다른 공간으로 이동시키는 힘을 말한다. 또한 수의 관계를 이용해 결과로부터 원인을 추적하

거나 원인을 알면 미래를 예측하게 해주는 강력한 통찰 도구다.

먼저, 기계 장치로서 함수의 구조를 살펴보자. 함수는 "x와 y 간에 유익한 인과관계를 성립하는 룰rule이 담긴 상자"를 뜻한다. 'f(x)=y'라고 할 때, x는 '원인'(입력 값)이 되고, y는 '결과'(출력 값)이고, f(y)는 입력 값을 어떤 출력 값으로 바꿀지를 결정하는 '룰이 담긴 상자'다.[116] 또한 함수 f(x)=y에서 결과 값 y는 x값에 의해서 결정되기에 x를 (결괏값을 도출하는 데에서 다른 것으로부터 어떤 제약도 받지 않으므로) 독립변수라고 부르고, y를 (자유롭게 값을 결정하지 못하고 입력 값과 정해진 룰에 따라서만 결과 값이 정해지므로) 종속변수라고도 부른다. 간단한 함수는 다양한 방법으로 결합하여 복잡한 함수로 확장될 수 있다.

함수는 원인을 결과로 변환하는 상자이기 때문에 결과로부터 원인을 추적하거나, 원인을 알면 앞으로 일어날 결괏값을 예측할 수도 있다. 함수적 사고를 활용해서 미래에 일어날 결과를 예측하는 역량을 높이려면 어떻게 해야 할까? 미래에 일어날 결과에 대한 예측의 확률적 가능성을 높이려면 아래 두 가지 조건 중 하나여야 한다.

① 어떤 원인으로 일어나는 결과가 하나이고, 동시에 어떤 결과의 원인도 하나다.
② 어떤 원인으로 일어나는 결과는 하나이지만, 어떤 결과의 원인은 하나 이상일 수도 있다.

위 두 가지 조건 중에서 첫 번째는 미래에 일어날 결과를 확실하게 예측할 수 있다. 두 번째는 결과에 영향을 미치는 원인이 하나

이상이기 때문에 원인이 몇 개냐에 따라서 확률적 가능성이 결정된다. 하지만 예상되는 결과가 파악된 원인과 강한 인과관계를 가지고 있는 종속변수이기 때문에 예측 확률이 낮지는 않다. 이 두 가지의 경우를 통해 알 수 있는 것은 이것이다.

예측 확률을 높이려면 특정 결과에 직접적 영향을 미치는 완전히 독립된 원인을 찾아내야 한다.

우리 주위에서 일어나는 일은 많은 인과관계에 얽매여 있다. 즉 하나의 결과에 여러 원인이 연결된 구조다. 하지만 여러 원인 전부가 진짜 원인은 아니다. 어떤 것은 가짜 원인이고, 어떤 것은 결과가 도출되는 과정에 있는 원인이다. 원인과 결과의 관계를 시스템적 연결로 파악해보면, 다양한 원인 중에서도 최종 결괏값을 도출하는 데에서 다른 것으로부터 어떤 제약도 받지 않는 '진정한 원인'은 깊은 곳에 숨어 있다. 이것을 '레버리지leverage'라고 부른다. 예측 능력의 상당은 눈앞에 보이는 결과를 만드는 '숨어 있는' 진짜 원인이 무엇인지를 간파하는 안목에 달려 있다. 세상은 본래 복잡하지만, 시간이 갈수록 변하고 연결 범위가 넓어지기 때문에 과거에는 강한 인과관계를 갖는 함수적 연결이었지만 현재에는 달라질 수 있다. 진정한 인과관계를 찾아 미래를 예측하려면 끊임없이 연구하는 자세가 필요하다.

함수의 기원은 고대 바빌로니아의 천문학자들이 태양, 달, 별들의 위치가 일정한 주기에 따라 달라지는 것을 깨닫고 발견한 자료를 바탕으로 천체의 변화를 예측한 데서 시작되었다. 바빌로니아의 천문학자들은 신이 특별한 비밀이나 우주를 지배하는 법칙을 어려운 공식으로 만들어 별들 속에 넣어두었다고 믿었다. 이것을 밝혀내면 신의 뜻이나 미래를 예측할 수 있을 것이라고 생각했다. 이들은 별들이 일직선상에 놓이는 것과 같은 중요한 특성을 예측해보기 위해 특별한 '식式'을 만들었다. 이것이 함수의 기원이다.

현대 수학에서는 함수란 어느 집합에 있는 수number나 사건event을 다른 집합에 있는 수(사건)로 변환하는(적절하게 이동시키는) 기계적 장치다. '$y=f(x)$'라는 함수는 y값(사건)이 x(힘)가 변화할 때 어떤 정해진 규칙(함수)에 따라 일정한 모습으로 변화하도록 x값에 의존한다는 의미다. 이때 x에 따라 y가 결정되는 규칙인 함수에 해당하는 것이 미래예측 방법이다. 트렌드도 힘의 위치와 운동 상태로 바꾸어서 정의하면 일정 부분 수학적 접근이 가능해진다.

기하학 창시자 데카르트가 나오기까지의 긴 역사

세상의 틀을 설명하는 기하 이야기로 한발 더 들어가기 전에 기하학 창시자 데카르트가 나오기까지 긴 역사 이야기를 잠시 해보자. 거인도 홀로 탄생하지 않기 때문이다. 중세는 수학의 암흑기라고 평가받았지만 샤를마뉴 대제의 노력으로 수학의 명맥은 교회와 부속 대학을 통해 유지할 수 있었다. (물론 중세 교회도 수학을 신을 통찰하는 방법으로 사용하고자 하는 목적이 있었기에 교회를 통한 샤를마뉴 대제의 수학 보존 노력이 호응을 얻는 것도 가능했을 것이다.) 샤를마뉴 대제의 프랑크 왕국이 세력을 빠르게 확장해가자, 중세의 정치·경제 권력은 지중해 연안에서 북유럽으로 이동했다. 프랑크 왕국의 부흥을 꾀했던 샤를마뉴 대제는 알렉산드로스 시대 이후로 끊긴 교육의 명맥도 되살리려고 노력했다. 샤를마뉴 대제는 대성당과 수도원에 부속학교를 설립하고 수많은 책을 필사했다. 샤를마뉴가 세운 학교들은 훗날 유럽의 여러 대학으로 바뀌어서 수학을 비롯한 중세 학문의 중심 역할을 했다.

8~9세기 샤를마뉴 대제의 통치 기간만큼 중요한 시기는 12~13세기다. 이 시기에 샤를마뉴가 세운 교회와 부속학교들이 대학으로 바뀌면서 볼로냐, 파리, 옥스퍼드, 케임브리지 등 유럽을 대표하는 대학이 설립되었다. 또한 이때에 이르러 샤를마뉴 대제 이후부터 수도원 부속학교를 중심으로 형성된 스콜라 철학이 절정에 달한다. 스콜라 철학이란 말은 중세 수도원 부속학교의 교사나 학생을 일컫는 라틴어 단어 스콜라스티쿠스Scholasticus에서 유래했다. 샤를마뉴 대제의 노력으로 확산된 수도원과 부속학교에서 형성된 학문 조류를 스콜라 철학이라고 통칭한다. 교부철학의 뒤를 이어 중세 사상을 지배한 스콜라 철학자들은 고대 문헌을 번역하는 과정에서 연구한 고대 그리스 철학 사상을 자연스럽게 기독교 철학에 접목하면서 새로운 신학 사상을 형성했다. 예를 들어, 교부철학에 플라톤 철학이 큰 영향을 미쳤다면, 중세를 지배한 스콜라 철학에 큰 영향을 끼친 사람은 아리스토텔레스였다. 그는 시간이 지나면서 수도원 부속학교를 넘어 이탈리아, 프랑스, 영국 등을 넘나들면서 유럽 전반에 광범위하고 강력한 영향을 미쳤다.

신앙을 이성을 통해 체계적으로 정리하고 입증하려고 노력했던 스콜라 철학자들은 유럽 전역에서 강연과 토론을 주도하면서 자연철학과 종교와의 화해도 시도했다. 초기 스콜라 철학을 대표하는 학자는 에리우게나와 캔터베리의 안셀무스, 피에르 아벨라르였다. 이들 중에서 아벨라르는 논리학과 수사학에 뛰어난 사람이었다. 그는 성경(신의 목적) 대신 논리적인 추론이 참을 결정하는 방법이라는 주장을 펴서 파문당했다.

　13세기에는 최고의 스콜라 철학자이자 로마 출신 신학자였던 토마스 아퀴나스가 등장했다. 이 시기에 아라비아로부터 아리스토텔레스의 자연학 책들이 들어와 번역되었는데, 토마스 아퀴나스는 새롭게 연구된 아리스토텔레스 철학을 전적으로 채용하여 전통적인 스콜라 철학에 완전히 녹여서 새로운 신학 체계를 형성했다. 토마스 아퀴나스는 아리스토텔레스 철학을 대폭 수용하면서 이성을 적극 옹호했다.

　중세 최고의 학자였던 토마스 아퀴나스에게도 경쟁자가 있었다. 토마스 아퀴나스처럼 아리스토텔레스에게 영향을 받았지만 논리보다는 경험과 실험에 가치를 둔 영국의 스콜라 철학자 로저 베이컨이다. 베이컨은 당대에는 존경을 받지도 못했고 나중에는 종교재판을 받고 감옥에 가기도 했다. 다양한 지식에 박식했던 베이컨은 수학에도 큰 영감을 가졌다. 유클리드 기하학에 정통했고, 아라비아 자료를 연구하여 원근법도 가르치면서 수학 교육의 중요성을 역설했다.[117] 베이컨은 실험을 중심에 둔 과학에도 열정이 컸다. 하지만 당시 과학은 연금술과 뒤섞이면서 '암흑의 마법black magic'이라는 의심을 받았다. 이런 이유로 베이컨은 이단 시비와 함께 마술 사라는 누명을 쓰고 감시를 받기도 했다. 이런 전력이 있던 베이컨은 『철학 연구 요강』이라는 책을 써서 성직자의 부정한 권위와 무지를 비판하다가 결국 종교재판을 받고 14년이나 옥살이를 한 후 겨우 풀려났지만 얼마 되지 않아서 죽음을 맞이했다.

스콜라 철학자 중에서 파문을 당한 또 한 사람이 있다. '오컴의 면도날'로 유명한 영국의 신학자 윌리엄 오컴이다.[118] 스콜라 철학자 중에서 토마스 아퀴나스 다음으로 중요한 인물로 평가받는 오컴은 온전한 실재론자였던 둔스 스코투스의 제자였다. 둔스 스코투스는 마리아가 원죄 없이 태어났다는 주장을 제기했는데 파리대학교가 이에 동의한 후 로마 가톨릭 전체의 신학으로 포함되었다. 토마스 아퀴나스가 당시 신생 수도회였던 도미니크회를 대표하는 학자였다면, 둔스 스코투스는 이미 주류 수도회가 된 프란치스코회를 대표했다. 옥스퍼드대학교에서 공부하고 파리에서 활동했던 윌리엄 오컴은 프란치스코회(탁발수도회)와 교황 요한네스 22세 사이에 벌어진 청빈 논쟁에 휘말려 파문을 당하고 아비뇽에 4년간 유배되었지만 프랑스를 탈출하고 독일 뮌헨으로 건너가 신성로마제국의 루트비히 황제의 보호를 받으면서 학문의 전성기를 보냈다. 프란치스코회 소속으로 아리스토텔레스 철학과 실재론 입장에 선 둔스 스코투스의 제자였던 윌리엄 오컴은 아리스토텔레스를 해석하기는 했지만 추종하지는 않았고 토마스 아퀴나스주의와 실재론에 맞서 유명론을 대표하는 학자였다. 오컴은 아퀴나스와는 반대로 이성과 신앙을 분리했다. 오컴은 신의 존재는 이성으로 증명하는 영역이 아니라 믿음으로 받아들이는 신앙의 영역이라고 규정했다. 철학과 신학의 분리도 주장했다. 철학 방법을 사용해서 신의 존재와 신비를 이성적으로 설명하려는 노력은 오히려 냉혹한 빈정거림만 받을 뿐이기 때문에 철학이 아니라 믿음의 영역으로 남겨야 한다는 것이다. 대신 세상에 대한 설명은 유명론을 주장했다. 오컴은 철학의 임무는 일상 언어에서 사용하는 모든 표현이 진실로 무엇을 의미하는지를 (언어 사용 분석을 통해) 명확하게 하는 것이라 생각했다. 이런 생각은 오컴의 철학 전반에 영향을 미쳤다. 이데아 같은 보편 개념은 인간이 붙인 이름에 불과하다는 유명론唯名論을 주장한 오컴은 인식의 원천을 개체에 관한 직관표상에서 찾는다. 오컴은 보편자普遍者나 개체 안에 내재하는 실재물이 실재가 아니라 개체가 실재實在라고 주장했다. 보편자는 정신의 구성물로서 정신 속에서 사고로만 존재하는 개념이다. 즉 말로만 존재한다. 오컴은 '오컴의 면도날Ockham's Razor'이란 별명으로도 유명하다. 오컴의 면도날이란 어떤 자연적 현상이나 사실 혹은 진리를 설명하는 이론이 여러 가지가 있다면 그중에서 가장 간단한 이론이 정답이라는 주장이다. 실체를 필요 이상으로 중첩해서는 안 되고 근본 원리는 반드시 필요한 것만으로 제한하고 억제해야 한다는 생각이다. 오컴의 이런 생각도 그가 주장한 유명론과 연관이 깊다. 오컴이 수학에 열정이 있었는지는 분명치 않지만 '가설이나 설명은 단순할수록 좋다'는 오컴의 면도날이 가장 잘 드러나는 학문이 수학이다. 이런 그의 생각은 종교개혁자 루터, 비트겐슈타인의 후기 사상과 일상 언어학파, 영국의 경험론 철학자 프랜시스 베이컨과 영국의 유물론 창시자이며 국가 계약설을 주장한 토머스 홉스, 게임이론으로 노벨경제학상을 수상한 로버트 아우만에게까지 넓은 영향을 미쳤다. 복잡한 경제 현상을 게임이론으로 간단하게 설명하여 노벨경제학상을 탔던 로버트 아우만 교수는 오컴의 면도날에 매료되어 수학으로 학사, 석사, 박사 학위를 취득했다고 한다.

이처럼 스콜라 철학 내부에서는 철저하게 교회의 입장에 선 학자도 있었지만, 교황과 반대에 선 이도 많았다. 결과적으로, 이런 배경은 신의 기준에서 진리를 판단하던 중세 흐름을 이성이라는 새로운 기준으로 전환하는 물꼬를 열었다. 그리고 영국의 에드워드 3세가 교황의 영향에 있던 프랑스와 전쟁을 시작하면서 독일과 영국이 손을 잡자 교황의 세력은 더 약해졌다. 교황과 황제의 싸움은 프랑스와 독일의 갈등이었다. 독일과 영국에서 활동하던 교황의 적대자들은 황제의 지지를 받으며 교황 반대 운동을 펼치면서 공회의에서 민주주의 색채를 띠고 정치 세력을 형성했다. 윌리엄 오컴도 총 공회의 대표 선출에 민주적 방법을 제안했다. 이런 흐름은 두 갈래로 발전했다. 하나는 교황의 무소불위한 권위에서 벗어나 종교개혁의 싹을 틔운 것이고, 다른 하나는 신의 기준에서 진리를 판단하던 전통에서 벗어난 학문의 자유였다.

중세 수학 역사에 가장 위대한 시기도 13세기였다. 중세 후기에 활동하던 수학자는 두 부류로 나뉜다. 한 부류는 교회나 부속 대학에 소속된 수학자였고, 다른 한 부류는 상업이나 무역에 종사하는 수학자였다.[119] 스콜라 철학의 전성기였던 13세기 무렵에 중세를 대표하는 세 명의 수학자가 나타났다. 한 사람은 프란체스코회 수도사였던 알렌산드르 드 비르듀이고, 다른 사람들은 영국의 교사였던 핼리팩스의 존과 이탈리아 상인이었던 보나치의 아들이라는 뜻으로 피보나치로 더 알려진 피사의 레오나르도다.

이들 중에서 가장 뛰어난 사람은 중세 최고의 대수학자로 평가받는 피보나치다. 피보나치는 인도-아라비아 숫자를 사용하여 산술 절차를 설명하고 상거래에 필요한 수학을 정리한 『산반서Liber abaci』를 저술했다. 바로 이 책에서 후대 수학자에게 큰 영향을 미치는 문제 하나가 등장한다. 바로 '피보나치의 수열'이다. 피보나치 수열은 수학에서 더없이 중요하고 멋진 성질을 보여주는 법칙이다. 피보나치는 이런 문제를 냈다.

토끼 한 쌍이 달마다 토끼 한 쌍을 낳고 태어난 한 쌍의 토끼는 두 번째 달부터 한 쌍의 토끼를 낳기 시작한다면 토끼 한 쌍에서 시작하는 경우 한 해 동안 몇 쌍의 토끼가 태어날까?

13세기 무렵, 스콜라 철학에 아리스토텔레스가 큰 영향을 미쳤듯이, 아리스토텔레스의 운동에 대한 문제는 수학자들에게 호기심을 불러일으켰다. 토마스 아퀴나스를 비롯한 스콜라 철학자들은 아리스토텔레스가 거론한 연속체, 운동 등 '변화'에 관심을 가지고 변화하는 '형상'의 정량화에 대한 논의를 자주 했다. 14세기에 들어서 옥스퍼드 머튼대학교에서 니콜 오렘을 비롯한 스콜라 철학자들이 일정 변화율의 공식을 도출했다. 이른바 평균속도는 처음 속도와 마지막 속도의 산술평균이라는 '머튼의 법칙Merton rule'이다.

캔터베리의 대주교였던 토머스 브래드와딘과 리슈의 주교인 니콜 오렘은 비례 개념을 운동에까지 확장했다. 특히 오렘은 변화를 정량적으로 해석하는 새로운 수단을 개발했다. 바로 오렘의 그래프다. 오렘은 측정할 수 있는 것이라면 연속량으로 설명할 수 있다고 생각했다. 즉 운동하는 물체를 속도-시간으로 측정할 수 있다면 변화를 연속량으로 바꾸어 설명할 수 있다는 말이다. 가로축(x)을 시간, 세로축(y)을 속도라고 할 때, 특정한 물체의 등가속도운동 等加速度運動/uniformly accelerated motion(질량이 변하지 않을 경우 일정한 힘으로 운동하는 물체의 운동)이 정지상태에서 시작한다면 (시간이 갈수록) 속도를 나타내는 세로 좌표는 직각 삼각형 모양을 나타낸다. 이처럼 연속된 변화량의 적분을 기하학적으로 해석한 것이 오렘의 그래프다. 이런 연구는 데카르트의 좌표와 뉴턴의 미적분 연구의 시초를 마련했다.[120]

1453년, 콘스탄티노플이 함락되고 기독교의 지배력이 약해지면서 우주와 자연의 근본 연구에 신과 천국을 빼고도 수학을 연구할 수 있는 자유가 주어졌다. 이제 유럽인도 시간을 지배할 수 있었고, 0의 개념처럼 파격적인 수학 개념을 본격적으로 사용하면서 수학 역사의 중심에 서기 시작했다. 콘스탄티노플을 탈출한 사람들은 귀중한 고대 그리스 책의 사본을 가지고 이탈리아로 망명을 하여 학문 유산을 전수했다. 유럽도 최소 7,500만 명에서 최대 2억 명을 죽음으로 몰아넣었던 흑사병의 충격에서 벗어나 정신적 회복기에 들어섰고, 1447년에 요하네스 구텐베르크가 활자를 사용하는 인쇄술을 발명하면서 15세기 중반에는 서유럽에서도 수학 활동이 활발해졌다. 무엇보다 14~16세기에 이탈리아를 중심으로 전 유럽에 퍼진 문예부흥(르네상스) 운동으로 고대 그리스와 로마 문명의 철학·과학·예술에 대한 재인식과 재수용 분위기가 암흑기에 갇혀 있던 유럽의 수학을 다시 깨우는 계기가 되었다.

스콜라 철학 전성기에는 프랑스와 영국의 학자들이 수학을 주도했지만, 르네상스 초기에는 문예부흥의 시작점인 이탈리아와 신성 로마제국인 독일 출신 수학자들이 주류를 형성했다. 이탈리아 수도사 루카 파치올리는 르네상스 시대에 처음으로 인쇄되고 가장 널리 알려진 『산술, 기하, 비 그리고 비례대전Summa de Arithmetica, Geometria, Proportioni et Proportionalita』이라는 대수학 책을 저술했다. 르네상스 시대 수학의 부흥은 대수학의 부흥이 중심이었다.[121] 르네상스인의 전형으로 평가받는 레오나르도 디 세르 피에로 다빈치는 〈최후의 만찬〉, 〈모나리자〉 등 명작을 그린 화가, 조각가, 건축가로도 유명했지만 수학, 천문학에도 조예가 깊었다. 그의 공책에는 활꼴의 구적법, 정다각형의 작도, 이중곡률 곡선 등에 관한 내용을 투시화법에 응용하는 아이디어가 가득 차 있었다. 특히 다 빈치는 「회화론Trattato della pittura」이라는 글에서 "수학자가 아닌 사람은 이 책을 읽지 말도록 하라"는 말을 서문에 남기기도 했다.[122] 레오나르도 다 빈치의 친구이자 의사로, 대수학과 삼각법에 정통했던 지롤라모 카르다노는 1545년 『위대한 술법Ars magna』을 출판하였다. 카르다노의 제자였던 루도비코 페라리가 발견한 4차방정식 풀이법까지 다룬 이 책은 수학자들에게 강렬한 인상을 주어서 현대 수학의 시작을 알린 책이라는 평가를 받는다. 카르다노는 일반적인 3차방정식 해법을 발표, 허수 개념을 도입했으며 2×2 행렬식을 정의하기도 했다. 평소에 도박을 좋아해서 확률론 발전에도 큰 기여를 했다.[123] 이 외에도 3차원의 현실 세계를 2차원의 평면 세계에 표시할 수 있는 수학적 기반(사영射影 기하학의 효시)을 만든 레온 알베르티, 복식 부기법을 정리하고 수학의 모든 분야를 정리한 책을 저술해서 유럽 수학 발전에 기여한 이탈리아 수학자 파치올리, 지동설을 주장하여 '코페르니쿠스의 전환'을 가져온 폴란드 출신 천문학자 니콜라우스 코페르니쿠스도 유명한 논문인 「천구의 회전에 대하여」에서 삼각법 등을 다루면서 수학에 큰 이바지를 했다. 또한 소수 표기법을 창안한 네덜란드 시몬 스테빈, '곱셈과 나눗셈'을 '덧셈과 뺄셈'으로 바꾸는 혁신적 기술인 로그를 발명한 존 네이피어가 르네상스 시대에 수학 발전에 기여했다. 영국 스코틀랜드 출신 신학자이며 수학자였던 존 네이피어는 거듭제곱의 지수를 가리키는 말을 처음에는 '인공적인 수artificial numbers'라고 했지만, 나중에 비율을 뜻하는 그리스어 'Logos'와 숫자를 뜻하는 그리스어 'arithmos'를 합쳐서 'Logarithm(로그)'라는 단어를 만들어냈다.[124] 네이피어는 평생을 요한계시록 연구에 열정을 쏟기도 했다. 그 결과 1594년 『요한묵시록의 진상A Plaine Discovery of the Whole Revelation of St. John』이라는 책을 출간했다. 그는 이 책에서 수학적 계산을 통해 세계의 종말을 의미하는 '아포칼립스'가 17세기 후반쯤 도래할 것이라고 예측하기도 했다.

요하네스 케플러와 동시대 인물로 이탈리아 출신 천문학자로 코페르니쿠스 이론을 옹호하면서 태양계의 중심이 지구가 아닌 태양이라는 것을 주장하다가 로마 가톨릭의 단죄를 받은 갈릴레오 갈릴레이도 당대에 유명한 수학자였다. 의사가 되려고 했던 갈릴레이는 피사대학교에서 유클리드와 아르키메데스에게 매료되어 1589년에 피사대학교의 수학 교수가 되었다. 계산 기술에 관심이 많았던 갈릴레이는 1586년 「기하학과 군사용 컴퍼스의 사용법」이라는 글에서 가하학 컴퍼스만을 사용해서 군사, 축적 변경, 복리 분야 등에서 계산을 빠르게 하는 방법을 소개했다. 1590년, 「운동에 대하여」라는 물리학과 수학을 결합한 논문과 유명한 '피사탑의 낙체 실험'으로 알려진 논리적 사고실험을 근거로 낙체의 속도가 무게에 비례한다는 아리스토텔레스 이론을 반박했다. 1623년에는 실험 방법과 과학적 사고의 수학적 체계를 정리한 『분석자The Assayer』를 출간했고, 1638년에는 종교재판의 사법권을 피해 네덜란드에서 『새로운 두 과학에 대한 수학적 증명』이란 책을 출판했다. 특히 갈릴레이는 이런 저작 속에서 자신이 수립한 동역학 이론을 설명할 때 무한소와 무한대의 성질을 자주 언급했다. 이는 그가 비록 코페르니쿠스 이론을 옹호하면서 로마 가톨릭과 충돌하기는 했지만, 자기 나름의 방식으로 신神을 이해하려는 종교적 목적을 늘 품고 있었기 때문이었다.

독일에서는 요하네스 베르너가 1522년 뉘른베르크에서 인쇄된 라틴어로 된 스물두 권짜리 『원뿔 곡선의 원리Elements of Conics』라는 책을 써서 곡선에 대한 관심을 다시 불러일으켰다. 독일의 수학자 피터 아피안(1495~1552)은 상업 산술 책을 출판했고, 수학과 기하학을 이용하여 지도의 혁신을 시도하여 신대륙을 '아메리카'로 이름 붙인 신세계 지도를 최초로 출판했다.[125] 자신의 이름이 붙은 행성운동법칙을 발표한 요하네스 케플러도 독일 출신이다. 케플러는 천문학자로 유명하지만 신성로마제국에서 세 명의 황제를 모셨고, 1621년 12월 30일 페르디난트 황제로부터 제국 수학자로 공식임명될 정도로 수학에 조예가 깊었다. 그가 쓴 『포도주통을 이용한 구적법과 부피 측정법』이라는 다소 우스꽝스러운 제목의 책은 17세기 적분학의 기초가 되었고, 『신천문학』, 『세계의 조화』, 『코페르니쿠스 천문학 개요』는 아이작 뉴턴이 만유인력 법칙을 확립하는 데 중요한 기초를 제공했다.

데카르트, 기하학으로 세상의 구조를 설명하다

수학의 제2혁명기를 연 르네 데카르트라는 걸출한 수학자는 이런 배경이 탄생시킨 인물이다. 17세기 중반 유럽에서 수학의 중심지는 해석 기하학(좌표 기하학)을 창안한 데카르트, '페르마의 정리'로 유명한 피에르 드 페르마, 지라드 데자르그, 블레즈 파스칼, 에반젤리스타 토리첼리 등을 배출한 프랑스였다.[126]

귀족집안에서 태어나고 예수회 학교에서 철저한 교육을 받은 데카르트는 법률을 전공했지만 수학에 더 관심이 많았다. 학교를 졸업한 뒤, 자신만의 자유로운 연구 시간을 얻기 위해 자원하여 군대에 입대한 데카르트는 여러 전쟁에 참여하면서 유럽 각지의 유명한 수학자들을 만났다. 이런 만남과 연구를 통해 체계적인 회의를 도구로 사용해서 명확하고 엄격한 개념에 도달하는 방법론을 완성하여 "만물을 물질과 운동으로 설명할 수 있다"는 가설을 세우고 우주를 기계론적으로 설명하는 과학적 세계관을 제시했다. 뿐만 아니라 수학 분야에서도 해석기하학이라는 새로운 지평을 열었으며 자신의 모든 생각을 정리한『방법서설Discours de la Methode』이라는 유명한 책을 출간하여 '근대 철학의 아버지'로 불리기도 했다.

수학에서 데카르트의 업적은 간단하게는 기하학에 대수를 응용한 것이라고 말할 수 있지만, 그의 진짜 목적은 대수적 연산을 자와 컴퍼스만을 가지고 기하학적으로 철저하게 해석(작도)하는 데 있었다. 하지만 데카르트는 성격상 이전 수학자들보다 기호대수에도 철저했다. 현대의 대수학에서 a, b, c, …… 등으로 나타내는 기지량既知量/a known quantity과 x, y, z, …… 등으로 나타내는 미지량未知量/an unknown quantity은 데카르트가 만든 기호들이다.[127] 차이점은 데카르트는 기지량과 미지량을 수數로 보지 않고, 선분線分으로 간주했다는 것이다. x^2, x^3도 그리스인처럼 기하학적인 넓이와 부피로 보지 않고 좌표상의 차수에 따라 각기 다르게 작도한 선분이라 해석했다.[128] 해석기하학의 창안이었다. 데카르트는 그리스의 기하하학은 도형에 과도하게 집착하여 상상력을 헛되이 소모했고, 대수는 정신을 혼란하고 모호하게 만드는 단점이 있다고 평가했다. 자신은 이런 단점을 해결하기 위해 대수적 절차를 사용하여 기하학이 도형 집착에서 벗어나도록 하고, 기하학적 해석을 통해 대수연산에 분명한 의미를 부여하는 작업을 한다고 설명했다. 특히 복잡하고 난해한 방법보다는 명확하고 엄격한 개념에 도달하기 위해 이차방정식에는 직선과 원, 삼차와 사차방정식에는 원뿔 곡선만으로 충분하다고도 했다.[129] 이렇게 만들어진 것이 데카르트 직교좌표계直交座標系/rectangular coordinate system상의 해석기하학解析幾何學/analytic geometry이다.

수학에서 데카르트의 경쟁자는 페르마였다. 데카르트처럼 법률을 전공하고 기분전환으로 수학 고전을 즐겨 읽고 연구했던 페르마는 근대 정수론, 확률론을 창시할 정도로 수학에도 천재적 소질을 보였다. 페르마는 삼차원 이상의 해석기하학의 존재를 깨달아 데카르트보다 한 단계 더 체계적으로 발전시켰고, 극댓값과 극솟값을 결정하는 여러 가지 방안을 창안하여 미적분에도 기여했다. 우리에게는 '페르마의 마지막 정리'로 유명한 인물이다. 피에르 시몽 라플라스는 페르마를 일컬어 해석기하학의 공동 창시자이며, 미분학의 발견자라고 칭송하기도 했다.[130]

페르마가 확률론을 창시한 데에는 블레즈 파스칼의 도움이 컸다. 신학을 전공하고 『명상록Pensees』이라는 유명한 저서를 남긴 파스칼은 수학에도 천재적 소질을 보였다. 1640년 16세의 나이에 파스칼은 『원뿔 곡선시론Essay pour les coniques』을 출판했다. 단 한 페이지밖에 되지 않은 이 소논문은 훗날 '파스칼의 정리'라고 불리는 신비의 육각형 명제에 대한 증명을 담고 있다. 1654년에 파스칼은 페르마에게 중요한 편지를 하나 쓴다. 편지에는 파스칼의 친구 슈발리에 드 메레Chevalier de Mere가 낸 문제 하나가 적혀 있었다.

주사위를 여덟 번 던져 1의 눈이 나오면 이기는 놀이가 있다. 그러나 세 번 실패한 뒤에 그 놀이는 중단되었다. 이때 놀이자는 어떻게 포상을 받으면 좋은가?

이 문제를 두고 파스칼과 페르마는 많은 편지를 주고받았다. 1657년에 크리스티안 호이겐스라는 수학자가 두 프랑스인이 주고받은 편지 내용을 가지고 『주사위 놀이에서 추론에 대하여De Ratiociniis in Ludo Aleae』라는 소책자를 출간했다. 수학자들은 두 사람의 이 편지 내용이 현대 확률론의 실질적 출발점이라고 평가한다.[131]

1662년에 파스칼, 1665년에 페르마의 죽음은 프랑스 수학의 위대한 시대를 마감하는 신호였다.[132] 프랑스 수학계가 이들의 죽음으로 슬퍼할 때, 영국에서는 유럽의 수학계를 주도하고, 17세기 과학혁명을 대표하는 상징적 인물이 되는 아이작 뉴턴의 시대가 열리고 있었다. 갈릴레이가 죽은 해인 1642년 작고 연약한 미숙아로 태어난 뉴턴이지만, 코페르니쿠스로부터 시작된 150년간의 다양한 과학적 발견을 고대 이집트와 메소포타미아와 그리스 문명이 발견한 수학적 원리를 통해 하나의 거대한 통일체로 만든 거장이었다.

　르네상스 시대에 과학기술이 발전하면서 산업 생산성을 높이는 새로운 기계, 무기, 항해 장비들이 발명되었다. 그러자 운동과 변화가 수학자나 과학자들의 주요한 관심사로 떠올랐다. 하지만 기존의 수학은 '운동'과 '변화'에 대한 다양한 질문에 한계를 드러냈다. 새로운 수학이 필요했다. 운동과 변화를 다룰 수 있는 '변화하는 양의 수학'이었다.[133] '변화하는 양'을 다루는 새로운 수학의 첫 산물을 만들어낸 사람도 유명한 프랑스의 위대한 철학자이자 수학자인 르네 데카르트였다. 대수학을 공부하면서 논거의 명백함에 반한 데카르트는 수학을 연구하는 과정에서 수와 기하를 합칠 수 있는 방법을 찾아냈다.[134] 앞에서 설명한 (기하학과 대수학을 결합하여) 수의 모든 움직임을 좌표 위에 그래프로 표현할 수 있는 '데카르트 좌표계Cartesian Coordiantes'가 그것이다.

　데카르트 좌표계의 탄생은 위치에 대한 혁명적 사건이다. 위치를 규정하는 것은 작게는 정지된 점(수)에 이름을 붙이는 것이지만, 의미는 그 이상이다. 위치 이론은 서로 다른 점(수)의 정지한 위치, 움직이는 위치(궤적)와 도형(수들의 관계)을 하나로 묶고 등식을 사용하여 조작하는 일을 가능하게 한다.[135] 논리수학적 일관성을 유지한 채로, 특정 위치를 조작을 할 수 있는 도구를 가지게 되면 공간에 대한 깊은 이해, 숨겨진 본질에 대한 탐구, 우주를 이해하는 새로운 관점을 발견할 수 있다. 그만큼 지식의 지평이 확장된다. 실제로 현대 물리학과 공학의 발전은 데카르트가 대수학과 기하학을 결합하여 만든 위치 좌표계, 위치의 변화를 탐구할 수 있는 뉴턴과 라이프니츠의 미적분학 등에 큰 빚을 지고 있다.

인류의 첫 번째 위치 이론은 '지도'다. 지도의 기원은 고대 이집트까지 올라간다. 수와 산술이 발명됨과 동시에 위치에 대한 생각도 시작되었을 것으로 추측된다. 기원전 2000년경에 이집트와 바빌론에서는 부동산의 소유자, 재산세와 함께 소유한 땅의 경계까지 기록한 부동산 지도가 흔했다. 위치에 대한 기록이 없이는 세금을 걷을 수도 없고, 부동산을 사고팔 수도 없기 때문이었다. 최초의 세계 지도는 그리스인이 만들었다. 기원전 550년경 탈레스의 제자인 아낙시만드로스는 세계를 유럽과 아시아 두 개로 나누었다. 기원전 330년경에는 그리스인이 동전에 지도를 새길 정도에 이르렀다.[136]

고대에 지도 제작에 사용한 수학 기술은 측량 조사에도 사용하는 삼각법trigonometry이었다. 삼각법은 기원전 160년 그리스 천문학자 히파르쿠스가 천체 관측을 위해 최초로 만들었다.[137] 하지만 삼각법 개념의 기초는 '린드 파피루스'의 문제 56에 삼각변이 등장하고, 컬럼비아대학교 소장품인 고대 바빌로니아 시대에 만들어진 플림프턴Plimpton 서판(No.322)에 원시 삼각법이 나타나듯 역사가 오래다.[138] 프톨레마이오스 3세 시절에 활동했던 키레네의 에라토스테네스도 삼각법을 이용해서 해와 달의 크기를 측정했고, 기원전 2세기 후반에는 삼각법의 아버지로 불린 니케아의 히파르쿠스가 삼각표를 작성했다. 삼각법에 관해 가장 영향력이 가장 컸던 인물은 『수학집성』를 쓴 알렉산드리아의 프톨레미Ptolemy of Alexandria(83~168)다. 13권으로 된 이 책은 천문학자들에게는 필독

서일 만큼 중요해서 다른 천문학 논문과 구별하기 위해 '대집성'이라는 별명이 붙었다. 아라비아어로 대집성을 'megist'라고 하기 때문에 아라비아인을 통해 프톨레미의 책은 『알마게스트Almagest』로 널리 알려졌다.[139] 삼각법은 단순히 거리 측정의 도구만이 아니라 주기성을 띠는 자연현상을 다루는 탁월한 도구다. 직접 갈 수 없는 위치까지의 거리를 측정하는 기술인 삼각법은 우주를 탐험하는 것뿐만 아니라 실생활에서는 건축, 지도 제작, 항해나 전쟁 기술을 획기적으로 발전시키기도 했다.[140] 삼각법과 원이 만나면, 원을 계량화하여 파도부터 뇌파까지 반복되는 파동 형태(사인파)는 모두 분석할 수 있어서 순환을 푸는 수학 도구가 된다. 사인파는 회전하는 원에서 나오는 파동을 삼각법으로 해석한 것이다. 물질 이동인 원운동이 파동 이동인 사인파로 변하는 일은 일상생활에서 흔하다. 정지된 원(평형 상태)이 원운동(비평형 상태)을 하면서 안정성을 잃고 에너지를 다른 위치로 전달할 때 가장 먼저 사인파가 나타난다는 것은 우주 운동의 기본적 체제體制/mechanism이기 때문이다.[141] 즉 운동은 평형 상태에 있는 에너지를 비평형 상태(안정성을 깨뜨린 상태)로 만들어 위치 이동을 하여 새로운 변화의 촉매로 사용하는 우주의 법칙이다. 이런 운동 작용에 의한 에너지 전달 작용방식을 이해하게 하는 것이 사인파다.

지도가 한 단계 더 발전한 계기는 인류가 바다를 탐험하면서다. 미지의 바다를 탐험하는 모험가에게 무엇보다 중요한 것은 사방이 똑같이 보이는 거대한 바다에서 길을 잃지 않는 것이다. 바다 위에서 현재 자신의 위치를 알고 길을 잃지 않는 것은 생존의 문제이고, 고향으로 다시 돌아갈 수 있느냐의 문제다. 또한 신대륙에서 발견한 금은보화와 희귀한 상품을 계속해서 가져다 나를 수 있느냐의 문제다. 즉 위치는 소유를 지키고, 세금을 걷고, 거래를 하고, 생존을 유지하고, 부를 늘리는 데 필요한 중요한 지식이다. 지상에서는 주위의 지형지물을 기준으로 위치를 표시할 수 있다. 하지만 지형지물이 전혀 없는 바다에서는 좌표가 필요하다. 그 좌표가 바로 위도와 경도다. 위도와 경도에 대한 발상을 최초로 한 사람은 그리스 철학자 아리스토텔레스다. 아리스토텔레스는 위치에 따라서 기후가 어떻게 변하는지를 연구했다. 아리스토텔레스는 지구의 기후권을 남북 방향을 따라서 다섯 개로 구분하자고 제안했다. 지구본에서 가로로 그은 선인 위도緯度/latitude에 대한 최초의 발상이다.[142] 지구가 둥글다는 발상은 피타고라스학파에서 최초로 했지만, 고대인은 오랫동안 지구가 물위에 둥둥 떠 있는 원반이라고 생각했다. 그래서 바다보다는 육지에 대한 관심이 많을 수밖에 없었다. 고대인은 경험적으로 북쪽으로 올라가면 춥고, 남쪽으로 내려가면 더워진다는 것을 알고 있었다. 그래서 아리스토텔레스 시절에는 위도에 대한 연구만으로 충분했다. 하지만 15세기 후반부터 지구가 둥글다는 생각이 확산되었고, 이때부터 바다에 대한 모험심이 생겨났다. 그러나 바다는 육지와는 달리 위치 정보를 얻기가 훨씬 더 어려웠다. 위치를 알 수 없는 만큼 공포는 커지게 마련이다. 콜럼버스가 신대륙을 발견하고, 마젤란이 세계 일주에 성공했지만 항해자들은 바람이 부는 대로 흘러가거나 추측 항법과 평행 항법에만 의존했다. 추측 항법이란 이미 알고 있는 지점을 출발점으로 해서 그 후에 배가 나간 방향과 거리를 계산하여 바다 위에서 현재 위치를 추산하는 기술이다. 평행 항법이란 위도를 따라 항해하는 기술이다.

경도를 구분한 최초의 저술은 프톨레마이오스의 『지리학 안내』다. 프톨레마이오스는 입체투사stereographic projection와 비슷한 방식을 사용해서 8,000여 곳의 위도와 경도를 평면 좌표에 기록했다. 불행하게도 이 책의 원본은 알렉산드리아 도서관이 불타 사라질 때 함께 재가 되어 사라졌다.[143] 프톨레마이오스의 공헌에도 불구하고 경도經度/longitude를 계산하는 것은 쉽지 않았다. 이런 상황은 콜럼버스 시대까지도 크게 달라지지 않았다. 일기가 좋은 날은 이런 수준의 항법만으로도 항해를 할 수 있지만, 일기가 좋지 않거나 밤이 되면 뱃사람들은 장님이 되어버렸다. 생존과 탐험의 결과를 하늘의 뜻이나 자연의 선택에 맡길 수밖에 없었다. 결국 항해는 인류의 가장 위험한 도전이었다. 대항해 시대에 해양 탐험을 하는 선단에 투자하는 일은 도박이었다. 하지만 인간은 위험을 극복하는 유전자를 지닌 존재였다. 투자 피해를 최소화하기 위해 보험을 만들었고, 안정적으로 투자금을 모으기 위해 주식회사라는 위대한 아이디어를 발명했다. 그리고 1714년에 대항해시대를 주도했던 영국 왕실과 의회에서는 경도위원회를 만들어 「경도법Longitude Act」을 제정하고 경도를 결정하는 방법을 개발한 사람에게 2만 파운드의 상금을 걸었다. 큰 상금이 내걸리자 기상천외한 제안이 쏟아져 나왔다. 18세기는 중세 암흑시대를 끝내고 르네상스 문화운동이 한바탕 유럽을 휩쓸면서 그리스 학문과 예술이 재조명을 받고 이를 기반으로 수학의 제2부흥기가 한창이었던 시기였다. 때문에 당시 지식인들 사이에는 경도는 그리니치를 기준(0도)으로 하고 몇 시간 후에 얼마나 멀리 떨어져 있는지를 파악하면 만들 수 있을 것이라는 생각이 널리 퍼져 있었다. 즉 시간 개념을 활용하면 경도를 만들 수 있었다. 하지만 문제는 시계가 정확하지 못했다. 14세기까지도 인류는 시간에 대해서 아주 모호한 개념을 가지고 있었다. 단순하게 머리 위로 지나가는 태양을 기준으로 열두 간격을 만들어 시간을 측정했다. 하지만 계절에 따라서 낮의 길이가 달라졌기 때문에 중세 시대의 한 시간이 현재의 38분에서 82분 사이로 큰 오차가 있었다. 초second 개념도 중세에는 없었다. 프톨레마이오스가 경도를 계산하는 개념을 만들었지만, 시간을 측정하는 기술에 문제가 생기면 무용지물이었다. 만약 하루에 3초의 오차가 있는 시계라면 6주 동안 항해를 하면 1/2도 이상의 경도 오차가 발생한다.[144]

14세기 초에 기계로 만든 시계가 발명되었지만, 배가 흔들리면 시계가 느려지거나 빨라지기 일쑤였다. 그 외에도 기온이 변화되면 시계 안에 있는 윤활유의 점도가 변하거나 시계 부품이 수축·팽창하거나 기압이나 중력의 차이에 영향을 받아 시간이 틀리는 등 시계의 정확도를 크게 떨어뜨리는 이유가 많았다. 이런 문제를 해결한 사람이 요크셔 출신의 존 해리슨이다. 독학으로 시계 만드는 기술을 터득한 해리슨은 경도 상을 받기 위해 연구에 박차를 가했다. 그리고 40년간의 시행착오를 거쳐서 1772년 해상 시계인 크로노미터chronometer를 완성했다. 10주간의 실험에서 해리슨의 시계는 하루 평균 1/3초의 오차만 기록할 정도로 완벽했다. 경도를 발견한 사람으로 역사에 기록되는 순간이었다.[145] 1884년 10월 국제회의에서 영국 그리니치 천문대를 지나는 자오선을 경도의 기준이 되는 0도로 정했다. 그 선이 바로 1972년 협정 세계시로 바뀌기 전까지 사용된 '제1경선'이다.

지도의 발명 이후로, 위치 이론의 발전에 결정적 영향을 준 수학적 장치는 그래프였다. 그래프를 발명한 사람은 중세 신학자이자 스콜라 철학자였던 니콜 오렘이다. 지구의 자전 가능성을 언급하여 지동설의 선구자로 평가받기도 하는 오렘은 성질의 변화를 그래프에 양적으로 표시하는 방법을 창안해서 데카르트의 해석기하학에 선구적 역할을 했다. 사실 지도는 기하학적 그림으로 된 그래프다. 지도를 만들어 사용했던 고대 이집트인, 바빌로니아인, 그리스인은 이 사실을 인식하지 못했다. 오렘은 수평축에 시간을, 수직축에는 속도를 놓고 이동거리를 양적으로 표시하는 발상을 했다. 이런 발상을 통해 오렘은 "일정하게 가속하는 물체의 이동거리는 시간의 제곱에 비례한다"라는 공간에 대한 새로운 성질도 통찰했다. 운동에 대한 통찰을 기반으로 오렘은 지구가 스스로 돈다는 지동설 가설을 탐구하는 데까지 나아갔지만 "여호와께서 다스리시니 (…) 세계도 견고히 서서 흔들리지 아니하는도다"(시편 93:1)를 기준으로 삼는 교회의 반대에 부딪혀 포기하고 말았다.[146] 중세 스콜라 철학자들의 이런 성과에도 불구하고 마지막 한계를 극복하는 데는 200년이 넘는 시간이 더 필요했다.

1673년, 데카르트는 자신의 대표작 『이성을 올바르게 이끌어 여러 학문에서 진리를 탐구하기 위한 방법의 서설』이라는 책을 출간했다. 1628년, 데카르트는 우주에 대한 기존의 관념에서 벗어나 자기만의 사상을 완성하기 위해 네덜란드로 이주한다. 그는 수년간 우주와 자연에 대한 연구를 하여 우주와 자연에 대한 자신만의 이론을 정립했다. 하지만 자신의 이론을 발표하려고 했던 1633년에 갈릴레이의 지동설이 종교재판에서 위법으로 판결되는 사건이 발생했다. 이에 데카르트는 물의가 될 부분을 생략하고 학문연구의 방법, 형이상학, 자연학의 개요를 다룬 책으로 출판을 했다. "나는 생각한다. 그러므로 나는 존재한다"라는 명제로 유명한 말은 기성 권위에 의존하지 않고 자신의 생각만으로 독립적으로 사물을 사고하기 위해서는 어떤 방법을 사용해야 하는지를 다룬 학문 연구의 방법 부분에 나온다. 데카르트는 방법적 회의懷疑를 계속해 나가다 보면 불가의不可疑한 일점에 이르게 된다고 생각했다. 그리고 그것은 바로 '의심을 하고 있는 자신'이었다. 데카르트는 이 의심할 수 없는 일점一點에서 필연적으로 연역되어 나오는 (신, 우주, 인간에 대한) 논거적으로 명백한 진리를 도출하려고 시도했다. 이 책에는 세 편의 부록이 실려 있는데 '기하학', '굴절광학', '기상학'이 그것이다. 해석 기하학은 '기하학'에 수록된 이론이다.[147] 유클리드는 『원론』에서 원에 대해서 다음과 같이 정의했다.

어떤 선으로 둘러싼 도형이 있어서, 한 점에서 직선들을 그었을 때 그 도형에 놓이는 부분이 모두 같으면 그것을 원이라고 부른다.

데카르트는 그리스 기하학이 쓸데없이 난해해서 작업이 힘들다는 짜증을 자주 냈다. 곡선을 정의하는 그리스인의 방식이 지루하고 어렵다면서 새로운 정의 방식을 발명했다.[148] 그것이 바로 데카르트 좌표계다. 아래는 데카르트가 원에 대한 정의를 대수학으로 표기한 내용이다.

$$x^2 + y^2 = r^2$$

이는 '데카르트의 원'이라 불린다. 데카르는 위 수식을 좌표축 위에서 선으로 표현했다. 좌표축의 좌푯값은 수數이고, 수에 따른 각 위치와 위치를 연결한 선은 기하幾何다. 공간은 그래프로 표현되었다. 이제 우주의 본질과 질서를 연구하는 수학의 두 기둥인 수와 기하가 데카르트 좌표계에서 절묘하게 합쳐졌다. 이처럼 그리스인이 체계화한 기하학, 프톨레마이오스가 지도 위에 표시한 좌표, 알콰리즈미에 의해 완성된 대수학, 오렘의 그래프를 좌표계에서 하나로 묶어 공간을 탐구하는 것이 해석기하학解析幾何學/analytic geometry이다.

수와 기하를 하나로 묶는 데 성공한 데카르트는 '변화하는 양(변수)'을 수학에 도입하여 (좌표 위에서 일어나는) '운동'과 '변화'를 설명하는 데 이르렀다. 운동이 수학에 포함된 것은 수학사에서 혁명적 전환점으로 평가받는다.[149] 데카르트 덕분에 운동과 변화 개념이 수학에 포함되면서 새롭게 대두한 수학 기술이 있다. 바로 미분과 적분이다. 데카르트가 발명한 좌표계가 공간을 기술하는 수학 도구라면, 미적분은 공간을 분석하는 기술이다.[150]

공간과 공간 안에서 일어나는 운동의 법칙(변화, 변화율)을 분석하는 능력을 갖추면 물체(점)가 어떻게, 왜 움직이는지를 통찰하는 능력을 얻게 된다. 시간의 지배를 받는 자연계는 시작에서 끝으로 가는 운동 과정에서 변화와 변화율이라는 두 가지 필연성을 갖는다. 함수가 '변화'에 대한 수학적 고찰이라면, '변화율'에 대한 수학적 고찰은 미적분이다. 미적분은 한마디로 '함수의 변화율'에 대한 수학적 고찰이다.[151] 이동 거리의 증가율(변화율)은 속도이고, 속도의 증가율(변화율)은 가속도다. 전자를 계산하는 방법이 적분이고, 후자를 계산하는 방법이 미분이다.

미적분을 완성한 수학자는 뉴턴과 라이프니츠이지만, 개념에 대한 기원은 고대로 거슬러 올라간다. 유럽에서는 '유레카'로 유명한 고대 그리스 수학자 아르키메데스, 동양에서는 중국의 유휘劉徽와 조충지祖沖之 부자가 무한소無限小/infinitesimal를 이용해서 부피를 구했는데, 여기에 극한에 대한 기본 개념이 담겨 있다.[152] 뉴턴과 라이프니츠도 무한소와 0의 차이에 대한 연구를 하는 과정에서 현대 고등 수학의 '미적분 기본 정리'를 완성했다.[153]

17세기에 들어서면서 유럽의 수학자들은 힘과 운동을 수학적으로 증명하는 데 큰 관심을 가졌다. 이런 시도에 무한소 개념은 아주 중요했다. 하지만 무한소 개념만큼 수학자들이 관심을 가졌던 것이 하나 더 있다. 바로 사이클로이드 곡선cycloid curve이다. 자연에서 가장 빠른 곡선인 사이클로이드는 미적분 연구에서 빼놓을 수 없는 연구 분야이고, 동시에 누가 먼저 발견했는지 누가 표절했는지에 대한 치열한 공방이 벌어져서 '불화의 사과'라는 오명이 붙기도 한 개념이다. 태초에 아담이 사과를 따먹고 에덴동산에서 쫓겨난 이후, 인류 역사에서 사과는 수많은 비극적 스캔들에 등장하는 단골 소재가 되었다. 그중에서도 가장 비극적인 에피소드는 트로이 전쟁을 일으킨 사과다.

그리스 신화에는 바다의 여신 테티스와 인간 펠레우스의 결혼식 장면이 나온다. 이 세기의 결혼식에 불화의 여신 에리스를 제외한 올림포스의 모든 신이 초대된다. 결혼식에 초대를 받지 못한 불화의 여신 에리스는 화가 나서 특별한 결혼 선물 하나를 들고 결혼식장에 쳐들어간다. 결혼식장에 도착한 에리스는 재미있게 수다를 떨고 있는 올림포스 최고의 여신 헤라, 아테나, 아프로디테를 발견한다. 그들 곁으로 슬그머니 다가간 에리스는 자기가 선물로 가져온 아름답게 빛나는 황금 사과를 슬쩍 놓고 조용히 떠난다. 에리스가 왔다 갔다는 소식에 결혼식장은 순식간에 찬물을 끼얹은 듯 조용해졌다. 불화의 여신이 무언가 흉측한 일을 벌일 거라는 두려움 때문이다. 에리스가 몰래 놓고 간 황금 사과에는 이런 말이 쓰여 있었다.

가장 아름다운 여신에게

황금 사과를 본 세 여신은 서로 자신이 가장 아름다운 여신이라고 다투기 시작했다. 어쩔 수 없이, 누군가는 결정을 내려주어야만 하는 상황에 이르렀다. 중재에 나선 제우스는 이 일을 트로이 왕 프리아모스의 아들로 당시에 카즈산에서 양치기를 하고 있던 파리스에게 맡겼다. 이에 여신들은 그의 선택을 받기 위해 앞다투어 선물 공세를 펼쳤다. 최종 결정권을 가진 트로이 왕자에게 여신 헤라가 권력의 최고 자리인 '아시아의 군주' 자리를 약속하자, 아테나는 뛰어난 지략과 강한 군사력으로 '전투의 승리'를 주겠다고 하고, 아프로디테는 지상에서 '가장 아름다운 여인'을 주겠다고 약속했다.

파리스는 황금 사과를 어느 여신에게 주더라도 결국 두 명의 원수를 만들게 될 상황에 처했다. 고민하던 파리스는 아름다운 여인을 아내로 주기로 한 아프로디테에게 황금 사과를 주었다. 황금 사과를 얻은 아프로디테는 지상에서 가장 아름다운 여인 헬레네를 파리스의 아내로 정해주었다. 하지만 헬레네는 이미 스파르타의 왕 마넬라오스의 아내였기에 이 일로 트로이는 전쟁에 빠져들고 말았다. 전쟁이 발발하자, 파리스의 선택을 받지 못해 화가 난 헤라와 아테나는 그리스 편을 들었다. 불화의 여신 에리스가 주고 간 황금 사과가 불화의 사과로 바뀐 셈이다.[154]

힘과 운동을 수학적으로 증명하는 과정에서 갈릴레오가 사이클로이드 곡선의 중요성을 제일 처음 제기한 이후 이것은 진정한 발견자가 누군지를 놓고 학자들 간에 오랫동안 서로를 치열한 싸움을 벌이는 불화의 사과가 되었다. 찰스 보벨리, 갈릴레오, 파스칼, 질 페르손 드 로베르발, 에반젤리스타 토리첼리, 데카르트, 피에르 드 페르마, 존 월리스, 크리스티안 호이겐스, 요한 베르누이, 뉴턴, 라이프니츠 등 쟁쟁한 수학자들이 연루된 불화의 사과 사이클로이드 곡선은 파스칼의 마지막 수학 문제로도 유명하다. 어릴 때부터 수학과 과학에 천재적 소질을 보였던 파스칼은 1654년 11월 23일 밤 10시 30분에서 12시 30분 사이에 신비한 종교적 경험을 하고 신을 모독하는 학문에서 떠나 남은 생애를 신학에만 전념하기로 결심을 했다. 하지만 1658년과 1659년 사이에 아주 잠깐 수학 연구를 재개했다. 1658년 어느 날, 심한 치통으로 잠을 이루지 못하고 있던 파스칼은 아픔을 잊고자 사이클로이드 곡선에 대한 생각에 집중했다. 그런데 이 순간 자신을 괴롭혔던 통증이 사라지는 신비한 경험을 하면서 파스칼은 이 경험을 수학 연구가 신을 모독하는 행동이 아니라는 계시로 여겼다. 그리고 8일 동안의 집중 연구로 마침내 사이클로이드 곡선에 대해서 기하학적 증명을 완성했다.[155]

사이클로이드 곡선은 적당한 반지름을 가진 원에 찍은 점이 한 직선 위를 굴러갈 때 그리며 나가는 곡선이다. 이 곡선은 원이 직선 위를 평행운동 하는 동안 동시에 자기 스스로는 회전운동을 하면서 만들어지는 곡선이다. 평행운동과 회전운동, 두 운동의 합성이라는 새로운 생각에서 탄생한 사이클로이드cycloid 곡선 혹은 바퀴를 뜻하는 그리스어 '트로코이드trochoid' 곡선은 경사면에서 가장 빠른 속도를 내는 특별한 성질이 있다.

인간의 직관과는 다르게 반듯하게 비탈진 경사면보다 총 길이는 길지만 움푹하게 패이고 길게 늘어진 사이클로이드 곡선이 하강 속도는 더 빠르다. 그래서 '최단강하선'이라고도 하며 미적분 연구에 큰 도움을 준 곡선이다. 실제로 동물도 사이클로이드 곡선의 이

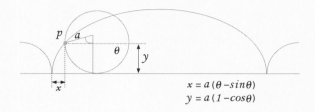

$$x = a\,(\theta - \sin\theta)$$
$$y = a\,(1 - \cos\theta)$$

런 독특한 성질을 본능적으로 이용한다. 독수리나 매가 땅의 먹이를 잡으려고 빠른 속도로 하강할 때 직선으로 내려오지 않고, 사이클로이드 곡선으로 비행을 한다. 이것 외에도 기차 바퀴의 운동이나 빗물을 빠르게 배출하도록 디자인된 한국 전통 기와의 우묵한 곡선, 놀이터 미끄럼틀의 빗면을 반듯한 비탈면이 아니라 움푹하게 들어간 곡선으로 만든 것도 사이클로이드 곡선이다. 갈릴레오는 사이클로이드 곡선으로 다리의 아치를 만들 것을 제안하기도 했다.

1696년 6월 어느 날, 스위스의 귀족이자 유명한 수학자였던 요한 베르누이는 당대에 가장 유명한 수학자들에게 수학 문제 하나를 담은 편지를 쓴다.[156]

높이가 다른 두 점 A와 B가 있다. 물체를 가장 빨리 내려오게 하는 A와 B를 연결하는 선은 무엇인가?

최단하강선 사이클로이드 곡선을 아는지를 묻는 문제였다. 독일의 천재 수학자 라이프니츠와 영국의 천재 과학자 뉴턴이 동시에 이 편지를 받았다. 라이프니츠와 뉴턴은 미적분 완성의 주인이 누구인지를 놓고 치열하게 싸웠던 학자들이다.

이 외에도 원뿔 곡선도 당시 수학자들이 큰 관심을 두었던 연구 주제다. 원뿔 곡선은 원뿔을 평면으로 자를 때 생기는 곡선(타원, 포물선, 쌍곡선 등 2차 곡선)이다. 2차 곡선은 힘의 균형이 중요한 건축 기술에 필수적 지식이다. 참고로 1차 곡선은 1차 함수에 의해서 나타나는 곡선으로 선형인 직선을 말한다. 직선은 기울기가 한 개인 선이다. 2차 곡선은 2차 함수에 의해서 나타나는 비선형 곡선인 포물선을 말한다. 포물선은 한 번 휘어진 선으로 두 개의 기울기를 갖는다. 3차 곡선은 3차 함수에 의해서 나타나는 곡선으로 두 번 휘어지고 세 개의 기울기와 두 개의 극값(기울기가 +에서 −로, −에서 +로 바뀌는 점)을 갖는다. 3차 곡선에서 등장하는 것이 변곡점이다. 변곡점은 볼록 곡선이 오목 곡선으로, 오목 곡선이 볼록 곡선으로 전환되는 지점을 가리킨다. 순간 기울기 전환점이라고도 한다.

"그래프를 잘게 쪼갠다"는 뜻을 지닌 미분은 이런 곡선 그래프의 기울기를 구하는 데서 출발한다. 이를 위해서는 데카르트 좌표계, 곡선, 무한소, 접선법, 운동의 변화 등은 미적분에 필수 지식이다. 예를 들어, 사이클로이드 '곡선'을 '극한'으로 잘게 쪼개 생긴 한 점의 '위치'에 따라 발생하는 고유한 '변화율'(순간변화율)을 구하는 것이 미분이다.

미적분의 개념도 고대 철학자들까지 거슬러 올라간다. 하지만 뉴

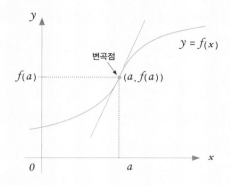

턴과 뉴턴 이전의 가장 큰 차이점은 '변화율'이라는 개념의 유무다. 변화율이란 수에 운동을 결합한 혁명적 개념이다. 수에 운동 개념을 결합하여 움직이는 수에 대한 수학적 사고를 하려면 변수, 함수, 극한 개념이 필요하다. 피타고라스나 아르키메데스 등이 활동했던 고대 그리스에는 이런 개념이 없었다.

뉴턴과 라이프니츠의 통찰력, 유럽을 다시 깨어나게 하다

미적분의 기초를 완성한 아이작 뉴턴과 고트프리트 라이프니츠 등은 그리스 수학을 뛰어넘는 획기적 도약을 이루어낸 인물들이다. 수백 년간 깊은 잠에 빠진 유럽은 이들로 인해 과학 혁명이라는 거대한 물결을 만들어냈을 뿐만 아니라 이를 발판으로 근대 유럽 발전을 이끌어내며 세계의 중심이 되었다.

이들이 통찰한 미적분은 21세기에도 큰 영향력을 발휘하고 있다. 미적분 이론은 운동(물리학), 도시 내의 인구밀도 변화율(도시공학), 물질의 화학 반응(화학), 생물체의 혈류 속도와 혈압(생물학), 한계 비용과 한계 이익(경제학), 용암의 냉각 비율(지질학), 댐의 수량 비율(공학), 시간에 따른 성취의 호전 비율과 학습 곡선(심리학), 높이에 대한 대기압의 변화율(기상학), 유언비어나 유행 등의 사회적 확산(사회학) 계산에 결정적 영향을 미친다.

1666년 10월, 뉴턴은 「유율법流率法/The Method of Fluxions」이라는 논문을 발표한다. '연속적으로 변화하는 값fluxion'이라는 개념은 미적분에 대한 뉴턴의 첫 착상이다. 1669년에는 '플럭션 무한급수에 대한 방법the method of fluxions and infinite series'이라는 이론을 친구들에게 소개했다. 뉴턴은 두 편의 논문에서 한 변화량의 또 다른 변화량에 대한 '순간 변화율'을 구하는 보편적 방법, 변화율 계산의 역산(역산)을 활용해서 넓이를 구하는 방법을 증명하는 데 성공했다. 또한 1684년 「물체의 궤도 운동에 관하여De motu corporum in gyrum」라는 논문에서 미적분을 사용해 행성의 궤도를 계산했다. 이모든 생각을 정리한 책이 바로 1687년에 출간되어 뉴턴에게 최고의 명성을 안겨준 『자연철학의 수학적 원리(프린키피아)』다. 이 책에서 뉴턴은 미적분을 유체 운동과 소리, 빛과 조석潮汐, 혜성과 우주 전체의 체계에까지 응용했다.[157]

아이작 뉴턴은 갈릴레이가 죽은 해인 1642년의 성탄절에 미숙아로 병약하게 태어났다. 어머니는 뉴턴을 낳다가 세상을 떠났고 세 살 때 아버지가 재혼을 하면서 할머니에게 맡겨졌다. 하지만 어려

서부터 영특했던 뉴턴의 잠재력을 알아본 외숙부의 권유로 1661
년에 케임브리지대학교에 입학했다. 케임브리지대학교 재학 시절
초기에 뉴턴은 수학보다는 화학에 큰 관심을 보였다. 화학에 대한
뉴턴의 지대한 관심은 평생 동안 이어질 정도였다. 하지만 입학 첫
해에 유클리드 책을 시작으로 데카르트의 기하학, 케플러의 광학,
월리스의 무한산술까지 독파하고 3학년 때에는 베로 교수의 수학
강의를 모두 들으면서 수학에 재능을 발휘하기 시작했다. 1664년
말에는 당대 수학의 거의 전 분야를 섭렵하고 1665년에 대학을 졸
업할 때에는 함수를 무한급수로 나타내는 법이나 연속하는 변량에
대한 개념을 만들 정도로 탁월한 천재성을 발휘했다. 대학을 졸업
하고 페스트가 창궐하자 고향으로 내려갔는데 이 시기인 1665년
과 1666년의 두 해 동안 뉴턴의 수학 업적 중 가장 괄목할 만한 일
들이 일어났다. 이곳에서 그는 미적분법의 체계적 정리, 무한급수,
이항정리, 중력의 법칙, 색의 성질의 발견을 불과 몇 달 만에 이루
어냈다.[158]

하지만 뉴턴은 미적분에 대한 수학적 해석에는 성공했지만 엄밀
한 법칙은 완성하지 못하고 논리적으로 모호한 여지를 남겨놓아
후대에 많은 혼동과 비판을 초래했다. 1734년, 영국의 경험주의 철
학자 조지 버클리 주교는 「분석학자, 신을 믿지 않는 수학자에게
보내는 글」에서 미적분을 궤변이라고 비판했다. 버클리는 미적분
에서 평균변화율의 극한을 나타내는 $dy/dx(\Delta y/\Delta x)$에 대해 "유한
량도 아니고 무한소도 아니고 0 또한 아니다. 이 변화율은 죽은 값
의 유령일 뿐"이라고 폄하했다.[159]

　머신러닝을 미래예측에 활용하여 좋은 품질의 결과물을 얻으려면 컴퓨팅 파워, 알고리즘, 데이터라는 세 가지가 필요하다고 했다. 그중에서도 머신러닝 결과물의 품질을 결정하는 핵심은 데이터 세트라고 했다. 특히 지도 학습 알고리즘을 사용할 때는 (지도 학습) 학습용 데이터 세트의 중요성이 절대적이다. 학습용 데이터 세트가 엉망이면 '가비지 인 가비지 아웃Garbage in Garbage out' 원칙대로 결과물도 엉망이 된다. 알고리즘은 좋은 데이터 세트를 만들지 못한다. 좋은 데이터 세트는 알고리즘이 아닌 사람의 손을 거쳐야 탄생한다. 그렇다면 좋은 데이터 세트를 만드는 데 필요한 역량은 무엇일까? 바로 도메인 지식이다.

　인공지능 결과물의 품질을 결정하는 핵심요인이 한 가지 더 있다. 바로 인공지능의 학습 수준이다. 알고리즘의 수준은 비슷하다. 그렇기 때문에 알고리즘은 오픈 소스로 공개해도 무방하다. 특정 기업이 차별적 노하우를 만들기가 힘들다. 하지만 인공지능의 알고리즘이 지도 학습이나 비지도 학습을 통해 학습하는 수준은 노하우가 된다. 그렇다면 인공지능의 학습 수준을 높이는 데 필요한 역량은 무엇일까? 바로 분류와 예측 기술이다. 분류는 통계학이고, 예측은 미래학이다.

　현재 약한 인공지능 단계에서 사용되는 머신러닝 기술은 변수 간의 관계를 파악하는 회귀regression, 데이터를 분류하는 분류classification, 데이터를 연관성이 있는 것끼리 모아주는 군집화

clustering라는 세 가지로 압축된다.[160]

회기는 주어진 종속변수와 독립변수 간의 연관 관계를 파악하는 것으로 '예측'에 관한 문제다. 회귀는 주로 연속적인 데이터continuous data에 적용한다. 과거의 온도 데이터를 회귀분석하여 내일 온도를 예측하고, 과거 주식시세를 회귀분석하여 다음 달의 주식 가격을 예측하는 것 등에 사용한다. 참고로 회귀분석은 19세기 말 유전학자 프랜시스 골턴이 유전법칙을 연구하던 중에 부모의 키가 크면 아들은 조금 작고, 아버지의 키가 작으면 아들은 조금 큰 경향을 보이는 식으로 부모의 키가 자손에게 전달되면서 '평균으로 회귀'하는 현상이 일어나는 것에서 착안한 개념이다.

분류는 주어진 데이터가 어떤 종류에 속하는지를 파악하는 '인식'에 관한 문제다. 분류는 주로 범주형 데이터categorical data에 적용한다. 스팸메일을 분류하거나, 이미지를 인식하고, 질병 발생 여부를 분류하는 데 사용한다.

군집화는 유사한 특성을 가진 데이터를 한 무리cluster로 묶는 일로 '특성(패턴) 추출' 문제다. 주어진 데이터 간의 유사도를 계산하여 비슷한 특성을 찾아내고, 분류한 군집 속에 있는 데이터의 공통점을 발견하는 데 사용한다.

현재까지 개발된 알고리즘은 회귀, 분류, 군집화를 동시에 하지 못한다. 알고리즘마다 특성이 다르기 때문이다. 그래서 머신러닝을 미래예측에 활용하여 좋은 품질의 결과물을 얻으려면 도메인 지식과 통계학 지식을 다음과 같은 단계에서 잘 적용해야 한다.

① 해결하고자 하는 문제가 무엇인지(예측, 인식, 특성 추출) 파악해야 한다. 이를 위해서는 문제 해결 영역에 대한 도메인 지식이 필요하다.

② 최초의 문제가 회귀, 분류, 군집화에 해당하지 않는다면, 문제를 이에 맞게 재구성해야 한다.

③ 문제 해결에 필요한 데이터에 대한 사전 지식을 확보해야 한다. 문제 해결 영역에 대한 도메인 지식를 기반으로 최적의 결과를 도출하는 데 유리한 데이터의 크기, 타입, 선형인지 비선형인지 등에 대한 기준을 세워야 한다.

④ 문제와 데이터에 맞는 알고리즘을 선택해야 한다.

⑤ 데이터 수집data mining, 데이터 탐색 분석EDA(Explanatory Data Analysis)을 한다. 데이터 탐색 분석이란 도메인 지식을 기반으로 데이터에 대한 이해와 특성을 파악하는 일이다.

⑥ 알고리즘의 특성에 맞게 데이터를 전처리pre-processing해야 한다. 통계 지식을 포함한 다양한 수학적 지식이 본격적으로 사용된다. 데이터 전처리란 머신러닝을 학습시키는 데 사용할 수 있도록 적절한 입력 변수를 선택하고 빠진 데이터를 보충하고 '이상치outlier'를 제거하고 적당량의 데이터를 선택하여 학습용 데이터 세트training dataset를 준비하고 생성하는 일이다. 전처리 과정은 데이터 준비, 학습용 데이터 세트 생성, 데이터 피처링feature selection/feature scaling 단계를 반복하며 완료한다.[161]

⑦ 알고리즘이 출력한 데이터를 후처리post-processing해야 한다. 데이터 후처리란 머신러닝의 결과를 분석하고 개선하는 일이다. 후처리 과정은 머신러닝이 수행하여 출력한 데이터가 원하는 품질 수준에 도달했는지를 평가하기 위해 평가 기준을 최적화(파라미터 최적화)하고, 각 알고리즘이 주어진 문제에 어떻게 반응했는지 등을 평가 기준에 따라 품질 평가하는 단계로 나뉜다.

⑧ 하지만 원하는 품질의 출력 값을 얻기 위해서는 전처리 과정과 후처리 과정을 반복하여 품질을 개선하는 과정을 수행하는 것이 다반사다. 특히 비지도 학습 알고리즘의 경우에는 모델 형성과 데이터 처리 수행에 사람은 개입하거나 이해할 수 없기 때문에 과정을 알 수 없는 블랙박스 상태라고 할 수 있다. 사람은 머신러닝이 스스로 만든 모델에서 출력한 결과만 볼 수 있다. 따라서 사람은 데이터를 가공하거나 피처 선택과 변환, 파라미터parameter를 조정하는 것만으로 결과물의 품질이 원하는 수준에 도달했는지를 평가해야 한다. 당연히 엄

청난 시행착오를 통해 반복과 개선을 해야 원하는 수준의 품질에 도달할 수 있다. 참고로 모집단에서 추출한 특성을 파라미터라고 하고, 표본 집단에서 추출한 특성은 통계량statistic이라고 한다. 머신러닝에 사용한 데이터를 어디서 얻었느냐는 데이터 세트의 품질과 관련해서 아주 중요한 문제다. 때문에 머신러닝에서는 파라미터와 통계량을 엄격하게 구분해서 사용한다.[162]

수의 확률, 세상의 미래 운동을 예측하는 기술

수의 확률을 연구하는 통계학은 불확실성(불규칙성)을 계량적으로 측정하는 수학 분야다. 통계를 사용하면 불확실성의 정도를 '범주형'(범위categoriacal)으로 기술하거나 예측할 수 있다. 통계학은 일정한 집단을 구성하는 데이터 세트의 ①본질적 형태를 대푯값으로 요약하고 ②일정한 유형을 찾고 ③이를 알기 쉽게 표현(기술)한다. 이를 통해 미래 운동을 예측하고 과학적 의사결정력을 높이는 통찰력을 얻게 한다.

통계는 우선 두 가지로 분류된다. 기술 통계descriptive statistics와 추리 통계inferential statistics다. 기술 통계는 데이터의 전체 모습을 파악하고 요약하는 데 유용하다. 즉 관측하여 수집한 데이터(표본)를 정리하고, 이해하기 쉽게 특징짓는 몇 가지 대푯값을 뽑고, 숨어 있는 관계, 패턴, 경향 등을 파악하여 전체 모습의 고유한 특징을 기술하는 데 중점을 둔다. 수집한 자료를 구성하는 대상들의 속성만을 설명하는 데 목적을 둔다. 쉽게 말하면 수집한 자료의 특성을 집단을 대표하는 숫자로 표현한다. 근대 기술 통계학은 17세기 영국의 존 그랜트가 발표한 「사망표에 관한 자연적 및 정치적 관찰」이라는 연구나 에드먼드 핼리의 「사망률 추산」 연구, 독일의 에두아르 젝켄도르프의 「독일왕국」 연구 등에 기원을 둔다.

학자들은 통계학의 생성 지역과 분야를 대체로 세 가지로 구분한다. ①영국의 정치 산술 ②독일의 국상학(국가 역사, 국토, 군사, 인구, 헌법, 행정 등 국가의 중요 사항을 기술하는 학문) ③프랑스의 확률론이다. 초기의 국상학파는 국가의 중요한 사항을 기술할 때 숫자 표현을 하지 않고 서술적인 표현만을 했다. 이후에 표식통계학파가 생겨나면서 계수나 표를 사용해서 국가의 중요 사항을 표시하기 시작했다.[163] 참고로 독일 국상학Staatenkunde의 대표 학자는 괴팅겐대학교의 교수이며 통계학의 아버지라고 평가받는 고트프리트 아헨발이다. 그가 국상학이라는 단어를 가장 처음 사용했다. 국상학이라는 단어에서 알 수 있듯이 '통계statistics'라는 단어는 라틴어의 '국가status'라는 단어에서 유래했다. 결국 통계는 고대로부터 국가 운영과 정치와 밀접한 관계가 있는 학문이다.

추리 통계는 일부 데이터만으로 전체의 모습을 추론하는 데 유용하다. 즉 수집한 표본을 통해 파악하기 불가능한 전체를 추정하는 데 중점을 둔다. 전체를 파악하기에는 불가능한 큰 대상을 추정하거나, 미래에 일어날 변화(운동)를 예측하는 데 목적을 둔다. 수집된 자료를 구성하는 대상들의 속성을 설명하는 것을 넘어서, 얻은 자료를 가지고 모집단(실제적인 전체)의 현재와 미래 속성에 대한 추정을 시도한다. 이를 위해 추리 통계는 기술 통계 방법에 확률 이론을 결합한다. 기술 통계는 과거에 일어난 것의 특징을 분석하여 기술하는 것이고, 확률은 미래에 일어날 것에 관한 예측이기 때문이다. 예컨대 선거 출구 조사, 지구온난화 예측, 주식 가격 예측, 보험 상품 가격의 책정 등에 추리 통계가 사용된다. 추리 통계학은 20세기에 들어서면서 칼 피어슨, 윌리엄 고셋, 로널드 피셔 등에 의해서 학문적 체계를 이룬다.

통계가 주는 유용한 통찰

통계는 데이터 분석과 수학적 판단을 활용해 유용한 정보를 추출하여 불확실성을 줄이거나 통제하여 위기 가능성은 낮추고, 기회 포착 가능성은 높이는 (과학적) 의사결정을 가능하게 한다. 때문에 통계학은 모든 과학적 분석 기술의 기본이다.

과학 발전의 중요한 계기는 프랜시스 베이컨의 귀납적 사고방식이 주목을 받으면서다. "아는 것이 힘이다"라는 유명한 말을 한 그는 자연을 해석하고 지배할 수 있는 새로운 도구로 귀납법을 제안했다. 그는 자연을 단순하게 이데아의 그림자 정도로만 취급하는 스콜라 철학의 관점은 잘못된 편견이라고 생각했다. 진리는 그런 편견과 인간이 가진 네 가지 선입견에서 벗어나 자연과 세상을 직접 관찰하고 실험하여 얻어야 한다고 주장했다. 그가 주장한 네 가지 선입견은 첫째, 종족의 우상이다. 이는 모든 것을 인간 중심으로 해석하는 편견이다. 둘째, 동굴의 우상이다. 이는 자신의 특수한 입장만으로 자연을 해석하려는 오류다. 셋째, 시장의 우상이다. 이는 시장에서 말로 호객 행위를 하는 사람들에 속아 넘어가듯, 실제로 관찰해보지도 않고 언어에 의해 생긴 편견으로 현실을 착각하는 것을 말한다. 넷째, 극장의 우상이다. 이는 당리당략 혹은 특정한 이익을 좇기 위해 극장에서 유명한 배우가 만든 가짜 인물의 말과 모습에 반해 현혹되듯이 유명세, 권위, 전통 등을 빙자하여 그럴듯하게 포장하는 오류다. 귀납법은 구체적인 사례를 관찰하여 많은 경험적 데이터를 분류하고 정리하여 새로운 과학적 일반 법칙이나 진리를 발견한다. 베이컨은 이런 선입견에서 벗어나기 위해서는 구체적인 사례에서 일반적인 결론을 이끌어내는 사고 기술이 필요하다고 주장했다. 구체적인 사례가 많아지면 많아질수록 보편적인 진리가 될 가능성이 커진다고 본 것이다. 베이컨의 이런 주장은 근대 철학과 과학의 기초를 쌓는 데 크게 기여했다. 통계학은 이러한 귀납적 사고를 기본으로 하기 때문에 과학적 방법론이라고 평가받는다.

필자의 경험으로도 불확실성이 큰 예측 영역에서는 통계가 유용하다. 예측 오차 혹은 미래 불확실성을 통계학을 활용해서 확률적으로 표현할 수 있기 때문이다. 통계를 사용하면 미래예측의 오차(불확실성)도 과학의 범주로 끌어들여 토론할 수 있다. 통계는 미래 가설을 검증하는 과정에서 데이터를 수집, 분석, 해석하는 도구로도 유용하다. 경험과 감에 의해 만들어진 사람의 선입견이나 왜곡된 기억의 부작용을 데이터를 바탕으로 보완해줄 수 있기 때문이다. 다음은 통계학을 미래예측에 적용하는 단계를 간단하게 소개한 내용이다.

① 수집된 데이터를 통계적으로 분석, 해석, 요약하여 집단의 고유한 특성이나 패턴, 관계, 경향 등을 추출한다.
② 확률을 이론을 결합하여 모집단의 특성을 추정한다.
③ 추정으로 이끌어낸 모집단의 고유한 특성이나 패턴, 경향, 관계 등에 대한 확률 지식을 미래상황 예측과 결합하여 미래에 대한 확률적 추론(예측)을 끌어낸다.

필자의 경험으로는 통계와 확률을 미시 예측에 적용하여 유용성을 끌어내는 것은 힘들지만, 전체적인 양상을 예측하는 거시 예측은 가능하다. 예를 들어, 평균이나 분포 등에 나타난 개별 데이터는 떼어놓고 볼 때는 무작위적이고 예측 불가능하지만 하나하나 모아서 관찰하면 어떤 특징, 법칙이 나타나기 때문에 전체적인 방향이나 분포 양상은 예측 가능해진다는 통찰을 준다. 당연히 예측은 예언(100퍼센트 정확도)이 아니라 확률적 가능성이다.

통계학은 수학적 데이터 해석을 통해 빅 데이터에서 시스템 변수와 인과관계 구축을 위한 통찰도 얻게 해준다. 예를 들어, 회귀분석regression analysis은 독립변수와 종속변수의 인과관계를 알게 해준다. 회귀분석은 하나의 변수(X)로 다른 변수(Y)의 값을 설명하거나 예측하여 '데이터 간의 관계성'을 기술한다. 예측하고 싶은 결과(종속변수 Y)에 영향을 주는 요인(독립변수 x)이 다수로 있을 경우에는 다중회귀분석multiple regression anaylsis을 사용하면 된다. 예를 들어, 개개인의 매월 소비액을 예측하려면(Y), 월수입과 재산 상태나 부양가족 등의 다양한 요소(x)를 집어넣어야 한다. 단순회귀분석과 다중회귀분석은 종속변수가 양적quantitative 척도일 때 사용하고, 종속변수가 질적qualitative(좋아하느냐 좋아하지 않느냐, 구매하느냐 구매하지 않느냐 등의 범주형 자료) 척도일 때는 로지스틱 회귀분석을 사용한다.

통계를 통한 예측은 참값(무한한 크기의 데이터를 얻으면 알게 되는 진정한 값, 완벽한 확실성)을 얻는 데 목적을 두지 않는다. 이는 제한된 데이터를 수학적 분석, 해석과 예측을 통해 과학적 의사결정이 가능하도록 추정치와 오차 범위를 참값에 좀더 가깝게 하려는 시도다. 추정치와 오차 범위를 줄이는 기술이 불확실성을 줄이는 기술이기 때문이다.

통계학 용어

1. 집단

- 모집단母集團/parent population, population: 조사 대상이 되는 자료 전체의 집합

- 표본 집단標本集團/sample group: 모집단에서 선택된 일부 자료로 만들어진 모집단을 대표하는 샘플 집합

- 모수母數/population parameter: 모집단의 고유한 특성을 보여주는 수치(통계량)

- 오차error: 참값과 그 값을 추정하는 값(근삿값)의 차이

- 타당성: 얼마나 실제에 가깝도록 정확하게 측정하는가의 정도

- 신뢰성: 반복하여 측정했을 때, 측정 도구가 동일한 값을 얻을 가능성

- 전수조사: 모집단 전체를 조사하여 자료를 수집하는 것(예: 인구 조사).

- 표본조사: 전체의 일부를 표본으로 추출하여 조사하는 것. 중국처럼 14억 명 가까이 되는 인구로 모집단이 엄청나게 많은 경우에는 표본조사가 전수조사보다 더 정확할 가능성이 크다. 중국의 경우, 전수조사를 하는 데 시간이 많이 걸리고, 그 과정에서 모집단의 숫자와 성질이 계속 변

화하기 때문이다. 단, 표본조사가 정확하려면 ① 자료를 수집하는 목적이 분명해야 하고 ② 수집, 측정된 자료가 주어진 목적에 적합한지 '타당성'이 증명되어야 하고 ③ 수집, 측정된 대상의 값이 얼마나 일관되고 안정적인지 '신뢰성'이 증명되어야 하고 ④ 모집단과 오차를 최소화할 정도로 데이터가 충분하고 한쪽으로 치우치지 않도록 균형 있게 수집되어야 한다. (예: 여론 조사, 식품안전 조사, 시청률 조사 등)

2. 자료, 척도, 빈도

- 자료: 통계학에서 이용하는 정보
- 척도: 자료 측정의 수준이나 기준
- 빈도: 자료에서 어떤 값이 반복하여 발생한 횟수. 일정한 형태로 자료를 정리하면 자료가 가진 고유한 특성이나 패턴을 분석할 수 있는데, 자료의 종류에 따라서 정리 및 분석 방법이 달라진다.
- 원자료: 정리되지 않은 일련의 자료
- 양적 자료: 수로 표현된 자료
- 이산형 자료離散形/discrete data type: 가족 수나 인구수처럼 하나둘 세어서 얻는 자료, 혹은 자연수natural number처럼 셀 수 있는 자료다. 머신러닝을 사용할 때는 이산형인지 연속형인지를 명확하게 아는 것이 중요하다. 자료의 종류에 따라 처리 방법이 다르기 때문이다. 예를 들어, 머신러닝에서 이산형 자료를 처리할 때는 확률질량함수probability mass function를 사용한다. 확률질량함수는 특정 값에 대한 확률을 나

타내는 함수다. 주사위를 한 번 굴릴 때의 값을 나타내는 확률 변수가 x일 때, 이 확률 변수에 대응되는 확률질량함수는 $fx(x)$=1/6이다.

- 연속형 자료continuous data type: 이산형 자료와는 정반대의 성질로 곧바로 셀 수 있는 것이 아니라 키나 몸무게처럼 도구로 측정해야 얻을 수 있는 자료, 혹은 실수real number로 표현된 자료로 셀 수 없는 uncountable 자료다. 예를 들어, 1과 100 사이에는 1.000 …… 0001처럼 끝없이 이어져서 셀 수 없는 숫자가 있다. 머신러닝에서 연속형 자료를 처리할 때는 확률밀도함수probability density function을 사용한다. 확률밀도함수는 확률 변수의 분포를 나타내는 함수다.

- 질적 자료: (성별, 혈액형, 색깔, 종교 등 특정한 기준/척도에 의해서 분류되는) '성질'에 대한 자료

- 이름 척도(명명 척도): 주민등록번호, 차량번호 등과 같이 이름이 분류 기준이 된다. 양의 많고 적음을 나타내지 않기 때문에 데이터를 더하거나 뺄 수 없다.

- 순서 척도(서열 척도): 성적 등수처럼 순위를 정해서 데이터의 수준이 서로 다르다는 것을 보여준다. 역시 셈을 하는 것은 의미가 없다.

- 구간 척도(등간 척도): 각 수준 간의 합과 차를 계산할 수 있다. 온도나 IQ처럼 양적인 자료를 사용하며 두 값을 더하고 뺄 수 있다. 하지만 곱셈이나 나눗셈을 할 수는 없다. (예컨대 IQ 150인 사람이 IQ 100인 사람보다 50점이 더 높다. 그러나 1.5배 더 똑똑하다고 말할 수는 없다.)

- 비율 척도: 합과 차뿐만 아니라 키나 길이처럼 몇 배가 되는지를 아는 곱의 의미를 갖는다. 이를 위해서는 속성이 없음을 뜻하는 0점을 갖는 구간 척도가 사용된다. 연필은 10센티미터, 지우개는 5센티미터일 때,

연필은 지우개의 두 배다. 그러나 지우개를 다 써버리면 지우개의 길이는 0센티미터가 된다.

정리, 대푯값, 분포(산포도, 집단의 전체 모양), 패턴. 데이터를 정리하는 것만으로도 특성을 추출할 수 있다. 자료 정리 방법으로 다음과 같은 것이 있다.

- 순서대로 정리하기: 줄기와 잎 그림을 정리하는 방법으로 자료 값이 큰 단위를 줄기로, 작은 단위를 잎으로 하여 순서대로 정리하는 것이다. 세로에는 줄기를 표시하고, 가로에는 각 줄기에 해당하는 잎을 순서대로 정리한다.

```
1 ‖ 1 3 6 9
2 ‖ 2 3 6
3 ‖ 1 5
```

줄기와 잎 그림 정리 방식의 단점은 원 자료의 수가 너무 많으면 순서대로 정리하기가 힘들고, 정리를 해도 인사이트를 얻는 효과가 미미하다. 이때 사용하는 정리 방식이 그림, 표, 그래프 등을 이용하는 것이다.

- 빈도를 이용해서 정리하기: 빈도를 이용해서 자료를 정리하고 분류하는 표로는 빈도표와 도수분포표가 있다.
- 빈도표頻度表/frequency table: 빈도를 나타내는 표. 수집한 자료의 양이 많지 않을 경우, 일정한 범위로 나누어 '묶지 않고' 하나하나의 빈도만을 단순하게 정리한 표다. 수집된 자료가 많은 경우에는 큰 의미가 없다. 수집된 자료가 많은 경우에는 단순히 빈도만을 표로 정리하기보다는, 자료를 일정한 범위로 나누어 분류한 후에 도수분포표를 만들어 사용하는 것이 낫다.
- 그림그래프: 자료의 특성을 나타내는 빈도표를 작성한 후, '그림'을 사용해서 시각적으로 정리하는 방법이다.
- 막대그래프: 빈도를 '막대그래프'로 나타내서 시각적으로 쉽게 비교할 수 있게 한다.
- 꺾은선그래프: 빈도를 '점'으로 나타내서 자료의 크기와 기울기를 통해 '시간에 따른 변화량'을 시각적으로 한눈에 알아볼 수 있게 한다. 막대그래프보다 선명하게 변화량을 파악할 수 있다.
- 별그림: 꺾은선그래프를 '별' 모양의 그래프(스파이더웹 위에 점들을 이어 다각형을 생성함)로 나타내는 것이다. 값을 비교하는 데 유용하다.

표나 그래프에는 다음과 같은 몇 가지 단점이 있다. ① 표나 그래프를 본 사람들이 받는 인상이 서로 달라서 의사소통에 문제가 발생할 수 있다. ② 표나 그래프로 표현해야 하기에 공간이 많이 필요하다.[164] 즉 좀더 축약할 필요가 있다. 축약은 수집된 방대한 데이터의 특징을 단 한 개의 숫자로 요약하는 것이다. 예컨대 평균값, 분산, 표준편차 등이 그에 해당한다. 이런 숫자를 대푯값representative value 혹은 통계량statistic이라고 한다.

대푯값은 데이터의 요점을 정리하는 축약을 통해 특성을 기술하는 방식이다. 대푯값은 하나가 아니다. 평균, 중앙값, 최빈값 등이 있다. 이처럼 대푯값이 다양한 이유는 저마다 장점이 다르기 때문이다. 수집된 데이터를 어떤 기준으로 정리 정돈한 후, 의미 있는 정보만을 추출하여 그래프나 숫자 하나로 대표되는 특징을 표현하면, 데이터의 세부적인 수치는 나타나지 않지만 데이터의 분포나 그 이면에 있는 고유한 특징이나 패턴이 드러난다. 이렇게 만들어진 축약은 모집단(전체)을 추정하거나, 확률을 결합해 미래의 모집단을 예측할 수 있는 길을 열어준다. 말하자면 통계는 축약의 힘을 사용하는 기술이다. 참고로 축약의 방법은 특징을 표현하는 그래프를 만들거나 숫자 하나를 사용한다.

- 평균mean: 가장 일반적으로 사용되는 대푯값이다. 평균은 계산하기가 편하고, 자료 하나하나의 크기를 모두 반영해서 구하기 때문에 자료 전체를 다 포함해서 산출한 값이라는 상징성이 있다. 하지만 전체 자료에 특별한 이상치(아주 크거나 아주 작은 값)가 들어 있는 경우, 평균의 타당성이 낮아질 수 있다.
- 중앙값median: 도로의 중앙선처럼 데이터의 '중점'을 말한다. 중앙값이 필요한 이유는 극단적인 값에 좌우되지 않기 위해서다. 평균값은 극단적인 값으로 왜곡될 수 있다.
- 최빈最頻값mode: 도수가 가장 큰 값

• 평균값mean value: 평균값은 수집된 데이터의 특징을 잘 나타내기 위해 선택된 최댓값과 최솟값 사이에 있는 어떤 하나의 수다. 그렇기 때문에 어떠한 특징을 드러내고자 하느냐에 따라(목적에 따라) 선택되는 수가 달라질 수 있다. 평균값을 알면 데이터가 그 주변에 분포되어 있다는 추정이 가능하다. 평균값의 종류는 다양하다. ① 산술평균算術平均/arithmetic mean: 모든 수를 더하여 총 개수로 나눈 값. 덧셈의 의미로 본질을 유지하기를 원할 때 사용한다. ② 기하평균geometric mean 혹은 상승평균相乘平均(n개 정수의 상승적 승근乘根): 데이터를 곱한 후, 루트를 씌워 계산한 값이다. 두 수의 비율에 대한 평균이다. 주로 성장률의 평균을 구할 때 사용한다. 산술평균이 적용되지 않을 때, 곱셈의 의미로 본질을 유지하고자 할 때 사용한다. 예를 들어, 50명의 인구를 가진 한 마을이 1년 후에 100명, 또 1년 후에 800명으로 늘었다. 이럴 경우, 첫 번째 1년은 50명에서 100명으로 두 배, 그다음 1년은 100명에서 800명으로 여덟 배 늘었다. 즉 2년 동안 인구가 총 $2 \times 8 = 16$으로 열여섯 배가 늘었다. 이 경우 1년에 각각 평균 네 배씩(4×4) 늘었다고 표현할 수 있다. 이것이 두 수의 비율에 대한 평균이다. ③ 제곱평균mean square: 각 데이터를 제곱하여 더한 값을 총 개수로 나눈 뒤, 루트를 씌워 구한 값. ④ 조화평균harmonic mean: 산술평균을 적용할 수 없는 속도의 변화를 다룰 때 사용한다. 속력에 대한 평균이다. (양수 a, b에 대하여) 조화평균$=2ab/a+b$

분포分布/distribution를 통해서도 집단의 특성을 파악할 수 있다. 분포란 데이터가 '다양한 수치로 나타나는' 것이다. 분포가 생기는 이유는 수집된 제각각의 데이터가 하나씩 결정된 이면에 알 수 없는 '불확실성'이 움직이기 때문이다. 하지만 겉으로 보이는 불확실성도 그 이면에는 고유한 '특징'이나 일정한 '패턴(반복되는 것)'이 있다. 이런 특징이나 패턴을 분포의 특성이라고 한다. 예를 들어, 제각각 분포되어 있는 데이터는 불확실성을 갖는다. 하지만 도수분포표를 작성해보면, 불확실성 이면에 있는 수집된 표본의 고유한 분포 특징이나 패턴을 찾아낼 수 있다. 고유한 특징(운동, 힘, 변화 방향, 영향력 등)이나 패턴은 불확실성 속에 숨어 있는 확실성 요소다. 예를 들어, 평균값은 데이터의 대표 특징이고, 평균값을 제외하고 가장 많이 나타나는 데이터는 평균값에 미치는 영향력이 가장 크다. 평균값을 중심으로 제각각 흩어져 있는 데이터의 상태를 불규칙의 분포도라고 표현할 수 있다. 제각각이라는 말은 불규칙하다는 의미다. 여기서 분산variance을 구하면 데이터가 퍼져 있는 상태를 평가할 수 있다. 즉 분산은 데이터의 퍼짐 정도로서 데이터의 불규칙(혹은 불확실) 상태 정도를 추정할 수 있는 통계량이다. 특정 값이 평균으로부터 얼마나 떨어져 있는지를 말해주는 편차deviation를 알면 불규칙(혹은 불확실)의 범위(정도)를 추정할 수 있다. 하지만 분산으로 흩어져 있는 상태를 그대로 보여주는 것만으로는 문제가 있다. 범위가 너무 크고, 제곱을 하여 분산을 구하는 과정에서 단위가 제곱으로 바뀌기 때문이다. 편차는 데이터 값에 따라 음수가 나올 수 있지만, 분산은 0보다 커야 하기에 양수를 만들기 위해 제곱을 한다(분산 = Σ(x-평균)^2/크기).

이 두 가지를 해결하기 위해 분산에 루트를 씌워 '제곱평균'을 구하면 편차들의 평균값이 되어 범위를 줄일 수 있고, 단위도 원래대로 돌아간다. 이렇게 구한 통계량을 '표준편차standard deviation'라고 한다. 분산보다 표준편차를 주로 사용하는 이유는 표준편차는 (단위를 원래대로 되돌려서) 데이터 값과 같은 단위를 사용하기 때문이다. 값의 변화 정도를 측정하는 표준편차를 응용하면 불규칙성(불확실성)의 평균 변동성을 추정할 수 있다. 혹은 불규칙성(불확실성)의 '(어느 정도의) 거칠기'를 추정할 수 있다. 이는 데이터 값이 평균에서 얼마나 밀집되어 있는지 혹은 퍼져 있는지를 파악할 수 있기 때문에 위험도 측정, 수익률 계산 등에 폭넓게 활용된다. 파도로 예를 든다면, 바닷물의 수위를 평균값이라고 하면 잔잔한 파도는 평균값에서 일정하게 움직이는 것이고, 파도가 거칠게 치는 것은 수면과 차이가 커지는 것이다. 표준편차는 거칠기의 평균 수준을 구하는 값이다.

확실성의 시대는 파도가 평균값 부근에서 작은 폭으로 일정하게 모여서 움직이기에 예측이 쉽다. 즉, 확실성의 시대는 표준편차의 값이 적다. 하지만 불확실성의 시대는 파도가 평균값 부근에서 큰 폭으로 일정하지 않게 움직여서 예측이 어렵다. 즉, 표준편차의 값이 크다.

불규칙성(혹은 불확실성)이란 특정 기준과 맞지 않아서 확실하지 않은 상태를 의미한다. 뿐만 아니라 불규칙성(혹은 불확실성)을 통제하는 기술을 늘려가다보면 우연히 일어나는 일처럼 보이는 사건을 해석하는 나름의 시각도 생긴다.

- 산포도散布度/measure of dispersion: 데이터가 대푯값을 기준으로 흩어져 있는 정도. 표준편차는 '평균값'을 기준으로 산포도를 측정하는 기술이다. '중앙값'을 기준으로 산포도를 측정하는 기술은 '사분위수 범위IQR: Interquartile Range'다. 사분위수 범위는 자료에 이상치가 존재할 때, 분산이나 표준편차보다 이상치의 영향을 덜 받는다. 하지만 모집단의 특성에 대한 추론이 어렵다.
- 산점도scatter plot: 두 개 변수를 직교좌표계에 그려 변수 간의 관계를 측정하는 기술이다. 선택한 두 개의 변수가 상관관계가 있는지 없는지, 있다면 양의 관계인지 음의 관계인지를 파악하는 데 유용하다. 산점도가 강한 양의 관계로 분포도가 나타나면 두 개의 변수는 인과관계가 있을 가능성이 아주 낮다. 특별한 이유 없이 우연히 상관관계 분포를 보인 것이거나, 두 개의 변수 모두가 다른 변수에 의해 상관관계가 나타났을 수도 있다고 생각해보아야 한다.
- 이상치: 자료에서 아주 크거나 아주 작은 값
- 가중치: 평균을 계산할 때, 개별 값에 부여되는 중요도
- 가중평균: 각각의 값에 가중치를 부여하여 만든 평균
- 기댓값: 평균을 각각의 수에 대한 기대 확률로 구한 값(예측에 사용됨)
- 변량: 자료를 수량으로 나타낸 것(관광객 수, 나라 수 등)
- 도수분포: 자료의 양이 적거나 이름 척도일 경우 빈도표로도 충분하다. 하지만 자료의 양이 방대하여 빈도표로 만들어 특성이나 전체 분포도를 파악하는 것이 힘들거나, 자료가 구간 척도나 비율 척도일 경우에 도수분포度數分布/frequency distribution를 사용한다. 자료 하나하나의 값이 아닌(줄기와 잎 그림표), '각 계급의 도수'를 조사하여 나타낸 표

가 도수분포표다. 도수분포표에서 구한 평균은 실제 변량의 평균과 차이가 날 수 있다. 하지만 변량을 도수분포표로 바꾸어 나타낸 후에는 자료의 원래 값을 알 수 없기에 도수분포표에서의 평균값을 사용하여 자료의 대략적인 평균을 표현한다. 그러나 도수분포표에서 구한 평균({(계급값)×(도수)}의 총합/(도수)의 총합)도 원 자료가 많아질수록 변량으로 구한 평균과 오차가 거의 없을 정도로 일치한다. 도수분포표를 만들면 각 계급에 속한 데이터의 개수만 표현되기에 데이터 자체의 수치는 표시되지 않는다. 데이터를 축약하면서 생긴 자연스러운 일이다. 데이터의 수치 자체는 잃어버렸지만, 대신 표본 데이터가 지니고 있는 고유한 특징(어느 특정 계급에 몰려 있다거나, 각 계급에 균형 있게 분포한다거나, 어느 한 계급을 기준으로 좌우 대칭성이 있다 등)이라는 귀중한 정보를 얻었다.

- 도수: 계급에 속하는 자료의 '수'
- 계급: 변량을 일정한 간격으로 나눈 '구간'
- 변량: 자료를 수량으로 나타낸 것
- 계급의 크기: 계급으로 나눈 구간의 넓이
- 계급값: 각 계급의 가운데 값. 30 이상 40 미만의 계급의 계급값은 (30+40)/2 = 35
- 주의점: 원 자료에서 '어떤 값'을 구간으로 나눌지를 잘 고민해야 한다. 목적을 잘 나타내는 방식으로 구간을 나누어야 한다.
- 도수분포표를 만드는 방법
  ① 수집된 데이터에서 가장 큰 숫자(최댓값)와 가장 작은 숫자(최솟값)를 찾는다.
  ② (최댓값과 최솟값을 포함하여) 수집된 전체 데이터를 보고 자르기 좋은

임의의 구간을 대강 정한다. 예를 들어, 표본 내의 최솟값이 103이고 최댓값이 149라면, 도수분포표를 쉽게 만들기 위해 (표본 내에는 없는 값이지만) 구간을 100~150으로 정할 수 있다.

③ 만들어진 범위 안에서 5~8개 정도로 작은 범위(구간)를 자른다. 이렇게 잘라낸 작은 범위(구간)를 '계급'이라고 부른다.

④ 각각의 계급을 대표하는 수치를 정한다. 아무 값이나 정해도 문제가 없지만, 일반적으로는 가장 가운데 값을 선택한다. 이 값을 '계급값'이라고 부른다.

⑤ 각각의 계급에 들어 있는 데이터의 총 개수를 센다. 이 개수를 '도수'라고 부른다.

⑥ 각 계급의 도수가 전체에서 차지하는 비율이 어느 정도인지를 계산한다. 이 비율을 '상대도수'라고 부른다. 참고로 상대도수를 전부 합하면 1이 된다.

⑦ 일정한 범위의 계급들의 각 도수를 모두 합한 것을 '누적도수'라고 한다. 모든 계급의 도수들을 다 합한 최종 누적도수는 표본 데이터의 총 개수와 같다.

• 히스토그램histogram: 각 계급의 도수를 그래프로 나타낸 것이다. 히스토그램은 데이터의 분포를 그래프로 보여주기에 데이터의 구성과 패턴 파악에 유용하다. 히스토그램을 그릴 때에는 빈bin과 빈도frequency가 필요하다. 빈은 전체 데이터를 겹치지 않을 만큼의 일정한 크기로 나눈 간격이다. 빈도는 선택한 빈 안에 들어 있는 데이터의 수다. 주의할 점은 히스토그램은 막대그래프와 비슷해 보이지만 실제로는 다르다는 것이다. 막대그래프에서는 폭이 의미가 없다. 그러나 히스토그램

은 막대그래프의 가로 길이가 계급의 크기로 정해져 있다. 막대그래프는 이산량을 나타낼 때 사용하고, 히스토그램은 연속량을 나타낼 때 사용한다.

- 상대도수: 전체 자료량이 너무 크거나 많아서 빈도로 나타내기 힘들 경우, 전체에 대한 비율로 자료를 기술하는 것이 효율적이다. 전체에 대한 비율을 가장 간단하게 표현하는 것이 백분율이다. 이 비율을 그래프로 나타낸 것을 비율그래프라고 한다. 모양에 따라서 띠그래프, 원그래프로 나눈다. 도수분포표에서 각 계급에 해당하는 도수가 크고 복잡할 경우에는 도수분포표로 그대로 보기보다는 각 계급에 대한 '도수의 비율'을 나타내는 '상대도수'로 표현하여 보는 것이 좋다. 또한 총도수가 서로 다른 두 집단의 자료를 동일한 계급에서 비교, 분석할 경우에도 상대도수 개념이 훨씬 더 효과적이다. 동일한 계급에서 A그룹의 도수가 10이고, B그룹이 9일 경우 A가 B보다 크지만, (총 도수가 A가 50으로 B의 40보다 클 경우) 상대도수에서는 반대로 B그룹이 더 높을 수 있다. 이럴 경우, 도수분포표보다 상대도수표가 집단의 특성을 더 잘 보여준다. 상대도수는 백분율보다는 0 이상 1 이하의 수로 표현한다.

- 누적도수: 처음 계급부터 어떤 계급까지 각 계급의 도수를 '차례로 더한 값'을 그 계급의 누적도수라고 한다. 누적량을 나타내는 누적도수는 특정 대상이 전체 자료 중에서 차지하는 위치나 상태를 파악하고 싶을 때 주로 사용한다.

- 표준편차標準偏差/standard deviation: 데이터가 평균값 주변에 어느 정도 펼쳐져 있느냐(거리)를 파악하는 통계량. 통계학에서 가장 중요한 도구이며 정규 분포, 카이제곱분포, t분포를 이용한 추리 통계 기술의 기반

이 된다.[165] 표준편차는 데이터의 '분산 정도'를 측정하는 데 아주 유용하다. 데이터의 분포가 밀집되었는지, 혹은 성긴지도 쉽게 알 수 있다. 표준편차가 작다는 것은 데이터 값이 평균에 가까이 분포되어 있고 가깝게 모여 있다는 의미다. 반대로 표준편차가 크다는 것은 데이터 값이 평균에서 멀리 떨어져 분포되어 있고 넓게 퍼져 있다는 의미다. 표준편차 값이 0이라는 것은 모든 데이터가 동일한 값이며, 한곳에 모두 모여 있다는 의미다. 주식시세와 관련해서 적용하면, 표준편차가 크다는 말은 주가 데이터의 분포가 넓어서 변동도 크다는 의미다. 분포가 넓다는 말은 어떤 사건이 발생했을 때 평균과의 차이가 큰 값을 가질 확률이 높다는 의미다. 때문에 변동성이 높을 확률이 크다.

• 사분위수 간 범위IQR(Interquartile Range): '중앙값'을 기준으로 산포도를 측정하는 기술이다. 사분위수quartile는 데이터를 동일한 크기로 4등분하여 변화의 정도를 파악하는 기술이다. 사분위수는 전체 범위 내에서 부분별 데이터 범위 속 변화 정도를 알 수 있다. 이와 달리 사분위수 간 범위IQR는 분포에서 하위 25퍼센트와 상위 25퍼센트를 제외한 중간 50퍼센트의 범위를 다룬다. 사분위수가 데이터의 세부 모습을 파악하는 데 사용된다면, 사분위수 간 범위IQR는 전체 분포 중에서 가운데에 위치하기에 (히스토그램을 보지 않아도) 직관적으로 대다수의 데이터가 어느 범위에 있는지를 파악하는 데 사용된다. 사분위수 간 범위는 자료에 이상치가 존재할 때, 분산이나 표준편차보다 이상치의 영향을 덜 받는다. 하지만 모집단의 특성에 대한 추론이 어렵다.

표준편차는 '평균값'을 기준으로 산포도를 측정하는 기술이다.

즉 평균값에서 떨어져 있는 평균 거리가 얼마냐를 구할 때 사용한다. 만약 표준편차가 0이면 관측값 모두가 동일한 크기다. 표준편차를 이용하면 두 가지의 중요한 사항을 알 수 있다. 첫째, 어떤 특정한 데이터 하나가 그 집합 속에서 어떤 의미를 갖는지를 알 수 있다. 예를 들어, 우리 반 평균 점수가 70점일 때, 내가 본 시험 점수가 85점이라면 반 평균보다 15점이 높으니 기분이 좋을 것이다. 하지만 어느 정도 좋아해야 할까? 어느 정도 좋아해야 할지를 알려면 '표준편차'로 비교해보면 된다. 만약 표준편차가 12점이라면 내 점수는 평균 점수에서 표준편차보다 3점 더 높은 수준이다. 표준편차는 평균값에서 떨어진 정도를 평균화한 값이다. 즉 내 점수는 표준편차보다 약간 높으니 평균보다 잘한 쪽에서는 (표준편차가 평균에서 떨어진 정도의 '평균'에 불과하니) 보통에 속할 뿐이다. 이 정도의 점수를 받은 친구들이 많다는 말이다. 반 평균보다는 높아서 좋지만, 그다지 좋아할 일도 아닌 셈이 된 것이다. 만약 표준편차가 7점이라면 반 평균에서 표준편차의 2배 넘게 멀리 떨어진 곳에 내 점수가 있으니 크게 기뻐해도 된다. 이처럼 표준편차는 집단에 속한 데이터 하나가 '어느 정도 특수한지'를 알게 해준다. (예컨대 프로야구 결과 예측 시 한 선수의 실제적인 기여도나 영향력이 이에 해당한다.)

둘째, 여러 집합을 서로 비교해서 나타나는 차이가 무엇인지를 알 수 있다. 예를 들어, A학생은 10회의 시험을 본 평균점수가 70점이고 표준편차는 10점이다. B학생은 10회 시험을 본 평균점수가 60점이고 표준편차는 30점이다. 평균 점수만으로 보면 A학생이 B학생보다 평균 점수가 10점이 높아서 더 공부를 잘하는 것처럼 보인다. 그러나 A학생은 표준편차가 10점이니 다음번 시험에서 예측 가능한 범위가 최소 60점에서 최대 80점이다. B학생은 표준편차가 30점이니 다음번 시험에서 예측 가능한 범위가 최소 30점에서 최대 90점이 된다. 즉 B학생은 실제 수능에서 최악의 경우 30점을 맞을 수 있지만, 때에 따라서는 최대 90점도 얻을 수 있어서 A학생의 최대 가능한 점수인 80점보다 더 잘 나올 수도 있다. 이렇게 표준편차로 평균값에서는 얻을 수 없는 새로운 성질, 새로운 가능성을 추론할 수 있다. 주식을 평가할 때도 비슷하다. 주식 거래에서 수익률의 평균값만으로는 우량 기업인지 판단하기가 모호하다. 이럴 때에는 표준편차를 보는데 해당 기업의 주가 수익률이 평균값에서 어느 정도의 폭으로 변동을 보였는지를 알려주기 때문이다. 즉 표준편차가 주가 변동성volatility이라고 생각하면 된다. 주가 변동성이 큰 주식일수록 거래 리스크가 크다. 오를 때도 크게 오르지만, 내릴 때도 큰 폭으로 하락할 수 있기 때문이다. 결국 주가에서 표준편차는 기회 지표이기도 하지만 위기 지표이기도 하다. 주식투자의 하이리스크 하이리턴이냐, 로리스크 로리턴이냐는 표준편차를 어느 정도로 잡느냐의 문제다. 표준편차를 선택하는 차이가 투자의 기호, 상품성의 차이를 만든다. (예컨대 프로야구 결과 예측 시 한 선수나 구단이 다른 선수나 구단과 상대적 비교에서 하이리스크 하이리턴이냐 로리스크 로리턴이냐를 파악하는 것이 이에 해당한다.)

에필로그
통찰력의 핵심은 훈련이다

　"오랫동안 훈련한 뇌가 통찰력의 핵심이고 차별화된 재능이다."
필자가 마지막으로 하고 싶은 말은 이것이다. 통찰력은 훈련의 산물이다. 훈련으로써 뇌는 변화한다. 뇌의 역량이 향상하면 통찰력은 더욱 예리해진다.

　현대 의학이 밝혀낸 중요한 사실 중 하나는 우리의 뇌는 죽는 순간까지 끊임없이 변화한다는 것이다. 사용 빈도가 줄어들면 좋지 않은 방향으로 변화하고, 아무리 나이가 들어도 사용 빈도를 높이면 좋은 방향으로 변화한다. 심지어는 상상만 해도 뇌의 구조가 변화한다. 〈뉴욕타임스〉의 의학기자인 바버라 스트로치는 '가장 뛰어난 중년의 뇌'라는 글에서 여성 심리학자 셰리 윌리스가 1956년부터 40년간 남녀 6,000여 명을 상대로 인지능력 검사를 7년 주기로 반복해서 실시한 결과를 소개하고 있다.[1] 계산능력, 지각속도, 어휘능력, 언어기억능력, 공간정향능력, 귀납추리능력 등의 6개 영역을 테스트한 결과 흥미롭게도 종합 점수로는 40~65세 때의 뇌가 최고의 성적을 기록했다. 40~65세 때의 점수가 20대 때 결과보다 떨어지는 것은 계산능력과 지각속도뿐이었다.

　인간의 뇌 지도는 대체로 역할 분담이 되어 있지만 상당히 유연하다. 『네이처』에 실린 한 연구논문에 따르면 눈으로 들어오는 정보를 시각령이 아니라 귀로 듣는 장소인 청각령으로 바꾸어 전달하는 수술을 한 결과 아무런 이상 없이 사물을 볼 수 있었다. 이런 수술을 일컬어 배선 교체를 의미하는 '리와이어드rewired'라고 한다. 뇌는 상당히 유연하기 때문에 이렇게 사고 훈련을 통해서도 얼마든지 새로운 회로를 구축할 수 있다.

뇌는 사용하기에 따라 얼마든지 강화할 수 있다. 바이올리니스트의 뇌를 조사해보면 손가락이 반응하는 뇌 부분이 일반인보다 훨씬 더 발달해 있다. 또한 감각적인 자극을 많이 받으면 감각 피질이 발달한다. 뇌는 타고난 상태나 자라는 과정에서 주위 환경에 따라 '자기 조직적'으로 발달한다. 뇌의 발달에는 뇌 자체보다 뇌가 얹혀 있는 몸의 구조와 주위 환경이 더 중요하게 작용한다.[2]

2005년 5월 〈네이처〉에 「쥐, 리모트컨트롤, 내비게이션」이라는 충격적인 내용의 논문이 실렸다. 쥐의 두개골에 구멍을 뚫고 뇌에 전극을 꽂은 후, 인위적으로 쥐의 뇌를 자극함으로써 쥐의 행동을 조정하는 데 성공한 실험에 대한 논문이었다. 이 성공은 인간에게도 이를 적용할 수 있음을 시사한다. 즉 인간도 인위적으로 뇌를 자극할 수 있다면 충분히 개인의 행동을 조절할 수 있다는 추론이 가능하다. 미래의 언젠가 타인의 뇌를 외부에서 자극할 수 있는 기술이 나온다면 그 기술을 활용한 빅 브라더스의 출현이 가능할지도 모르지만, 당장은 "어떻게 생각하느냐, 혹은 어떻게 생각하게 만드느냐"가 그 사람의 행동을 좌우한다는 말이다. 행동이 인생을 좌우한다면, 행동이 업무의 성과와 결과를 좌우한다면, 그 행동을 좌우하는 것은 결국 생각이라는 말이다. 그러므로 행동을 바꾸려면 생각을 바꾸어야 하고, 생각을 바꾸려면 그 사람의 사고 기술을 바꾸어야 한다.

사고의 기술이 넓어지고, 뇌를 계속 사용하면 할수록 사람의 뇌 회로는 계속 변화하면서 발전한다. 2000년에 학습과 뇌 세포의 관계를 규명한 공로로 노벨 생리의학상을 공동으로 수상했던 에릭 캔들도 사람이 학습과 경험을 통해 무엇인가를 배울 때마다 뇌 속으로 회로가 계속해서 변화한다는 사실을 입증했다. 아무리 단순한 정보를 받아들이더라도 뇌 속에 있는 뉴런들은 서로 전기적 연결을 강화하고 기존의 연결고리를 끊거나 혹은 새로운 연결고리를 만들면서 구조를 바꾸어나간다. 이를 바탕으로 뇌 속에 새로운 회로를 만들어내고 이를 통해 두뇌의 기능을 끊임없이 재조직화하면서 정보 전달과 활용의 효율성을 극대화해나간다.

세 살 무렵 인간의 뇌 속에서는 엄청난 활동이 일어나서 연결고리가 두세 배로 늘어난다. 10대의 사춘기 시절에는 뇌 속에서 또다시 격렬한 활동이 일어나면서 뇌신경이 무수히 자라난다. 그 이후에도 지속적인 훈련을 받으면 뇌신경 회로는 계속 변화한다. 18세기 빈센초 말라크르네는 실험을 통해 새도 훈련을 하면 그렇지 않은 새보다 뇌의 특정 부위에 주름이 더 넓게 생기는 것을 확인했다. 동물이나 인간이나 뇌를 사용하면 할수록 근육처럼 발달한다.[3]

지금이라도 뇌를 사용하고 생각을 훈련하자. 그러면 당신에게 놀라운 통찰력으로 보답할 것이다. 기억하자. 오랫동안 훈련한 뇌가바로 통찰력의 핵심이고 차별화된 재능이다.

주

프롤로그

1. http://www.chosun.com/economy/news/200610/200610200519.html
2. 앨리스 슈뢰더, 이경식 옮김, 『스노볼: 워런 버핏과 인생 경영』(랜덤하우스코리아, 2009), p.276.
3. 존 맥스웰, 조영희 옮김, 『생각의 법칙 10+1』(청림출판, 2003).
4. 같은 책.

1장

1. 나일주, 『교육공학 관련 이론』(교육과학사, 2010).
2. 승현준, 『커넥톰, 뇌의 지도』(김영사, 2014), p.89.
3. 같은 책, pp.92~93.
4. 이케가야 유지, 이규원 옮김, 『교양으로 읽는 뇌과학』(은행나무, 2005), pp.200~214.
5. 승현준, 앞의 책, p.26.
6. EBS 다큐프라임, "교육혁명, 15세에 주목하라"(2014. 3. 3~2014. 3. 11).
7. 위키백과, "커넥톰."
8. 승현준, 앞의 책, p.20.
9. 이케가야 유지, 앞의 책, p.75.
10. 승현준, 앞의 책, p.21.
11. 이쿠타 사토시, 황소연 옮김, 『되살아나는 뇌의 비밀』(가디언, 2010).
12. "뉴스로 미래 예측하는 소프트웨어 개발", 『노컷뉴스』(2013. 2. 5), http://www.nocutnews.co.kr/news/4305975
13. 노병천, 『이순신』(양서각, 2005), pp.74~82.

2장

1. 모리야 히로시, 박화 옮김,『중국 3천년의 인간력』(청년정신, 2004).
2. 이상협,『답은 밖에 있다』(쌤앤파커스, 2011).
3. 이건희,『생각 좀 하며 세상을 보자』(동아일보사, 1997).
4. 이홍,『창조 습관』(더숲, 2010).
5. 같은 책.
6. 이새봄, "뜰 산업은?…답답한 질문! 기술흐름 읽는 기업이 뜰 뿐",『매일경제』(2011. 5. 27), http://mba.mk.co.kr/view.php?sc=51000001&cm=cover%20story&year=2011&no=338556&relatedcode=
7. 이시형,『공부하는 독종이 살아남는다』(중앙books, 2009).
8. 안진환, 박슬라 옮김,『John Naisbitt, Mind Set』(비즈니스북스, 2006), p.53.
9. 모리야 히로시, 앞의 책.
10. J. Voros, *Reframing Environmental Scanning*(Australia: Swinburne, 2003).
11. 네이버 지식백과, "비판적 사고."
12. 이홍, 앞의 책.
13. M. 닐 브라운 · 스튜어트 M. 킬리, 이명순 옮김,『11가지 질문도구의 비판적 사고력 연습』(돈키호테, 2010).
14. 같은 책.
15. 미셸 루트번스타인 · 로버트 루트번스타인, 박종성 옮김.『생각의 탄생』(에코의 서재, 2007).
16. 네이버 지식백과, "상상."
17. 같은 곳.
18. 강신장,『오리진이 되라』, 2010(쌤앤파커스, 2010).
19. 같은 책.
20. 네이버 지식백과, "추상."
21. 미셸 루트번스타인 · 로버트 루트번스타인, 앞의 책.
22. 이상협, 앞의 책.
23. 김용규,『설득의 논리학』(웅진지식하우스, 2007).
24. 세바스티안 라이트너, 안미란 옮김,『공부의 비결』(들녘, 2005).
25. 강신장, 앞의 책.
26. 같은 책.

27. 김성희, 김영한,『위키 매니지먼트』(국일미디어, 2008).

28. 게랄드 트라우페터, 노선영 옮김,『섬광처럼 내려꽂히는 통찰력』(살림, 2009)

29. 오철우, '미래를 여는 첨단과학 현장을 가다',『사이언스온』(2010. 10. 6), http://scienceon.hani.co.kr/archives/11828

30. 폴 롤랜드, 최수묵 옮김,『이웃집 사이코패스』(동아일보사, 2007).

31. 브라이언 이니스, 이경식 옮김,『프로파일링』(휴먼앤북스, 2005).

32. 이태혁,『(상대의 겉과 속을 꿰뚫어보는) 사람을 읽는 기술』(위즈덤하우스, 2010).

33. "Steve Job's 6 Sneakiest Statements," http://www.wired.com/gadgetlab/2010/02/steve-jobs/

34. 켄 올레타, 김우열 옮김,『구글드: 우리가 알던 세상의 종말』(타임비즈, 2010), p.72.

35. 같은 책, p.71.

36. 제프 자비스, 이진원 옮김,『구글노믹스: 미래 경제는 구글 방식이 지배한다』(북이십일, 2010).

37. 재닛 로우, 배현 옮김,『구글파워: 전 세계 선망과 두려움의 기업』(애플트리태일즈, 2010), p.72.

38. 켄 올레타, 앞의 책, p.17.

39. 재닛 로우, 앞의 책, p.233.

40. 켄 올레타, 앞의 책, p.25.

3장

1. 이홍,『창조 습관』(더숲, 2010).

2. 네이버 지식백과, "로고스."

3. L. W. Beck, *A Commentary on Kant's Critique of Pratical Reason*(Chicago: Univ. of Chicago Press, 1960), Prol., Ⅳ 369f., Ⅸ 27.

4. 네이버 지식백과, 칸트사전, "사변적."

5. 앨프리드 화이트헤드, 오채환 옮김,『수학이란 무엇인가』(궁리, 2009), pp.13-15; 나가노 히로유키, 윤지희 옮김,『수학력』(어바웃어북, 2014), p.182.

6. 칼 B. 보이어 · 유타 C. 메르츠바흐, 양영오 · 조윤동 옮김,『수학의 역사(상)』(경문사, 2000), p.79.

7. 같은 책, pp.9, 86~90, 135~143.

8. 나가노 히로유키, 앞의 책, p.33.

9. 같은 책, p.196.

10. 제리 킹, 박영훈 옮김, 『10개의 특강으로 끝내는 수학의 모든 것(10 Lessons)』(과학동아북스, 2011), p.402.

11. 같은 책, pp.11, 13, 402.

12. 같은 책, p.263.

13. 오다카 토모히로, 김성재 옮김, 『인공지능을 이용한 빅데이터 처리 입문』(길벗, 2014), p.22.

14. 스튜어드 러셀·피터 노빅, 류광 옮김, 『인공지능 현대적 접근방식(1권)』(제이펍), p.286.

15. 스튜어드 러셀·피터 노빅, 류광 옮김, 『인공지능 현대적 접근방식(2권)』(제이펍), p.87.

16. 스튜어드 러셀·피터 노빅, 류광 옮김, 『인공지능 현대적 접근방식(1권)』(제이펍), p.573; 마이클 네그네빗스키, 김용혁 옮김, 『인공지능 개론』(한빛아카데미, 2013), pp.30~34.

17. 스튜어드 러셀·피터 노빅, 같은 책, p.30.

18. 안명호·류미현, 『머신러닝을 이용한 알고리즘 트레이딩 시스템 개발』(한빛미디어, 2016), p.30.

19. 최윤식, 『미래학자의 인공지능 시나리오』(대성korea.com, 2016), pp.207~212.

20. 조일준, "공감내러티브…인간 뇌가 AI보다 뛰어난 이유", 『한겨레』(2018. 7. 20), http://m.hani.co.kr/arti/culture/book/854221.html#csidx6b86118ae8d4505a8a899e8ce1c9423

21. 이대열, 『지능의 탄생』(바다출판사, 2017), pp.106~109.

22. 유병률, "귀신 잡는 빅데이터, 혁신을 일으키려면…", 『머니투데이』(2012. 11. 5), http://news.mt.co.kr/mtview.php?no=2012110417013332288&outlink=1&ref=http%3A%2F%2Fsearch.naver.com

23. 위키백과, "빅 데이터."

24. 안명호·류미현(2016), 앞의 책, pp.39~40.

25. 네이버 지식백과, 고사성어랑 일촌 맺기, "새옹지마."

26. 안드레아스 베버, 박승재 옮김, 『자연이 경제다: 지속가능 지구공동체를 위한 생태경제학』(프로네시스, 2009).

27. 민병원·김창욱, 『복잡계 워크샵』(삼성경제연구소, 2006).

28. 김재근, 『생태학』(라이프사이언스, 2008).

29. F. Capra, *The Web of Life*(New York: Brockman, 1998).

30. 일리야 프리고진, 이덕환 옮김, 『확실성의 종말』(사이언스북스, 1997).

31. F. Capra, 앞의 책.

32. 윤영수 · 채승병, 『복잡계 개론』(삼성경제연구소, 2005).

33. 일리야 프리고진, 앞의 책.

34. 같은 책.

35. 최무영, 『최무영 교수의 물리학 강의』(책갈피, 2008).

36. 같은 책.

37. 윤영수 · 채승병, 앞의 책.

38. E. D. Beinhocker, *Evolution, Complexity, and The Radical Remaking of Economics*(McKinsey & Company, 2007).

39. 게랄드 트라우페터, 노선정 옮김, 『섬광처럼 내리꽂히는 통찰력』(살림, 2009).

40. E. D. Beinhocker, 앞의 책.

41. 우테 헬레나 라이프니츠, 장혜영 옮김, 『당신의 인생을 바꿔줄 최고의 시나리오』(웅진씽크빅, 2008), p.32.

42. 피터 슈워츠, 박슬라 옮김, 『미래를 읽는 기술』(비즈니스북스, 2004).

43. 로버트 맥기, 고영범 · 이승민 옮김, 『Srory: 시나리오 어떻게 쓸 것인가』(민음인, 2011), pp.37, 39, 58.

44. 우테 헬레나 라이프니츠, 앞의 책, p.36.

45. 네이버 지식백과, 두산백과, "바텔연구소."

46. 같은 곳.

47. 우테 헬레나 라이프니츠, 앞의 책, pp.35~36.

48. 같은 책, p.34.

49. 마츠 린드그렌 · 한스 반드홀드, 이주명 옮김, 『시나리오 플래닝: 대비할 수 없는 미래는 없다』(필맥, 2006), p.48.

50. 김방희, 케스 반 데르 헤이든, 『시나리오 경영: 불확실한 시대에 대처하는 법』(세종연구원, 2000), p.124.

51. 유정식, 『시나리오 플래닝』(지형, 2009), p.67.

52. 울프 필칸, 박여명 옮김, 『트렌드와 시나리오: 세계 초우량기업 지멘스의 전략 개발법』(웅진씽크빅, 2009), p.308.

53. 마츠 린드그렌 · 한스 반드홀드, 앞의 책, p.150.

54. 같은 책, p.162.

55. 울프 필칸, 앞의 책, pp.307~314.

56. Willis Harman, "An Incomplete Guide to the Future", first chapter of the last, 2003. http://www.infinitefutures.com/tools/sb.shtml

56. 같은 곳.

58. http://www.sociovision.com/en.

59. W. Schultz, *SCENARIO BUILDING: The Sociovision Approach* "maximizing depth"(2001. 11. 14), http://www.infinitefutures.com/tools/sbdevries.shtml

60. 네이버 어학사전, 국어사전, "체계."

61. 에드워드 코니시, 이영탁 옮김, 『미래진단법: '더 나은 미래'를 선택하라!』(예지, 2005), p.89.

62. 프레임워크framework란 어떤 것을 이루는 뼈대 혹은 기본구조를 일컫는다.

63. 로버트 맥기, 앞의 책, p.72.

64. 같은 책, p.73.

65. 네이버 지식백과, 영화사전, "플롯."

66. 노병천, 앞의 책, pp.74~82.

67. 로저스 매캐인, 이규억 옮김, 『게임이론: 쉽게 이해할 수 있는 전략 분석 게임이론』(시그마프레스, 2008), pp.2, 15.

68. 같은 책, 서문, pp.5~6; 네이버 지식백과, 상식으로 보는 세상의 법칙(경제편), "게임이론."

69. 같은 책, pp.6, 19.

70. 같은 책, pp.6~7.

71. 같은 책, p.36.

72. 같은 책, pp.37~39.

73. 네이버 지식백과, 경제학사전, "내시균형."

74. 로저스 매캐인, 앞의 책, pp.52~53.

75. 같은 책, p.58.

76. 같은 책, p.67.

77. 같은 책, pp.101~105.

78. 같은 책, pp.111, 114~115.

79. 같은 책, pp.99.

80. 같은 책, pp.23, 28.

81. 이기훈, "구글의 최근 기업 인수 · 합병(M&A) 동향", 『방송통신정책』, 22권 19
호(정보통신정책연구원, 2010), pp.18~28.

4장

1. 제임스 테이터 엮음, 우태정 옮김, 『다가오는 미래』(예문, 2008), p.11.

2. 윌리엄 A. 서든, 최은정 옮김, 『미래를 알고 싶은 욕망을 파는 사람들』(스마트 비
즈니스, 2010), p.170.

3. 월스트리트 저널이 원숭이들을 대상으로 주식투자 수익률 겨루기 실험을 했
다. 1998년 10월부터 2002년 4월까지 총 142회에 걸쳐 투자 전문가들과 원숭
이들이 주식투자 수익률 게임을 한 것이다. 원숭이들은 주식 종목들이 적힌 판
에 다트를 던져서 투자 종목을 선택했다. 결과는 어떻게 되었을까? 같은 기간
투자 전문가들의 평균 수익률은 3.5퍼센트였고, 원숭이들은 10.2퍼센트였다.
자존심이 상한 투자 전문가들이 재도전을 했다. 원숭이는 -2.7퍼센트의 수익
률이 나왔고, 전문가들은 같은 기간 -13.4퍼센트의 수익률을 기록했다. 비슷한
실험도 있다. 이번에는 점성술사와 4세 아이, 전문 투자자 간의 게임이었다. 점
성술사들이 -10.1퍼센트의 수익률을 낼 때, 전문 투자자들은 -7.1퍼센트의 수
익률을 냈고 4세 아이는 -4.6퍼센트의 수익률을 냈다. 한국에서 2002년에 비
슷한 실험을 했다. 두 마리의 침팬지와 투자 전문가들의 대결이었다. 결과는
침팬지가 -17.3퍼센트의 수익률을, 투자 전문가들이 -23.8퍼센트의 수익률을
기록했다. 고영성, 『경제를 읽는 기술 HIT』(스마트북스, 2011), p.141.

4. 1960년대 유명한 금융학자였던 아널드 무어와 유진 파마는 1951~1962년의 주
가를 면밀히 분석한 후, 연속한 두 날의 주식 가격이 밀접한 상관관계를 가진
경우는 3퍼센트에 불과하다는 연구 결과를 발표했다.

5. 프린스턴대학교 경제학 교수인 버튼 G. 멜키엘 박사는 "치밀한 과학적 시각으로
볼 때, 기술적 분석이나 연금술은 기본적으로 다를 게 없다"고 평가했다.

6. 고영성, 앞의 책, pp.64~65.

7. 윌리엄 A. 서든, 앞의 책, p.18.

8. 변이 통계는 숫자를 왜곡하고, 섣부른 일반화의 오류를 시도하고, 추측을 기반
으로 시작되고, 모호한 정의와 의심스러운 측정, 부적절한 비교 및 표본추출에

문제를 가진 통계다. 또한 통계의 의미를 조작하는 변형, 복잡한 통계를 왜곡하여 혼동을 유발하고, 비탈진 경사길의 오류처럼 꼬리에 꼬리를 물고 이어지는 엉터리 해석과 예측을 양산한다.

9. 조엘 베스트, 노혜숙 옮김, 『통계라는 이름의 거짓말』(무우수, 2003).

10. 네이버 지식백과, 현상학사전, "정신과학."

11. 제임스 테이터, pp.17~18.

12. 같은 책, p.9.

13. 같은 책, p.33.

14. 뉴턴의 고전역학은 물체의 속도가 빛의 속도에 가까울 때의 현상을 설명할 수 없었다. 이에 대한 대안으로 1905년에 아인슈타인이 발표한 상대성이론은 자연법칙이 관성계에 대해 불변하고, 시간과 공간이 관측자에 따라 상대적이라는 이론이다. 특수상대성이론은 좌표계의 변환을 등속운동이라는 특수한 상황에 한정하고 있으며, 일반상대성이론은 좌표계의 변환을 가속도 운동을 포함한 일반운동까지 일반화하여 설명한다. 고전역학은 현재의 상태를 정확하게 알고 있다면 미래의 어느 순간에 어떤 사건이 일어날지를 정확하게 예측할 수 있다는 결정론적determinstic 입장을 취한다. 고전역학은 인과법칙을 따르고 우연성을 배제한다. 이러한 물리학을 일반적으로 뉴턴 물리학이라고 하며, 뉴턴 물리학과 상대성이론을 합쳐서 고전역학이라고 한다. 네이버 지식백과, 두산백과, "고전 역학."

15. 원자와 같은 매우 작은 물체인 미시세계에서의 실험 결과도 고전역학으로 설명할 수 없었다. 이에 1900년에서 1927년에 걸쳐 플랑크, 보어, 아인슈타인, 하이젠베르크, 드브로이, 슈뢰딩거 등의 많은 물리학자가 그 대안으로 양자역학quantum mechanics이라는 새로운 역학체계를 제시했다. 양자역학은 고전역학과 달리 확률론적probabilistic 입장을 취한다. 확률론적 입장은 비록 현재 상태에 대하여 정확하게 알 수 있더라도 미래에 일어나는 사실을 정확하게 예측하는 것은 불가능하다는 입장이다. '양자量子'로 번역된 영어의 'quantum'은 양을 의미하는 quantity에서 나온 말로, 무엇인가 띄엄띄엄 떨어진 양으로 있는 것을 가리키는 말이다. '역학力學'은 말 그대로는 '힘의 학문'이지만, 실제로는 '이러저러한 힘을 받는 물체가 어떤 운동을 하게 되는지 밝히는 물리학의 한 이론'이라고 할 수 있다. 간단히 말해 '힘과 운동'의 이론이다. 이렇듯 양자역학이란 띄엄띄엄 떨어진 양으로 있는 것이 이러저러한 힘을 받으면 어떤 운동

을 하게 되는지 밝히는 이론이라고 할 수 있다. 양자역학에 대한 두 공식인 행렬역학과 파동역학이 정립되자 양자이론은 급속도로 발전하여 원자, 분자, 고체에 적용되었고 헬리움, 별의 구조, 초전도체의 본질, 자석의 성질에 대한 문제를 해결했다. 네이버 지식백과, 두산백과, 네이버캐스트.

16. 이인식, 『지식의 대융합』(고즈윈, 2008), pp.223, 227.

17. 윤영수 · 채승병, 『복잡계 개론』(삼성경제연구소, 2005), pp.39, 40, 42, 45, 55, 57, 91, 105, 110, 165, 166.

18. 같은 책, pp.143, 157.

19. 같은 책, p.62.

20. 같은 책, pp.39~42.

21. 같은 책, p.129.

22. 이인식, 앞의 책, p.231

23. 같은 책, pp.233~234.

24. 같은 책, pp.238~239.

25. 윤영수 · 채승병, 앞의 책, pp.48, 56, 241.

26. 같은 책, p.137.

27. 같은 책, pp.114~117.

28. 고지마 히로유키, 박주영 옮김, 『세상에서 가장 쉬운 통계학 입문』(지상사, 2009), p.26.

29. 제임스 테이터, 앞의 책, pp.32~33.

30. 데카르트, 『방법서설』.

31. 고사까 슈우헤이, 방준필 옮김, 『함께 가보는 철학사 여행』(사민, 1990), p.35.

32. 류대영, 『한국근현대사와 기독교』(푸른역사, 2009), pp.147, 151.

33. 제임스 테이터, 앞의 책, pp.7~8.

34. 고지마 히로유키, 앞의 책, p.26.

35. 같은 책, pp.100~108.

36. 제리 킹, 박영훈 옮김 『10개의 특강으로 끝내는 수학의 모든 것(10 Lesson)』(과학동아북스, 2011), p.411.

37. 같은 책, p.406.

38. 샤론 버치 맥그레인, 이경식 옮김, 『불멸의 이론』(휴머니스트, 2013), p.9.

39. 같은 책, p.9.

40. 같은 책, p.21.

41. 같은 책, pp.26~29.

42. 같은 책, p.28.

43. 같은 책, pp.34~35.

44. 같은 책, pp.10, 139~465, 518, 524, 533.

45. 네이버 지식백과, 두산백과, "귀류법."

46. 나가노 히로유키, 앞의 책, pp.256~260.

북인북

1. 알렉스 벨로스, 전대호 옮김, 『수학이 좋아지는 수학』(해나무, 2016), pp.13~14; 칼 B. 보이어 · 유타 C. 메르츠바흐, pp.85, 87, 89.

2. 지즈강, 권수철 옮김, 『수학의 역사』(더숲, 2011), p.32.

3. 칼 B. 보이어 · 유타 C. 메르츠바흐, 앞의 책, p.18.

4. 지즈강, 앞의 책, p.19; EBS 문명과 수학 제작팀, 『문명과 수학, 세상을 움직이는 비밀 수와 기하』(민음인, 2014), pp.38~39. 당시는 이집트 13~18대 왕조 무렵으로 추정된다. 기원전 1663~1535년은 셈족 계통(아시아 계통)의 힉소스 왕조가 초승달 지역에서 나와 나일강을 점령했다. 비슷한 시기인 기원전 1663~1570년까지는 나일강 상류 테베에서 힉소스 왕조에 대항하는 이집트인 왕조가 있었다. 18대 왕조(B.C.1570~) 때 이집트인 왕조가 이집트 전역을 재통일한다. 성경에 나오는 모세가 18대 왕조 시절의 인물이다.

5. 칼 B. 보이어 · 유타 C. 메르츠바흐, 앞의 책, p.16.

6. 같은 책, p.14.

7. 같은 책, pp.40~41.

8. 레오나르드 플로디노프, 전대호 옮김, 『유클리드의 창: 기하학 이야기』(까치, 2002), p.19; 칼 B. 보이어 · 유타 C. 메르츠바흐, 앞의 책, pp.54~56, 61.

9. 지즈강, 앞의 책, pp.20~22.

10. EBS 문명과 수학 제작팀, 앞의 책, p.19.

11. 앨프리드 화이트헤드, 오채환 옮김, 『수학이란 무엇인가』(궁리, 2001), pp.5, 12.

12. 네이버 지식백과, 교육학용어사전, "산수."

13. 제리 킹, 박영훈 옮김, 『10개의 특강으로 끝내는 수학의 모든 것(10 Lessons)』(고 학동화북스, 2011), p.114.

14. 네이버 지식백과, 두산백과, "수학."
15. 네이버 지식백과, 한국민족문화대백과, "수학."
16. 제리 킹, 앞의 책, p.71.
17. 나가노 히로유키, 윤지희 옮김, 『수학력』(어바웃어북, 2014), p.25.
18. 앨프리드 화이트헤드, 앞의 책, pp.13~15.
19. 칼 B. 보이어 · 유타 C. 메르츠바흐, 앞의 책, p.4.
20. 하워드 이브스, 이우영 · 신항균 옮김, 『수학사』(경문사, 2005), p.6.
21. 칼 B. 보이어 · 유타 C. 메르츠바흐, 앞의 책, p.7.
22. 나가노 히로유키, 앞의 책, p.114.
23. EBS 문명과 수학 제작팀, 앞의 책, p.43.
24. 나가노 히로유키, 앞의 책, pp.113~115.
25. EBS 문명과 수학 제작팀, 앞의 책, p.46.
26. 나가노 히로유키, 앞의 책, pp.226~231.
27. 앨프리드 화이트헤드, 앞의 책, pp.32~36; 스티븐 스트로가츠, 이충호 옮김, 『χ의 즐거움』(웅진지식하우스, 2014), p.5.
28. 칼 B. 보이어 · 유타 C. 메르츠바흐, 앞의 책, pp.138~139.
29. 스티븐 스트로가츠, 앞의 책, pp.26~33.
30. 레오나르드 플로디노프, 앞의 책, pp.7~9.
31. 같은 책, p.13.
32. 스티븐 스트로가츠, 앞의 책, pp.18~19; 박영훈 · 황선희, 『멜론수학』(문예춘추, 2007), p.50.
33. 스티븐 스트로가츠, 같은 책, p.24.
34. EBS 문명과 수학 제작팀, 앞의 책, p.33.
35. 칼 B. 보이어, 유타 C. 메르츠바흐, 앞의 책, p.5.
36. 지즈강, 앞의 책, pp.16~17; 레오나르드 플로디노프, 앞의 책, p.14.
37. 레오나르드 플로디노프, 같은 책, p.15.
38. EBS 문명과 수학 제작팀, 앞의 책, p.37.
39. 같은 책, pp.47~48.
40. 제리 킹, 앞의 책, p.182.
41. 앨프리드 화이트헤드, 앞의 책, p.18; 마르쿠스 지아갱토, 류성림 외 옮김, 『수학에서의 시각적 사고』(경문사, 2015), pp.39, 41, 44, 61, 184.

42. 칼 B. 보이어 · 유타 C. 메르츠바흐, 앞의 책, p.72.

43. 같은 책, p.75.

44. Jane Muir, *Of Men and Number*(New York: Dodd, Mead & Co., 1961), p.6.

45. 레오나르드 플로디노프, 앞의 책, pp.24~26.

46. 칼 B. 보이어 · 유타 C. 메르츠바흐, 앞의 책, p.75.

47. 레오나르드 플로디노프, 앞의 책, pp.22~23; 칼 B. 보이어 · 유타 C. 메르츠바흐, 같은 책, p.76.

48. 박영훈 · 황선희, 앞의 책, p.30; EBS 문명과 수학 제작팀, 앞의 책, pp.55~60.

49. 탈레스와 피타고라스의 나이 차가 너무 커서, 피타고라스가 탈레스에게 배웠다는 설을 부정하는 학자도 있다. 그렇다고 하더라도 지중해 연안에서 제1의 현인으로 인정받았던 탈레스의 사상을 피타고라스가 몰랐을 리는 없다.

50. 레오나르드 플로디노프, 앞의 책, pp.25, 32, 34.

51. 같은 책, p.36.

52. 칼 B. 보이어 · 유타 C. 메르츠바흐, 앞의 책, p.134.

53. 같은 책, pp.102~104.

54. 같은 책, pp.111~113.

55. 플라톤, 왕학수 옮김, 『소크라테스의 변명 · 향연』(신원문화사, 2006), p.108; 플라톤, 천병희 옮김, 『국가』(숲, 2013).

56. 칼 B. 보이어 · 유타 C. 메르츠바흐, 앞의 책, p.134.

57. 같은 책, pp.135~143.

58. 같은 책, pp.143~149,

59. 전헌상, 『아리스토텔레스 형이상학』(서울대학교 철학사상연구소, 2006).

60. H. G. Wells, *The Outline of History*(New York: Garden City Books, 1949), pp.345~375.

61. 칼 B. 보이어 · 유타 C. 메르츠바흐, 앞의 책, p.159.

62. 레오나르드 플로디노프, 앞의 책, PP.49~52

63. 같은 책, pp.39~44.

64. 칼 B. 보이어 · 유타 C. 메르츠바흐, 앞의 책, p.202.

65. 같은 책, pp.248, 254.

66. 같은 책, p.253.

67. 레오나르드 플로디노프, 앞의 책, p.55.

68. 같은 책, pp.57~59; 네이버 지식백과, KISTI의 과학향기 칼럼; 두산백과, "집트사."

69. 지즈강, 앞의 책, pp.108~109.

70. 칼 B. 보이어·유타 C. 메르츠바흐, 앞의 책, p.7.

71. 나가노 히로유키, 앞의 책, p.180; 제리 킹, 앞의 책, pp.68~69.

72. 제리 킹, 같은 책, pp.105~108.

73. 나가노 히로유키, 앞의 책, p.131.

74. 제리 킹, 앞의 책, pp.108~112.

75. 같은 책, pp.229~230.

76. 칼 B. 보이어·유타 C. 메르츠바흐, 앞의 책, p.19.

77. 앨프리드 화이트헤드, 앞의 책, p.70.

78. 나가노 히로유키, 앞의 책, pp.44~50.

79. EBS 문명과 수학 제작팀, 앞의 책, p.64.

80. 같은 책, pp.60~62.

81. 앨프리드 화이트헤드, 앞의 책, p.70.

82. 칼 B. 보이어·유타 C. 메르츠바흐, 앞의 책, p.120.

83. 같은 책, 123~124.

84. EBS 문명과 수학 제작팀, 앞의 책, pp.64~65.

85. 네이버 지식백과, 통합논술 개념어 사전, "무한급수."

86. 앨프리드 화이트헤드, 앞의 책, pp.182~189.

87. 알렉스 벨로스, 앞의 책, p.189,

88. 스티븐 스트로가츠, 앞의 책, pp.110~111.

89. 같은 책, p.112.

90. 알렉스 벨로스, 앞의 책, p.193

91. 네이버 지식백과, 두산백과, "지수함수."

92. 알렉스 벨로스, 앞의 책, p.200.

93. 같은 책, p.206.

94. 같은 책, pp.202~206.

95. 같은 책, p.244; 제리 킹, 앞의 책, p.260.

96. 앨프리드 화이트헤드, 앞의 책, p.110.

97. 같은 책, p.91.

98. 제리 킹, 앞의 책, p.268.

99. 앨프리드 화이트헤드, 앞의 책, p.270.

100. 알렉스 벨로스, 앞의 책, p.254.

101. 스티븐 스트로가츠, 앞의 책, p.81.

102. 칼 B. 보이어 · 유타 C. 메르츠바흐, 앞의 책, p.660.

103. EBS 문명과 수학 제작팀, 앞의 책, p.76.

104. 지즈강, 앞의 책, pp.87~89.

105. 같은 책, pp.87~104.

106. 칼 B. 보이어 · 유타 C. 메르츠바흐, 앞의 책, p.370.

107. 스티븐 스트로가츠, 앞의 책, pp.98~99.

108. EBS 문명과 수학 제작팀, 앞의 책, pp.99~111.

109. 제리 킹, 앞의 책, p.212.

110. 스티븐 스트로가츠, 앞의 책, pp.18,71.

111. 칼 B. 보이어 · 유타 C. 메르츠바흐, 앞의 책, p.8.

112. 같은 책, p.26.

113. 레오나르드 믈로디노프, 앞의 책, pp.13~17.

114. EBS 문명과 수학 제작팀, 앞의 책, p.66.

115. 제리 킹, 앞의 책, p.263.

116. 나가노 히로유키, 앞의 책, pp.164~169.

117. 칼 B. 보이어 · 유타 C. 메르츠바흐, 앞의 책, p.424.

118. 레오나르드 믈로디노프, 앞의 책, pp.60~78.

119. 칼 B. 보이어 · 유타 C. 메르츠바흐, 앞의 책, pp.412, 423.

120. 같은 책, pp.425~432.

121. 같은 책, p.453.

122. 같은 책, pp.455, 481.

123. 같은 책, pp.459~460.

124. 같은 책, p.510.

125. 같은 책, pp.480~485.

126. 같은 책, p.543.

127. 같은 책, p.549.

128. 같은 곳.

129. 같은 책, p.552.

130. 같은 책, pp.562~576.

131. 같은 책, p.589.

132. 같은 책, p.599.

133. 지즈강, 앞의 책, p.132.

134. EBS 문명과 수학 제작팀, 앞의 책, p.126.

135. 레오나르드 플로디노프, 앞의 책, p.63.

136. 같은 책, p.68.

137. 앨프리드 화이트헤드, 앞의 책, p.161.

138. 칼 B. 보이어 · 유타 C. 메르츠바흐, 앞의 책, pp.29, 56.

139. 같은 책, pp.262, 264, 269, 278.

140. 알렉스 벨로스, 앞의 책, p.104.

141. 스티븐 스트로가츠, 앞의 책, p.150.

142. 레오나르드 플로디노프, 앞의 책, p.66.

143. 같은 책, p.68.

144. 같은 책, pp.66~76.

145. 네이버 지식백과, "크로노미터와 경도."

146. 레오나르드 플로디노프, 앞의 책, pp.85~87.

147. 네이버 지식백과, 두산백과, "방법서설"; 지즈강, 앞의 책, pp.134~135.

148. 레오나르드 플로디노프, 앞의 책, p.90.

149. 지즈강, 앞의 책, p.136.

150. 레오나르드 플로디노프, 앞의 책, p.141.

151. 앨프리드 화이트헤드, 앞의 책, p.205.

152. 지즈강, 앞의 책, p.138.

153. 알렉스 벨로스, 앞의 책, p.314.

154. 네이버 지식백과, "사이클로이드" "불화의 사과."

155. 칼 B. 보이어 · 유타 C. 메르츠바흐, 앞의 책, p.593.

156. EBS 문명과 수학 제작팀, 앞의 책, p.119.

157. 지즈강, 앞의 책, pp.150~153.

158. 칼 B. 보이어, 유타 C. 메르츠바흐, 앞의 책, pp.637~638, 643.

159. 지즈강, 앞의 책, p.224.

160. 안명호 · 류미현, 앞의 책, p.30.

161. 같은 책, pp.39~40.

162. 같은 책, pp.49~50.

163. 황종철, 『아헨발이 들려주는 통계 이야기』(자음과모음, 2009), p.21.

164. 고지마 히로유키, 박주영 옮김, 『세상에서 가장 쉬운 통계학 입문』(지상사, 2009), pp.35~36.

165. 같은 책, pp.16~17.

에필로그

1. 바버라 스토로치, 김미선 옮김, 『가장 뛰어난 중년의 뇌』(북하우스 퍼블리셔스, 2011).

2. 이케가야 유지, 이규원 옮김, 『교양으로 읽는 뇌과학』(은행나무, 2005).

3. 존 메디나, 서영조 옮김, 『브레인 룰스』(프런티어, 2009).